拉萨年鉴

2023

（总第12卷）

拉萨市地方志编纂委员会办公室　编

方志出版社
Publishing House of Local Records

图书在版编目（CIP）数据

拉萨年鉴. 2023 / 拉萨市地方志编纂委员会办公室编.—北京：方志出版社，2023.12
ISBN 978-7-5144-6069-8

Ⅰ. ①拉… Ⅱ. ①拉… Ⅲ. ①拉萨 – 2023 – 年鉴
Ⅳ. ①Z527.51

中国国家版本馆CIP数据核字（2023）第254632号

责任编辑：刘方圆
责任校对：张玉霞
责任印制：梅中英
出 版 者：方志出版社
地　　址：北京市朝阳区潘家园东里 9 号（国家方志馆4层）
邮　　编：100021
网　　址：http://www.zgfzcb.cn
发　　行：方志出版社图书营销中心（010-67110500）
印　　刷：河南金宝丽印刷科技有限公司
开　　本：889毫米 × 1194毫米 1/16
印　　张：26.5
字　　数：871千字
版　　次：2023年12月第1版
印　　次：2023年12月第1次印刷
定　　价：480.00元

拉萨市地图

图例

- 省级行政中心
- 地级市行政中心
- 县级行政中心
- 乡级行政中心
- 行政村
- 自然村
- 国界
- 地区界
- 省级界
- 地级界
- 县级界
- 乡级界
- 铁路
- G5 在建 高速公路
- G202 在建 国道
- S202 在建 省道
- 在建 县道
- 湖泊
- 寺庙
- 沼泽
- 机场
- 沙地
- 4985 高程、山峰 山隘
- 比例尺 1：920 000

西藏自治区测绘院 编制　　审图号：藏S（2023）031号

拉萨市地方志编纂委员会

《拉萨年鉴（2023）》编辑部

编辑说明

一、《拉萨年鉴》是中国共产党拉萨市委员会、拉萨市人民政府主办，拉萨市地方志编纂委员会办公室编纂的市级地方综合年鉴，逐年记载拉萨市自然、政治、经济、文化、生态文明和社会等方面的基本情况，为各级党政机关、研究机构，以及社会各界和国际友人了解、研究拉萨提供准确、可靠、翔实的地情资料，为拉萨的社会稳定、经济繁荣、民族团结服务，为广大读者服务。

二、《拉萨年鉴（2023）》是2012年《拉萨年鉴》首次编纂以来的第12卷。本卷年鉴以马克思列宁主义、毛泽东思想、邓小平理论、“三个代表”重要思想、科学发展观、习近平新时代中国特色社会主义思想为指导，坚持辩证唯物主义和历史唯物主义的立场、观点和方法，深入贯彻习近平总书记关于西藏工作的重要指示和新时代党的治藏方略，深入贯彻自治区、市第十次党代会精神，坚持以事实为依据，以数据为支撑，全面翔实地反映2022年度拉萨市在新时代新征程中经济发展、社会稳定、民生改善、乡村振兴、对口支援和党的建设等各方面的新变化新成就，推动拉萨市长治久安和高质量发展。

三、《拉萨年鉴（2023）》按分类法编辑，主要内容分为类目、分目、条目三个层次，部分分目下设子分目，条目为基本记述单位。记述时间为2022年1月1日至2022年12月31日，根据需要，个别事项适当上溯或下延。

四、《拉萨年鉴（2023）》主要数据由市统计局提供，其余均由市有关部门、各承编单位提供并经过严格审核。因统计口径等原因，部门和地（市）、县（区）稿件中所用数据与“统计资料”不尽一致，采用时请予注意。价值指标绝对数凡未注明的，按2022年价格计算。数字用法、标点符号用法分别采用国家标准《出版物上数字用法》（GB/T 15835—2011）、《标点符号用法》（GB/T 15834—2011）；计量单位采用国家技术监督局1993年12月发布的《量和单位》系列国家标准，个别常用成习惯且不便换算的用市制，如农田单位“亩”。

辖区面积：29640平方千米
年末户籍人口：57.84万人

地区生产总值：747.57亿元
第一产业增加值：26.74亿元
第二产业增加值：291.25亿元
第三产业增加值：429.58亿元

一般公共预算收入：72.47亿元
一般公共预算支出：355.33亿元
年末金融机构本外币各项存款余额：3569.98亿元
年末金融机构本外币各项贷款余额：3593.37亿元

农林牧渔业总产值：49.82亿元
农业产值：19.28亿元
林业产值：1.65亿元
牧业产值：28.46亿元
农林牧渔服务业产值：0.43亿元

粮食总产量：16.01万吨
农作物总播种面积：5.14万公顷
年末牲畜存栏总头数：123.01万头（只、匹）

规模以上工业企业：99家
规模以上工业产品销售率：100.1%
规模以上工业总产值：213.03亿元

社会消费品零售总额：353.31亿元
限额以上批零住餐企业（单位）：211家
限额以上批零住餐企业（单位）零食额：95.31亿元
城镇社会消费品零售额：309.07亿元
乡村社会消费品零售额：44.24亿元

进出口总额：44.46亿元
出口总额：41.82亿元
进口总额：2.64亿元

年末农村公路（不含国道、省道）通车总里程：5312.4千米
公交运营线路总长度：1057千米
公交年客运量：4470.4万人次
邮电业务总量：6.28亿元
年末固定及移动电话用户总数：138.5万户
旅游总收入：288.91亿元
国内外游客总数：2024.12万人次

全市用电量：52.84亿千瓦时
全行业用电量：44.57亿千瓦时
城乡居民生活用电量：8.27亿千瓦时
自来水总供水量：13414万立方米
市区供水管网总长度：1095千米

市属普通高等院校：1所
在校学生：5436人
市属中等职业学校：2所
在校学生：9154人
市属普通中学：23所
在校学生：39694人
市属小学：74所
在校学生：69185人
幼儿园：276所
在园幼儿：34688人

艺术表演团（含村业余团）：290个
博物馆：9个
广播综合人口覆盖率：99.46%
电视综合人口覆盖率：99.60%

卫生机构：581个
医院：34家
基层卫生医疗机构：535家
专业公共卫生机构：10家
实际开放床位数：4795张
各类卫生技术人员：7707人

空气质量优良天数：364天
空气优良率：99.7%

城镇居民人均可支配收入：51591元
农村居民人均可支配收入：22756元
城乡居民基本养老保险人数：21.80万人
企业职工基本养老保险人数：13.03万人
城乡居民基本医疗保险人数：38.93万人
城镇职工医疗保险人数：14.38万人
失业保险人数：10.81万人
工伤保险人数：15.22万人
生育保险人数：12.72万人
城镇居民最低生活保障人数：0.66万人
农村最低生活保障人数：0.49万人
特困供养人数：1286人

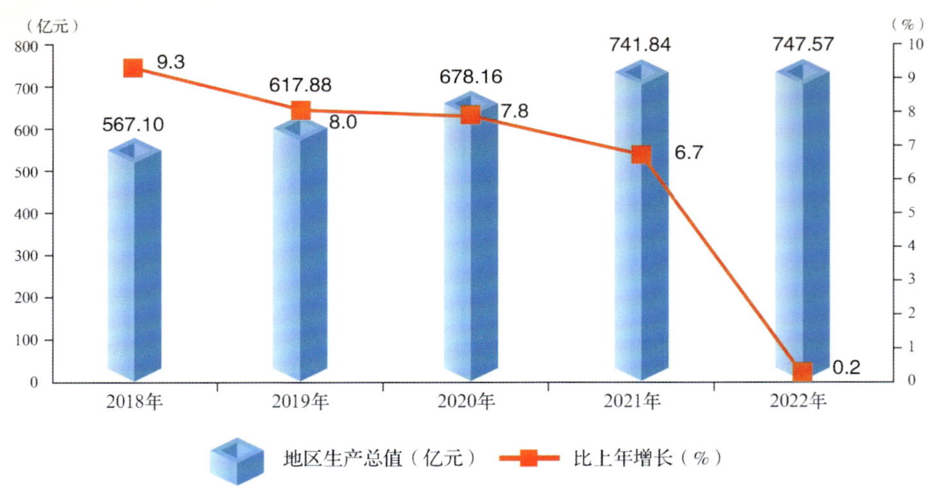

2018—2022年地区生产总值增速示意图

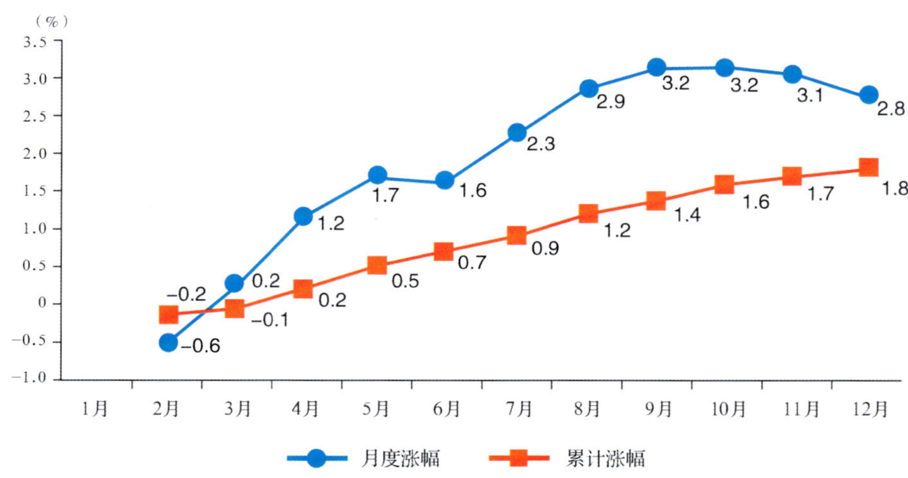

2022年各月居民消费价格总指数涨幅线状图

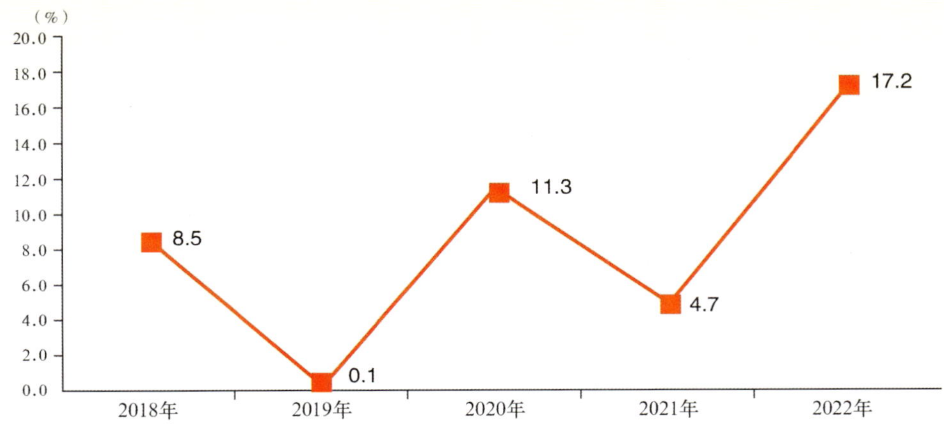

2018—2022年规模以上工业增加值增速线状图

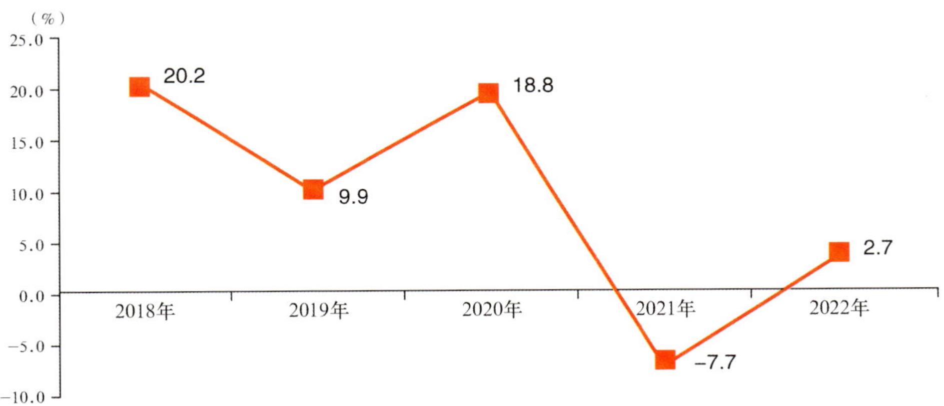

2018—2022年建筑业增加值增速线状图

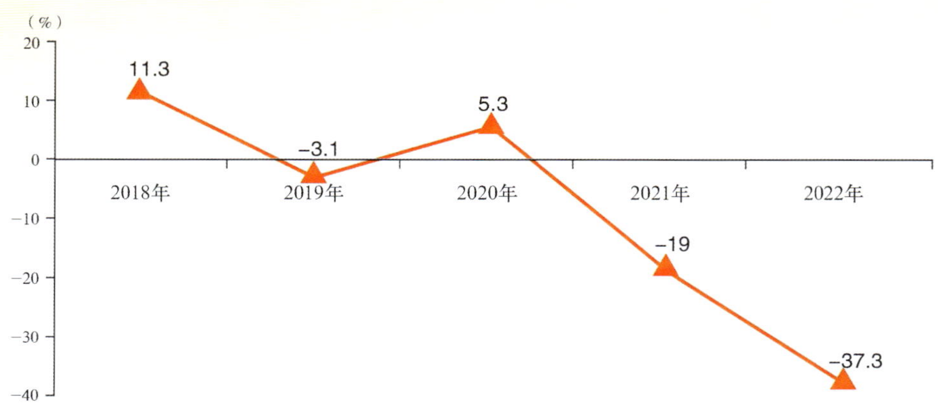

2018—2022年全社会固定资产投资额增速线状图

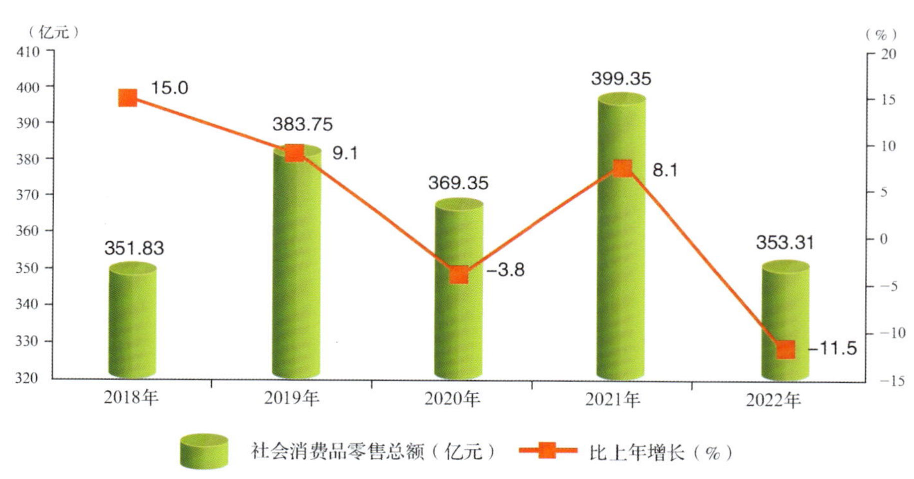

2018—2022年社会消费品零售总额及增速线状图

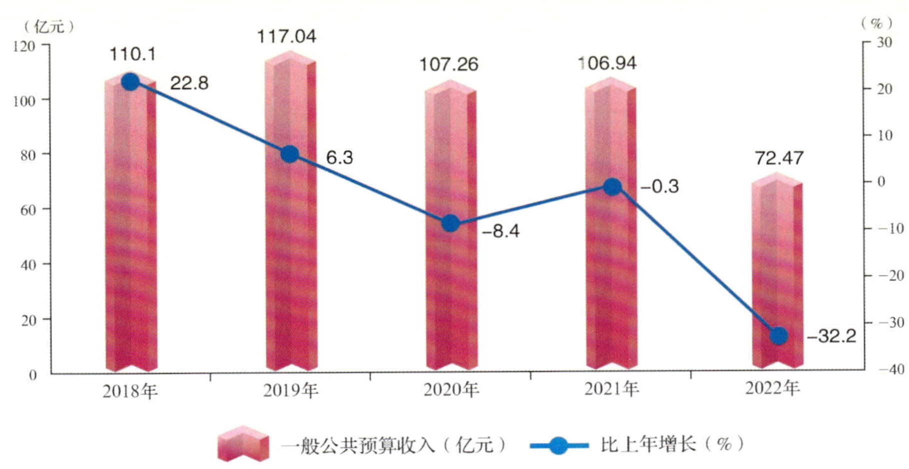

2018—2022年公共财政预算收入及增速示意图

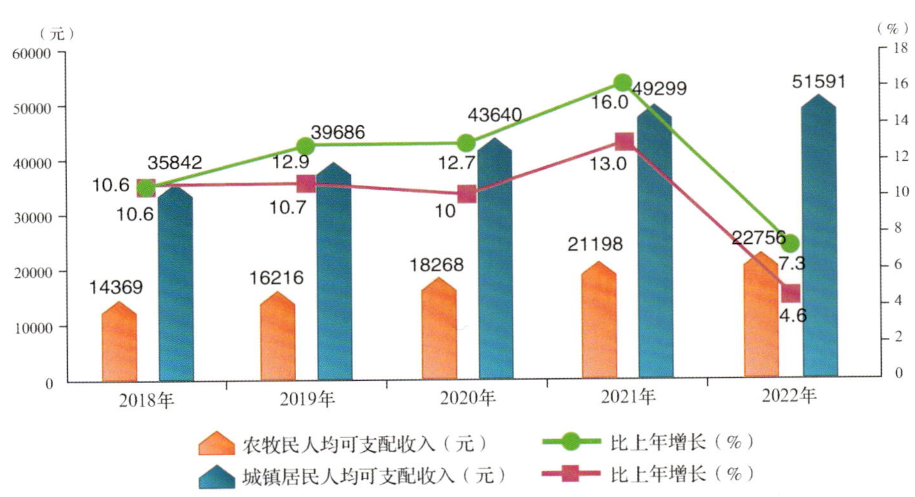

2018—2022年城乡居民人均可支配收入及增速示意图

生态环境

墨竹工卡县甲玛沟

拉萨经开区河畔公园

“松赞故里 · 幸福墨竹”油菜花大地景观

当雄县阿热湿地

堆龙德庆区达东村生态林卡

林周县虎头山水库

2022年3月，雪豹出现在西藏自治区拉萨市堆龙德庆区乃朗寺后山

2022年10月19日，拉萨河畔出现4只白唇鹿

2022年，拉萨市城管局对城区21条路段和4座大桥安装的LED景观灯饰和设施定期开展巡查工作。截至年底，共排查维修938组及7条路段1246棵行道树亮化设施，确保景观灯饰常用常新。

墨竹工卡县日多乡温泉特色小城镇夜景

墨竹工卡县工卡镇格桑村人居环境整治项目

中干渠水系景观亮化

南干渠水系景观亮化

布达拉宫水系景观亮化

2022年3月，拉萨市林草局在林周县卡孜乡放归被治愈的黑颈鹤

林周县虎头山水库的黑颈鹤

S5线项目起于拉萨市达孜区德庆镇，起点与拉林高速相接，通过隧道向南穿越圭嘎拉山，止于山南桑耶镇西侧，终点与贡嘎机场至泽当专用公路相接，全长47.46千米，立项批复总投资98亿元，按一级公路标准建设，设计速度80千米/时，双向四车道，路基宽度为23.5米。S5线于2016年10月开工建设，计划2023年10月完工通车，截至2022年年底，累计完成投资91.4亿元

藏热大桥项目于2020年4月正式开工建设，2022年6月底通车，总投资3.12亿元，路线全长905米，采用双向六车道城市主干道设计。藏热大桥起点位于拉萨河北岸，与新建滨河路和藏热路相接，向南顺延跨越拉萨河后，终点与拉萨南环路顺接

顿珠金融城是拉萨城投投资百亿倾力打造的“西藏金融屋脊，高端商务中心，时尚休闲之都，生态宜居之城”。项目总占地70.27万平方米，总建筑面积120万平方米。图为顿珠金融城鸟瞰图

当雄县乌玛塘乡巴嘎村“美丽乡村·幸福家园”建设项目，位于当雄县乌玛塘乡巴嘎村，总建筑面积6010.6平方米，包括22户牧民搬迁新建住宅和综合服务中心847.02平方米、民宿客房30间969.24平方米及其他附属设施

曲水县茶巴拉乡茶巴拉村于2021年被列入拉萨市第二批计划实施“美丽乡村·幸福家园”建设行动的乡村振兴示范村。至2022年，实施了村庄道路硬化、铺设排污管道、景观绿化亮化、人畜分离等基础设施提升和村民新建房屋和房屋改造的住房提升项目，村容村貌焕然一新，人居环境得到显著提升

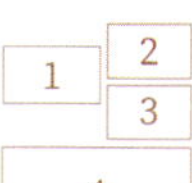

1.2. 城关区智昭产业园区无土栽培模式培养出的芹菜
3.4. 城关区智昭产业园区无土栽培模式培养出的“太空黑钻”——水果小番茄

达孜区净土产业投资开发有限公司现代产业农业园以种植花卉、果蔬、菌类等产品为主。2022年，园区蔬菜、花卉、水果产值达到2000余万元，完成拉萨市“菜篮子”工程任务。园区承载能力和示范带动作用不断增强，解决长期就业40余人（其中搬迁群众11人），带动周边群众劳务输出共计7000余人次，被评为“拉萨市农牧民转移就业基地”。

1. 达孜区净土产业投资开发有限公司现代产业农业园种植的茄子
2. 达孜区净土产业投资开发有限公司现代产业农业园种植的西红柿
3. 达孜区净土产业投资开发有限公司现代产业农业园种植的香辣椒
4. 达孜区净土产业投资开发有限公司现代产业农业园种植的西葫芦
5. 达孜区净土产业投资开发有限公司现代产业农业园种植的辣椒

2022年，墨竹工卡农牧业产业发展有限公司农业生产基地种植的蔬菜、水果品种达15种，产量122吨，实现效益90.10万元。全年油菜种植面积3.10万亩，公司与种植户签订2.30万亩油菜籽收购协议，按9000元/吨的单价收购本地菜籽原料512吨，收购金额460.80万元。

墨竹工卡农牧业净土产业发展有限公司农业生产基地种植的大白菜

墨竹工卡农牧业净土产业发展有限公司农业生产基地种植的莲花白

墨竹工卡农牧业净土产业发展有限公司农业生产基地种植的西红柿

墨竹工卡农牧业净土产业发展有限公司农业生产基地种植的西葫芦

墨竹工卡农牧业净土产业发展有限公司农业生产基地种植的青笋

墨竹工卡农牧业净土产业发展有限公司农业生产基地种植的小香葱

墨竹工卡农牧业净土产业发展有限公司农业生产基地种植的白萝卜

达孜区唐嘎乡唐嘎村“藏青3000”种子田间长势情况

2022年，尼木县吞弥现代农业园充分发挥示范引领作用，推广种植航空航天果蔬、菌类、藜麦等高附加值产品，打造特色优势产业，促进农牧民增产增收。尼木县净土产业投资开发有限公司帮助园区、林岗村、恩泽居委会温室大棚销售果蔬27.85万千克，带动群众增收120万元；帮助塔荣镇、尼木乡、普松乡、续迈乡销售藜麦8.975万千克，带动群众增收143.6万元；帮助各合作社销售蓝青稞、糌粑、粉丝、菜籽油、灵芝、羊肚菌等农副产品约195.5万元。

尼木县吞弥现代农业园区航天育种果蔬——粉樱桃番茄2号

尼木县吞弥现代农业园区

尼木县吞弥现代农业园区智能温室大棚

尼木县吞弥现代农业园区智能温室大棚——西瓜

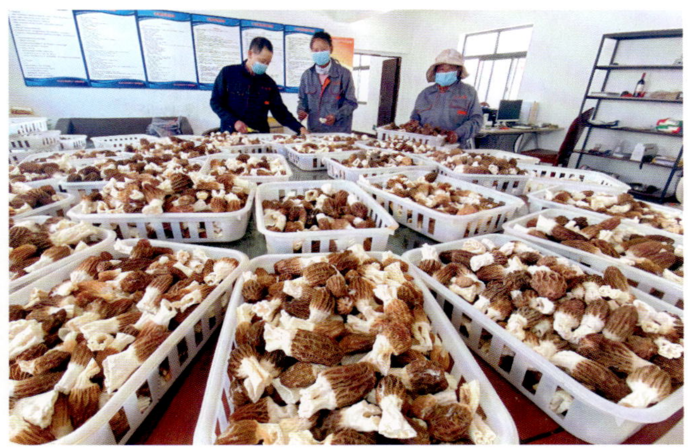

尼木县吞弥现代农业园区食（药）用菌种基地——羊肚菌

尼木县吞弥现代农业园区航天育种果蔬——花栗南瓜

尼木县吞弥现代农业园区航天育种果蔬——玉妮水果黄瓜

尼木县吞弥现代农业园区食（药）用菌种基地——黄金菇

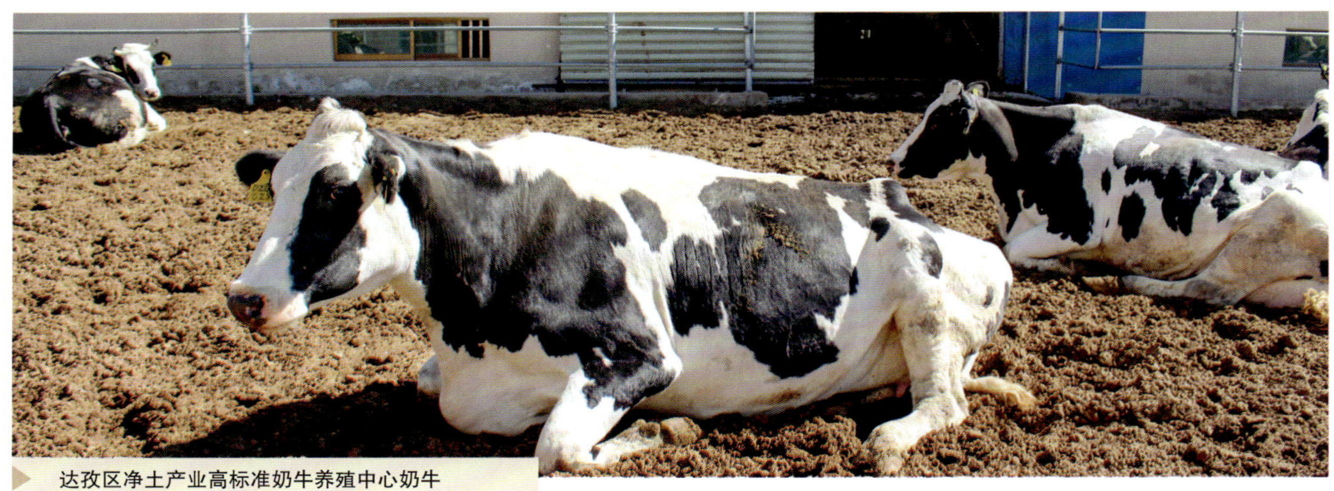

达孜区净土产业高标准奶牛养殖中心奶牛

林周县格桑塘现代农牧产业示范园——大通牦牛

城关区嘎巴生态牧场

林周县净土产业投资开发有限公司饲养的澎波半细毛羊

尼木县续迈乡生猪养殖场

斯布牦牛，是西藏自治区拉萨市墨竹工卡县特产，获授全国农产品地理标志

达孜区净土产业投资开发有限公司唐嘎藏鸡养殖场原种藏鸡

尼木县普松乡林下藏鸡养殖场

西藏德青源藏鸡保种开发基地

教体·科技

2022年，拉萨市加大信息化教学场景建设力度，全市建成智慧教研观摩室12间，创客教室43间，VR体验室4间，智慧音乐教室4间，智慧书法教室3间，数字实验室12间，云机房58间，专递课堂47间。

2022年5月6日，拉萨市教育局调研教育信息化现状

教育信息化——智慧书法教室

教育信息化——智慧音乐教室

教育信息化——优质资源班班通

教育信息化——教师利用智慧黑板上课

教育信息化——学生在AI人工智能教室上课

教育信息化——墨竹工卡县尼玛江热小学学生在智慧教室上课

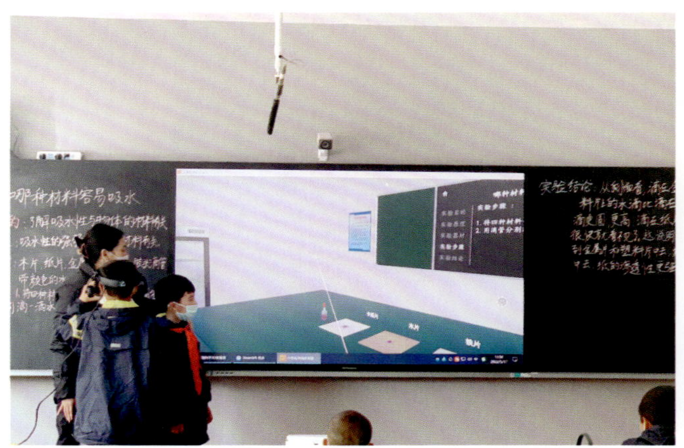

教育信息化——学生正在体验VR实验

教育信息化——学生正在学习机器人组装

2022年3月25日，墨竹工卡县中小学校开展《中华人民共和国民法典》进校园专题法治宣讲活动

2022年4月8日，堆龙德庆区开展戏曲进校园暨藏戏广场舞推广活动

2022年4月19日，林周县教育局正在给一线教师培训

2022年4月20日，尼木县教育局开展“小学语文网络大教研”活动

2022年4月30日，林周县教育局组织各校开展“书香伴我行，阅读促成长”为主题的读书系列活动

2022年5月6日，当雄县公塘乡小学开学开展互联网+教研活动

2022年5月11日，堆龙德庆区姜昆黄小勇希望小学开展国防教育体验活动

2022年5月18日，林周县中学学生通过线上形式收看“让民法走进校园‘典’亮美好生活”专题讲座

2022年5月19日，当雄县教育系统启动喜迎“二十大”——首届“校园文化艺术月”活动

2022年6月10日，拉萨市第一中等职业技术学校举行2022届毕业典礼

2022年7月28日，2022全球数字经济大会拉萨峰会在拉萨经济技术开发区生产力促进中心开幕

2022年9月9日，城关区举行庆祝智昭产业园区获评自治区级农业科技园区挂牌仪式，这是拉萨市首家自治区级农业科技园区

2022年7月23日，2022环拉萨城自行车大赛开赛，来自全国各地的300多名自行车爱好者参加

2022年6月1日，由拉萨市体育局主办的奔跑吧·少年系列活动“乐动六一·快乐成长”拉萨市第二届中小学游泳比赛在柳梧新区群众健康服务中心开幕

2022年6月21日，当雄县举办第十一届草原杯足球赛

2022年1月24日，拉萨高新区管委会在达东村开展以“欢乐过大年 喜迎冬奥会”为主题的2022年全国乡村“村晚”示范展示活动

2022年2月15日，城关区举办2022年“文化进万家　非遗过大年”——视频直播家乡年　新时代文明实践活动之“我们的节日·元宵”庆冬奥主题活动

2022年3月28日，林周县举行庆祝西藏民主改革63周年暨“3·28”西藏百万农奴解放纪念日演出活动

2022年4月26日，尼木县开展新华书店提升改造揭牌暨“世界图书与版权日”“世界知识产权日”文明实践主题活动

2022年5月5日，由北京援藏指挥部主办、城关区编排的《情满高原》舞台剧汇报演出在城关区举行

2022年7月11日，堆龙德庆区“玉妥”文化旅游季在堆龙德庆区滨河体育公园活动盛大开幕

2022年7月11日，堆龙德庆区在滨河体育公园举办第二届林卡音乐节

2022年7月15日，墨竹工卡县2022年“松赞”文化旅游节暨第五届“油菜花”节在扎西岗乡举办

2022年7月21—22日，首届西藏文化艺术节暨“喜迎中共二十大·我们的生活充满阳光”群众文艺演出在墨竹工卡县嘎则新区举行

2022年8月14日，“极净当雄齐欢腾·喜迎中共二十大”当吉仁赛马节龙仁乡分会场文艺演出

国家级非遗——普堆巴宣舞

西藏自治区级非遗——甲玛谐钦表演

西藏自治区级非遗——塔巴陶瓷

西藏自治区级非遗——柳条编织技艺

尼木县吞巴镇手工藏香制作技艺

拉萨市级非遗——唐嘎卓谐

云上达孜工业旅游景区

堆龙德庆区德吉藏家

目 录

特 载

专 辑

拉萨综述

大事记

中国共产党拉萨市委员会

拉萨市人民政府

群众团体

交通运输·住建

邮政·通信

开发区·功能区

科技·教育

文化·卫生·体育

对口支援

社会生活

国有企业

区情县情

人 物

附 录

普布顿珠在市委十届四次全委会上的报告

西藏自治区党委常委、拉萨市委书记　普布顿珠

（2022年12月7日）

拉萨市第十次党代会以来的一年，是国内外形势风云变幻、各种挑战和机遇并存的极不平凡的一年。在以习近平同志为核心的党中央亲切关怀下，在以王君正同志为班长区党委坚强领导下，市委常委会坚持以习近平新时代中国特色社会主义思想为指导，胸怀“两个大局”、心系“国之大者”，捍卫“两个确立”，增强“四个意识”、坚定“四个自信”、做到“两个维护”，深入贯彻落实党的十九大和十九届历次全会及中央第七次西藏工作座谈会精神，深入贯彻落实习近平总书记关于西藏工作的重要指示和新时代党的治藏方略，深入贯彻落实自治区第十次党代会精神特别是王君正同志在拉萨市干部大会和在拉萨调研时的讲话精神，以迎接服务、宣传贯彻党的二十大精神为工作主线，锚定“四件大事”“四个确保”，服务“四个创建、四个走在前列”大局，全力当好“七个排头兵”，高效统筹疫情防控和经济社会发展，勇于战胜前进道路上的困难挑战，保持了稳中求进的良好发展态势。

一、切实提高政治站位，在坚定捍卫“两个确立”、坚决做到“两个维护”上当好排头兵市委常委会旗帜鲜明地把政治建设摆在首位，坚决把捍卫“两个确立”、做到“两个维护”作为最高政治原则和根本政治规矩，不断提高政治判断力、政治领悟力、政治执行力，始终在思想上政治上行动上同以习近平同志为核心的党中央保持高度一致，以看齐诠释忠诚，坚决做到党中央有号令、自治区有部署，拉萨就有行动

一是深入学习宣传贯彻党的二十大精神。坚持把迎接服务保障党的二十大胜利召开作为重要政治任务，及时召开市委十届三次全会，严格组织程序，充分发扬党内民主，全票通过拉萨市推荐自治区出席党的二十大代表人选建议名单。及时组织全市干部群众收看党的二十大盛况，认真学习报告精神。党的二十大胜利闭幕后，市委第一时间召开领导干部大会、常委会扩大会议进行学习贯彻，并按照区党委十届三次全会的部署要求，研究制定贯彻落实党的二十大精神的实施意见。认真开展“学习贯彻二十大、牢记使命建新功”“学习贯彻二十大、感恩奋进新时代”主题实践活动，组织宣讲团走村入户广泛宣讲，常委同志带头深入基层宣讲，“党的二十大精神进拉萨千家万户”大宣讲线上线下2000余场、受众20万余人次，全面掀起学习宣传党的二十大精神的热潮，有力推动了党的二十大精神入脑入心、扎根铸魂。

二是全力推动党的各项决策部署落地落实。坚持第一议题、第一时间学习习近平总书记的重要讲话指示批示精神、王君正同志的讲话指示批示精神，全面推行“对标对表、校准偏差、跟踪问效、狠抓落实”闭环机制，做到第一时间传达学习、第一时间研究部署、第一时间贯彻落实，今年以来累计召开市委常委会会议28次、理论学习中心组会议10次，办理习近平总书记重要指示、党中央重大决策和区党委工作部署、王君正同志指示要求154件次，责任到人推进落实区党委交办的寺庙“智慧消防”建设、冲赛康古建筑群保护、空港新区移交等重点事项。定期开展督导检查，全面检视工作成效，确保党中央决策、区党委部署第一时间在拉萨落地生根。

三是系统谋划承接当好排头兵的重大任务。认真学习贯彻落实王君正同志在拉萨市干部大会和在拉萨调研时的讲话精神，及时成立由市委主要领导任组长、市委常委为成员的领导机构，全面负责当好“七个排头兵”的承接落实和跟进推动，并下设七个工作专班，实行“一名地级领导牵头一项任务”的包责推进机制。先后召开2次市委常委会扩大会议、举办1个市委党校专题研讨班、开展1轮“大宣讲大调研大排查大落实”活动、组织1次务虚讨论会。在深入调研、集思广益、科学论证基础上，正确处理承接系统化与落实具体化的关系、工作连续性与实践创新性的关系，研究形成以“强中心”战略为抓手、“七大行动”为支撑的“1+7”贯彻体系。

四是认真组织开展改进作风狠抓落实工作。深入践行区党委提出的“八个必须”“六个表率”，制定“四查四问”清单，实施12项专项行动，创新开展“感悟领袖风范、锤炼过硬作风”读书活动，构建“研究部署、狠抓落实、督促检查、及时报告、跟踪问效”工作闭环，做到任务清单化、工作图表化、操作手册化、专班机制化。建立领导干部常态化“四联四包”工作机制，创新开展“大宣讲大调研大排查大落实”活动，近9000名各级干部下沉一线、走村入户，累计开展宣讲1.09万场次、调研2.38万场次、梳理13个方面89个小项1154个矛盾问题，征求到群众各方面意见建议8277条办成了一批实事好事。创新推出西藏首档电视问政栏目《问政拉萨》并成功播出9期，督促行业部门转变作风。

二、坚持警钟长鸣、警惕常在，在维护社会和谐稳定、实现长治久安上当好排头兵市委常委会树牢总体国家安全观，始终把维护稳定作为第一位任务，牢固树立“维稳是实功、关键在平常”的思想，切实把维护稳定的各项工作做在日常、做到基层，抓细抓实维稳措施，圆满完成冬奥会、3月重要时期、党的二十大和区党委十届三次全会等重要节点期间的维稳安保任务，社会大局持续和谐稳定

深入开展专项行动。坚持以打促稳、以打固稳、以打保稳，持续深化打击整治枪爆违法犯罪专项行动和危爆物品清查整治专项行动。依法严厉打击“盗抢骗”“黄赌毒”“食药环”及电信网络诈骗和涉疫违法犯罪活动，有力打击了违法犯罪分子的嚣张气焰。严格落实国务院安全生产十五条硬措施，深入开展“六查六防六到位”安全专项行动，从严整治重点行业领域安全隐患373处，有效遏制了各类公共安全事故发生，全力保障了人民群众的生命财产安全。

扎实做好隐患排处。严格落实《信访工作责任制实施办法》，按照“属地管理、分级负责”和“谁主管、谁负责”工作原则，依托“市、县、乡、村、组、网格”六级矛盾纠纷排查调处工作机制，创新推出“区、市、县、乡、村”五级联合接访模式，坚持“一个问题、一个领导、一套班子、一个措施、一抓到底”，带案下访、重点约访、现场接访，做到包情况掌握、包解决困难、包教育转化、包稳控管理、包依法处理，累计化解来信来访1467件、重点矛盾纠纷180件，初信初访办结率达到99%，实现“减存量、控增量”“零搁置”目标。

守好意识形态阵地。全面落实党委（党组）意识形态工作责任制，严格落实《西藏自治区网络通信活动管理规定》，加大对微信、微博、抖音等网络平台的调控管控力度，开展舆情引导103次，有效防止了负面舆情向社会稳定和政治安全领域传导。持续深化全国文明城市创建工作，出台《拉萨市文明行为促进条例》。中华文化公园命名为市级爱国主义教育基地，全市市级以上爱国主义教育基地达到18家。建立健全“管肚子”“管脑子”长效机制，累计建成新时代文明实践中心（所、站）354个、实践基地（实践点）75个，开展各类主题实践活动1.3万余场次，弘扬了主旋律、传递了正能量。特别是疫情发生以来广泛宣传抗疫先进人物事迹，及时回应广大群众诉求关切，营造了强信心、暖人心、聚民心的浓厚氛围。

三、坚持以铸牢中华民族共同体意识为主线，在着力创建全国民族团结进步模范区上当好排头兵市委常委会坚持以习近平总书记关于加强和改进民族工作的重要思想为指导，全面落实中央民族工作会议、区党委民族工作会议精神，全面落实党的民族理论和民族政策，不断提高治理民族事务的能力和水平，教育引导各族群众共同团结奋斗、共同繁荣发展，自觉听党话、感党恩、跟党走，巩固和发展了拉萨民族团结的优良传统

全面加强教育引导。聚焦党的二十大，突出"五个认同"，依托"四联四包"工作机制和"大宣讲大调研大排查大落实"活动，深入开展"四讲四爱""四史"及西藏地方和祖国关系史教育，西藏首部原创音乐剧《天梦》成功首演，创新开展"民族团结第一课""中国梦 · 青春行"等主题活动，组织511个宣讲团、2500余名宣讲员，开展宣讲5万余场次，持续推动民族团结进步模范区创建"九进"，把民族团结进步宣传教育纳入国民教育体系，与社会主义核心价值观、爱国主义、反分裂斗争、新旧西藏对比和马克思主义"五观""两论"教育结合起来，进一步激发了各族群众的爱党深情和奋斗激情。

全力推进交融团结。修订《拉萨市民族团结进步条例》，累计创建8个国家级、25个自治区级、139个市级民族团结进步示范单位。全面推广普及国家通用语言文字，大中小学全面实行国家通用语言文字教学同时加授民族语文，幼儿园藏语和汉语教学全覆盖成果持续巩固，举办村社干部国家通用语言文字培训班1600余期、培训1.4万余人次，会使用国家通用语言的村社"两委"班子成员达到89.2%。广泛动员各族群众积极投身疫情防控阻击战，涌现出一批"民族团结一家亲、携手同心战疫情"的感人事迹，各民族像石榴籽一样紧紧抱在一起。依法管理宗教事务。全面贯彻习近平总书记在全国宗教工作会议上的重要讲话精神，完整准确全面贯彻新时代党的宗教工作理论和方针政策，坚持藏传佛教中国化方向，坚持"五个有利于"，积极引导藏传佛教与社会主义社会相适应。紧紧抓住寺庙管理这个实现社会和谐稳定的"牛鼻子"，严守"三个不增加"底线，持续深化党政领导联系重点寺庙和宗教界代表人士工作机制。推进宗教工作法治化建设，深入开展"三个意识"教育，区市县三级宣讲团累计开展宣讲1059场次，受教育僧尼达。持续淡化宗教消极影响，引导信教群众把社会主义核心价值观扎根到内心，全市大型宗教活动参加同比减少6.7万余人次。

深入推进古城区保护。坚决贯彻落实习近平总书记重要指示精神，把冲赛康古建筑群特别是驻藏大臣衙门保护利用工作作为常委会工作重点，及时召开专题会议研究部署，精心组建工作专班推进古城区保护改造工作并派出工作组赴丽江等古城考察学习，全面开展古城区大走访大排查大调研，一并做好民族团结实物资料库和红色基因库建设工作，在深入开展"1+N"安全评估的基础上，认真编制专项规划，做到慎重稳进，确保干就干好。

四、坚持"三个赋予一个有利于"，在着力创建高原经济高质量发展先行区上当好排头兵市委常委会始终坚持完整准确全面贯彻新发展理念，主动服务和融入新发展格局，全面推行"一套班子抓稳定、一套班子抓发展"机制，加快推进经济社会高质量发展。今年前三季度，全市完成地区生产总值527.01亿元，固定资产投资160.11亿元，一般公共预算收入54.82亿元，社会消费品零售总额预计262.8亿元，城乡居民人均可支配收入分别达到40228元、13630元

加快基础设施建设。大力储备产业发展、城乡建设、环境提升类重大项目，制定《全市重大项目包保推进工作机制》，严格落实重大项目专班推进制，全年共到位中央预算内投资14.28亿元，一批重点工程和民生项目集中开工建设。直孔一期抽水蓄能、北环西延线、旁多引水等一批重大项目前期工作稳步推进，总投资4亿元的中核尼木牧光互补储能光伏项目开工；帕古水库已完成总工程量的40%，人大附中拉萨学校、区市粮食和应急物资储备中心、百淀污水处理厂二期等重点民生工程开工建设，藏热大桥通车运行；以5G为代表的新基建项目有序实施，数字拉萨城市大脑二期工程加快推进。

大力推动产业发展。主动融入区域重大战略，综合保税区顺利通过国家验收，中尼友谊工业园加快建设，拉萨成功入围全国首批国家物流枢纽城市和跨境电子商务综合试验区建设名单。分类推进产城功能区布局，粮食生产喜获丰收，藏鸡入选国家特色优势产业集群。自治区级绿色制造企业新增9家，规上工业企业净增7家、总产值突破200亿元大关。旅游发展总体规划加快编制，拉萨成功入选第二批国家文化和旅游消费试点城市，推动文化旅游体育融合发展。首店经济扶持、夜间经济奖励办法及时出台，“助企惠民、悦享消费”拉动效应明显。全球数字经济大会拉萨峰会成功举办，签订项目24个、资金总额28.53亿元。

持续优化营商环境。科学制定《拉萨市优化营商环境工作方案》《落实自治区〈关于稳经济若干临时性措施〉的配套措施》。“萨都办”政务服务品牌效应逐步扩大，市一体化政务服务能力在全国重点城市考核中晋升至“高”组别。率先推行“三级一窗联办”服务模式，公共资源交易实现“不见面”，完善12345政务服务便民热线“接诉即办”机制，政府服务网上可办率、事项承诺压缩比分别优化到99.7%、81.84%。全市各类市场主体达到15.4万户、同比增长9.1%。通过产业招商、援藏招商、以商招商、小组团招商等，累计完成招商引资项目234个，协议投资310.67亿元，实际到位资金152.5亿元。

推进城乡协调发展。一体推进荣城与兴乡，全面治理违法建筑、交通拥堵等城市管理难题顽症，进一步擦亮优美、现代、宜居、幸福的高原城市名片。出台《关于进一步加强户籍管理工作的意见》，扎实推进城镇落户“零门槛”，有序落户1217户2149人。持续巩固拓展脱贫攻坚成果，累计消除返贫风险户251户995人。整合财政涉农资金18.23亿元，落实生态补偿资金1.77亿元；全力推进第二批40个村（居）“美丽乡村·幸福家园”建设行动，新建开工499户、改造提升开工1732户；国家级“一村一品”示范村镇达到11个，城关区智昭产业园成功认定为国家级现代农业产业园，曲水县成功创建第三批国家农业绿色发展先行区。

着力增进民生福祉。全面承接落实自治区“十大民生工程”，切实办好拉萨12项民生实事，民生支出比重保持在70%以上。统筹资金2000余万元，加大对低保特困人员、低保边缘家庭、困难残疾人以及生活困难新冠确诊患者等群体的兜底保障力度，及时为受疫情影响的4800余名外来务工人员发放临时性补贴600余万元，为2.8万余名本地群众发放临时性补贴440余万元。城乡居民基本养老保险参保率达98%以上，医疗报销便利化改革稳步推进。着力稳就业、保就业，兑现高校毕业生创业补贴1.9亿元，应届高校毕业生就业率达到96.3%，实现农牧民转移就业8.6万人、实现收入8.89亿元，城镇新增就业13550人，城镇登记失业率控制在4%以内。

疫情防控取得重要成果。在以习近平同志为核心的党中央亲切关怀下，在以王君正同志为班长的区党委的高效指挥下，在国家工作组的精心指导下，在12位省级领导的精心包保督导下，我们始终坚持人民至上、生命至上，毫不动摇落实“外防输入、内防反弹”总策略和“动态清零”总方针，坚决阻断疫情传播链条，加快恢复正常生产生活秩序，重点项目复工48个、占比35.8%，规上企业复产80家、占比97.5%。各族群众再次深切感受到党的领导根本优势的无比强大、社会主义制度的无比优越、祖国大家庭的无比温暖。

五、坚定不移走生态优先、绿色发展之路，在着力创建国家生态文明高地上当好排头兵市委常委会坚决贯彻习近平生态文明思想，牢固树立绿水青山、冰天雪地就是金山银山的理念，始终坚持尊重自然、顺应自然、保护自然，统筹推进生态优先、节约集约、绿色低碳发展，加快建设美丽拉萨，努力在创建国家生态文明高地上展现首府担当

严守生态保护底线。严格落实生态文明建设责任制，执行最严格的生态环境保护制度，坚决做到“三高”项目零引进零审批，全面加强生态环境执法监管，不断深化“三线一单”成果在规划编制、环境准入、执法监管、项目环评中的综合应用。坚持从政治上看待督察、落实整改，中央环保督察反馈的759个问题均已办结或阶段性办结，对159家企业（项目）责令整改，立案处罚企业（项目）50家、罚款443万元，约谈干部16人。

加强生态保护建设。严格落实河湖长、林长制，统筹推进山水林田湖草沙冰一体化保护和系统治理，自治区危险废物处置中心、纳金水厂水源地保护工程等重点项目有序推进。实施南北山绿化工程，颁布《拉萨市南北山绿化管理条例》，完成投资13.6

亿元，造林绿化50.6万亩，带动群众增收5.9亿元。持续巩固拓展国家生态文明建设示范市创建成果，3个县（区）、25个乡镇（街道）、124个村（社区）成功创建自治区级生态文明建设示范区。

全力推动系统治理。持续巩固污染防治攻坚战成果，坚决打好蓝天碧水净土保卫战，全面推行以排污许可制为核心的监管机制，严格高污染燃料禁燃区管控，建成机动车固定式遥感检测平台，整治入河排污口233个，48家企业纳入土壤污染重点监管名录，积极推进“无废城市”建设和“双碳”行动，全市空气质量优良率稳居全国重点城市前列，主要江河湖泊、饮用水水源地水质达标率100%，生态环境保持良好。

六、努力建设强边大后方，在着力创建国家固边兴边富民行动示范区上当好排头兵市委常委会围绕拱卫祖国西南边陲这个重大政治任务，牢固树立“大边防”意识，坚持屯兵和安民并举、固边和兴边并重，积极服务全区强边工作大局，努力为筑牢重要的国家安全屏障积极贡献首府力量

全力服务边境建设。全力打造全区强边大后方，积极支持阿里、那曲在拉萨经开区、柳梧新区发展飞地经济，并在重大项目建设中积极吸纳边境地市群众务工增收。启动战略支援保障基地、军地信息资源共享等重大项目谋划论证工作，全力配合G4218雅叶高速拉日段工程建设，S5拉萨至泽当快速通道项目加快推进，通过增强与首府的紧密联结促进固边兴边。

全力推动双拥共建。持续巩固提升全国双拥模范城创建成果，及时出台《双拥支前军地协调实施意见》，加快推进警备区营房加装供氧设备、军休服务中心等项目建设。深入开展退役军人创业示范基地创建工作，严格落实退役军人接收安置、抚恤优待、帮扶援助政策，用心用情做好军人子女入学、随军家属就业创业等拥军优属工作，进一步巩固了军政军民团结的大好局面。

七、坚决扛起从严治党主体责任，在全面加强党的建设上当好排头兵市委常委会坚决贯彻落实新时代党的建设总要求和组织路线，坚持全面从严治党永远在路上、党的自我革命永远在路上，以党的政治建设为统领，纵深推进新时代党的建设新的伟大工程，全力以赴推动全面从严治党走深走实，进一步夯实了党在拉萨的执政根基

持之以恒加强党建。牢固树立“大抓基层、大抓基础”的鲜明导向，进一步明确各层级各部门权责边界和职责范围，网格党组织集中覆盖攻坚行动有序推进。圆满完成拉萨师专、一职、二职及市人民医院4个基层党委和市工商联、科协2个群团组织换届工作，乡镇（街道）和村（社区）换届“回头看”工作扎实开展。精心选派8名“80后”优秀县级干部担任县（区）驻村总领队、1310名干部到村社开展驻村工作。修订完善村社干部业绩考核奖励办法，组织振兴示范村创建工作稳步推进，创建基层党组织示范点70个，排查整顿软弱涣散基层党组织25个，集体经济经营性收入超过10万元的村社达到271个。探索开展产业链供应链创新链党建，加强金融企业和混合所有制企业党建工作，持续深化学校党组织领导下的校长负责制。持续巩固“两个覆盖”攻坚行动成果，全市“三有”标准非公有制企业党组织覆盖率达到72.91%，社会组织党组织覆盖率达到100%。深入开展党组织和党员搜集报送社情民意工作，进一步促进了党建引领基层治理。

深化干部队伍建设。坚持凭能力用干部、以实绩论英雄，动态掌握领导班子和干部队伍运行情况，不断优化班子结构，圆满完成第九、十批援藏干部轮换工作。提拔县处级干部176名、进一步使用58名，调整157名、晋升629名，基层一线干部占比进一步提高。大力实施“四个一百”年轻干部选育工程，“80后”正县级干部和“85后”副县级干部达到64人，县（区）、市直单位“90后”科级干部实现全覆盖，从市直单位选派100名年轻干部到县（区）挂职锻炼，培养储备了一批优秀年轻干部。15名优秀村社党组织书记和乡村振兴专干被招录为公务员或聘用为事业编人员，新发现培养村级后备干部356名。及时召开市委人才工作会议，引进高层次人才2名，博士服务团成员4名。坚持严管与厚爱并重，严肃处置违反政治纪律问题线索11件19人，免去工作激情减退干部职务26人，在疫情大战大考中提拔重用或晋升干部25名、免职21人。及时出台《拉萨市干部容错纠错实施细则》，提拔任用处分较轻、影响期满且表现优秀的干部24名，为2名受到失实举报的干部及时澄清正名。推进党风廉政建设。严格落实“两个责任”，纵深推进党风廉政建设和反腐败斗争。持续纠治“四风”问题，严肃查处违反中央八项规定精神问题9件16人；扎实推进“吃公函”问题专项治理和“私车公养”问题“回头看”，督促整改发现问题366条。专项监督脱贫攻坚同乡村振兴有效衔接，集中整治民生领域损害群众利益问题，严查贪污侵占、吃拿卡要、优亲厚友等问题11件23人。常态化开展扫黑除恶斗争，处置涉嫌涉黑涉恶问题线索11件。科学制定十届市委巡察工作规划，一体推进“三不”，始终保持反腐高压态势，共处置问题线索339件，立案97件，给予党纪政务处分115人，依法采取留置措施11人，移送司法机关7人。制定常态化廉政警示教育长效机制，召开全市警示教育大会，编印发放400本违纪违法干部忏悔录，举办“身边事教育身边人”廉政警示教育展145场次，进一步释放了“越往后执纪越严”的强烈信号。

同志们，市委常委会高度重视自身建设，持续加强理论武装，及时跟进学习党的最新理论成果；带头推行领导干部常态化“四联四包”工作机制，常委同志都主动到基层一线搞宣讲抓调研促落实；坚决贯彻民主集中制，严格执行请示报告制度和集体决策制度，向区党委报告工作79次，集体研究“三重一大”事项31项，做到了依法民主科学决策；严明“不打招呼、不递条子、不插手工程项目、不私自给基层和群众答应解决资金项目”规定，精诚团结、担当实干、自觉接受群众监督。同时，市委常委会始终坚持党的领导、人民当家作主、依法治国有机统一，积极推动各项工作制度化、规范化、程序化。及时召开市委人大工作会议，制定出台《关于新时代坚持和完善人民代表大会制度加强和改进人大工作的实施意见》；发挥人民代表大会制度优势，支持市人大及其常委会依法行使立法权、监督权、决定权、任免权，审议通过10个任免案，依法任免国家工作人员68人次，市人大听取审议报告12个，开展执法检查和专题调研2项，办理人大代表建议64个。加强协商民主建设，支持和保证市政协依章程开展民主监督，市政协开展专题调研6次、考察学习2次、委员培训1次，办理政协委员提案115件。高度重视和大力支持人民法院、人民检察院工作，深入开展“八五”普法，全社会法治观念明显增强。巩固发展爱国统一战线，支持做好民营经济统战工作，努力找到最大公约数，画好最大同心圆。加强党对工会、共青团、妇联等组织的领导，推动了群团组织健康发展。这些成绩的取得，根本在于以习近平同志为核心的党中央的掌舵领航，在于习近平新时代中国特色社会主义思想的科学指引，在于习近平总书记关于西藏工作的重要指示和新时代党的治藏方略的精准导航，离不开区党委、政府的关心支持，离不开援拉省市的鼎力援助，离不开全市各族干部群众的团结奋斗。在此，我代表市委常委会，向大家表示衷心感谢，并致以崇高敬意！

政府工作报告

——在拉萨市第十二届人民代表大会第三次会议上

拉萨市市长 王 强

（2022年12月12日）

一、2022 年工作回顾

2022 年是拉萨发展史上极不寻常的一年。一年来，我们共同经历了三件大事：

——全力迎接盛世大会。以喜迎党的二十大为主线，依托领导干部常态化“四联四包”机制，深入开展“大宣讲大调研大排查大落实”活动，认真开展“学习贯彻二十大、感恩奋进新时代”群众性主题实践活动，广泛开展“党的二十大精神进拉萨千家万户”大宣讲活动，全面掀起学习宣传党的二十大精神的热潮，有力推动了党的二十大精神入脑入心、见行见效。

——全力打赢抗疫大战。8 月以来，面对新冠肺炎疫情，在自治区党委、政府的高效指挥下，在国家工作组的精心指导下，在援藏省市的赤诚援助下，市委带领全体干部群众始终坚定不移坚持人民至上、生命至上，坚定不移落实“外防输入、内防反弹”总策略，坚定不移贯彻“动态清零”总方针，根据疫情形势变化，及时调整防控举措，落实“四早”要求，最大程度保护人民生命安全和身体健康，守住了“零死亡”底线。

——全力稳住经济大盘。落实稳经济大盘一揽子政策举措和临时性帮扶措施，最大限度降低疫情对经济社会的影响。预计地区生产总值同比增长 1.5%；新增城镇就业 1.36 万人，城镇调查失业率控制在 4% 以内；城乡居民人均可支配收入与全区保持同步；规模以上工业增加值增长 15%；一般公共预算收入剔除增值税留抵退税因素后同比下降 10.1%；社会消费品零售总额同比下降 9.7%。一年来，我们主要做了以下工作：

（一）社会大局和谐稳定。保持对分裂破坏活动和违法犯罪的高压严打态势，常态化开展扫黑除恶斗争，社会治安形势持续向好。大力推进民族团结进步创建“九进”，出台《拉萨市文明行为促进条例》，推广国家通用语言文字教育。宗教事务“三个不增加”持续落实，“三个意识”教育深入开展。强化矛盾纠纷排查化解，畅通网上信访通道，初信初访化解率达 99%。安全生产事故起数和死亡人数同比实现双下降，未发生重特大安全生产事故。

（二）民生福祉不断提升。落实自治区“十大民生工程”。应届高校毕业生就业率 96.3%。农牧民转移就业 8.6 万人，实现收入 8.92 亿元。推动城区 20 所中小学与农牧区中小学结对，在江苏南通西藏民族中学开设“拉萨班”。完成 5 个棚户区和 12 个老旧小区改造。建成 14 家老年人日间照料中心。健康拉萨深入推进。为疫情期间生活困难和外来务工人员发放补贴。完成《拉萨非遗大典》编撰。成功举办半程马拉松、环拉萨城自行车大赛等体育赛事 10 余场，奖牌获得数全区第一。打造西藏首部原创音乐剧《天梦》，完成 65 个乡镇文化站标准化建设，慈觉林藏院风情街入选国家级旅游休闲街区。

（三）基础设施持续完善。三区三线划定取得阶段性成果。藏热大桥建成通车，改造迎亲大桥等桥梁 7 座。农村公路养护里程达到 5332 千米，行政村客车通车率达到 100%。北环路和蓝天路改造等一批交通基础设施加快建设。编制低运量交通规划。基本完成管网改造和智慧水务建设，藏大路雨污分流改造工程圆满完工。同心公园等5座城市公园开工建设。新建5G基站483个，建成高新区数字经济产业园和区域性国际通信业务出入口局。

（四）经济发展承压前行。千方百计保市场主体，加大对中小微企业帮扶力度，减轻企业负担，累计减税降费121.3亿元，增值税留抵退税51.5亿元。实施招商引资“百日攻坚行动”，招商引资实际到位资金201.83亿元。综合保税区顺利通过国家验收。累计接待游客2022.3万人次、实现旅游收入288.9亿元，开展“助企惠民・悦享消费”等促销活动，出台支持首店经济、夜间经济发展政策，启动建设“中华美食・西藏味道”美食街。成功举办全球数字经济大会拉萨峰会。

（五）乡村振兴深入实施。健全完善防止返贫动态监测和帮扶机制，消除风险251户995人，守住了防止返贫底线要求。建设高标准农田11.5万亩，预计粮食产量16万吨，青稞产量11.9万吨，蔬菜产量26.7万吨，肉奶产量17.5万吨。大力推进青稞增产、牦牛育肥、藏鸡扩繁和设施农业建设，粮食和经济作物播种面积保持稳定。全力推进第二批40个村居“美丽乡村・幸福家园”建设和27个美丽宜居村建设。藏鸡入选国家特色优势产业集群，新增“三品一标”55个，“一村一品”国家级示范村镇达到11个。

（六）生态环境保持优良。大规模开展南北山绿化，推进“四旁”植树和飞播造林，完成造林面积55.87万亩。全力做好中央环保督察反馈问题及森林督查整改。整治入河排污口233个，完成农村黑臭水体排查，划定河湖管理范围，完成拉萨河河势控导工程，推行14座小型水库专业化管护，主要江河湖泊、饮用水水源地水质达标率100%。空气质量优良率99.7%，在全国168个重点城市中排名第一，不断巩固蓝天、碧水、净土保卫战成效。

各位代表！

一年来，我们大力推进审计统计、气象广电、应急救援、国防动员、档案史志、外事编译等各项工作，都取得了成绩和进步。北京市、江苏省从人力、物力、财力、智力等方面大力支援拉萨，双向互动交流持续深化，对口支援合作工作取得明显成效。我们始终坚持重大问题向市委请示报告，认真办理人大建议和政协提案，提请审议地方性法规草案4件，制定修改和废止政府规章、规范性文件15件。

一年来，挑战史无前例，付出异乎寻常。我们永远铭记，在这次疫情大考中，广大医务工作者、党员干部、媒体工作者、人大代表、政协委员、政法干警、人民子弟兵和离退休干部，冲锋在前、逆行而上、连续作战，以千辛万苦服务千家万户。各族群众和社会各界主动配合、积极出力，8个省市和区内6个兄弟地市火速驰援、携手相助、共同抗疫。

一年来，奋斗从未停止，收获令人振奋。我们成功入选第二批国家文化和旅游消费试点城市，入围全国首批国家物流枢纽城市、跨境电子商务综合试验区、“双化协同”试点城市。曲水县、墨竹工卡县成功创建农业现代化示范区，城关区智昭产业园成功创建国家级现代农业产业园，达孜区白纳村获得中国美丽休闲乡村，曲水县江村入选全国社会治理创新案例，等等。

这些成绩的取得，根本在于习近平总书记党中央核心、全党核心的领航掌舵，根本在于习近平新时代中国特色社会主义思想的科学指引，是区党委、政府倾力关爱和市委坚强领导的结果，是对口支援省市无私援助的结果，是全市上下众志成城、奋力拼搏的结果。在此，我代表市政府向所有人的所有付出表示衷心的感谢，并致以崇高的敬意！

也在此，向各位代表说明：今年，正值投资建设的黄金期和旅游高峰期，遭遇突如其来的疫情，致使重大项目不能如期开工建设，消费一度停滞，严重冲击拉动经济的投资、消费两大引擎，导致地区生产总值、社会消费品零售总额等既定目标任务未能如期完成。

同时，我们也更加清醒地看到拉萨发展面临的挑战、存在的短板和此次疫情暴露出来的问题。经济恢复的基础不稳固，市场的流动性偏弱，各项要素的活力不足，营商环境总体呈现“灰区”，特别是中小微企业发展面临较大困难；基层治理面临严峻挑战，城市管理体制机制不顺、权责不清，城市标准缺失，城市“规建管”环环不到位，碎片化严重；项目建设单位主体责任缺位，管理体制有待完善，监督管理缺位，工程质量有待提高；缺少围绕资源禀赋发挥比较优势的产业，龙头产业不大不强，功能园区产业链没有形成；不按规律办事、不按规矩办事时有发生，干部不学习、不务实，不想为、不敢为、不会为局面亟待改变。我们必须勇于正视问题，科学分析问题，切实解决问题。

二、2023 年经济社会发展总体要求

2023 年是全面贯彻落实党的二十大精神开局之年，做好明年工作的总体要求是：坚持以习近平新时代中国特色社会主义思想为指导，深入贯彻落实党的二十大精神及中央第七次西藏工作座谈会精神、习近平总书记关于西藏工作的重要指示和新时代党的治藏方略，深入贯彻落实自治区第十次党代会和区党委十届三次全会精神、王君正书记在拉萨市干部大会和在拉萨调研时的讲话精神，贯彻落实拉萨市第十次党代会和市委十届四次全会精神，牢记“三个务必”、捍卫“两个确立”，增强“四个意识”、坚定“四个自信”、做到“两个维护”，统筹推进“五位一体”总体布局，协调推进“四个全面”战略布局，坚持“三个赋予一个有利于”，坚持以人民为中心的发展思想，坚持稳中求进工作总基调，坚持系统观念，立足新发展阶段，完整准确全面贯彻新发展理念，主动服务和融入新发展格局，统筹发展和安全，自觉把拉萨工作置于党和国家事业全局中来研究思考，置于区党委、政府的整体安排部署中来谋划推动，聚焦“四件大事”，锚定“四个创建、四个走在前列”，围绕当好“七个排头兵”，按照“两城三区”发展定位，全面落实以“强中心”战略为抓手、“七大行动”为支撑的“1+7”贯彻体系，充分发挥首府城市功能，当好长治久安和高质量发展的排头兵，努力建设团结富裕文明和谐美丽的社会主义现代化新拉萨。

综合考虑发展各种因素，2023 年全市经济社会发展的主要预期目标是：地区生产总值增长 10%；一般公共预算收入平稳增长；社会消费品零售总额增长 10%；规模以上工业增加值增长 8%；新增城镇就业 1.35 万人，城镇调查失业率控制在 5% 以内；城乡居民人均可支配收入分别增长 10%、13%；居民消费价格涨幅控制在 3.5% 以内。

完成明年的目标任务，大势所趋、民生所需、时不我待，我们必须提振信心。一是坚持用发展的眼光看问题。面对疫情挑战和群众需求暴露出的问题，消极懈怠没有用，怨天尤人没有用，回避躲避没有用。矛盾和困难无处没有、无时不在，但更多的在于我们的心中、在于我们的头脑中、在于我们的思想中。解决问题唯一的办法是发展！要在发展中突围，只有发展才能走出一条活路。二是坚持用改革的办法解难题。面对错综复杂的难题，要刨根问底、理清思路、深研成因、抓住关键求突破。解决难题，要从源头上理思路，要从机制上求创新，要从标准上找空间，要靠改革求集成。三是坚持以开放的思维谋发展。拉萨既是历史的拉萨，也是当下的拉萨，更是要走向未来的拉萨；拉萨是西藏的拉萨，也是全国的拉萨，更是世界的拉萨。以拉萨为圆心，放眼周围 1500 千米的半径，拉萨是一个特殊区域中心。高原阳光城，要以开放的理念、思维走向世界、融入世界，在开放中融入国内国际大循环，在开放中走出一条适合拉萨的光明大道。四是坚持以务实的作风抓落实。按规律办事、按规矩办事，这是作风养成的内涵支撑，也是为人民谋利益的光明正道。只要按规律办事了，就能顺势而为，有所为有所不为；只要按规矩办事了，就能为得务实、为得亲民、更为得光明。只有这样，人民的意愿、人民的智慧、人民的力量，才能形成我们各项工作的营养、滋养。

三、2023 年主要工作

刚刚召开的市委十届四次全会，全面贯彻落实党的二十大精神和区党委十届三次全会精神。市政府要围绕市委十届四次全会确定的“强中心”战略和“七大行动”方案，理清总体思路、抓住年度重点，在创新统筹中行稳致远。

（一）提高政治站位，始终做到“两个维护”。牢记“三个务必”，始终做忠诚干净担当的人民公仆。在政治上忠诚。牢固树立“看首府首先从政治上看”的意识，深刻领悟“两个确立”决定性意义，做到“两个维护”，高质量开展学习二十大、政府“是什么、干什么、怎么干”学习实践活动，建设法治政府、高效政府、廉洁政府，以党的二十大精神指导完成区党委十届三次全会、市委十届四次全会确定的各项任务，努力当好“七个排头兵”，推进“两城三区”建设。在规范中运行。从严从实加强政府自身建设，切实做好依法决策、依法审批、依法工程招投标、依法监督和审计等，严格按照国家各行业上位法推进工作。坚决按规律办事、按规矩办事，加强公信政府建设，言必信、行必果。在担当中作为。面对群众急难愁盼，

坚决不回避、不躲避、不绕着走。主动把政府的工作任务、资源配置、人力投入、职权行使，切实对应人民的需求，在人民的支持拥护中形成城市发展的思路、规划、计划、行动，在全方位履职中形成与人民心连心、共命运的政治生态。

（二）突出群防群治，夯实社会稳定根基。善治必达情，达情必近人。坚定践行党的群众路线，用心用情用力学会做群众工作。发动群众融入反分裂斗争，广泛实施群众政治思想教育工程、民族团结进步工程、藏传佛教中国化工程，常态化开展安全隐患“大排查、大整治、大起底”行动，让群众充分融入反分裂、反渗透、反自焚、反暴恐等专项斗争和“断血”、断勾连、“净网”等专项行动，形成反分裂斗争和防范风险隐患的“汪洋大海”。服务群众提高智慧治理能力，规划建设智慧治理运行枢纽平台、人口信息共享平台和大数据基层平台，推进各类系统整合、平台对接、资源共享，加快社区治理、疫情防控、公共安全、市场监管等智慧治理应用场景建设，以高效治理服务群众。动员群众共建和谐社会，加大政府工作公开力度，争取群众的理解、消化、支持，把政府工作转换成群众内心对城市的热爱、期待，把人民的意志和力量转化成支持政府发展的共同力量，最大限度地凝聚人心。实施开放包容文明城市形象提升行动，推进平安乡村、法治乡村建设，开展互嵌共同富裕社区建设专项行动，试点推进各族学生混班混宿，创建全国民族团结进步示范区（单位）。

（三）突出资源禀赋，做大做强核心增长极。坚持“三个赋予一个有利于”，做好第五次全国经济普查，优化要素资源配置，打造“百亿产业走廊”。实施数字经济振兴工程。出台数字经济发展规划，专题办好全球数字经济大会拉萨峰会，加快推进国家首批“双化协同”综合试点工作，做强西藏数字经济产业研究院，大力实施5G扩面提质、工业互联网、物联网、大数据中心等数字新基建，把拉萨建成“东数西算”的区域中心和战略高地，辐射南亚。有针对性引进大数据处理、服务、应用等领域的龙头企业，联合培育本地优质企业，激活数字经济发展活力，着力探索涵养“数兴城”。实施绿色工业扩能工程。坚持把光伏、地热、抽水蓄能等新能源产业作为支柱产业进行布局，加快推动直孔、拜木邓抽水蓄能和羊八井、尼木光伏项目建设，支持当雄、尼木、墨竹等县（区）大力发展新能源。加强非金属矿产资源生态监管，建立市级绿色矿山建设标准，大力推进巨龙铜业改扩建、华泰龙三期尾矿库项目开工建设，延伸末端产业链，力争规上企业超过100家。实施文体旅游联动工程。继续深化慈觉林等文化旅游创意园区建设，创意打造高原特色音乐会，与《文成公主》《金城公主》一道成为高原文化盛宴。改造升级以纳木错为龙头的拉北精品旅游线路，加快叶巴文旅康养、吞巴藏香康养小镇建设。探索商业化运作“半程马拉松”“高原斯诺克”“登山小镇”等体育活动，继续办好环城自行车大赛，促进生态观光、文化体验、运动康养、体育赛事等文化、旅游、体育融合发展，打造一批旅游示范村。实施净土产业增优工程。做好脱贫攻坚成果巩固，强化与乡村振兴衔接，推进供销社恢复运营，完善县域商业体系，推动净土健康产业提质增效，建设青稞、牦牛种质资源与遗传改良国家重点实验室、高原生物实验室，实施生猪养殖基地、藏鸡产业集群扩产赋能等项目，适度扩大设施种植、养殖规模，探索高原特色种植业，延伸产业链条，培育市场品牌，提高市场份额。严守耕地红线，建设改造高标准农田4.31万亩，推广藏青3000、苏拉青2号等良种，确保粮食安全。实施园区经济再造工程。巩固壮大园区现有产业，适时出台现阶段鼓励政策，留住一个、涵养一个、做大一个。用好综合保税区政策，放大综合保税区政策适用范围，提高开发区效益效能。加快推动聂当工业园招商引资工作，招大招强，尽快形成拉萨开发区经济新的增长极。加快柳梧新区集聚总部经济、金融服务、研发中心、商务会展等，着力在打造数字经济上与帮扶省市和先进地区衔接，探索建立数字经济发展新平台。经开区、柳梧新区、文创园区用好用足国家一般债、专项债政策，激活存量资本，形成投资杠杆，推动拉萨市全方位的投资开发建设。探索顿珠金融城发展路径，因地制宜汇聚要素，涵养城市功能新板块。推动领峰国际智慧物流园、高原食品冷链中心、曲水协荣物流园等物流产业快速发展，推动中尼友谊工业园区发展迈出实质性步伐，积极推进中国（拉萨）跨境电子商务综合试验区建设，引进培育跨境电商龙头企业。

（四）突出改革开放，增强发展动力活力。以深层次改革促进高水平开放，带动高质量发展。建设学习型机关、学习型政府，争做学习型干部，把学习国家各项政策文件、规矩规范和先进地区经验，当成解放思想、激发活力的重中之重。以拉萨发展研究中心为基础，加快智库平台建设。实施好人才“育、引、用、留”四大工程，在厚植创新中制胜未来。创新招商引资机制，开展“小组团”精准招商、援藏招商、以商招商，优化项目招引和落地的要素整合方式，积极招引产业龙头企业和补链、延链、强链项目。深化“组团式”援建，创新小组团援建，把握援建工作的阶段性、针对性、匹配度，切实提高支援合作成效。推动城市管理体制改革，完善市政项目移交管护制度，厘清市县两级权责，规范执法队伍建设。推动城市绿化养护体制改革，探索以政府购买服务的方式，支持城市失业人口开展城市绿化养护工程，汇聚更多的力量参与城市建设。制定优化营商环境年度计划，清单式推进“放管服”改革。改革投资项目管理体制，刚性发挥项目法人主体责任，加大项目全过程审计监督与管理，助力项目建设单位规范廉洁运行。探索推进项目论证、立项、规划等环节体制机制改革，简化用能报装程序，提高审批效率。深化国有企业改革三年行动成果，打开前门、关闭后门，通过改革切实增强企业市场化、规范化经营能力，更好发挥国企生力军的作用。加强对内对外开放，深化拉萨山南一体化发展，主动对接成渝地区双城经济圈、陕甘青宁经济圈、大香格里拉经济圈，深度融入国家“一带一路”建设，加强与南亚国家城市交流交往，推动商贸、物流、文旅等领域合作，打造面向南亚开放通道的战略枢纽。

（五）坚持以人为本，提升城市发展品质。紧扣“优美、现代、宜居、幸福”城市内涵，抓好城市规划建设管理工作，统筹“四强联动”，打造“百里活力城乡长廊”。推进国土空间总体规划、城市总体规划、城市治理各专项规划等多规合一，加快城市空间和土地资源专项治理，推进布局优化和功能完善，让规划成为城市开发建设的总纲。加快北环西延项目、当热路至北京西路扩容改造项目建设，全力做好 G561 拉萨至林周改扩建项目前期，推动 S5 线项目建成通车，力争在城市外围畅通的基础上，开展城市内部的专项治堵工作。加快推进“智轨”交通试点项目建设，创建拉萨适宜、群众期盼的公交都市。稳步开展广告牌整理、行道树清理补栽、乱停乱放、拆围透绿等城市治理专项行动。启动古城区保护与城市更新工程，打造一批大院改造样板，保护提升八廓街并冲赛康等老城区，规划建成融“乡愁、文脉”为一体，既传统又现代的高原阳光城、民族特色街区，在保护与更新中占高地、树形象、聚人心。适时启动布达拉宫广场整理提升工程，加快实施药王山区域综合治理。按照“五十百”工程要求，加快堆龙新城等 5 个县城开展系统治理，更新城市功能，提升县城品质和形象。

（六）坚持人民至上，巩固提升民生福祉。盯紧群众最关心、最直接、最现实的利益问题，统筹办好群众期盼的大事和身边的小事。着力加强美丽家园建设。加快推进雪社区、雪二村、洛欧村等 17 个老旧小区和棚户区改造项目，新开工建设娘热街道吉苏小区等 7 个棚户区改造项目。加快实施村庄规划编制，年内完成“美丽乡村 · 幸福家园”第二批 40 个示范村建设任务，启动 24 个宜居宜业和美乡村建设。着力提高就业质量和水平。总结推广就业帮扶经验，打好政策组合拳，优化职业技术学校专业设置，用好企业培训模式，探索对口援助省市“以工代训、工学结合”就业帮扶模式，确保高校毕业生就业率保持在 95% 以上。健全农牧业转移人口市民化机制，支持劳务服务组织发展，推行以工代赈，落实项目“三规”要求，提高农牧民转移就业组织化程度，制度化保障投资项目民工工资按时足额发放到位。常态化做好城镇零就业家庭动态清零，力争让更多有劳动能力和劳动意愿的人参与到拉萨建设中来。着力办好人民满意的教育。加强教育基础设施和信息化建设，加快推进人大附中拉萨学校等 11 所学校建设，力争在北京、江苏新开设“拉萨班”2 个。深化教育“组团式”援藏，试点推行教育联盟模式，分阶段实施“清零行动”“提升行动”，促进县域义务教育均衡化。完成拉萨师专“专升本”。推动教育管理体制和教师薪酬改革，改善教师住房条件，实施“名校长、名教师、骨干教师”培养计划和乡村教师专项培养计划，优化教师队伍。着力加快健康拉萨建设。健全卫生应急扁平智慧体系，建立多领域专家会商决策机制，加快疾控中心建设，做好常态化疫情防控。加快城市医联体和县域医共体建设，实施“智慧医疗”，推动“三医”联动改革，深化医疗“组团式”援藏，力争30%的乡镇卫生院和15%的社区卫生服务中心服务能力达到基本标准。出台三孩生育配套政策，涵养人口资源，增强发展活力。着力健全社会保障体系。加快社会保险标准化先行城市建设，完善最低生活保障标准动态调整机制，推进3岁以下婴幼儿照护服务，加快残疾人就业孵化基地建设。探索公租房管理模式，盘活国有企业存量房产，尽可能多地解决保障性住房。着力推动文化繁荣发展。加快哲蚌寺等文物保护项目建设，启动第二次全区非遗资源普查（拉萨区域）工作，申报长江国家文化公园建设项目和温江多遗址考古项目，实施“书香拉萨”项目，开展首届“拉萨礼物”文创产品大赛，推进群艺馆、歌舞团功能提升和图书馆开馆工作，打造一批双拥文化阵地主题公园，推动市级博物馆、铸牢中华民族共同体意识主题展馆建设。丰富拉萨雪顿节形式、内容，适时策划推进“西藏唐卡艺术节”。

（七）坚持绿色发展，建设生态文明高地。坚定不移保护生态环境，做足“水”和“绿”的文章，打造“百里生态绿廊”。推进治污降碳，持续打好蓝天、碧水、净土保卫战，加快推进百淀污水厂二期、东嘎和柳梧污水处理厂、生活垃圾焚烧发电厂二期项目建设。深入做好中央生态环境保护督察整改“后半篇”文章。制定拉萨“双碳”行动计划，开展重点领域减污降碳行动，推动工业领域节能降碳技术改造，探索零碳产业园区建设。积极推进“无废城市”创建。力争自治区生态文明建设示范县乡村达50%以上。制定城市全域绿化规划，开展高原城市绿化“适种、驯化”等基础性工程研究，分类推进城市点线面绿化工程，完成一批道路公园、街区绿化，加快实现“城在林中、路在绿中、房在园中、人在景中”。推进林长制改革，加强生物多样性保护。开展国土绿化行动，大力实施南北山绿化工程，有序推进拉萨河流域造林绿化和“四旁”植树行动，加大绿化养护力度，新增造林20.1万亩，努力实现“绿满城”。加强城市水系治理修复，加快推进旁多引水工程、墨达灌区续建配套与节水改造、帕古水库等项目建设，推动拉萨城市水系治理二期建设，推进水系进城，全面建设城市水系。深入推进河湖长制，建立防治城市黑臭水体长效机制，保持城市水体“零”黑臭。加快推进林周卡曲湿地生态修复工程、雅鲁藏布江中游河谷黑颈鹤保护区（拉萨片区）能力提升工程，实施拉鲁湿地四期提升改造工程，积极申报国际湿地城市，推动形成以拉鲁湿地为依托，促进各县（区）有机分布的湿地保护体系，强化水土流失综合治理，确保自然湿地保护率稳定在60%以上，努力实现“水润城”。

各位代表！心中有理想，脚下有力量。新时代新征程，让我们更加紧密地团结在以习近平同志为核心的党中央周围，坚持以习近平新时代中国特色社会主义思想为指导，在自治区党委、政府和市委的坚强领导下，贯彻党的二十大精神，落实区党委十届三次全会和市委十届四次全会部署，聚力“四个创建”“四个走在前列”，实施“强中心”战略、当好“七个排头兵”，努力建设“两城三区”，为全面建设团结富裕文明和谐美丽的社会主义现代化新拉萨而团结奋斗！

拉萨市第十二届人民代表大会常务委员会工作报告

——在拉萨市第十二届人民代表大会第三次会议上

拉萨市人大常委会主任 贺 鹏

（2022年12月12日）

2022年工作回顾

2022 年是极其不寻常的一年。市委带领全市各族人民共克时艰、苦干实干，全力推动各项事业发展进步，疫情防控取得重要成果。一年来，在市委的坚强领导下，市人大常委会坚持以习近平新时代中国特色社会主义思想为指导，全面贯彻党的十九大、十九届历次全会和中央第七次西藏工作座谈会精神，深入学习宣传贯彻党的二十大精神，全面贯彻中央和区市党委人大工作会议精神，全面贯彻区市党委十届三次全会精神，不断提高政治判断力、政治领悟力、政治执行力。聚焦完整准确贯彻新时代党的治藏方略，紧跟区市党委工作部署，紧贴人民美好生活需要，紧扣坚持和完善人民代表大会制度的根本要求，深刻领悟“两个确立”的决定性意义，增强“四个意识”、坚定“四个自信”、做到“两个维护”，守正创新、真抓实干，忠实履行宪法法律赋予人大的各项职责，为建设社会主义现代化新拉萨做出了应有贡献。

2022 年，在我市人民代表大会制度历史上，具有特殊重要意义。市委首次召开人大工作会议，印发《关于新时代坚持和完善人民代表大会制度 加强和改进人大工作的意见》，明确我市人大工作的发展方向和目标任务；首次在全区开展“小切口、小快灵”立法实践，制定了《拉萨市南北山绿化管理条例》；首次听取和审议拉萨市监察委员会工作报告；首次协同山南、日喀则、林芝三市就雅鲁藏布江保护开展区域共同立法。

——立法工作实现量质齐升。完善党委领导、人大主导、政府依托、各方参与的工作格局，深入推进科学立法、民主立法、依法立法，开展立法调研 19 次，研究审议地方性法规 9 件，立法引领、推动、保障作用进一步显现。

——监督工作凸显刚性实效。坚持正确监督、有效监督、依法监督，听取审议工作报告 27 项，依法开展执法检查和备案审查工作，保障法律法规有效实施，推动党委决策部署落地生根。

——重大事项决定工作取得新进展。贯彻中央和区市党委部署要求，完善重大事项讨论决定制度，建立健全与“一府一委两院”协商确定议题工作机制。依法作出决定决议 15 项，重大决策的科学化、民主化、法治化水平不断提升。

——任免工作更加规范有序。坚持党管干部和人大依法任免相统一，任免国家机关工作人员 74 人。全面实施宪法宣誓制度，组织宪法宣誓仪式 5 场次。国家机关工作人员的宪法意识、法治意识和人大意识得到增强。

一、坚决贯彻市委决策部署，树牢人大工作正确政治方向

坚持党的领导不动摇，始终把维护以习近平同志为核心的党中央权威和集中统一领导作为最根本的政治纪律和政治规矩，坚定坚决做到思想上、政治上、行动上同以习近平同志为核心的党中央保持高度一致。毫不动摇把坚持党的领导贯穿人大工作全过程各方面，坚决用习近平关于坚持和完善人民代表大会制度的重要思想统领人大工作，锚定“四件大事”，聚力“四个创建”“四个走在前列”，当好“七个排头兵”，

切实做到党委决策到哪里，人大工作就跟进到哪里，力量就汇聚到哪里，作用就发挥到哪里，保证党的路线方针政策和区市党委决策部署得到全面贯彻执行。

二、坚持立良法保善治，着力促进法治拉萨建设迈出新步伐

一年来，市人大常委会围绕依法治国、依法治藏战略和依法治市部署，完善立法机制、厘清立法需求，坚持重大立法事项请示报告制度，及时向市委请示报告本届常委会五年立法规划、年度立法计划，对法规草案中重大问题及时报请市委研究决定。

通过发布公告、召开座谈会等方式广泛征求意见，编制了市十二届人大五年立法规划（2022—2026年），确定立法项目15件，确定了立法工作的总体格局。推动常委会工作制度化、规范化，修订《拉萨市人民代表大会常务委员会议事规则》，进一步提升议事质量和效率。加强与对口部门的联系沟通，听取立法工作意见，拓宽社会各界参与立法的新渠道。

推进立法创新实践。开展“小切口、小快灵”立法，制定《拉萨市南北山绿化管理条例》，该条例是深入贯彻习近平生态文明思想，继《西藏自治区国家生态文明高地建设条例》之后，我区又一次用法律保障生态文明建设的成功示范。积极探索协同立法模式。在自治区人大常委会的大力指导下，市人大协同日喀则、山南和林芝三市，通过共同调研、论证，开展雅鲁藏布江保护共同立法。这是我区市与市人大之间开展区域协同立法的有益尝试。审议通过了《拉萨市中心城区水系保护条例》《拉萨市物业管理条例》《拉萨市绿化条例》等6件地方性法规条例。

三、突出重点领域监督，充分彰显人大工作特点优势

市人大常委会认真履行宪法法律赋予的监督职责，统筹运用法定监督方式，不断提升监督工作质量水平，加强跟踪督办，推动制约我市发展的突出矛盾和问题得到有效解决。

在经济领域，持续加强对国民经济和社会发展计划及预算执行情况的监督，定期分析经济形势，跟踪监督经济运行情况。听取和审查2020年度本级预算执行和其他财政收支审计查出问题整改落实情况的报告、2021年度本级预算执行和其他财政收支的审计工作报告、市政府2022年财政预算调整方案，同时一并对政府债务情况进行监督审查。对我市着力创建高原经济高质量发展先行区、创建国家固边兴边富民行动示范区、新型城镇化发展规划等提出意见建议。扎实推进预算联网监督系统建设运维工作。

在社会事业领域，听取和审议市政府关于《西藏自治区民族团结进步模范区创建条例》《拉萨市民族团结进步条例》贯彻实施情况的报告；听取和审议《拉萨市2021年度环境质量和环境目标完成情况报告》。起草关于环保法、自治区环境保护条例、自治区国家生态文明高地建设条例落实情况报告。对《中华人民共和国国家通用语言文字法》贯彻实施情况和拉萨市巩固拓展脱贫攻坚成果同乡村振兴有效衔接工作进行专题调研。配合自治区人大开展《西藏自治区民族团结进步模范区创建条例》贯彻实施情况执法检查。

在民主法治领域，对《拉萨市监察委员会关于依法正确履行职权 推进新时代监察工作规范化法治化的报告》进行审议，并就进一步加强监察队伍建设、进一步加强和完善制度建设等提出意见建议。听取和审议“两院”工作情况报告，明确指出“两院”工作中存在的问题和不足，提出工作要求。对在全市公民中开展第八个五年法治宣传教育活动（2021—2025年）形成决议。监督指导达孜区顺利完成区人大换届工作。配合自治区人大开展司法机关适用认罪认罚从宽制度情况专题调研。对自治区人大常委会下发征求意见的期货法、价格条例等6部法规草案进行认真研究，及时反馈修改意见和建议。

四、充分发挥代表作用，促进全体代表依法履职尽责

人大代表是国家权力机关的组成人员，代表人民行使国家权力，在发展全过程人民民主中发挥着重要作用。市人大常委会认真分析研究代表工作存在的问题，采取有力措施提高代表工作水平，使充分发挥代表作用成为人民当家作主的重要体现。

加强代表培训。制定年度培训计划，组织70名代表参加全国人大法委线上培训，20名代表参加自治区人大代表综合培训班。通过培训，新任代表对自身的责任义务、履职权限的认识有了进一步提高，代表审议各项报告、议案的能力水平明显提升，履职的积极性、主动性明显增强。

不断拓宽代表联系渠道，丰富联系形式。坚持把督促办好代表建议作为激发代表履职和联系群众的有力抓手，推动各项建议有效办结，促进解决群众急难愁盼问题。综合运用常委会班子成员分组专项督办、代表参与督办等方式，保证代表建议件件有回音、有落实。十二届人大一次会议收到79件代表建议，办复率及代表满意率达到100%，办结率达80%以上。坚持“请上来”和“走下去”相结合，市人大常委会组成人员与120名基层代表建立直接联系。认真做好我市的全国人大代表和自治区人大代表协调联系及服务工作，及时代发自治区代表履职补贴。

拓展代表履职平台。将建好用好“人大代表之家”作为工作重点抓实抓好，指导全市各级人大建好“家”、管好“家”、用好“家”。认真执行代表列席常委会会议制度，明确代表列席常委会会议不少于5人，保障代表参与审议各项议案、报告。今年以来，共组织本级代表6批次75人次列席常委会会议，组织各级代表210人次参加各类执法检查、专题调研、视察以及各专门委员会的监督活动43次。共发出无固定收入代表履职补贴73375元。

五、切实加强自身建设，推动人大工作高质量发展

加强思想政治建设。以政治机关建设为统领，发挥市人大常委会党组的政治领导作用，举办理论学习中心组集体学习、常委会专题讲座，深入学习贯彻习近平新时代中国特色社会主义思想和党的二十大精神。制定学习党的二十大精神实施方案。深入学习贯彻习近平关于坚持和完善人民代表大会制度的重要思想、中央和区市党委人大工作会议精神。围绕市委工作大局谋划推进人大工作，严格执行重大问题、重大事项请示报告制度，落实市人大常委会党组向市委汇报工作的要求，确保党的决策部署在人大工作中落地生根、开花结果。

加强机关作风建设。高起点谋划党建引领，制定印发党建“四个一”工程实施方案、年度比学赶超工作方案，推进机关党建工作走深走实。深入开展“四查四问”活动，对进一步改进作风狠抓落实作出部署，立足岗位，聚焦职责，认真对照负面清单，加强巡察整改，开展9个专项工作，严肃认真地查摆班子工作短板、干部自身不足，列出问题矛盾，明确整改措施，逐条逐项整改落实，机关作风得到持续好转，干部队伍能力水平明显提升。

各位代表！

即将过去的一年，成绩来之不易。本届市人大及其常委会各项工作取得的成绩，根本在于习近平新时代中国特色社会主义思想的科学指引，是市委坚强领导、自治区人大有力指导的结果，是全体人大代表、常委会和各专委会组成人员共同努力的结果，是各级各部门和社会各界、全市人民支持配合的结果。在此，我谨代表市十二届人大常委会，向大家表示衷心的感谢！

回顾2022年，市人大常委会的工作，有的没能实现预期目标，我们距离市委的工作要求和全市人民的期盼还有差距。立法工作的时效性和监督工作的刚性约束有待进一步加强，人大代表的履职能力和人大干部队伍的作风本领还需要进一步夯实提高。对于这些问题和不足，我们将在今后的工作中，采取有力措施，切实加以改进和解决。

2023年主要工作

2023年，是全面贯彻落实党的二十大精神的开局之年，是全党全国各族人民迈上全面建设社会主义现代化国家新征程、向第二个百年奋斗目标进军的第一年，是贯彻落实中央和区市党委人大工作会议精神、市委十届四次全会精神的重要一年，是我市经济社会发展疫后重振、提质增效的关键一年。做好今后一年的工作，完成各项目标任务，意义重大、使命光荣。

2023年，市人大及其常委会工作的总体思路如下：坚持党对人大工作的全面领导，高举中国特色社会主义伟大旗帜，坚持以习近平新时代中国特色社会主义思想为指导，深入贯彻落实党的二十大精神和中央第七次西藏工作座谈会精神，贯彻落实习近平法治思想、习近平总书记关于坚持和完善人民代表大会制度的重要思想，牢记“三个务必”、捍卫“两个确立”，贯彻落实习近平总书记关于西藏工作的重要指示和新时代党的治藏方略，贯彻落实自治区第十次党代会和区党委十届三次全会精神，王君正书记在拉萨市干部大会和在拉萨调研期间的讲话精神，增强“四个意识”、坚定“四个自信”、做到“两个维护”。

坚持党的领导、人民当家作主、依法治国有机统一，聚焦“四件大事”、锚定“四个创建”“四个走在前列”，围绕当好“七个排头兵”，坚持以人民为中心的发展思想，贯彻落实中央和区市党委人大工作会议精神，践行全过程人民民主，依法行使立法权、监督权、决定权、任免权。全面贯彻落实市委十届四次全会精神，奋力实施“强中心”战略和“七大行动”，以高质量、高效能推动工作落实，在建设社会主义现代化新拉萨的伟大事业中担当作为、贡献人大力量。

一、深入学习贯彻党的二十大精神

学深悟透弄懂党的二十大精神，是贯彻落实党中央战略部署、做好人大工作的根本政治前提。当前和今后一个时期，市人大常委会将进一步提高政治站位，扎实做好学习贯彻的组织工作，紧密结合中央第七次西藏工作座谈会精神、中央和区市党委人大工作会议精神、市委十届四次全会精神，抓住常委会组成人员和机关县处级干部等“关键少数”，先学一步、学深一层，带动促进全市人大系统学习好、领会好、掌握好党的二十大精神。以党的二十大精神统揽人大工作全局，统一思想、凝聚共识，切实把思想和行动统一到中央和区市党委的决策部署上来。常委会班子成员分别牵头1—3项具体任务，切实抓好落地落实，充分展现市人大贯彻党的二十大精神的特色亮点，不断抒写发展全过程人民民主、建设社会主义现代化新拉萨的生动实践。

二、着力提高立法供给质效

坚持科学立法、民主立法、依法立法，在确保质量的前提下加快立法工作步伐，强化治理能力现代化、城市建设与管理、生态文明建设、改善和保障民生等领域的法规制度供给，形成立法成果，以高质量立法服务拉萨长治久安和高质量发展。充分发挥人大在立法选题、评估、论证、立项、协调、起草、征求意见、审议等各个环节的主导作用。进一步拓宽公众有序参与地方立法的渠道途径，积极开展立法协商，在县（区）、乡镇（街道）建立立法联系点，健全法规草案公开征求意见建议和采纳反馈听证机制。丰富立法形式，坚持立改废释并举，注重开展“小切口、小快灵”立法，发挥地方立法实施性、补充性、试验性作用，使立法更好符合宪法精神，更好适应改革发展、满足人民期盼、体现拉萨特色。加快完善备案审查制度，明确备案范围，规范审查程序，做到有件必备、有备必审、有错必纠。围绕贯彻党中央重大决策部署和重要法律实施，结合拉萨实际开展专项审查和法规集中清理工作。

三、不断增强依法监督实效

坚持正确监督、有效监督、依法监督，推动解决制约经济社会发展的突出矛盾和问题，推动法律法规全面有效实施，切实保障行政权、监察权、审判权、检察权依法正确行使，推动市委重大决策部署落地执行。2023年，将围绕市委十届四次全会确定的目标任务以及新冠疫情防控、食品安全、科技体制改革、环境保护等工作的落实情况开展专项监督调研。对未成年人保护法、自治区生态文明高地建设条例、拉萨市文明行为促进条例等法律法规开展执法检查。寓支持于监督之中，切实提高监督的科学性、精准性，增强监督刚性和实效，强化监督成果的转化运用。

四、更加注重依法决定时效

紧扣“四件大事”，紧扣“强中心”战略和“七大行动”，紧扣人民群众急难愁盼，优选重大议题，及时作出决定，将区市党委贯彻落实党的二十大精神和中央大政方针的决策部署，通过法定程序转化为全市人民的共同意志和自觉行动。健全完善讨论决定重大事项制度，健全工作协调机制，推进讨论决定重大事项常态化规范化。加强对重大事项决议决定贯彻实施情况的跟踪检查，落实“一府一委两院”执行人大及其常委会决议决定工作的书面报告制度，推动决议决定落地见效。

五、加强代表工作跟踪问效

注重代表工作能力建设，全面提升服务保障水平。强化代表建议办理的跟踪问效，开展本届以来代表建议办理情况“回头看”，对有承诺未落实的建议，打包重新交办；对多年反复提出的建议，紧扣关键诉求重点督办；对满意度不高的建议，评估办理效果，视情况推动再办。抓好代表全员培训轮训工作。强化代表履职活动的跟踪问效，改进代表调研视察活动组织工作，更加注重结果运用，推动代表反映的意见建议转化为促发展、惠民生的实际举措。丰富代表联系群众的内容和形式，完善线上线下代表履职平台，健全吸纳民意、汇集民智的工作机制；完善代表履职评价体系，抓好管理监督，全面推进代表向原选举单位报告履职情况。强化代表服务保障工作，加强与代表特别是基层一线代表及所在单位的经常性联系和沟通，积极主动帮助解决代表在执行职务中遇到的困难和问题。总结本届以来代表履职和代表工作经验，加强宣传报道，展现代表风采，增强代表荣誉感、责任感。

六、推进自身建设取得新成效

坚持不懈用习近平新时代中国特色社会主义思想凝心铸魂，以政治建设统领“四个机关”建设和人大工作队伍建设。切实加强人大及其常委会自身建设，不断完善人大议事机制、立法机制、监督机制、讨论决定重大事项工作机制，努力把市人大及其常委会打造成为自觉坚持党的领导的政治机关、保证人民当家作主的权力机关、全面担负起宪法法律赋予的各项职责的工作机关、始终同人民群众保持密切联系的代表机关。加强能力建设，优化人大常委会组成人员及机关干部队伍结构，建设政治坚定、服务人民、尊崇法治、发扬民主、勤勉尽责的人大工作队伍。加强纪律作风建设，严格落实中央八项规定及其实施细则精神，坚决反对形式主义、官僚主义，把工作重心放在抓落实上，把功夫下在推动解决问题上，以真抓创真绩，以实干求实效。加强工作指导，密切与县乡人大的联系，鼓励支持基层创新实践，切实推进新时代人大工作实现新突破、迈上新台阶。

各位代表！奋进新时代、谱写新篇章。我们要更加紧密团结在以习近平同志为核心的党中央周围，在市委的坚强领导和自治区人大的有力指导下，坚守为民初心，担当人大使命，为建设团结富裕文明和谐美丽的社会主义现代化新拉萨做出更大贡献！

政协拉萨市委员会常务委员会工作报告（草案）

——在政协第十二届拉萨市委员会第三次会议上

拉萨市政协主席　尼　玛
（2022年12月11日）

2022年工作回顾

一年来，在市委的坚强领导下，政协拉萨市委员会及其常务委员会始终坚持以习近平新时代中国特色社会主义思想为指导，全面贯彻落实习近平总书记关于加强和改进人民政协工作的重要思想，把握团结和民主两大主题，团结带领广大政协委员，锚定“四件大事”“四个确保”，聚力“四个创建”“四个走在前列”、当好“七个排头兵”，凝聚人心、凝聚共识，切实担负起把党中央决策部署和区市党委工作要求落实下去，把全市各族群众智慧和力量凝聚起来的政治责任，在推进拉萨长治久安和高质量发展进程中贡献政协力量。

一、同心同德，坚定政治方向

坚持党的领导是人民政协必须恪守的根本政治原则。市政协常务委员会始终坚持党对政协工作的全面领导，一是把学习宣传和贯彻落实党的十九大、十九届历次全会精神，特别是党的二十大精神作为全市政协系统首要的、长期的政治任务，深刻领会“两个确立”的决定性意义，准确把握党对新时代人民政协工作提出的新部署、新要求，不断提高政治判断力、政治领悟力、政治执行力，坚定不移用习近平新时代中国特色社会主义思想定向领航，团结教育引领各族各界在思想上政治上行动上同以习近平同志为核心的党中央保持高度一致。二是坚定坚决地贯彻落实市委的决策部署，积极主动向市委请示汇报工作，充分发挥政协党组在政协工作中的领导作用、努力使党的主张转化为广大政协委员和各界群众的共同意志、自觉行动。

二、同心同力，主动担当作为

疫情就是命令，防控就是责任。面对突如其来的新冠疫情，政协党组、主席会成员坚决服从组织安排、迎难而上、主动担当，团结带领全市政协干部和广大政协委员，积极参与疫情防控工作，迅速进入“战时”状态，奔赴防控主战场，冲锋陷阵、攻坚克难，为全市疫情防控大局尽到政协责任。根据市委的统一安排，政协党组成员带头落实常态化“四联四包”工作机制，扎实开展大宣讲、大调研、大排查、大落实活动，深入基层一线，听民意、察实情、讲政策、解难题、化矛盾，为群众解疑释惑，协调相关部门帮助解决44件涉及群众切身利益的民生问题。

三、同心同行，积极参政议政

政协各专委会，根据常委会年度工作要点，发挥职能优势，履行提案、调研、视察和民主监督等工作职责。

——提案委员会。聚焦提质增效，深入基层开展提案工作调研。研究制定《拉萨市政协提案办理考核实施细则》，有效提升各承办单位提案办理实效。按照《市政协重点提案遴选与督办暂行办法》，召开主席会成员领衔督办重点提案工作座谈会，围绕《关于进一步扶持易地扶贫搬迁安置区发展》等重点提案开展督办工作，推动提案工作落地见效。

——经济资源环境农业农村委员会。坚持问题导向，深入贯彻落实中央和区市党委经济工作会议精神，组织委员围绕“进一步优化营商环境”“大学生在民营企业就业稳业情况”“我市固定资产投资情况”“民营企业在发展中遇到的难点、堵点问题”等主题，进行深入调研、召开2次协商议政会议，并形成了5份调研报告，为市委、市政府科学民主决策提供参考依据。

——社会教科文卫体委员会。聚焦民生热点难点，破解社会治理难题，精准选题，组织政协委员和政府职能部门的负责人围绕“我市教育‘双减’政策推行”“义务教育均衡发展”“基层社会治理工作”“小区物业管理存在的问题及对策建议”等主题进行实地调研，并形成3份调研报告。

——文史民族宗教法制委员会。围绕喜迎党的二十大，以铸牢中华民族共同体意识为主题，在全市政协系统开展了以“委员讲堂”为载体，委员撰写“三亲”故事、读书分享会等一系列具有政协特色的团结联谊活动。以共产党好、社会主义好、民族团结好为主题，编印了4期委员“三亲故事”特刊，并从市县两级政协委员中遴选12名宣讲骨干，分4期进行了培训，拟深入各界别群众进行宣讲，促进中华民族一家亲的思想根植于心、落实于行，推动中华民族共同体意识在雪域高原落地生根、枝繁叶茂。

四、同心同向，增进民族团结

增进团结、凝聚共识是人民政协的职责所系，更是新时代赋予人民政协的崇高使命。一是通过举办具有政协特色的“3·28”西藏百万农奴解放纪念日活动，以增进民族团结为主题召开座谈会、各族各界联谊会等，开展了形式多样、内容丰富的统战工作，引导广大政协委员不断增进“五个认同”，铸牢中华民族共同体意识，自觉做“维护祖国统一、加强民族团结”的坚定维护者和主动践行者。二是通过加强与党外委员和宗教界代表人士、非公有制经济代表人士、新的社会阶层代表人士的联系沟通，凝聚共识增进力量，坚持一致性和多样性相统一，形成最大公约数，画出最大同心圆。三是加大交流力度，接待区内外学习考察团6批次；联合自治区政协调研视察8次。

五、同心共建，加强自身建设

不断加强机关自身建设，着力打造新时代政协机关和政协干部队伍。一是坚持把政治理论学习摆在突出位置，不断加强学习，提高政治站位。按照学懂弄通做实的要求，系统学习党的最新理论成果，始终在政治立场、政治方向、政治原则、政治道路上同以习近平同志为核心的党中央保持高度一致。二是健全以党组理论学习中心组为龙头的学习制度体系，全年召开党组理论学习中心组学习（扩大）会议6次、党组会议6次、常委会会议4次、主席会议4次，举办1期委员培训班。三是贯彻落实中共中央办公厅《关于加强和改进新时代市县政协工作的意见》精神，与基层政协组织开展联合调研，深入细致摸清全市政协系统“两个薄弱”方面存在的短板不足和瓶颈问题，提出对策建议。四是大力加强机关作风建设，把学习成果转化为解决实际问题、提高服务质量、助推改革发展的能力水平，进一步锤炼过硬履职本领和工作作风，树立新时代人民政协的新样子，推动拉萨政协事业赓续前行、走在前列。

各位委员，2022年市政协取得的工作成绩，根本在于市委的坚强领导和高度重视，在于市人大、市政府和社会各界的大力支持，同时也是广大政协委员珍惜荣誉认真履职、担当作为努力奉献的结果，凝结着政协各参加单位和广大政协委员的智慧和汗水。在此，我谨代表市政协十二届常委会，向所有关心、支持政协工作的各级组织、各位领导及广大政协委员致以崇高的敬意和衷心的感谢！

在看到成绩的同时，我们也清醒看到在我们的工作中还有一些不足和短板：一是社情民意信息和民主监督工作力度不够，还需进一步加强；二是协商议政重点不够突出，还需进一步聚焦；三是因疫情影响，一些既定工作任务未能如期完成，还需继续推动落实；四是提案办结率仍不够理想，还需进一步提升。这些都需要我们高度重视，切实加以解决。

2023年工作建议

2023年市政协工作的总体思路是：坚持以习近平新时代中国特色社会主义思想为指导，深入贯彻落实党的二十大精神及中央第七次西藏工作座谈会精神、习近平总书记关于西藏工作的重要指示和新时代党的治藏方略，深入贯彻落实自治区第十次党代会和区党委十届三次全会精神、王君正书记在拉萨市干部大会和在拉萨调研时的讲话精神，牢记“三个务必”、捍卫“两个确立”，增强“四个意识”、坚定“四个自信”、做到“两个维护”，聚焦“四件大事”，锚定“四个创建、四个走在前列”，围绕当好“七个排头兵”，贯彻落实市委十届四次全会精神，坚持发扬民主和增进团结相互贯通、建言资政和凝聚共识双向发力，积极投身“强中心”战略和“七大行动”，为建设团结富裕文明和谐美丽的社会主义现代化新拉萨作出新的更大贡献。

一、坚持党的领导，把牢政治方向

要始终坚持把政治建设摆在首位、贯穿始终。充分发挥好党组理论学习中心组示范引领作用，深入学习贯彻习近平新时代中国特色社会主义思想，学习宣传贯彻党的二十大精神，加大委员培训力度，增强履职本领，提高建言质量，建设新时代高素质委员队伍。要用党的创新理论武装头脑，旗帜鲜明讲政治，把捍卫“两个确立”，增强“四个意识”、坚定“四个自信”、做到“两个维护”贯穿政协工作始终，使政协更好地成为坚持和加强党对各项工作领导的重要阵地、用党的创新理论团结教育引导各族各界代表人士的重要平台、在共同思想政治基础上化解矛盾和凝聚共识的重要渠道，切实担负起“落实下去，凝聚起来”的政治责任，为“建设美丽幸福西藏、共圆伟大复兴梦想”汇聚强大合力。

二、服务中心大局，助力高质量发展

围绕贯彻落实习近平总书记关于西藏工作的重要指示和新时代党的治藏方略，贯彻落实区市党委决策部署，坚持全市中心工作推进到哪里，政协履职就跟进到哪里，聚焦区市第十次党代会及区党委十届三次全会、市委十届四次全会确定的目标任务，通过调研、视察、提案、民主监督等方式，积极协商议政。聚焦基础设施建设、重点项目、产业发展等主题开展协商议政活动；围绕生态环境、乡村振兴等主题开展专题调研；选取常态化疫情防控、基层治理、城市管理等问题进行考察学习，提出务实管用的意见建议，助力在着力创建高原经济高质量发展先行区上当好排头兵。

三、践行为民宗旨，务实建言献策

把实现好、维护好、发展好最广大人民根本利益作为政协工作的出发点和落脚点，紧紧抓住人民最关心最直接最现实的利益问题，务实建言献策。要围绕市委市政府高度关注、人民群众热切期盼、政协大有可为的议政主题，召开2—3次议政性常委会；选择年度协商计划中的重点议题，开展4—6次重要协商调研活动，切实形成高质量调研成果。要围绕持续巩固拓展全国生态文明示范城市创建成果，组织各界别委员对南北山绿化工程和“美丽乡村·幸福家园”建设等重大项目推进情况深入开展视察活动，助力生态文明建设。要加强提案办理工作，坚持主席会议听取重点提案办理落实情况工作机制，提升重点提案办理工作实效。

四、深化团结联谊，广泛凝聚共识

以学习宣传贯彻党的二十大精神为主线，持续深入开展铸牢中华民族共同体意识“委员故事”、“拉萨故事”、“书香政协·读史感悟”分享会等系列活动，引导各族各界人士不断增强对中国共产党的认同，坚定不移听党话、感党恩、跟党走。要通过委员讲堂骨干宣讲，分界别、分层次广泛开展宣讲活动来引导群众感悟习近平总书记和党中央的亲切关怀、新时代党的治藏方略和富民兴藏各项政策的英明伟大，厚重“中华民族一家亲，同心共筑中国梦”的真挚情怀，进一步弘扬主旋律，不断夯实各族各界群众“共同团结奋斗、共同繁荣发展”的思想基础。

五、加强自身建设，提升履职效能

大力弘扬伟大建党精神、“两路”精神和老西藏精神，狠抓作风建设和干部队伍建设，强化委员为国履职、为民尽责的责任担当，努力做到“懂政协、会协商、善议政，守纪律、讲规矩、重品行”。要加强委员学习培训、服务管理、考核评价，健全委员履职档案，激励委员以实际行动当好人民政协制度的参与者、实践者、推动者。要聚焦“四个创建”和当好“七个排头兵”，切实把市委决策部署转化为一项项具体工作、一件件具体抓手，不断提升政协履职实效。

各位委员、同志们！让我们更加紧密地团结在以习近平同志为核心的党中央周围，在市委的坚强领导下，不忘初心、牢记使命，踔厉奋发、主动担当、积极作为，为建设社会主义现代化新拉萨而团结奋斗！

拉萨市第十一批干部驻村工作

【概况】 2022年,拉萨市共有281个村(社区),共选派第十一批驻村干部1300名(含第一书记),其中市派162名、县派250名、乡派372名、乡村振兴等各类专干516名参加驻村工作。全市驻村队员坚持以学习宣传贯彻党的二十大精神为主线,在事关民生发展和基层基础的根本性、长远性问题上精准发力,推动驻村工作“五项重点任务”落地落实。严格落实《全区干部驻村工作方案》要求,主动适应新形势新任务新要求,积极整合力量调整优化驻村工作布局。

【组织领导】 2022年,拉萨市各级党委、政府坚决落实领导责任,坚持把干部驻村工作摆在突出位置,站在全局思考、着眼大局谋划、服务中心落实。各级各部门高度重视、精心组织,强化保障、全力推动,确保干部驻村工作扎实有效开展。各级党委组织部门、农业农村部门、乡村振兴部门牵头协调,各级驻村管理机构主抓,各派驻单位认真履行主体责任,形成上下一心、齐抓共管的驻村工作格局。驻村工作总领队对标区市两级工作要求,聚焦自身岗位职责,对驻村工作进行系统谋划,牵头制定各自县区《驻村工作计划》,细化目标任务、工作措施,严明纪律要求,确保驻村工作有的放矢、有章可循。驻村工作总领队定期向驻地县(区)委汇报工作,积极建言献策,及时研究解决重要事项和困难问题。

【铸牢中华民族共同体意识】 2022年,拉萨市驻村工作队结合领导干部常态化“四联四包”工作机制和党员“三包”工作,采取分组包户、上门走访的方式,在拉家常、问生计中讲政策、讲党恩,开展党的二十大精神“飞入寻常百姓家”主题宣讲,组织习近平新时代中国特色社会主义思想、中央第七次西藏工作座谈会精神等专题宣讲会1900余场次。采取“一对一、一对多”结对帮学,全覆盖开展村干部和党员群众国家通用语言文字教育培训2300余场次。扎实推进民族团结示范创建活动,各族群众“五个认同”“三个离不开”思想更加牢固。

【群众致富】 2022年,拉萨市驻村工作队以“六个基本”建设为抓手,推动基层党组织成为带领群众致富的“主心骨”,基层党员干部成为带领群众致富的“主力军”。针对农牧区不同程度存在的吃水难、用电难、行路难问题,积极整合发改、财政、交通、水利、农牧等部门项目资金2200余万元,落实各类项目86个。尼木县立足“四产业三园区”布局,投资578.6万元实施强基惠民项目21个,有效解决集体经济结构单一、经济效益不佳等问题。墨竹工卡县通过入股方式积极扶持畜牧业养殖合作社、农畜产品销售等实体产业,不断拓宽村集体经济增长渠道,带领群众增收致富。着眼农牧区剩余劳动力多、农牧民科学文化素质普遍较低的实际,组织4300余人次开展技能培训,协调1.3万余人次实现就业创业。立足解决群众急难愁盼问题，为群众办实事好事9万余件，协调捐款捐物770余万元，解决15万余名群众的生活困难。

【维护社会稳定】 2022年，拉萨市驻村工作队以健全基层社会治理体系为目标，按照“一村（社区）一策”要求，建立应急预案体系，充分发挥临时党支部协调联动作用，组建“四护队”600余支，开展联合演练300余次，党组织和党员常态化收集报送社情民意信息400余条，排查化解各类隐患8100余个。深化矛盾纠纷联排联调、安全隐患联防联控、平安建设联动联创，在重要时段、重要节点组织开展巡逻6万余次，开展重点领域排查8200余次。完成党的二十大、春节、藏历新年等重点节点的维稳安保任务。

【守土固边】 2022年，拉萨市驻村工作队宣传卓嘎、央宗姐妹等爱国守边典型人物和先进事迹，持续推进国防教育进农牧区、进学校，引导党员群众增强国家意识、国防意识、国土意识。推动部队官兵兼任村（社区）党组织党建指导员，广泛开展“齐唱国歌、同升国旗、共守边疆”等活动。洛堆社区驻村工作队与辖区部队多次开展军民共建活动，营造“军爱民、民拥军”的良好氛围。

【反分裂斗争教育】 2022年，拉萨市驻村工作队严格落实强化基层党组织托底保障作用若干措施，严肃反分裂斗争纪律，开展践行“两个维护”作表率、反分裂承诺实践活动和群众政治思想教育工程，组织基层“发言人”发声亮剑，协助驻在村组织开展反分裂斗争教育2000余次、参与群众40万余人次。宣传活佛转世“国内寻访、金瓶掣签、中央批准”的原则及宗教仪轨、历史定制500余场次，反分裂斗争的铜墙铁壁愈发坚固。

【驻村队员科学选派】 2022年，拉萨市委坚持好中选优、优中选强，高标准推荐选派8名政治强、信念坚、本领硬的“80后”优秀县处级干部担任驻村工作总领队，充分发挥其职能优势和经验优势，在驻村干部管理监督，资金、工作力量统筹等方面发挥积极作用。城关区驻村工作总领队统筹整合老城区无优势资源、集体经济薄弱的10个村（社区）强基惠民经费431万余元打造“飞地”社区食堂。

【驻村队员跟进调优】 2022年，拉萨市委将年度考核合格的乡村振兴专干、科级专干、农业农村工作专员纳入驻村工作队员，并享受驻村生活补贴，将经过驻村历练、工作能力强的专干选进村“两委”班子，不断改善村“两委”班子队伍结构，充实基层工作力量。

【驻村队员精准规划】 2022年，拉萨市委根据村（社区）规模、党组织类别，分类确定驻村工作队队员数量，全市59个小村、中村和中间村、先进村采取“2+X”模式选派，222个大村、后进村和易地搬迁村采取“3+X”模式选派，村级工作力量得到有效整合。

【驻村队员管理】 2022年，拉萨市委坚持把抓班子带队伍摆在突出位置，健全完善符合实际的管理、考核、监督机制，不断提升规范化管理水平。采取“四不两直”方式常态化督导检查，通过查阅台账、实地检查、入户走访、个别谈话等方式，全面掌握驻村干部的现实表现、在岗在位和遵规守纪等情况，并将其作为驻村干部推优评先的重要依据。坚持每季度听取驻村工作总领队工作汇报，严格执行《西藏自治区干部驻村工作精准考核暂行办法（试行）》规定，定期对驻村工作队、驻村队员及派出单位进行考核。将驻村干部培训纳入市、县（区）干部培训教育“总盘子”，采取“集中轮训+业务指导+岗位练兵”的方式，加强对驻村干部的教育培训，提升服务群众本领。2022年，参加自治区示范培训的有8人，参加市级重点培训的有404人，参加县级普遍培训的有958人，驻村干部教育培训实现全覆盖。定期召开驻村工作推进会，常态化学习习近平总书记关于驻村帮扶工作、西藏工作的重要指示，为驻村干部充电赋能，为驻村工作提质增效。坚持把驻村作为培养锻炼干部的重要平台，在重大事件、重要节点、重要任务中，培养锻炼一批政治素质好、工作能力强、真心为民的优秀驻村干部。全年共有101名驻村干部被提拔使用或晋升职级，74名乡村振兴等专干进入村（社区）“两委”班子。

（熊博锋）

民生领域工作

【人口发展和应对老龄化战略、规划及政策】 2022年，拉萨市按照党中央、国务院对养老托育工作决策部署和全国促进养老托育服务体系发展专题视频会议精神，编制完成《拉萨市促进养老、托育服务体系发展规划整体解决方案》，已通过国家发展改革委评审，并根据国家评审意见修改完善。开展《拉萨市“十四五”时期人口发展规划（2021—2035）》编制工作，已完成第三轮意见的征集并修改完善，专家论证工作已完成。编制完成《拉萨市儿童友好城市建设方案》，并入选第二批国家儿童友好城市建设名录。

【中央预算内投资】 2022年，拉萨市共落实中央预算内投资项目22项，到位国家投资36263万元。其中拉萨广播电视台融合提升项目994万元、拉萨市墨竹工卡县委党校综合楼建设项目2000万元、教育强国推进工程1350万元（拉萨市尼木县小学改扩建项目400万元、尼木县麻江乡完小改扩建项目450万元、达孜区塔杰乡巴嘎雪村双语幼儿园建设项目500万元）、第二批西藏专项12167万元［人大附中拉萨幸福学校高中部4827万元、拉萨市委党校学员宿舍楼提升改造项目1000万元、拉萨市实验小学教育城分校（二期）建设项目3200万元、拉萨市达孜区夏拉沟旅游景区基础设施2000万元、8个拉萨市重点寺庙配套基础设施建设项目1140万元］、拉萨市方舱医院建设项目5000万元、第三批西藏专项14752万元［拉萨市实验小学教育城分校（二期）建设项目2029万元、人大附中拉萨幸福学校建设项目高中部1亿元、拉萨市曲水县藏医院藏医药能力提升项目800万元、拉萨市尼木县藏医院藏医药能力提升建设项目800万元、拉萨市尼木县吞巴镇历史文化名村保护项目1123万元］。

【政府投资项目促增收】 2022年，拉萨市继续落实项目“三规”，对照《拉萨市农牧民转移就业2022年工作要点》，把农牧民转移就业工作放在重要位置来抓，做到每月两次督促指导、两次调度、一次分析，确保农牧民持续增收。以项目建设为“主引擎”带动群众致富增收，充分发挥政府投资项目带动就业作用，经过各方努力，顺利完成年初目标任务。截至11月9日，拉萨市已开复工政府投资项目472个，其中吸纳西藏自治区农牧民用工31911人，占总用工人数的67.14%；实现西藏自治区农牧民劳务收入17213万元；实现机械收入22306万元。400万元以下项目开复工118个，交由农牧民施工企业建设项目99个；吸纳西藏自治区农牧民转移就业2453人，占用工总量的81.09%；吸纳拉萨市农牧民转移就业2313人，占用工总量的76.46%；促进西藏自治区农牧民劳务收入1297万元；促进拉萨市农牧民劳务收入1147万元。

（次仁拉姆）

拉萨综述

自然人文概况

【地理位置】 拉萨市位于西藏自治区中部偏东南的雅鲁藏布江中游，拉萨河流经雅鲁藏布江支流拉萨河中游河谷平原，在西南郊注入雅鲁藏布江。地处北纬29° 14′ 26″—31° 03′ 47″、东经89° 45′ 11″—92° 37′ 22″，东西跨距277千米，南北跨距202千米，总面积29640平方千米。东与林芝地区交界，南与山南地区紧连，西与日喀则地区接壤，北与那曲地区毗邻。

【地形地貌】 拉萨市平均海拔3658米，地势北高南低，北部为念青唐古拉山脉，南部为郭喀拉日居山脉，中南部为雅鲁藏布江支流拉萨河河谷平原，拥有江河、湖泊、草原、森林、雪山、冰川、荒漠等复杂多变的高原地貌。

【行政区划】 拉萨作为西藏自治区首府，是历史文化“名城”、西藏稳定“要城”、雪域高原“净城”、改革开放“新城”，也是国家历史文化名城、中国优秀旅游城市、全国文明城市、国家园林城市、全国双拥模范城市、国家环境保护模范城市、国家卫生城市。2022年，拉萨市辖城关区、堆龙德庆区、达孜区3个区，曲水、尼木、当雄、墨竹工卡、林周5个县和经开区、柳梧新区、文创园区3个功能园区、65个乡（镇、街道）、281个村（社区）。共有37个乡、12个镇、16个街道；60个居民委员会、221个村民委员会。

【拉萨气候】 拉萨气候条件多样，自南向北呈现温带半干旱、亚寒带半湿润、亚寒带半干旱等不同的气候类型。其主要特征表现为辐射强烈，日照多；气温低，昼夜温差大；季节性明显，夜雨率高；春季多大风，夏季多冰雹等强对流天气。年日照时数在3000小时以上，有“日光城”之称；干湿季明显，冬、春降雨少，天气干燥，多大风。2022年拉萨市降水总量偏少，气温正常略偏高。4个国家站（拉萨、尼木、当雄、墨竹工卡）雨季开始期较历年同期相比偏早14—30天。全市年平均气温为3.2℃（当雄）—10.1℃（拉萨），与历年平均值（2.5℃—9.1℃）相比，尼木正常，其余地方偏高1℃左右；年降水总量为217.1毫米（尼木）—473.5毫米（墨竹工卡），与历年平均值（353.9毫米—584.1毫米）相比，各地偏少二成至四成；年日照时数为2701.0小时（当雄）—3662.3小时（尼木）。冬季（2021年12月至2022年2月），拉萨市气温偏低，降水偏多。季内四个国家站平均气温为-8.5℃（当雄）—0℃（拉萨），与历年同期值（-6.8℃—0.9℃）相比，各地偏低1℃—2℃；降水量为2.8毫米（拉萨）—15.9毫米（当雄），与历年同期值（1.4毫米—7.6毫米）相比，拉萨和墨竹工卡正常略少，当雄和尼木偏多1—3倍。冬季日照时数为558.0小时（当雄）—841.1小时（墨竹工卡）。春季（3—5月），拉萨市气温偏高，降水偏多。季内4个国家站平均气温为4.2℃（当雄）—11.7℃（拉萨），与历年同期值（2.6℃—9.6℃）相比，各地偏高1—2℃；降水量为45.9毫米（尼木）—73.1毫米（墨竹工卡），与历年同期值（32.0毫米—74.0毫米）相比，墨竹工卡正常略少，其余地方偏多二成至四成。春季日照时数为764.4小时（当雄）—996.2小时（尼木）。夏季（6—8月），拉萨市气温偏高，降水偏少。季内四个国家站平均气温为12.4℃（当雄）—18.6℃（拉萨），与历年同期值（11.0℃—16.3℃）相比，各地偏高1℃—2℃；降水量为85.7毫米（尼木）—226.4毫米（墨竹工卡），与历年同期值（262.9毫米—406.1毫米）相比，各站偏少4—7成。夏季日照时数为694.8小时（当雄）—1010.6小时（尼木）。秋季（9—11月），拉萨市气温偏高，降水偏多。季内四个国家站平均气温为4.1℃（当雄）—10.2℃（拉萨），与历年同期值（3.0℃—9.4℃）相比，尼木正常，其余各地偏高1℃左右；降水量为80.6毫米（尼木）—168.0毫米（墨竹工卡），与历年同期值（57.8毫米—97.8毫米）相比，各站偏多2—7成。秋季日照时数为630.2小时（当雄）—886.7小时（墨竹工卡）。

【自然资源】 拉萨市拥有铜、铅、锌等矿产资源50多种，境内江河年均流量340亿立方米，湖泊储水200亿立方米，地下水丰富，念青唐古拉主峰及附近冰川和永久积雪带储存大量固体水，河流水电资源蕴藏量255万千瓦，年太阳总辐射值达845542.07焦耳/平方厘米。拉萨动植物资源独特，虫草、贝母、天麻、红景天、雪莲花等药用动植物达1000多种，青稞、芫根、藏鸡、牦牛等高原特色农畜产品营养价值高。拉萨周围具有经济价值和医疗作用的地热温泉遍地，堆龙德庆区的曲桑温泉、墨竹工卡县的德中温泉享誉整个西藏。

土地资源。拉萨市有耕地58万亩，还有宜农土地101.78万亩、宜牧土地3109.69万亩、宜林土地252.9万亩。

能源。境内江河年均流量340亿立方米，湖泊储水200亿立方米。地下水丰厚，念青唐古拉主峰及附近578平方千米的冰川和永久积雪带储存大量固体水。人均水量和每亩地占水量均高于全国水平。全市河流（不含雅鲁藏布江过境段）水能资源理论蕴藏量255万千瓦，地热田年热流量发电潜力15万千瓦，地热地区天然热流量发电潜力26.8万千瓦，年太阳总辐射值达845542.07焦耳/平方厘米。

农作物资源。粮食作物以青稞为主，次为小麦、豌豆、蚕豆、荞麦、玉米。经济作物主要有油菜，兼有少量的药材。蔬菜作物中马铃薯、大蒜、藏葱、藏萝卜、蔓青等种植历史悠久，大白菜、小白菜、萝卜、甘蓝、芹菜、菠菜、空心菜、花菜、韭菜、莴笋、胡萝卜等在城镇郊区也广泛种植。随着高效日光温室、塑料大棚、地膜覆盖栽培技术的应用，食用菌、西红柿、辣椒、黄瓜、南瓜、西葫芦、扁豆、茄子、西瓜、油桃、草莓等蔬菜水果品种达90余种。

林业资源。拉萨共有木本植物（含变种）105种，其中乔木41种，隶属20个科。树种主要有高山松、乔松、西藏云杉、大果圆柏、侧柏、藏川杨、清溪杨、缘毛杨、银白杨、北京杨、新疆杨、小香杨、箭杆杨、山杨、优胜杨、钻天杨、加杨、长蕊杨、红柳、左旋柳、唐定柳、龙爪柳、垂柳、白榆、国槐、刺槐、复叶椿、臭椿、白蜡、泡桐。干果油料树种有核桃和文冠果。果树有苹果、桃、李、梨、杏。可用造林的灌木有紫穗槐、砂生槐、沙棘、水柏枝、小叶栀子等。

动物资源。家畜主要有牦牛、黄牛、犏牛、马、骡、驴、绵羊、山羊和猪等。先后从区外引进28个家畜优良品种，黄牛有西门达尔、北京黑白花、滨州牛、三河牛、瘤牛，绵羊有新疆细毛羊、高加索细毛羊、茨盖羊和罗姆尼羊，山羊有陕西奶山羊、中卫山羊、绒山羊，猪有荣昌猪、内江猪、长白猪等。家禽主要有鸡、鸭、鹅等。野生动物主要有野牦牛、野驴、黄羊、藏羚羊、野马、鹿、黑颈鹤、天鹅、藏雪鸡等。

药材资源。主要有虫草、贝母、红景天、雪莲花、大黄、羌活、独活、高山党参、臭党参、藏沙参、黄花、刺参、麻黄、藏荆芥、曼陀罗、麝香、鹿茸、牛黄、牛鞭等。

矿产资源。境内已发现50多种矿产、170多处矿（化）点，主要有铁、铜、铅、锡、铝、银、金、地热、煤、泥炭、刚玉、石膏、自然硫、高岭土、石灰石、火山石、重晶玉、汉白石、花岗石、大理石等。其中，刚玉、地热居全国第一位，自然硫居全国第三位，高岭土居全国第五位。

【历史文化】 拉萨作为西藏自治区首府，是一座具有1300年历史的古城。拉萨古称“惹萨”，藏语“山羊”称“惹”，“土”称“萨”。早在7世纪，松赞干布兼并邻近部落、统一西藏后，就从雅砻迁都逻些（今拉萨），建立吐蕃地方政权。“惹萨”也逐渐变成人们心中的“圣地”,成为当时西藏政治、经济、文化的中心。1951 年 5 月 23 日,西藏和平解放,拉萨城进入新的时代。1960 年,国务院正式批准拉萨为地级市。1982 年,又将其定为国家首批公布的 24 座历史文化名城之一。拉萨在漫长的历史进程中,经历文明的洗礼和文化的鼎盛与延续,积累和沉淀丰厚的文明成果和文化遗产,素以风光秀丽、历史悠久、文化灿烂、风俗民情独特、名胜古迹众多而闻名于世。拉萨是西藏自治区的首府城市,全区政治、经济、文化的中心,是国务院公布的首批历史文化名城。全市有各类文物点 934 处,涵盖古建筑、古墓葬、古遗址、石刻、近现代史迹等。其中,世界文化遗产 1 处 3 个点(布达拉宫、大昭寺、罗布林卡),已公布各级文物保护单位 389 处,其中全国重点文物保护单位 18 处,自治区级文物保护单位 107 处,市(县)级文物保护单位 263 处(市级 54 处、县级 209 处)。普查登记 46 处革命文物,其中被列入西藏自治区第一批革命文物名录的有 29 处。登记鉴定可移动文物 26377 件(套),其中,一级文物 888 件(套),二级文物 2720 件(套),三级文物 9897 件(套),一般文物 11416 件(套),未定级文物 1456 件(套)。普查登记 1114 函古籍。

【拉萨物产】 拉萨北部当雄全县和尼木、堆龙德庆、林周、墨竹工卡部分区、乡属藏北草原南沿,水草丰美,牧业兴旺,盛产牛羊肉类、酥油和牛绒、羊毛。中部是著名的拉萨河谷,南部属雅鲁藏布江中游,两地为西藏较好的农业区之一,盛产青稞、小麦、油菜籽和豆类,“拉萨一号”蚕豆更是饮誉中外的良种。

【旅游资源】 拉萨名胜古迹众多,景点星罗棋布。有气势恢宏的地质景观、磅礴玉洁的雪峰冰川、美丽恬静的草原风光、波光万顷的高原湖泊、气象万千的地热云雾和郁郁湿润的湿地林卡。全市有大、小寺庙 200 余座,仅市区内已被列为重点保护的文物古迹就有 40 多处。有风雨千秋的历史胜迹,有美妙绝伦的壁画、唐卡、造像,有几十万件库存文物,有独具神韵的民族歌舞、服饰和异彩纷呈的民俗风情。布达拉宫及以大昭寺为中心方圆 1.3 平方千米的古建筑群,被联合国教科文组织列入“世界文化遗产名录”。以布达拉宫和八角街为中心的拉萨新城,北至色拉寺,西至堆龙德庆区。纵目眺望拉萨城,邮电大楼、新闻大楼、拉萨饭店、西藏宾馆及各色建筑物参差交错,连连绵绵,一片新辉。站在布达拉宫顶上俯瞰拉萨全城,整个拉萨市区到处是掩映在绿树中的新式楼房,唯八廓街一带密布着颇具民族风格的房屋和街道。

布达拉宫。布达拉宫坐落在海拔 3700 米的西藏自治区拉萨市中心的红山上。据史书记载:公元 7 世纪 30 年代,吐蕃第三十三代赞普松赞干布迁都拉萨,始建布达拉宫为王宫。经过 1300 多年的历史,布达拉宫形成占地面积 40 万平方米,建筑面积 13 万平方米,主楼红宫高达 115.70 米,具有宫殿、灵塔殿、大殿、佛殿、经堂、重要职能机构办公处、曾官学校、宿舍、庭院、回廊等诸多功能的巨型宫堡。宫内珍藏 8 座达赖喇嘛金质灵塔,5 座精美绝伦的立体坛城以及瓷器、金银铜器、佛像、佛塔、唐卡、服饰等各类文物约 7 万件,典籍 6 万余函卷(部),成为名副其实的文物瑰宝,受到世界各国人民的关注,被誉为世界屋脊的明珠。

大昭寺。大昭寺位于拉萨老城区的中心,建于 7 世纪中叶,距今已有 1300 多年的历史,经历代多次整修、增拓,有 20 多个殿堂。主殿高 4 层,镏金铜瓦顶,辉煌壮观,具有唐代建筑风格,也汲取尼泊尔和印度建筑艺术特色。大殿正中主要供奉释迦牟尼 12 岁时等身像。

罗布林卡。罗布林卡藏语意为“宝贝园林”,位于西藏拉萨西郊,全园面积约 36 万平方米,属全国重点文物保护单位。始建于 18 世纪 40 年代(第七世达赖喇嘛——格桑嘉措时期),园内环境优美,植物、花卉种类和数量都很多,树荫蔽日。罗布林卡建筑以颇章为主体,内有 300 多间房屋,是西藏人造园林中规模最大、风景最佳、古迹最多的园林。

西藏博物馆。西藏博物馆毗邻世界文化遗产地——罗布林卡,是西藏自治区唯一一座国家一级博物馆,最大的现代化综合性博物馆。西藏博物馆馆藏文物丰富,特色浓郁,收藏有各种类型的史前文化遗物,多种质地和造型的佛像,历代中央政府颁赐给西藏地方的印信、封诰等重要历史实物,蘸金粉、银粉、珊瑚粉等书写的精美藏文古籍,五彩纷呈的唐卡,巧夺天工的竹木牙雕和具有鲜明特色的民族手工艺品、服饰等等。这些珍贵的历史文物大多藏于博物馆展示柜台中供游客观赏。

哲蚌寺。哲蚌寺是中国藏传佛教格鲁派寺院，与甘丹寺、色拉寺合称拉萨三大寺。它坐落在拉萨市西郊约10千米的根培乌孜山下，由宗喀巴之弟子绛阳曲杰扎西巴登于明成祖永乐十四年（1416）所倡建。整个寺院规模宏大，鳞次栉比的白色建筑群依山铺满山坡，远望好似巨大的米堆，故名哲蚌。哲蚌，藏语意为“米聚”，象征繁荣，藏文全称意为“吉祥积米十方尊胜洲”，它是格鲁派中地位最高的寺院。

西藏牦牛博物馆。西藏牦牛博物馆是北京市对口支援拉萨市的一项重要文化项目，于2011年8月31日奠基，2014年建成开馆试运行。馆址位于拉萨河南岸柳梧新区察古大道16号，占地面积1万多平方米，建筑面积8088平方米，展厅面积2796平方米，开办资金11000万元。牦牛博物馆不是一座单纯的高原动物种群展，而是从一个特殊的角度，展示牦牛与藏族的关系，“展示不同于藏传佛教文化的高原民族民间民俗文化”的人类学博物馆。用国家文物局原局长、故宫博物院原院长单霁翔的话来说，西藏牦牛博物馆是“国内填补空白，世界独一无二”的专题博物馆。

西藏自然科学博物馆。西藏自治区自然科学博物馆于2015年10月顺利开展开馆试运营工作，并于2016年10月1日正式对外开放运营。西藏自然科学博物馆是大型的公益性设施，主要通过展览、培训、实验、讲座等形式，向公众普及科学知识、传播科学思想、丰富群众的物质文化生活，是公众了解西藏高原独特与丰富的自然资源、神奇与多样的生态环境的窗口，是实施科教兴藏、普及科学文化知识的重要场所。

文成公主藏文化风情园景区。文成公主藏文化风情园景区位于拉萨市中国西藏文化旅游创意园区内，可以隔着拉萨河眺望布达拉宫，被誉为“看得见布达拉宫的窗口”。项目占地约19.33万平方米，以《文成公主》藏文化大型史诗剧为核心项目，形成《文成公主》藏文化大型史诗剧文化演艺区、慈觉林藏院风情街观光休闲区、《文成公主》文化旅游主题园品质栖游区三大特色功能区。

象雄美朵景区。象雄美朵景区，距拉萨市堆龙德庆区政府13千米，地处堆龙河河谷。项目围绕“弘扬传统生活文化、培育现代文旅产业，打造绿水青山生态观光环境，丰富市民多元精神文化生活”总体规划布局，秉持打造集群式、全域式、链条式运营服务理念。项目主要包括马术演艺中心、林卡区、万亩花海、温泉酒店、主题游乐场、千人秋千、同心园、星星长廊、牦牛散养区等项目。

藏域星球天文体验馆。藏域星球坐落于拉萨市经济技术开发区，于2019年末正式对外开放，拥有西藏唯一一台面向大众开放的专业级折反射天文望远镜，用于观测太阳、月亮、土星等天体，是全国展区面积最大的沉浸式互动体验馆，也是世界上海拔最高的天文主题科技场馆。现为国家AAA级旅游景区。场馆内设有50多项沉浸式展览项目，使用VR等高科技手段来展示神秘星空，揭示宇宙奥秘。参观者可以在任何区域通过游戏互动方式来体验西藏文化历史与现代科技的融合，是游玩西藏时必不可错过的打卡之地。

娘热民俗风情园。娘热民俗风情园总占地面积6万平方米，总投资9500万元，集民族特色、观光旅游、休闲娱乐于一体。园区内设林卡娱乐、土质烧烤、乡村酒吧、民间歌舞、藏戏表演，并可根据客户要求举办篝火晚会、藏式婚庆等多样优质的特色服务。2004年被评为全国首批、西藏独家的全国农业旅游示范点和国家级AAA级旅游景区。2006年甲米水磨坊制作技艺被评为首批国务院颁布的国家级非物质文化遗产。

尼木吞巴景区。尼木吞巴景区位于拉萨市尼木县吞巴乡，距拉萨120千米，是在拉日线上重要的旅游景点之一，紧邻318国道。景区所在地是藏文字创始人吞弥·桑布扎故乡，景区内至今仍完整地保存吞弥·桑布扎故居、经堂、吞巴庄园等古建筑。景区拥有8项国家级、自治区级非物质文化遗产。同时，也是最著名、最集中、最为完整的地区民族手工业集聚地。藏香、尼纸、雕刻并称为“尼木三绝”。而景区拥有的水磨长廊景观即是西藏传统水磨藏香制作生产地，这种制作工艺已经被列为国家非物质文化遗产。

秀色才纳景区。秀色才纳为国家AAA级旅游景区，位于曲水县才纳乡才纳村，距离拉萨市区24千米，占地面积近1333.33万平方米。“才纳”，藏语意为“花海药城”。秀色才纳共分为一期A园区和一期B园区：一期A园区占地33.33万平方米，主要为花海；一期B园区占地近133.33万平方米，有曲水育种育苗、球根花卉种球繁育中心、现代农业科技园、百亩连栋温室。百亩连栋温室里有藏药材文化博物馆、藏药文化体验馆、牦牛全席体验馆、温泉健康体验馆、教学基地、生产经营、旅游休闲等。正在进行国家AAAA级旅游景区规划。

净土智昭产业园区。净土智昭产业园区坐落于美丽的白定村支沟生态保护区，是拉萨市首个集现代农牧业、生态观光旅游业、物流产业等为一体的净土农业科技创新园区。通过不断引进知名合作商、国内外先进技术、先进管理模式、优秀科技人才，一步步发展壮大，打造出净土品牌蔬菜、果品、乳制品、蜂蜜、矿泉水等系列产品，为城关区的经济社会发展作出突出贡献。

群觉古代兵器博物馆。群觉古代兵器博物馆坐落于甲玛乡龙达村，该馆分为陶器、铜器、民族服饰、生活用具、宗教文化、革命文物、兵器共7个展览区，1600多件藏品时序完整，成系列展出。其中，收藏有西藏27种颜色的彩陶以及七地市的传统服装。经过多年不懈努力，群觉古代兵器博物馆收藏数达万件的社会流散文物，为保护和展示西藏优秀历史文化遗产，发挥积极作用。

莲华之宝。莲华之宝成立于2017年12月19日，是由河北省援藏对口支持，引进河北陶瓷产业龙头企业唐山隆达骨质瓷有限公司，并联合唐山莲华之宝文化艺术有限公司、拉萨城发实业集团有限公司共同组建，是西藏地区唯一一家以陶瓷为载体，以传承和推广优秀藏文化为愿景的汉藏融合型产业援藏示范企业。2020年，莲华之宝已获得国家AAA级旅游景区牌照；公司代表性作品荣获2017年中国首届旅游商品大赛金奖、2020年国际大学生互联网创新创业大赛金奖。

拉萨藏游坛城景区。藏游坛城于2016年8月正式开业，建筑造型源于中国历史“城”的概念，平面采用十字对称布局和运用现代设计手法诠释传统藏式建筑，建筑群气势宏伟，典雅大气。藏游坛城兼有汉族、藏式及尼泊尔三种独特建筑风格，是一座名副其实的国际文化旅游城，是古城拉萨又一“城”。藏游坛城是一座传承历史与引领现代的财富图腾，以中国的传统的方圆文化为创作灵感，以现代设计手法诠释传统建筑精髓，打造拉萨全新城市地标与财富磁场。

夏扎大院旅游景区。夏扎大院是拉萨八廓街现存的藏式古建筑之一，原是旧西藏十大贵族之一“夏扎家族”的私人宅邸，建造于19世纪初期，位于大昭寺正南，距大昭寺中心位置直线距离仅两百余米。它是呈“回”字形建筑结构的传统经典藏式院落。夏扎大院为传统藏式石木结构四合院，主楼建筑为三层，附楼为两层，二层与主楼通道连接，各楼层则通过藏式木质陡梯相连。因其房舍精美，结构严谨，夏扎大院被许多人称赞是一座最完整、最典型、最符合古老体制的贵族府邸。

藏草宜生生物科技(工业)园。西藏藏草宜生工业园区坐落于美丽的日光城——拉萨，占地3.33万余平方米，投资近2亿元，位于国家级经济技术开发区苏州路5号，是第一家在冬虫夏草的主产区海拔3680米高原上建成的集研发、生产和销售于一体的高新技术生物科技企业。公司长期致力于原生冬虫夏草和工业化冬虫夏草生产的研究和开发，并一直努力使用先进的生物技术与高科技手段，实现西藏地道药材的合理开发与可持续发展。于2017年被评为西藏AAA级工业旅游景区。

西藏优敏芭藏艺园景区。西藏优敏芭藏艺园景区位于达孜区境内，隶属西藏优格仓工贸有限公司。国家AA级旅游景区、西藏自治区非物质文化遗产。占地面积4万平方米，建筑面积约6500平方米，园内主要为优·敏芭古藏香技艺传习及其藏香产品加工基地。园区内供游客参观的传统藏香技艺展区和传统藏纸技艺展示区，藏香、藏纸产品制作技艺体验区，游客休息区，产品展示购物区等。先后获评“拉萨名牌产品”、西藏自治区著名商标、“中国驰名商标”，同时藏香及藏纸制作方法分别获得国家发明专利。

云上达孜工业旅游景区。达孜工业园区紧邻拉萨市，与拉萨市城市总体规划确定的未来城市发展用地相接，区位优势十分明显。初步形成以工业体验、观光科普、非遗文化、民俗文化、藏医文化、美食文化为特色的工业旅游区。

（袁宏雁）

2022年经济社会概况

【经济发展】 2022年，全市实现地区生产总值（GDP）747.57亿元，比2021年增长0.2%。其中，第一产业增加值26.74亿元，增长4.7%；第二产业增加值291.25亿元，增长2.3%；第三产业增加值429.58亿元，比2021年下降1.3%。2022年三次产业比重依次为3.6：38.9：57.5，与2021年相比，第一产业、第二产业比重分别提高0.3个、1.4个百分点，第三产业比重下降1.7个百分点。居民消费价格总指数（CPI）累计比2021年上涨1.8%，八大类商品和服务价格均比2021年有所上涨，其中，食品烟酒类、衣着类、居住类、生活用品及服务类、交通和通信类、教育文化和娱乐类、医疗保健类、其他用品和服务类价格比2021年分别上涨1.1%、0.6%、0.4%、0.9%、7.6%、0.9%、0.3%、4.2%。截至年底，全市市场监管部门登记的企业48811户，比2021年增长8.9%；市场监管部门登记的个体户为104630户，比2021年增长8.2%。

【农牧业】 2022年，全市农林牧渔业总产值49.82亿元，其中农业产值19.28亿元，林业产值1.65亿元，牧业产值28.46亿元，农林牧渔服务业产值0.43亿元。全年农作物总播种面积5.14万公顷。粮食种植面积2.80万公顷，其中，青稞种植面积2.09万公顷，比2021年增加0.12万公顷，小麦种植面积0.65万公顷，比2021年减少0.07万公顷。油菜种植面积0.39万公顷，比2021年减少0.01万公顷，蔬菜种植面积0.68万公顷。全年粮食总产量16.01万吨，比2021年增长1.1%。其中青稞产量11.91万吨，增长7.6%。油菜籽产量0.87万吨，比2021年增长5.8%。蔬菜产量27.0万吨，比2021年下降1.9%。年末牲畜存栏总头数123.01万头（只、匹），其中，大牲畜存栏93.80万头，猪存栏1.28万头。肉类产量3.67万吨，增长8.3%；禽蛋产量0.17万吨，增长17.4%；奶产量13.70万吨，增长4.5%。

【工业和建筑业】 2022年末，全市共有规模以上工业企业99家，比2021年增加7家，增长7.6%；全年规模以上工业产品销售率为100.1%。规模以上工业总产值213.03亿元，比2021年增长17.2%，增加值比2021年增长17.2%。全市完成建筑业增加值185.55亿元，增长2.7%。

【固定资产投资】 2022年，全社会固定资产投资比2021年下降37.3%。第一产业投资增长76.1%，第二产业投资下降30.7%，第三产业投资下降42.3%，三次产业投资的比重为8.9：12.2：78.9。截至年底，全市房地产企业有71家，比2021年增加4家。全年完成房地产开发投资比2021年下降58.0%。房地产开发房屋施工面积408.6万平方米，比2021年下降35.7%；全年房屋竣工面积7.5万平方米，商品房销售面积48.3万平方米。

【国内贸易】 2022年末，全市共有限额以上批零住餐企业（单位）211家，比2021年增加14家，增长7.1%；全年完成社会消费品零售总额353.31亿元，比2021年下降11.5%。其中，限额以上企业（单位）零售额为95.31亿元，下降24.4%，占全市社会消费品零售总额的27.0%。城镇社会消费品零售额为309.07亿元，比2021年下降11.6%，乡村社会消费品零售额为44.24亿元，比2021年下降11.3%。商品零售额为325.55亿元，比2021年下降10.8%；餐饮业收入为27.76亿元，比2021年下降19.3%。

【进出口贸易】 2022年，全市进出口贸易总额44.46亿元，比2021年增长22.9%。其中，出口41.82亿元，增长100.6%；进口2.64亿元，比2021年下降82.8%。

【交通、邮电和旅游】 2022年末，全市农村公路（不含国道、省道）通车总里程达到5312.4千米。公交运营线路总长度1057千米，公交年客运量为4470.4万人次。全年完成邮电业务总量6.28亿元，其中，邮政业务总量4.47亿元，电信业务总量1.81亿元。年末固定及移动电话用户总数达到138.5万户，其中，移动电话用户106.26万户。接待国内外游客2024.12万人次，比2021年下降23.4%。其中：入境游客0.39万人次，下降35.8%，国内游客2023.73万人次，下降23.4%。全年旅游总收入288.91亿元，比

2021 年下降 23.5%；旅游外汇收入 250.41 万美元，下降 36.1%。

【财政金融】 2022 年，全市完成一般公共预算收入 72.47 亿元，比 2021 年下降 32.2%，其中，各项税收 63.49 亿元，下降 31.6%。全年执行一般公共预算支出 355.33 亿元，比 2021 年增长 11.6%。年末，全市金融机构本外币各项存款余额 3569.98 亿元，比年初增长 10.7%，其中住户存款余额 632.33 亿元，比年初增长 13.4%；本外币各项贷款余额 3593.37 亿元，比年初增长 4.2%，其中住户贷款余额 446.27 亿元，比年初增长 8.9%。

【电力】 2022 年，全市用电量为 52.84 亿千瓦时，比 2021 年增长 15.9%。其中，全行业用电 44.57 亿千瓦时，增长 12.6%；城乡居民生活用电 8.27 亿千瓦时，增长 37.5%。

【城市建设】 2022 年末，市区供水管网总长度为 1095 年自来水总供水量 13414 万立方米。全市售水量 7510 万立方米，其中，生产运营用水 938 万立方米，公共服务用水 1470 万立方米，家庭居民用水 2508 万立方米，其他用水 2594 万立方米。免费用水 621 万立方米。绿化用水 1571 万立方米。

【教育、文化和卫生】 2022 年末，全市共有高等院校 1 所，中等职业学校 2 所，普通中学 23 所，小学 74 所，幼儿园 276 所，特殊学校 1 所。全市共有艺术表演团 290 个（含村业余团），博物馆 9 个。全市广播综合人口覆盖率为 99.46%，电视综合人口覆盖率为 99.60%。全市共有卫生机构 581 个，其中，医院 34 个。基层卫生医疗机构 535 个，其中，社区卫生服务中心（站）15 个，卫生院 53 个，村卫生室 193 个，门诊部 42 个，诊所、卫生所、医务室 232 个。专业公共卫生机构 10 个，其中，疾病预防控制中心 10 个，采供血机构 1 个。医学在职培训机构 1 个。全市实际开放床位数 4795 张，各类卫生技术人员 7707 人，其中，执业（助理）医师 3723 人。

【生态环境】 2022 年，拉萨市空气质量优良天数为 364 天，全年空气优良率达 99.7%，全年 PM2.5 的平均浓度为 8 微克 / 立方米，全国 168 个重点城市中拉萨市空气质量排名第一位。集中式饮用水水源地水质符合《地下水质量标准》（GB/T 14848—2017）中Ⅲ类或优于 III 类标准；全市国控断面水质符合《地表水环境质量标准》（GB 3838—2002）表 1 中Ⅲ类水标准限值。

【人民生活】 2022 年，城镇居民人均可支配收入 51591 元，比 2021 年增长 4.6%，农村居民人均可支配收入 22756 元，比 2021 年增长 7.3%。城乡收入比为 2.27 ∶ 1。

【社会保障】 2022 年，市属年末参加城乡居民基本养老保险 21.80 万人，同比减少 0.14 万人；参加企业职工基本养老保险 13.03 万人，同比增加 0.82 万人；机关事业单位基本养老保险 3.94 万人，同比增加 0.04 万人；参加城乡居民基本医疗保险 38.93 万人，同比减少 1.25 万人；参加城镇职工基本医疗保险 14.38 万人，同比增加 0.69 万人。参加失业保险 10.81 万人，同比增加 0.08 万人。参加工伤保险 15.22 万人，同比减少 0.61 万人。参加生育保险 12.72 万人，同比增加 2.36 万人。城镇居民最低生活保障 0.66 万人，农村最低生活保障 0.49 万人。全市特困供养 1286 人，其中，集中供养为 765 人。城乡医疗救助 5962 人。

（袁宏雁）

1月

1日 由市体育局主办、市自行车运动协会承办的拉萨市首届“新年登高助力冬奥”山地自行车爬坡赛在城关区娘热街道娘热沟举行。该次爬坡赛共分为精英组、大师组和女子组3个组别，90余名爱好者参与比赛。比赛路线为城关区娘热街道甲西村6组甲西林卡（起点）—欠囊—余贡村—坚玛琼果牧业组（终点），全程4.5千米。起点海拔3700米，最高海拔4200米，海拔爬升600米。

4日 拉萨市出席党的二十大代表推荐提名工作专题会议召开，会议通报拉萨市推荐提名工作通知精神和有关注意事项。市委副书记廖恳出席并讲话。

同日 2021年自治区巩固拓展脱贫攻坚成果同乡村振兴有效衔接考核反馈会召开。自治区巩固拓展脱贫攻坚成果同乡村振兴有效衔接第七考核组组长边巴卓玛出席并讲话，对拉萨市在巩固拓展脱贫攻坚成果同乡村振兴有效衔接工作中取得的成绩给予肯定。

同日 国内首个高原室外防爆加油机器人在拉萨市中国石油西藏销售公司机场高速加油站开启试营运行。

5日 墨竹工卡县文旅局邀请西藏自治区文物鉴定专家娘吉加博士开展寺庙可移动文物鉴定、登记、建档工作，全面掌握可移动文物信息。通过普查鉴定，墨竹工卡县可移动文物查漏补缺登记2383件可移动文物档案，其中一级文物2件、二级文物14件、三级文物164件、一般文物2192件、待定11件。

上旬 市生态环境局与中国环境科学研究院合作，开展为期一年的生物多样性调查工作。该次生物多样性调查，拉萨市在各县（区）野生动物较密集的地区共布设红外相机49台。经对红外相机芯片分析，初步观测到的动物和鸟类有马麝、白唇鹿、赤狐、岩羊、喜马拉雅旱獭、灰尾兔、鼠兔、红隼、红嘴山鸦、高原山鹑、斑鸫、灰腹噪鹛、戴胜、大山雀、山喜鹊、岩鸽、黄嘴山鸦、灰背伯劳、北红尾鸲、山斑鸠、乌鸫、麻雀等，其中马麝、白唇鹿为国家一级保护动物，赤狐、红隼为国家二级保护动物。

7日 市委副书记廖恳主持召开市委专题会议，传达学习《中共西藏自治区委员会关于进一步改进作风狠抓落实的意见》，部署全市贯彻落实具体措施，研究《中共拉萨市委员会关于常态化推进改进作风狠抓落实工作实施方案》。市委领导普卫东、张春阳、格桑次旦出席会议。

8日 拉萨市改进作风狠抓落实工作动员部署会议召开。区党委副书记、自治区主席、拉萨市委书记严金海出席会议并讲话。市委领导廖恳、贺鹏、尼玛、杨庆利、占堆、普卫东、张春阳、格桑次旦出席。

同日 拉萨市公安机关举办庆祝2022年中国人民警察节主题活动。区公安厅党委委员、市委常委、市委政法委书记、市公安局党委书记普卫东出席并观看演出。该次活动分“平凡”“利剑”“忠魂”“扬帆”四个篇章，主要通过视频展示、报告人讲述相结合的方式，生动展示冷小东、仁青、强巴、彭措朗杰、小达娃等公安英模的感人事迹和崇高精神。

同日 拉萨市2021年下半年全国中小学教师

资格考试面试举行，这是拉萨市首次实施全国统一举行的教师资格考试面试。

9日 拉萨市人民政府与阿里地区行政公署签署“飞地经济”合作框架协议，推动阿里“飞地经济”项目落地拉萨高新区（柳梧新区），为阿里全方位推动高质量发展蓄势赋能。

11日 政协第十二届拉萨市委员会第二次会议在市政协会议中心开幕。市政协主席尼玛代表市政协十二届常委会向大会报告工作。

12日 拉萨市第十二届人民代表大会第二次会议在市政府会议中心开幕。会议听取2021年政府工作报告，审查拉萨市2021年国民经济和社会发展计划执行情况与2022年国民经济和社会发展计划草案的报告、拉萨市2022年国民经济和社会发展计划草案，拉萨市2021年财政预算执行情况与2022年财政预算草案的报告、拉萨市2022年财政预算草案；表决通过拉萨市第十二届人民代表大会第二次会议关于决定决议的表决办法草案。会议还听取市人大常委会工作报告和市中级人民法院工作报告、市人民检察院工作报告。

13日 拉萨市十二届人大二次会议闭幕。会议表决通过政府工作报告的决议、关于拉萨市2021年国民经济和社会发展计划执行情况与2022年国民经济和社会发展计划的决议、拉萨市2021年财政预算执行情况与2022年财政预算的决议；表决通过市人大常委会、市中级人民法院、市人民检察院工作报告的决议。大会主席团常务主席、执行主席贺鹏主持会议并作闭幕讲话。

同日 政协第十二届拉萨市委员会第二次会议闭幕。会议通过政协第十二届拉萨市委员会第二次会议关于常务委员会工作报告的决议、政协第十二届拉萨市委员会第二次会议关于政协十二届一次会议以来提案工作情况报告的决议、政协第十二届拉萨市委员会提案委员会关于政协十二届二次会议提案审查情况的报告、政协第十二届拉萨市委员会第二次会议政治决议。

同日 全市政法机关进一步改进作风、狠抓落实视频推进会召开，传达学习习近平总书记关于改进作风、狠抓落实的重要论述和自治区党委书记王君正、自治区主席严金海在区、市改进作风、狠抓落实动员部署会上的讲话精神。

14日 市委理论学习中心组“学习近平新时代中国特色社会主义思想·建现代化拉萨”专题学习2022年第一次集中学习研讨（扩大）会召开，邀请中央党校中共党史教研部教授王毅作题为《弘扬党的优良作风》的辅导报告。

同日 市政府与农行西藏分行巩固拓展脱贫攻坚成果暨服务乡村振兴战略合作签约仪式举行，旨在充分发挥市人民政府政策引导、资源配置、组织管理优势和农业银行服务“三农”产品、网络、科技优势，夯实拉萨市乡村振兴战略基础，努力实现农业强、农村美、农民富的目标。

16日 中国共产党拉萨市第十届委员会第三次全体会议举行。全会深入学习习近平总书记关于党的二十大代表选举工作的重要指示精神，贯彻落实中央、区党委关于党的二十大代表选举工作的部署要求。全会听取市委常委、组织部部长张定成就拉萨市推荐自治区出席党的二十大代表人选情况向全会作的说明；全会以举手表决的方式，审议通过拉萨市推荐自治区出席党的二十大代表人选。全会由市委常委会主持。

17日 拉萨市融媒体中心揭牌成立。

19日 拉萨市2021年“119”消防宣传月启动仪式暨消防公交主题专列发车仪式在洲际酒店广场举行，拉萨市文物局荣获2021年拉萨市“119”消防先进集体称号。

20日 市委常委会班子召开党史学习教育专题民主生活会，书面通报市委常委会班子2020年度民主生活会、落实中央第十巡视组反馈意见和自查问题整改专题民主生活会查摆问题整改落实及本次民主生活会征求意见情况，市委2021年贯彻执行中央八项规定及其实施细则精神情况报告、拉萨市2021年度整治形式主义为基层减负工作情况报告。严金海代表市委常委会班子作对照检查，并带头作个人对照检查，常委会班子成员逐一开展批评与自我批评。会上还进行民主生活会质量测评。市人大常委会党组书记、主任贺鹏，市政协党组书记、主席尼玛，部分党的十九大代表、市党代表、市人大代表、市政协委员以及群众代表受邀列席会议。

22日 自治区党委副书记、自治区主席、市委书记严金海在拉萨调研节日市场保供稳价和食品安全工作。

24日 拉萨市党史学习教育总结会议召开。市委领导廖恳、王慧、格桑次旦出席。

同日 自治区党委常委、宣传部部长，区文明委副主任汪海洲前往第二届全国道德模范扎西白珍家中慰问。

25日 自治区党委副书记、自治区主席、市委书记严金海专程调研疫情防控工作、看望慰问疫情防控一线人员。

26日 由市委宣传部、市文明办、城关区文明委主办的以“踔厉奋进时代新征程　谱写民族团结新篇章”为主题的2022年“我们的节日·春节藏历新年”主题联欢活动在城关区绕赛社区夏扎大院内举行。自治区党委宣传部相关负责人，市委领导王慧、张正出席。

同日 自治区食品药品安全委员会经过审定发布《关于2021年食品安全工作评议考核结果的通知》，拉萨市人民政府2021年食品安全工作评议考核为A级，名次第一。拉萨市共有食品行业主体29512家，美团、饿了么外卖线上经营5500家，藏餐、甜茶馆6984家，食品生产企业107家，获证食品小作坊、小杂食店、小餐饮店共1933家，总量居全区第一。为巩固和提升拉萨市食品安全工作取得的成果，拉萨市从2016年起以创建“国家食品安全示范城市”为目标，作为全国第三批创建城市将在2022年末接受国家验收考核。

27日 自治区党委书记王君正到拉萨火车站安检口、候车大厅、出站口前广场，了解疫情防控措施，看望慰问铁路职工、执勤民警和疫情防控人员。

同日 自治区党委书记王君正到布达拉宫广场派出所、布达拉宫消防救援大队和气象局菜市场，调研拉萨市维护稳定、安全生产工作，看望慰问坚守一线的干部职工、政法干警、消防指战员，代表自治区党委、人大、政府、政协，向他们表示衷心感谢，致以节日祝福。自治区领导陈永奇、刘江一同调研。

同日 拉萨市举行2022年春节藏历新年团拜会。区党委副书记、自治区主席、市委书记严金海出席团拜会并代表市委、人大、政府、政协，向全市广大干部群众、离退休老干部、驻市部队指战员、武警官兵、政法干警和各条战线的干部职工，向所有关心支持拉萨发展的朋友们，致以亲切的问候和新春的祝福。市委领导廖恳、贺鹏、尼玛、杨庆利、李忠海、王慧、张春阳、格桑次旦出席。市人大、市政府、市政协在岗地级领导，市中级人民法院院长、市人民检察院检察长，市属寺管会地级领导、武警拉萨支队、拉萨公安消防支队主官，驻市人民解放军、武警官兵和政法干警代表，英模代表、离退休老干部代表、爱国统战人士和全市各族各界代表，各县（区）和市（中）直各单位主要负责人等应邀参加团拜会。

28日 自治区党委副书记、自治区主席、市委书记严金海考察调研节日期间市场保供稳价和食品安全工作。先后到东嘎农贸市场、八一农贸市场和格拉丹东优品超市，听取工作人员汇报，了解快检室配备、检测频次、数据公示等情况。与商户交谈，查看进出货台账，询问蔬菜、水果、肉类、副食品的来源、价格和销售情况。市领导贺鹏、尼玛、张春阳一同调研。

同日 自治区党委副书记、自治区常务副主席陈永奇前往柳梧公安检查站、堆龙德庆区人民医院等地，代表自治区党委、政府，看望慰问防疫一线工作人员。

同日 国务院安委办第七督导检查组到拉萨市开展春节、冬奥期间安全生产督导检查。督导组一行先后到大昭寺、清政府驻藏大臣衙门旧址陈列馆、平安大院、八廓街道办事处等地进行实地督导检查，通过负责人介绍，了解历史典故。同时从消防控制室操作流程、消防网格管理体系及背街小巷消防安全整治工作等方面了解安全生产日常工作和安全生产专项整治三年行动开展情况。

29日 2022年拉萨市县（区）公安局长会议暨拉萨市公安队伍教育整顿总结会召开，会上传达学习习近平总书记对政法工作作出的重要指示和中央政法工作会议、中央政法队伍教育整顿总结会议、全国公安队伍教育整顿总结会议精神等，传达学习自治区党委书记王君正对全区政法工作的批示精神，自治区主席严金海对全区公安、全市政法工作的批示精神和区党委政法工作会议、全区公安（处）局长会议、市委政法工作会议精神，通报拉萨市公安队伍教育整顿工作情况。区公安厅党委委员、市委常委、政法委书记、市公安局党委书记普卫东出席并作题为《护航新时代、奋进新征程，以首府公安新表率新成效新担当新作为新标杆新形象喜迎党的二十大胜利召开》的工作报告，并就做好2022年全市公安工作进行安排部署。

31日　自治区党委副书记、自治区主席、市委书记严金海到拉萨市公安局交通警察支队城东大队执勤点、市国安指挥部、“110”接警中心、纳金水厂，代表市委、人大、政府、政协，看望慰问节日期间坚守岗位的值班人员、公安民警，并向奋战在各条战线上的全市广大干部职工和劳动者致以新春问候和节日祝福。市领导贺鹏、尼玛、普卫东、张春阳一同慰问。

2月

7日　自治区党委副书记、自治区主席、市委书记严金海深入曲水县，先后到曲水县南木乡江村鑫赛瓜果种植农民专业合作社、曲水县动物园、西藏金哈达药业有限公司就农业农村工作进行专题调研。

同日　自治区党委副书记、自治区主席、市委书记严金海到拉萨市文创园区幸福苑小区（二期），看望慰问尼木县麻江乡强聂村亚米组第一批极高海拔地区农牧民生态搬迁群众代表，送上新春的祝福。市委常委、秘书长张春阳一同慰问。

9日　拉萨市委办公室、拉萨市人民政府办公室印发关于《拉萨市贯彻落实〈西藏自治区关于新时代加快完善社会主义市场经济体制的实施意见〉的实施方案》（以下简称《实施方案》）。《实施方案》从指导思想、总体目标、重点任务、工作要求等四个方面，结合拉萨市实际，制订出台拉萨市关于加快完善社会主义市场经济的具体方案。

10日　市委理论学习中心组“学习近平新时代中国特色社会主义思想·建现代化拉萨”专题学习2022年第二次学习研讨（扩大）会召开，深入学习领会中国共产党第十九届中央纪律检查委员会第六次全体会议精神，学习会邀请自治区党委党校党建教研部副主任曲宗教授作题为《坚持严的主基调不动摇，坚持不懈把全面从严治党向纵深推进》的辅导报告，书面传达《中国共产党第十九届中央纪律检查委员会第六次全体会议公报》《习近平总书记在十九届中央纪委六次全会上发表的重要讲话（新闻稿）》《王君正书记在西藏自治区纪委十届二次全会上的讲话（新闻稿）》及《人民日报》关于学习贯彻习近平总书记在十九届中央纪委六次全会上重要讲话精神的3篇评论员文章等。区党委副书记、自治区主席、市委书记严金海出席。市领导廖恳、贺鹏、尼玛、普卫东、张春阳、格桑次旦参加。普卫东、格桑次旦作交流发言。市委常委、宣传部部长王慧主持。市人大、市政府、市政协等在岗地级领导，市直各单位党组（党委）书记、市属国有企业主要负责人参加学习会。

同日　拉萨市举行“保供应、保价格、保质量”现场承诺仪式。东嘎农副产品批发市场等15家食品经营企业参加承诺仪式。东嘎农副产品批发市场、亨通物流农副产品批发市场等15家食品经营企业现场承诺，严格落实食品安全企业主体责任，依法经营、诚信经营、良心经营，主动承担企业和个人的社会责任，以实际行动“保供应、保价格、保质量”。随后，15家主要食品经营企业在“保供应、保价格、保质量”承诺书上签字。

11日　自治区党委副书记、自治区主席，市委书记严金海主持召开市委常委会会议。传达学习习近平总书记近期重要讲话、指示精神，传达学习自治区党委书记王君正近期指示、讲话精神，听取拉萨市全面深化改革2021年度工作情况汇报、市委财经工作委员会2021年财经金融工作情况汇报、市委审计委员会2021年工作开展情况及2022年工作要点汇报、拉萨市2021年涉外工作情况及2022年工作要点汇报，研究部署相关工作。市委领导廖恳、普卫东、张正、王慧、张春阳、格桑次旦参加会议。

同日　拉萨市非物质文化遗产保护工作专家委员会成立，33名专家入选拉萨市非遗专家库。拉萨市非物质文化遗产保护工作专家委员会成员分别来自区内外相关高校院所、行业组织，涉及民间文学、传统舞蹈、曲艺、非遗保护等12个专业，涵盖老中青三代文化从业者，专家委员会任期为5年。

14日　拉萨市委办公室印发关于《拉萨市委常委班子2021年度民主生活会整改方案》的通知。从深化政治建设、强化理论武装、坚持开拓创新、狠抓工作落实、从严管党治党等5个方面，对民主生活会前征求到的意见建议、会上批评和自我批评集中反映的问题、常委班子对照检查查摆出来的问题，进行整改。

同日 “萨都办”移动政务服务平台正式上线。办理“老年人优待证”“社保个人信息查询”“建筑施工企业安全生产许可证”等与生产生活密切相关的事项时，拉萨企业、群众都可通过“萨都办”App掌上办理，并可实时掌握办理进度。

15日 柳梧新区管委会组织在达东村开展2022年全国乡村“村晚”示范展示活动。

同日 拉萨市启动2022年度全市高校毕业生学费补偿和国家助学贷款代偿申报工作。毕业生学费补偿和国家助学贷款代偿是指到我区基层单位、特定范围医疗机构、企业就业以及自主创业且达到规定年限的高校毕业生，其学费或在校学习期间获得的国家助学贷款由自治区补偿或代偿。拉萨市2022年度申报对象为2017届、2018届非中央部属高校当年毕业当年乡镇基层就业、特定范围医疗机构就业、企业就业、自主创业等符合条件的毕业生。拉萨市每年3月开展学费代偿补偿工作。为确保家庭经济困难学生顺利完成学业，2月15日起，同步启动困难户在校大学生本级资助工作，资助标准为年生均按照高校实际收取学费、住宿费、书本费总额的80%给予资助，同时补助生活费2400元/年。

16日 中共拉萨市第十届纪律检查委员会第二次全体会议第一次会议召开。会议坚持以习近平新时代中国特色社会主义思想为指导，全面贯彻党的十九大和十九届历次全会精神，认真落实十九届中央纪委六次全会和自治区纪委十届二次全会精神，总结全市2021年纪检监察工作，分析全面从严治党形势，部署2022年重点任务。自治区党委副书记、自治区主席、市委书记严金海出席并讲话。市领导廖恳、贺鹏、普卫东、张正、王慧、张春阳、格桑次旦出席会议。自治区纪委常委、市委常委、纪委书记、监委主任王洪勇主持会议。

同日 城关区藏热公墓纪念馆将面向市民、学校和机关企事业单位等免费开放。投资约77万元的藏热公墓纪念馆位于拉萨市城关区纳金街道藏热村藏热汉族公墓园内，根据现有历史文献及石碑遗存情况，该纪念馆分为3个展区，分别为追思先辈、感念前人及聆听心声。“追思先辈”展区以石碑文物、碑文拓片及解读墓地历史图文资料、复刻文物（清军装束、木俑等）及场景还原壁画为主要展品。“感念前人”展区以4块捐资人名单木牌（复刻）与3位驻藏大臣相关的历史典籍和驻藏大臣制度图文为主要展品。“聆听心声”以历史图景动画、藏热墓地后人微纪录片、墓地相关图书资料及刻画等为主要展品。藏热公墓由3位驻藏大臣组织民间团体和个人捐资修建，距今已有两百多年的历史。现保存区面积2万多平方米，古墓300多座。该墓地是自清朝中期以来拉萨地区唯一的汉族及后裔的寄葬公墓。

17日 自治区党委书记王君正到甘丹寺、小昭寺调研，了解寺庙历史、僧人修行、加强创新寺庙管理、文物保护和消防安全等情况，亲切看望慰问寺庙僧人、驻寺干部、武警官兵、公安民警，对他们的辛勤付出表示衷心感谢，在藏历水虎新年即将到来之际，提前祝大家藏历新年幸福安康、吉祥如意。

同日 自治区党委副书记、自治区主席，市委书记严金海到乃朗寺、楚布寺，就加强和创新寺庙管理、文物保护与修缮等工作情况进行调研，详细询问寺庙修缮进展和生态环境保护情况，仔细查看大家工作、学习和生活环境，看望慰问寺管会干部、派出所民警、消防救援人员及宗教界代表人士。

同日 中共拉萨市第十届纪律检查委员会第二次全体会议闭幕，审议通过《中国共产党拉萨市第十届纪律检查委员会第二次全体会议工作报告》《中国共产党拉萨市第十届纪律检查委员会第二次全体会议公报（草案）》。自治区纪委常委，市委常委、纪委书记、监委主任王洪勇主持并讲话。

18日 自治区党委副书记、自治区主席、市委书记严金海深入拉萨相关企业和市场商铺，就藏历新年节日期间物资供应、食品安全和疫情防控措施落实情况进行调研，详细了解储藏能力、冷链食品种类及流向、消杀作业流程等情况并代表区党委、政府，代表王君正书记，向全区各族群众致以节日祝福。

21日 自治区党委副书记、自治区主席，市委书记严金海主持召开市委常委会会议。传达学习自治区党委王君正近期调研指示、讲话精神，研究部署相关工作。市委领导廖恳、普卫东、王洪勇、张正、王慧、张春阳、格桑次旦参加会议。

同日 2022年全市宣传部长会议召开，书面传达全国全区宣传部长会议精神及《中共拉萨市委宣传部2022年宣传思想文化工作要点》；宣读市委书记严金海《对全市宣传思想文化工作的批示》。市委副书记廖恳出席并讲话。

23日 拉萨市环保督察整改专题会议召开。

同日 2022年度全市“小个专”经济组织党建专题部署会召开，传达学习《全区非公经济组织“两优一先”表彰大会精神》和《关于在全市“小个专”经济组织中打造基层党建工作示范点实施方案》。对拉萨市非公有制经济组织中获得全区“两优一先”的优秀共产党员、优秀党务工作者、先进基层党组织进行表彰。

同日 市纪委、市妇联联合举行“2022年家庭教育进机关”专题讲座。邀请拉萨市家庭教育讲师团成员、市妇联特邀讲师次达瓦进行授课。

24日 市委农村工作会议召开，传达学习中央经济工作会议、中央农村工作会议精神，区党委经济工作会议、区党委农村工作会议及市委十届二次全会精神；书面印发《中共拉萨市委员会拉萨市人民政府关于做好全市2022年全面推进乡村振兴重点工作的若干举措（讨论稿）》；总结全市2021年“三农”工作，宣读《中共拉萨市委员会办公室拉萨市人民政府办公室〈关于2021年度全市农牧民增收等工作成效考核情况的通报〉》，部署2022年“三农”工作重点任务。会上，各县（区）书面交流发言。

25日 拉萨市召开“遵行四条标准、争做先进僧尼”教育实践活动表彰大会，传达学习党的十九届六中全会、全国宗教工作会议、全区宗教界代表人士座谈会精神和自治区党委书记王君正、自治区主席严金海分别在拉萨部分寺庙调研时的讲话精神及《西藏自治区实施〈宗教事务条例〉办法》，安排部署下一步工作，对教育实践活动中涌现出的先进集体和个人进行表彰。市委副书记廖恳出席会议，市委常委、统战部部长格桑次旦宣读表彰决定，自治区宗教事务局相关负责人出席会议。

同日 市市场监督管理局、城关区市场监督管理局和市文联联合在八廓商城组织开展创建国家食品安全示范城市宣传活动。

同日 全市统战部长会议召开。市委副书记廖恳出席，市委常委、统战部部长格桑次旦主持。

26日 全市维稳工作暨2022年“领导干部下基层大接访办实事”活动动员部署会召开。市委领导廖恳、贺鹏、尼玛、杨庆利、普卫东、王洪勇、王慧、张春阳、格桑次旦出席会议。

28日 自治区党委副书记、自治区常务副主席陈永奇在拉萨市调研指导节日市场保供稳价、食品安全和疫情防控工作，详细了解藏历新年期间市场供应、价格稳定等情况，代表自治区党委、自治区政府和自治区党委书记王君正、自治区主席严金海向各族人民群众致以节日的问候和美好的祝福。

同日 市统计局、国家统计局拉萨调查队联合市人民政府新闻办公室召开2021年拉萨市经济运行情况新闻发布会，对全市2021年经济运行情况进行发布并回答记者提问。

3月

2日 自治区暨拉萨市维稳力量誓师动员大会及联合武装巡逻演练活动在武警西藏总队第一支队训练场举行。自治区党委常务副书记、自治区政协党组书记、自治区维稳指挥部总指挥庄严出席，区党委常委、政法委书记刘江主持，区党委常委汪海洲、赖蛟、任维、达娃次仁出席。

5日 第60个“学雷锋纪念日”，自治区党委常务副书记、政协党组书记庄严，自治区党委常委、政法委书记刘江一行先后深入大昭寺广场、宗角禄康公园等地，调研指导学雷锋志愿服务活动。

7日 市委副书记、常务副市长陈静赴墨竹工卡县工卡镇塔巴村村民委员会，了解大家的工作和生活情况，耐心询问疫情防控、村集体经济、产业发展、非遗传承保护等工作，勉励大家充分发挥好自身的职能作用，紧紧围绕乡村振兴战略，为村级组织发展壮大和美丽乡村建设作出自己应有的贡献，以优异成绩推动巩固拓展脱贫攻坚成果同乡村振兴有效衔接。看望慰问节日期间坚守岗位的村“两委”班子成员、下沉干部、驻村工作队。

同日 市委常委、市委政法委书记、市公安局党委书记普卫东带队走访慰问因公牺牲民警家属、困难民警和曲水县茶巴朗护路大队队员，了解他们的身体、家庭和日常生活情况，送上慰问金，敬献哈达，要求相关部门持续做好慰问帮扶工作。

9日 自治区党委常务副书记、自治区政协党组书记庄严在城关区就加强和创新基层社会治理工作进行调研督导，先后到娘热街道办事处、仁钦蔡村村委会、昌都市驻拉萨办事处，与社区干部、基层民警、警务室工作人员亲切交谈，详细询问纠纷调解、流动人口服务与管理等工作情况，实地了解社区网格划分设置、治安队伍建设、维稳值班等情况，入户走访辖区居民，倾听意见、了解诉求。自治区党委常委、政法委书记刘江一同调研。

同日 拉萨市召开百名优秀年轻干部挂职锻炼动员会。市委常委、组织部部长张定成出席会议并讲话。

10日 全市安全生产工作电视电话会议召开。市委常委、常务副市长、市安委会常务副主任占堆主持并讲话。

11日 自治区党委副书记、自治区常务副主席陈永奇到拉萨北京实验中学和西藏大学纳金校区调研指导疫情防控工作。

14日 自治区党委副书记、自治区主席严金海，区党委常务副书记、区政协党组书记庄严，区党委副书记、自治区常务副主席陈永奇走上街头，与各族干部群众一同开展拉萨市爱国卫生“城乡清洁日”卫生大扫除，美化环境，共建美丽健康家园。自治区领导刘江、汪海洲、赖蛟、任维、维色、尼玛次仁、唐明英、江白等分别参加活动。

同日 自治区党委副书记、自治区主席、市委书记严金海前往大昭寺、八廓街等地，就维护稳定等工作开展调研。市委领导普卫东、张春阳一同调研。

同日 自治区党委常务副书记、自治区政协党组书记庄严在拉萨就法治社会建设和平安创建工作进行调研。

16日 市委召开常委会会议，传达学习习近平总书记近期重要讲话、重要指示精神，传达学习全国两会以及中央、区党委相关会议精神，研究部署工作。区党委副书记、自治区主席、市委书记严金海主持会议。会议研究并原则同意《拉萨市激励干部担当作为容错纠错的实施细则（试行）》《拉萨市党员干部常态化廉政警示教育长效机制（试行）》《拉萨市纪检监察、组织、巡察、审计监督联动协调工作办法（试行）》《拉萨市地级以上领导干部联系寺庙、宗教界代表人士工作方案（送审稿）》《关于更新拉萨市城市土地级别与基准地价的请示》《拉萨市委常委会2022年工作要点》《市委作风办“全链条”工作机制（送审稿）》。会议听取全市疫情防控工作开展情况汇报。市委领导廖恳、王强、陈静、占堆、毛东军、普卫东、张定成、张正、张永林、王慧、张春阳、格桑次旦参加会议。

同日 全市2022年重点项目集中开（复）工仪式举行。2022年，全市计划实施固定资产投资项目1060个。其中，重点项目98个。包括拉萨市“美丽乡村·幸福家园”建设行动计划项目、2022年度拉萨南北山绿化工程、拉萨市旁多引水工程、堆龙德庆区堆龙河两岸综合治理工程等，涵盖发展、生态、民生等各个领域。

同日 全市组织部长会议以电视电话会议形式召开。市委副书记廖恳出席并讲话。市委常委、组织部部长张定成主持会议并安排相关工作。

17日 2022年度曲水县百个重点项目暨援藏项目集中开工仪式举行。百个重点项目暨援藏项目集中开工，是曲水县落实“四个创建、四个走在前列”“五个走在前作表率”要求的具体实践。2022年，曲水县计划开复工项目共147个，总投资32.03亿元，年度计划完成投资24.97亿元。其中，3月集中开复工才纳园区花卉园艺示范基地、曲水镇茶巴朗村“美丽乡村·幸福家园”整村推进、曲水县现代化疾病预防控制体系实验室等109个建设项目，总投资20.45亿元。

同日 自治区党委常务副书记、自治区政协党组书记庄严先后前往甘丹寺、色拉寺、哲蚌寺，调研加强创新寺庙管理等情况。自治区党委常委、政法委书记刘江一同调研。

18日 纪录片《发现拉萨》首映式暨“讲好拉萨故事 构筑中华民族共有精神家园”座谈会在拉萨市融媒体中心举行。纪录片《发现拉萨》共3集，每集40分钟，展现拉萨的壮美风光和民俗风情，表现拉萨乃至西藏重要非物质文化遗产传承保护的历史价值和现实成就，立意深远，题材独特，画面优美，制作精良，是一部精品力作，也是江苏广电总台和拉萨融媒首次共同拥有版权、首次向中央广电总台出售播映权的作品，是“十三五”时期江苏援藏项目重要成果，由江苏省广播电视总台和拉萨市融媒体中心联合出品，江苏援藏前方指挥部和拉萨市委宣传部指导摄制，将于3月20日起在中央广播电视总台纪录频道晚间黄金时段播出，“央视频”同步推送，之后将在江苏广电总台、拉萨融媒各传媒矩阵、中新社外宣平台等渠道推出。自治区党委宣传部、自治区社科院相关负责人，拉萨市委副书记廖恳，市委副书记、常务副市长、江苏援藏前方指挥部党委书记、总指挥陈静，拉萨市委常委、宣传部部长王慧，以及江苏援藏前方指挥部相关领导和嘉宾出席首映式。首映式上，廖恳、陈静分别致辞。江苏省广电总台党委书记、台长卜宇作视频致辞。

19日 全市疫情防控工作安排部署电视电话会议召开，对全市疫情防控工作进行再安排再部署。

21日 堆龙德庆区2022年重点项目集中开（复）工仪式举行。2022年，堆龙德庆区确定实施项目123个，总投资近244亿元、年度计划完成投资77.2亿元；集中开（复）工39个重点项目，总投资近205亿元、年度计划完成投资53.5亿元，涵盖基础设施、民生保障、产业发展、环境保护等多领域。

22日 林周县2022年重点项目暨援藏项目集中开复工仪式举行，其中确定实施类重点项目58个，总投资19.45亿元，年度计划投资11.13亿元；另外争取实施类项目有43个，总投资12.16亿元。在58个重点项目中，市级重点项目有9个，总投资6.19亿元，年度计划投资3.58亿元。援藏项目围绕乡村振兴、特色产业发展等方面谋划推进12个项目，总投资2.19亿元，年度计划投资0.9亿元。

23日 市委召开理论学习中心组“学习近平新时代中国特色社会主义思想·建现代化拉萨”专题学习2022年第三次集中学习研讨会（扩大）会议。市领导廖恳、陈静、尼玛、毛东军、普卫东、张正参加学习会。市委常委、宣传部部长王慧主持会议。

同日 拉萨市委办公室印发关于《拉萨市激励干部担当作为容错纠错的实施细则（试行）》《拉萨市党员干部常态化廉政警示教育长效机制（试行）》《拉萨市纪检监察、组织、巡察、审计监督联动协调工作办法（试行）》的通知。

24日 2022年拉萨市市场监管工作会议召开。市委副书记、常务副市长陈静出席会议并讲话。

同日 墨竹工卡县2022年重点项目暨援藏项目集中开工仪式举行，全县80个计划项目集中开复工。项目涵盖农田水利、道路交通、基础设施、教育卫生、文化旅游、产业发展、基层政权、生态保护等各个领域，其中美丽乡村、产业发展、农田水利等与农牧民群众直接相关的民生项目共计65个。

同日 首届中国播音主持“金声奖”评选结果出炉，共评选出优秀广播播音员主持人、优秀电视播音员主持人各10名，拉萨市融媒体中心主持人璞珍获奖。

25日 第四生态环境保护督察进驻动员会在拉萨召开，督察组组长李家祥、副组长邱启文分别就做好督察工作作了讲话，自治区党委书记王君正进行进驻动员。自治区党委副书记、自治区人大常委会主任洛桑江村出席会议，自治区党委副书记、自治区主席严金海主持会议。

同日 拉萨市召开第二轮中央生态环境保护督察工作动员会。市领导廖恳、王强、陈静、贺鹏、尼玛、占堆、毛东军、张定成、张永林、王慧、张春阳、格桑次旦出席。

同日 市委副书记、常务副市长陈静到西藏自然科学博物馆参观拉萨市首届工艺美术大师评审活动参选作品展并前往绘画工艺、综合工艺、雕塑工艺现场制作考场区，详细了解唐卡绘画，制作泥塑、木雕、石雕、堆绣、刺绣等工艺。该次活动有143名参选者，共展出九大类25种品类的286件参选作品。活动设立“工巧奖”。

同日 市政协召开庆祝西藏民主改革63周年暨“3·28”西藏百万农奴解放纪念日座谈会。

同日 自治区党委常务副书记、自治区政协党组书记庄严在拉萨就加强和创新基层社会治理工作进行调研。自治区党委常委、政法委书记刘江一同调研。

26日 江苏省第九批援藏前方指挥部召开援藏干部人才大会。会议书面传达习近平总书记有关重要讲话精神和中央、江苏省、西藏自治区有关会议精神，表彰2021年度江苏援藏创新创优获奖案例。市委副书记、常务副市长、江苏省援藏前方指挥部党委书记、总指挥陈静出席会议并讲话。

同日 市委统战部联合市司法局、市宗教局在大昭寺内开展3月宗教活动场所法治宣教月活动。

同日 纳木错环湖科考暨羌塘游牧文化深度调查第二阶段工作专题会议在市委宣传部召开。拉萨市委常委、宣传部部长王慧出席,那曲市委常委、宣传部部长周清科主持会议。

28日 拉萨市举行"升国旗、唱国歌"仪式,隆重纪念西藏百万农奴解放63周年。自治区党委书记王君正,自治区党委副书记、自治区人大常委会主任洛桑江村,自治区党委副书记、自治区主席严金海,自治区党委常务副书记、自治区政协党组书记庄严,自治区党委副书记、自治区常务副主席陈永奇,刘江、王卫东、汪海洲、赖蛟、任维、嘎玛泽登、肖友才、达娃次仁出席。

同日 自治区党委副书记、自治区主席、拉萨市委书记严金海主持召开市委专题会,研究城市建设相关事宜。会议听取研究《拉萨中心城区交通拥堵综合治理方案研究(2020年—2025年)》,并做2022年度规划。

同日 盛世中国、幸福西藏——拉萨市纪念西藏百万农奴解放63周年主题经典歌曲大赛成果汇报演出在拉萨市融媒体中心举行,晚会以网络直播形式向祖国大江南北各族群众广泛传递。市领导廖恳、贺鹏、尼玛、王洪勇、王慧观看演出,并为获奖代表队颁奖。

同日 拉萨市7家企业获评"拉萨市放心消费创建第一批示范单位",即"藏域星球"天文体验馆;拉萨市放心示范餐饮店5家:福瑞德岐山农家总店、墨竹工卡尼达林鲁固藏餐店、西藏娜玛瑟德餐饮有限公司一店、香格里拉大酒店(拉萨)有限公司、城东桑曲茶馆江苏大道店;放心商超1家:神力时代广场。

29日 2022年拉萨市属寺庙僧尼法律知识考试在市属寺庙各考点开考。色拉寺、大昭寺、哲蚌寺等市属宗教活动场所的僧尼参加考试。市委常委、市委政法委书记普卫东,市委常委、统战部部长格桑次旦在各考点进行巡考、监考。

30日 自治区党委副书记、自治区主席、拉萨市委书记严金海主持召开市委全面深化改革委员会第32次会议。会议听取《市委全面深化改革委员会2022年工作要点(送审稿)》《重点改革任务领衔推进责任制及工作流程(送审稿)》《调整专项小组设置的建议方案(送审稿)》的起草情况,审议通过这三个文件。市领导廖恳、王强、陈静、尼玛、毛东军、张定成、张永林、张春阳、格桑次旦出席会议。

同日 自治区党委副书记、自治区主席、市委书记严金海主持召开市委机构编制委员会2022年第1次会议。会议审议通过《拉萨市2021年机构编制工作总结》《市委编委2022年工作要点》,会议研究并同意调整拉萨市国有企业发展服务中心职能及机构编制事宜、同意为拉萨市民族事务委员会核增事业编制事宜,同意设立拉萨市人民政府发展研究中心,明确拉萨市职工活动中心机构规格并核定科级领导职数等事宜。市领导廖恳、张定成、张春阳出席会议。

31日 自治区党委书记王君正在拉萨参加义务植树活动。自治区领导王君正、洛桑江村、严金海、王凯、刘江、汪海洲、赖蛟、嘎玛泽登、达娃次仁等来到位于拉萨市堆龙德庆区东嘎社区造林点,与各族干部群众、少先队员一同义务植树。

4月

1日 自治区党委副书记、自治区人大常委会主任、自治区着力创建全国民族团结进步模范区专项组组长洛桑江村在拉萨市调研民族团结进步模范区创建工作。自治区党委副书记、自治区主席严金海一同调研。

同日 市委召开常委会会议,传达学习习近平总书记近期重要讲话和指示、中央文件、区党委相关会议精神,研究部署工作。区党委副书记、自治区主席、市委书记严金海主持会议。市委领导廖恳、王强、陈静、毛东军、普卫东、张定成、王洪勇、张正、王慧、张春阳、格桑次旦参加会议。

同日 自治区党委副书记、自治区主席、市委书记严金海主持召开市委专题会议,研究古城区老旧大院改造事宜,安排部署下一步工作。自治区财政厅、自治区住建厅相关负责人,市领导廖恳、王强、陈静、张正、张春阳出席会议。

同日 拉萨市税务局第31个全国税收宣传月启动仪式暨拉萨市税务局公职律师涉税争议咨询调解中心揭牌仪式举行。

2日 市委党的建设（基层组织建设）工作领导小组2022年第一次会议召开。市委副书记廖恳主持并讲话。会议审议通过《2021年度全区基层党建工作述职评议考核反馈问题和自查问题整改方案》《全市2022年度基层党建工作重点任务清单》。会议听取4个县（区）村（社区）组织运行调研情况汇报，研究对策措施；听取各县（区）、市直各行业系统党（工）委关于2021年度基层党建工作述职评议考核反馈问题、自查问题整改措施和2022年党的建设工作计划。市委常委、组织部部长张定成，市委常委、纪委书记、监委主任王洪勇，市委常委、秘书长张春阳参加会议。

同日 2022年全市教育工作会议召开。会议传达学习区党委副书记、自治区主席、拉萨市委书记严金海对全市教育工作的批示精神。市委副书记廖恳出席并讲话。

同日 市十二届人大常委会党组理论学习中心组召开集中学习研讨会。会议传达学习十三届全国人大五次会议精神、自治区党委书记王君正在西藏代表团举行全体会议时的讲话精神、《王君正：坚持和发展全过程人民民主 谱写好新时代西藏社会主义民主政治新篇章》，以及习近平总书记两会金句、习近平总书记在参加内蒙古代表团审议时的重要讲话精神、习近平总书记在西藏考察时的重要讲话精神等；与会干部围绕会议内容作了学习交流发言。市人大常委会党组书记、主任贺鹏主持会议。

同日 市委组织部组织开展“回忆峥嵘岁月·追思革命先烈”主题党日活动，70余名干部职工到拉萨烈士陵园缅怀英烈，进一步加强革命传统教育，弘扬爱国主义精神和伟大建党精神。市委常委、组织部部长张定成以普通党员身份参加活动。

3日 针对中央生态环境保护督察组转办督办的问题，市政府相关负责人赴空港新区和柳梧新区，通过实地调研、现场查看的方式，详细了解空港新区甲竹林镇机场附近干渠污水直排和滨河花园小区与拉萨河道间相关项目建设问题。相关负责人现场汇报问题整改措施、整改进度、存在的问题及下一步工作打算等情况。

8日 拉萨市委、市政府与中国传媒大学在北京江苏大厦举行战略合作协议签约仪式。拉萨市委副书记廖恳，中国传媒大学相关负责人出席签约仪式并致辞。

同日 市委副书记、常务副市长，江苏援藏前方指挥部党委书记、总指挥陈静率队先后到市江苏实验幼儿园、市第一中学、拉萨江苏实验中学及援藏教师公寓等地开展调研活动。

同日 市双拥办、市退役军人事务局举行“崇军商户”授牌仪式，为拉萨市首家成员单位授牌。

9日 拉萨、林芝、那曲三市党委宣传部、文化（文物）局、融媒体中心联合签订红色资源挖掘共享、文化文物保护、藏晚节目创作等战略协议，为三市宣传思想文化工作全面合作按下启动键。

11日 拉萨市召开干部大会，宣布自治区党委关于拉萨市委主要领导调整决定：严金海不再兼任拉萨市委书记、常委、委员职务；普布顿珠兼任拉萨市委委员、常委、书记，不再兼任昌都市委书记、常委、委员职务。自治区党委书记王君正出席并讲话。拉萨市党政军领导王强、陈静、贺鹏、尼玛、李忠海、毛东军、普卫东、张定成、王洪勇、张正、张永林、张春阳、格桑次旦以及市直各部门主要负责人参加会议。

同日 自治区党委常委、市委书记普布顿珠主持召开市委常委会（扩大）会议，第一时间传达学习贯彻自治区党委书记王君正、自治区主席严金海在全市干部大会上的讲话精神，安排部署贯彻事宜。市委领导王强、陈静、普卫东、张定成、王洪勇、张正、张永林、张春阳、格桑次旦参加会议。

12日 自治区党委常委、市委书记普布顿珠先后实地走访市公安局“110”指挥中心、市国安指挥部，看望慰问政法维稳战线上的民警，了解全市维稳工作情况，共同探讨当前维稳形势，安排部署下一步工作。市领导毛东军、普卫东、张正、张春阳一同调研。

同日 市总工会、团市委、市妇联联合召开纪念西藏民主改革63周年宣讲会，邀请市委党校高级讲师廖承英作专题宣讲。

13日 自治区党委常委、市委书记普布顿珠看望慰问退休老干部、十八军“四路进藏”老战士，向他们并通过他们向为拉萨革命和建设事业作出贡献的全市退休老干部、老战士致以崇高敬意和诚挚问候。

同日 自治区党委常委、市委书记普布顿珠实地调研中央环保督察转办督办问题整改情况。

同日 全市基层党建工作重点任务推进会召开。会议传达学习全国全区基层党建工作重点任务推进会精神和市委党建工作领导小组2022年第一次会议精神；通报2021年度全市基层党建工作开展情况；市直机关工委等9家单位作了交流发言；全面安排2022年全市基层党建工作重点任务。市委常委、组织部部长张定成出席。

15日 以“树牢总体国家安全观，感悟新时代国家安全成就，为迎接党的二十大胜利召开营造良好氛围”为主题的2022年全民国家安全教育日集中宣传活动在拉萨市宇拓路举行。区党委常委、政法委书记刘江到活动现场检查指导。

同日 自治区党委常委、市委书记普布顿珠深入城关区基层一线，实地调研基层社会治理工作。

同日 自治区党委常委、市委书记普布顿珠主持召开十届市委巡察工作领导小组会议，传达学习全国巡视工作会议暨十九届中央第九轮巡视动员部署会精神、全区巡视巡察工作会议暨十届区党委第一轮巡视动员部署会精神，审议有关文件，安排部署下一步工作。

同日 大昭寺启动2800余亩绿化项目，助力南北山绿化工程。市委常委、统战部部长，市政协党组副书记格桑次旦出席仪式。

18—19日 自治区党委常委、市委书记普布顿珠深入尼木县吞巴镇、卡如乡、尼木乡、塔荣镇、续迈乡，调研维护稳定、乡村振兴、特色产业发展、生态保护、教育、基层党建等情况。

19日 拉萨市挥发性有机物治理工作部署会召开。会议传达《加强高原地区挥发性有机物污染治理力》文章以及区党委常委、常务副主席肖友才在自治区挥发性有机物治理工作会议上的讲话精神。

同日 第34个爱国卫生月，拉萨市开展以“文明健康绿色环保”为主题的爱国卫生月集中宣传活动。

同日 自治区党委副书记、自治区主席严金海调研拉萨南北山大规模绿化工程开展情况。

20日 市委副书记廖恳主持召开全市群团部门负责人座谈会，学习贯彻自治区党委书记王君正在西藏自治区工青妇调研时的讲话精神。

20—21日 自治区党委常委、市委书记普布顿珠深入林周县旁多乡、松盘乡，进乡镇、入企业、看产业、访群众，实地调研了解维护稳定、乡村振兴、重点水利项目、特色产业发展等情况。市委常委、秘书长张春阳一同调研。

22日 自治区党委书记王君正深入拉萨市社区、街道，专题调研基层社会治理，看望慰问各族干部群众。

同日 自治区党委常委、市委书记普布顿珠主持召开市委常委会（扩大）会议，传达学习习近平总书记在北京冬奥会冬残奥会总结表彰大会上和在海南考察时、视察文昌航天发射场时的重要讲话精神，自治区党委书记王君正4月22日上午在拉萨调研基层社会治理工作时的指示精神和近期有关讲话、批示精神，听取落实第十巡视组反馈意见和自查问题整改情况汇报，研究拉萨市贯彻意见，安排部署下一步工作。

22—27日 南京医科大学第二附属医院和南京医科大学国家重点实验室的专家进藏，对曲水县、林周县、达孜区、当雄县、尼木县、堆龙德庆区0—18岁少年儿童进行先心病筛查，并对前期在南京进行手术的部分患儿开展回访。在各县（区）的协助下，筛查患儿1万余人，符合手术指征的患儿将赴江苏进行手术治疗。

24日 十届拉萨市委第一轮巡察动员部署会暨进驻动员会召开。会议传达学习全国巡视工作会议暨十九届中央第九轮巡视动员部署会精神，自治区党委书记王君正对巡视工作的批示精神、全区巡视巡察工作会议暨十届自治区党委第一轮巡视动员部署会精神、市委书记普布顿珠在市委巡察工作领导小组第1次会议上的主持讲话精神。宣读《十届拉萨市委第一轮巡察组长授权任职及任务分工决定》。自治区纪委常委、市委常委、纪委书记、监委主任、市委巡察工作领导小组常务副组长王洪勇出席。

25日 拉萨高新区知识产权维权援助服务站揭牌，该服务站的成立将为企事业单位和社会公众提供知识产权维权援助，帮助解决申报知识产权、处理纠纷、保护合法权益等工作。

25—26日　自治区党委常委、市委书记普布顿珠到曲水县茶巴拉乡、达嘎镇、曲水镇，走村入户开展调研，认真听取民情民意，看望慰问干部群众。

26日　自治区党委副书记、自治区主席严金海调研拉萨文化旅游产业。

同日　自治区副主席罗梅率队到城关区拉萨三级政务服务大厅、名众堂大药房和当雄县羊八井镇彩渠塘村卫生室、羊八井镇卫生院，就城乡居民基本医疗保险政策落实、医保经办部门“放管服”及“一站式服务、一单制结算、一窗口办理”等情况进行实地调研。

26—27日　自治区党委常委、市委书记普布顿珠来到墨竹工卡县工卡镇、唐加乡、甲玛乡，调研了解基层党建、维护稳定、园区建设、产业发展、基层医疗、绿色矿山建设及矿区安全生产、生态恢复治理等工作，看望慰问基层干部群众。

27日　西藏自治区图书馆、拉萨市行政审批和便民服务局共同举行西藏首个可刷脸24小时自助图书馆启动仪式，该自助图书馆在拉萨三级政务服务大厅投用。

同日　2022年拉萨市交通运输工作会议召开。会议传达学习全国交通运输工作会议精神和全区交通运输工作会议精神，全面总结2021年交通运输工作，从深化党的建设和党风廉政建设、深化“四好农村路”建设、推动交通重点工程项目、维护交通运输市场秩序、保障交通运输安全运行等五个方面安排部署2022年工作任务。

29日　自治区党委常委、市委书记普布顿珠主持召开市委理论学习中心组学习会，专题学习习近平总书记关于总体国家安全观的重要论述。

同日　2022年拉萨市食药安委第一次全体会议暨创建国家食品安全示范城市工作动员部署会召开，总结2021年全市食品药品安全工作，安排部署创建各项工作。

同日　西藏自治区图书馆哲蚌寺分馆和西藏自治区古籍保护中心哲蚌寺古籍馆挂牌仪式举行。

30日　拉萨市贯彻落实《中国共产党政法工作条例》汇报反馈会以视频会议形式召开。

5月

1日　自治区党委常务副书记、自治区政协党组书记庄严在拉萨、山南实地调研雅江流域生态治理项目和雅江河长制工作。

同日　自治区党委常委、市委书记普布顿珠走访慰问“五一”节日期间坚守岗位的一线工作人员和全国劳模代表。

5—6日　自治区党委常委、市委书记普布顿珠到达孜区章多乡、塔杰乡、德庆镇、邦堆乡，深入村社、企业、机关，调研基层党建、维护稳定、园区建设、产业发展、生态保护、安全生产等工作。

6日　自治区党委副书记、自治区人大常委会主任洛桑江村调研拉萨南北山绿化工程开展情况，看望慰问施工单位和工作人员。

6—7日　自治区党委常委、市委书记普布顿珠深入堆龙德庆区古荣镇和东嘎、乃琼、羊达街道，调研维护稳定、文旅产业、冷链物流、城市建设、基层党建等情况。

7日　自治区党委副书记、自治区人大常委会主任洛桑江村到哲蚌寺调研。

同日　拉萨市“全国综合减灾示范社区”集中授牌暨“全国防灾减灾周”活动启动仪式在城关区蔡村举行，城关区蔡公堂街道蔡村、堆龙德庆区马镇朗巴村、尼木县塔荣镇塔荣村3个村被命名为2020年度“全国综合减灾示范社区”。

同日　拉萨市召开林长暨森林督查发现问题整改工作推进会。会议书面传达学习自治区总林长会议精神，传达自治区林长办公室《关于进一步推进森林督查发现问题整改工作的通知》及区党委常委、市委书记普布顿珠的批示精神，通报全市森林督查发现问题整改情况。

同日　2022年全市体育工作会议在市体育局召开。会议总结2021年全市体育工作，部署2022年重点任务。2021年，拉萨市全民健身活动蓬勃发展，现有体育活动场所1278个，总面积150.676万平方米，人均体育场地1.75平方米；拉萨市一级、二级、三级社会体育指导员共有1954人，平均每千人拥有2.2名社会指导员；体育活动丰富多彩，成功举办拉萨半程马拉松、第二届拉萨市工间操大赛等赛事活动。积极推进市属大型体育场免费低收费开放和学校体育场地设施向公众开放，健身人数较多的场所如宗角禄康公园等地健身群众每天达 3 万人次。

9 日 自治区党委常务副书记、自治区政协党组书记、布达拉宫文物保护利用工作领导小组组长庄严到布达拉宫调研文物古迹保护利用情况，并主持召开现场办公会，研究安排全区文物保护工作。

同日 8 时起，G4218 林芝至拉萨高等级公路工布江达至拉萨段（K1621+300 米至 K1876+737 米）共 255 千米路段对货运车辆开放试运行，试运行期为 3 个月。此举标志着西藏结束高等级（高速）公路不允许货运车辆通行的历史。

9 日、11 日 自治区党委常委、市委书记普布顿珠分别深入城关区蔡公堂、吉日、纳金、夺底街道办事处，调研党的建设、基层社会治理、园区建设、特色产业发展、老城区改造、教育等情况。

10 日 自治区党委常委、市委书记普布顿珠主持召开市委常委会（扩大）会议，传达学习习近平总书记在 5 月 5 日中共中央政治局常务委员会会议上的重要讲话精神、对湖南长沙居民自建房倒塌事故作出的重要指示精神，听取近期全市疫情防控工作情况汇报，研究拉萨市贯彻落实工作。市委领导王强、陈静、毛东军、张定成、王洪勇、张正、张永林、王慧、张春阳、格桑次旦参加会议。

12 日 中共国家税务总局拉萨市税务局机关纪律检查委员会授牌仪式举行。是拉萨市直属机关单位第一家成立机关纪委的部门。

13 日 拉萨市学习贯彻习近平总书记在庆祝中国共产主义青年团成立 100 周年大会上的重要讲话精神座谈会召开。区党委常委、市委书记普布顿珠出席并讲话。会议传达学习习近平总书记重要讲话精神和自治区党委书记王君正讲话精神。

同日 市委召开理论学习中心组“学习近平新时代中国特色社会主义思想·建现代化拉萨”专题学习 2022 年第五次集中学习研讨会（扩大）会议。会议邀请中国藏学研究中心张云教授以视频授课的形式作题为《汉藏文化的历史演变》的辅导。

18 日 全市重点项目调度会召开，会议听取市直有关部门、各县（区）重点项目建设推进情况，分析研究项目落地中遇到的困难问题，安排部署下一步重点工作。

19 日 全市宗教界深入开展“国家意识、公民意识、法治意识”教育动员部署会召开。区党委常委、市委书记普布顿珠出席会议并讲话。市委副书记、常务副市长陈静传达自治区党委书记王君正在全区宗教界深入开展“三个意识”教育动员部署会上的讲话精神，市委常委、统战部部长格桑次旦就宗教界深入开展“三个意识”教育实施方案作说明。

同日 市人大常委会主任贺鹏前往堆龙德庆区调研包保重点项目建设。调研中，贺鹏深入堆龙德庆区城区水系联通工程和堆龙河两岸综合治理（下游）工程建设现场，进工地、看展板，详细了解项目规划建设进展情况，以及项目建设中存在的困难和问题。随后，贺鹏与项目建设有关单位进行座谈交流，听取项目责任单位相关汇报。

19—20 日 自治区党委副书记、自治区常务副主席陈永奇先后到曲水县聂当工业园区净土生物有机肥加工厂、曲水县工业园大昭青稞食品有限公司，堆龙德庆区中邦投资有限公司、净土健康产业种植基地，城关区东郊万达广场等地调研三次产业企业运营及减税降费等助企纾困政策落实情况；并主持召开座谈会，听取有关情况汇报，研究部署当前经济工作。

20 日 自治区党委常委、市委书记普布顿珠主持召开市委常委会（扩大）会议，传达学习习近平总书记近期重要讲话、重要贺信、重要回信精神，自治区党委书记王君正有关讲话和调研时的指示精神，研究拉萨市贯彻意见。会议传达学习习近平总书记向青蒿素问世 50 周年暨助力共建人类卫生健康共同体国际论坛、首届大国工匠创新交流大会的重要贺信精神和给中国航天科技集团空间站建造青年团队的重要回信精神。会议研究拉萨市进一步做好意识形态工作。会议传达学习自治区党委书记王君正在自治区总工会、团区委、区妇联和中科院青藏高原研究所拉萨部调研时的指示精神以及在自治区庆祝“五一”国际劳动节暨表彰大会上的讲话精神。会议传达学习区党委《关于加强对“一把手”和领导班子监督的实施意见》。会议听取中央环保督察反馈典型案例整改工作情况汇报。会议安排部署近期重点工作。

同日 自治区党委常委、组织部部长赖蛟赴拉萨市堆龙德庆区调研公务员平时考核工作，深入羊达、乃琼街道实地了解党建引领基层治理工作情况。

同日 由拉萨市中级人民法院、市教育局、市普法领导小组办公室联合共建的“法护蓓蕾”青少年法治教育基地在拉萨市中级人民法院揭牌。

同日 自治区、拉萨市、城关区三级市场监督管理局联合在萨博广场举办“5·20”世界计量日宣传活动，吸引众多群众参与。

23日 自治区党委常务副书记、自治区政协党组书记庄严深入拉萨市城关区联系点，看望各族干部群众，实地调研维护稳定、基层治理、产业发展、生态建设等情况。

同日 自治区党委常委、市委书记普布顿珠深入政法战线各单位，调研了解有关工作情况，看望政法战线一线干警。

同日 《拉萨日报》报道：2020年和2021年，西藏全区群众安全感、满意度分别达99.39%和99.41%，拉萨市的群众安全感、满意度连续7年在全国名列前茅。

24日 自治区党委副书记、自治区主席严金海在拉萨就粮食安全及重要民生物资储备工作进行调研。区党委副书记、自治区常务副主席陈永奇一同调研。

同日 自治区党委常委、市委书记普布顿珠到市纪委监委机关调研。

同日 拉萨经济技术开发区商会揭牌仪式举行。

25日 自治区党委副书记、自治区人大常委会主任洛桑江村出席哲蚌寺深入开展“国家意识、公民意识、法治意识”教育动员部署会，并向寺庙僧人、寺管会干部等开展宣讲。

同日 自治区党委常委、市委书记普布顿珠到市委组织部机关调研。市委常委、组织部部长张定成汇报工作。

同日 城关区委党校现场教学基地授牌仪式在清政府驻藏大臣衙门旧址陈列馆举行，对于深化党员干部教育培训、提升党员干部能力素质具有重要意义。

26日 自治区文化厅在大昭寺举行西藏自治区图书馆大昭寺分馆、西藏自治区古籍保护中心大昭寺古籍馆揭牌仪式。此次大昭寺“两馆”揭牌仪式，是对推进社会主义先进文化进宗教活动场所的一次成功实践。

同日 全市2022年第一次民委委员全体会议召开，传达学习中央、自治区党委民族工作会议精神，总结交流全市民族工作经验，安排部署下一阶段具体工作。

同日 由区党委宣传部、自治区文联、自治区文化厅主办，西藏广播电视台承办的大型群众性电视文艺节目《格桑花开》系列季播特别节目《青稞飘香》（第二季）声乐赛海选尼木赛区、当雄赛区拉开序幕。

26—27日 拉萨市宗教界深入开展“国家意识、公民意识、法治意识”教育宣讲员培训班举行。

27日 海关总署、国家发改委、财政部、自然资源部等8个部委组成的国家联合验收组，通过视频连线查验拉萨综合保税区各项基础设施建设情况，并宣布拉萨综合保税区顺利通过国家验收。拉萨综合保税区总规划面积4.881平方千米，封关区域面积0.84平方公里。拉萨综合保税区落地企业24家，储备项目33个。拉萨综合保税区顺利通过国家验收，为西藏外贸经济发展注入新动能，填补西藏没有海关特殊监管区域的空白，是西藏首个集“入区产业、配套产业、多式物流、用工资源”于一体的海关特殊监管区域。拉萨综合保税区正式封关运行后，将积极推动共建“一带一路”高质量发展，助力西藏面向南亚通道建设与推动西部陆海新通道建设实现有效对接。

同日 拉萨市第六届青少年科技创新大赛暨第二届中小学科技节启动仪式举行。此次大赛共设置学生组和教师组两个组别。学生组设置科技小制作、微视频、小小科普讲解员等6个竞赛项目；教师组设置科普微课、科普教学案、演讲（朗诵）比赛3个竞赛项目。

同日 农业银行拉萨分行“奶牛贷”发放仪式在曲水县曲水镇茶巴朗村举行。

28日 拉萨市举行打击欺诈骗取医疗保障基金专项治理启动仪式。

29日 拉萨市自行车运动协会举办骑行拉萨观博物馆活动，来自全市的9家自行车俱乐部，近百名骑行爱好者参与此次活动。

30日　自治区党委常委、市委书记普布顿珠主持召开市委常委会(扩大)会议,传达学习习近平总书记在中共中央政治局会议上的重要讲话及近期重要致辞、回信、指示精神,再次传达学习习近平总书记视察西藏时的重要指示精神,自治区党委书记王君正有关讲话和调研时的指示精神,研究全市贯彻意见。

同日　拉萨市深化全国文明城市创建新闻发布会暨主题作品颁奖晚会在市融媒体中心举行。区党委常委、宣传部部长、区文明委副主任汪海洲,区党委常委、拉萨市委书记普布顿珠出席。区党委宣传部常务副部长廖悬以及区党委宣传部、区文明办、新华社西藏分社相关负责人出席。

同日　由团市委、市教育局、市少工委主办的以“喜迎二十大、永远跟党走、奋进新征程”“红领巾心向党”为主题的2022年少先队新队员入队仪式暨三星章颁奖仪式举行。仪式上,宣读《关于成立一年级各中队及聘任中队辅导员的决定》《关于批准新队员入队的决定》,并为一年级各中队授中队旗,向各中队辅导员颁发聘书。

31日　自治区党委书记王君正到拉萨市第一小学参加“六一”国际儿童节“喜迎二十大、争做好队员”主题队日活动,代表自治区党委、政府向全区少年儿童致以节日的祝福,向广大教师表示亲切的慰问,希望广大少年儿童传承红色基因,争做红色少年,努力做合格的社会主义建设者和接班人。

同日　自治区党委常委、市委书记普布顿珠主持召开市委审计委员会会议。会议传达学习习近平总书记关于审计工作的重要指示精神、全国审计工作会议精神,自治区党委书记王君正在区党委审计委员会会议上的讲话精神。研究2022年拉萨市委审计委员会工作要点,安排部署2022年审计重点工作。

6月

1日　自治区党委常委、市委书记普布顿珠到宣传思想文化战线调研。

2日　自治区党委常委、市委书记普布顿珠到统战民宗系统调研。

6日　自治区党委常委、市委书记普布顿珠到市委办公室调研。

7日　自治区党委常委、宣传部部长,自治区文明委副主任汪海洲深入城关区实地调研指导拉萨市新时代文明实践中心(所、站)工作。

同日　自治区党委常委、市委书记、拉萨警备区党委第一书记普布顿珠到拉萨警备区调研。

8日　自治区党委常委、市委书记普布顿珠深入经开区,听规划、访企业、看项目、谋发展,详细了解经济发展形势,现场推动解决困难问题。

同日　自治区党委常委、市委书记普布顿珠主持召开市委理论学习中心组学习会,专题学习习近平总书记的地方足迹,启动“感悟领袖风范、锤炼过硬作风”读书活动。普布顿珠同大家分享自己的学习感悟,市委理论学习中心组成员王强、毛东军、格桑次旦作交流发言或作书面交流。

同日　2022拉萨文化和旅游消费季之美丽乡村旅游系列活动启动仪式在曲水县才纳乡国家现代农业示范区举行。市委副书记、常务副市长王强,自治区旅游发展厅相关负责人出席并致辞。

9日　自治区党委常委、市委书记普布顿珠在哲蚌寺、色拉寺调研。市委常委、秘书长张春阳,市委常委、统战部部长格桑次旦参加调研。

同日　拉萨市2022年药品安全专项整治工作推进会召开。拉萨市县(区)医疗机构、药店负责人50余人参加会议。截至5月底,拉萨市针对存在风险隐患的63家企业下达责令整改通知书。

10日　自治区党委常委、市委书记普布顿珠主持召开市委常委会(扩大)会议,传达学习习近平总书记在中央政治局第三十九次集体学习时的重要讲话及近期重要贺信精神,自治区党委书记王君正有关调研指示精神,研究拉萨市贯彻意见。

同日　自治区党委常委、市委书记普布顿珠先后到柳梧新区中华文化公园先民遗址、和美连心桥、同心广场,西藏华大基因科技有限公司、“柳梧蜂巢+创新中心”、西藏宁算科技集团有限公司等地调研。

11日　由区商务厅指导,市人民政府主办、市商务局承办的拉萨市“助企惠民·悦享消费”促进消费系列举措暨西藏味道美食大赛启动仪式在柳梧万达广场举行。

12日 西藏自治区非物质文化遗产保护中心哲蚌寺分馆挂牌仪式举行。国家级传承项目“嘎尔”、自治区级项目“鹰笛演奏”、哲蚌寺酥油花造像展示、哲蚌寺藏文书法展示等，充分彰显文化交往交流交融之美。

13—15日 自治区党委书记王君正在城关区、达孜区、堆龙德庆区、曲水县和高新区调研。在听取拉萨市工作汇报后，王君正对拉萨市经济社会发展取得的成绩给予肯定。区市领导赖蛟、普布顿珠、达娃次仁参加调研。

14日 全市“万企兴万村”行动启动大会召开。

15日 自治区党委常委、市委书记普布顿珠主持召开市委常委会（扩大）会议，专题学习贯彻自治区党委书记王君正在拉萨考察调研时的讲话指示精神。

16日 拉萨市举行欢迎欢送江苏省第九、第十批援藏干部人才大会。区党委常委、市委书记普布顿珠出席并讲话。

同日 江苏省第十批援藏干部抵达拉萨，市委副书记、常务副市长陈静随机一同抵达。市委常委、组织部部长张定成带队赴贡嘎机场开展接机活动。

17日 自治区党委常委、市委书记普布顿珠深入八廓古城区调研，宣传宣讲自治区党委书记王君正在拉萨考察调研时的讲话指示精神，转达王君正对全市各族干部群众的问候祝福。

18日 江苏省第十批援藏干部人才培训动员会举行。市委常委、组织部部长张定成出席并讲话。张定成对江苏省历批援藏干部人才所发挥的积极作用给予高度评价，并向江苏省第十批援藏干部人才介绍西藏的发展定位和拉萨市基本情况。

20日 自治区党委常委、市委书记普布顿珠主持召开市委常委会（扩大）会议，传达学习习近平总书记在四川考察、6月17日中共中央政治局会议和中共中央政治局第四十次集体学习时的重要讲话精神以及近期重要致辞、贺信、回信精神，自治区党委书记王君正近期有关讲话、批示精神，研究拉萨市贯彻落实意见。

同日 自治区党委常委、市委书记普布顿珠来到文创园调研，向基层干部群众宣传宣讲自治区党委书记王君正在拉萨考察调研时的指示精神，转达王君正书记的问候祝福。

21日 自治区党委常委、市委书记普布顿珠到市妇联、团市委、市总工会就加强和改进党的群团工作进行调研。

同日 拉萨市市创建国家文化和旅游消费示范城市动员部署会召开。市委副书记、常务副市长王强作动员部署讲话。

22日 自治区党委常务副书记、自治区政协党组书记庄严深入拉萨市堆龙德庆区马镇措麦村和东嘎街道祥和苑社区进行调研。马镇措麦村是拉萨市乡村振兴示范村。祥和苑社区是当雄县和堆龙德庆区两地11个乡镇的易地扶贫搬迁安置点，有搬迁户1170户、4641人，是拉萨市最大的易地扶贫搬迁安置点。社区成立妇女手工编织合作社、惠民超市、惠民药店等，为群众就近提供就业、就医、就学等便民服务。

同日 自治区党委常委、市委书记普布顿珠来到市发改委调研。

同日 拉萨市着力创建全国民族团结进步模范区当好排头兵专项组召开第一次推进会。研究《关于完善拉萨市着力创建全国民族团结进步模范区当好排头兵专项组办公室工作机构的建议》。市模范区专项组相关负责人汇报拉萨市民族团结进步示范区创建工作进展情况。研究讨论《拉萨市坚持以铸牢中华民族共同体意识为主线在着力创建全国民族团结进步示范区上当好排头兵五年行动规划方案（2022—2026）》《拉萨市贯彻落实〈自治区着力创建全国民族团结进步示范区2022年度工作方案任务清单〉任务分解表》。

23日 自治区党委常委、组织部部长赖蛟，区党委常委、自治区常务副主席肖友才到拉萨市金珠西路，实地调研区直单位援藏干部周转房项目建设进展情况，对如期保质完成项目建设进行安排部署。

同日 自治区党委常委、市委书记普布顿珠到市财政局调研。

同日 自治区党委常委、市委书记普布顿珠召开拉萨市县处级干部警示教育大会。

同日 国家矿山安全监察局青海局赴拉萨市开展安全监察工作并听取工作汇报。青海局党组副书记、局长牛银海出席会议并讲话。牛银海对拉萨市非煤矿山安全监察工作给予充分肯定。

26 日　自治区党委常委、市委书记普布顿珠，与江苏省人大常委会副主任马秋林一行座谈。普布顿珠代表市委、市政府和全市各族干部群众，对马秋林一行在江苏第九批、第十批援藏干部完成轮换之际，赴拉考察指导、看望慰问援藏干部表示热烈欢迎，对江苏省委、省人大、省政府、省政协和全省人民长期以来对拉萨的鼎力支援表示衷心感谢。自治区人大常委会民宗外侨委员会相关负责人参加座谈。

同日　第 35 个国际禁毒日。当天上午，城关区俄杰塘社区戒毒康复中心揭牌成立，这也是拉萨市成立的首个社区戒毒康复中心。中心占地 380 平方米，集动态管控、戒毒治疗、心理矫正、帮扶救助、就业指导、宣传教育六大功能于一体，主要职责是对辖区内的戒毒康复人员进行管理、监督、教育，指导戒毒康复治疗，并提供心理咨询、就业指导、帮扶救助和法律援助服务。

27 日　自治区党委常委、市委书记普布顿珠到市人社局调研，先后到市人力资源市场高校毕业生就业创业一站式服务中心、市社会保险事业服务中心，了解就业创业扶持政策落实情况，与入驻众创空间和正在参加创业训练营的青年创业者们亲切交流，听取社会保险工作情况介绍。随后召开座谈会，普布顿珠对全市人社工作取得的成绩给予肯定，向全市人社系统广大干部职工表示衷心感谢。

28 日　拉萨朗热酒村项目开工仪式暨 2022 年江苏援藏项目建设推进会在达孜区朗热酒村建设工地举行。2022 年江苏省援藏项目建设，计划安排 5.12 亿元资金对口支援西藏，实施援藏项目 66 个，其中 60 个项目已开复工。拉萨朗热酒村项目是此次江苏援藏引进的一个重大产业项目，总投资 10 亿元，以“一、二、三产融合发展”理念，创新“产城融合、酒村融合、酒旅融合”的发展模式，着力做精青稞加工产业、做强酿酒产业、做靓特色文旅产业，将有效提升达孜区产业集聚能力和产业发展水平，更好地助力拉萨高质量发展。项目建成投产后，预计年产值超 10 亿元，且逐年增长，带动周边 1000 余名农牧民就业增收。区党委常委、市委书记普布顿珠，江苏省人大常委会副主任马秋林共同为主题为“茉莉格桑共芬芳”的江苏援藏项目标识揭牌，并为工程培土奠基。宿迁市人大常委会，江苏援藏指挥部、自治区人大常委会民宗外侨委员会相关负责人出席。

同日　拉萨市政府与区商务厅“推进商务高质量发展合作备忘录”签约仪式暨工作座谈会举行。

30 日　自治区党委常委、市委书记普布顿珠主持召开市委常委会（扩大）会议，传达学习习近平总书记在中央全面深化改革委员会第二十六次会议、在湖北武汉考察时的重要讲话精神以及近期重要回信、演讲、指示精神，自治区党委书记王君正在区党委十届二次全会、中国共产党西藏自治区代表会议上的讲话精神，研究全市贯彻意见。

同日　拉萨市“庆‘七一’永远跟党走”喜迎党的二十大暨“国家意识、公民意识、法治意识”群众性宣传教育活动主题晚会在拉萨市融媒体中心举行。

同日　自治区人大常委会调研组赴拉萨市召开大学生就业情况专题调研汇报会。会议通报拉萨市大学生就业工作开展情况；市委组织部、市教育局、市民政局、市财政局、市人社局等与会相关单位结合各自领域进行交流发言；自治区人大常委会调研组围绕如何更好开展大学生就业工作提出工作建议和指导意见，自治区人大常委会党组成员、副主任唐明英出席并讲话。

7月

1 日　自治区党委常委、市委书记普布顿珠带领市级党员领导干部，到虎头山水库、林周农场旧址开展“七一”主题党日活动，并召开市委理论学习中心组学习会。

同日　自治区党委常委、市委书记普布顿珠到林周县、达孜区，看望慰问基层老党员，并通过他们向全市广大党员致以崇高敬意和节日问候。

同日　市人社局和城关区雄嘎社区居委会民族团结共建大院揭牌仪式在城关区雄嘎社区举行。

3 日　拉萨市重点项目推进会召开，会议听取西藏直孔抽水蓄能电站和北环西沿线工程项目推进情况，研究解决有关问题，加快推进项目前期工作。

4 日　自治区党委常委、市委书记普布顿珠带领市级领导干部集体参观市“身边事教育身边人”廉政警示教育展，现场接受党风廉政教育。

同日　全市推行领导干部常态化“四联四包”工作机制暨“大宣讲大调研大排查大落实”活动动员部署会召开。区党委常委、市委书记普布顿珠出席会议并讲话。市委常委、秘书长张春阳对《拉萨市领导干部常态化“四联四包”工作机制》和《关于在全市范围内开展“大宣讲大调研大排查大落实”活动的实施方案》作说明。

5日　西藏空港新区整体移交会召开。西藏空港新区管委会由现行的委托拉萨市管理正式调整为山南市属地直接管理。

6日　拉萨市创建高原经济高质量发展先行区专班推进会召开。会议传达学习自治区《关于着力创建高原经济高质量发展先行区的实施意见》和《着力创建高原经济高质量发展先行区2022年工作方案》，研究《拉萨市创建高原经济高质量发展先行区行动方案》。

同日　市委常委、市委政法委书记、市公安局党委书记普卫东到八廓街道带头宣讲自治区党委书记王君正在拉萨市干部大会上和在拉萨考察调研时的讲话精神以及区党委常委、市委书记普布顿珠的指示要求，并就扎实开展好八廓街道“四联四包”工作机制暨“大宣讲大调研大排查大落实”进行安排部署。

同日　拉萨市首座100%清洁能源换电站——蔚来拉萨慈觉林大道换电站正式建成投用。这座全球海拔最高的换电站是蔚来在全国落成的第1000座换电站，供电来源于太阳能发电和水力发电。

同日　拉萨市检察机关首届公益诉讼检察业务技能竞赛结束。

7日　自治区党委常委、市委书记普布顿珠到市交通运输局调研。

同日　国家心血管疾病临床医学研究中心拉萨地区中心授牌成立仪式暨第一届安贞—拉萨心血管高峰论坛在拉萨市人民医院举行。

8日　自治区党委常委、市委书记普布顿珠主持召开市委专题会，研究城关区当热路和当雄县地下综合管廊建设事宜，安排部署下一步工作。

同日　人大附中拉萨学校建设项目以工代训启动仪式举行。

9日　拉日高速仁布隧道实现双线贯通，标志着仁布隧道主体工程建设取得阶段性胜利，向着雅叶国家高速公路工程实现全线通车的目标迈出新步伐。

上旬　拉萨市首个建筑与装潢垃圾资源化利用处置中心试运行。拉萨市建筑与装潢垃圾资源化利用处置中心位于曲水县聂当乡德吉村四组，该中心总征地13.73万平方米，项目占地4.71万平方米，建渣项目购置一套固定生产线和一条移动生产线，在移动生产线记者见到，履带式移动破碎机正在运转，该破碎机处置能力为每小时80吨，集受料、破碎、传送等工艺设备于一体，可遥控控制前进、转向等，并能根据工作任务投入沙场、建筑拆迁等场地使用，把建筑垃圾就地加工成可利用的建筑材料，节省运输成本。固定式设备处置能力为每小时125吨，该条生产线拥有两个功能，既可处置建筑垃圾又可处置装潢垃圾，可将建筑与装潢垃圾制成符合一定粒型要求的建材原料，主要成品料为0—5毫米机砂、5—16毫米米石、16—30毫米石子，再按照各种设计要求在原料里加入水泥和粉煤灰等辅料，经过加工就可制成不同产品，应用于建筑、公路等领域，使废物得到处理和利用，节省资源。

11日　自治区党委常委、市委书记普布顿珠主持召开市委常委会（扩大）会议，强调要深入学习领会习近平总书记近期重要讲话、重要贺信、重要回信精神，按照自治区党委书记王君正有关工作指示要求，聚焦“四件大事”、聚力“四个创建”、当好“七个排头兵”，坚定坚决抓好贯彻落实，奋力推动拉萨长治久安和高质量发展。

12日　市委人才工作会议召开。区党委常委、市委书记普布顿珠出席会议并讲话。

同日　全市2021年度综合考核总结表彰大会召开。会议深入贯彻落实习近平总书记关于西藏工作的重要指示和新时代党的治藏方略，贯彻落实区党委关于综合考核的部署要求，通报全市2021年度综合考核情况。会议对荣获国家级荣誉的单位和县（区）进行授牌，对获得目标绩效考核奖的单位和个人进行表彰奖励，对排名靠后的“第三等次”单位和县（区）发放“末位警示牌”。

同日　市委人大工作会议召开。区党委常委、市委书记普布顿珠出席会议并讲话。

同日　南通教育援藏调研组一行到拉萨江苏实

验中学，亲切慰问援藏干部和援藏教师，并就南通教育援藏工作进行座谈。南通市委副书记、宣传部部长沈雷出席并讲话，充分肯定南通教育援藏工作取得的成绩，对做好下一步工作作出要求。

12—15日 中共中央政治局常委、全国人大常委会委员长栗战书在西藏就青藏高原生态保护立法进行调研。栗战书先后到林芝、日喀则、拉萨等地，考察湿地保护、河道滩涂整治、植树造林、水资源保护、矿山修复等情况，召开座谈会听取有关方面对于立法工作的意见建议。栗战书充分肯定青藏高原生态环境保护取得的巨大成绩，和大家一起探讨制定法律涉及的重点难点问题。

15日 北京援藏指挥部2022年“七一”表彰暨三年援藏工作总结大会召开。拉萨市委副书记、常务副市长、北京援藏指挥部党委书记、指挥王强出席会议，拉萨市副市长、北京援藏指挥部副指挥史育斌主持会议，拉萨市委常委、常务副市长、北京援藏指挥部副指挥毛东军，北京援藏指挥部党委委员赖毅斌、禹春辉以及全体北京援藏干部人才参加会议。会上，全体人员一同观看北京市第九批援藏工作宣传片，表彰100名优秀共产党员、优秀援藏干部人才，并为“献策拉萨·助推高质量发展”调研报告征集活动获奖者颁发奖状；12名党支部代表结合各自支部工作情况汇报援藏工作成果，分享三年援藏工作心得体会。

17日 江苏“组团式”教育人才援藏期满欢送仪式在拉萨举行。

18日 拉萨市举行欢迎欢送北京市第九、第十批援藏干部人才大会。区党委常委、市委书记普布顿珠出席并讲话。当日，由北京市委组织部副部长徐颖，北京市房山区委副书记、政法委书记王明哲率队的北京市第十批援藏干部送行团及援藏干部人才一行抵达拉萨。市委副书记、常务副市长、北京援藏指挥部党委书记、指挥王强，市委常委、常务副市长、北京援藏指挥部党委委员、副指挥毛东军，市委常委、组织部部长张定成，副市长、北京援藏指挥部党委委员、副指挥史育斌到拉萨贡嘎机场接机。

同日 由拉萨市人民政府、西藏自治区招商局、江苏援藏指挥部主办，江苏省商务厅、团省委、省贸促会、省工商联协办的招商引资推介会在南京举办。此次南京推介会达成签约项目12个，投资约27亿元，其中现场签约项目7个，落地资金14亿元，涉及文化旅游、绿色工业和清洁能源等高原特色产业。

同日 自治区党委常委、市委书记普布顿珠到市经信局调研。

同日 西藏设计师俱乐部成立揭牌仪式举行，拉萨市本地各行业优秀设计师30余人参加仪式。

同日 文化和旅游部公示第二批国家级夜间文化和旅游消费集聚区名单，拉萨市藏游坛城入选。

19日 国家开发银行总行行业三部总经理胡广华一行就产业升级、基础设施建设等领域工作在拉萨市考察调研。区党委常委、拉萨市委书记普布顿珠会见胡广华。市委副书记、常务副市长陈静与胡广华一行座谈。

同日 市委理论学习中心组召开“学习近平新时代中国特色社会主义思想·建现代化拉萨”专题学习2022年第八次集中学习（扩大）会议。

20日 自治区党委常委、市委书记普布顿珠主持召开市委常委会（扩大）会议，传达学习习近平总书记在新疆考察时的重要讲话精神和近期重要贺信、回信精神，自治区党委书记王君正近期有关讲话和调研时的指示精神，研究全市贯彻落实意见。

同日 拉萨综合保税区举行封关运行仪式，标志着西藏第一个海关特殊监管区域、第一个综合保税区正式封关运行。市委副书记、常务副市长陈静出席并宣布拉萨综合保税区正式封关运行。

同日 北京市第十批援藏干部人才培训动员会召开，北京市第十批援藏干部近100人参加，培训为期3天。2019年7月至2022年7月，北京援藏累计投入资金13.44亿元，其中落实计划内资金11.78亿元，争取计划外资金1.66亿元，实施各类援藏项目210个。

21日 市委宣传部召开欢送第九批欢迎第十批北京援藏干部座谈会，向长期以来鼎力支持拉萨宣传思想文化事业的北京市委、市政府以及北京市委宣传部表示衷心感谢，向为拉萨宣传思想文化事业作出贡献的第九批援藏干部致以崇高敬意，向北京市第十批援藏干部表示热烈欢迎。

同日 由拉萨市人民政府、西藏自治区经济和信息化厅、柳梧新区管委会共同指导的西藏首个数字藏品上线仪式在柳梧新区双创中心举行。拉萨市

20 位非遗传承人受邀到场，共同见证西藏首个数字藏品在“鲸探”App 上线售卖。

同日　第十届“拉萨青年五四奖章”评选会在团市委举行。选出 10 位“拉萨青年五四奖章”获奖者和 10 个“拉萨青年五四奖章”获奖集体。

22 日　全市宗教界召开重温习近平总书记视察哲蚌寺时的重要讲话重要指示精神座谈会。区党委常委、市委书记普布顿珠出席并讲话。

23 日　2022 环拉萨城自行车大赛开赛，该次比赛设有 3 个组别，分别是公路自行车男子精英组（72.3 千米）、山地自行车男子公开组（72.3 千米）、山地自行车女子公开组（72.3 千米）。来自 CCN– 瑞豹中国车队的侯栋乙在公路自行车男子精英组的大集团冲刺中占据先机，与队友胡志超、孙小龙共同登上领奖台。

24 日　2022 年“石榴籽一家亲”江苏拉萨少年手拉手夏令营出征仪式暨行前培训举行。

25 日　自治区党委常委、市委书记普布顿珠到市国资委调研。

同日　全市电动自行车综合治理工作会议召开，听取全市电动自行车管理工作开展情况汇报及相关单位意见建议，安排部署下一步工作。

同日　第一期拉萨市党委（党组）书记暨党务干部专题研讨班开班。

同日　首届西藏佛学院拉萨市寺庙分院学员培训班暨藏传佛教教义教规阐释培训班开班。

同日　由市委宣传部主办、市融媒体中心和市文化局共同承办的拉萨市喜迎党的二十大文艺会演《我为新时代放歌》暨 2023 年拉萨市《我要上藏晚》歌手类选拔赛在市融媒体中心举办。歌手永丁然杰、扎西曲达获大赛前两名。

同日　市城市管理和综合执法局联合市应急管理局、市市场监督管理局、市消防救援支队、市气象局开展拉萨市城镇燃气安全“百日行动”联合检查，进一步压实城镇燃气风险隐患排查整治责任，维护人民群众生命财产安全。

同日　柳梧新区桑达村 2022 年大学生暑期公益托管志愿服务活动正式启动，来自多所高校的 10 余名大学生志愿者，深入桑达村新时代文明实践站，通过各类特色课程丰富孩子们的假期生活。

26 日　第五届藏博会拉萨市工作安排部署专题会议召开，研究审议《第五届中国西藏旅游文化国际博览会拉萨市工作方案》，安排部署下一阶段工作。

同日　由拉萨市旅游发展局主办，福州市旅游局协办的“2022 拉萨四季旅游巡回促销推介会”在福州市三迪希尔顿酒店成功举办。

27 日　市委宣传部在西藏文物建筑消防安全教育基地，为新命名的 5 家市级爱国主义教育基地举行集中授牌仪式。该次命名的 5 个拉萨市爱国主义教育基地包括西藏红色通信史陈列馆、中华文化公园、拉萨市检察院“党建厅、检史厅”、西藏文物建筑消防安全教育基地、拉萨市青少年示范性综合实践基地。

28 日　2022 全球数字经济大会拉萨峰会在拉萨经济技术开发区生产力促进中心开幕。2022 全球数字经济大会于 7 月 28—30 日在北京举行，拉萨作为全球数字经济大会唯一和永久分会场，拉萨峰会开幕式也与北京同步开启。本次峰会以“数字桥梁　跨越喜马拉雅”为主题，借助数字大会平台力量，搭建从首都北京到西藏首府拉萨乃至辐射南亚次大陆的数字桥梁，打造环喜马拉雅经济带。大会期间除主题峰会，还将开展数字经济平行论坛、数字经济体验周，以及数字音乐节、数字集市、数字文创体验等特色活动，让数字经济“可见、可感、可触摸”，助力拉萨加快建设数字经济标杆城市。区党委常委、市委书记普布顿珠致辞并宣布 2022 全球数字经济大会拉萨峰会开幕。中国科学院院士、中国科学院青藏高原研究所所长陈发虎，中国科学院院士、北京大学环境科学与工程学院院长朱彤，国务院参事、中国科学院虚拟经济与数据科学研究中心主任石勇，中国空间技术研究院总体部研究员、嫦娥（三号、四号）及火星探测器副总设计师贾阳，中国移动通讯集团有限公司纪检监察组组长、党组成员童腾飞，华大基因董事长、联合创始人汪建，华为全球政企云总裁尚海峰，中国长城科技集团副总裁张晓刚出席并作主旨演讲或发言。2022 全球数字经济大会拉萨峰会中的数字经济体验活动吸引参展企业 40 余家。29 日，2022 年全球数字经济大会拉萨峰会数字文旅论坛在西藏唐卡艺术博物馆举行，论坛以“传承经典数说文化”为主题，与会嘉宾通过视频录播 + 专家论坛 +PPT 讲解的形式，围绕数字与文化产业的融合、交互、转化以及数字经济如何为文化旅游赋能等内容进行深入探讨,并到展厅进行参观。

同日　科技部公布 2021 年度国家备案众创空间名单,其中,拉萨市第三极众创空间、北京大学创业训练营西藏众创空间、拉萨市城关区小微企业创业集中示范基地青稞汇众创空间获科技部认定备案。

29 日　自治区党委常委、市委书记普布顿珠主持召开市委常委会(扩大)会议,传达学习习近平总书记在省部级主要领导干部"学习习近平总书记重要讲话精神,迎接党的二十大"专题研讨班上的重要讲话精神和近期重要贺信、重要指示精神,自治区党委书记王君正近期有关讲话和调研时的指示精神,研究拉萨市贯彻落实意见;听取上半年全市安全生产工作情况汇报,安排部署下一步工作。

30 日　"喜迎二十大强国复兴有我"主题志愿服务活动启动仪式暨中国志愿服务联合会西藏志愿服务项目孵化基地揭牌仪式在拉萨举行。

同日　由拉萨市文明委主办的"喜迎二十大强国复兴有我"主题志愿服务拉萨专场文艺晚会隆重举行。中央宣传部志愿服务促进中心、中国志愿服务联合会相关领导观看演出。

30—31 日　中志联在哲蚌寺、海萨小学、达孜区等地开展"喜迎二十大强国复兴有我"主题志愿服务活动,走进学校、街道、寺庙与社区群众及学生互动,开展体育运动,弘扬体育文化。

8月

1 日　自治区党委常委、市委书记普布顿珠看望慰问驻市部队、武警官兵,代表市委、人大、政府、政协和全市各族人民,向驻市部队指战员、武警官兵、民兵预备役人员和广大退役军人致以节日祝贺,向大家及其家属对拉萨长治久安和高质量发展作出的积极贡献表示衷心感谢。

同日　中国海洋大学、城关区共建大学生实习实训基地签约授牌仪式举行。

2 日　自治区党委常委、市委书记普布顿珠主持召开市委农村工作领导小组会议。

同日　自治区党委常委、市委书记、市委全面深化改革委员会主任普布顿珠主持召开市委全面深化改革委员会会议。

3 日　自治区政协调研组一行赴拉萨市开展自治区政协十一届五次会议重点提案《关于进一步扶持易地扶贫搬迁安置区发展》督办工作并召开座谈会。

5 日　江苏省邳州市专家领导到拉萨市考察调研活动在拉萨经开区启动。

同日　应急管理部自然灾害工程救援拉萨基地在拉萨挂牌成立。应急管理部自然灾害工程救援拉萨基地是继唐山、常州、武汉等基地之后挂牌成立的 12 个应急管理部自然灾害工程救援基地之一。该基地依托中国安能集团第三工程局西藏公司组建,将立足西藏、面向高原特殊救援需要,着力打造西藏及周边地区的"三中心、三基地",即应急救援技术研发中心、防灾减灾合作交流中心、防灾减灾科研科普中心、应急救援人才培训基地、应急物资装备储备及物流基地和产业孵化基地。

5—6 日　拉萨市旅发局一行在首都北京举行 2022 拉萨文化和旅游消费季之四季旅游巡回推介活动,该次推介会是 2022 年度拉萨旅游巡回推介系列活动的收官之战。

7 日　西藏自治区第十三届运动会暨第五届民族传统体育运动会国际式摔跤比赛在林芝市高原训练基地落下帷幕,拉萨市摔跤队取得 4 枚金牌、4 枚银牌、7 枚铜牌的好成绩。

18 日　拉萨市委员会印发关于《王明哲同志任职的通知》,经 2022 年 8 月 11 日第十届自治区党委常委会第 23 次会议研究,决定:王明哲任市委委员、常委、副书记。

9月

4 日　自治区党委常委,市委书记、市应对新冠肺炎疫情工作领导小组组长普布顿珠主持召开十届市委常委会第 24 次会议,传达学习自治区党委书记王君正在 9 月 3 日专题研究拉萨市疫情防控工作会议上的讲话精神,听取各县(区)、功能区最新工作进度汇报,对巩固社会面清零、实现动态清零工作再部署再安排。

24日　自治区党委常委、市委书记、市应对新冠疫情工作领导小组组长普布顿珠主持召开十届市委常委会第25次会议，传达学习习近平总书记的重要批示精神和中央政治局常委王沪宁、国务院副总理孙春兰的批示精神，自治区党委书记王君正在拉萨疫情形势研判会议上的讲话精神，研究全市贯彻落实意见。

10月

16日　中国共产党第二十次全国代表大会在北京人民大会堂隆重开幕。市委理论学习中心组举行集中学习会，收听收看党的二十大开幕盛况，认真聆听习近平总书记代表第十九届中央委员会向大会作的报告。

28日　拉萨市召开全市领导干部大会，传达学习党的二十大精神和习近平总书记在会议期间的重要讲话精神，安排部署全市学习宣传贯彻工作。自治区党委常委、市委书记普布顿珠主持会议并讲话。

11月

1日　市农业农村局联合中国环境科学研究院和农业农村部环境保护科研监测所技术专家组开展全市农业外来入侵物种普查面上调查技术培训会。

6日　自治区党委常委、市委书记普布顿珠主持召开市委常委会（扩大）会议，传达学习党的二十大精神、党的二十届一中全会精神，习近平总书记在10月25日中共中央政治局会议上、在二十届中共中央政治局第一次集体学习时、瞻仰延安革命纪念地时、陕西延安和河南安阳考察时的重要讲话精神，自治区党委书记王君正近期有关讲话和调研时的指示精神，研究贯彻落实意见。

8日　拉萨市委员会印发《关于赵辉年同志任职的通知》，经2022年11月15日第十届自治区党委常委会第33次会议研究，决定：赵辉年任市委委员、常委、副书记。

同日　学习贯彻党的二十大精神中央宣讲团报告会在拉萨举行。报告会上，中央宣讲团成员、中央纪委国家监委宣传部部长王建新作宣讲报告。自治区领导洛桑江村、严金海、庄严、陈永奇出席。自治区党委、人大常委会、政府、政协省级领导，区高级人民法院院长、区人民检察院检察长，在拉萨的离退休省级领导，西藏军区、武警西藏总队、空军拉萨基地负责人参加，区（中）直部门和单位负责人、区管国有企业负责人参加。

9日　应急管理部召开第六届全国“119”消防先进集体和先进个人表彰大会，曲水县消防救援大队政府专职消防员扎西获“第六届全国‘119’消防先进个人”称号。

10日　自治区党委书记王君正在拉萨市调研疫情防控和复工复产工作。自治区领导庄严、陈永奇、普布顿珠、肖友才、达娃次仁参加。

同日　自治区党委副书记、自治区主席严金海调研拉萨市复工复产复商复市情况。

13日　拉萨市委办公室印发《拉萨市深入学习宣传党的二十大精神的实施方案》。

17日　自治区党委副书记、自治区主席严金海调研拉萨南北山绿化工程。

同日　总投资4亿元的中核尼木60兆瓦牧光互补储能光伏项目开工奠基仪式在尼木县续迈乡河东村举行。

18日　2022年中国中小城市高质量发展指数研究成果发布，拉萨市堆龙德庆区榜上有名。

19日　拉萨市举行仪式，欢送完成疫情防控工作任务的那曲市援拉医疗队143名医务工作者返程。

21日　自治区党委书记王君正前往拉萨经济技术开发区的高原天然水有限公司、西藏甘露藏药股份有限公司和西藏高原之宝牦牛乳业股份有限公司等地，调研全区复工复产情况。

同日　拉萨至日喀则方向C925次、拉萨至林芝方向C927次复兴号动车组临时旅客列车分别开往日喀则市、林芝市。

22日　自治区党委副书记、自治区主席严金海在当雄县调研农村安全饮水工程及高海拔热炕试点、学校供暖工作。

同日　自治区党委常委、市委书记普布顿珠深入达孜区,向基层党员干部群众宣讲党的二十大精神。

23 日 自治区党委书记王君正到尼木县宣讲党的二十大精神并调研。

同日 拉萨市举行“党的二十大精神进拉萨千家万户”大宣讲活动启动仪式,为党的二十大精神大宣讲活动在全市全面铺开进行动员部署。

25 日 拉萨市召开迎接国家和自治区 2022 年度巩固拓展脱贫攻坚成果同乡村振兴有效衔接考核工作专题部署会,安排部署迎接 2022 年中央和自治区巩固拓展脱贫攻坚成果同乡村振兴有效衔接考核评估工作。市委副书记、常务副市长,市委农村工作领导小组(市委实施乡村振兴战略领导小组)常务副组长陈静主持。

30 日 自治区党委常委、市委书记普布顿珠主持召开市委常委会(扩大)会议,传达学习习近平总书记关于安全生产的重要指示精神以及近期一系列重要讲话、重要贺信、重要致辞、重要回信精神,自治区党委十届三次全会精神和自治区党委书记王君正近期有关讲话和调研时的指示精神,研究拉萨市贯彻落实意见;研究市委十届四次全会有关事项。

12 月

3—5 日 自治区党委常委、市委书记普布顿珠主持召开市委理论学习中心组专题读书班,集中学习研讨党的二十大精神。

5 日 自治区党委副书记、自治区主席严金海前往曲水县调研高原特色农牧业、绿色工业、生物医药产业情况。

6 日 党中央、全国人大常委会、国务院、全国政协、中央军委在北京人民大会堂隆重举行江泽民同志追悼大会。市委、市人大、市政府、市政协在岗地级领导集中收听收看追悼大会现场直播。拉萨市各族各界干部群众怀着无比沉痛的心情,以下半旗、默哀、鸣笛和收听收看江泽民同志追悼大会实况直播等方式,缅怀江泽民。

7 日 中国共产党拉萨市第十届委员会第四次全体会议召开。全会由市委常委会主持。自治区党委常委、拉萨市委书记普布顿珠讲话。全会深入学习贯彻落实党的二十大和二十届一中全会精神,听取讨论普布顿珠受市委常委会委托所作的工作报告、市委常委会抓党的建设工作情况报告,审议通过《中共拉萨市委员会关于深入贯彻党的二十大精神全面建设社会主义现代化新拉萨的实施意见》《中共拉萨市委员会关于奋力实施“强中心”战略和“七大行动”当好长治久安和高质量发展排头兵的决定》,对深入学习贯彻党的二十大、自治区党委十届三次全会精神,加快推进新时代拉萨长治久安和高质量发展,全面建设团结富裕文明和谐美丽的社会主义现代化新拉萨作出安排部署。出席全会的有市委委员 37 人,市委候补委员 7 人。在拉萨的拉萨市党的二十大代表,不是市委委员、候补委员的党员地级干部,部分自治区第十次党代会基层代表,市纪委常委和有关方面负责人列席会议。

同日 出席中国共产党拉萨市第十届委员会第四次全体会议的代表们分成 8 个组,围绕区党委常委、市委书记普布顿珠受市委常委会委托所作的工作报告及《中共拉萨市委员会关于深入贯彻党的二十大精神全面建设社会主义现代化新拉萨的实施意见(讨论稿)》《中共拉萨市委员会关于奋力实施“强中心”战略和“七大行动”当好长治久安和高质量发展排头兵的决定(讨论稿)》以及普布顿珠书记在全委会上的讲话等进行分组讨论。

8 日 随着最后一轮消费券使用时间截止,2022 年拉萨“助企惠民·悦享消费”活动结束。2022 年,拉萨市先后启动“助企惠民·悦享消费”和“助企惠民·乐购拉萨”消费促进系列举措,投入资金总计 9760 万元,拉动消费近 4.21 亿元,促消效果显著、群众反响热烈。拉萨市“助企惠民·乐购拉萨”汽车促消费活动第一轮投入 2000 万元汽车补贴,申领车辆 686 辆,拉动消费 1.46 亿元,参与汽车促消费活动企业共 121 家,已于 12 月 2 日结束,审核名单通过拉萨发布及拉萨商务公众号对外发布,补贴资金陆续发放到位;第二轮追加 2000 万元汽车补贴,申领车辆 694 辆,拉动消费 1.49 亿元。从 6 月 11 日起开展的拉萨市“助企惠民·悦享消费”消费券送不停活动,累计开展 8 轮消费券发放活动,参与活动商家 1643 家,核销 49.1 万笔、核销总金额 3051.28 万元,拉动消费总金额 1.08 亿元;“助企惠民·乐购拉萨”

系列举措于11月29日正式开启补贴申领，投入资金共计4760万元。其中，全市参与绿色智能家电、环保家具下乡活动企业196家，补贴金额已全部发放完毕，直接拉动消费金额1776万元。

9日　拉萨市委员会印发《关于王强同志任职的通知》，经2022年11月28日第十届自治区党委常委会第34次会议研究，决定：王强任市委委员、常委、副书记；提名王强为拉萨市市长候选人。

同日　市十二届人大常委会党组理论学习中心组召开集中学习研讨会。会议传达学习《中国共产党章程（修正案）》和习近平总书记在二十届中共中央政治局第一次集体学习会上的重要讲话精神；传达学习自治区党委王君正在自治区学习贯彻党的二十大精神领导干部大会、自治区党委常委会（扩大）会议、自治区党委理论学习中心组学习会上的讲话精神；传达学习市委书记普布顿珠理论文章《启航新征程　开创新局面　为全面建设社会主义现代化新拉萨努力奋斗》和中共拉萨市第十届委员会第四次全体会议精神。

同日　市人大常委会召开第七次会议。听取关于召开拉萨市第十二届人民代表大会第三次会议的议案的说明。审议拉萨市第十二届人民代表大会第三次会议相关建议名单。听取关于《拉萨市人民代表大会常务委员会工作报告（送审稿）》起草情况的说明。审议拉萨市第十二届人民代表大会第三次会议关于增加拉萨市第十二届人民代表大会常务委员会组成人员名额的决定（草案）。听取拉萨市第十二届人民代表大会常务委员会代表资格审查委员会关于个别代表的代表资格审查报告。听取关于废止《拉萨市城镇土地使用权出让和转让办法》的说明。审议《拉萨市人民代表大会议事规则（修订草案）》。听取拉萨市2022年财政预算调整方案的报告、拉萨市人大财政经济委员会关于2022年财政预算调整方案审查结果的报告。

11日　政协第十二届拉萨市委员会第三次会议在市政协会议中心开幕。市政协主席尼玛代表市政协十二届常委会向大会报告工作。出席政协第十二届拉萨市委员会第三次会议的委员们分组讨论《政协拉萨市委员会常务委员会工作报告》和《政协拉萨市委员会常务委员会关于政协十二届二次会议以来提案工作情况的报告》。各位委员围绕贯彻落实党的二十大精神，深入推动基层协商民主建设、提高委员文化自信、推动民营经济发展、加快特教高中建设步伐、大力关注和支持大学生创业及合力推动民族宗教工作创新发展等各族干部群众普遍关注的热点难点问题畅所欲言，积极建言献策。13日，政协第十二届拉萨市委员会第三次会议闭幕，会议通过政协第十二届拉萨市委员会第三次会议关于常务委员会工作报告的决议、政协第十二届拉萨市委员会第三次会议关于政协十二届二次会议以来提案工作情况报告的决议、政协第十二届拉萨市委员会提案委员会关于政协十二届三次会议提案审查情况的报告、政协第十二届拉萨市委员会第三次会议政治决议。

12日　拉萨市第十二届人民代表大会第三次会议开幕。代市长王强代表市人民政府向大会作政府工作报告。下午，第二次全体会议举行，听取市人大常委会工作报告和市中级人民法院工作报告、市人民检察院工作报告。13日，拉萨市第十二届人民代表大会第三次会议举行。依法增选拉萨市第十二届人民代表大会常务委员会委员，补选拉萨市人民政府市长，选举拉萨市出席西藏自治区第十二届人民代表大会代表，举行宪法宣誓仪式。会议表决通过关于人大、政府、法院、检察院、预算工作报告的决议和《拉萨市人民代表大会议事规则（修订草案建议表决稿）》。

14日　自治区党委常务副书记、自治区政协党组书记庄严深入城关区金珠西路社区、吉崩岗社区、吉崩岗办事处、蔡公堂派出所，调研基层社会治理，代表自治区党委和自治区党委书记王君正向基层一线人员表示亲切慰问。

16日　自治区党委常委、市委书记普布顿珠主持召开市委理论学习中心组学习会，进一步全面深入学习贯彻党的二十大精神。

同日　10时起，G6京藏高速公路那曲至拉萨段，G4218线拉萨至日喀则高速公路大竹卡至桑珠孜段，国道349线泽当至贡嘎机场高速公路对货运车辆开放运行。

同日　拉萨市出具西藏自治区第一张无纸化动物检疫合格证明（产品B证）。只需扫描二维码，就可实现畜产品从生产到餐桌的全程溯源，不仅确保畜产品质量安全，更标志着西藏自治区动物卫生监督工作步入信息化时代。

同日　西藏自治区人民检察院、拉萨市人民检察院和墨竹工卡县人民检察院召开首例涉案企业合规案件公开听证会。通过"现场听证＋线上听证"的形式，依法对一起非法占用农用地案合规考察情况及拟作不起诉决定举行公开听证，深化检务公开、接受社会监督。

20日　自治区党委常委、市委书记普布顿珠主持召开市委常委会（扩大）会议，传达学习中央经济工作会议精神、自治区党委书记王君正在自治区党委常委会（扩大）会议上的讲话精神，研究拉萨市贯彻落实措施。

同日　市委副书记、常务副市长王明哲为文化（文物）、旅发、科技、城管等分管领域党员干部，宣讲党的二十大精神。

21日　西藏自治区级首批"青少年自然教育绿色营地"授牌仪式在拉萨举行，南山公园荣获西藏自治区级首批"青少年自然教育绿色营地"称号。

22日　市委副书记、市长王强到柳梧新区调研并座谈，听取柳梧新区项目建设、产业发展、招商引资等各项工作情况以及当前面临的困难、问题，征求拉萨市相关部门对柳梧新区各项事业高质量发展的意见建议，研究部署新阶段园区经济发展新思路新举措新目标。

23日　市总工会联合团市委、市妇联、市工商联，组织各县（区）和功能园区总工会开展党的二十大精神宣讲活动。

同日　"2022丝绸之路万里行・西望中国"融媒体团在慈觉林旅游创意园文成公主实景演出剧场前广场举行南线行程终点祝捷仪式。11月14日，"2022丝绸之路万里行・西望中国"大型融媒体活动在陕西西咸新区泾河新城茯茶镇举行发车仪式，经过全程8000多千米的穿行，最终抵达西藏拉萨。

同日　"2022丝绸之路万里行・西望中国"融媒体团到南线行程终点西藏拉萨，在慈觉林旅游创意园文成公主实景演出剧场前广场举行祝捷仪式。

25日　由自治区人民政府、中国文联主办，区党委宣传部、中国摄影家协会、自治区文联、拉萨市人民政府、西藏出入境边防检查总站承办的"喜庆二十大・礼赞新时代——创建国家固边兴边富民行动示范区第十五届西藏珠穆朗玛摄影大展"在西藏牦牛博物馆开幕。自治区党委常委、宣传部部长汪海洲，自治区人民政府、自治区政协、中国摄影家协会、中国摄影出版传媒有限公司及拉萨市相关负责人出席开幕式。

28日　市委经济工作会议召开。自治区党委常委、市委书记普布顿珠讲话，全面总结2022年全市经济工作，深入分析当前经济形势，安排部署2023年全市经济工作。市委副书记、市长王强主持并对做好2023年全市经济工作作出具体安排。

30日　自治区党委常委、市委书记普布顿珠主持召开市委常委会（扩大）会议，传达学习习近平总书记在中央农村工作会议上的重要讲话精神及近期重要文章、重要讲话、重要回信、重要指示精神，自治区党委书记王君正关于机构编制、经济工作、党管武装等指示精神，研究贯彻落实措施。会议听取全市党风廉政建设和反腐败工作开展情况汇报、全市统一战线工作开展情况汇报。

同日　市委民族工作会议暨2022年全市民族团结进步表彰大会召开，自治区党委常委、市委书记普布顿珠出席并讲话。会议表彰118个模范集体和172名模范个人。自治区党委统战部副部长、自治区民委党组书记、自治区宗教局党组书记赵树明，自治区党委统战部副部长阿努次仁到会指导。市委副书记、市长王强主持会议。市委常委、统战部部长格桑次旦宣读市委、市政府表彰决定。

31日　市委副书记、市长王强到药王山农贸市场、哈达购物广场、东郊万达广场及永辉超市，实地调研了解全市节日消费和市场保供稳价情况。

中国共产党拉萨市委员会

综述

【概况】 2022年，拉萨市以习近平新时代中国特色社会主义思想为指导，坚持贯彻党的二十大、中央经济工作会议和中央第七次西藏工作座谈会精神，深入贯彻习近平总书记关于西藏工作的重要指示和新时代党的治藏方略，全面贯彻自治区第十次党代会、区党委经济工作会议精神，坚持稳中求进工作总基调，锚定“四件大事”“四个确保”，聚焦“四个创建、四个走在前列”，聚力当好“七个排头兵”，高效统筹疫情防控和经济社会发展，勇于战胜前进道路上的困难挑战，保持稳中求进的良好发展态势。地区生产总值同比增长0.2%，城乡居民人均可支配收入增速与全区保持同步，规模以上工业增加值增长17.2%，固定资产投资同比下降37.3%，社会消费品零售总额同比下降11.5%。

【学习宣传贯彻党的二十大精神】 2022年，中共拉萨市委员会（以下简称市委）坚持把迎接服务保障党的二十大胜利召开作为重要政治任务，及时召开市委十届三次全会，严格组织程序，充分发扬党内民主，全票通过拉萨市推荐自治区出席党的二十大代表人选建议名单。及时组织全市干部群众收看党的二十大盛况，认真学习报告精神。党的二十大胜利闭幕后，市委第一时间召开领导干部大会、常委会扩大会议进行学习贯彻，并按照区党委十届三次全会的部署要求，研究制定贯彻落实党的二十大精神的实施意见。开展“学习贯彻二十大、牢记使命建新功”“学习贯彻二十大、感恩奋进新时代”主题实践活动，组织宣讲团走村入户广泛宣讲，市委常委带头深入基层宣讲，“党的二十大精神进拉萨千家万户”大宣讲线上线下2000余场、受众20万余人次，全面掀起学习宣传党的二十大精神的热潮。

【党的各项决策部署落地落实】 2022年，市委坚持第一议题、第一时间学习习近平总书记的重要讲话指示精神、自治区党委书记王君正的讲话指示批示精神，全面推行“对标对表、校准偏差、跟踪问效、狠抓落实”闭环机制，做到第一时

2022年5月26日，西藏自治区党委常委、拉萨市委书记普布顿珠（左）到市委组织部调研

间传达学习、第一时间研究部署、第一时间贯彻落实，召开市委常委会会议28次、理论学习中心组会议11次和市委财经委会议3次，深入贯彻党的二十大精神，跟进学习习近平总书记的最新重要讲话和重要指示批示精神，系统学习自治区第十次党代会、区党委十届三次全会精神，用党的创新理论武装头脑、指导实践、推动工作。创新开展“感悟领袖风范、锤炼过硬作风”读书活动，分级分类组织研读《习近平的七年知青岁月》《习近平在正定》《习近平在福州》《习近平在厦门》等经典书籍。依托党校（行政学院）主阵地，举办各类培训班25期2131人次，推动学习贯彻习近平新时代中国特色社会主义思想往深里走、往心里走、往实里走。

【谋划承接当好排头兵的重大任务】 2022年，市委认真学习贯彻落实自治区党委书记王君正在拉萨市干部大会和在拉萨调研时的讲话精神，及时成立由市委主要领导任组长、市委常委为成员的领导机构，全面负责当好“七个排头兵”的承接落实和跟进推动，并下设7个工作专班，实行“一名地级领导牵头一项任务”的包责推进机制。先后召开2次市委常委会扩大会议、举办1个市委党校专题研讨班，开展第1轮“大宣讲大调研大排查大落实”活动、组织召开1次务虚讨论会，全市2585名包联领导干部和6411名一般干部、村社干部全覆盖包联全市所有乡镇、村（社区）、村民小组（网格）、群众家庭户，开展对象化分众化互动化集中宣讲1.09万余场次、大调研活动2.38万场次、风险隐患“大排查”23.68万处（户）、决策部署“大落实”督导2542次，形成调研报告400余篇。在深入调研、集思广益、科学论证基础上，正确处理承接系统化与落实具体化的关系、工作连续性与实践创新性的关系，研究形成实施“强中心”战略、推进“七大行动”、当好“七个排头兵”的抓手。

【改进作风】 2022年，拉萨市严格落实市委财经工作“全链条”工作流程及配套工作机制，制定《全市经济运行常态化调度工作机制》《市委财经委2022年工作要点》《市委财经办2022年重点工作计划》，形成市委财经委年度重点任务督促落实清单，全力推动72项财经任务高效落地。聚焦市委常态化推进改进作风狠抓落实工作部署，制订《关于推进防范化解金融风险做好金融稳定发展重大攻坚任务抓落实专项行动方案》，确定13项防范化解金融风险攻坚任务，配套建立保障机制，扎实有序推动落实。抓住服务保障党的二十大胜利召开这条主线，印发《关于党的二十大前后西藏防范化解重大金融风险、做好金融稳定发展工作任务分工》，做好重点风险企业排查整治工作，服务全市稳定大局。主动对接“大督查”工作机制，严格执行市委财经委重点任务调度机制，坚持每月对各项工作情况进行跟踪调度，形成“红绿灯”警示通报5期，有效倒逼责任落实。

【科技创新】 2022年，拉萨市研究制定《拉萨市“十四五”科技创新规划》《拉萨市创新协同发展会商机制》等一批政策性文件，进一步健全科技创新体制机制。实施“高原生物研究所科研基地平台改造与提升”项目，推进与河南农业大学、中国科学院地理所拉萨农业生态试验站合作，提升生物基地科研服务能力。深入开展“导师育企”活动，成功搭建创新创业导师库，帮助企业开发新产品45项、申请知识产权54项、备案科技型中小企业9家、认定高新技术企业1家。

【基础设施建设】 2022年，拉萨市储备产业发展、城乡建设、环境提升类重大项目，制定《全市重大项目包保推进工作机制》，严格落实重大项目专班推进制，全年共到位中央预算内投资16.39亿元，一批重点工程和民生项目集中开工建设。推进直孔一期抽水蓄能、北环西延线、旁多引水等一批重大项目前期工作，总投资4亿元的中核尼木牧光互补储能光伏项目开工。帕古水库完成总工程量的46.3%，人大附中拉萨学校、区市粮食和应急物资储备中心、百淀污水处理厂二期等重点民生工程开工建设，藏热大桥通车运行。以5G为代表的新基建项目有序实施，数字拉萨城市大脑二期工程加快推进。

【特色优势产业发展】 2022年，拉萨市分类推进产城功能区布局，粮食生产喜获丰收，藏鸡入选国家特色优势产业集群。自治区级绿色制造企业新增9家，规上工业企业净增7家、总产值突破200亿元。加快编制旅游发展总体规划，拉萨成功入选第二批国家文化和旅游消费试点城市，推动文化旅游体育融合发展。及时出台首店经济扶持、夜间经济奖励办法，启动“助企惠民、悦享消费”和“助企惠民、乐购拉萨”消费促进系列举措，投入资金总计11260万元，拉动消费4.65亿元。成功举办全球数字经济大会拉萨峰会，签订项目24个、资金总额28.53亿元。

【优化营商环境】 2022年，拉萨市科学制定《拉萨市优化营商环境工作方案》《落实自治区〈关于稳经济若干临时性措施〉的配套措施》。率先推行“三级一窗联办”服务模式，公共资源交易实现“不见面”，完善“12345”政务服务便民热线“接诉即办”机制，政府服务网上可办率、事项承诺压缩比分别优化到99.7%、81.84%。通过产业招商、援藏招商、以商招商、小组团招商等，累计完成招商引资项目234个，协议投资201.9亿元，实际到位资金260.36亿元。“萨都办”政务服务品牌效应逐步扩大，市一体化政务服务能力在全国重点城市考核中晋升至“高”组别。全市各类市场主体达到15.4万户，同比增长9.1%。

【开放发展】 2022年，拉萨市面向国内推动与毗邻城市互联互通、合作发展，深化对口支援工作，北京、上海、南京等地5个“飞地”产业交流中心产业集聚和宣介功能不断提升，创建“拉萨—江宁(国家级)经开区产业合作示范园”。面向国际建设国际文化旅游城市、面向南亚开放重要通道的中心节点，提升拉萨枢纽辐射能力和航空口岸功能，推进中尼友谊工业园建设，拉萨国家级高新区喜获通过，综合保税区封关运行，成功入选全国首批国家物流枢纽城市和跨境电子商务综合试验区、文化旅游消费试点城市、“双化协同”综合试点城市。

【社会事业】 2022年，拉萨市开展普通高中新课程新教材国家级示范区创建，推动城区20所优质中小学与农牧区中小学进行结对帮扶，持续深入推进“双减”工作落实。加快城市医联体建设试点工作，推进“互联网+医疗健康”建设，孕产妇住院分娩率99.94%，婴儿死亡率3.35‰。开展职业技能培训1.71万人，完成农牧民转移就业8.6万人、实现收入8.92亿元，兑现高校毕业生创业补贴2.07亿元，应届高校毕业生就业率达到96.86%，城镇新增就业13550人，城镇登记失业率控制在4%以内。建立拉萨市非遗保护工作专家委员会，完成《拉萨非遗大典》编撰，分别选入代表性项目144项，代表性传承人131名。

【乡村振兴】 2022年，拉萨市健全完善防止返贫动态监测和帮扶机制，消除风险251户995人，守住防止返贫底线。建设高标准农田11.5万亩，实现粮食产量16.01万吨、青稞产量11.91万吨、蔬菜产量27万吨、肉奶产量17.37万吨。大力推进青稞增产、牦牛集中养殖出栏、藏鸡扩繁和设施农业建设，粮食和经济作物播种面积保持稳定。全力推进第二批40个村居“美丽乡村·幸福家园”建设和27个美丽宜居村建设。新增“三品一标”55个，“一村一品”国家级示范村镇达到11个。

【民生福祉】 2022年，拉萨市全面承接落实自治区“十大民生工程”，切实办好拉萨12项民生实事，民生支出比重保持在80%以上。统筹资金2000余万元，加大对低保人员、特困人员、低保边缘家庭、困难残疾人以及生活困难新冠确诊患者等群体的兜底保障力度，及时为受疫情影响的4800余名外来务工人员发放市本级临时性补贴408.98万元，为2.8万余名困难群众发放临时救助金440余万元。城乡居民基本养老保险参保率达95%以上，医疗报销便利化改革稳步推进。

【生态环境】 2022年，拉萨市严格落实生态文明建设责任制，执行最严格的生态环境保护制度，坚决做到“三高”项目零引进零审批，全面加强生态环境执法监管，不断深化“三线一单”成果在规划编制、环境准入、执法监管、项目环评中的综合应用。坚持从政治上看待督察、落实整改，中央环保督察反馈的759个问题均已办结或阶段性办结，对159家企业(项目)责令整改，立案处罚企业(项目)50家、罚款443万元，约谈干部16人。统筹推进山水林田湖草沙冰一体化保护和系统治理，严格落实河湖长制、林长制，自治区危险废物处置中心、纳金水厂水源地保护工程等重点项目有序推进。实施南北山绿化工程，颁布《拉萨市南北山绿化管理条例》，完成投资13.6亿元，营造林14万亩，带动群众增收5.9亿元。持续巩固拓展国家生态文明建设示范市创建成果，3个县（区）、25个乡镇（街道）、124个村（社区）成功创建自治区级生态文明建设示范区。持续巩固污染防治攻坚战成果，坚决打好蓝天碧水净土保卫战，全面推行以排污许可制为核心的监管机制，严格高污染燃料禁燃区管控，建成机动车固定式遥感检测平台，整治入河排污口233个，48家企业被纳入土壤污染重点监管名录，推进“无废城市”建设和“双碳”行动，全市空气质量优良率达99.7%，排名168个重点城市第一，主要江河湖泊、饮用水水源地水质达标率100%，生态环境保持良好。

【服务强边大局】 2022年，拉萨市全力打造全区强边大后方，积极支持阿里、那曲在经开区、柳梧新区发展飞地经济，并在重大项目建设中积极吸纳边境地市群众务工增收。启动战略支援保障基地、军地信息资源共享等重大项目谋划论证工作，全力配合G4218雅叶高速拉日段工程建设，S5拉萨至泽当快速通道项目加快推进，通过增强与首府的紧密联结促进固边兴边。加快建设拉萨市国防动员指挥中心、民兵训练基地三期工程、烈士纪念馆等一批项目。组建退役军人志愿服务队，全年向部队输送优质兵员。持续巩固提升全国双拥模范城创建成果，出台《双拥支前军地协调实施意见》，加快推进警备区营房加装供氧设备、军休服务中心等项目建设。深入开展退役军人创业示范基地创建工作，严格落实退役军人接收安置、抚恤优待、帮扶援助政策，用心用情做好军人子女入学、随军家属就业创业等拥军优属工作，进一步巩固军政军民团结的大好局面。

【金融发展】 2022年，拉萨市严格执行防范化解金融风险工作“全链条”机制，深入开展金融风险排查清理整治“回头看”行动，对涉嫌非法集资、非法证券活动、第三方财富管理公司、未登记备案的私募投资基金公司等555家风险隐患企业，采取专人盯专项、线上线下相结合的方式，进行全面排查整治，清理整治114家，其中列入经营异常名录66家、责令限期变更30家、已注销11家、拟吊销7家。健全防范金融风险常态化宣教机制，制订《拉萨市2022年防范非法集资宣传月活动实施方案》，深入开展防范金融风险宣传教育进村组、进社区、进机关、进学校、进企业、进家庭等活动588场次，参与群众达4.54万人次，宣传资料2.79万份，新闻宣传报道51条。发挥首贷服务中心作用，推动落实《关于更好发挥拉萨市首贷服务中心作用进一步加强金融服务民营企业的若干举措》，加大首贷服务中心宣传推广力度，协调组织新闻媒体开展专题采访报道，制作首贷服务中心推介宣传片，更新《拉萨市首贷服务中心进驻金融机构特色金融产品手册》，启动本年度“双百”名录递补工作，各县（区）各相关单位推荐38家市场主体，递补后达到231家，协调金融机构开展高效精准的融资对接服务。截至年底，全市金融机构各项存款余额3569.98亿元，贷款余额3593.37亿元，为拉萨市672户小微企业发放贷款近15亿元。将推进金融惠农、服务乡村振兴作为年度重点工作，纳入市委财经委2022年工作要点及重点任务督促落实清单，严格落实《关于加强金融惠农助力乡村振兴的若干措施》，对拓展网点服务、支持美丽乡村建设、加强农牧区新型经营主体优选名录和“乡村振兴带头人”金融扶持等10个方面共35条具体举措，继续实行月调度制，推进各项举措高效落地。围绕“美丽乡村·幸福家园”建设行动，协调驻市金融机构开发针对性强的金融产品和服务项目，农业银行拉萨分行根据农房改造群众自筹部分的资金需求，创新开发“乡村振兴农户幸福家园贷款”，截至年底，共发放贷款278笔、2224.4万元。

（黎　浅）

重要会议

【中国共产党拉萨市第十届委员会第三次全体会议】 2022年1月16日，中国共产党拉萨市第十届委员会第三次全体会议召开。全会深入学习习近平总书记关于党的二十大代表选举工作的重要指示精神，贯彻落实中央、区党委关于党的二十大代表选举工作的部署要求。全会听取市委常委、组织部部长张定成就拉萨市推荐自治区出席党的二十大代表人选情况向全会作的说明；全会以举手表决的方式，审议通过拉萨市推荐自治区出席党的二十大代表人选。

全会由市委常委会主持。

【中国共产党拉萨市第十届委员会第四次全体会议】 2022年12月7日，中国共产党拉萨市第十届委员会第四次全体会议召开。全会由市委常委会主持。自治区党委常委、拉萨市委书记普布顿珠讲话。全会深入学习贯彻落实党的二十大和二十届一中全会精神，听取讨论普布顿珠受市委常委会委托所作的工作报告、市委常委会抓党的建设工作情况报告，审议通过《中共拉萨市委员会关于深入贯彻党的二十大精神全面建设社会主义现代化新拉萨的实施意见》《中共拉萨市委员会关于奋力实施“强中心”战略和“七大行动”当好长治久安和高质量发展排头兵的决定》，对深入学习贯彻党的二十大、自治区党委十届三次全会精神，加快推进新时代拉萨长治久安和高质量发展，全面建设团结富裕文明和谐美丽的社会主义现代化新拉萨作出安排部署。出席全会的有市委委员37人，市委候补委员7人。在拉萨的拉萨市党的二十大代表，不是市委委员、候补委员的党员地级干部，部分自治区第十次党代会基层代表，市纪委常委和有关方面负责人列席会议。

【市委常委会会议】 2022年1月23日，市委召开常委会会议，传达学习习近平总书记对政法工作作出的重要指示和中央政法工作会议精神、自治区党委书记王君正对全区政法工作作出的批示精神，研究拉萨市贯彻落实意见，传达学习习近平总书记在《求是》杂志上发表的重要文章《不断做强做优做大我国数字经济》。区党委副书记、自治区主席、市委书记严金海主持会议。

2022年2月11日，自治区党委副书记、自治区主席、市委书记严金海主持召开市委常委会会议。传达学习习近平总书记近期重要讲话、指示精神，传达学习自治区党委书记王君正近期指示、讲话精神，听取拉萨市全面深化改革2021年度工作情况汇报、市委财经工作委员会2021年财经金融工作情况汇报、市委审计委员会2021年工作开展情况及2022年工作要点汇报、拉萨市2021年涉外工作情况及2022年工作要点汇报，研究部署相关工作。

2022年2月21日，自治区党委副书记、自治区主席、市委书记严金海主持召开市委常委会会议。传达学习自治区党委书记王君正近期调研指示、讲话精神，研究部署相关工作。

2022年3月16日，市委召开常委会会议，传达学习习近平总书记近期重要讲话、重要指示精神，传达学习全国两会以及中央、区党委相关会议精神，研究部署近期工作。区党委副书记、自治区主席、市委书记严金海主持会议。会议研究并原则同意《拉萨市激励干部担当作为容错纠错的实施细则（试行）》《拉萨市党员干部常态化廉政警示教育长效机制（试行）》《拉萨市纪检监察、组织、巡察、审计监督联动协调工作办法（试行）》《拉萨市地级以上领导干部联系寺庙、宗教界代表人士工作方案（送审稿）》《关于更新拉萨市城市土地级别与基准地价的请示》《拉萨市委常委会2022年工作要点》《市委作风办“全链条”工作机制（送审稿）》。会议听取全市近期疫情防控工作开展情况汇报。

2022年4月1日，市委召开常委会会议，传达学习习近平总书记近期重要讲话和指示、中央文件、区党委相关会议精神，研究部署近期工作。区党委副书记、自治区主席、市委书记严金海主持会议。会议研究并同意市人大常委会党组关于审定《拉萨市第十二届人大及其常委会五年立法规划（草案）》《拉萨市委理论学习中心组2022年专题学习研讨计划总体方案》《拉萨市加强和改进干部交流工作办法（试行）》。

2022年4月11日，自治区党委常委、市委书记普布顿珠主持召开市委常委会（扩大）会议，第一时间传达学习贯彻自治区党委书记王君正、自治区主席严金海在全市干部大会上的讲话精神，安排部署贯彻事宜。

2022年5月10日，自治区党委常委、市委书记普布顿珠主持召开市委常委会（扩大）会议，传达学习习近平总书记在5月5日中共中央政治局常务委员会会议上的重要讲话精神、对湖南长沙居民自建房倒塌事故作出的重要指示精神，研究拉萨市贯彻落实工作。

2022年5月20日，自治区党委常委、市委书记普布顿珠主持召开市委常委会（扩大）会议，传达学习习近平总书记近期重要讲话、重要贺信、重要回信精神，自治区党委书记王君正有关讲话和调研时的指示精神，研究拉萨市贯彻意见。会议传达学习习近平总书记向青蒿素问世50周年暨助力共建人类卫生健康共同体国际论坛、首届大国工匠创新交流大会的重要贺信精神和给中国航天科技集团空间站建造青年团队的重要回信精神。会议研究拉萨市进一步做好意识形态工作。会议传达学习自治区党委书记王君正在自治区总工会、团区委、区妇联和中科院青藏高原研究所拉萨部调研时的指示精神以及在自治区庆祝“五一”国际劳动节暨表彰大会上的讲话精神。会议传达学习区党委《关于加强对“一把手”和领导班子监督的实施意见》。会议听取中央环保督察反馈典型案例整改工作情况汇报。会议安排部署近期重点工作。

2022年5月30日，自治区党委常委、市委书记普布顿珠主持召开市委常委会（扩大）会议，传达学习习近平总书记在中共中央政治局会议上的重要讲话及近期重要致辞、回信、指示精神，再次传达学习习近平总书记视察西藏时的重要指示精神，自治区党委书记王君正有关讲话和调研时的指示精神，研究全市贯彻意见。听取全市贯彻落实习近平总书记视察西藏时的重要指示精神工作推进情况汇报。会议传达学习李克强总理在全国稳住经济大盘电视电话会议上的重要讲话精神和自治区党委书记王君正批示精神。会议听取全市公安工作开展情况汇报。会议听取贯彻落实《中国共产党政法工作条例》和市域社会治理现代化试点工作情况汇报。

2022年6月10日，自治区党委常委、市委书记普布顿珠主持召开市委常委会（扩大）会议，传达学习习近平总书记在中央政治局第三十九次集体学习时的重要讲话及近期重要贺信精神，自治区党委书记王君正有关调研指示精神，研究拉萨市贯彻意见。

2022年6月20日，自治区党委常委、市委书记普布顿珠主持召开市委常委会（扩大）会议，传达学习习近平总书记在四川考察、6月17日中共中央政治局会议和中共中央政治局第四十次集体学习时的重要讲话精神以及近期重要致辞、贺信、回信精神，自治区党委书记王君正近期有关讲话、批示精神，研究拉萨市贯彻意见。

2022年6月30日，区党委常委、市委书记普布顿珠主持召开市委常委会（扩大）会议，传达学习习近平总书记在中央全面深化改革委员会第二十六次会议、在湖北武汉考察时的重要讲话精神以及近期重要回信、演讲、指示精神，王君正书记在区党委十届二次全会、中国共产党西藏自治区代表会议上的讲话精神，研究全市贯彻意见。

2022年7月11日，区党委常委、市委书记普布顿珠主持召开市委常委会（扩大）会议。

2022年7月20日，区党委常委、市委书记普布顿珠主持召开市委常委会（扩大）会议，传达学习习近平总书记在新疆考察时的重要讲话和近期重要贺信、回信精神，自治区党委书记王君正近期有关讲话和调研时的指示精神，研究全市贯彻意见；听取上半年党风廉政建设和反腐败工作开展情况，会议听取全市上半年党风廉政建设和反腐败工作开展情况。

2022年8月14日，自治区党委常委、市委书记普布顿珠主持召开十届市委常委会第22次会议，传达学习自治区党委王君正在自治区党委常委会（扩大）会议暨全区防疫工作视频调度会议上的讲话精神，听取各县（区）疫情防控最新情况和存在困难问题汇报，安排部署相关工作。

2022年11月30日，自治区党委常委、市委书记普布顿珠主持召开市委常委会（扩大）会议，传达学习习近平总书记关于安全生产的重要指示精神以及近期一系列重要讲话、重要贺信、重要致辞、重要回信精神，自治区党委十届三次全会精神和自治区党委书记王君正近期有关讲话和调研时的指示精神，研究拉萨市贯彻意见；研究市委十届四次全会有关事项。

2022年12月20日，自治区党委常委、市委书记普布顿珠主持召开市委常委会（扩大）会议，传达学习中央经济工作会议精神、自治区党委书记王君正在自治区党委常委会（扩大）会议上的讲话精神，研究拉萨市贯彻落实措施。

2022年12月30日，自治区党委常委、市委书记普布顿珠主持召开市委常委会（扩大）会议，传达学习习近平总书记在中央农村工作会议上的重要讲话精神及近期重要文章、重要讲话、重要回信、重要指示精神，自治区党委书记王君正关于机构编制、经济工作、党管武装等指示精神，研究贯彻落实措施。会议听取全市党风廉政建设和反腐败工作开展情况汇报。会议听取全市统一战线工作开展情况汇报。

【市委专题会议】 2022年1月7日，市委副书记廖恳主持召开市委专题会议，传达学习《中共西藏自治区委员会关于进一步改进作风狠抓落实的意见》，部署全市贯彻落实具体措施，研究《中共拉萨市委员会关于常态化推进改进作风狠抓落实工作实施方案》。

2022年3月28日，自治区党委副书记、自治区主席、拉萨市委书记严金海主持召开市委专题会，研究城市建设相关事宜。会议听取研究《拉萨中心城区交通拥堵综合治理方案研究（2020—2025年）》及2022年度规划。会议听取研究八一农贸市场、加荣农贸市场改造升级和西藏味道美食街建设工作推进情况及下一步计划。

2022年4月1日，自治区党委副书记、自治区主席、市委书记严金海主持召开市委专题会议，研究古城区老旧大院改造事宜，安排部署下一步工作。

【市委常委会班子党史学习教育专题民主生活会】 2022年1月20日，市委常委会班子召开党史学习教育专题民主生活会，书面通报市委常委会班子2020年度民主生活会、落实中央第十巡视组反馈意见和自查问题整改专题民主生活会查摆问题整改落实及本次民主生活会征求意见情况，市委2021年贯彻执行中央八项规定及其实施细则精神情况报告、拉萨市2021年度整治形式主义为基层减负工作情况报告。严金海代表市委常委会班子作对照检查，并带头作个人对照检查，常委会班子成员逐一开展批评与自我批评。自治区党委副书记、自治区主席、市委书记严金海主持并作总结讲话。会上还进行民主生活会质量测评。市人大常委会、市政协相关负责人，部分党的十九大代表、市党代表、市人大代表、市政协委员以及群众代表受邀列席会议。

【县（区）委书记、市直行业系统党（工）委书记2021年度抓基层党建工作述职评议会】 2022年1月23日，市委召开县（区）委书记、市直行业系统党（工）委书记2021年度抓基层党建工作述职评议会。自治区党委副书记、自治区主席、市委书记严金海主持会议。自治区党委组织部相关负责人到会指导并对拉萨市基层党建工作给予充分肯定，指出存在的问题，站在政治和全局的高度，对2022年工作提出新期望、新要求。

【拉萨市县（区）公安局长会议暨拉萨市公安队伍教育整顿总结会】 2022年1月29日，拉萨市县（区）公安局长会议暨拉萨市公安队伍教育整顿总结会召开，会上传达学习习近平总书记对政法工作作出的重要指示和中央政法工作会议、中央政法队伍教育整顿总结会议、全国公安队伍教育整顿总结会议精神等，传达学习自治区党委书记王君正对全区政法工作的批示精神，自治区主席严金海对全区公安、全市政法工作的批示精神和区党委政法工作会议、全区公安（处）局长会议、市委政法工作会议精神，通报拉萨市公安队伍教育整顿工作情况。区公安厅党委委员、市委常委、政法委书记、市公安局党委书记普卫东出席并作题为《护航新时代、奋进新征程，以首府公安新表率新成效新担当新作为新标杆新形象喜迎党的二十大胜利召开》的工作报告，并就做好2022年全市公安工作进行安排部署。

【市委理论学习中心组2022年第二次学习研讨（扩大）会】 2022年2月10日，市委理论学习中心组“学习近平新时代中国特色社会主义思想·建现代化拉萨”专题学习2022年第二次学习研讨（扩大）会召开，深入学习领会中国共产党第十九届中央纪律检查委员会第六次全体会议精神，学习会邀请自治区党委党校党建教研部副主任曲宗教授作题为《坚持严的主基调不动摇，坚持不懈把全面从严治党向纵深推进》的辅导报告，书面传达《中国共产党第十九届中央纪律检查委员会第六次全体会议公报》《习近平总书记在十九届中央纪委六次全会上发表的重要讲话（新闻稿）》《王君正书记在西藏自治区纪委十届二次全会上的讲话（新闻稿）》和《人民日报》关于学习贯彻习近平总书记在十九届中央纪委六次全会上重要讲话精神的3篇评论员文章等。区党委副书记、自治区主席、市委书记严金海出席会议。市委、市人大、市政府、市政协在家地级领导，市直各单位党组（党委）书记、市属国有企业主要负责人参加学习会。

【中共拉萨市第十届纪律检查委员会第二次全体会议第一次会议】 2022年2月16日，中共拉萨市第十届纪律检查委员会第二次全体会议第一次会议召开。会议坚持以习近平新时代中国特色社会主义思想为指导，全面贯彻党的十九大和十九届历次全会精神，认真落实十九届中央纪委六次全会和自治区纪委十届二次全会精神，总结全市2021年纪检监察工作，分析全面从严治党形势，部署2022年重点任务。自治区党委副书记、自治区主席、市委书记严金海出席并讲话。

【2021年度述责述廉暨质询评议会】 2022年2月16日，拉萨市2021年度述责述廉暨质询评议会召开。述责述廉质询评议分现场述责述廉和书面述责述廉两种形式。入会人员客观公正讲工作，坦诚相待谈问题，深入剖析究原因，态度鲜明抓整改，达到统一思想、团结进取的预期效果。

【全市宣传部长会议】 2022年2月21日，全市宣传部长会议召开，书面传达全国全区宣传部长会议精神及《中共拉萨市委宣传部2022年宣传思想文化工作要点》；宣读市委书记严金海《对全市宣传思想文化工作的批示》。市委副书记廖恳出席并讲话。市委常委、宣传部部长王慧主持并部署工作。

【市委农村工作会议】 2022年2月24日，市委农村工作会议召开，传达学习中央经济工作会议、中央农村工作会议精神，区党委经济工作会议、区党委农村工作会议及市委十届二次全会精神；印发《中共拉萨市委员会拉萨市人民政府关于做好全市2022年全面推进乡村振兴重点工作的若干举措（讨论稿）》；总结全市2021年"三农"工作，宣读《中共拉萨市委员会办公室拉萨市人民政府办公室〈关于2021年度全市农牧民增收等工作成效考核情况的通报〉》，部署2022年"三农"工作重点任务。会上，各县（区）代表作书面交流发言。

【"遵行四条标准、争做先进僧尼"教育实践活动表彰大会】 2022年2月25日，拉萨市召开"遵行四条标准、争做先进僧尼"教育实践活动表彰大会。会议充分肯定2021年全市"遵行四条标准、争做先进僧尼"教育实践活动取得的明显成效。市委副书记廖恳出席会议，市委常委、统战部部长格桑次旦宣读表彰决定，自治区宗教事务局相关负责人出席会议。

【全市组织部长会议】 2022年3月16日，全市组织部长会议以电视电话会议形式召开。市委副书记廖恳出席并讲话。市委常委、组织部部长张定成主持会议并安排相关工作。

【市委理论学习中心组2022年第三次集中学习研讨会（扩大）会议】 2022年3月23日，市委召开理论学习中心组"学习近平新时代中国特色社会主义思想·建现代化拉萨"专题学习2022年第三次集中学习研讨会（扩大）会议。

【江苏省第九批援藏前方指挥部援藏干部人才大会】 2022年3月26日，江苏省第九批援藏前方指挥部召开援藏干部人才大会。会议书面传达习近平总书记有关重要讲话精神和中央、江苏省、西藏自治区有关会议精神，表彰2021年度江苏援藏创新创优获奖案例。市委副书记、常务副市长、江苏省援藏前方指挥部党委书记、总指挥陈静出席会议并讲话。江苏省交通运输厅、援藏医疗团队等单位、领域的7名援藏干部人才进行交流发言，分享援藏期间的切身体会和成长收获，总结汇报援藏工作的成果，表达激情不减、干劲不退、标准不降的援藏决心。

【市委全面深化改革委员会第32次会议】 2022年3月30日，区党委副书记、自治区主席、拉萨市委书记严金海主持召开市委全面深化改革委员会第32次会议。会议听取《市委全面深化改革委员会2022年工作要点（送审稿）》《重点改革任务领衔推进责任制及工作流程（送审稿）》《调整专项小组设置的建议方案（送审稿）》的起草情况，审议通过这3个文件。

【市委财经工作委员会第12次会议】 2022年3月30日，区党委副书记、自治区主席、拉萨市委书记严金海主持召开市委财经工作委员会第12次会议。会议听取《市委财经委2022年工作要点（送审稿）》《全市经济运行常态化调度机制（送审稿）》的起草情况，审议通过这两个文件。

【市委机构编制委员会2022年第1次会议】 2022年3月30日，区党委副书记、自治区主席、市委书记严金海主持召开市委机构编制委员会2022年第1次会议。会议审议通过《拉萨市2021年机构编制工作总结》《市委编委2022年工作要点》,会议研究并同意调整拉萨市国有企业发展服务中心职能及机构编制事宜,同意为拉萨市民族事务委员会核增事业编制事宜,同意设立拉萨市人民政府发展研究中心,明确拉萨市职工活动中心机构规格并核定科级领导职数等事宜。

【全市教育工作会议】 2022年4月2日,全市教育工作会议召开。会上,传达学习区党委副书记、自治区主席、拉萨市委书记严金海对全市教育工作的批示精神。市委副书记廖悬出席并讲话。

【拉萨市干部大会】 2022年4月11日,拉萨市召开干部大会,宣布自治区党委关于拉萨市委主要领导调整决定:严金海不再兼任拉萨市委书记、常委、委员职务;普布顿珠兼任拉萨市委委员、常委、书记,不再兼任昌都市委书记、常委、委员职务。自治区党委书记王君正出席并讲话。自治区党委副书记、自治区主席严金海主持会议,自治区党委常委、组织部部长赖蛟宣读决定,自治区党委常委、拉萨市委书记普布顿珠作表态发言。

【十届市委巡察工作领导小组会议】 2022年4月15日,区党委常委、市委书记普布顿珠主持召开十届市委巡察工作领导小组会议,传达学习全国巡视工作会议暨十九届中央第九轮巡视动员部署会精神、全区巡视巡察工作会议暨十届区党委第一轮巡视动员部署会精神,审议有关文件,安排部署下一步工作。

【十届拉萨市委第一轮巡察动员部署会暨进驻动员会】 2022年4月24日,十届拉萨市委第一轮巡察动员部署会暨进驻动员会召开。会议传达学习全国巡视工作会议暨十九届中央第九轮巡视动员部署会精神,自治区党委书记王君正对巡视工作的批示精神、全区巡视巡察工作会议暨十届自治区党委第一轮巡视动员部署会精神、市委书记普布顿珠在市委巡察工作领导小组第1次会议上的主持讲话精神。宣读《十届拉萨市委第一轮巡察组长授权任职及任务分工决定》。

【拉萨市交通运输工作会议】 2022年4月27日,拉萨市交通运输工作会议召开。会议传达学习全国交通运输工作会议精神和全区交通运输工作会议精神,全面总结2021年交通运输工作,从深化党的建设和党风廉政建设、深化“四好农村路”建设、推动交通重点工程项目、维护交通运输市场秩序、保障交通运输安全运行等五个方面安排部署2022年工作任务。

【市委理论学习中心组学习会】 2022年4月29日,区党委常委、市委书记普布顿珠主持召开市委理论学习中心组学习会,专题学习习近平总书记关于总体国家安全观的重要论述。

【拉萨市学习贯彻习近平总书记在庆祝中国共产主义青年团成立100周年大会上的重要讲话精神座谈会】 2022年5月13日,拉萨市学习贯彻习近平总书记在庆祝中国共产主义青年团成立100周年大会上的重要讲话精神座谈会召开。区党委常委、市委书记普布顿珠出席并讲话。会议传达学习习近平总书记重要讲话精神和王君正书记讲话精神。

【市委理论学习中心组专题学习会召开】 2022年5月13日,市委召开理论学习中心组“学习近平新时代中国特色社会主义思想·建现代化拉萨”专题学习2022年第五次集中学习研讨会(扩大)会议。会议邀请中国藏学研究中心张云教授以视频授课的形式作题为《汉藏文化的历史演变》的专题辅导。

【市委理论学习中心组专题学习会】 2022年6月8日,区党委常委、市委书记普布顿珠主持召开市委理论学习中心组学习会,专题学习习近平总书记的地方足迹,启动“感悟领袖风范、锤炼过硬作风”读书活动。普布顿珠同大家分享自己的学习感悟。学习会邀请中国领导科学研究会教授程冠军作专题辅导报告,向各级干部发放《习近平的七年知青岁月》等书籍,市委理论学习中心组成员作交流发言或作书面交流。

【全市宗教界深入开展“国家意识、公民意识、法治意识”教育动员部署会】 2022年5月19日,全市宗教界深入开展“国家意识、公民意识、法治意识”教育动员部署会召开。区党委常委、市委书记普布顿珠出席会议并讲话。市委副书记、常务副市长陈静传达自治区党委书记王君正在全区宗教界深入开展“三个意识”教育动员部署会上的讲话精神，市委常委、统战部部长格桑次旦就宗教界深入开展“三个意识”教育实施方案作说明。

【市委审计委员会会议】 2022年5月31日，区党委常委、市委书记普布顿珠主持召开市委审计委员会会议。会议传达学习习近平总书记关于审计工作的重要指示精神、全国审计工作会议精神，自治区党委书记王君正在区党委审计委员会会议上的讲话精神。研究2022年拉萨市委审计委员会工作要点，安排部署2022年审计重点工作。

【欢迎欢送江苏省第九、第十批援藏干部人才大会】 2022年6月16日，拉萨市举行欢迎欢送江苏省第九、第十批援藏干部人才大会。区党委常委、市委书记普布顿珠出席并讲话，表示长期以来，江苏省委、省政府始终站在党和国家战略全局的高度，一直把落实中央治藏方略、对口支援西藏、帮助建设拉萨摆到重要战略地位，全方位、多层次、宽领域、长期化开展对口支援工作，为拉萨长治久安和高质量发展作出重要贡献。特别是2019年以来，江苏省第九批援藏干部人才带着江苏省委、省政府的重托，坚持以建设拉萨、发展拉萨、稳定拉萨、造福拉萨为己任，用坚韧植根雪域高原、用智慧演绎精彩人生、用真情书写援藏情怀，与拉萨各族干部群众同甘共苦、并肩作战，在高质量发展上彰显“江苏智慧”，在改善民生上贡献“江苏力量”，在交流交往上作出“江苏示范”，在内部管理上诠释“江苏担当”，圆满完成援藏工作任务，充分展现江苏干部的良好形象，赢得拉萨各族干部群众的信赖肯定。江苏省委组织部副部长、迎送团团长郑跃奇出席并讲话。

【领导干部常态化“四联四包”工作机制暨“大宣讲大调研大排查大落实”活动动员部署会】 2022年7月4日，全市推行领导干部常态化“四联四包”工作机制暨“大宣讲大调研大排查大落实”活动动员部署会召开。区党委常委、市委书记普布顿珠出席会议并讲话。市委常委、秘书长张春阳对《拉萨市领导干部常态化“四联四包”工作机制》和《关于在全市范围内开展“大宣讲大调研大排查大落实”活动的实施方案》作说明。

【拉萨市创建高原经济高质量发展先行区专班推进会】 2022年7月6日，拉萨市创建高原经济高质量发展先行区专班推进会召开。会议传达学习自治区《关于着力创建高原经济高质量发展先行区的实施意见》和《着力创建高原经济高质量发展先行区2022年工作方案》，研究《拉萨市创建高原经济高质量发展先行区行动方案》。

【2021年度综合考核总结表彰大会】 2022年7月12日，全市2021年度综合考核总结表彰大会召开。会议深入贯彻落实习近平总书记关于西藏工作的重要指示和新时代党的治藏方略，贯彻落实区党委关于综合考核的部署要求，通报全市2021年度综合考核情况。区党委常委、市委书记普布顿珠出席并讲话，普布顿珠对过去一年各项工作取得的成绩给予肯定，全面分析当前工作存在的挑战困难和短板不足。市委常委、组织部部长张定成通报全市2021年度综合考核情况。会议对荣获国家级荣誉的单位和县(区)进行授牌，对获得目标绩效考核奖的单位和个人进行表彰奖励，对排名靠后的“第三等次”单位和县(区)发放“末位警示牌”。

【欢迎欢送北京市第九、第十批援藏干部人才大会举行】 2022年7月18日，拉萨市举行欢迎欢送北京市第九、第十批援藏干部人才大会。区党委常委、市委书记普布顿珠出席并讲话，普布顿珠指出，长期以来，北京市委、市政府坚决贯彻中央关于全国支援西藏的重大决策，大力实施首善援藏、科学援藏、全面援藏、真情援藏，为拉萨长治久安和高质量发展作出重要贡献。北京市委、市政府按照“好中选优、优中配强”的原则，确定第十批援藏干部人才。

【市委全面深化改革委员会会议】

2022年8月2日，区党委常委、市委书记、市委全面深化改革委员会主任普布顿珠主持召开市委全面深化改革委员会会议。会议审议通过加强新时代检察机关法律监督工作、进一步深化医疗保障制度改革、惠民惠农领域共同财政事权与支出责任划分、构建现代环境治理体系等文件，安排部署下一步重点工作。

【全市领导干部大会】 2022年10月28日，拉萨市召开全市领导干部大会，传达学习党的二十大精神和习近平总书记在会议期间的重要讲话精神，安排部署全市学习宣传贯彻工作。区党委常委、市委书记普布顿珠主持会议并讲话。

【学习贯彻党的二十大精神中央宣讲团报告会】 2022年11月8日，学习贯彻党的二十大精神中央宣讲团报告会在拉萨举行。报告会上，中央宣讲团成员、中央纪委国家监委宣传部部长王建新作宣讲报告。王建新从深刻把握党的二十大的重大意义、过去五年的工作和新时代十年的伟大变革、开辟马克思主义中国化时代化新境界的历史责任、以中国式现代化全面推进中华民族伟大复兴的使命任务、全面建设社会主义现代化国家的目标任务、以伟大自我革命引领伟大社会革命的重要要求、以顽强斗争应对风险挑战的要求共7个方面，对党的二十大精神作全面系统、重点突出、深入浅出的宣讲解读。自治区党委书记王君正主持报告会并讲话。

【市委经济工作会议】 2022年12月28日，市委经济工作会议召开。自治区党委常委、市委书记普布顿珠讲话，全面总结2022年全市经济工作，深入分析当前经济形势，安排部署2023年全市经济工作。市委副书记、市长王强主持并对做好2023年全市经济工作作出具体安排。

【市委民族工作会议暨2022年全市民族团结进步表彰大会】 2022年12月30日，市委民族工作会议暨2022年全市民族团结进步表彰大会召开，自治区党委常委、市委书记普布顿珠出席并讲话。会议表彰118个模范集体和172名模范个人。自治区党委统战部副部长、自治区民委党组书记、自治区宗教局党组书记赵树明，自治区党委统战部副部长阿努次仁到会指导。市委副书记、市长王强主持会议。

（黎　浅）

重大活动

【庆祝2022年中国人民警察节主题活动】 2022年1月8日，拉萨市公安机关举办庆祝2022年中国人民警察节主题活动。该次活动分“平凡”“利剑”“忠魂”“扬帆”四个篇章，主要通过视频展示、报告人讲述相结合的方式，生动展示冷小东、仁青、强巴、彭措朗杰、小达娃等公安英模的感人事迹和崇高精神。

【巩固拓展脱贫攻坚成果暨服务乡村振兴战略合作签约仪式】 2022年1月14日，市政府与农行西藏分行巩固拓展脱贫攻坚成果暨服务乡村振兴战略合作签约仪式举行。本次合作签约，旨在充分发挥市人民政府政策引导、资源配置、组织管理优势和农业银行服务“三农”产品、网络、科技优势，夯实拉萨市乡村振兴战略基础，努力实现农业强、农村美、农民富的目标。

【拉萨市融媒体中心揭牌成立】 2022年1月17日，拉萨市融媒体中心揭牌成立。

【2022年“我们的节日·春节藏历新年”主题联欢活动】 2022年1月26日，由市委宣传部、市文明办、城关区文明委主办的以“踔厉奋进时代新征程谱写民族团结新篇章”为主题的2022年“我们的节日·春节藏历新年”主题联欢活动在城关区绕赛社区夏扎大院内举行。

【2022年春节藏历新年团拜会】 2022年1月27日，拉萨市举行2022年春节藏历新年团拜会。区党委副书记、自治区主席、市委书记严金海出席团拜会并代表市委、市人大、市政府、市政协，向全市广大干部群众、离退休老干部、驻市部队指战员、武警官兵、政法干警和各条战线的干部职工，向所有关心支持拉萨发展的朋友们，致以亲切的问候和新春的祝福。

【拉萨市非物质文化遗产保护工作专家委员会成立】 2022年2月11日，拉萨市非物质文化遗产保护工作专家委员会成立，33名专家入选拉萨市非遗专家库。拉萨市非物质文化遗产保护工作专家委员会成员分别来自区内外相关高校院所、行业组织，涉及民间文学、传统舞蹈、曲艺、非遗保护等12个专业，涵盖老中青三代文化从业者，专家委员会任期为5年。拉萨市非物质文化遗产保护工作专家委员将参与拉萨市非物质文化遗产保护整体规划和方案制定、项目和传承人评选、非物质文化遗产培训指导、文化生态保护区建立、数据库建设及相关文字、音像出版物的编撰审核把关等工作，进一步推动全市非物质文化遗产保护工作科学、规范、有序地开展。

【2022年藏历水虎新年座谈会】 2022年2月21日，拉萨市召开各族各界党外爱国人士喜迎2022年藏历水虎新年座谈会，通报2021年全市经济和社会发展情况，向与会人员敬献哈达、发放慰问金，并送上新年的美好祝福。

【堆龙德庆区羊达街道通嘎社区2021年度集体经济分红大会】 2022年2月23日，堆龙德庆区羊达街道通嘎社区举行2021年度集体经济分红大会。分红现场，通嘎社区党总支书记阿努向全体居民通报2021年度社区集体经济运行情况，并宣读村集体经济分红分配方案。根据社区居民公约相关规定，本次分红按照社区户籍居民人均4000元、社区外来转入户籍人员人均2000元的标准，合计分红343万余元，并由辖区企业、合作社代表向低收入居民、小组组长发放酥油、棉被等慰问品，惠及居民群众1200余人。通嘎社区按照合作带富、群众增收、乡村振兴的目标，充分利用资源优势，大力发展通嘎社区养殖合作社、采砂场、物流集散中心等村集体经济，有效拓宽社区居民就业、增收渠道。仅2021年，社区集体经济收入达到1500万元，居民人均可支配收入达到38000元。

【2022年重点项目集中开（复）工仪式】 2022年3月16日，全市2022年重点项目集中开（复）工仪式举行。2022年，全市计划实施固定资产投资项目1060个，其中重点项目98个。包括拉萨市“美丽乡村·幸福家园”建设行动计划项目、2022年度拉萨南北山绿化工程、拉萨市旁多引水工程、堆龙德庆区堆龙河两岸综合治理工程等，涵盖发展、生态、民生等各个领域。

【纪录片《发现拉萨》首映式暨“讲好拉萨故事构筑中华民族共有精神家园”座谈会】 2022年3月18日，纪录片《发现拉萨》首映式暨“讲好拉萨故事构筑中华民族共有精神家园”座谈会在拉萨市融媒体中心举行。

【纪念西藏百万农奴解放63周年活动】 2022年3月28日，拉萨市举行“升国旗、唱国歌”仪式，纪念西藏百万农奴解放63周年。

【中共国家税务总局拉萨市税务局机关纪律检查委员会授牌仪式】 2022年5月12日，中共国家税务总局拉萨市税务局机关纪律检查委员会授牌仪式举行。该税务局机关是拉萨市直属机关单位第一家成立机关纪委的部门。

【拉萨综合保税区通过国家验收】 2022年5月27日，海关总署、国家发改委、财政部、自然资源部等8个部委组成的国家联合验收组，通过视频连线查验拉萨综合保税区各项基础设施建设情况，并宣布拉萨综合保税区顺利通过国家验收。拉萨综合保税区总规划面积4.881平方千米，封关区域面积0.84平方千米。落地企业24家，储备项目33个。拉萨综合保税区顺利通过国家验收，为西藏外贸经济发展注入新动能，填补西藏没有海关特殊监管区域的空白，是西藏首个集“入区产业、配套产业、多式物流、用工资源”于一体的海关特殊监管区域。拉萨综合保税区正式封关运行后，将积极推动共建“一带一路”高质量发展，助力西藏面向南亚通道建设与推动西部陆海新通道建设实现有效对接。海关总署自贸司副司长杜朝新出席海关总署主会场会议。

【拉萨文化和旅游消费季之美丽乡村旅游系列活动启动仪式】 2022年6月8日，2022拉萨文化和旅游消费季之美丽乡村旅游系列活动启动仪式在曲水县才纳乡国家现代农业示范区举行。

【江苏省第九批援藏干部人才圆满结束援藏工作】 2022年6月22日，江苏省第九批援藏干部人才圆满结束为期3年的援藏工作，踏上返程之路。

【国家矿山安全监察局青海局到拉萨市开展安全监察工作】 2022年6月23日，国家矿山安全监察局青海局赴拉萨市开展安全监察工作并听取工作汇报。青海局党组副书记、局长牛银海出席会议并讲话，对拉萨市非煤矿山安全监察工作给予充分肯定。

【朗热酒村项目开工仪式暨2022年江苏援藏项目建设推进会】 2022年6月28日，拉萨朗热酒村项目开工仪式暨2022年江苏援藏项目建设推进会在达孜区朗热酒村建设工地举行。

【“七一”主题党日活动】 2022年7月1日，区党委常委、市委书记普布顿珠带领市级党员领导干部，到虎头山水库、林周农场旧址开展“七一”主题党日活动，并召开市委理论学习中心组学习会。

【廉政教育警示活动】 2022年7月4日，区党委常委、市委书记普布顿珠带领市级领导干部集体参观市“身边事教育身边人”廉政警示教育展，现场接受党风廉政教育。

【西藏空港新区整体移交会】 2022年7月5日，西藏空港新区整体移交会召开。西藏空港新区管委会由现行的委托拉萨市管理正式调整为山南市属地直接管理。

【隧道双线贯通】 2022年7月9日16时，拉日高速仁布隧道实现双线贯通，标志着仁布隧道主体工程建设取得阶段性胜利，向着雅叶国家高速公路工程实现全线通车的目标迈出新步伐。

【北京市第九批援藏干部人才圆满结束援藏工作】 2022年7月22日，北京市第九批援藏干部人才圆满结束为期3年的援藏工作，踏上归程。

【2022全球数字经济大会拉萨峰会开幕】 2022年7月28日，2022全球数字经济大会拉萨峰会在拉萨经济技术开发区生产力促进中心开幕。2022全球数字经济大会于7月28—30日在北京举行，拉萨作为全球数字经济大会唯一和永久分会场，拉萨峰会开幕式也与北京同步开启。本次峰会以“数字桥梁跨越喜马拉雅”为主题，借助数字大会平台力量，搭建从首都北京到西藏首府拉萨乃至辐射南亚次大陆的数字桥梁，打造环喜马拉雅经济带。

【收听收看党的二十大开幕盛况】 2022年10月16日，中国共产党第二十次全国代表大会在北京人民大会堂隆重开幕。市委理论学习中心组举行集中学习会，收听收看党的二十大开幕盛况。

（黎　浅）

组织编制

【概况】 2022年，拉萨市组织部门坚持以习近平新时代中国特色社会主义思想为指导，深入学习贯彻党的二十大精神，学习贯彻自治区、拉萨市第十次党代会精神，牢牢把握组织路线服务政治路线的根本定位，聚焦“四件大事”、聚力“四个创建”，围绕当好“七个排头兵”，实施“强中心”战略、推进“七大行动”，着眼全市发展稳定大局选干部配班子、建队伍聚人才、抓基层打基础、管机构用编制，为拉萨长治久安和高质量发展提供坚强组织保证。

【理论武装】 2022年，中共拉萨市委员会组织部（以下简称市委组织部）坚持不懈用习近平新时代中国特色社会主义思想凝心铸魂，制订拉萨市委党校（市行政学院）2022年度办班计划，序时举办学习贯彻党的二十大、党的十九届六中全会精神和区市第十次党代会精神以及学习贯彻落实自治区党委书记王君正关于拉萨工作的系列讲话精神等专题研讨班，带动全市各级党组织通过专题辅导、集中宣讲、在线学习等形式广泛开展教育培训，实现全覆盖。坚持把学习贯彻党的二十大精神作为首要政治任务，及时制订党的二十大精神学习教育和培训方案，扎实推进教育培训落地落实。制订《拉萨市干部专业能力提升专项行动实施方案》，持续实施干部政治理论和党性修养提升工程、实施“关键少数”执政本领提升工程等8项工程，不断提高干部专业素养。组织1243名领导干部开展理论水平测试并同步建立完善市管干部述学考学评学档案，推动教育培训提质增效。

【各级领导班子建设】 2022年，市委组织部始终把党政领导班子建设作为干部工作的重点，完成达孜区、拉萨师专、市一职、市二职、市人民医院、市工商联、市科协换届工作，达到中央提出的“五好”换届标准。全面摸排换届后乡镇（街道）班子运行和党政正职作用发挥情况，调整干部68名，新选用的乡镇（街道）党政正职“80后”占89%。探索推进党建、基层治理与基层警务有效融合，结合疫情防控表现，对城关区、堆龙德庆区街道党政正职进一步优化，对维稳领域

2022年12月19日，中共拉萨市委组织部中共临夏州委组织部举行共建共管中国共产党临夏回族自治州流动党员西藏委员会协议签约仪式

和疫情防控任务重的7个街道实行党工委书记和派出所所长“一肩挑”。全面开展市属国企领导班子建设调研分析，提出加强市属国企班子建设意见。

【年轻干部培养选拔】 2022年，市委组织部坚持把年轻干部工作放在干部工作全局中谋划和推进，分层次建立干部信息库，实行分类动态管理、优进绌退。实施“四个一百”年轻干部选育工程，全市“80后”正县级、“85后”和“90后”副县级干部达到64名，“90后”正科级干部达到126名，“95后”副科级干部达到79名，从市直单位选派100名优秀年轻干部在县（区）直部门和乡镇（街道）挂职，培养储备一批优秀年轻干部。选派8名“80后”优秀县级干部担任县（区）驻村总领队、挂职县（区）委副书记，不断增强年轻优秀县级干部服务群众、服务基层的能力。在市直单位、县（区）之间交流“90后”干部42名，实现市直单位至少有1名“90后”科级干部。推荐4名有培养前途和发展潜力的优秀干部参加“中央三部委”挂职，并推荐其中3名挂职转留任，进一步拓宽干部成长视野。

【干部监督管理】 2022年，市委组织部细化日常监督工作，开展干部违规借（抽）调和“土政策”清理等专项整治，严格执行各级领导干部外出审批制度，完善领导干部外出审批流程，加强经济责任离任审计，推进日常监督常态化、制度化、规范化。强化选任监督，对20余家单位1000余人次选任及晋升职级程序进行严格审核，组织做好2021年度“一报告两评议”工作，强化结果运用，加强对达孜区领导班子换届风气监督，实现“零上访、零违纪、零举报”。完成市管干部个人有关事项填报及核查，处理存在瞒报、漏报行为的2人。受理并办结通过“12380”平台等渠道反映举报案件9件、环保督查案件144件。修改完善年度综合考核实施方案，细化考核办法和指标体系，推动考核更加规范、科学。

【干部选拔选用】 2022年，市委组织部深入开展干部职级晋升工作，按职级晋升要求晋升一至四级调研员552名，县（区）符合条件人员基本实现应晋尽晋，市直单位职级使用率超过95%。出台《拉萨市加强和改进干部交流办法（试行）》，市直单位之间、县区之间、市直单位与县乡之间交流干部133名，关怀性交流高海拔地区和寺管会工作干部18名，调整44名长期在同一岗位任职的干部。落实公务员基本工资和西藏特殊津贴增资调整4.6亿元，审批到龄退休和按公务员法提前退休干部40名，为506名连续3年年度考核优秀等次公务员记三等功，2人被评选为“全国人民满意的公务员”，干部干事创业的积极性、主动性得到有效激发。落实“三个区分开来”要求，协同市纪委监委出台《拉萨市干部容错纠错实施细则》，提拔任用处分较轻、影响期满且表现优秀的干部24名，为2名受到失实举报的干部澄清正名。

【党的组织体系建设】 2022年，市委组织部制定《全市2022年基层党建工作重点任务清单》，开展基层党建工作大调研，全面落实抓基层党建工作主体责任。坚持抓两头带中间，培育民族团结进步、高原特色经济高质量发展、生态文明建设、固边兴边富民和“双强六好”基层党组织示范点70家，常态化排查整顿软弱涣散基层党组织25家。制定机关党建工作要点、机关干部职工思想动态分析工作暂行办法，持续深化模范机关创建。建立党组织领导的校长负责制“2+2”机制，实施思政课教学质量提升三年行动计划，保证党的教育方针在学校贯彻落实。贯彻党委领导下的公立医院院长负责制，发挥党组织战斗堡垒作用。完善国企党委前置讨论重大事项规程。巩固“两新”组织“两个覆盖”攻坚成果，推进新业态、新就业群体党建工作，全市“三有”标准非公有制企业、社会组织党组织覆盖率分别达到72.91%、100%。着眼“铸魂”“先锋”“强基”“壮骨”“活血”“培元”六大工程，制定《改进提升寺管会工作实施方案》，全面加强党对宗教工作的领导。严把入口，在各层级各群体优秀分子中发展党员756名，同步推进违规违纪发展党员专项整治“回头看”。

【党建促乡村振兴】 2022年，市委组织部出台抓党建促乡村振兴具体措施，从乡村振兴等专干、村级党组织书记中招录（聘）公务员（事业编制人员）15名，全面落实村党组织书记县级党委备案管理，率先开展全领域支部书记公开课，全市村（居）干部国家通用语言文字使用水平市级测试成绩达到合格以上的占89.24%，新发现培养村级后备干部356名，基层干部推动乡村振兴的能力素质明显提升。持续巩固发展村集体经济，扎实推进10个组织振兴示范村创建工作，规范村规民约、居民公约，放大活动场所使用效能，切实以组织振兴全面推进乡村振兴。制定强化基层党组织托底保障作用若干措施，落实防范和整治“村霸”问题长效机制，做实抓党建促农村宗教治理工作。

【党建引领基层治理】 2022年，市委组织部开展党建引领基层治理大讨论活动，举办3期乡镇（街道）、村（社区）干部“强认识、查隐患、补短板、夯根基”主题培训班，针对性制定《关于在全市反分裂斗争工作中强化基层党组织托底保障作用的若干措施》《拉萨市特定时期发挥基层党组织战斗堡垒作用和广大党员先锋模范作用发动群众预防应对各类突发事件工作方案》，推动反分裂斗争的桥头堡更加坚固、反分裂斗争的先锋队伍不断建强、广大群众跟党走的信心更加坚定。发挥党建引领优势，深化街道“大工委”、社区“大党委”制度，制定社区小区党建工作方案，开展网格党组织集中覆盖攻坚行动，构建区域化党建工作格局。推行党员包片联户、设岗定责、承诺践诺、志愿服务等制度，常态化开展党组织和党员搜集报送社情民意信息，党组织领导下的基层治理体系不断健全。

【驻村工作】 2022年，市委组织部坚持党群干部进弱村、经济干部进穷村、政法干部进复杂村、农牧干部进产业村、科技干部进专业村，精准选派1310名干部进驻全市281个村（社区）开展工作，开展习近平新时代中国特色社会主义思想和惠民政策宣传等活动3339场次，宣传宣讲党的二十大精神813场次，举办村干部和党员群众国家通用语言文字教育培训1325场次，举办“中华民族一家亲，同心共筑中国梦”等各类活动343场次，进一步坚定各族群众感党恩、听党话、跟党走的信心和决心。持续开展“我为群众办实事”实践活动，及时协调解决群众急难愁盼问题44974件，涉及群众49.2921万人。

【人才培养引进】 2022年，市委组织部组建拉萨市委人才工作领导

2022年5月18日，拉萨市公务员局揭牌成立

小组，配套制定《拉萨市委人才工作领导小组工作规则》《拉萨市委人才工作领导小组办公室工作细则》《拉萨市委人才工作领导小组成员单位职责分工》，有力构建运行有序、齐抓共管的工作格局。做好“西部之光”访问学者推荐工作，成功推荐教育、医疗等领域3名有发展潜力、学术能力较强的年轻骨干，分赴相关高等院校和科研院所进行为期1年的研修学习，提升专业技术能力。拓宽柔性引才渠道，围绕教育、医疗、农牧等重点领域，起草《拉萨市硕博人才专项引进计划》，引进博士服务团人员4人，完成37个人才引进需求计划申报工作，完成第23批博士服务团13个需求岗位申报工作。严格落实专招政策，从区外专项招录基层公务员、医疗、教育等人才60名。完成22家单位86名在职干部、事业人员报考“三所高校”资格审核工作。

【机构编制】 2022年，市委组织部深化纪检监察体制改革，提出调整优化市纪委监委内设机构和设立市党员教育服务中心（纪检监察中心）的建议，增设市纪委监委达孜管理中心。协同市司法局推进行政复议体制改革，分设市司法局行政复议与应诉科、行政执法协调监督科。坚持资源向重点领域倾斜，设立市国家安全政策研究室，为市信访局联合接访中心、市民族政策研究中心核增8名事业编制。设立市政府发展研究中心，设立市供销合作社，调整市国有企业党建和发展服务中心职能，完成各县（区）易地扶贫搬迁随迁干部的划转工作。协调做好空港新区编制和人员划转工作。坚持总量与结构双控，完成公开招录（聘）公职人员、驻藏部队拟退役士兵招录、西部计划志愿者留藏等核编436人次，人员调动核编199人次。加强实名制信息管理，完成1237家单位机构及人员信息更新和251家机构编制职数系统更新。

【老干部服务管理】 2022年，市委组织部落实离退休干部政治待遇，组织200余名离退休干部参观拉萨市规划馆、林周农场等重点项目，参加布达拉宫“升国旗、唱国歌”仪式，让离退休干部深入了解拉萨经济社会发展变化。落实离退休干部生活待遇，在“三大节日”（元旦、藏历新年、春节）、重阳节等开展全覆盖慰问，开展沿着红色足迹赴林芝健康疗养活动，落实离退休干部因病住院、去世慰问制度，对发挥作用明显和生活困难老干部、1959年“3·28”离退休干部开展专项慰问，发放慰问金670余万元。组织离退休老干部担任基层社会治理指导员、党建指导员，选派10名离退休干部“党建人才”担任非公有制企业党建指导员，助力“两新”党建和基层治理。组织老干部代表参加“建言二十大”等专题座谈会，从不同角度颂党恩、赞成就、话发展，为全市改革发展稳定贡献力量。

（熊博锋）

思想教育与宣传

【概况】 2022年，中共拉萨市委员会宣传部（以下简称市委宣传部）深入学习贯彻习近平总书记系列重要讲话精神，特别是关于宣传思想工作、西藏工作的重要指示和新时代党的治藏方略，紧紧围绕迎接和学习宣传贯彻党的二十大精神这条工作主线，自觉肩负起举旗帜、聚民心、育新人、兴文化、展形象的使命任务，改进作风狠抓落实，在理论武装、群众教育、舆论引导、意识形态等方面做大量卓有成效的工作，以新气象新作为推动宣传思想工作取得新发展新成效。

【新闻出版】 2022年，拉萨市辖内新批准出版物经营许可证14个，印刷经营许可证2个，内资准印号67个。市、县两级新闻出版行政部门按照年度核验要求，对46家出版物零售单位办理年度核验登记手续，其中新华书店1家，从业人员26人。46家单位出版物销售总额为5561.03万元，其中，图书5440.70万元，报纸期刊104.38万元，电子音像15.95万元；营业收入为13130.27万元，资产总额79150.56万元，利润总额-815.97万元。全市2022年盈利最多的是拉萨新华书店286.00万元，盈利最少的是迦罗艺术品有限公司-2203.45万元。拉萨新华书店有限公司、勤学书店、西藏萨巴嘎文化艺术传播有限公司出版物销售额进入西藏自治区前20名，西藏萨巴嘎文化艺术传播有限公司、西藏诺诺教育科技有限公司、西藏思行文化传媒有限责任公司、拉萨城中日才林书店、迦罗艺术品有限公司、畅想源书店进入西藏自治区网上零售书店销售额前10名。

【电影工作】 2022年,拉萨市共有42支流动电影放映队伍,八县(区)共完成电影放映1740场次,观众达14万余人次。先后在全市范围内开展"欢度'春节、藏历新年'——农村公益电影优秀影片展映展播活动",庆祝"3·28"西藏百万农奴解放纪念日63周年电影展映活动,喜迎党的二十大、庆祝中国共产党成立101周年优秀电影展映活动,协同林周县电影管理站、配合新华社西藏新闻信息中心、新华网股份有限公司西藏分公司等单位共同举办"共建清洁美丽世界·无痕露营走进林周神秘树林"主题公益活动。建成四季吉祥村数字电影室内放映室、城关区曲桑日追数字电影室内放映室。申请微信公众号"拉萨电影",为群众特别是基层电影放映员及时推荐可供订购、点片的新片、大片,是拉萨市电影文化阵地的一大突破。

【新闻工作】 2022年,市委宣传部围绕全市重点工作,在各平台开设《创建国家生态文明高地——中央生态环境保护督察进行时》《改进作风 狠抓落实》《防疫不放松 拉萨在行动》等专题专栏。全年共推出汉语、藏语《拉萨新闻》各365期,汉语、藏语《新拉萨》各106期,《拉萨日报》汉文版出版309期、藏文版出版306期,"拉萨发布"微信公众号推送3658条,"悦享拉萨"微信公众号推送1458条,"拉萨融媒"抖音号推送1603条。

【大型活动】 2022年3月3日,拉萨市春节、藏历水虎新年电视联欢会播出,30余个文艺节目紧扣时代主题,贴近人民火热生活,广大市民通过电视、"拉萨发布"微信公众号、"悦享拉萨"微信公众号等平台观看直播。3月26日,以"盛世中国 幸福西藏"为主题纪念西藏百万农奴解放63周年经典歌曲大赛在拉萨市融媒体中心举行,参加本次比赛的包括拉萨市直机关、各县(区)干部职工、企事业单位员工、农牧民群众及学生合唱队等。5月30日,拉萨市深化全国文明城市创建新闻发布会暨主题作品颁奖晚会在市融媒体中心举行,晚会精心打造《文明拉萨》《全民行动》《网络文明之歌》《防疫从我做起》等文艺节目,将文明理念、文明行为搬上舞台,生动展现全社会崇尚和谐文明的浓厚氛围。6月13日,"喜迎二十大 礼赞新时代"——"书香拉萨"农牧民(居民)国家通用语言文字诵读比赛决赛举行,经过预赛、复赛环节,共推选出15个兼具思想性和艺术性的优秀诵读节目进入决赛。6月30日,举行"庆七一 永远跟党走"拉萨市喜迎党的二十大暨"国家意识、公民意识、法治意识"群众性宣传教育活动主题晚会。10月22日,为庆祝党的二十大,拉萨市委宣传部、拉萨融媒倾力打造《盛世中国 幸福西藏 拉萨的歌献给您》特别节目。

【重要宣传工作会议】 2月21日,市委宣传部组织召开2022年全市宣传部长会议。会议书面传达全国全区宣传部长会议精神及《中共拉萨市委宣传部2022年宣传思想文化工作要点》,传达学习市委书记严金海《对全区宣传思想文化工作的批示》。市委副书记廖恳出席会议并讲话。市委常委、宣传部部长王慧主持并安排部署2022年具体工作。5月20日,自治区党委常委、市委书记普布顿珠主持召开市委常委会(扩大)会议,进一步研究部署全市意识形态工作。6月1日,自治区党委常委、市委书记普布顿珠到全市宣传文化战线调研,认真听取全市宣传思想文化工作汇报。

【舆论宣传】 2022年,市委宣传部始终坚持正确政治方向、舆论导向、价值取向,在全区率先打造首档电视问政栏目《问政拉萨》并成功播出9期,先后问政57家单位,现场提出问题94件,解决一大批群众急难愁盼问题,市属新媒体平台线上观看量达754万人次,其中第二期栏目入选国家广电总局2022年第一季度优秀广播电视新闻作品名单。创新推出"小布"回复栏目,推发92期,回复包括"核酸检测、物资保供、就医购药、孕妇生产、游客离藏、学生返校、快递配送、复工复产、生活服务"等涉新冠疫情方面问题600余条,累计解决群众诉求2000余项。策划推出MV《再逛新城》,全网推送后在区内外取得一定影响。疫情防控期间,制作完成抗疫歌曲《光》《明天依然灿烂》等6部MV,《最美逆行者》《拉萨非凡十年》等5部宣传片及2期防疫访谈栏目,传播力影响力引导力得到显著提升。圆满完成春节特别节目《古城春韵》,2022年春节、藏历水虎新年电视联欢会,拉萨市"童心向党庆七一·喜迎党的二十大"文艺会演等10余场大型文艺活动的组织落实、网络直播、电视播出工作。

【理论武装】 2022年,市委宣传部将深入推进习近平新时代中国特色社会主义思想学习贯彻作为首要政治任务,坚持在理论学习中凝聚思想共识,在谋划发展中增添干劲,在指导实践中破解改革难题。狠抓理论学习,推动学思践悟常态化制度化。抓紧抓实"关键少数"学习和示范带动作用,开展市委理论学习中心组专题学习研讨11次,带动各级理论学习中心组开展学习5000余次,配发《习近平谈治国理政》第四卷和党的二十大系列丛书等学习辅助读本5万余本。提升"学习强国"学习平台使用率,统计分析"学习强国"学习平台学习情况6期,4万余名党员干部注册"学习强国"学习平台。实施干部政治理论和党性修养提升工程,开展各级干部学习专题研讨班6期,培训各级各类干部6000余人。在全市范围内开展"感悟领袖风范、锤炼过硬作风"读书活动,引导党员干部向习近平总书记学习看齐,坚定政治信念、永葆奋斗精神、厚植为民情怀、激发担当意识、秉持务实作风。狠抓理论宣讲,推动党的创新理论入脑入心。以领导干部示范讲、各级宣讲队伍集中讲、行业系统分众分类讲的宣讲方式,采取"宣讲＋文艺＋卫生＋志愿服务"模式,开展党的十九届六中全会、中央第七次西藏工作座谈会、习近平总书记视察西藏重要讲话、区市第十次党代会及党的二十大精神等政策理论对象化分众化互动化宣讲5.1万余场次,受益群众120余万人次。狠抓理论研究,推动研究阐释高质量发展。依托哲学社会科学专项资金项目和《拉萨宣传》《拉萨日报》等平台,围绕"两个结合""六个必须坚持"和新时代党的治藏方略,推进11个第三批哲学社会科学研究项目,推出《拉萨市爱国主题教育资源的历史叙事及保护传承利用研究》等高质量研究成果7个。改版升级《拉萨宣传》并发行2期。刊发刊载《坚持以铸牢中华民族共同体意识为主线　推动西藏长治久安和高质量发展》等优秀理论研究阐释和调研文章50余篇。

【对外宣传】 2022年,市委宣传部紧紧围绕党中央重大决策部署和区市党委、政府中心工作,紧扣稳定、发展、生态、强边"四件大事"开展对外宣传工作。强化政务信息公开、加强舆论引导。围绕法治建设、改善民生、经济发展、社会关切等方面精心策划议题选题,形成《拉萨市2022年新闻发布工作计划》,召开感恩新时代　奋进新征程——十八大以来拉萨市经济社会发展成就新闻发布会、拉萨市两会新闻发布会等新闻发布会14场次。全面落实《关于加强和改进新时代西藏舆情信息工作若干措施》《关于建立完善自治区舆情研判处置工作机制的方案》部署,以新闻发布为主阵地,及时回应社会关切,大力开展社会关切内容、健康科普信息等内容的新闻发布工作。全年共召开专题新闻发布会61场次。做好涉外媒体赴拉萨采访拍摄接访工作,累计接待涉外媒体4批28人,有力向外展示拉萨非物质文化遗产保护与传承、生态环境保护、民族团结和睦及人民幸福生活等方面丰硕成果和重大成就。

【监督管理】 2022年,市委宣传部以保护知识产权、打击侵权盗版为重点,大力整顿和规范版权市场经营秩序,严厉打击文化市场违法违规经营活动,有效维护市场经营秩序。结合重要节点、"扫黄打非"专项行动,联合市文化市场综合行政执法队,先后开展冬奥版权保护集中行动、加强院线电影版权保护行动、加强青少年版权保护行动等专项检查,共检查文化市场经营单位2220余家次。先后查获"城东洋轩图文快印广告"擅自印刷《小升初总复习》《高原学子》两种书籍,"哥哥东智书店"发行、储存非法出版物,"林周央塞书店"擅自出售中小学教科书等案件。其中查处万科书店擅自出售非法出版物案,行政处罚715768元,没收非法所得64944元。针对人民教育出版社小学数学教材插图问题,对辖区内中小学教材教辅和进入校园课外读物的插图及内容进行全面排查,确保体现正确的政治方向和价值导向,弘扬中华优秀文化,符合大众审美习惯。配合自治区版权局开展政府机关和企业软件正版化督促检查、软件正版化示范单位推荐、国家版权金奖提名推荐等工作。

（石静茹）

统战工作

【概况】 2022年,拉萨市统战系统

认真学习贯彻党的二十大和习近平新时代中国特色社会主义思想特别是习近平总书记关于做好新时代统一战线工作的重要思想，全面贯彻落实中央统战工作会议、中央民族工作会议、全国宗教工作会议和中央第七次西藏工作座谈会精神，按照区市第十次党代会部署要求，按照市委书记普布顿珠6月2日调研拉萨市统一战线时的指示要求，聚焦落实“四件大事”“四个确保”，聚力推进“四个创建”“四个走在前列”、当好“七个排头兵”，围绕中心、服务大局，主动担当、积极作为，努力为推进拉萨长治久安和高质量发展发挥统一战线重要法宝作用、贡献统一战线重要力量。被评为自治区民族团结进步模范单位。

【“国家意识、公民意识、法治意识”教育动员部署会】 2022年5月19日，全市宗教界深入开展“国家意识、公民意识、法治意识”教育动员部署会召开。自治区党委常委、拉萨市委书记普布顿珠出席会议并讲话。普布顿珠强调，要坚持以习近平新时代中国特色社会主义思想为指导，深入学习贯彻习近平总书记关于宗教工作的重要论述、新时代党的宗教工作理论和方针政策，深入学习贯彻习近平总书记关于西藏工作的重要指示精神和新时代党的治藏方略，开展“三个意识”教育，积极推动藏传佛教中国化，为推动拉萨长治久安和高质量发展进一步凝聚共识、汇聚力量。

【市委民族工作会议暨2022年民族团结进步表彰大会】 2022年12月30日，市委民族工作会议暨2022年民族团结进步表彰大会召开，区党委常委、拉萨市委书记普布顿珠出席并讲话。普布顿珠强调，要深入贯彻落实党的二十大精神和中央民族工作会议精神，贯彻落实习近平总书记关于加强和改进民族工作的重要思想、关于西藏工作的重要指示和新时代党的治藏方略，贯彻落实区党委十届三次全会、区党委民族工作会议和2022年民族团结进步表彰大会精神，按照市委十届四次全会部署，坚持以铸牢中华民族共同体意识为主线，全面落实“四大工程”“六项行动”，实施强团结行动，在创建全国民族团结进步示范区上当好排头兵。

【全市统战部长会议】 2022年2月25日，拉萨市召开全市统战部长会议。市委副书记廖恳出席会议并作讲话，对全市统一战线工作给予充分肯定，奋进新征程，要聚焦统一战线任务要求，强化做好统一战线工作的首府担当，切实担负起建立最广泛的统一战线的政治责任、强化统一战线的维稳责任、坚决扛起民族团结进步创建的政治责任、坚决扛起推进藏传佛教中国化的政治责任、坚决扛起巩固和发展最广泛的爱国统一战线的政治责任，推进全市统战工作高质量发展。

【民族团结】 2022年，拉萨市组建以市人大常委会主任贺鹏为组长，市委常委王慧、格桑次旦为常务副组长的拉萨市创建全国民族团结进步示范区工作专班，研究制订《拉萨市坚持以铸牢中华民族共同体意识为主线、在着力创建全国民族团结进步示范区上当好排头兵五年行动规划方案（2022—2026）》，实施“四大工程”“六项行动”，举办以“铸牢中华民族共同体意识 创建民族团结进步模范区”主题宣讲活动，加大国家通用语言文字培训教育和普及力度，促进各民族交往交流交融，推进抗击疫情团结合作，全国各族人民支援西

2022年6月，市委统战部组织拉萨市归侨侨眷开展喜迎党的二十大活动

藏、支援拉萨，展现出团结抗疫的生动局面。

【藏传佛教中国化】 2022年，中共拉萨市委员会统一战线工作部（以下简称市委统战部）以“五个有利于”为标准，实施藏传佛教中国化工程，依法加强宗教事务管理，建立健全“四管”长效机制，深入开展“三个意识”教育，创新推进“十四个一”实践活动，举办拉萨市藏传佛教活佛转世专题展，广泛组织寺庙僧尼开展国情教育、区情教育活动，加强“三支队伍”建设，改进和提升寺管会工作，积极淡化宗教消极影响，争取2000万元，持续推进高海拔偏远寺庙厕所、阳光采暖房项目建设，改善寺管会基础设施，继续推进寺庙电线线路改造、文物保护修复和大殿维修改造等工作。

【非公有制经济领域统战工作】 2022年6月16—17日，召开拉萨市工商业联合会（商会）换届工作会议，圆满完成市、县（区）工商联换届工作，并坚持优中选优，配合自治区圆满完成工商联换届工作。加强对民营经济人士的思想政治引领，举办拉萨市2022年铸牢中华民族共同体意识巡回宣讲等活动，广泛宣传《拉萨市关于落实自治区〈关于稳经济若干临时性措施〉的配套措施》，举办全市民营经济领域“扎实稳住经济一揽子政策措施”宣传解读会，帮助民营企业纾困解难，推荐22家民营企业参评拉萨市百家成长型优选企业和百家优选新型农牧业经营主体，建立和完善拉萨市250名民营经济代表人士信息库，推动非公有制经济党建工作规范化标准化建设，深入推进“万企兴万村”工作。

【党外人士队伍建设】 2022年，市委统战部依托“三大节日”等慰问广大统一战线成员，着力协调解决71名党外人士生活补助、寺庙僧尼和台胞等实际困难。创新思路和方法，统筹抓好党外知识分子、新的社会阶层人士统战工作、藏胞侨胞和涉港澳台统战工作，打造全区首个“侨胞人士之家”。对爱国统战人士及其后代和牺牲群众及其后代开展调研，建立健全信息库，加大关心关怀力度，树立鲜明导向。

【自身建设】 2022年，市委统战部全面落实区市党委改进作风、狠抓落实要求，组织部机关干部围绕“四查四问”认真查摆整改，进一步建立健全周例会、统一战线工作专题会议、双月协商、专项督导等工作机制，强化统一战线工作大推进大落实。在西北民族学院举办为期9天的拉萨市统战系统干部铸牢中华民族共同体意识培训班，全市统战系统40人参加培训。落实主体责任，召开市统战系统廉政教育警示专题会议，充分吸取春新等反面教训，营造风清气正的政治环境。

【大统战工作格局】 2022年，市委统战部完善党委统一领导、统战部门牵头协调、有关方面各负其责的大统战工作格局，建立健全市委统一战线工作领导小组和办公室工作职责，细化成员单位统战职责清单。

全面深化改革

【概况】 2022年，拉萨市严格“对标对表”党中央和区党委关于深化改革决策部署的工作制度及工作流程，对照中央深改委27次会议、区党委深改委2022年工作要点、市委深改委2022年工作要点改革任务逐条逐项分解落实，形成市委贯彻落实的具体任务清单，有序推进各项改革任务。全年共承接改革任务341项，落实255项，推进84项（待国家审批1项、自治区层面推动66项、市级层面推动17项），因上位政策变化中止推进2项。市委主要领导高度重视、靠前指挥，先后组织召开市委常委会、深改委会议8次，审议重要改革方案14个，做到重要改革亲自部署、重大方案亲自把关、关键环节亲自协调、落实情况亲自督查。结合拉萨市实际调整优化市委深改委各专项小组设置，建立《重点改革任务领衔推进责任制及工作流程》《重点改革创新抓落实专项行动方案》，全力推进改革工作取得实实在在的成效。

【经济体制改革】 持续深化“放管服”改革。2022年，拉萨市紧盯行政审批和便民服务堵点，启动用水、用气、用地、规划审批专项行动，开展营商环境“卡点”专项整治工作，优化用水、用气、用地等5个大项11个事项审批流程。推行“一窗受理、综合服务”改革，制订印发《拉萨市深化政务服务“综窗受理”改革工作方案》，梳理《拉萨市进驻三级政务服务大厅政务服务事项目录清单》，政务服务事项网上可办率达99.7%、事项承诺压缩比达81.84%、即办件占比达48.52%、平均跑动次数压缩到0.14次，全市各级市场主体达15.4万户，与2021年同期相比增长9.1%。推动“免审即享”政策落实，开通“12345+营商环境”“12345+惠民政策”等服务专席，建立惠企利民政策知识库。2022年，市一体化政务服务能力在全国重点城市考核中晋升至高组别。

深化国资国企改革。2022年，拉萨市编制国资国企改革发展“十四五”规划，突出主业，聚焦重点领域，推动国有资本向关键领域集中，进一步优化资产布局结构。全面构建现代化国资产业体系、提升企业创新能力、产业发展能级和国资监管水平。稳妥推进混合所有制改革，市属国有企业混合所有制改革率达40.2%。市属国有企业及96户市属国有企业子公司建立健全考核机制。对市属国有企业负责人实行分类管理、实行差异化薪酬分配制度，真正实现“职务能上能下、员工能进能出、薪酬能升能降”。有效防范各类风险，出台《拉萨市市属国有企业违规经营投资责任追究办法》，明确国有企业维护国有资本安全，防止国有资产流失主体责任，加大对违法违规经营投资责任的追究力度。促进大学生就业，公开招聘大学生，全年吸纳高校毕业生71名。

深化农村牧区改革。2022年，拉萨市制定印发《拉萨市种业振兴行动工作举措》，全面推进种业振兴行动，全市粮食作物良种推广面积达34.21万亩，其中青稞良种覆盖率达93%。农牧业新型经营主体蓬勃发展，“一村一品”国家级示范村镇达到11个。全力推进第二批40个村“美丽乡村·幸福家园”建设，新建已完工523户、房屋改造提升已完工1961户，人居环境整治完成总工程量的65%。深入推进农村“厕所革命”，全年完成农村户厕改造7207户。制定《拉萨市开展农村“资源变资产、资金变股金、成员变股东”改革试点工作方案》《拉萨市关于脱贫人口增收行动的实施举措》，提高农业发展效益，推进群众增收致富。

深化科技体制机制改革。2022年，拉萨市研究制定《拉萨市“十四五”科技创新规划》《拉萨市关于改革完善市级财政科研项目和资金管理的实施方案》《拉萨市创新协同发展会商机制》《拉萨市高原生物研究所绩效评价试点实施方案》等一批政策文件，全面推进科技治理体系和治理能力现代化。实施“高原生物研究所科研基地平台改造与提升”项目，推进与河南农业大学、中国科学院地理所拉萨农业生态试验站合作，全面提升生物基地科研服务能力。推进“双创”高质量发展，深入开展“导师育企”活动，成功搭建创新创业导师库，为各类创业企业提供辅导和咨询378次，帮助企业开发新产品45项、成功申请知识产权54项、备案科技型中小企业9家、认定高新技术企业1家；强化金融服务，“创业担保基金”发放贷款26笔、共767万元，“融资委托贷款专项资金”发放贷款18笔，共4020万元，“天使投资基金”投资4个项目，金额达2000万元。

不断升格促发展。2022年，拉萨市主动融入区域重大战略，综合保税区顺利通过国家验收，加快建设中尼友谊工业园，成功入围全国首批国家物流枢纽城市和跨境电子商务综合试验区建设名单。根据《国务院关于同意拉萨高新区技术开发区升级为国家高新技术产业开发区的批复》文件，12月30日，拉萨高新区成功获批国家高新技术产业开发区。及时出台夜间经济奖励办法，“助企惠民、悦享消费”拉动效应明显。依托农村客运体系，统筹推进农村客运与快递融合发展，整合县乡村三级农村货运物流服务网络。

【社会事业领域改革】 完善教体机制建设。2022年，拉萨市研究制定《拉萨市“十四五”教育发展规划》，出台《关于成立拉萨市“双减”工作专门协调机制的通知》。实施《拉萨市中心城区教育设施布局规划（2021—2025）》。深化组团式教育援藏，开设南通西藏民族中学拉萨班。推动拉萨高等师范专科学校专升本申报工作。发展中等职业教育，支持市一职、二职优化专业结构，为全市经济社会高质量发展培养大批实用型技能人才。

深化医疗卫生改革。2022年，拉萨市加快城市医联体建设试点工作，深入推进紧密型县域医共体建设，墨竹工卡县作为国家试点已完成“十九个统一”。加强区域医疗中心试点建设，推进拉萨市医疗信息平台建设项目，启动社区医院建设试点工作。全力推进DIP支付（按病种分值付费）方式改革试点工作，在全区率先实现DIP实际付费。加强医保基金监管，引进第三方专业机构，协同开展医疗保障基金监管信用体系建设试点工作。完善药品供应保障体系，做好公立医疗机构的药品、医用耗材集中带量采购工作。

推动就业体制改革。2022年，拉萨市实施更加积极的就业政策，广开源路拓宽市场就业渠道，推广精准化招聘对接服务，推行区外“组团式”就业，开展未就业高校毕业生帮扶攻坚行动。印发结对帮扶花名册和职责清单，全市3847名党政机关干部和国有企业负责人结对帮扶高校毕业生7156人，高校毕业生就业率达96.8%。加大农牧民转移就业工作力度，全市实现农牧民转移就业8.6万人（其中，组织化转移就业5.17万人，占转移就业总人数的60.07%），完成目标任务8.5万人的101.19%；实现收入8.92亿元，完成目标任务8.88亿元的100.49%。

完善社会保障体系。2022年，拉萨市着力健全覆盖全民、统筹城乡、公平统一、安全规范、可持续的多层次社会保障体系。编制完成《拉萨市促进养老托育服务体系发展规划整体解决方案（2021—2025）》，加紧建设老年人日间照料中心、精神病人福利院及智能信息化、智慧养老综合信息平台等重点项目。制定印发《拉萨市重特大疾病医疗保险和救助的实施办法》，切实做好特殊困难群众重特大疾病医疗保险和救助工作。

【民主法治和社会治理体制改革】 健全维稳体制机制。2022年，拉萨市着力健全反分裂斗争预案体系和力量布局，制定《关于调整充实拉萨市维护国家安全和社会稳定工作指挥部及其各组（室）组成人员、职责任务的方案》《拉萨市维稳指挥部大厅运行机制》，进一步完善指挥体系，建立推动指挥中心引领、专业警种牵头，其他部门联合参与的应急处突指挥体系。常态化开展扫黑除恶、打非治乱等专项斗争，深入开展“断血”、断勾连等专项行动。

加强社会治理工作。2022年，拉萨市构建“党建引领＋群防群治”基层治理模式，推动健全完善“街道大工委—社区大党委—网格党支部—楼栋党小组—党员中心户”的组织架构，坚持和发展新时代“枫桥经验”，完善网格化和“双联户”治理模式。做好矛盾隐患纠纷化解工作，创新“区、市、县、乡、村”五级联合接访模式，畅通群众诉求表达权益保障通道。落实《拉萨市人民政府关于全面放开城镇落户限制意见》及相关配套便民服务指南，扎实推进城镇落户“零门槛”。深入开展安全生产隐患排查、“六查六防六到位”以及“1+4”安全专项整治重点工作，严查各类安全生产非法违法行为。始终将“雪亮工程”建设和“十万人命案发案率低于0.6”作为市域社会治理现代化工作的硬性指标，自我加压、全力攻坚，累计投入7亿余元，建成市级总平台和综治分平台，实现与市委办、消防、城管、教育等部门视频联网共享。

提升城市管理水平。2022年，拉萨市完成空港新区移交任务，助力拉萨山南一体化发展、推动区域经济协调发展。推进市政设施管护、环境卫生管理、城市生活垃圾分类、城市管理信息化建设等工作，不断提升城市治理和精细化管理水平。推动城市管理执法体系改革，研究起草《拉萨市城市管理执法体制改革实施方案》《拉萨市“十四五”公交线路优化方案》，加快推进以“智慧交通”为代表的“智慧城市”建设，进一步擦亮优美、现代、宜居、幸福的高原城市名片。

推进司法体制改革。2022年，拉萨市推进自治区以下检察院法院财物统管改革，做好市、县（区）法院检察院财物统管改革预算编制、资产盘查、债务清查等工作，确保财物统管改革过渡平稳有序。聚焦司法责任制，完善办案质量终身负责制和错案责任倒查问责制，明确法官检察官对其履行职责的行为承担责任。健全人民法院人员分类管理，严格落实员额法官检察官遴选、退出、补选机制，全市法院退出法官员额5名、检察院入额10名。着力推进诉讼服务现代化、集约化建设，深入推进智慧法院建设。

【文化体制改革】 筑牢意识形态主阵地。2022年，拉萨市印发《拉萨市关于加强和改进新时代思想政治工作的行动方案》《拉萨市贯彻落实习近平新时代中国特色社会主义思想全民性宣传教育工作任务分解表》，制定六项机制、75项具体举措，建立“管肚子”与“管脑子”长效机制。累计建成新时代文明实践中心（所、站）361个、实践基地（实践点）75个，彻底打通群众工作“最后一公里”，疫情期间广泛宣传抗疫先进人物事迹，及时回应广大群众诉求。制订印发《拉萨市教育系统铸牢中华民族共同体意识为主线　深入开展民族团结进步创建活动方案》，稳步实施全市思想政治理论课质量提升三年行动计划，在全市各中小学校设立“思政办”，提升全市中小学校思想政治理论课质量。

探索媒体融合新路径。2022年，拉萨市研究制订《拉萨市融媒体中心创新管理改革方案》《拉萨市融媒体中心构建全媒体传播体系改革方案》等，深化拉萨市融媒体中心改革发展，推进人才引进管理模式、运行机制、技术支撑、内容节目、主阵地建设等改革创新工作，完成市县两级融媒体中心挂牌。推动“新华书店”改革，明确由市融媒体中心承担集新华书店、“学习强国”拉萨学习平台、市新时代文明实践示范点于一体的多功能宣传阵地建设运营任务。开设《问政拉萨》栏目，以现场问政方式解决问题、助力改革、改进作风，聚焦社会关注的民生热点，先后围绕全市水电气、小区物业、公共交通、停车位收费等专题，开展电视直播问政，切实做到民有所呼、政有所应，民有所问、政有所答，共播出10期。

激发文化文物内生动力。2022年，拉萨市探索推进公共文化供需互动反馈和政府购买公共文化服务等新模式工作情况，印发《拉萨市开展国家公共文化服务体系示范区创新发展复核迎检工作实施方案》，制定公布《拉萨市本级公共文化服务目录》，规范公共文化服务内容。加大文物保护力度，完善文物保护机制，研究起草《拉萨市关于加强文物保护利用改革的若干举措》《拉萨市关于在城乡建设中加强历史文化保护传承的实施意见》。将《拉萨市历史文化名城保护条例》列入市人大2023年立法工作计划。

【统战和民族宗教领域改革】 健全维稳体制机制。2022年，拉萨市健全和强化寺管会“依法劝导脚本＋应急处突演练”工作机制。主动查摆短板漏洞，探索创新工作机制，把防范打击十四世达赖集团利用互联网反宣渗透作为重中之重，筑牢网络安全防线，加强热点引导和舆论监督，主动回应社会关切。

推进藏传佛教中国化。2022年，拉萨市引导藏传佛教与社会主义社会相适应，深入开展“三个意识”教育、常态化推进“遵行四条标准、争做先进僧尼”教育实践活动，推动藏传佛教活佛转世法规规章、宗教仪轨和历史定制宣传实现全覆盖，累计宣讲1059场次。健全寺庙管理长效机制，持续深化地级领导联系重点寺庙和宗教界代表人士工作机制，研究起草《关于改进提升新时期寺管会工作的实施方案》《各级寺管会职责清单》，加强寺管会干部队伍建设。

铸牢中华民族共同体意识。2022年，拉萨市探索整体推进民族团结进步创建工作有效形式，稳步推进“四大工程”“六项行动”。出台《拉萨市贯彻落实〈西藏自治区民族团结进步模范区创建规划（2021—2025年）〉实施方案》，截至年底，累计创建344个民族团结进步示范（模范）单位（其中，国家级14个，自治区级25个，市级305个）。印发《拉萨市2022年深入开展民族团结进步宣传教育工作方案》，健全民族团结进步宣传教育常态化机制。制订印发《关于奋力实施“强团结”行动在着力创建全国民族团结进步示范区上当好排头兵五年实施方案》。根据新形势、新要求，深入开展《拉萨市民族团结进步条例》修订工作。

【生态文明体制改革】 完善生态文明机制。2022年，拉萨市出台《拉萨市关于建立资源环境承载能力监测预警长效机制的总体方案》《关于构建现代环境治理体系的实施方案》，起草《拉萨河流域水生态环境保护“十四五”规划》《拉萨市生态文明高地建设实施方案》《拉萨市国土空间生态修复规划》《拉萨市“十四五”时期土地整治规划》《拉萨市贯彻落实〈西藏自治区村庄规划技术导则（试行）〉实施细则》等，有序推动拉萨生态系统生产总值（GEP）核算。推动领导干部自然资源离任审计，完成对市生态环境局原局长的自然资源离任审计工作。

污染防治。2022年，拉萨市制定印发《拉萨市关于深入打好污染防治攻坚战实施方案》，持续巩固污染防治攻坚战成果，坚决打好蓝天、碧水、净土保卫战。推进“无废城市”建设，2022年全市环境空气优良率100%，位列全国168个重点城市第一名；持续推进入河排污口规范整治，水源地水质达标率100%，主要江河湖泊和城中水系持续保持良好；48家企业被纳入土壤污染重点监管范围管控，完成11家涉镉等重金属重点企业周边耕地污染调查，全市土壤环境质量总体保持安全稳定，土壤环境风险得到有效管控。

生态治理。2022年，拉萨市实施拉萨南北山绿化工程，颁布《拉萨市南北山绿化管理条例》，认真执行自治区《关于鼓励和支持参与拉萨南北山绿化政策的措施》，建立拉萨南北山绿化工作协调机制，完成投资13.6亿元，营造林14万亩，带动群众增收4.5亿元。持续推进拉萨河流域山水林田湖草沙冰生态保护修复工程试点，涉及的37个子项目已完工31个，完工率83.78%。启动拉萨市"碳达峰碳中和"路径研究工作。全力推进生态补偿工作，落实重点生态功能区转移支付资金1.71亿元，落实生态保护补偿资金3.77亿元。

【党的建设制度改革】 发挥基层组织作用。2022年，拉萨市制定印发《关于在全市反分裂斗争工作中强化基层党组织托底保障作用的若干措施》，扎实做好群众工作，有效应对各类突发事件。突出党建引领基层治理，开展网格党组织集中覆盖攻坚行动，持续开展党组织和党员搜集报送社情民意工作，搜集社情民意信息600余条。分3期组织实施"强认识、查隐患、补短板、夯根基"专题培训，实现924名村（社区）党组织书记、第一书记、社会治理专干全覆盖，不断提升基层干部应对处置突发事件的能力。

干部培养交流。2022年，拉萨市制定印发《拉萨市加强和改进干部交流工作办法（试行）》，明确六大类15条交流情形，不断加大干部交流力度。全市"80后"正县干部和"85后"副县干部64人、"90后"正科干部126人、"95后"副科干部79人，从市直单位选派100名优秀年轻干部到县（区）直单位和乡镇（街道）挂职锻炼，培养储备一批优秀年轻干部。选派8名"80后"优秀县级干部担任县（区）驻村总领队、挂职县（区）委副书记，不断增强年轻优秀县级干部服务群众、服务基层的能力。在市直单位、县（区）之间交流"90后"干部44名，实现市直单位至少有1名"90后"科级干部。交流高海拔地区和寺管会工作干部18名，调整44名长期在同一岗位任职的干部，进一步激发干部队伍活力。着眼未来5年、10年乃至更长时间领导班子建设和事业发展需要，按照级别分层次建立"80后""85后""90后""95后"干部信息库，提出使用和培养方向，推动年轻干部持续健康成长。

深化事业制度改革。2022年，拉萨市制定出台《关于印发〈拉萨市县以下事业单位管理岗位职员等级晋升工作实施方案〉的通知》，进一步明确实施范围和时间、职员等级设置及比例、职员等级晋升条件等，考察8个县（区）"职员等级晋升"人员101人，其中，六级职员13人，七级职员54人，八级职员32人，九级职员2人。

推进人才体制改革。2022年，拉萨市制定印发《关于成立拉萨市委人才工作领导小组的通知》，持续强化市县两级人才工作的合力，配套起草拉萨市委人才工作领导小组工作规则、办公室工作细则、成员单位职责分工等制度文件，推动形成权责明晰、运转高效的人才工作机制。制定《拉萨市"十四五"人才发展规划》，建立健全拉萨市人才评价认定、人才绿卡、人才公寓管理办法等政策。

深化机构编制改革。2022年，拉萨市深化纪检监察体制改革，增设市纪委监委达孜管理中心和1个监督监察室。推进寺管会管理体制改革，研究提出全市寺管会机构编制调整优化总体建议。推进行政复议体制改革。设立市国家安全政策研究室、市政府发展研究中心，恢复设立市供销合作社，调整市国有企业党建和发展服务中心职能。研究设立市医疗保障服务和信息化中心，筹备组建市、县疾病预防控制局。协调做好空港新区编制和人员划转工作。

【纪检监察体制改革】 紧盯关键监督日常。2022年，拉萨市按照《中共中央关于加强对"一把手"和领导班子监督的意见》《中共西藏自治区委员会关于加强对"一把手"和领导班子监督的实施意见》，对照35项具体措施，起草形成"一把手"和领导班子监督清单。紧盯管项目、管资金、管工程、管政策等重点领域和关键岗位的"一把手"和领导班子成员，有的放矢开展日常监督。

推进国企监督覆盖。2022年，拉萨市按照《中共拉萨市委员会印发〈关于深化拉萨市纪委监委派驻机构改革的实施意见〉〈关于深化市属国有企业纪检监察体制改革的实施方案〉的通知》要求，在6家市属国有企业设立纪委（监察专员办公室），6名市属国有企业纪委书记任监察专员，稳慎推动国企监督有形有效覆盖。

加强巡视体制建设。2022年，拉萨市推动形成系统集成、协同高效的监督体系，综合运用纪检监察、巡察、审计、组织人事等多种监督手段，制定出台《拉萨市纪检监察、组织、巡察、审计监督联动协调工作办法（试行）》《中共拉萨市委员会巡察工作规划（2022—2026年）》，加强对未来五年巡察工作的规划指导，制定年度巡察工作计划，针对市直部门和市属国有企业开展专项巡察2轮。

健全联动监督机制。2022年，拉萨市制定出台《拉萨市纪委监委室组联动工作方案（试行）》，建立分协管领导统筹协调、全面领导，室组负责人实时参与、全程指导，案件组组长具体实施的工作机制。制定出台《拉萨市纪委监委关于推进纪律监督监察监督派驻监督巡察监督统筹衔接的意见》，将“四项监督”统筹衔接作为政治监督重要抓手，融入各类专项监督，确保“四项监督”发挥实效。研究起草《拉萨市纪委监委关于“县案市审”工作规程（试行）》，进一步加强和改进案件审理工作，构建统一指挥、统一管理、协调发展的工作模式。

完善干部管理机制。2022年，拉萨市制定出台《拉萨市党员干部常态化廉政警示教育长效机制（试行）》《拉萨市纪委干部担当作为容错纠错的实施细则（试行）》，将廉政警示教育融入党员干部教育管理监督全过程各方面，把“三个区分开来”的要求具体化，在全市范围内形成“激励效应”，充分调动广大干部的积极性。

【固边兴边富民行动】2022年，拉萨市深化国防动员体制改革，推动拉萨市国防动员委员会设置，及时调整、撤销相关科室，整合相关职能。持续巩固提升全国双拥模范城市创建成果，加快警备区营房加装供氧设备及部分房屋改造等项目建设。全力打造全区强边大后方，积极支持阿里、那曲在拉萨发展飞地经济，全力配合G4218雅叶高速拉日段工程建设，加快推进S5拉萨至泽当快速通道项目。

（黎　浅）

网络安全和信息化建设

【概况】2022年，拉萨市网信系统始终深入学习贯彻习近平新时代中国特色社会主义思想，特别是习近平总书记关于网络强国的重要思想，切实增强“四个意识”、坚定“四个自信”、做到“两个维护”，聚焦迎接服务保障党的二十大胜利召开工作，扎实做好重大主题网络宣传，加强网络内容建设，规范网络传播秩序，加强网络宣传引导，强化网络安全，逐步夯实信息化、大数据发展基础，不断加强网信队伍能力建设，推动全市网络安全和信息化各项工作取得新成效。

【重大主题宣传】2022年，中共市委网络安全和信息化委员会办公室（以下简称市委网信办）始终突出对习近平新时代中国特色社会主义思想，习近平总书记重要讲话、重要活动进行全方位宣传和多角度阐释，组织市属各政务新媒体利用抖音、微博、微信公众号以文字、图片、视频等形式转载转发《人民领袖丨习近平两会之“喻”》《联播十丨端午佳节跟着总书记传承中华民族精神命脉》等稿件130余篇，阅读量超40万人次。围绕全国两会重大主题，在各新媒体、网站开设专题专栏、悬挂标语、推送相关图配文，并通过音视频、微动漫等营造浓厚喜庆氛围。全国两会期间，组织市属政务新媒体共转发《第一报道丨重温习近平两会金句，世界读懂中国发展理念》等稿件16篇。围绕迎接服务保障党的二十大胜利召开主题，组织属地政务新媒体以“两微一端”、抖音等平台为主阵地，以置顶飘红、专题专栏、图文图解、微视频、微话题、藏语和汉语等形式，广泛覆盖，集中力量开展党的二十大网上宣传，转载转发《未来怎么干？看懂二十大报告中的这些关键词》等稿件32篇，阅读量达25万余人次，发布《城关区党员干部热议党的二十大报告》《墨竹工卡县热烈庆祝党的二十大胜利召开线上文艺会演》等原创文稿160余篇，阅读量超70万人次；开设“喜迎二十大 奋进新征程”“二十大时光”“说说二十大”等专题专栏10个；市县融媒体中心相继制作《盛世中国 幸福西藏——拉萨的歌献给您》和《礼赞新时代 奋进新征程——拉萨市喜迎党的二十大各族人民齐欢唱》等特别节目，推出《同甘共苦》原创歌曲以及“喜迎党的二十大 党史知识在线答”有奖答题活动等。

【行业领域网络宣传】2022年，市委网信办围绕创建文明城市、脱贫攻坚与乡村振兴、扫黑除恶、扫黄打非、村居换届等主题持续深入开展网络宣传，推送《MV 再逛新城首发 看看拉萨新气象》《拉萨市聚焦“四强化”实现生态环境保护“四到位”》等稿件 280 余篇，阅读量超 205 万人次。围绕网络普法，转发《关于做好〈西藏自治区网络通信活动管理规定〉学习宣传贯彻实施的通知》，组织政务新媒体传播矩阵转载转发《西藏自治区网络通信活动管理规定》，制作《西藏自治区网络通信活动管理规定》藏语和汉语版 MG 动漫视频，联合市公安网安支队赴达孜区中学开展以专题讲座、网络安全知识竞赛为主要内容的网络普法进校园活动。发挥互联网行业党委指导作用，赴互联网企业开展送学送法宣讲活动 1 场，以“4·15”全民国家安全教育日、“防范非法集资宣传月”等主题宣传为契机，持续深入宣传《中华人民共和国网络安全法》《网络信息内容生态治理规定》《西藏自治区网络通信活动管理规定》等法律规定，进一步教育引导广大网民提高网络安全意识，筑牢网络安全防线，共计发放宣传资料 7000 余册。

【网络传播秩序规范】 2022 年，市委网信办规范引导激励全市政务新媒体做大做强，对全市 340 个政务新媒体（包含微信公众号、抖音 2 个新媒体平台）影响力建立排行榜，根据每月政务新媒体排行榜情况，及时督促排行靠后的新媒体加强信息发布，对长期不更新的 32 个僵尸账号进行注销清理，向各县（区）委网信办、市（中）直相关单位印发《关于再次重申网上传播工作纪律的通知》等。召开全市政务新媒体及网站网上传播与管理工作会议 5 次，对属地平台发布的网络信息内容进行巡查。持续抓好网络直播备案管理，对全市机关事业单位、人民团体等行业部门入驻直播平台进行直播宣传的相关资质、风险评估、应急预案等进行备案。

【网络宣传引导】 2022 年，市委网信办严格落实中央和自治区网信工作要求，围绕“党的二十大”“疫情防控”“乡村振兴”等主题，主动加强话题设置，利用微博、微信朋友圈、公众号转载推送《党的二十大开幕！一图速览大会报告》《西藏代表团举行全体会议 王君正主持并讲话》等文章，确保党的声音牢牢占据舆论主阵地。利用“网信拉萨”平台，设置“党的二十大”“时评快见”等专题专栏 10 余个，推送《市委网信办开展网络文明“四进”活动之网络普法进互联网企业网站活动》《传递脱贫攻坚成果 引领推进乡村振兴——市委网信办召开驻村干部轮换动员会》等原创稿件、短视频、H5 等 10 余篇（部），不断提升正面宣传引导的吸引力和感染力。针对“问政拉萨”等重要话题，及时解疑释惑，回应民众关切，有效引导社会舆论。

【线上线下活动】 2022 年，市委网信办推进“网络文明四进”，拍摄制作《网络文明之歌》MV，组织开展“网络文明进校园”“网络文明进企业”等活动，引导青少年学生和企业职工争做“中国好网民”。结合锚定“四件大事”，着力开展“四个创建”，当好“七个排头兵”活动，共审核发布短视频 55 个，浏览量达 2000 余人次，网上传播正能量。在迎接服务保障党的二十大顺利召开工作中，组织属地“白玛金珠就是我”“阿佳旺姆”“畅游第三极”3 名网络人士在抖音发布《五角星是我追随的最美光》《祝福祖国繁荣昌盛》《你好！拉萨！》等原创作品 11 部，点击量达 20 万次，转发 5 万次、跟帖 2 万余条、点赞 10 万余次。

【网络突发事件应对】 2022 年，市委网信办围绕“三大节日”、3 月综治维稳月以及“服务保障党的二十大胜利召开”等，出台《拉萨市网络通信领域违法犯罪信息线索举报奖励办法（试行）》。推进拉萨市网络安全应急指挥中心建设，按照《关于设立拉萨市网络安全应急指挥中心的批复》要求，落实办公场地、配强工作力量、规范工作流程。强化与市委国安办、市公安局网安支队等部门的协调联动，组织市直相关部门召开季度舆情联动处置联席会议 2 次，强化请示汇报，发现有害舆情信息第一时间报告市委以及区党委网信办，争取区党委网信办技术力量支持。组织开展属地突发网络舆情处置演练，参加自治区网信系统以“中国共产党第二十次全国代表大会在北京召开”为主题组织开展的应急演练，切实提升全市网信战线处理突发网络舆情事件协同作战和实战操作能力。

【举报受理处置】 2022 年，市委网

信办充分发挥网络义务举报监督员作用，在重要时间、重要节点，及时受理网络举报问题，快速规范处置，及时反馈处置结果，共受理举报信息3596条，处置率100%。

【网络舆情分析研究】 2022年，市委网信办加强对网上重点涉市网络舆情信息的分析研究，围绕重点工作，向市委、市政府，市委国安办等部门报送《互联网舆情快报》93期、《互联网舆情日报》信息93期、《互联网舆情专报》21期，为市委、市政府提供决策参考。

【检查整改】 2022年7月，组织召开全市网络安全检查暨政策宣贯培训会议，邀请区党委网信办和国家计算机网络应急技术处理协调中心西藏分中心专家从政策制度、技术等层面进行详细的专业辅导，切实增强网络安全防护意识和应急处置能力，为做好网络安全检查工作奠定基础。开展网络安全自查，组织市直各单位按照网络安全检查办法和自查表，及时排查网络安全风险，堵塞网络安全漏洞，消除网络安全隐患。开展网络安全漏洞整改工作，下发网络安全漏洞整改通知书并及时督促整改处置网站漏洞82个。党的二十大召开期间，联合市委宣传部下发《关于切实做好党的二十大期间网络安全重点工作的通知》，对拉萨市关键基础设施、重要网络系统、LED显示屏进行排查，对属地重点网站进行常态化网络巡查3次，督促重保单位开展网络巡查2次，对巡查发现的黑链、漏洞第一时间整改上报，确保拉萨市网络安全平稳运行。

【信息化基础设施建设】 2022年，在全市建成5G网络基站2296个，完成全市电子政务外网升级改造，为24个市直部门提供持续安全稳定的政务云服务。

【信息化规划任务落实】 2022年，市委网信办细化分解《拉萨市关于加快信息化发展的意见》《拉萨市关于促进移动互联网健康有序发展的工作方案》《拉萨市公共信息资源共享开放工作实施方案》各项任务，建立月调度机制，统筹协调相关责任部门推动具体任务落地落实。

【信息化业务培训】 2022年，市委网信办开展全市“数字素养提升行动”和“每月一课”培训。组织68个市直部门信息化工作负责人开展2期业务培训，邀请华为、阿里云、联通等专家围绕智慧城市建设、政府数字化、数字经济、电子政务外网应用及最前沿信息化政策进行解读，提高党员领导干部信息化意识和素养。制订《拉萨市2022年领导干部信息化高级研修班培训方案》，通过开展培训，深入把握新型智慧城市、新基建、数字经济、数字化转型等信息化领域建设和发展情况，持续推动拉萨信息化和数字经济协调发展。按照市委、市政府统一安排，协助完成好2022年度全球数字经济大会拉萨峰会有关任务，进一步推动全市数字化、信息化工作与其他发达省市实现交流与合作。

【规划编制】 2022年，市委网信办起草《拉萨市数字经济发展规划（2022—2024年）》，规划统筹引领好未来三年全市数字经济发展各项任务；成立数字拉萨建设领导小组，制定并印发《数字拉萨建设领导小组2022年工作要点》《拉萨市高新数字产业专项推进组2022年工作要点》，统筹推动数字拉萨建设和高新数字产业发展。

【产业集聚区建设】 2022年，中国联通获批并建成拉萨国际区域性关口局。高新区数字经济产业园基本建成，基本实现5G网络全覆盖，高新区在公寓住房、标准厂房、资本投资、平台支撑、社保补贴等方面给予本土企业发展数字经济产业最大便利。

【数字乡村试点建设】 2022年，市委网信办协助区党委网信办及拉萨市全国数字乡村试点曲水县准备评估材料，指导和督促曲水县认真撰写评估材料、完成数据填报和开展问卷调查，确保评估工作顺利进行。

【全市信息系统网络安全等级保护统一测评工作】 2022年，市委网信办完成全市25个业务系统的等保3级评测，6个业务系统的等保2级评测工作，实现全市重点信息化系统安全检测全覆盖，在提升全市信息系统的安全性的同时也提高了资金使用效益。自2021年开展统一测评工作以来，相比之前零散式的自测评，累计节约资金60余万元，平均年节约资金15%。

【政务服务项目建设】 2022年，政务云改扩建工程完成可行性研究报告编制，正在申请预算资金。拉萨市电子政务外网改造工程完成建设，进入试运行阶段。拉萨数据中心项目完成主体结构验收，进入内部装修和设备安装阶段。拉萨市政务共享交换和办公协同平台项目完成最终验收，接入自治区级政务系统4个，全市单位55家政务系统35个，共享率83.3%，编制839个政务数据目录，开放政务服务、交通、旅游、教育、环保、医疗、金融、社保、住房、就业、人口、食品安全等领域的数据集383个，共享数据总量超146亿余条，为城市治理和数字经济产业发展提供可靠数据源。积极推进全市信息化统一运维工作，全面摸底并分析市级政务信息系统运维及网络租赁现状，按照由易到难、应纳尽纳、逐步统一的原则，制定工作标准，起草统一运维管理办法，分期分类开展统一运维测算和实施，拉萨市市直部门信息系统统一运维项目实施方案正在根据专家评审意见修改。

【智慧城市项目建设】 “数字拉萨”城市大脑2019年试点项目通过终验，启动“数字拉萨”城市大脑二期项目，重点以拉萨市多年智慧城市建设成果为基础，以数据中台管理运营建设为核心，全力推动“数字拉萨”城市大脑二期项目在大数据、物联网、人工智能等新兴信息技术在数字政府、数字社会、数字产业中的落地，打造自治区新型智慧城市示范标杆。截至2022年底，项目进入初步设计阶段。

【智慧农牧业项目建设】 2022年，市委网信办修改完善《拉萨市“十四五”数字农业农村实施方案》，安排资金600万元，用于曲水县蔬菜基地的数字化建设，处于初步设计评审阶段。

【智慧医疗项目建设】 2022年，市委网信办加快推进拉萨市医疗信息平台项目，完善升级拉萨市医疗信息平台，实现医疗、医保、药品监管，利用拉萨健康项目大屏，建设应急运营指挥中心。

【智慧旅游项目建设】 2022年，市旅发局牵头，与布达拉文旅集团、宁算科技集团沟通智慧旅游数据共享及运维服务相关事宜，提出智慧旅游需求数据，开展“依托超大型数据中心，打造国内首创、国际一流的增强型‘元宇宙’智慧旅游体验”的汇报工作，以便更好地提升旅游行业数字化监管水平。

【公安大数据智能化】 2022年，市委网信办加快推进“雪亮工程”——拉萨市公安局交警支队违法抓拍增补点位建设项目下一步计划，开展全过程工程咨询服务招标工作。

机关党建

【概况】 2022年，中共拉萨市属机关工作委员会（以下简称市直机关工委）把加强政治建设摆在机关党建的首位，组织引导机关党员干部增强政治判断力、政治领悟力、政治执行力。利用市委党校培训资源，对29名工委系统单位党员发展对象进行为期5天的集中培训，进一步提高机关发展对象的思想政治素质。组织参与区市重大活动，展现机关党员精神风貌。先后有序组织市直机关党员干部代表280余人次，参加全区“3·28”西藏百万农奴解放纪念日升旗仪式、国庆前夕烈士公祭活动、庆国庆升国旗仪式等重大活动，增强党员斗争精神。组织机关党员用党的二十大精神武装头脑、指导实践、推动工作。充分利用拉萨机关党建微信群，组织机关基层党组织，采取集中学和个人自学、线上学和线下学、线上研讨和集中研讨相结合的方式，开展学习贯彻党的二十大精神活动，用党的二十大精神统一机关党员思想。截至年底，工委系统单位329个党支部学习覆盖率达95%以上，组织线上线下学习研讨400余场次。

【机关基层党组织规范建设】 2022年，市直机关工委制定印发指导性文件强规范。结合机关党建工作实际，经严格审查校对和逐级审批后，印发《2022年拉萨市直机关党建工作要点》《市直机关干部职工思想动态分析工作暂行办法》等文件，指导工委系统单位以党建引领服务经济社会高质量发展。针对发展党员审批流程、机关基层党组织设置和审批流程、党员半年统计等工作，坚持“一对一”或“一对多”指导系统单位党务工作者，助力党务工作者熟练掌握机关党建业务常识，努力实现机关党建规范化。点对点指导60余家单位党务工作者，覆盖面达90%以上。提前谋划征订2023年机关党建刊物，为系统单位和机关基层党组织征订《党建研究》330份、《党建研究内参》150份。市纪工委把监督市直机关工委党的建设作为机构成立以后的第一项重点工作，强化内部监督和管理，以严的纪律和监督，规范党的建设。市纪工委指导市直机关工委系统单位组建机关纪委，为常态化开展内部监督奠定基础。截至年底，税务局已组建机关纪委，市检察院符合机关纪委组建条件，其他工委系统单位正在筹备组建。

【机关党建服务中心工作】 2022年，市直机关工委制订《市直机关党建督导调研实施方案》，先后选派两批次督导调研组，采取座谈了解、查阅资料、征求意见等方式，督导调研72家单位，推进机关党建扎实有效开展。督导调研党建责任落实情况，推进从严治党。注重了解和掌握党组（党委）主要领导重视机关党建、执行双重组织生活制度、强化党员政治教育、落实民主集中制和培养使用党务干部等情况，在座谈交流中帮助梳理思路、拓宽举措，压实党建责任。督导调研党的组织生活制度落实情况，加强机关政治建设。注重了解和掌握“三会一课”、组织生活会和民主生活会、民主评议党员落实情况，在查阅资料中普及党建常识、帮助查找问题，推进党建抓实抓细。督导调研基层党组织按期换届情况，助力班子建设。注重了解和掌握机关基层党支部作用发挥、班子成员配备和履职尽责等情况，在询问情况中了解和掌握班子凝聚力、战斗力，推动增强党支部组织力、吸引力。

【选树机关党建先进单位和个人】 2022年，市直机关工委按照“围绕中心、建设队伍、服务群众”的职责定位，综合考虑机关单位党建实际，优化考核评价体系，公平公正做好评先推优工作。开展工委系统单位党组（党委）书记抓基层党建述职评议。在严明述职内容、优化评议事项的基础上，组织系统单位党组（党委）书记开展2021年抓基层党建书面述职评议工作。根据日常机关党建情况和评议表得分结果，经集体研究，评定25家单位为“好”、37家单位为“较好”。选先推优机关民族团结先进集体和先进个人。联合市委组织部、市民委，深入市直单位就民族团结进步模范单位创建情况进行测评，了解先进典型做法和经验。结合抓党建促民族团结进步工作，开展评先推优3批次，推荐区市级先进集体17家、先进个人6名。提前谋划系统单位年度基层党建考核考评工作，结合机关党建薄弱环节、重点工作，制定现场考核和平常考核相结合的考核考评明细，亮化考核方式、内容，推进党建和业务深度融合。

【服务中心工作能力建设】 2022年，市直机关工委结合十届市委第一轮巡察组巡察反馈意见，把自身建设作为引领全市机关党建的前提和保障，努力提升服务中心工作能力。领导干部带头开展“四联四包”，提升履职尽责能力，4名党员领导干部积极响应市委号召，第一时间深入曲水县茶巴拉乡，采取座谈交流、入户走访、实地查看和集中宣讲等方式，开展“大宣讲大调研大排查大落实”工作，宣传乡村振兴政策措施，摸清包联乡村底数，解决群众急难愁盼问题，掌握制约包联乡村发展和群众增收致富瓶颈，为包联乡村有序推进美丽乡村幸福家园建设奠定坚实基础，有效提升党员领导干部履职尽责的使命感。规范党内政治生活，增强党组织凝聚力。把规范党内政治生活作为加强自身建设重点内容之一，严格规范执行“三会一课”、谈心谈话、民主生活会和组织生活会等，以党内组织生活规范开展凝聚党员干事创业合力。

（张　平）

老干部局工作

【概况】 2022年，中共拉萨市委员会老干部局（以下简称市委老干部局）坚持政治统领、党建引领，统筹做好离退休干部服务管理各项工作。持续落实好离退休干部政治和生活“两项待遇”，以敬重之心、关爱之情、务实之举，用心用情服务老干部。老干部充分发挥正能量作用的决心，广大离退休干部全力以赴地投入到党史学习教育、维护稳定、社会治理、乡村振兴、为民纾困等工作中，充分彰显首府城市离退休干部的责任与担当。

【理论学习】 2022年，市委老干部局通过组织线上线下开展学习贯彻习近平新时代中国特色社会主义思想、党的建设、防养老诈骗、党的二十大精神等主题学习100余场次，涉及1万余人次，印发《关于在全市离退休干部中开展学习宣传贯彻党的二十大精神的通知》，促使老干部政治坚定、思想常新、理想永存。

【新部署新要求落实】 2022年，市委老干部局通过召开2022年全市老干部工作会议，起草拉萨市《关于加强和改进新时代离退休干部党建工作的具体措施》，将中央、自治区关于老干部工作的决策部署以及自治区党委书记王君正、自治区主席严金海对离退休领域党建工作的点评意见和新要求安排落实到具体工作中，进一步提高拉萨市离退休领域党的建设工作质量。

【原单位主体责任落实】 2022年，市委老干部局与全市各县（区）、各单位签订《2022年抓离退休基层党建工作承诺书》，围绕全市基层党建调研年，开展"我看中国特色社会主义新时代"主题党日活动，局全体党员干部以"1+N"的形式，深入全市117个离退休党支部开展党建联系指导，现场解读政策，广泛听取意见建议，深入查找问题、找准对策，示范带动各县（区）委书记、市直单位党委（党组）书记联系指导本县（区）、本部门离退休党建制度，不断促进离退休干部党建工作规范化、制度化。

【作风转变】 2022年，市委老干部局针对全市离退休干部在西南片区较为集中的特点，促成市政府驻成都办事处离退休干部管理中心负责人到拉萨，会同市委组织部、市委老干部局、市直机关工委，面对面深入探讨困扰多年的区外离退休干部党建工作的堵点、难点，以直面问题、迎难而上、主动作为的务实举措，最终理顺关系、明确归属、落实责任。

【严明政治纪律】 2022年，市委老干部局督促各县（区）、各单位与老干部签订《严守政治纪律和政治规矩承诺书》，通过日常的监督提醒，确保全市离退休老干部坚定理想信念，对党绝对忠诚。

【党建经费保障】 2022年，拉萨市按照每名党员200元和每个支部2000元的党建活动经费标准纳入市级财政预算，保障全市离退休党组织活动高质量开展。

【各类参观、节庆、疗养活动】 2022年，市委老干部局协助区党委老干部局安排离退休干部参观拉萨市规划馆、林周农场等重点项目，组织100余名老干部参加"3·28"布宫广场"升国旗、唱国歌"仪式，组织49名老干部沿着红色足迹赴林芝健康疗养等，增强老干部的政治荣誉感、组织归属感、生活幸福感。

【老干部活动中心阵地作用发挥】 2022年，市委老干部局广泛开展舞蹈、书法、传统乐器、乒乓球、台球等老干部喜爱的文体活动，邀请专业辅导老师训练"健康拉萨"品牌健身队，编排"喜迎二十大""欢度重阳节"等系列节目，先后参加市妇联、嘎玛贡桑街道主办的文艺交流活动，受到社会各界一致好评。

【慰问活动】 2022年，市委老干部局根据市委"三大节日"慰问总体安排部署，通过召开座谈会、入户走访、电话慰问、发放慰问金、刊发慰问信等形式，对全市离退休老干部进行慰问，共发放慰问金600余万元，慰问覆盖率达到100%；严格落实好老干部因病住院、去世慰问工作，完成20余名生病住院老干部和10名去世老干部家属慰问工作，切实把组织上的关心关怀落到实处；认真开展特殊老干部慰问，对全市73名发挥作用明显和生活困难老干部进行慰问，对发挥作用明显的老干部组织召开座谈会通报表扬，对生活困难的老干部以入户走访的形式开展慰问，共发放慰问金14.6万元；协助区党委老干部局开展1959年"3·28"离退休干部慰问工作，督促各单位及时落实相关慰问工作，共发放慰问金47.4万元；对老干部关心关爱不缺位，及时发布《致全市离退休干部"重阳节"慰问信》。

【电话回访工作】 2022年下半年，市委老干部局向120余名老干部开展电话回访活动，询问对老干部工作系统的工作满意度和意见建议，耐心解读相关政策，并将回访情况向有关单位进行通报。下半年，对十八军（四路进藏）、抗美援朝等老干部进行电话回访及慰问，及时掌握并协调有关部门解决老干部的实际生活困难。

【"五进"宣讲活动】 2022年，市委老干部局充分利用"3·28"西

2022年7月6日，市委组织部部务会班子成员参观拉萨市廉政警示教育基地

藏百万农奴解放纪念日等重要节点，组织老干部宣讲团成员深入学校、机关、社区、农牧区、老干部中开展新旧西藏对比、食品安全、交通安全、环境保护、医疗保健等主题宣讲，安排部署“老少同声颂党恩、携手喜迎二十大”主题教育实践活动，指导各单位充分发挥“五老”作用，突出培养社会主义建设者和接班人，赓续红色血脉。

【助力基层党建工作高质量发展】2022年，市委老干部局选派10名离退休干部“党建人才”担任非公有制企业党建指导员，组织各县（区）离退休老干部担任基层社会治理指导员、党建指导员，通过思想上引导、业务上指导等，助力基层党建工作水平全面快速提升。

【老干部人才库建设】2022年，市委老干部局根据老干部特长优势和工作需求随时调整更新人才库，有以老西藏精神、政策理论等为主题的宣讲团6个，共71人。

【建言献策】2022年，市委老干部局主动搭建建言献策平台，组织专题座谈会、征求意见会3次，躬身请教老干部关于经济社会发展的宝贵工作经验。组织召开“建言二十大”专题座谈会，市委原副书记、人大常委会主任洛桑旦巴等6名地级退休领导出席会议，全市离退休党组织书记共80余人参加，与会老干部围绕主题畅所欲言、各抒己见，谈发展、感党恩、献良策，为推进拉萨长治久安和高质量发展提出中肯的意见建议。

【防范电信诈骗宣讲教育活动】2022年，市委老干部局开展集中学习、印发《防诈骗倡议书》、邀请专业老师辅导授课、旁听全区首例养老诈骗案宣判等活动，发挥老干部群体优势，辐射带动更多老年人提高反诈意识和能力。全市离退休领域共开展宣传活动42次，参与4500余人，发放宣传单1600余份。

【关心下一代工作】2022年，市委老干部局以教育群众铸牢中华民族共同体意识为主题，讲好西藏故事、讲好“两路”精神和老西藏精神，邀请十八军（四路进藏）老战士建增等“五老”人员，以“五进”为载体，利用自身独特优势在家庭和社会教育中发挥言传身教作用，发挥正能量、作出新贡献。市委老干部局关心下一代联络服务中心荣获“全国青少年普法教育先进集体”，“五老”人员有2人荣获“全国青少年普法教育优秀工作者”称号，2人荣获“全国青少年普法教育优秀辅导员”称号。

（熊博锋）

党校（行政学院）教育

【概况】2022年，中共拉萨市委员会党校（以下简称市委党校）深入贯彻习近平新时代中国特色社会主义思想，牢牢把握党的二十大和党的二十届一中全会精神，《中国共产党党校（行政学院）工作条例》及全国、全区党校（行政学院）校（院）长会议精神及《中共西藏自治区委员会关于贯彻落实〈中国共产党党校（行政学院）工作条例〉的若干措施》《中共拉萨市委员会关于进一步加强全市党校建设的具体措施》文件精神，坚持党校姓党，聚焦主业主责，紧紧围绕市委、市政府中心工作高效“运转”，倾力发挥主阵地、主渠道、大熔炉作用，竭力构建活力党校，全面推动新时代党校事业高质量发展。2022年，市委党校荣获拉萨市民族团结进步模范单位奖和拉萨市民族团结进步模范集体奖；组织骨干教师撰写的《关于加强拉萨意识形态工作的几点建议》咨政报告获得市委书记普布顿珠的肯定性批示。

【教学培训】 2022年,市委党校紧紧围绕党的二十大精神,党中央、区市党委决策部署及区、市党委主要领导批示指示要求,聚力全市中心工作、基层社会治理、干部培训,推动党校教学工作提质增效。先后举办各类培训43期、4088人次,较好发挥主渠道主阵地作用。开展警示教育190余场、受众5000余人,充分发挥引导广大党员干部廉洁从政的警示教育作用。完成2020级和2021级人力资源管理专业本年度补考工作、2020级人力资源管理专业学员总补考工作、2020级人力资源管理专业学员毕业论文指导、答辩等相关工作。配合区市党委宣传部门,选派骨干教师赴机关单位、学校、寺庙、基层等一线开展“三个意识”教育宣传、纪念西藏民主改革63周年、中央民族工作会议精神解读、“五观”“两论”、民族政策宣讲、全国两会精神、党的二十大精神等专题宣讲活动350余场,受众24500余人次。

【学校建设】 2022年,市委党校加大“智慧校园”建设力度,按照《西藏自治区发展和改革委员会关于西藏自治区各级党校(行政学院)“智慧校园”信息系统建设项目可行性研究报告的批复》文件精神,将校园信息化建设纳入西藏自治区各级党校(行政学院)“智慧校园”信息系统建设项目,重点打造我校二级门户网站、学员管理系统、教务管理系统、科研管理系统、后勤服务管理系统、智慧党建系统、校园一卡通、智慧教室、应急情景模拟实训室、无纸化会议室、移动录播等信息化系统工程,该项目属自治区党校项目,建设周期21个月,拟于2025年6月完成该项目建设。加快启动学员宿舍楼提升改造项目,改善学员住宿条件,采取中央预算内资金+本级财政配套资金的形式,总投资为1938.77万元(其中,中央预算内项目资金1000万元,本级财政资金938.77万元)。该项目经委托招标代理机构西藏瑞览项目管理有限公司于2022年7月15日正式发布招标公告,受疫情因素影响,直到2022年12月中旬才得以正式开标,中标公司为中明建投建设集团有限责任公司,中标价为17049559.44元。该项目于2023年1月正式启动。

【师资队伍】 2022年,市委党校推进定岗定级工作,研究出台专业技术人员定岗定级初次聘任管理办法,在全区党校系统率先推进定岗定级,优化教师业绩考核,努力打破“躺平式”平衡,极大提升广大教师干事创业的积极性。针对党校教师职称晋升空间有限,无正高级职称情况,多次向区、市组织人事部门和区委党校请示汇报、沟通协调,批复核准正高级岗位3人。已有1名高级讲师聘任为正高级讲师。深入贯彻落实《中国共产党党校工作条例》规定中“完善以高级职称为主的职称结构”的要求,积极与市人社局沟通协调,优化高级、中级、初级结构比例为5.7：3.7：0.6,拓宽党校教师职称晋升空间。针对编制机构设置等问题,主动与市委编办及市人社局沟通汇报并获得支持,新增14个编制及5个教研室,全面推动党校教师干部队伍及学科建设迈上新台阶。选调2名事业管理人员充实到廉教中心,注入新鲜活力;聘任中级讲师2名,配合市委组织部,提拔交流事业管理六级干部1名。

2022年6月30日，市委党校全体党员及离退休干部职工开展“感悟领袖风范 锤炼过硬作风”读书系列活动——“庆祝建党101周年　喜迎党的二十大”

【学员管理】 2022年,市委党校严格落实干部教育培训学员管理规定,修订完善《拉萨市委党校(行政学校)学员管理规定》《拉萨市委党校(行政学院)学员党性教育和党性锻炼管理办法》等制度,以严格的制度执行,强化学员纪律意识,推进学风校风建设,保证教育培训质量。聚焦党校日常管理和学员自我管理重点环节,坚持从严治学,要求学员迅速做到"三个转变",牢记"学员"身份,时刻向"四个合格党员"和"四铁干部"看齐,把参加学习培训作为一种政治责任、一种精神追求和一种思想境界。每个班次配备兼职班主任,跟踪负责学员管理工作,建立学员培训档案,不断提升管理和服务水平。严格执行考勤管理规定,根据考勤情况统计,主体班学员到课率、参考率均达98%。严格落实《拉萨市委党校(行政学院)学员考核制度》,班支委、班主任及时做好出勤、课堂纪律、小组讨论、学员论坛等方面的考核记录,实现精细管理、精准考核。严格落实《拉萨市委党校(行政学校)结业证管理办法》,实行主体班次培训结业考核机制,将干部培训考核情况作为干部任职、晋升、管理的重要参考,有效发挥党校培养干部、发现干部、输送干部的平台作用。

【科研工作】 2022年,市委党校聚焦新思想、新理论在拉萨的生动实践,全力推动教学、科研、咨政深度融合。《关于加强拉萨意识形态工作的几点建议》咨政建议获得市委书记普布顿珠的肯定性批示。全年组织教师公开发表理论文章40余篇,其中《牢牢掌握西藏意识形态领域反分裂斗争主动权》等3篇文章获得中央和自治区党校理论研讨会优秀论文。围绕党的二十大精神,向《拉萨日报》理论版推送8篇理论文章,全部刊发;充分发挥党校党的理论阵地职能,在《拉萨社会科学》2022年第4期开辟专刊,刊发8篇理论文章,大力宣传阐释党的二十大精神。制定《中共拉萨市委党校科研项目经费管理办法》《全市党校系统科研和决策咨询课题管理办法》,为促进全市党校系统科研工作提供制度保障。完成2021年全市党校系统课题结项鉴定评审工作及2022年全市党校系统课题立项工作。举办全市党校常务副校长会议及全市党校系统决策咨询能力提升专题培训班,有力提升全市党校系统教科研人员科研咨政能力水平。

(杨 启)

党史工作

【概况】 2022年,中共拉萨市委员会党史研究室(以下简称市委党史研究室)毫不动摇地坚持"党史姓党、党史为党"的根本政治属性,认真贯彻落实中央关于党史工作的重大决策部署,特别是习近平总书记关于党史工作的重要指示精神,坚持"一突出、两跟进"的工作要求,按照"学、研、扬、用"相结合的原则,紧紧围绕"存史、资政、育人、鉴今"的职责要求,立足岗位、发挥职能。特别是在市委各级领导的关心支持下,在资料征集、党史研究、党史宣传教育等方面开展工作。

【党史研究成果】 2022年,市委党史研究室完成《中国共产党拉萨历史大事记(2018—2021年)》续编工作,全书共计75万余字,涉及重要会议、学习活动,重大建设等相关图片130余幅。开展老干部、老战士口述资料整理工作,采访整理自治区政协常委、原拉萨市政协副主席拉宗卓嘎和十八军老战士建增在西藏和平解放、改革、发展过程中与党同心、与国同行的人生经历。出版《拉萨党史》刊物。协助中办毛主席纪念堂管理局,市委宣传部、市文化局、市退役军人事务局,完成资料征集、爱国主义教育基地考评和红色旅游线路基本简介、反分裂斗争陈列馆资料提供等相关工作,有效发挥党史部门资政服务职能。

【党史宣传教育】 2022年,市委党史研究室聚焦中央、区市重要会议活动、重要节庆日纪念日、重要党史事件和党史人物,紧扣市委重大决策、重要部署、重点工作,结合实际设置专栏、专题,努力将《拉萨党史》打造成全市党员和群众深入了解党在拉萨的历史、弘扬党的优良传统和作风、展示拉萨发展新成就的"正能量传播"平台。加大党史宣传力度,在拉萨市委门户网站、拉萨市电子政务内网上开设拉萨党史专栏,定期推出党史小知识、党史小故事、《拉萨党史》杂志等内容,丰富广大干部职工的党史学习内容,拓宽党史学习渠道,扩大党史学习教育的覆盖面和影响力。

(黎 浅)

拉萨市人民代表大会

综述

【概况】 2022年，拉萨市人民代表大会常务委员会（以下简称市人大常委会）坚持以习近平新时代中国特色社会主义思想为指导，全面贯彻党的十九大、十九届历次全会和中央第七次西藏工作座谈会精神，深入学习宣传贯彻党的二十大精神，全面贯彻中央和区市党委人大工作会议精神，全面贯彻区市党委十届一次、二次、三次全会精神，聚焦全面贯彻新时代党的治藏方略，紧跟区市党委工作部署，不断提高政治判断力、政治领悟力、政治执行力。年内，开展立法调研19次，研究审议地方性法规9件，听取审议工作报告27项，依法作出决定决议15项，任免国家机关工作人员74人，组织宪法宣誓仪式5场次。

【决定重大事项】 2022年，市人大常委会认真贯彻中央和区市党委部署要求，完善重大事项讨论决定制度，建立健全与“一府一委两院”协商确定议题工作机制。依法作出决定决议15项，重大决策的科学化、民主化、法治化水平不断提升。

2022年3月，拉萨市人大常委会党组书记、主任贺鹏（右二）到林周县强嘎乡开展下基层大接访办实事活动

【人事任免】 2022年，市人大常委会坚持党管干部和人大依法任免相统一，任免国家机关工作人员74人。全面实施宪法宣誓制度，组织宪法宣誓仪式5场次。国家机关工作人员的宪法意识、法治意识和人大意识得到增强。

（阿　珠　林小韩）

重要会议与决议、决定

【拉萨市十二届人民代表大会第二次会议】 2022年1月12日，拉萨市十二届人民代表大会举行第二次会议。会议听取和审议政府工作报告；审查拉萨市2021年国民经济和社会发展计划执行情况与2022年国民经济和社会发展计划草案的报告、拉萨市2022年国民经济和社会发展计划草案；审查了拉萨市2021年财政预算执行情况与2022年财政预算草案的报告、拉萨市2022年财政预算草案；听取和审议拉萨市人民代表大会常务委员会工作报告；听取和审议拉萨市中级人民法院工作报告；听取和审议拉萨市人民检察院工作报告。表决通过《政府工作报告》的决议；表决通过《拉萨市2021年国民经济和社会发展计划执行情况与2022年国民经济和社会发展计划草案的报告》的决议；表决通过《拉萨市2021年财政预算执行情况与2022年财政预算草案的报告》的决议；表决通过《拉萨市人民代表大会常务委员会工作报告》的决议；表决通过《拉萨市中级人民法院工作报告》的决议；表决通过了《拉萨市人民检察院工作报告》的决议。

【拉萨市十二届人民代表大会第三次会议】 2022年12月12日，拉萨市十二届人民代表大会举行第三次会议。会议听取和审议拉萨市人民政府工作报告；审查拉萨市2022年国民经济和社会发展计划执行情况与2023年国民经济和社会发展计划草案的报告、拉萨市2023年国民经济和社会计划草案；审查关于拉萨市2022年财政预算执行情况与2023年财政收支预算草案的报告、拉萨市2023年财政预算草案；审议拉萨市人民政府关于第十二届人民代表大会第一次和第二次会议期间人大代表建议办理情况的报告；听取和审议拉萨市人民代表大会常务委员会工作报告；听取和审议拉萨市中级人民法院工作报告；听取和审议拉萨市人民检察院工作报告；审议拉萨市人民代表大会议事规则（修订草案）；通过了拉萨市第十二届人民代表大会第三次会议关于拉萨市第十二届人民代表大会常务委员会组成人员名额的决定；会议选举了拉萨市第十二届人民代表大会常务委员会新增组成人员；会议补选了拉萨市人民政府市长；选举了拉萨市出席自治区第十二届人民代表大会代表；表决通过了《拉萨市人民政府工作报告》的决议；表决通过了《拉萨市2022年国民经济和社会发展计划执行情况与2023年国民经济和社会发展计划草案的报告》的决议；表决通过了《关于拉萨市2022年财政预算执行情况与2023年财政收支预算草案的报告》的决议；表决通过了《拉萨市人民政府关于第十二届人民代表大会第一次和第二次会议期间人大代表建议办理情况的报告》的决议；表决通过了《拉萨市人民代表大会常务委员会工作报告》的决议；表决通过了《拉萨市中级人民法院工作报告》的决议；表决通过了《拉萨市人民检察院工作报告》的决议。

【市委人大工作会议】 2022年7月12日，拉萨市委人大工作会议胜利召开。市委专门成立人大工作会议筹备领导小组，由市委办公室牵头，会同市人大常委会办公室等相关部门和单位，组织起草了《中共拉萨市委员会关于新时代坚持和完善人民代表大会制度 加强和改进人大工作的贯彻落实意见》（以下简称《意见》）。《意见》深入贯彻落实中央和区党委人大工作会议精神，立足拉萨实际，充分调研、集思广益，于2022年7月29日正式印发。市委人大工作会议的召开，在拉萨市人大发展历程中尚属首次，明确新时代新形势下拉萨市人大工作发展方向，部署当前及今后一段时期的人大工作目标任务，解决一批长期想解决而未能解决的难题，具有重要的里程碑意义。

【拉萨市十二届人大常委会第二次会议】 2022年1月10日，拉萨市十二届人大常委会召开第二次会议。会议审议并通过关于召开拉萨市第十二届人民代表大会第二次会议的议案的说明、拉萨市人民代表大会常务委员会工作报告（送审稿）起草情况说明、拉萨市第十二届人民代表大会第二次会议相关名单草案、关于提请任命拉萨市第十二届人民代表大会常务委员会代表资格审查委员会组成人员的议案。会议表决通过拉萨市人民代表大会常务委员会关于召开拉萨市第十二届人民代表大会第二次会议的决定、拉萨市人民代表大会常务委员会工作报告、拉萨市第十二届人民代表大会第二次会议相关名单草案、关于任命拉萨市第十二届人民代表大会常务委员会代表资格审查委员会组成人员的决定。

【拉萨市十二届人大常委会第三次会议】 2022年2月26日，拉萨市十二届人大常委会召开第三次会议。会议在通过本次会议议程后，听取和审议了关于人事任免职事项的说明；听取和审议了拉萨市人大常委会关于2021年规范性文件备案审查工作情况的报告。会议表决通过拉萨市人大常委会关于2021年规范性文件备案审查工作情况的报告及有关人事任免事项，为新任命的国家工作人员颁发了任命书,新任命的国家工作人员进行了集体宪法宣誓。

【拉萨市十二届人大常委会第四次会议】 2022年4月26—27日,拉萨市十二届人大常委会召开第四次会议。会议在通过本次会议议程后,听取和审议了关于任免职事项的说明;拉萨市第十二届人民代表大会常务委员会关于增补张晓强为拉萨市人大财政经济委员会委员的议案;关于拉萨市第十二届人大及其常委会五年立法规划(2022—2026)(草案)说明;拉萨市人民政府关于拉萨市城市水系保护条例(草案)的说明;拉萨市人大法制委员会关于拉萨市城市水系保护条例(草案)审议意见的报告;拉萨市人民政府关于拉萨市绿化条例(草案)的说明;拉萨市人大财政经济委员会关于拉萨市绿化条例(草案)审议意见的报告;拉萨市人民政府关于拉萨市南北山绿化管理条例(草案)的说明;拉萨市人大财政经济委员会关于拉萨市南北山绿化管理条例(草案)审议意见的报告。会议表决通过拉萨市人民代表大会常务委员会关于接受康加贵辞去西藏自治区第十一届人民代表大会代表职务的决定;拉萨市人民代表大会常务委员会关于接受杨栋章辞去拉萨市第十二届人民代表大会常务委员会委员职务的决定;拉萨市人民代表大会常务委员会关于接受平措辞去西藏自治区第十一届人民代表大会代表职务的决定;拉萨市人民代表大会常务委员会关于补选张晓强为拉萨市人大财政经济委员会委员的决定;拉萨市第十二届人大及其常委会五年立法规划(2022—2026年);拉萨市中心城区水系保护条例;拉萨市绿化条例;拉萨市南北山绿化管理条例(草案)及有关人事任免事项。新任命国家工作人员进行了宪法宣誓。

【拉萨市十二届人大常委会第五次会议】 2022年6月29日,拉萨市十二届人大常委会召开第五次会议。会议在通过本次会议议程后,听取和审议关于任免职事项的说明;拉萨市第十二届人民代表大会常务委员会代表资格审查委员会关于个别代表的代表资格审查报告;关于修改拉萨市人民代表大会常务委员会议事规则的决定(草案)的说明;拉萨市监察委员会依法正确履行职权、推进新时代监察工作规范化法治化正规化报告;拉萨市人大法制委员会关于依法正确履行职权、推进新时代监察工作规范化法治化正规化报告的审议意见;拉萨市人民政府关于拉萨市2021年环境状况及环境保护目标完成情况的报告;拉萨市人大财政经济委员会关于2021年环境质量和环境目标完成情况的审议意见;拉萨市人民政府提请审议拉萨市物业管理条例(修订草案)的议案;拉萨市人大财政经济委员会关于拉萨市物业管理条例(修订草案)审议意见的报告;拉萨市人民政府关于拉萨市贯彻落实西藏自治区民族团结进步模范区创建条例、拉萨市民族团结进步条例实施情况的报告;拉萨市人大教科文卫委员会关于听取西藏自治区民族团结进步模范区创建条例、拉萨市民族团结进步条例实施情况报告的审议意见;拉萨市人大教科文卫委员会关于开展中华人民共和国国家通用语言文字法贯彻实施情况调研报告。会议表决通过拉萨市第十二届人民代表大会常务委员会代表资格审查委员会关于个别代表的代表资格审查报告;拉萨市人民代表大会常务委员会关于修改拉萨市人民代表大会常务委员会议事规则的决定;拉萨市物业管理条例(修订草案)及有关人事任免事项。新任命国家工作人员进行了宪法宣誓。

【拉萨市十二届人大常委会第六次会议】 2022年11月25日,拉萨市十二届人大常委会召开第六次会议。会议传达学习中国共产党第二十次全国代表大会精神后,听取和审议关于任免职事项的说明;拉萨市第十二届人民代表大会常务委员会代表资格审查委员会关于个别代表的代表资格审查报告;关于开展第八个五年法治宣传教育的决议(草案);拉萨市中级人民法院2022年上半年工作总结;拉萨市人大法制委员会关于拉萨市中级人民法院2022年上半年工作总结暨下半年工作安排的审查报告;拉萨市人民检察院2022年上半年工作总结暨下半年工作安排的报告;拉萨市人大法治委员会关于拉萨市人民检察院2022年上半年工作总结暨下半年工作安排的审查报告;拉萨市2022年上半年国民经济和社会发展计划执行情况与下半年国民经济和社会发展计划报告;拉萨市人大财政经济委员会关于拉萨市

2022年上半年国民经济和社会发展计划执行情况与下半年国民经济和社会发展计划报告的审议意见；拉萨市2021年财政收支决算和2022年上半年财政预算执行情况的报告；拉萨市人民政府关于2021年度本级预算执行和其他财政收支的审计工作报告；拉萨市人大财政经济委员会关于拉萨市2021年财政收支决算和2022年上半年财政预算执行情况和审查结果的报告；拉萨市2020年度本级预算执行和其他财政收支审计查出问题整改落实情况报告；拉萨市人大财政经济委员会关于拉萨市2020年度本级预算执行和其他财政收支审计查出问题整改落实情况报告的审议意见；拉萨市人大社会建设委员会关于贯彻落实安全生产法律法规，加强应急管理体系和能力建设情况的调研报告及相关地方性法规。会议表决通过拉萨市第十二届人民代表大会常务委员会代表资格审查委员会关于个别代表的代表资格审查报告公告（稿）；拉萨市人大常委会关于开展第八个五年法治宣传教育的决议（草案）；拉萨市人民代表大会常务委员会关于批准拉萨市2021年本级财政决算的决议（草案）；相关地方性法规及有关人事任免事项。新任命国家工作人员进行了宪法宣誓。

【拉萨市十二届人大常委会第七次会议】 2022年12月9日，拉萨市十二届人大常委会召开第七次会议。会议在通过本次会议议程后，听取和审议了关于召开拉萨市第十二届人民代表大会第三次会议的议案的说明；拉萨市第十二届人民代表大会第三次会议相关建议名单；关于拉萨市人民代表大会常务委员会工作报告（送审稿）起草情况的说明；拉萨市第十二届人民代表大会第三次会议关于增加拉萨市第十二届人民代表大会常务委员会组成人员名额的决定（草案）；拉萨市第十二届人民代表大会常务委员会代表资格审查委员会关于个别代表的代表资格审查报告；关于废止拉萨市城镇土地使用权出让和转让办法的说明；拉萨市人民代表大会议事规则（修订草案）；拉萨市2022年财政预算调整方案的报告；拉萨市人大财政经济委员会关于2022年财政预算调整方案审查结果的报告。会议表决通过拉萨市人民代表大会常务委员会关于召开拉萨市第十二届人民代表大会第三次会议的决定（草案）；拉萨市第十二届人民代表大会第三次会议相关建议名单；拉萨市第十二届人民代表大会常务委员会代表资格审查委员会关于个别代表的代表资格审查报告；拉萨市人民代表大会常务委员会关于废止《拉萨市城镇国有土地使用权出让转让办法》的决定（草案）；拉萨市人民代表大会常务委员会关于批准拉萨市2022年本级财政预算调整方案的决议（草案）及有关人事任免事项。

（阿 珠 林小韩）

立法工作

【概况】 2022年，市人大常委会审议通过《拉萨市中心城区水系保护条例》《拉萨市物业管理条例》《拉萨市绿化条例》等6件地方性法规条例。

【规划编制】 2022年，市人大常委会通过发布公告、召开座谈会等方式广泛征求意见，编制市十二届人大五年立法规划（2022—2026年），确定立法项目15件，确定立法工作的总体格局。推动常委会工作制度化、规范化，修订《拉萨市人民代表大会常务委员会议事规则》，进一步提升议事质量和效率。加强与对口部门的联系沟通，听取立法工作意见，拓宽社会各界参与立法的新渠道。

【《拉萨市南北山绿化管理条例》】 2022年，市人大常委会推进立法创新实践，首次在全区开展“小切口、小快灵”立法实践，制定完成了《拉萨市南北山绿化管理条例》，该条例经拉萨市第十二届人民代表大会常务委员会第四次会议审议通过，并经自治区第十一届人大常委会第四十次会议审议批准并公布实施。该条例是深入贯彻习近平生态文明思想，继《西藏自治区国家生态文明高地建设条例》之后，自治区又一次用法律保障生态文明建设的成功示范。

【《拉萨市文明促进条例》】 2022年，市人大常委会社会委组织推动《拉萨市文明促进条例》的立法和实施。坚持深入相关对口联系单位和县（区），全方位、多层次、多渠道听取各方面对社会建设领域内法规草案的意见建议，直接了解来自一线、来自基层的法治需求，最大限度凝聚立法共识,增强立法成效。

【《拉萨市城乡网格化服务管理条例》】 2022年,市人大常委会按照习近平总书记以及区市党委主要领导关于加强基层治理和民生保障的系列指示精神,围绕进一步提升拉萨市社会治理体系和治理能力现代化水平,根据市人大常委会的安排,组织制定《拉萨市城乡网格化服务管理条例》。

【探索协同立法模式】 2022年,市人大常委会首次协同日喀则、山南和林芝三市,通过共同调研、论证,就雅鲁藏布江保护开展区域共同立法。这是自治区市与市人大之间开展区域协同立法的有益尝试。

（阿　珠　林小韩）

监督工作

【概况】 2022年,市人大常委会首次听取市监察委员会的专项工作报告,提出进一步加强监察监督工作建设、进一步加强监察队伍建设、进一步加强和完善制度建设等三方面的意见建议。听取"两院"工作总结报告,在充分肯定"两院"工作成效的同时提出了存在的问题和不足,对下一年的工作提出意见建议。

【经济监督】 2022年,市人大常委会依法听取和审议年度国民经济和社会发展计划、预算执行情况报告、财政决算报告、财政预算调整方案等,并根据全国人大和自治区人大常委会既定的工作要求,对拉萨市人大预算联网监督管理系统实时监督稳定性进行重新安排部署,及时调整线路的稳定性,数据的安全性和准确性,更新完善了相关数据。

【履职监督】 2022年,市人大常委会紧盯生态环境、民族团结、安全生产等领域,开展多角度、多维度的监督,强化审议意见整改落实情况的跟踪检查,促进人大监督工作提质增效,推动重点工作见行见效。积极协助全国人大常委会法工委、自治区人大法制委员会、财经委、自治区财政厅、拉萨市发改委等部门,做好有关法律法规草案征求意见相关工作。充分发挥首府城市首位度作用,加强上下联动,密切工作协同,认真配合自治区人大常委会,围绕巩固提升脱贫成果、环境保护、法律实施、"两院"工作、药品供应、社会救助等方面开展深入调研,共同推动党中央、区市党委的决策部署落地落实。2022年,市人大社会委积极组织配合自治区人大赴拉萨市相关县区、企业,围绕就业政策落实情况、大学生就业情况、"双创"情况等,与人大代表、企业负责人、基层村(居)委会成员、就业大学生等进行广泛交流。通过调研形成的针对性意见和建议,为促进拉萨市大学生就业工作提供了经验借鉴。

（阿　珠　林小韩）

代表工作

【代表履职活动】 2022年,市人大常委会组织代表开展自治区人大常委会代表征求意见及调研视察活动4场次,8人次;组织参加自治区人大常委会4场次,16人次;参加自治区人大代表综合培训班现场教学1场次,20人次;参加市人大常委会代表征求意见及视察2场次,8人次;组织参加市人大常委会5批次,25人次。组织安排区市代表参加市委、市人大常委会和"一府一委两院"邀请代表出席民主生活会、整顿民主测评会、学习教育专题民主生活会、政府机关党组征求意见会议、问政拉萨等监督活动36场次,63人次。

【议案、建议办理】 2022年,市人大常委会坚持将办理代表建议同贯彻落实市委决策部署结合起来,对拉萨市第十二届人民代表大会第一次会议期间,代表提出的79件意见建议强化跟踪督办,均在规定时限办理答复完毕,办复率100%,代表满意率100%,办结率80.28%。

（阿　珠　林小韩）

视察调研

【环境保护视察调研】 2022年,为深入推进生态文明高地建设,提升拉萨市生态环境质量,市人大常委会听取和审议了《拉萨市2021年度环境质量和环境目标完成情况报告》,并针对全市生态环境保护工作中存在的问题提出了对策建议。

【安全生产视察调研】 2022年,为切实推动拉萨市贯彻落实安全生产法律法规,全面了解拉萨市应急管理体系和能力建设情况，促进拉萨市社会领域治理能力和治理体系现代化建设。市人大常委会组织调研组对拉萨市贯彻安全生产法以及安全生产情况、应急管理体系和能力建设情况展开调研，并向市委提交《关于贯彻落实安全生产法律法规 加强应急管理体系和能力建设情况调研报告》。

【社会救助体系视察调研】 2022年，市人大常委会根据自治区人大常委会关于开展城乡居民最低生活保障情况专题调研的安排，以及市人大常委会对《拉萨市临时救助实施细则（试行）》执法检查要求，通过实地走访、座谈等方式对拉萨市城市居民最低生活保障情况、临时救助执行情况开展调研。针对调研中发现的救助体系不健全、经办服务能力差、救助主体参与不充分等问题，及时加强与对口联系部门政策研究，推动拉萨市社会救助体系日益健全完善。

【民族团结调研】 2022年，为进一步铸牢中华民族共同体意识，推动拉萨民族事业健康发展，市人大常委会听取《拉萨市民族团结进步条例》和《西藏自治区民族团结进步模范区创建条例》贯彻实施情况工作报告，并形成审议意见，有力推动了《拉萨市民族团结进步条例》和《西藏自治区民族团结进步模范区创建条例》的贯彻落实。为规范国家通用语言文字使用，组织调研组开展《中华人民共和国国家通用语言文字法》贯彻实施情况调研，形成调研报告并呈请人大常委会审议。

【配合上级人大开展各类视察调研】 2022年，市人大常委会配合全国人大、自治区人大常委会做好东嘎街道基层立法联系点调研工作，为东嘎街道获全国人大常委会法工委基层立法联系点授牌奠定良好基础；配合自治区人大常委会内务司法工作委员会、财政经济委员会、农环工委、教科文卫委员会等部门开展国安法执法检查、“两院”专题调研、巩固拓展脱贫攻坚成果同乡村振兴有效衔接工作、环境保护、农牧区药品供应保障、民族团结、城乡居民最低生活保障、大学生就业等各类视察调研工作。

（阿　珠　林小韩）

自身建设

【思想政治建设】 2022年，市人大常委会党组高度重视，以思想政治教育制度化为抓手，高起点谋划，结合机关改进作风、狠抓落实工作，持续发挥党建引领力，先后制订印发《拉萨市人大常委会机关2022年党建工作实施方案》《拉萨市人大常委会办公室机关党建“四个一”工程实施方案》《拉萨市人大常委会办公室2022年度比学赶超工作方案》，成立领导小组、召开动员部署会，明确责任，突出重点，在机关内形成“学习氛围更浓、工作标准更高、创新意识更强”的良好作风，确保机关党建工作走深走实。并围绕党的二十大和十九届历次全会、中央第七次西藏工作座谈会、中央人大工作会议、中央民族工作会议精神，习近平总书记到西藏考察时的重要讲话精神，自治区第十次党代会精神，编制印发《拉萨市人大常委会办公室干部应知应会口袋书》100本，方便机关党员干部抓住学习重点，充分利用“碎片化”时间进行阅览学习。依托常委会、机关党组理论学习中心组集中学习，围绕“作风怎么看、工作怎么干”，立足岗位、聚集职责，组织12名县处级以上党员领导干部开展大讨论，并作交流发言。为机关干部职工征订《习近平谈治国理政》第四卷及《习近平的七年知青岁月》《习近平讲党史故事》《百年初心成大道——党史学习教育案例选编》《中华人民共和国地方各级人民代表大会和地方各级人民政府组织法》《中华人民共和国地方各级人民代表大会和地方各级人民政府选举法》《中华人民共和国地方各级人民代表大会和地方各级人民政府代表法》等共计128本。编印《拉萨市人大常委会党的二十大精神学习资料》，通过纸质印发和电子转发方式，为干部职工学深学细党的二十大精神提供方便。充分利用文化墙、宣传橱窗、LED屏等文化阵地大力营造氛围，庆祝党的二十大胜利召开，激励和引导机关党员干部厚植爱党、爱国情怀，全面振奋“奋进新征程、建功新时代”的精气神。全年两级党组理论学习中心组专题学习研讨12次、交流发言22人、支部集中学习32次、支部书记讲党课2次，开展以党风廉政为主题的党日活动6次，外出参观学习2次，邀请市委党校高级讲师围绕2022年全国两会精神作专题辅导1次。6月，以喜迎党的二十大为主题，开展干部职工趣味运动会，弘扬团结拼搏、昂扬向上、奋发有为的精神风貌，凝聚党组织力量。7月1日，常委会举行“七一”表彰大会，对9名优秀党员、3名优秀党务工作者、3名优秀妇女代表、3名优秀工会会员、1名优秀志愿者进行表彰，通过活动的开展，营造了良好的政治氛围，凝聚了强大的正能量，极大地提升了广大人大干部职工的精神状态。

【下基层活动】 2022年，市人大常委会按照市委改进作风、狠抓落实工作会议精神，结合机关工作实际，制订详细活动计划。3月开展领导干部下基层大接访办实事活动，共办结实事57件，办结信访33件。扎实开展领导干部“四联四包”活动，下派县级以上领导干部18名，走访群众600余人次，为民办实事58件、大接访办结事项22件，大宣讲140次，覆盖1.5万人次。5名同志全程参与中央环保督察工作，共督办落实中央环保组转办案件111件。对16个重点招商引资项目现场调度督办，协调解决实际困难。

（阿　珠　林小韩）

拉萨市人民政府

综述

【概况】 2022年,拉萨市以喜迎党的二十大召开为主线,依托领导干部常态化“四联四包”机制,深入开展“大宣讲大调研大排查大落实”活动,开展“学习贯彻二十大、感恩奋进新时代”群众性主题实践活动,广泛开展“党的二十大精神进拉萨千家万户”大宣讲活动,全面掀起学习宣传党的二十大精神的热潮,推动党的二十大精神入脑入心、见行见效。落实稳经济大盘一揽子政策举措和临时性帮扶措施,最大限度降低疫情对经济社会的影响。地区生产总值同比增长1.5%;新增城镇就业1.36万人,城镇调查失业率控制在4%以内;城乡居民人均可支配收入与全区保持同步;规模以上工业增加值增长15%;一般公共预算收入剔除增值税留抵退税因素后同比下降10.1%;社会消费品零售总额同比下降9.7%。

【社会大局和谐稳定】 2022年,拉萨市保持对分裂破坏活动和违法犯罪的高压严打态势,常态化开展扫黑除恶斗争,社会治安形势持续向好。推进民族团结进步创建“九进”,出台《拉萨市文明行为促进条例》,推广国家通用语言文字教育。宗教事务“三个不增加”持续落实,“三个意识”教育深入开展。安全生产事故起数和死亡人数同比实现双下降,未发生重特大安全生产事故。

【民生福祉】 2022年,拉萨市落实自治区“十大民生工程”。应届高校毕业生就业率96.3%。农牧民转移就业8.6万人,实现收入8.92亿元。推动城区20所中小学与农牧区中小学结对,在江苏南通西藏民族中学开设“拉萨班”。完成5个棚户区和12个老旧小区改造。建成14家老年人日间照料中心。健康拉萨深入推进。为疫情期间生活困难和外来务工人员发放补贴。完成《拉萨非遗大典》编撰。成功举办半程马拉松、环拉萨城自行车大赛等体育赛事10余场,奖牌获得数全区第一。打造西藏首部原创音乐剧《天梦》,完成65个乡镇文化站标准化建设,慈觉林藏院风情街入选国家级旅游休闲街区。

【基础设施】 2022年,拉萨市三区三线划定取得阶段性成果。藏热大桥建成通车,改造迎亲大桥等桥梁7座。农村公路养护里程达到5332千米,行政村客车通车率达到100%。北环路和蓝天路改造等一批交通基础设施加快建设。编制低运量交通规划。基本完成管网改造和智慧水务建设,藏大路雨污分流改造工程圆满完工。同心公园等5座城市公园开工建设。新建5G基站483个,建成高新区数字经济产业园和区域性国际通信业务出入口局。

【经济发展】 2022年,拉萨市加大对中小微企业帮扶力度,减轻企业负担,累计减税降费121.3亿元,增值税留抵退税51.5亿元。实施招商引资“百日攻坚行动”,招商引资实际到位资金201.83亿元。综合保税区顺利通过国家验收。累计接待游客2022.3万人次、实现旅游收入288.9亿元,开展“助企惠民·悦享消费”等促销活动,出台支持首店经济、夜间经济发展政策,启动建设“中华美食·西藏味道”美食街。成功举办全球数字经济大会拉萨峰会。

【乡村振兴】 2022年,拉萨市健全完善防止返贫动态监测和帮扶机制,消除风险251户995人,守住防止返贫底线要求。建设高标准农田11.5万亩,粮食产量16万吨,青稞产量11.9万吨,蔬菜产量26.7万吨,肉奶产量17.5万吨。推进青稞增产、牦牛育肥、藏鸡扩繁和设施农业建设,粮食和经济作物播种面积保持稳定。全力推进第二批40个村居"美丽乡村·幸福家园"建设和27个美丽宜居村建设。藏鸡入选国家特色优势产业集群,新增"三品一标"55个,"一村一品"国家级示范村镇达到11个。

【生态环境】 2022年,拉萨市大规模开展南北山绿化,推进"四旁"植树和飞播造林,完成造林面积55.87万亩。全力做好中央环保督察反馈问题及森林督查整改。整治入河排污口233个,完成农村黑臭水体排查,划定河湖管理范围,完成拉萨河河势控导工程,推行14座小型水库专业化管护,主要江河湖泊、饮用水水源地水质达标率100%。空气质量优良率99.7%,在全国168个重点城市中排名第一,不断巩固蓝天、碧水、净土保卫战成效。

重要会议

【政府党组会议】 2022年1月13日,召开中共拉萨市人民政府党组2022年第1次(扩大)会议。传达学习习近平总书记在中央经济工作会议上和中央政治局第三十四次集体学习时的讲话,以及《中共中央 国务院关于加快构建新发展格局的意见》;研究《拉萨市财政局关于提高市公安局警务辅助人员薪酬待遇的请示》《中共拉萨市人民政府党组工作规则(审议稿)》,研究相关人事事宜。

2022年1月20日,召开拉萨市人民政府党组2022年第2次会议,传达学习《习近平同志在党的十九届六中全会上的报告》《县级以上党和国家机关党员领导干部民主生活会若干规定》、习近平总书记视察西藏时的重要讲话精神。

3月11日,市委常委、常务副市长占堆主持召开中共拉萨市人民政府党组2022年第3次会议。传达学习《2021年中央政治局贯彻执行中央八项规定情况的报告》《2021年整治形式主义为基层减负工作情况的报告》《2021年西藏自治区贯彻落实中央八项规定精神情况的报告》《2021年西藏自治区深入开展为基层减负工作情况的报告》,安排部署市政府党组班子改进作风、狠抓落实工作,传达学习《中央生态环境保护督察整改工作办法》《地方党委和政府领导班子及其成员粮食安全责任制规定》、自治区经济工作会议、民族工作会议、人才工作会议精神,研究人事事宜。

2022年4月13日,召开中共拉萨市人民政府党组2022年第4次会议。传达学习全国两会精神、习近平总书记在第十九届中央纪律检查委员会第六次全体会议上的重要讲话精神、在中央政治局第三十六次集体学习时的重要讲话精神及自治区党委书记王君正在第十届自治区纪律检查委员会第二次全体会议上的讲话精神,安排部署市政府党组党风廉政工作,研究人事事宜。

2022年5月24日,召开中共拉萨市人民政府党组2022年第5次会议。传达学习习近平总书记在中央政治局第三十七次集体学习时的讲话精神、习近平总书记在2022年春季学期中央党校(国家行政学院)中青年干部培训班开班式上的重要讲话精神、4月29日中共中央政治局会议和5月5日中央政治局常务委员会会议精神、自治区党委书记王君正在全市领导干部会议上的讲话精神和市委书记普布顿珠在市政府调研时的讲话精神等,研究《中共拉萨市人民政府党组理论学习中心组2022年专题学习研讨计划》《中共拉萨市人民政府党组2022年工作要点》及人事事宜。

2022年6月20日,召开中共拉萨市人民政府党组2022年第6次会议。传达学习习近平总书记在四川考察时的重要讲话精神、在中共中央政治局6月17日会议上的重要讲话精神及自治区党委书记王君正在拉萨调研时的讲话精神、十届市委常委会第十六次会议精神、《国务院办公厅关于进一步推进省以下财政体制改革工作的指导意见》、《中共西藏自治区委员会西藏自治区人民政府关于加快推进数字西藏建设的意见》,安排部署市政府党组落实工作,研究人事事宜。

2022年7月21日,市委副书记、常务副市长陈静主持召开中共拉萨市人民政府党组2022年第7次会议。传达学习习近平总书记在庆祝香港回归祖国25周年大会暨香港特别行政区第六届政府就职典礼上的重要讲话精神、在中央政治局第四十次集体学习上的重要讲话精神、在新疆考察时的重要讲话精神，自治区党委书记王君正在中国共产党西藏自治区代表会议上的讲话精神、在听取拉萨市工作情况汇报时的讲话精神，传达学习中国共产党西藏自治区第十届委员会第二次全体会议、中国共产党西藏自治区代表会议精神及《西藏自治区储备粮管理办法》，研究人事事宜。

2022年11月8日，召开中共拉萨市人民政府党组2022年第8次会议。传达学习贯彻党的二十大精神，研究人事事宜。

2022年11月17日，召开中共拉萨市人民政府党组2022年第9次会议。传达学习贯彻党的二十大精神。

2022年11月30日，市委副书记、市长王强主持召开中共拉萨市人民政府党组2022年第10次会议。研究《拉萨市政府学习二十大，政府"是什么、干什么、怎么干"学习实践活动实施方案》（以下简称《实施方案》），安排部署市政府党组近期工作。会议传达学习《西藏自治区人民政府关于印发〈学习二十大，政府"是什么、干什么、怎么干"学习实践活动实施方案〉的通知》精神，并要求市政府党组班子成员认真审阅《实施方案》，结合工作实际提出意见建议。会议原则同意《实施方案》，市政府办公室按照各位班子成员提出的意见建议修改完善后实施。

【政府常务会议】 2022年1月20日，召开拉萨市第十二届人民政府第3次常务会议。根据《拉萨市国家工作人员学法用法制度》关于市政府常务会议会前学法的要求，会上集中学习《中华人民共和国安全生产法》《中华人民共和国刑法修正案（十一）》。传达学习《关于更好发挥统计监督职能作用的意见》、2022年1月15日李克强总理对全国安全生产工作作出的重要批示、自治区主席严金海在全区安全生产电视电话会议上的讲话。研究《拉萨市自然资源局关于更新拉萨市城区土地级别与基准地价的请示》《拉萨市首店经济扶持办法》事宜。

2022年4月13日，召开拉萨市第十二届人民政府第4次常务会议。根据《拉萨市国家工作人员学法用法制度》关于市政府常务会议会前学法的要求，会上集中学习《政府督查工作条例》。传达学习国务院领导对统计工作的重要批示和自治区领导贯彻落实要求，研究《拉萨市人民政府关于废止和宣布失效部分政府规章和规范性文件的决定（草案）》《中共拉萨市委宣传部拉萨市司法局关于在全体公民中开展法治宣传教育的第八个五年规划（草案）》《拉萨市人力资源和社会保障事业发展"十四五"规划》《关于进一步深化医疗保障制度改革的方案》《拉萨市低运量轨道交通线网规划》《拉萨市建筑垃圾资源化利用处置中心项目（一期）实施方案》《关于申请调整教育系统重点项目及资金的请示》。

2022年5月6日，市委副书记、常务副市长王强主持召开拉萨市第十二届人民政府第5次常务会议。根据《拉萨市国家工作人员学法用法制度》关于市政府常务会议会前学法的要求，会上集中学习《信访工作条例》。听取第一季度经济运行情况、全市垃圾分类工作情况，研究《2022年度拉萨市城市生活垃圾分类工作行动方案》《拉萨市人民政府2022年立法计划（草案）》《拉萨市城市管理条例（草案）》《拉萨市重大政策事前评估和事后评价工作办法（草案）》。

2022年5月23日，召开拉萨市第十二届人民政府第6次常务会议。听取全市粮食安全工作开展情况、全市"菜篮子"工作开展情况，研究《拉萨市新型城镇化发展规划（2021—2035年）》《拉萨市"十四五"时期财政发展规划》《拉萨市惠民惠农领域共同财政事权与支出责任划分实施方案》《拉萨市应急救援领域市与县（区、园区）财政事权与支出责任划分改革方案》《拉萨市市属国有企业资本金管理办法（试行）》《拉萨市"十四五"科技创新规划》《拉萨市文化文物事业"十四五"发展规划》《拉萨市体育发展"十四五"规划》《拉萨市全民健身实施计划（2021—2025年）》《拉萨市财政局关于解决城关区教育系统新建学校建设用地土地划拨价款的请示》，安排部署森林督察发现问题整改工作。

2022年6月1日，召开拉萨市第十二届人民政府第7次常务会议。听取全市信访工作、高校毕业生就业创业和农牧民转移就业、招商引资和垃圾分类工作推进情况，安排部署下一步工作。研究《拉萨市妇女发展规划（2021—2025年）》《拉萨市儿童发展规划（2021—2025年）》《拉萨市生活垃圾焚烧发电厂二期项目实施方案》《拉萨市财政局关于动支预备费的请示》事宜。

2022年6月10日，召开拉萨市第十二届人民政府第8次常务会议。传达学习《“复耕乱象”暗访核查情况报告》，听取全市配合第二轮中央生态环境保护督察、南北山绿化工作、《西藏自治区关于促进服务业领域困难行业恢复发展的实施方案》贯彻落实情况、全市基本建设项目资金已下达尚未支出情况汇报，安排部署下一步工作。研究《拉萨市夜间经济示范区认定和奖励办法（送审稿）》《拉萨市“助企惠民·悦享消费”促进消费系列举措总体方案》《拉萨市关于进一步提高行政审批效能和便民服务水平的意见（送审稿）》事宜。

2022年7月7日，召开拉萨市第十二届人民政府第9次常务会议。听取全市食品药品安全工作开展情况汇报，安排部署下一步工作。研究审议《拉萨市关于构建现代环境治理体系的实施方案》《拉萨市建设全区科技创新中心行动计划（2022—2025）》《拉萨市进驻三级政务服务大厅政务服务事项目录清单》《关于拉萨河谷生态修复（堆龙以西段）试点工程项目资金的请示》《关于解决拉萨市2021—2022年老旧小区改造项目资金的请示》《关于划转西藏空港新区财力有关事项的请示》《尼木县人民政府关于解决拉萨市吞弥尼木产业园标准化厂房及水电气等附属工程建设项目政府配套资金的请示》事宜。

2022年8月1日，召开拉萨市第十二届人民政府第10次常务会议。听取2022年上半年全市安全生产工作开展情况汇报，安排部署下一步工作。研究《拉萨市贯彻落实安全生产“十五条”硬措施具体措施及任务分工》《2022年上半年全市经济运行分析报告》《拉萨市2022年上半年国民经济和社会发展计划执行情况与下半年国民经济和社会发展计划》《拉萨市2021年财政收支决算和2022年上半年财政预算执行情况的报告》《拉萨市财政局关于解决拉萨市职业年金实账资金利息及2021年12月31日前财政全额保障机关事业单位退休人员职业年金虚账做实资金的请示》《拉萨市本地游活动促进旅游产业健康发展的若干措施》拉萨南北山绿化工程2022年度造林区域内农牧户牲畜补贴工作方案（送审稿）》《关于废止〈拉萨市城镇国有土地使用权出让转让办法〉的请示》事宜。

2022年11月23日，召开十二届市人民政府第11次常务会议，集中学习《西藏自治区平安建设条例》，研究审议《拉萨市财政局关于审定〈拉萨市2022年财政预算调整方案的报告〉的请示》《拉萨市财政局关于呈报〈拉萨市人民政府关于深化经济技术开发区柳梧新区财政体制改革工作的实施方案〉的请示》《关于审定2021年度国有企业负责人经营业绩考核结果的请示》《关于研究将拉萨布达拉旅游文化集团有限公司整合重组到拉萨市城市建设投资经营有限公司建议方案的请示》。

综合政务

【概况】 2022年，拉萨市人民政府办公室（以下简称市政府办公室）聚焦疫情防控和经济社会发展等重点工作，落实“三个赋予一个有利于”，聚焦“四件大事”、聚力“四个创建”，改进作风狠抓落实，不断提升“三办”“三服务”工作水平。

【联络协调及会务工作】 2022年，市政府办公室强化与各县（区）、各部门的合作，充分发挥办公室承上启下、协调左右的中枢作用，稳妥处理好各种关系，认真筹划、精心准备会务工作，努力做到不出纰漏、细致圆满，主动推动各项工作顺利开展。全年成功组织各类会议400余次（包括政府党组会议、市政府常务会、全体会、市长办公会议、各类专题会、协调会等）。

【公文办理】 2022年，市政府办公室按照《党政机关公文处理工作条例》，扎实做好文件电报收发转办存档工作，根据领导批示和工作需要及时转办文件，密切跟进文件办理进度，适时督促承办科室或部门按期办结，确保文件办理及时高效准确。全年累计收到转办各级各部门来文7600余件；收取转办密码电报189件；以市政府办公室名义发电47件；领取转呈机要件900余件；下发各类规范性文件111件；印发各类会议纪要119件；向上级报送请示、报告类红头文件149件，印发各类函件264件。切实加强市政府印章管理，严格执行印章使用审批登记制度，确保印章使用有据可查、管理规范。

【财物管理】 2022年，市政府办公室严格按照会计法有关规定，办公室每项开支都按最新经费开支审批流程办理，从严从细，对每一张原始票据、凭证进行严格审核和控制，做到每月账账相符，账实相符。真实、准确、全面、及时地编制和上报每月财务报表和各类统计报表，对行政、零余额中的专款做到专款专用，及时核算，按时结账。

【调查研究】 2022年，市政府办公室坚持把调查研究作为做好本职工作的基本面，在深入学习的基础上，紧密结合市委、市政府中心工作，勤思考、勤动笔，紧扣围绕全市经济社会发展重点热点难点问题，开展调查研究工作，参与市政府主要领导调研活动，起草主要领导调研指示17篇。

【信息工作】 2022年，市政府办公室及时对拉萨市经济社会发展和维护社会稳定的新做法、新亮点进行总结和宣传，全年审核筛选各县（区）、功能园区、市直部门报送信息7629条，本级采用（含自采）信息777条，采用率9.71%；编辑《政务信息》（综合）79期，《专报信息》（含中办、国办紧急约稿处理）31期。自治区政府办公厅信息处采用65条，采用率8.37%。梳理报送要点、阶段约稿、紧急约稿、电话约稿等103份。

【督查工作】 2022年，市政府办公室认真学习贯彻落实国务院《政府督查工作条例》，配合做好国务院第九次大督查，参与中央环保督察组反馈问题的实地督导整改工作，组织实施全市稳经济一揽子政策落实专项督查，开展维稳、疫情防控等实地督查，推动拉萨市政府督查规范化、制度化，有效推动决策落实，确保政令畅通。全年开展各类督查200余次，共起草印发《政务督查》4期、《督查专报》180期、《督办通知》32期、《督查通报》18期；办理区、市政府领导批（交）办件260件，办结182件，办结率70%；转办和承办区、市人大代表建议、政协委员提案529件，答复率、代表委员满意率均达到100%。

【公务接待】 2022年，市政府办公室严格按照中央八项规定精神、区党委“约法十章”“九项要求”和市委“八项要求”，执行《党政机关厉行节约反对浪费条例》《党政机关国内公务接待管理规定》，控制接待规模、规范接待中间环节、规范接待车辆管理、完善财务审批流程、分列两办食堂食材支出。

【管理下属代管单位】 2022年，市政府驻成都办事处严格接待标准，规范接待程序，共完成接待1130人次。开展“原成都拉萨大酒店退休职工反映诉求”相关问题的复查工作，市政府办公室成立专班工作组，结合市司法局法律顾问出具的《复查意见书》，形成《拉萨市人民政府关于对原成都拉萨大酒店47名基层职工信访事项的复查意见》。市政府驻北京联络处完成党委、政府、人大、政协有关领导进京培训和出差保障、地厅级领导医疗服务保障、相关部门工作人员进京开会出差保障、中央党校在读干部和进京挂职干部联络等服务。落实巡察整改任务，针对“西藏藏津经贸发展公司”巡察整改工作，多次召开市政府机关党组会议专题研究，已聘请第三方公司对西藏藏津贸易发展公司开展清算审计。

信访工作

【概况】 2022年，拉萨市信访局（以下简称市信访局）全力抓信访事项化解推进工作，疫情期间引导信访群众积极通过网络、来信、电话等多种方式表达合理诉求，确保疫情防控工作与信访投诉受理工作同步开展，坚持做到信访工作不断档、不脱节。

【信访案件办理】 2022年，市信访局全面推行“最多访一次”阳光信访工作机制。严格按照要求，将群众通过来信、来访、网上投诉、领导信箱等各种渠道提出的信访事项，全部纳入“藏易访”（信访信息系统），建立起资源共享的“一站式”网上信访受理办理综合平台，不断提高信访事项受理办理效率，规范信访办理流程，做到信访受理一分不等、交办分流一刻不误，答复意见一字不错，办理时限一天不拖，群众评价一个不漏。严格落实诉访分离制度，加强与各职能部门沟通衔接，对照《信访工作条例》规定，准确选择适用办理方式，确保信访事项分得准、接得住、办得好。全市信访事项及时受理率99.7%、按期答复率98%、信访群众满意率均为98.4%，初信初访化解率99%。

【信访机制改革】 2022年，市信访局依托“六级”矛盾纠纷排查调处工作机制，开展“拉网式”信访矛盾排查化解工作，加强对重点领域、重点事项的排查梳理，并建立台账实行动态管理，从源头上预防和减少各类信访矛盾的发生，全市信访部门共排查重点矛盾纠纷194件，化解180件；协调办理维稳要情96件；对19件重点事项建立台账，实行动态管理。严格落实“属地管理、分级负责，谁主管谁负责”原则和“三到位一处理”要求，依法依规按政策予以答复和解决，共办理初信初访867件，初信初访办结率达99%。通过抓信访形势分析研判、抓基层组织建设、抓基层信访联席会议机制建设等措施，持续强化源头预防工作，分析信访矛盾集中区域、成因趋势和存在的主要问题，有针对性地提出意见建议，有效掌握本辖区、本领域信访工作情况，为市委、市政府决策部署提供重要依据。全年共召开信访工作联席会议2次、信访专题会议8次，形成形势分析材料2份。深入学习宣传《信访工作条例》，加快推进拉萨信访工作规范化进程，在全市范围内以“五进”为抓手，通过街面宣传、图片展览、发放手册、发放宣传品，条例进演播室、巡回宣讲等线上线下的宣传方式，迅速掀起学习贯彻落实条例热潮。全市信访系统累计发放宣传手册4800余份、宣传品2600余件，媒体报道6次，巡回宣讲12场次，受益群众19200余人、受益干部600余名。

【信访受理】 2022年，全市信访系统共接待群众来信来访来电网投1557批(件)2198人次，较2021年同比下降2.07%，办结1467批(件)，办结率为93.7%，其中来访774件、来信33件、网投750件。“12345”政务服务热线转交7件，办结7件；市政府集约网转交办23件，办结23件；4件信访事项被列入地级领导包案；4件信访事项开展复查复核工作。

【信访工作方法创新】 2022年，主动创新方法机制，引导群众通过来信、来电、网上信访等无接触方式表达诉求，线上积极处理“网上投诉”“领导信箱”涉访事项，确保群众诉求及时受理，开展多部门视频会办确保矛盾及时化解，利用电话回访保持和信访人联络。加大全市信访业务的督查力度，对全市各级各部门信访业务规范性进行督查，主要包括网上信访信息系统录入情况、工作台账建立情况、答复意见书送达情况等；对责任主体部门信访事项及时办结情况进行督查，主要包括限时未办结信访事项的提醒、督办和催办。累计对76件信访事项下达书面督办76份，针对606件信访事项电话督办754次，针对24件信访事项实地下访督办24次。运用“四函”机制，向21名地级领导呈送“温馨提示函”48份，推送函20份(其中，向市委政法委、市公安局推送涉法涉诉信访事项3件)，向责任单位印发通报函12份。

【领导干部接访下访】 2022年，市信访局协调联动各县(区)信访部门，配合40名地级领导干部带案下访、带案约访，力促42件疑难信访事项得到圆满化解。市信访局10名县级领导主动深入茶巴拉乡，接访31次、宣讲41次、入户31次，慰问困难群众20户，办实事23件，通过实行“点对点”专项研究，“一对一”制定措施，力促得到妥善化解。全年安排市长接待日6次，地级领导随机接访6批(件)，针对4件信访事项召开专题会议2次。制定印发《拉萨市信访工作联席会议办公室关于开展“信访走出家门”活动的通知》，宣传信访法规条例，创新推出“区、市、县、乡、村”五级联合接访模式，带案下访、重点约访、现场接访，解决信访积案，实现信访事项“减存量、控增量”和“零搁置”的工作目标。全市各级领导走出家门下访接待群众来访事项共计966件，化解695件，排查信访矛盾纠纷共计803件，化解651件。

(范婉婉)

行政审批和便民服务

【概况】 2022年，拉萨市行政审批和便民服务局(以下简称市行政审批局)将疫情防控和“放管服”改革作为改进作风狠抓落实的重要抓手，助力全市营商环境优化提升。市一体化政务服务能力水平在全国重点城市评估中由“中”晋级至“高”组别，荣获自治区级“民族团结进步模范单位”称号、第十届“拉萨青年五四奖章”集体称号，《疫情期间，你的安全我来把关》等10余项工作做法及经验被人民网、新华网等国家级媒体刊登报道，市交易中心获评2022年度全国公共资源交易综合竞争力十佳机构。

【政务服务事项管理】 2022年，市行政审批局制定印发《拉萨市全面实行行政许可事项清单管理工作方案》，从依法依规推动清单编制、做好清单动态管理、依托清单健全事中事后监管机制等方面，明确清单编制目标任务、方法路径，开展专题培训，组织县（区）部门开展线上认领，建立事项清单编制联系渠道，及时协调明确事项审批权限未下放、职能边境重叠交叉等问题处理办法，推动权责清单动态调整和政务服务事项编制工作。发布《拉萨市行政许可事项清单（2022版）》，以事项梳理为抓手，推进一体化政务服务平台标准化建设，从服务模块、服务方式、服务供给以及事项梳理上基本实现统一。

【政务服务大厅工作】 2022年，市行政审批局研究制定《综窗区域管理制度》《区长、组长工作制度》等工作制度，建立"晨训晚结"等工作机制。申请86.44万元，为大厅400余名工作人员订制工装，有力提升窗口形象。从事项进驻、窗口服务、综合管理等环节细节入手，梳理确认市级政务服务应进事项607项，制定印发《拉萨市进驻三级政务服务大厅政务服务事项目录清单》，以"事项名称+事项层级+收件要点"标准化收件模式为标准，对法人、个人综合窗口进驻服务事项进行最小化梳理。推行"全天开放、全程自助、全年无休"服务模式，为企业群众提供24小时"不打烊"服务，实现24小时自助办理政务服务事项48个，"跨省通办"事项143个、"跨市通办"事项4个，新增2个咨询引导机器人和3台自助服务机，进一步提升政务服务"科技含量"。自助服务区全年共受理事项41860件。优化全程帮办代办工作流程，推进大厅党员、青年、巾帼、帮办代办四支志愿服务队，为企业群众提供"一对一"代办帮办服务。

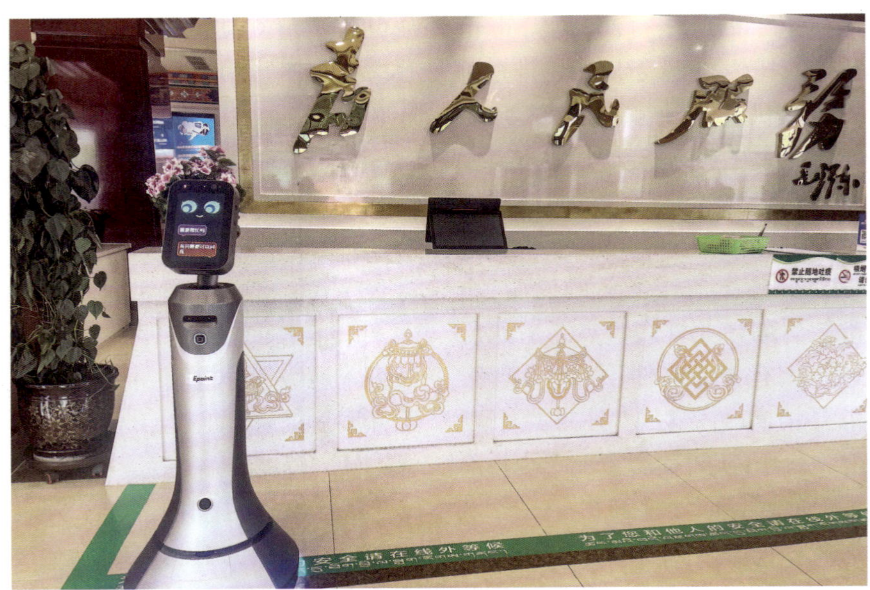

"萨都办"大厅智能服务机器人

【"互联网+政务服务"工作】 2022年，市行政审批局推动市一体化政务服务平台与区一体化政务服务平台、市人社局等市级部门自建系统深度对接，"上架"布宫、大昭寺门票预约等37个便民应用和"一件事一次办""跨省通办"等政务服务模块。依托"互联网+政务服务"一个源头，全面提升拉萨市一体化政务服务网功能，上线详尽服务指南，提供"长辈关怀""助企纾困"等22项创新+8项特色服务。开设"萨都办"掌上办事体验区，政务服务网上可办率达99.7%，809个事项实现"掌上办"，推动"掌上办"由"可办"向"好办"迈进。统筹归并网上办事入口、整合便民应用，对接西藏高校毕业生就业、公安"码上办"等应用，通过拉萨市政务服务微信公众号和抖音做好宣传推广。线上平台用户注册量达42.75万人（户），"萨都办"日均点击量400人次。拉萨市一体化政务服务能力在全国重点城市考核中实现"三连跳"，国务院评价从"中"升至"高"，在全区发挥较强引领示范作用。

【"一窗受理、集成服务"改革】 2022年，市行政审批局充分发挥区、市、县三级集中、上下联审优势，持续在"综窗"服务模式中用力，不断规范和优化"一窗受理、综合服务"服务模式，制订印发《拉萨市深化政务服务"综窗受理"改革工作方案》明确办理流程、受理条件、受理内容、申报材料及审批标准，编制完成"综窗受理"事项标准化的办事指南及流程图，制作标准化文书事项303个，推动运用综合窗口受理系统统一受理业务1089件，实现“小一窗”向事项集成服务的“大一窗”迈进。截至年底，医保领域12个类别28项业务，市场监督管理局食药类26项业务以及不动产交易登记实现综合受理。整合优化线上线下平台资源，推行企业开办注销、不动产登记等高频事项跨层级跨部门“综窗”办理，减少办事环节、申报材料和跑动次数。

【深化“放管服”改革】 2022年，市行政审批局持续优化用水、用气、用地等5大项11个事项审批流程，深化营商环境“卡点”整治工作，将用水用气占路占绿审批时限由6—11个工作日压缩至4个工作日，总体精简所需材料40%以上、压缩办理时限65%以上，一般用户用水报装时限由5个工作日优化为2—3个工作日。深化“减证便民”专项行动，市本级事项承诺时限压缩比、四级深度占比分别为83.06%、76.14%，企业开办、不动产登记、施工许可承诺时限分别压缩至2个工作日、3个工作日和4个工作日。联合市市场监管局、市工商联，赴4家企业开展上门调研送服务工作，宣传不动产中心最新法规政策，收集意见建议11条，并针对收集到的意见建议，对接相关部门持续推进推动企业开办2个工作日办结常态化，有序推进企业社保证明跨区域办理。

【公共资源交易】 2022年，市行政审批局不断规范交易流程，提升交易服务质量，稳步启用电子保函、推动远程异地评标常态化和招投标全程电子化、落实“六稳六保”决策减免场地费，开通项目交易“绿色通道”，推行延时服务、错时服务等，大幅度降低公共资源交易制度性成本，营造公开、公平、公正、透明的交易环境。全年完成招标项目845宗，交易总额达117.09亿元。为全市835家企业减免交易服务费876.5万元，为845家企业减免场地服务费84.5万元。

【“12345”政务服务便民热线管理】 2022年，市行政审批局搭建“12345”政务服务数字化智能化政务服务平台，初步实现“12345”政务服务一个号码服务、一个平台受理、一套系统转办。开通“12345+营商环境”和“12345+惠民政策”服务专席，梳理汇总668条民生类常见政策，形成一套热线政策解答知识库，为企业、群众提供线上及时解答服务。建立形成日报、周报、月报定期报告机制，加强数据的分析研判，为市委、市政府决策提供参考。全年“12345”政务服务便民热线总通话量51万余件，群众满意率保持在95%以上。为助力“四联四包”工作开展，开通“12345”政务服务便民热线惠民政策解读专线，为全市群众及时提供政策咨询渠道，并制作藏语和汉语版惠民政策“口袋书”1500册、宣传品（雨伞、折叠包）3000余个。

（高一淼）

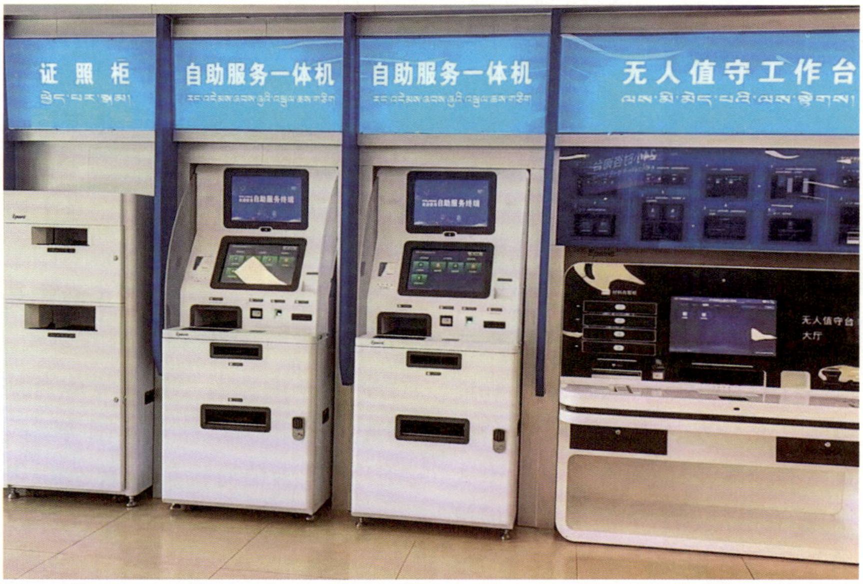

政务服务大厅自助服务设备

外事工作

【概况】 2022年，拉萨市外事办公室（以下简称市外事办）以改进作风狠抓落实为抓手，以巡察、审计整改为契机，围绕中心管外事、服务大局办外事，服务党和国家总体外交大局和拉萨长治久安和高质量发展。

【外事交流】 2022年，尼泊尔加德满都市进行大选，巴伦德拉·沙阿当选市长。为进一步深化中尼传统友谊，巩固友城关系，外事办经上级批准，以市长名义代表全市人民向加德满都市新任市长致贺信，助力两市友好关系不断迈上新台阶。

（郭海冬）

藏语文工作

【概况】2022年，拉萨市藏语文工作按照《中华人民共和国宪法》《中华人民共和国民族区域自治法》《西藏自治区学习、使用和发展藏语文的规定》《拉萨市社会用字管理办法（试行）》《中共拉萨市委员会拉萨市人民政府关于进一步加强藏语文工作的意见》等要求认真开展，促进全市社会用字的规范化、标准化、信息化、法治化建设。

【藏语文社会用字工作】2022年，拉萨市藏语文工作委员会办公室（拉萨市编译局）（以下简称市藏语委办）制订《拉萨市藏语委办（编译局）国家安全教育日宣传教育活动方案》《拉萨市藏语委办2022年深入开展民族团结进步宣传教育工作方案》，通过走街串巷发放宣传物品及宣传资料等方式，宣传宪法、国家安全法以及《西藏自治区学习、使用和发展藏语文的规定》和《拉萨市社会用字管理办法（试行）》等法律法规，引导各级群众自觉增强国家安全意识、公民意识和法治意识以及规范使用藏语文社会用字意识。在市区主干道人行天桥电子显示屏投放规范使用社会用字宣传标语。对全市规范使用藏语文社会用字情况开展专题监督检查，共整治229处问题，下发《整改通知书》59份，整改完成率99%。收到26个藏文不规范的举报内容，全部按照受理时限办结，办结率达到100%。

【编译工作】2022年，市藏语委办完成拉萨市“两会”材料及大型活动用语用字的翻译，协助市直各部门翻译各类宣传、标语、文件、讲话等材料，全年翻译字数达80余万字。三级政务服务大厅翻译窗口持续为社会各界提供优质便捷的免费翻译服务，年办件量达6500余件。完成全市《拉萨地名历史文化释义》材料收集和编撰工作。根据《中共拉萨市委员会拉萨市人民政府关于进一步加强藏语言文字工作的意见》精神，结合全市藏语文编译业务工作人员教育培训需求，分别举办拉萨市藏语文工作者国家通用语言文字素养提升暨第八期汉藏翻译培训班和拉萨市第七期小学藏语、汉语教师教学技能提升培训。完成拉萨市翻译工作者协会的年检工作。为提高新形势下翻译工作的能力和水平，组织开展翻译论坛，讨论新兴词汇的翻译手法。

【网络平台建设】2022年，市藏语委办翻译《二十大报告一图速览》并在微信公众平台发布，成为全国第一个藏文版《二十大报告一图速览》，点击量超过3万人次，西藏、四川、青海等全国多个藏文主流媒体转载。充分发挥办（局）微信公众平台的作用，及时发布中共二十大相关的翻译文稿，为基层群众提供学习和领会中共二十大精神的渠道，努力推动藏语文编译部门成为引领基层受众思想进步的政治学校、成为党联系群众最为牢固的桥梁和纽带。全年共推送党的二十大相关内容14期，部分内容被“学习强国”学习平台、西藏网信等平台转载发布。研发的微信小程序《汉藏术语汇编词典》，新增西藏自治区新词术语藏文翻译规范委员会公布的《藏文名词术语规范公报》2022年第十四期（总第138期）内容——党的二十大报告中的新词术语以及青海海南州民族语文工作中心于2022年9月29日公布的《习近平谈治国理政》第四卷索引汉语和藏语对照词汇，截至年底，数据库已达到11.77万词条。

【助推党的二十大胜利召开】为深入贯彻落实习近平新时代中国特色社会主义思想、铸牢中华民族共同体意识，主动作为，市藏语委办先后翻译《习近平总书记在中央民族工作会上的重要讲话精神金句》《习近平总书记对青少年的寄语100条》《十八大以来的应知应会知识100条》《习近平在正定》《国务院政府工作报告精简版》《中央第七次西藏工作会议精神之“十个必须”》《阐释社会主义核心价值观之民主》《阐释社会主义核心价值观之富裕》《党的二十大资料大全》《党的二十大报告一图速览》等中央、区、市重要理论政策及重大会议精神共27则600多页。特别是中共二十大会议开幕当日率先完成新华社发布的《国务院政府工作报告精简版》《二十大报告一图速览》藏文翻译工作。

（卓嘎群措）

中国人民政治协商会议拉萨市委员会

综述

【概况】 2022年，拉萨市新一届政协领导班子及机关党组全面贯彻落实习近平总书记关于加强和改进人民政协工作的重要思想，深入贯彻落实党的二十大精神、中央第七次西藏工作座谈会精神，把握团结和民主两大主题，团结带领广大政协委员和机关干部职工围绕推动“四件大事”、实现“四个确保”，自我加压、主动作为，在着力推进“四个创建”、努力做到“四个走在前列”、当好“七个排头兵”中凝聚共识、汇聚力量。

【专题调研】 2022年，中国人民政治协商会议拉萨市委员会（以下简称市政协）围绕“进一步优化营商环境”“大学生在民营企业就业稳业情况”“我市固定资产投资情况”“民营企业在发展中遇到的难点、堵点问题”“我市教育‘双减’政策推行”“义务教育均衡发展”“基层社会治理工作”“小区物业管理存在的问题及对策建议”等主题开展调研，并形成调研报告上报市委，得到市委主要领导肯定。

【重要活动】 2022年3月25日，市政协召开各族各界委员庆祝西藏民主改革63周年暨“3·28”西藏百万农奴解放纪念日座谈会。市政协党组书记、主席尼玛出席讲话，市委常委、统战部部长、市政协党组副书记格桑次旦主持会议，市人大常委会副主任林生，市政府副市长洛色以及在家各政协副主席、秘书长、各专委会主任办公室其他县级干部、市民委、市工商联主要负责人参加会议。会议传达学习习近平总书记同党外人士共迎新春时的重要讲话精神、全国两会精神及区党委民族工作会议精神。会上，宗教界、民族界、工商界、教育体育界、经济界6名委员结合自身亲历、亲见、亲闻畅谈在党的领导下，西藏民主改革以来取得的全方位进步和历史性成就。最后，各族各界政协委员参观西藏百万农奴解放纪念馆和藏传佛教活佛传世专题展。

【党建工作】 2022年，市政协以作风建设为主线，大力加强机关作风

2022年5月12日，市政协党组书记、主席尼玛（前排右二）到联系重点项目现场检查工作

2022年5月12日，市政协党组书记、主席尼玛（右三）在当雄县康玛寺调研

建设，把学习成果转化为解决实际问题、提高服务质量、助推改革发展的能力水平，进一步锤炼过硬履职本领和工作作风，树立新时代人民政协的新样子，推动拉萨政协事业赓续前行、走在前列。

重要会议

【市政协会议】2022年12月11—13日，政协第十二届拉萨市委员会第三次会议在拉萨召开。应到委员246名，实到175名，市政协党组书记、主席尼玛讲话，市政协副主席岳国红主持。会议听取和审议政协第十二届拉萨市委员会第三次会议关于常务委员会工作报告；政协第十二届拉萨市委员会第三次会议关于政协十二届二次会议以来的提案工作情况报告；列席拉萨市第十二届人民代表大会第三次会议，听取并讨论政府工作报告及其他有关报告；审议通过政协第十二届拉萨市委员会第三次会议政治决议；审议通过政协第十二届拉萨市委员会第三次会议关于常务委员会工作报告的决议；审议通过政协第十二届拉萨市委员会第三次会议关于政协十二届二次会议以来的提案工作情况报告的决议；政协第十二届拉萨市委员会提案委员会关于政协十二届三次会议提案审查情况报告；传达学习党的二十大精神等。

【市政协常务委员会会议】2022年1月13日，政协第十二届拉萨市委员会常务委员会第三次会议，应到常委50名，实到39名。亚古、拉巴、拉巴顿珠、岳国红、达娃、刘亮、宋留柱、韩云拴、卢炜升、邹玉明及各位常委出席会议。不是市政协常委的各县（区）政协主席、市政协副秘书长，不是市政协常委的市政协各专委会副主任及办公室其他县级领导列席会议。会议审议政协第十二届拉萨市委员会第二次会议关于常务委员会工作报告的决议（草案）；政协第十二届拉萨市委员会第二次会议关于政协十二届一次会议以来提案工作情况报告的决议（草案）；政协第十二届拉萨市委员会提案委员会关于政协十二届二次会议提案审查情况的报告（草案）；政协第十二届拉萨市委员会第二次会议政治决议（草案）。

2022年3月31日，政协第十二届拉萨市委员会常务委员会第四次会议召开，应到常委50名，实到38名。市政协党组书记、主席尼玛主持并讲话，市委常委、统战部部长，市政协党组副书记格桑次旦出席，市政协副主席拉巴、拉巴顿珠、岳国红、达娃、刘亮；韩云拴及秘书长邹玉明参加会议，各县（区）政协负责人、市政协副秘书长、各专委会主任、办公室其他县级干部及各科室负责人列席会议。会议传达学习全国政协十三届五次会议精神；书面传达学习十三届全国人大五次会议及自治区两会精神，审议通过《政协第十二届拉萨市委员会常务委员会2022年度工作要点（草案）》。

各专门委员会工作

【提案委员会】2022年，市政协提案委员会聚焦提质增效，深入基层开展提案工作调研。研究制定《拉萨市政协提案办理考核实施细则》，有效提升各承办单位提案办理实效。按照《市政协重点提案遴选与督办暂行办法》，召开主席会成员领衔督办重点提案工作座谈会，围绕《关于进一步扶持易地扶贫搬迁安置区发展》等重点提案开展督办工作，推动提案工作落地见效。

【经济资源环境农业农村委员会】2022年，市政协经济资源环境农业农村委员会坚持问题导向，深入贯彻落实中央和区市党委经济工作会议精神，组织委员围绕“进一步优化营商环境”“大学生在民营企业就业稳业情况”“我市固定资产投资情况”“民营企业在发展中遇到的难点、堵点问题”等主题，进行深入调研、召开2次协商议政会议，并形成5份调研报告，为市委、市政府科学民主决策提供参考依据。

【社会教科文卫体委员会】2022年，市政协社会教科文卫体委员会聚焦民生热点难点，破解社会治理难题，精准选题，组织政协委员和政府职能部门的负责人围绕“我市教育‘双减’政策推行”“义务教育均衡发展”“基层社会治理工作”“小区物业管理存在的问题及对策建议”等主题进行实地调研，并形成3份调研报告。

【文史民族宗教法制委员会】2022年，市政协文史民族宗教法制委员会围绕喜迎党的二十大，以铸牢中华民族共同体意识为主题，在全市政协系统以“委员讲堂”为载体，开展委员撰写“三亲”故事、读书分享会等一系列具有政协特色的团结联谊活动。以共产党好、社会主义好、民族团结好为主题，编印4期委员“三亲故事”特刊，并从市县两级政协委员中遴选12名宣讲骨干，分4期进行培训，拟深入各界别群众进行宣讲，促进中华民族一家亲的思想根植于心、落实于行，推动中华民族共同体意识在雪域高原落地生根、枝繁叶茂。

中共拉萨市纪律检查委员会·拉萨市监察委员会

综述

【概况】 2022年,全市各级纪检监察机关以习近平新时代中国特色社会主义思想为指导,坚决贯彻习近平总书记关于党的自我革命战略思想,坚决贯彻坚定不移全面从严治党战略部署,深入开展党风廉政建设,始终保持正风肃纪、反腐惩恶的战略定力,围绕新时代新征程拉萨长治久安和高质量发展,充分发挥监督保障执行,促进完善发展作用。以迎接服务党的二十大、学习贯彻党的二十大精神为工作主线,以高效统筹疫情防控和经济社会发展为工作重点,认真履行协助职责和监督专责,稳妥推进正风肃纪、反腐惩恶,纪检监察工作取得新进展新成效。坚定不移落实中央八项规定精神,持续有力纠治"四风"顽瘴痼疾,开展全市中共十九大以来涉嫌违反中央八项规定精神问题自查自纠整改。坚定不移整治群众身边的不正之风和腐败问题,不断夯实党长期执政的政治根基,围绕巩固拓展脱贫攻坚成果同乡村振兴有效衔接开展过渡期专项监督,突出基层党组织软弱涣散小专项监督,探索开展县(区)农村集体"三资"提级监督试点工作,集中整治民生领域损害群众利益问题,严查贪污侵占、吃拿卡要、优亲厚友等问题。坚定不移弘扬伟大建党精神和自我革命精神,打造高素质专业化纪检监察干部队伍,坚持稳中求进工作总基调和"严"的主基调,以更高标准、更严纪律、更实的举措强化严管严治,推进自我净化。注重示范引领,严格执行重大问题请示报告制度,完善市纪委常委会工作规则,首次向市人大常委会报告专项工作,推进业务和班子建设"内部小巡视回头看"整改工作。注重培养选用,树立"凭能力用干部、以实绩论英雄"选人用人导向,持续优化领导班子和干部队伍结构,坚持把政治标准放在首位,培养选拔优秀年轻干部,提拔和进一步使用干部15名,晋升职级42名;分级分类实施全员培训500余人次,重点培育初步核实、审查调查、案件审理三种专业力量。注重严管厚爱,制定改作风抓落实七大行动实施方案,召开专题组织生活会,围绕"四查四问"开展政治体检;制定家访、回访、走访工作制度,出

2022年6月29日,市监委首次向市人大常委会汇报专项工作

台工作人员之间打听、干预监督检查审查调查工作和请托违规办事报备及责任追究规定，落实办案安全制度，遵行规范饮酒、禁止赌博规定，动态更新纪检监察干部廉政档案589人次，了结问题线索2件，切实解决“灯下黑”问题。

【党风党纪和遵规守法宣传教育】2022年，中共拉萨市委员会纪律检查委员会 拉萨市监察委员会（以下简称市纪委监委）发挥网络载体正向引领作用，用好“一微两网”平台，加强全面从严治党形势教育，第一时间发布中央和区市党委、纪委关于党风廉政建设和反腐败工作的重大决策部署，及时转载中央纪委国家监委“一报两刊”刊发专栏文章、重要讲话和经验做法等，权威解读有关方针政策，围绕党的二十大、区党委十届三次全会、区市纪委十届二次全会部署安排贯彻落实情况，加强宣传报道，共发布各类信息3084条，累计浏览113.5万余人次。突出“一微两网”运维，按照自治区纪委监委关于更新整改纪检监察机关网站信息公开情况通知要求，完成对市级11个和县（区）级8个子栏目整改更新，定期更新网站栏目内容，强化对内对外宣传引导；鼓励县（区）报送故事性强、亮点突出的文章，加大本级经验做法、典型案例等资料素材挖掘、采编力度，持续扩大“清风拉萨”廉政宣传覆盖面和影响力。

【重要纪检工作会议】2022年2月16—17日，中国共产党拉萨市第十届纪律检查委员会第二次全体会议在拉萨召开。全会坚持以习近平新时代中国特色社会主义思想为指导，全面贯彻党的十九大和十九届历次全会精神，认真落实十九届中央纪委六次全会和自治区纪委十届二次全会精神，总结全市2021年纪检监察工作，分析全面从严治党形势，部署2022年重点任务，审议通过王洪勇代表拉萨市纪委常委会所作的《贯通运用党的百年奋斗历史经验，深入推进新时代党的伟大自我革命，为建设社会主义现代化新拉萨提供坚强保障》工作报告。

2022年7月9日，召开拉萨市县处级干部警示教育大会。区党委常委、市委书记普布顿珠出席会议并讲话，强调要深入学习贯彻落实习近平总书记关于党风廉政建设和反腐败斗争一系列重要指示精神，贯彻落实习近平总书记关于西藏工作重要指示和新时代党的治藏方略，以永远在路上的执着、坚如磐石的决心、坚不可摧的意志，保持零容忍的警醒、零容忍的力度，把全面从严治党不断引向深入。

【体制建设】2022年，市纪委监委立足新发展阶段、贯彻新发展理念、服务和融入新发展格局，坚定不移抓深抓细纪检监察体制改革，努力实现监督无死角全覆盖，助力全市纪检监察工作高质量发展。推动国企监督全覆盖，制订《关于深化市属国有企业纪检监察体制改革的实施方案》，在资产规模较大、党员及监察对象较多的城投公司、交产集团等6家市属国有企业设立纪委和监察专员办公室，任命市属国有企业纪委书记为监察专员，赋予国有企业纪委干部监察权。推动派出监督规范化，成立市直机关纪检监察工委，作为市纪委监委派出机构，制定市直机关纪检监察工委干部提名考察和任免职规定，从制度上规范书记、副书记的提名、考察和任免职程序，配备纪检监察工委书记、副书记。推动办案场所标准化，设立市纪委监委达孜管理中心，承担“走读式”谈话和留置任务，填补拉萨市留置场所的空白。推动制度建设法治化，坚持贯通协调，出台《关于推进纪律监督监察监督派驻监督巡察监督统筹衔接的意见》《拉萨市纪检监察、组织、巡察、审计监督联动协调工作办法》并推动落实，建立“室组”联动监督机制，实现“四项监督”“九大监督”信息、资源、力量共享共用。

【巡视巡察反馈问题整改监督】2022年，市纪委监委坚守政治监督职责定位，严格按照《拉萨市委巡察工作协调配合机制》《拉萨市委巡察整改落实和成果运用暂行办法》，将巡察整改监督纳入政治监督重要范畴，以常态监督、集中督办等形式落实落细政治监督。聚焦巡察反馈问题整改情况，督促各级纪检监察机关充分发挥“室组联动”“抵近监督”优势，对巡察整改情况开展常态化监督，压紧压实各级党委（党组）巡察整改责任，全程跟进巡察整改进度，检查过筛阶段性整改质效，以强监督促真改实改，按期保质完成整改。聚焦巡察反馈整改不到位问题，以工作提示函、督办函等形式，分门别类反馈问题清单，督促各级纪检监察机关对标对表问题清单，紧盯整改落实不到位问题开展集中督办，对虚假整改、表面整改、敷衍整改等形式主义官僚主义问题，严肃追责问责，做深做实巡察“后半篇”文章。全年督办粮食购销领域专项巡察反馈问题202条，已整改完成186条；督办九届市委巡察向市政府移交未办理完成的重点事项清单14项，已整改完成5项，正在推进9项。

2022年7月9日，拉萨市召开县处级干部警示教育大会

【监督执纪】 2022年，市纪委监委始终聚焦“两个维护”，胸怀“国之大者”，突出政治监督；聚焦习近平总书记重要指示批示精神和党中央决策部署贯彻落实情况开展监督检查，切实推动党中央重大决策和自治区党委、市委重要部署重点工作安排落地见效；聚焦“四件大事”“四个创建”“四个走在前列”和当好“七个排头兵”，制定政治监督任务清单，压实政治监督责任。完善全市党员干部廉政档案1234份，开展县（区）、市直部门党委（党组）书记向市委常委会扩大会议述责述廉及接受评议质询，常态化开展任前廉政谈话，加强对“一把手”和领导班子的监督，对275名县（区）党政“一把手”、市直单位主要负责人和班子成员等开展政治生态谈心谈话，切实营造风清气正的政治环境。坚持把好政治关和廉洁关，出具廉政意见1330批23979人次，提出暂缓和否定性意见63人次。坚持纠“四风”树新风并举，查处违反中央八项规定精神问题20件41人，给予党纪政务处分19人，组织处理26人。精准纠治享乐主义、奢靡之风，靶向纠治违规公务接待及公款报销吃喝费用问题361个，跟进违规占用周转房、长期借用公款不还清理整改工作，查处享乐主义、奢靡之风问题18件，给予党纪政务处分12人，批评教育16人。深化纠治形式主义、官僚主义，开展会风会纪监督检查37次，通报50家单位69人；查处形式主义、官僚主义问题2件15人，给予党纪政务处分6人，批评教育10人。

【案件办理】 2022年，市纪委监委严格执行坚决打赢反腐败斗争攻坚战持久战的重要部署，坚持反腐力度不减、节奏不变、尺度不松，持续紧盯政策支持力度大、投资密集、资源集中的重点领域和关键环节，突出国企领域和关键少数特别是“一把手”、县处级干部、重要岗位人员，高度重视贪腐年轻化趋势。全年受理问题线索421件、处置问题线索416件、立案120件、给予党纪政务处分155人，涉嫌犯罪移送检察机关审查起诉11人。查处“一把手”违纪违法人员27人，40岁以下年轻干部57人，查处国企、土地、工程等领域腐败问题涉及人员14人。全年运用“四种形态”批评教育帮助和处理512人次，运用“第一种形态”批评教育帮助348人次，占68%；运用“第二种形态”处理118人次，占23%；运用“第三种形态”处理17人次，占3.3%；运用“第四种形态”处理29人次，占5.7%。2022年，主动向纪检监察机关投案8人，主动向纪检监察机关交代问题32人，“不敢”的震慑越来越强。

【廉洁建设】 2022年，市纪委监委研究和推行廉政建设机制体系，牵头制定《拉萨市党员干部常态化廉政警示教育长效机制（试行）》，明确“三个原则”、细化“十五项措施”、压实“五类责任”，将廉政警示教育融入党员干部教育管理监督全过程各方面，切实提高针对性、实效性、感染力。梳理2021年度全市查处的14起违纪违法典型案例，编写《拉萨市违纪违法干部忏悔录选编》，分层级、分类别发放400本。充分发挥身边事身边人警示作用，精心选取党的十九大特别是2020年以来全市查处的80余起典型案例进行类案、个案剖析，形成总体展览方案和细化实施方案，举办市县“身边事教育身边人”廉政警示教育展，累计参观145场次，覆盖3900余名党员干部。组织召开全市县处级干部警示教育大会，集中观看《在“温水”中沦陷的县委书记》警示教育片，教育引导广大党员干部深刻汲取教训、引以为戒，心存敬畏、警钟长鸣，走稳走好新时代赶考之路。

（马　松）

巡察工作

【概况】 2022年，中共拉萨市委员会巡察工作领导小组办公室（以下简称市委巡察办）围绕中心、服务大局，立足政治监督职能责任，组织实施十届拉萨市委第一轮巡察工作，组建9个巡察组对18家党组织开展常规巡察，顺利实现十届拉萨市委巡察工作开局起步。

【巡察工作重大决策】 2022年，市委巡察办坚定不移全面深化政治巡察，充分彰显全面从严治党利剑作用，十届拉萨市委严格履行巡察工作主体责任，紧紧围绕习近平总书记关于巡视工作重要论述和指示批示精神，紧紧围绕党中央重大决策和区党委部署要求，深入贯彻落实中央巡视工作方针和全国巡视工作会议精神以及全区巡视巡察工作会议精神，紧扣政治巡察根本任务，以“四个意识”为政治标杆，从全面从严治党的战略高度，始终坚持“严”的主基调不放松，坚持以人民为中心的立场不动摇，以“三个聚焦”为监督重点，以“四个对照”为监督标准，以“四个紧盯”为监督路径，坚持问题导向，把“两个维护”作为政治巡察的根本任务，在强化政治监督上凝心聚力，充分保证政治巡察的正确方向和监督效果。市委书记普布顿珠严格履行第一责任人责任，主持召开拉萨市委常委会会议传达学习全国巡视工作会议精神和《关于加强巡视整改和成果运用的意见》，审议《中共拉萨市委员会巡察工作规划（2022—2026年）》，主持召开拉萨市委巡察工作领导小组会议，安排部署十届拉萨市委第一轮巡察工作。拉萨市委巡察工作领导小组认真履行组织领导责任，召开3次会议研究部署巡察工作。

【巡察整改】 2022年，市委巡察办抓实巡察整改监督，严格贯彻落实《关于加强巡视整改和成果运用的意见》，适时督促拉萨市纪委监委、拉萨市委组织部履行巡察整改日常监督责任，并向拉萨市委巡察工作领导小组报告整改情况，定期汇总分析上报整改数据。对九届拉萨市委巡察和十届市委第一轮巡察整改落实情况大起底，通过发督办函对九届市委巡察以来未整改到位的13家单位28条问题及九届市委巡察向市政府移交的9条重点事项未整改到位问题持续进行督办，形成工作报告报市委研究。十届市委第一轮巡察中，反馈问题605条，整改完成530条，整改率87.6%。定期对接拉萨市纪委监委案件监督管理室反馈巡察移交问题线索办理情况，其中已办结2件，剩余7件3人均在办理中。

【巡察监督】 2022年，市委巡察办抓好统筹谋划，高质量开展十届市委第一轮巡察，组建6个巡察组对市直机关工委、市委党校、市人大机关、市政协机关、市自然资源局、市农业农村局、市商务局（含招商引资局）、市林业草原局、市科技局（含科协）、市广电局、市统计局、市信访局、团市委、市妇联、市编译局、市总工会、市外事办、市工商联共18家党组织开展常规巡察，发现并反馈问题240条，向市纪委监委移交问题线索9件3人。

【巡察制度建设】 2022年，市委巡察办抓细巡察工作流程规范，请示市委巡察工作领导小组设立拉萨市委巡察办组联席会议制度，明确议事规则，同步对在编人员特别是县级及以上领导干部在巡察间隙期的工作进行定岗定责，办组联席会议作为拉萨市委巡察机构议事决策平台，研究决定拉萨市委巡察机构运行过程中重大事项及日常工作事务。

（马　松）

法 治

政法委与综治

【概况】 2022年，全市政法机关坚持总体国家安全观，紧扣党的二十大安保维稳主题主线，以维护社会和谐稳定、实现长治久安为目标，以疫情防控为重点，强化责任意识、岗位意识、阵地意识，坚持警钟长鸣、警惕常在，树牢“维稳是实功、关键在平常”和“100 – 1=0”的思想，以“看首府首先从政治上看”的意识和担当强力推进“7+1”维稳防控模式和“双十举措”落地落实，奋力确保社会大局持续和谐稳定。

【司法体制改革】 2022年，拉萨市建立健全司法权力清单和责任清单，实行庭长带头办案机制；推进法官助理、书记员单独职务序列改革，69.54%以上人员向办案一线集中。推进以审判为中心的刑事诉讼制度改革，落实“三项规定”，强化庭审中心作用；推进民商事案件“分调裁审”改革，繁简分流率达45.75%和54.25%。坚持把检察机关的证据审查能力和公安机关的侦查优势结合起来，健全办案数据共享机制。统筹推进法院、检察院人财物统管改革，拟订方案、加强协作、有序推进。

【大数据办案系统建设】 2022年，中共拉萨市委员会政法委员会（以下简称市委政法委）投入495万元，在全区率先建成“拉萨市政法大数据办案系统”，打通全市政法相关部门之间的数据资源共享与交换壁垒，实现刑事案件立案、起诉、审批网上办理、流转。在市、县（区）两级政法部门全面铺开、推广使用，实行刑事案件网上流转单轨制。截至年底，通过系统流转提请审查逮捕156起刑事案件，全市刑事案件办理质效明显提升，打破各自办案系统信息壁垒、改变传统案件办理流程、实现案件办理职能监督。

【执法司法案件“回头看”】 2022年，市委政法委按照自治区政法委统一部署，在全市部署开展执法司法案件“回头看”，全面梳理5年来全市政法系统办理的77977件案件情况（其中，市直政法单位12351件，县区政法单位65626

2023年3月18日，市委政法委召开全市政法系统推动会

件)，并按要求录入全区案件目录表，实现“全录入”、无遗漏。按照不低于1%的要求，随机抽选909件案件，协调市直政法单位组成4个专班小组，组织开展回访和案件评查。

【司法为民活动】 2022年，拉萨市实施“八五”普法，推动“法律十进”，构建起“网、报、视、街”全方位宣传工作格局，在宗教界深入开展“三个意识”教育，在全社会开展法治宣传教育活动789场次，受教育12.5万余人。扎实推进城镇落户“零门槛”政策实施，有序落户1217户2149人；全面落实交管领域69项“网上办、异地办、一证办”改革新举措，积极开展摩托车驾驶证“送考下乡”，开展“大服务”活动，持续深化“我为群众办实事”实践活动，深入推进“码上办”，切实让人民群众感受到司法为民的“温度”。

【社会治安综合治理】 加强统筹协调。2022年，市委政法委聚焦“强认识、查隐患、补短板、夯根基”，协助市委组织部举办3期基层干部能力提升培训班，培训924名基层党组织工作人员。组织各县(区)和相关单位开展研讨757场次，交流发言1万余人次，推动基层干部在思想认识、工作认识、责任认识等方面有新提高。

推进难点攻坚。2022年，市委政法委始终将“雪亮工程”建设和“十万人命案发案率低于0.6”作为市域社会治理现代化工作的硬性指标，自我加压、全力攻坚，建成市级总平台和综治分平台，实现与市委办、消防、城管、教育等部门视频联网共享。聚力开展命案防范攻坚，聚焦人民群众反映的堵点、痛点、难点，持续推进“刑所联动”执法模式，推动“打防控”无缝衔接、高效运转，实现压降发案率、提升破案率，全年4起命案全部侦破。

创新深化改革。2022年，市委组建成立维稳和基层社会治理改革创新工作专班，研究制定《拉萨市关于贯彻落实自治区维护稳定“十项重点工作”和“十项重点改革”的具体举措》，细化32项重点工作，分解33项改革任务，列出38项制度清单。建立安全稳定工作“例会制”及配套工作日志、“两警四防”警示教育“第二议题”制度，健全“搜情奖励”机制，编印基层社会治理应知应会手册，坚决补齐维稳和社会治理短板。组织专门力量赴江苏考察学习，精心编印《赴江苏考察调研报告汇编》，集成亮点特色，提出办法举措，推动难点解决。

创新领导体制。2022年，市委政法委创新建立涉稳重点街道领导体制，建立涉稳重点街道派出所所长兼任街道党工委书记，全市8个街道书记由派出所所长兼任，形成“一套班子抓维稳、一套班子抓经济”的工作格局。注重“全面建”和“重点创”，积极梳理基层亮点特色、集成一批经验做法，《拉萨市坚持“五化”推进和谐寺庙创建》被中央政法委采纳并在全国推广。

推进“四联四包”。2022年，全市政法机关按照“响应号召、抓住机会、弄清家底、补齐短板、确保稳定”的思路，深入推进“四联四包”和“大宣讲大调研大排查大落实”活动，解决一批群众急难愁盼问题，摸清底数、掌握情况、化解隐患。

【维稳工作】 拧紧条线“责任链”。2022年，全市政法系统始终坚持党的二十大安保维稳主题主线不动摇，准确把握全年维稳工作五大阶段，市委政法工作会议、平安建设领导小组会议、市委政法委全体会议等专题安排部署党的二十大安保维稳工作。研究制订《关于坚决打赢党的二十大安保维稳攻坚战的实施方案》，确保政法维稳部门按图施工、挂图作战。全市政法各单位听令而行、闻令而动，牢固树立“一盘棋”思想，立足各自职责、发挥专业优势，全力配合、有序推进，各司其职、分兵把口。

筑牢环拉“护城河”。2022年，全市政法系统坚持滚动排查、源头化解各类风险隐患，努力把不稳定、不安全因素过滤在远端、堵截在外围。各级公安检查站拿起“显微镜”、抄起“放大镜”，从严落实“五逢一快”要求，严格执行验证检查等安检措施，竭力消除“输入型”“潜入型”隐患。

【社会管理创新】 加强组织领导。2022年，自治区党委常委、市委书记普布顿珠组织召开市委平安拉萨建设领导小组第1次会议，研究平安拉萨建设和市域社会治理工作，市委常委会专题听取市域社会治理工作，研究解决问题，有力推动工作。先后制定印发《关于进一步加强新时代群防群治工作的实施办法》《2022年全市平安建设工作要点》等文件，加强督促指导。

形成《关于凝聚社区治理合力的调研报告》，为上级部门和领导决策提供有力支撑。

加强改革创新。2022年，市委政法委及时成立市维稳和基层社会治理创新工作专班，从基层一线借调9人充实到专班队伍，拨付90万元专项经费足额保障专班工作有序开展，挑选14人到江苏考察学习，起草《赴江苏学习考察调研报告》，努力走出一条具有拉萨特色、市域特点、时代特征的社会治理之路。

加强基层基础。2022年，全市政法系统常态化开展“两警四防”警示教育，研究制定《关于在全市反分裂斗争中强化基层党组织托底保障作用的若干举措》和维稳包保工作机制，部署派出所所长、警务站站长、社区警长、司法所所长等基层政法力量主动向所在街道、社区基层党组织报到，在基层党组织的领导下开展工作，全市67个派出所及下辖230个社区警务室均完成“2个40%”（派出所警力配备占全局民警的40%以上，社区民警的配备占派出所警力40%以上）和社区民警80%时间驻社区的既定工作要求，31个条件成熟派出所完成“一室两队”改革任务。

加强改革创新。2022年，市委政法委研究制定《拉萨市关于贯彻落实自治区维护稳定“十项重点工作”和“十项重点改革”的具体举措》，细化32项重点工作，分解33项改革任务，列出38项制度清单，明确责任单位和工作任务，推动构建问题联治、工作联动、平安联创的维稳和基层社会治理格局。同时，配套建立安全稳定工作“例会制”“两警四防”警示教育、“第二议题”制度，编印应知应会“口袋书”，切实解决思想松懈麻痹、基础不牢等问题。

2022年4月23日，市委政法委召开全市政法工作专题会议

加强教育培训。2022年，市委政法委针对基层社会治理存在的问题不足、短板弱项，分3批对924名基层工作人员开展“强认识、查隐患、补短板、夯根基”主题培训，集体研讨90场次，每人交流发言不少于3次，切实解决基层治理人员认识不清、警惕性不高、能力不足等问题。

【政法工作会议】 2022年1月27日，市委政法委组织召开全市政法工作会议，深入学习贯彻习近平新时代中国特色社会主义思想和习近平法治思想，全面贯彻习近平总书记关于政法工作、西藏工作重要论述和视察西藏时的重要讲话精神，全面贯彻党的十九大和十九届历次全会及中央经济工作会议、中央第七次西藏工作座谈会、中央和区党委政法工作会议和政法队伍教育整顿总结会议精神，全面贯彻区、市第十次党代会精神，总结工作，分析形势，研究部署2022年全市政法工作。市委常委、市委政法委书记、市公安局党委书记普卫东出席并讲话。市委政法委委员、市中级人民法院党组书记、院长李世蓉主持会议。市委政法委委员、市人民检察院党组书记、检察长明马丹增及在家的市委政法委委员，市直各部门相关负责人，各县区委政法委和政法部门主要负责人，各功能区负责平安建设工作的负责人，以及市直政法各部门班子成员和内设机构负责人参加会议。

【法学会工作】 *充分发挥法治智库作用*。2022年，拉萨市法学会作为自治区法学会确定的首席法律咨询专家制度试点单位，我们聚焦重大事项、重大决策、重大矛盾三个重点，把握风险评估、预防化解两个关键环节，强化组织领导，第一时间成立领导小组，印发工作方案，明确推行首席法律咨询专家制度的指导思想、目标任务、工作流程、方法步骤和组织保障，并先期从政法实务部门、律师协会和市属高等院校遴选聘任27名专家人员组建法律咨询专家库。构建工作体系，提出“63463”工作设想，即探索建立“党委领导、政府主导、部门联动、专家会诊、首席把脉、公众参与”的“六位一体”工作模式，设计出以“项目受理—项目跟踪—法律专业指导意见书”为主线的“三个环节”工作闭环，组织法律咨询专家参与重大决策论证、重大风险防控、重大矛盾纠纷调处、重大信访积案化解，发挥法律专家服务“四个重大”的作用，推动领导机构、工作方案、首席专家及专家团队、服务场地、经费保障、建章立制“六个落实”，确保实现政治、社会、法治“三个效果”。紧盯实战导向，推动法律专家更多融入市委各部委、市政府各单位有关重大决策论证的法律咨询委托需求，为市委、市政府重大决策论证提供法律专业咨询意见，给予精准智力支持，助推各项决策科学化、规范化、法治化。受抗疫工作影响，拉萨市法律咨询专家仅参与重大项目风险评估2件，参与重大矛盾纠纷，提供综合性法律意见，助推信访积案化解2件。

开展各项业务工作。2022年，拉萨市印发《拉萨市贯彻落实〈西藏自治区法学会2022年度工作要点〉责任清单》的通知，推进市县法学会融媒体建设，通过常态化“四联四包”工作机制，结合“四讲四爱”主题教育实践活动，开展“法律十进”等活动，深入宣讲民族团结进步模范区创建条例，共同筑牢全社会和谐稳定的思想防线。把人民至上作为根本立场，组织会员参与民主法治和社会治理体制改革，推动市域社会治理现代化试点工作，打造符合市情的共建共治共享社会治理格局。围绕“西部法治论坛”“民族区域法治论坛”等全国或区域性学术活动，组织撰写完成论文40余篇，做好论文征集和推荐申报工作。把服务大局作为着力重点，参与“国家级法治政府示范市”创建申报工作，以创建促提升，以示范带发展，进行建设法治拉萨的积极探索，以解决法治领域突出问题为着力点，坚定不移走中国特色社会主义法治道路，在法治轨道上推进国家治理体系和治理能力现代化。把厉行法治作为基本方法，深入践行习近平法治思想，开展法治文化基层行活动，组织青年积极宣传中国法治建设取得的辉煌成就和宝贵经验，广泛宣传拉萨市社会治理最新成果，不断满足基层群众日益增长的法治需求，坚持巩固“办事依法、遇事找法、解决问题用法、化解矛盾靠法”的法治良序，确保全市社会大局持续稳定。

（王若怀）

公安

【概况】 2022年，全市公安机关立足“五期叠加”新的阶段性特征，紧扣党的二十大安保维稳工作主题主线，聚焦“四件大事”“四个确保”，聚力“四个创建”“四个走在前”和当好“七个排头兵”，围绕中心，服务大局，坚持党建引领，坚持总体国家安全观，统筹疫情防控和维护安全稳定工作，带领广大公安民辅警以强烈的政治担当、使命担当、责任担当，高标准高质量抓好防风险、保安全、护稳定、战疫情各项措施落实，确保全市社会大局持续安全稳定，取得党的二十大安保维稳拉萨战场的全面胜利，完成各项全年公安工作任务。

【打击分裂破坏活动】 2022年，市公安局始终坚持以政权安全为统领，推进“反分裂、反渗透、反颠覆、反自焚”和“断血、断勾连”专项行动，加强专案侦查调查，严厉打击内外勾连、境外渗透、境内破坏等分裂活动，侦破危安案件34起，依法惩处40人。

【舆情引导】 2022年，市公安局落实网上巡查措施，重点强化造谣传谣人员的落查处置，全年累计巡查357万余次，开展舆情引导117次，有效防止负面舆情向社会稳定和政治安全领域传导。

【扫黑除恶】 2022年，市公安局以常态化扫黑除恶为牵引，结合夏季治安打击整治“百日行动”，深入推进各项专项打击整治行动，依法严厉打击整治盗抢骗、食药环、黑拐枪、电信网络诈骗和涉疫违法犯罪活动，全年立各类刑事案件2231起、破974起，抓获犯罪嫌疑人519名，刑事案件破案率43.7%；破获经济案件34起，挽回经济损失741余万元；破获涉毒刑事案件16起，抓获犯罪嫌疑人18人，缴获各类毒品550余千克；持续深化“减量

2022年8月27日，拉萨公安主要领导深入一线调研检查严管工作

控大”工作要求，破获电信网络诈骗案件248起、抓获122人，止付涉案账户7126个9233万元、冻结账户2892个8187万元、返还资金299万余元；6起命案全部侦破；成功打掉以旦某为首的恶势力团伙、抓获犯罪嫌疑人20名，有力打击犯罪分子嚣张气焰。

【重点防控】 2022年，市公安局围绕“人、地、事、物、情、组织”治安要素，依托下沉警力和社区民警，常态化开展治安大清查、隐患大排查、问题大整治专项行动，检查流动暂住人员15万余人次，检查旅店业、娱乐场所以及管制刀具店、物流寄递业、公章刻制业等重点行业3万余家次，现场整改2156家，下发限期整改通知书725家，停业整顿39家。

【专项治理】 2022年，市公安局持续深化打击整治枪爆违法犯罪专项行动和危爆物品清查整治专项行动，收缴（含主动上交）各类枪支、子弹、刀具、炸药、雷管，侦办非法倒卖成品油案件6起20人，及时侦破墨竹工卡县“6·21”非法储存销毁民爆物品案，及时消除了潜在风险隐患。

【交通安全管理】 2022年，市公安局认真贯彻落实国务院安全生产十五条硬措施，严格落实亡人道路交通事故复盘倒查和“组团式”增援工作机制，常态化开展“酒驾夜查”“一盔一带”等专项行动，全年未发生重特大道路交通事故，共查处各类违法行为610924起，其中无证驾驶959起，饮酒驾驶426起，醉酒驾驶295起，超速行驶36887起，暂扣驾驶证360本，吊销驾驶证386起，拘留256人，罚款金额9413万元。

【消防安全管理】 2022年，市公安局常态化深入小茶馆、小商店、小网吧等“九小”场所和老城区、寺庙、校园等隐患突出重点区域，加强对用火用电的督导检查和督促整改，吸取堆龙德庆区“4·22”火灾事故教训，联合安监、消防等部门对全市“三合一”“四合一”经营场所集中清理整顿，排查隐患2856处，现场整改2625处，下发《责令整改通知书》231份，开展回访7922次，防止重特大火灾事故的发生。

【危爆行业管理】 2022年，市公安局紧盯易制毒、易制爆及油气站等重点行业，全面强化危爆物品生产、运输、销售、使用全流程闭环管理，严查出入库登记台账，督促油气站和属地社区认真落实实名制加油和重要节点进驻安全员等工作措施，常态化做好332家涉枪涉爆单位、161家易制毒化学品使用单位以及矿山、油气站等重点部位的突击检查，发现隐患46处、现场整改39处、限期整改7处，防止监管缺失造成隐患。

【公安体制改革】 2022年，市公安局主动沟通协调市委组织编制部门，起草上报《拉萨市公安局机构调整设置建议方案》和《拉萨市公安局机构调整设置建议方案》起草说明，为有序推进公安机构改革奠定基础。持续释放公安改革惠警红利，坚持标准，严格程序，稳步推进“两个职级序列”惠警政策，全市5016名民警得到职级晋升；推荐调整提拔56名县级干部和389名科级干部。充分依托末位排序机制，积极推动干部轮岗交流工作，完成325名民警的轮岗交流工作；认真贯彻落实公安厅部署要求，对警务辅助人员逐一开展档案核定、层级评定、年限审定，2223

名警务辅助人员首次实现层级晋升，晋升率达 98.8%。

【警务机制改革】 2022 年，全市 68 个治安派出所及下辖 224 个社区警务室完成社区警力占比 40% 的工作目标，实现社区民警从“下社区”到“驻社区”的转变，并从技术支撑、情报导侦、警力支援、法律服务、后勤保障等方面建立条线警种常态化支援机制。深化“一室两队”建设，按照“室引领队”的理念，在派出所统一建立综合指挥室、社区警务队、治安案件办理队，构建起数据、情报、指挥、行动、管理、服务“六位一体”的主动型实战型联动型基层警务新模式。深化“情指勤舆”一体化实战化，每日开展警情调度、情报会商、面上巡查，构建起情报、决策、指挥、行动一体化工作新格局。

【便民利民改革】 2022 年，市公安局加强户籍制度改革。深化户籍业务“跨省通办”工作，制定《拉萨市公安机关全面放开城镇落户限制实施细则》等 5 项配套制度机制，依托全市 7 个代办点累计办理 200 户 221 人；推进城镇落户“零门槛”政策实施，有序落户 1217 户 2149 人，为推动全市高质量发展注入动力。加强门户网站日常管理，积极回应广大人民群众关切热点，累计主动公开政务信息 923 条，回复领导信箱网民留言 83 条；实施权责清单季度动态调整，及时在西藏自治区“双公示”板块上报系统中上传行政处罚和行政许可数据 300 余条。全面落实交管领域 69 项“网上办、异地办、一证办”改革新举措，将车驾管基础业务下放到县级车管所、登记服务站，开展摩托车驾驶证“送考下乡”，全年车驾管业务同比增长 16%，网上业务员办理量同比增长 27%。

【执法建设改革】 2022 年，市公安局紧盯执法领域“六大顽瘴痼疾”，依托执法办案管理中心，严把案件入口关和出口关，持续巩固和拓展严防干预司法“三个规定”执行成果，对 179 起重点刑事案件开展受立案监督 10 起、下发个案案件督办单 2 份、下发补侦建议通知书 13 份；对 5 起刑事复议案件进行复核，中止 2 起，复核 2 起，维持 1 起。严格按照中央政法委、公安部和区公安厅关于执法场所标准化建设部署要求，指导帮助 5 个县区公安局完成相对集中的一体化执法场所建设、1 个县公安局完成关联一体化执法场所建设，有效改善执法办案环境。部署法制部门成立法律服务组直达片区指挥部，定期开展送法上门服务，基层一线执法能力得到提升。在重要节点开展等法治宣传工作，向群众发放法律法规资料 4.9 万份(册)；由全局 11 个部门全年轮流驻守宗角禄康公园宣传点的法治宣传成效明显，提供法律宣讲服务 7 万余人次；法治进校园步步深入，全年组织专门力量深入学校开展“法治第一课”宣讲活动 141 次，受教育学生达 3 万余人。

2022年，拉萨公安持续推进电动车摩托车乱象整治工作

【从严管党治警】 2022 年，市公安局始终坚持“严”的主基调，严格落实全面从严管党治警主体责任，压紧压实主要领导“第一责任人”责任和班子成员“一岗双责”，严格执行中央八项规定精神及其实施细则，紧盯关键环节，以“大监督格局”为抓手，综合运用“四种形态”，加大监督执纪问责力度，对 197 起群众投诉案件逐一专案核查，查实 53 起，3 人被执行行政处罚，16 人受到党纪政纪处分，诫勉谈话 2 人，1 名辅警被解聘，6 人被执行禁闭，1 人被停止执行职务；坚持常

抓常管常严,对作风漂浮、执法不规范、失职渎职等49起投诉进行深入核查,5名民警被行政处罚、党纪政纪处分或诫勉谈话,局作风专栏“曝光台”通报曝光典型违规违纪问题9个,坚决确保“十个严禁”“十个一律”“六个严禁”落地有力,不断巩固拓展政法队伍教育整顿成果。

【作风改进】 2022年,市公安局深入开展改进作风狠抓落实活动,通过学习检视、自查自纠和交流研讨,累计查摆问题80条、已整改问题75条,长期坚持整改5条。组织相关职能部门参加《问政拉萨》栏目,将行政权力置于阳光下运行,主动接受人民监督。依托全市领导干部常态化开展“四联四包”暨“大宣讲大调研大排查大落实”活动和全市“下基层、大接访、办实事”实践活动,局主要领导以身作则,率先垂范,始终做到知责于心、担责于身、履责于行,带领30余名县级以上领导干部常态化直插基层一线,采取蹲点调研、挂图作战、逐一销号等形式,深入摸排、帮助解决群众急难愁盼问题161件238人,研究解决公安基层一线维稳、执法、行政各环节难点六大类41个。

【从优待警】 2022年,市公安局始终把从优待警工作作为民生工程、暖心工程来抓,多层次、多维度为广大民辅警优化改善工作环境,向全局3199名路面一线执勤民辅警购买配发电暖马甲,为全体民辅警积极配发急救小药盒,将每年1次的民警健康体检工作增加到每年2次;向因病住院、因工受伤等民辅警发放慰问金30余万元;为11名在职病故、因公牺牲民(辅)警申请一次性补助金19万元。特别是主动应对民警长期高负荷作战带来的各类心理健康问题,及时组建拉萨市公安局战时心理健康咨询和心理疏导工作服务队,开通网上网下咨询热线,加强队伍心理监测和健康教育,让有困难找组织真正成为民辅警的第一选择。

【公安宣传】 2022年,市公安局讲好警察故事、发好公安声音,依托“平安拉萨”“两微一端”等新媒体矩阵累计发稿8560余篇、视频410余条,联系中央级、区市主要媒体推送平安拉萨原创信息742条,“拉萨公安”品牌更加过硬。及时出台《关于进一步规范全市公安机关民族团结进步创建工作迎检档案指引》和《拉萨市公安局贯彻落实西藏自治区民族团结进步模范区创建规划(2021—2025年)任务分解方案》,向区公安厅、市民委、市直工委等单位推送21家单位、22名个人和9户家庭作为民族团结进步申报对象,在铸牢中华民族共同体意识上走在前、作表率。

(薛 静)

检察

【概况】 2022年,拉萨市人民检察院(以下简称市检察院)统筹主责主业和服务大局,统筹司法办案和疫情防控,坚持两手抓、系统抓、全面抓,共办理各类案件4945件,刑事检察“案－件比”为1∶1.54;认罪认罚从宽适用率84.71%,确定刑量刑建议采纳率92.6%;“四大检察”“十大业务”60项指标继续保持稳中向好、好中向优。民事、行政检察全面发力,民事审判违法监督案件检察建议采纳率达100%,诉源治理、行政争议实质性化解等取得积极成效。公益诉讼案件结构全面优化,生态环境和资源保护领域案件达到56%。公开听证在全市两级院和“十大业务”领域实现全覆盖,有效息诉率达100%。发放司法救助金52万元,确保检察环节“应救尽救”。建成并运行数字检察指挥中心一期工程,数字赋能实现新飞跃。因成绩突出,市院机关先后被最高检授予“全国检察机关文明接待室”“全国维护妇女儿童权益先进集体”等称号。法治宣传网课《拉萨市检察院“三个规定”宣传片请收下》《提升国家安全意识 增强国家安全使命 争做“神圣国土守卫者 幸福家园建设者”》等纷纷获奖。“党建厅、检史厅”被授予“拉萨市爱国主义教育基地”称号。

【刑事检察监督】 2022年,市检察院强化侦查监督,发挥侦查监督与协作配合办公室作用,退回补充侦查等指标显著降低,办理审查逮捕案件352件,提前介入13件,立案监督11件,纠正漏捕漏诉漏罪7人,书面纠正侦查活动违法18件。强化审判监督,办理审查起诉案件702件,提前介入54件,提出量刑建议599件,两级院检察长列席审委会8次,抗诉3件。强化刑事执行监督,办理“减假暂”案件628件,提出监督意见18件,参加狱情联席分析会26次,制发纠正违法通知书13份，检察建议11份；加强社区矫正检察监督，核查矫正对象484人；制定《拉萨检察机关统一办理自侦案件工作的意见》，成功办理“6·20”案件。

【民事检察监督】 2022年，市检察院制定《拉萨市检察机关民事诉讼监督一体化工作办法》，运用抗诉、检察建议、支持起诉等方式，提升监督力度。办理民事检察案件335件，依托数字检察平台，办理民事执行失信惩戒案件线索208件，制发检察建议11份；民事支持起诉5件；生效裁判监督案件提请抗诉4件，制发再审检察建议4份，和解1件，作出不支持监督申请30件。

【行政检察监督】 2022年，市检察院发挥“一手托两家”作用，践行“穿透式”监督理念，以行政机关向法院申请强制执行的案件为重点，积极提出检察建议，促进依法行政。受理各类行政检察监督案件117件。开展行政争议实质性化解，通过充分释法说理、厘清争议焦点，积极寻求双方利益共通点，打开某案两名当事人长达5年的“心结”，促成当事人与属地政府人社部门达成共识，一次性领取工伤赔偿金50万元，实现案结事了政和。

【公益诉讼监督】 2022年，市检察院坚持“双赢多赢共赢”理念，把诉前实现维护公益目的作为最佳司法状态，努力维护国家利益和社会公共利益。摸排公益诉讼线索696件，立案377件，向行政机关发出诉前检察建议73件。对2021年159件检察建议开展“回头看”，发现未能全面依法履行职责1件，反弹回潮7件，向相关行政单位发出督促函。丁某某等人非法捕捞纳木错裸鲤刑事附带民事公益诉讼案，入选最高检公益诉讼“五好”宣传。

【市域社会治理】 2022年，市检察院召开公检法“三长”联席会，建立完善沟通协调机制。贯彻落实认罪认罚从宽、少捕慎诉慎押、羁押必要性审查等刑事司法制度，不捕率37.66%，不起诉率26.14%。坚持和发展新时代“枫桥经验”，接收群众信访377件；院领导包案办理“三类案件”首次信访15件。聘任首届检察听证员，公开听证52件，在全市检察机关和“十大业务”领域实现全覆盖，有效息诉率100%，被授予“全国检察机关文明接待室”称号。结合领导干部常态化“四联四包”机制，解决难题17个，提出对策建议10个。在驻村点设置“12309”检察服务中心法律咨询室，精准便捷就地提供“一站式”检察服务。开展反有组织犯罪法、家庭教育促进法、电信诈骗、非法集资等宣传60余次，受众15万余人次。

【生态文明建设】 2022年，市检察院打造首府城市“生态检察”名片，办理生态环境和资源保护案件333件。办理中央环保督察任务清单线索16件，立案14件。开展生态环保督察共性问题大排查大整治检察公益诉讼专项活动，重点对噪声、油烟、垃圾、扬尘等共性问题，摸排线索10件。开展集中饮用水水源地保护专项检察监督，摸排线索7件，立案4件。撰写《生态检察守护绿水青山》专题报告，供市委、市政府决策参考。

【探索立体司法救助】 2022年，市检察院制定《拉萨检察机关充分发挥检察职能服务保障乡村振兴战略的实施意见》，提出措施23条。推动司法救助与乡村振兴紧密衔接，确保检察环节“应救尽救”，办理司法救助案21件，发放司法救助金62万元，实现案件办理空白县区院“清零”。西藏尹某国家司法救助案被最高检作为精品典型案例，向全国推广。上门走访23次，座谈交流18次，解决群众急难愁盼问题11个。入户宣讲650场次，征求群众意见89条，解决问题19个。

【未成年人检察】 2022年，市检察院持续落实最高检“一号检察建议”，对侵害未成年人犯罪“零容忍”，批捕15件，审查起诉24件，介入侦查9件。严格监督落实教职员工从业禁止制度，推动在职教职员工准入查询全覆盖。发挥“卓吉未检”品牌效应，线上线下“法治进校园”覆盖率100%；创作拍摄《温暖守护》微电影，关注聋哑视障等特殊儿童权益保护；《提升国家安全意识 增强国家安全使命 争做“神圣国土守卫者 幸福家园建设者”》获全国检察机关“法治进校园”精品网课优秀奖；制作《新学期遇上防疫期》系列微视频，受众10万余人次；荣获“全国维护妇女儿童权益先进集体”称号。

【民生司法保障】 2022年，市检察

院捍卫群众“舌尖上”“头顶上”“脚底下”“钱袋子”安全，通过检察建议“回头看”，重新立案3件，制发检察建议1份。开展打击整治养老诈骗专项行动，办理2件；摸排寄递安全和安全生产线索30件，立案12件，制发诉前检察建议2件；摸排燃气专项检察监督线索25件；开展“消”字号抗（抑）菌制剂产品公益诉讼专项检察监督。民事支持起诉和解率90%，为农民工协调追回工程款、劳动报酬等925.9万元。为15名农牧民孕产妇兑现分娩奖励及相关补助金1.65万元。

2022年6月14日，拉萨市人民检察院举办首届检察听证员聘任仪式，并对受聘检察听证员进行业务培训

【营商环境优化】 2022年，市检察院依法打击侵害市场主体合法权益、破坏公平公正市场秩序等各类犯罪，结合“断卡”行动，常态化打击治理电信网络违法犯罪。开展食用农产品“治违禁、控药残、促提升”三年行动。开展涉民营企业刑事“挂案”常态化清理，办理54件。依法保护知识产权，对拉萨驰名商标、知名品牌企业开展保护商标权专项调研，提供法律咨询34家。在“12309”检察服务中心设置“非公”窗口，倾听民营企业家诉求。承办全区首例企业合规案件，启动第三方监督评估机制。以“零容忍”态度反腐，办理职务犯罪案件36件。

【全市检察机关改进作风狠抓落实动员部署会】 2022年1月10日，市检察院以视频会议形式召开全市检察机关改进作风狠抓落实动员部署会。传达区市党委、自治区检察院改进作风狠抓落实动员部署会精神，印发工作方案，为活动开局起步精心谋划、统筹安排。会议号召全市检察机关和全体检察干警要牢固树立“一盘棋”思想，强化政治担当，坚持不懈把作风建设从严抓下去、长期抓下去，推动作风更加务实，落实更加有力，以检察工作服务全市长治久安和高质量发展的优异成绩向党的二十大献礼。

【制发“督促监护令”】 2022年2月25日，市检察院举办首次“督促监护令”宣告仪式，通过向一名涉案未成年人小珍（化名）的父母制发“督促监护令”方式，干预、督促、引导监护人切实履行监护职责，筑牢未成年人家庭保护防火墙。市检察院联合拉萨市妇女联合会、共青团拉萨市委员会、拉萨市民政局对其监护人开展家庭教育指导。“督促监护令”指出监护人存在的不良表现及监管失职失责的问题，就如何加强家庭监护提出具体要求，说明不履行监护职责可能导致的严重后果和法律责任，责令监护人严格履行监护职责。

【对口联系点法治宣传】 2022年3月4日，对口联系点法治宣讲在帕古乡帕古村和彭岗村村委会举行。市检察院党组书记、检察长明马丹增出席宣讲大会，并为妇女儿童发放宣传册、纪念品400余份。授课女检察官围绕检察机关“四大检察”“十大业务”工作职责，结合《中华人民共和国民法典》《中华人民共和国未成年人保护法》《中华人民共和国反家庭暴力法》《中华人民共和国家庭教育促进法》《中华人民共和国民族区域自治法》等内容开展集中宣讲，以生动形象的案例、朴素亲民的语言，围绕防止网络诈骗、保护妇女儿童合法权益等展开宣讲，营造尊重和保障妇女权益的良好氛围。

【侦查监督与协作配合机制建立】 2022年2月7日，市检察院联合市公安局成立侦查监督与协作配合办公室。3月1日，市检察院、市公安局共同会签《关于健全完善侦查监督与协作配合工作机制（试行）》。工作机制从制定目的、总体要求、工作原则、机构设置、职能履行、工作制度等方面，形成侦查监督与执法监督的有效衔接，通过形成监督与协作的良性互动，实现监督更有力、配合更默契、协作更顺畅，进一步推进拉萨法治建设，共同提升办案质效。为侦查监督与协作配合办公室的挂牌设立提供制度保障，为检警协作迈出坚实的一步。

【检察长送法进校园】 2022年4月13日，市检察院牵头会同市国家安全局在拉萨北京中学开展“检察长送法进校园 弘扬爱国情怀 守护国家安全”主题法治宣讲活动。市检察院党组书记、检察长明马丹增以法治副校长身份，结合第七个全民国家安全教育日，向现场700余名学生普及国家安全法律知识。课上，检察长明马丹增以“国家安全知多少”为切入点，向同学们讲述国家安全的内涵、领域、涉及的法律法规，并以视频短片的形式，向同学们讲述身边发生的典型案事例，让同学们直观感受到国家安全就在身边，引导同学们不断增强爱国情怀，提升国家安全意识和责任感。

【公检法“三长”联席会议】 2022年4月27日，市公安局、市法院、市检察院在市检察院共同举行公检法“三长”联席会议。会上，公检法三家分别通报各自层面三部门工作衔接中存在的问题及意见建议，作了交流探讨。会议坚持问题导向，直面公检法工作的难点痛点堵点，对做好以后工作的总体思路与具体措施达成共识，对于公检法廓清迷雾、更新理念、抓住重点，高标准高质量推动工作创新发展具有重要的指导作用。

【民事支持起诉保障群众合法权益】 2022年4月26日，达孜区人民检察院成功办结一起民事支持起诉案件，通过支持起诉方式帮助达孜区章多乡尊木采村225户、878名村民追回劳务款共计536万元。达孜区章多乡尊木采村村民至达孜区检察院“12309”检察服务中心申请支持起诉，称某公司拖欠劳务费，经多次协商讨要无果。根据“领导干部包案制度”，达孜区检察院党组书记、检察长强巴卓玛高度重视此案，通过走访、询问双方当事人，了解案件详情，组织和解，经释法说理、厘清法律关系，双方自愿达成和解协议。该公司于4月26日将拖欠的劳务款全款支付完毕。

【首批特邀检察官助理聘任仪式】 2022年4月29日，市检察院在全区率先举行特邀检察官助理聘任仪式，聘请来自环境资源、食药安全、知识产权、信息技术、卫生健康、民族宗教、金融证券、财政税务等各领域的7名专业人员担任市检察院首批特邀检察官助理。传达学习《最高人民检察院关于行政机关专业人员兼任检察官助理工作办法》，宣布关于聘请特邀检察官助理的决定，颁发特邀检察官助理聘任证书，签订特邀检察官助理承诺书，特邀检察官助理代表作了表态发言。

【主题普法活动】 2022年5月30日，市检察院在市特殊教育学校开展“检心点亮微心愿 少年的你画出心中的法”主题普法活动。市民政局、共青团市委、市妇联负责人及市特殊教育学校50余名师生代表参加活动。活动前夕，市检察院以“以法之名 保护少年的你”为主题，邀请特殊教育学校的同学们用手中的画笔描绘出自己心中的“法”。经过认真组织，评选出30幅优秀绘画作品。“卓·吉”未检检察官针对特殊儿童的身心特点，结合办案实际，以预防性侵害为主题，为孩子们送上别开生面的法治课。课堂上，检察官们还为孩子们送上亲笔题写的法治寄语和法宣小礼品。为鼓励孩子们健康成长，乐观向上，市检察院邀请西藏自治区著名盲人励志演说家尼玛旺堆老师作了一场专题励志演讲。

【“守护老年人幸福晚年”法治宣讲活动】 2022年6月10日，市检察院在市委老干部局活动中心五楼开展“守护老年人幸福晚年”法治宣讲活动，100余名退休老干部参加。活动精心制作《警惕高息陷阱，远离非法集资》宣传片，编制防范养老诈骗宣传单，从养老诈骗常见套路、惯用手法及如何预防诈骗等多方面进行宣传介绍，通过“养老诈骗、养老领域非法集资、电信诈骗”等知识问答环节，加深理解与运用，提高养老诈骗警觉性，不轻信高回报诱惑、不贪图便宜、不轻易转账。活动共发放宣传材料

500余份，受到广大老干部群众的一致好评。

【设置“12309”检察服务中心法律咨询室】 2022年6月14日，市检察院“12309”检察服务中心法律咨询室在尼木县帕古乡帕古村和彭岗村挂牌成立。“12309”检察服务中心法律咨询室正式“开门纳客”“坐诊把脉”，充分发挥驻村工作贴近群众的优势，常态化开展矛盾纠纷排查，全方位收集群众法治需求，精准、便捷提供法律咨询、法治宣传、纠纷化解、支持起诉等“一站式”检察服务以及涉法涉诉信访案件、司法救助案件等前端法律服务，让群众足不出户、在家门口就能解决法律问题，用真情架起与群众的连心桥，努力把为民实事办好办实，确保矛盾不出村、事事有着落，服务保障市域社会治理现代化，持续巩固拓展脱贫攻坚成果，助力乡村振兴取得更大成效。

【首届检察听证员聘任仪式】 2022年6月14日，市检察院举行首届检察听证员聘任仪式，22名来自不同行业岗位的人民调解员、专家学者以及街道社区、行业协会等基层组织人员，受聘为检察听证员。仪式结束后，市检察院为听证员播放最高检制作的《检察听证》宣传片，引导参观党建厅、检史厅、检察听证室等。

【智慧检务“云听证”】 2022年6月27日，市检察院运用智慧检务，依法对吴某某与西藏某公司、上海某公司决议纠纷案，召开首次线上“云听证”。公司法人代表、律师代表、高校教师代表等5名听证员参与，因双方当事人以及代理律师均在区外，考虑到疫情防控需要以及进藏成本等因素，办案组利用智慧检务，通过远程视频系统召开“云听证”。本案中，西藏某公司小股东吴某某以公司决议纠纷向法院起诉，请求确认公司第一大股东对其被除名的议案投票无效，确认去除第一大股东投票数后的决议有效以及第一大股东被除名。法院未支持吴某某的诉讼请求。吴某某遂向检察机关申请监督。听证会上，2名听证员代表公开发表最终评议意见，相关评议和意见将成为检察机关对案件作出决定的参考依据。会后，当事人对检察官认真负责的工作态度、为民司法的办案理念给予高度肯定。

【第三届优秀公诉人业务竞赛】 2022年6月24日，经过终极论辩环节的角逐，市检察机关第三届优秀公诉人业务竞赛活动圆满落幕，5人荣获“最佳辩手”称号，10人荣获“十佳公诉人”称号，3个基层检察院荣获优秀组织奖。西藏自治区人大法制委员会副主任、委员、自治区人大代表卓嘎、西藏自治区人民检察院第一检察部主任陈梦琪、第二检察部主任德吉、拉萨市公安局、拉萨市中级人民法院、律师、西藏大学法学教授代表等受邀作为评委出席。

【《市场监督管理行政综合执法与刑事司法衔接工作实施办法》会签仪式】 2022年7月4日，市检察院举行《关于市场监督管理行政综合执法与刑事司法衔接工作实施办法》会签仪式。办法的出台，将进一步健全市场监督管理行政综合执法与刑事司法衔接工作机制，并将从按照办法各司其职、建立完善协作机制、建立信息共享平台三个方面加强协作配合工作。市公安局、市市场监督管理局负责人表示，办法的出台正当其时、十分必要，必将推动形成打击破坏社会主义市场经济秩序等违法犯罪的合力，有效遏制破坏社会主义市场经济秩序等违法行为。

【“12309”检察服务中心法律咨询室挂牌】 2022年7月7日，市检察院“12309”检察服务中心法律咨询室在尼木县续迈乡河东村挂牌。这是拉萨市人民检察院贯彻落实拉萨市领导干部常态化“四联四包”工作机制暨“大宣讲大调研大排查大落实”活动，以及“检察为民办实事”、服务乡村振兴的切实举措之一，是继尼木县帕古乡帕古村和彭岗村检察服务的拓展延伸。市检察院将结合领导联乡包村工作，落地落实防止返贫动态监测和帮扶机制，司法救助与社会救助衔接机制，矛盾纠纷化解与法治宣传机制等，让法律咨询室成为为群众办实事的“工作站”、矛盾纠纷的“调解站”、民族团结融合的“交流站”，真正做到“人到一线去，事在一线办，难在一线解”。

【首届公益诉讼检察业务技能竞赛】 2022年7月6日，市检察院召开首届公益诉讼检察业务技能竞赛表彰会。经过近三天的激烈角逐、实战练兵，5名公益诉讼业务标兵榜上有名，9名公益诉讼办案能手脱颖而出，2个基层院荣获优秀组织奖。此次竞赛形式立体多元，分为业务知识闭卷考试、文书制作和案例汇报、现场答辩3个环节，并邀请自治区检察院第八检察部相关领导和特邀检察官助理担任评委。

【发还涉案款物】 2022年7月13日，市检察院举行向拉萨市城发实业有限公司发还涉案款物仪式，以能动履职主动回应企业关切，以法治方式主动护航企业发展，努力营造法治、高效、务实的营商环境，助力市域经济社会高质量发展。城关区委常委、常务副区长隋兴国，城发公司总经理洛桑土旦等14人参加仪式。隋兴国、洛桑土旦从城发公司发展角度，对检察机关助力企业发展的做法表示感谢，并在涉案款物移交清单上签字。

【拉萨市涉案企业合规第三方监督评估机制管理委员会成立】 2022年7月14日，拉萨市涉案企业合规第三方监督机制管理委员会成立联席会在拉萨市人民检察院召开。市工商联等11家成员单位相关工作分管领导、处室负责人和部分会员企业代表参加会议，共同见证管理委员会成功揭牌。会议简要总结市检察院、市工商联前期牵头所做的相关基础工作，通报《关于建立西藏自治区拉萨市涉案企业合规第三方监督评估机制的实施办法（试行）》《西藏自治区拉萨市涉案企业合规第三方监督评估机制专业人员选任管理办法（试行）》两份文件起草背景和主要内容，通报全市检察机关涉案企业合规案件办理情况。

【“党建厅、检史厅”喜获“拉萨市爱国主义教育基地”授牌】 2022年7月26日，市委宣传部对新命名的5个基地举行集中授牌，拉萨市人民检察院“党建厅、检史厅”作为新一批入选的“拉萨市爱国主义教育基地”，参加授牌仪式。党建厅位于拉萨市检察院办公主楼西二层，面积约300平方米，以“不忘初心 牢记使命”为主题，充分运用声、光、电等多种表现形式，展现中国共产党从第一次全国代表大会到第十九次全国代表大会的光辉历程，让人真切感受党的峥嵘岁月，对强化党员教育、弘扬正能量起着积极作用。检史厅位于拉萨市检察院办公主楼西三层，面积342平方米，以“阳光检察 幸福拉萨”为主题，通过陈列上百张（件）照片、实物，全面真实地展示拉萨检察波澜壮阔的发展历程，再现一代代拉萨检察人顽强拼搏、积极向上、不懈奋斗、昂扬进取的良好形象，彰显人民检察官艰苦创业、司法为民的优良传统。

【《拉萨市检察机关充分发挥检察职能服务保障乡村振兴战略的实施意见》制定出台】《拉萨市检察机关充分发挥检察职能服务保障乡村振兴战略的实施意见》共分四个部分，分别为总体要求、履行职能、创新发展及工作要求；总体要求部分阐明指导思想和工作目标；履行职责部分以“积极履行刑事检察职能，保障乡村政治安全与社会稳定”“充分履行民事检察职能，维护农牧民群众合法权益”“稳妥履行行政检察职能，优化乡村政务环境”“切实履行公益诉讼检察职能，保护乡村公共利益”四个方面提出具体的工作内容；创新发展部分则从“创新发展新时代‘枫桥经验’，推进乡村公共治理”“探索‘法治扶贫’检察模式，精准助力农村脱贫攻坚战”“深化检察领域为民意识，打造涉农涉牧服务新

2022年7月26日，拉萨市人民检察院获“拉萨市爱国主义教育基地”授牌

平台”提出创新发展新概念；工作要求部分则强调以后实施过程的一些具体要求，用23条具体举措指出拉萨两级检察机关服务保障乡村振兴战略的工作方向。

【数字检察合作拉萨倡议】 2022年8月5日，市检察院与绍兴市人民检察院成功举行数字检察交流座谈会，成功会签以“五个共建、五个新突破”为主要内容的数字检察合作拉萨倡议，用务实举措引领新时代雪域高原法律监督工作华丽转型、高质量发展。该数字检察合作拉萨倡议以构建数字办案机制共享、数字监督模型共享、数字信息数据共享、数字管理经验共享和数字人才交流共享为主要内容，力求在重塑法律监督模式上奋力探索，在助推社会治理创新上合力提升，在释放大数据红利上聚力攻坚，在提高检察科学管理水平上鼎力相助，在提升数字检察能力上协力共赢，努力打造全国检察机关东西部数字检察合作范例。

【首例涉案企业合规案件公开听证会】 2022年12月16日，西藏自治区人民检察院、拉萨市人民检察院、墨竹工卡县人民检察院召开首例涉案企业合规案件公开听证会。通过“现场听证＋线上听证”的形式，依法对一起非法占用农用地案合规考察情况及拟作不起诉决定举行公开听证，深化检务公开、接受社会监督。在现场，案件承办检察官卢刚介绍基本案情、证据采信、法律适用和拟作不起诉的理由。第三方组织代表介绍合规考察情况；涉案企业代表就案件进行深刻反思，陈述企业合规整改情况，表示日后将依法合规诚信经营。经现场集中评议，听证员一致认为检察机关在本案的处理上兼顾法、理、情，对检察机关启动企业合规，帮助企业走上正轨的做法表示认可。

（次仁玉珍）

法院

【概况】 2022年，全市法院共受理各类案件23413件(旧存4619件)，新收18795件，审执结20259件，结案率为86.55%。中院共受理各类案件3336件(旧存378件)、同比下降6.79%，新收2958件、同比下降13.89%，审执结3108件、同比下降2.91%，结案率为93.17%、同比上升3.73个百分点。2022年，全市法官人均办案81件，位居全区法院第一。全市法院1个集体、4名干警获得自治区级表彰，其中1名获国家级表彰，7人荣立三等功。5月，中院获得市直单位目标绩效考核争先二等奖，领导班子综合考核被评为优秀。

【刑事审判】 2022年，全市法院紧扣维护国家安全和社会稳定的重大部署，依法惩治各类犯罪，受理刑事案件657件，审结574件。坚持常态化推进扫黑除恶，全面宣传贯彻《中华人民共和国反有组织犯罪法》。审结杀人、故意伤害、抢劫等严重暴力犯罪案件59件，毒品犯罪案件13件，醉酒、交通肇事等危险驾驶犯罪案件227件，盗窃案件127件。审结贪污受贿职务犯罪案件13件13人、行贿案件1件1人。主动与公安、检察机关加强沟通衔接，做好涉疫犯罪案件审理的思想、组织、人力准备和法律知识储备。坚决落实人权司法保护，对236名罪犯判处非监禁刑，对523名认罪认罚的罪犯从宽处理，对645名罪犯予以减刑或假释。

【民事审判】 2022年，全市法院完整、准确、全面贯彻新发展理念，服务构建新发展格局，受理民商事案件12213件，审结11964件，结案诉讼标的47.57亿元。助推法治化营商环境建设，依法审结买卖、建设工程等合同类纠纷2378件，规范交易与建设市场规则。推动市场主体有序退出和有效救治，防止企业借破产之名逃废债务，对9件破产和公司解散案件作出不予受理裁定，正在审理8件破产案件。依法平等保护市场主体合法权益，审理涉国资国企案件151件，助推国有经济布局优化和结构调整。审结涉民营企业案件3149件，维护民营企业正当权益。助推法治政府建设，服务深化“放管服”改革，审结行政案件67件，行政机关负责人出庭应诉13件，发出司法建议10份。依法保护知识产权，促进创新驱动发展，审结知识产权纠纷案件53件，向中小微企业发放《知识产权保护和风险防范二十条建议》，在全区率先推动30余家KTV经营者与音乐集体管理组织签订《著作权许可协议》。坚持防范与化解金融风险并重，对职业放贷等违法行为作出负面评价，审结民间借贷、金融借贷纠纷1390件，弘扬守约诚信，惩戒违约失信。

【执行工作】 2022年,全市法院向"执行难"顽疾亮剑,打通实现公平正义的"最后一公里",执结案件6549件,到位金额15.28亿元。全面升级"分权集约化"执行模式及"智慧执行"办案系统,实现简案快执、难案攻坚,被区高院在全区法院推广适用。开展"涉民生""涉中小微企业"等专项执行活动,执结630件涉民生案件、到位金额1290.61万元,执结859件涉中小微企业案件、到位金额2.49亿元。全面推行经常活动地、户籍地两地双查询工作机制,委托区外法院和赴区外查控3160件次,恢复执行763件、到位2.26亿元。发布失信被执行人信息2974例、限制高消费3798人,布控835人、拘留58人、罚款36.6万元、救助20人,签发律师调查令126份,发布悬赏公告50余份,利用各种媒体开展失信人员信息曝光、执行典型案例报道等活动180余次,被最高院报道4次,单个抖音微视频点击观看量达32万人次。以8.29亿元股票抵债的创新方式,执结一起全区法院有史以来标的额最大的案件,及时追回国有资金,得到自治区党委、最高院的充分肯定和高度评价。

【行政审判工作】 2022年,全市法院助推法治政府建设,服务深化"放管服"改革,审结行政案件67件,行政机关负责人出庭应诉13件,发出司法建议10份。

【市域社会治理】 2022年,全市法院主动把司法审判融入市域社会治理体系,开展和参与"百名法官进千家访万户办实事""领导干部下基层大接访办实事""四联四包"等活动,走访入户500余次,办实事和调处纠纷160余件。坚持和发扬新时代"枫桥经验",派出人民法庭共处理各类纠纷964件,车载科技流动法庭处置化解各类矛盾纠纷359件,尼木法院吞巴人民法庭获全国法院先进集体称号,林周法院采取"1+3"模式开展一站式巡回审判诉讼服务,全市万人成讼率同比下降28.5%。发出涉及社会治理的司法建议2份,有效促进社会治理。

2022年6月28日,拉萨市中级人民法院举行《中华人民共和国家庭教育促进法》公益巡回宣讲活动开班仪式

【诉讼服务】 2022年,全市法院通过当场、在线、跨域等方式立案22598件。审结涉及教育、就业、医疗、消费等民生案件2152件,快审快结追索劳动报酬、社会保障等纠纷32件。加强司法救助,为当事人减免诉讼费26.56万元,办理司法救助案件37件,为20名刑事被害人、申请执行人发放司法救助金99万元。化解涉诉信访案件32件,帮助群众解开"法结""心结"。

【队伍建设】 2022年,全市法院开展学习研讨,主动向党委、党委政法委请示报告重点工作、重大事项、重要案件140余次。成立11个战"疫"临时党支部,让党旗在"疫"线高高飘扬。尼木法院推行党员积分管理制,党员管理不断脱"虚"向"实"。组织63名干警参加上级法院、对口援助法院各类业务培训,自主开展业务学习120余次。拉萨市中级人民法院举办各类业务培训班11期。组织两级法院司法警察开展常态化实战演练。完成学术论文、调研报告、典型案例41篇。组织人员到江苏法院考察学习,江苏高院首次选派1名三年期援藏干部在中院任职。对接北京高院开辟"京法网上课堂",参加课程培训59堂、280余人次。城关区人民法院、堆龙德庆区人民法院接受全区40名青年法官挂职锻炼半年。与南通中院共同举办"弘扬五四精神 谱写青春华章"青年论坛。调整任用115名青年干警，其中7名“90后”干部走上领导岗位，开展警示教育50次，1名干警被“双开”，2名干警被诫勉谈话。常态化开展顽瘴痼疾排查整治，制定59项整改措施。出台《全市法院解决“事难办、话难听、脸难看、门难进”问题八条措施》。接受并开展司法巡察和审务督查，扎实整改发现的问题。召开酒驾醉驾专题民主生活会3场、组织生活会4场，干警全覆盖签订《禁酒承诺书》。

【社会监督】 2022年，全市法院贯彻“六个必须坚持”要求，向人大、政协报告工作36次，办结代表意见10条，委员提案1件，61名各级人大代表、政协委员受邀参加旁听庭审、见证执行等活动。贯彻人民陪审员法，人民陪审员参审案件948件，占一审结案数的8.83%。贯彻监察法和监察法实施条例，邀请纪检监察部门列席党组会40次。自觉接受检察机关法律监督，审结检察机关抗诉案件1件，邀请检察长列席审委会8次，依法纠正减刑不当案件1件。自觉接受舆论监督，召开新闻发布会2场，两级法院微信公众号、门户网站刊发工作信息1500余条。

【司法改革】 2022年，全市法院基层法院内设机构数量从72个缩减至48个，司法资源配置更加优化。上线“四类案件”监管系统，院庭长监管案件40件，强化审判权监督制约。发挥院庭长示范引领作用，院庭长办案5837件，占结案数的32.84%。推动四级法院审级职能定位改革，加强审级制约监督体系建设，中院提级管辖2件涉香港企业案件、2件破产案件、1件原告人数众多的案件。优化审判力量配置，完善“分调裁审”机制，速裁快审案件4467件，平均办理期限46.36天，7257件案件适用简易程序审理，3711件案件适用普通程序审理，57件案件适用小额诉讼程序审理。充分发挥司法确认程序对诉前调解工作的支持、保障作用，受理司法确认案件267件，裁定确认有效266件。加强审判队伍专业化建设，中院、城关法院加挂知识产权庭，中院加挂清算与破产审判庭。

（德吉央金）

2022年5月20日，拉萨市中级人民法院、拉萨市教育局联合举办“法护蓓蕾”青少年法治教育基地揭牌暨启动仪式

司法行政

【概况】 2022年，拉萨市司法局（以下简称市司法局）紧紧围绕市委、市政府中心工作和上级司法行政部门要求，不断强化职能，发挥优势，履职尽责，真抓实干，提高服务保障水平，完成各项工作任务目标。全市开展法治宣传教育活动1409场次、受教育31.5万余人次、发放宣传资料16.8万余份，解答群众问题1.3万余人次，印发宣传资料11.2万余份（册），悬挂横幅710余条，进一步增强广大人民群众对法治的理解和认识。

【全面依法治市】 2022年，拉萨市充实调整市委全面依法治市委员会各协调小组、办公室组成人员。加强指导县（区）法治建设议事协调机构建设。制定印发《〈党政主要负责人履行推进法治建设第一责任人职责情况列入年终述职内容〉工作要求落实指引》，细化履行清单，市委、市政府党政主要负责人向区党委依法治藏委员会述法。调整充实市法治政府建设工作领导小组。制定印发《法治政府建设2022年度任务分解表》，细化压实法治政府建设任务，全面贯彻落实《法治政府建设实施纲要（2021—

2025年）》《贯彻落实〈法治政府建设实施纲要〉的具体措施》。持续推进法治政府建设示范创建活动，完成拉萨市创建全国法治政府建设示范市实地迎评工作。开展法治政府建设调研工作，委托第三方开展关于《推进拉萨市法治政府建设路径及对策》调研。5月，承接市委改革办民主法治和社会治理体制改革专项小组任务，结转任务32项，按时上报每月调度表，整理月台账。

2022年2月16日，拉萨市公证人员到尼木县为老年人提供上门服务，打通服务群众“最后一公里”

【普法教育宣传】 2022年，拉萨市制定《中共拉萨市委宣传部、拉萨市司法局关于在全市开展法治宣传教育的第八个五年规划（2021—2025年）》，于2022年5月24日，以市委、市政府名义印发全市执行。

【教育矫治】 2022年，拉萨市在册社区矫正对象321名。其中，缓刑312人，暂予监外执行9人。全市各级社区矫正部门共排查走访569次，排查走访社区矫正对象1273人次，与社区矫正对象面对面谈话1212人次，开展应急预案演练11次，受理调查评估298件。开展督导检查工作77次。开展集中教育148场次，社区矫正对象参加集中教育1275人次。开展公益劳动136次，社区矫正对象参加公益劳动1050人次。利用社区矫正一体化信息平台核查882名社区矫正对象，利用通信设备、手机微信等线上抽查点验社区矫正对象1505人次，对13名社区矫正对象因违反违规社区矫正监管规定分别给予警告处分、提请治安管理处罚。帮扶20名社区矫正对象，投入帮扶资金16400余元。

【人民调解】 2022年，市司法局统筹安排各县（区）司法局在重要节点、重要时段，针对特定区域、特定行业以及“三岩片区”等矛盾易发领域开展专项排查。全市人民调解组织共计调解矛盾纠纷724件，调解成功681件，成功率达94%。全市刑满释放人员在册8人。落实“三级三类”管理模式，按月、季度会同其他相关单位共同开展走访考察，落实信息核查反馈机制，联合各地市有关部门严格执行异地托管、委托帮教制度。

【律师法律服务】 2022年，拉萨市公共法律服务中心共接待群众法律咨询约1600人次，受理法律援助案件1245件，结案657件。拉萨市两级法院、检察院、退役军人局法律援助工作站开展值班律师工作，接待咨询3600余人次，对刑事案件依法提供法律帮助526件。拉萨仲裁委员会共收到仲裁申请140件，受理116件，不予受理24件，受理案件标的1.39亿元，预收费69.5万元。共结案49件（含存案），其中裁决结案31件，调解结案18件。经庭前调解达成和解意向撤回仲裁申请的8件，调解率为36.7%。司法鉴定机构共办理司法鉴定事项569件；接受各类咨询790余件。各律师事务所共计办理刑事案件192件；民事诉讼代理案件1588件；非诉讼案件162件；行政案件25件，仲裁案件177件，调解成功案件300余件，法律援助案件1177件；为333家企事业单位担任法律顾问；提供法律咨询及代写法律文书5346人次。在拉萨政务服务大厅24小时服务区设立专门公证窗口、法律援助窗口和综合窗口。梳理政务服务事项15项，全部纳入拉萨市政务服务平台运行，已达到国办考核三级以上深度70%、四级深度40%的要求。

【公证事项办理】 2022年，拉萨市

阳光、藏信、立恒3家公证机构共办理公证5028件,提供各类咨询6000人次,代写文书2515件。

【国家统一法律职业资格考试】 因疫情原因,2022年拉萨市国家统一法律职业资格考试客观题推迟到2023年2月25日、26日2天。主观题考试推迟到2023年3月26日。

【政府立法】 2022年,拉萨市政府立法工作坚持立改废释并举,并以市政府议案形式提请市人大常委会审议地方性法规4件,分别为《拉萨市物业管理条例(草案)》《拉萨市绿化条例(草案)》《拉萨市南北山绿化管理条例(草案)》《拉萨市城市水系保护条例(草案)》,提请市人大废止地方性法规1件,为《拉萨市城镇国有土地使用权出让和转让办法(修订)》。出台政府规范性文件2件,为《拉萨市人民政府立法专家管理办法》《拉萨市市属国有企业违规经营投资责任追究实施办法》。开展政府规章规范性文件清理工作,废止规章2件、政府规范性文件3件,宣布失效政府规范性文件1件。

【行政复议】 2022年,拉萨市全面推进行政复议体制改革,市县两级政府集中行使行政复议职权以来,全市行政复议机关共收到行政复议申请50件,依法受理43件,接待行政复议咨询120人次。全年审结行政复议案件43件,其中调解撤案10件,占23%。作出撤销、确认违法、责令履行等直接纠错15件,直接纠错率34%。主要案件类型为行政确权、行政许可、行政处罚、行政征收、政府信息公开、投诉处理等。全市开庭审理行政诉讼案件44件,行政机关负责人出庭应诉32件,出庭应诉率72.7%,其中城关区法院12件,出庭率70.6%。拉萨中院13件,出庭率76.5%。堆龙法院5件,出庭率55.6%。达孜法院1件,出庭率为100%。制定《拉萨市行政复议咨询委员会工作规则》。成立以29名专家学者组成的拉萨市行政复议咨询委员会,其中高校学者3名,相关政府部门负责人20人,律师6名,为办理重大、疑难、复杂的行政复议案件提供法律意见。

【行政执法监督】 2022年,市司法局完成全市1000余名行政执法人员新换证的资格审查及信息录入,颁发行政执法监督证件和行政执法证件共668套。完成共3批次市直行政执法单位权责清单动态调整项目审核,提出意见建议1060余条。

(牟 飞)

拉萨市总工会

【概况】 2022年,拉萨市总工会(以下简称市总工会)全力做好迎接和学习宣传贯彻党的二十大精神各项工作,积极助力统筹疫情防控和经济社会发展,自觉服从服务于市委、市政府中心工作,履职尽责、担当作为,各项工作取得新进展新成效。

【加强职工思想政治引领】 2022年,市总工会以喜迎党的二十大胜利召开为主线,广泛开展以"中国梦·劳动美——喜迎二十大 建功新时代"为主题的"四个创建"职工演讲比赛、职工联谊等宣传思想文化活动,团结引领职工群众听党话、跟党走。弘扬劳模精神、劳动精神、工匠精神,完成2022年全国、自治区和拉萨市三级五一劳动奖、工人先锋号推荐评选工作,78个先进集体和个人获表彰。组织召开"庆七一 感党恩 喜迎二十大"劳模先进座谈会1场次,开展"弘扬劳模精神·凝聚奋进力量"劳模事迹进企业巡回宣讲活动3场次,不断提升劳模、工匠的社会影响力。以铸牢中华民族共同体意识为核心,深入开展民族团结进步创建相关法律法规的宣传,开展反分裂斗争教育和民族团结"九进"活动,夯实反分裂斗争的思想基础和群众基础。深入开展安全生产月、"女职工维权月""国家宪法日"等普法宣传活动10余场次,不断提升职工群众法律意识。

【构建维护劳动领域政治安全工作体系】 2022年,市总工会落实"五个坚决"长效机制,建立维护劳动领域政治安全责任落实、工作专班、信息报送等10项工作机制。加强职工队伍矛盾风险隐患排查化解,有效确保职工队伍稳定。

【帮扶服务工作】 2022年,市总工会在"三大节日""五一"等时间节点,投入资金153.04万元,对1500余名职工进行走访慰问。开展"五送""尊法守法·携手筑梦"服务农民工公益法律服务等服务基层活动4场次。常态化开展城市困难职工帮扶救助,为157户在档城市困难职工发放帮扶救助金37.36万元。为3户罹患大病困难职工发放医疗救助金5.8万元。组织30名疫情防控一线医务人员进行疗休养。

【推动产业工人队伍建设】 2022年,市总工会牵头协同市相关职能部门推进产业工人队伍建设各项工作,以技能培训、学历教育、技术创新、竞赛晋级、激励表彰等内容为支撑的产业工人技能体系基本形成。组织召开新时代拉萨产业工人队伍建设工作座谈会和深入推进产业工人队伍建设暨产业工人思想政治工作会议。开展产业工人队伍建设专题调研,切实摸清产业工人队伍现状。广泛深入持久开展"建功'十四五'、奋进新征程"主题劳动和技能竞赛,深入开展"安康杯"线上线下知识竞赛活动,1万余名职工参与。挂牌建立市级劳模创新创业工作室1家。

【工会阵地建设】 2022年,市总工会在城关万达商圈、西藏楷博电子商务(美团)公司标准化建设职工书屋2家。建设高原职工氧吧1家。投入资金120余万元,推动"智慧化"工会建设,区、市、县三级视频会议系统实现联通。

【基层基础建设】 2022年，市总工会落实全总“县级工会加强年”要求，8个县级工会实现对口联系指导全覆盖。持续推进“两新”组织建会入会和新就业形态劳动者入会集中行动，全市“两新”组织工会建会率达到69.92%，新就业形态劳动者工会会员达到1.6万人。推动工会会员实名制录入工作，全市实名制系统录入会员达到9.3万人，新增录入实名制会员7856人。推动市直机关单位工会“六有”规范化建设，85%的市直机关单位工会达到“六有”标准。在堆龙德庆区德庆镇召开创新乡镇工会组织规范化建设试点工作座谈会，着力为基层工会组织建设赋能增效。

【新时代拉萨产业工人队伍建设工作座谈会】 2022年1月10日，市政协党组成员、副主席，市总工会主席宋留柱主持召开新时代拉萨产业工人队伍建设工作座谈会，研究讨论《新时代拉萨产业工人队伍建设实施方案》《新时代拉萨产业工人队伍建设任务分工细则》《拉萨产业工人队伍建设试点工作方案》，市人社局、市教育局、市政府国资委、曲水县总工会、市交通产业集团公司围绕推动产业工人队伍建设工作情况进行交流发言。

【改进作风狠抓落实工作动员部署会】 2022年1月17日，市总工会召开改进作风狠抓落实工作部署会，市政协党组成员、副主席，市总工会主席宋留柱出席会议并讲话。

【春运暨“三大节日”送温暖活动】 2022年1月25—30日，市总工会开展2022年春节暨“三大节日”送温暖活动，市政协党组成员、副主席，市总工会主席宋留柱，市总工会党组成员、副主席次仁拉姆，市总工会党组成员、二级调研员尼玛潘多分别带队到市疫情防控一线指挥部、市劳动监察大队、市悦通站务有限公司柳梧汽车站、市融媒体中心、暖心燃气热力公司等点开展慰问活动，向奋战在一线的干部职工致以节日问候，累计发放慰问金14.2万元。

2022年6月7日，拉萨市总工会举办“中国梦·劳动美——喜迎二十大　建功新时代”暨“四个创建”主题演讲比赛

【工会公益法律服务宣讲活动】 2022年3月28—31日，市总工会依托领导干部“下基层大接访办实事”活动，在堆龙德庆区德庆镇组织开展“尊法守法·携手筑梦”工会公益法律服务宣讲活动5场次，向1500余名村民群众宣讲《中华人民共和国妇女权益保障法》《西藏自治区民族团结进步模范创建条例》《拉萨市民族团结进步条例》等法律法规。

【拉萨市总工会十一届四次全委会议】 2022年4月15日，市总工会十一届四次全委会议召开，回顾总结2021年全市工会工作成绩，安排部署2022年工作任务，履行有关人事事项，选举市政协党组成员、副主席宋留柱为市总工会第十一届委员会主席。

【基层工会工作大调研】 2022年5月6—25日，市政协党组成员、副主席，市总工会主席宋留柱带队深入各县区围绕基层工会组织建设、工会重点工作开展情况、工会改革和援藏项目落实情况等内容开展大调研活动。

【端午节活动】 2022年6月2日，为大力弘扬中华优秀传统文化美德，培育和践行社会主义核心价值观，市总工会在城关万达广场组织开展“喜迎二十大 品味端午 铸牢中华民族共同体意识”端午节活动，500余名职工群众参加活动。

【服务职工群众公益法律活动】 2022年6月2日，市总工会联合市旅发局针对服务业领域困难行业劳动者开展以“中国梦·劳动美——喜迎二十大 建功新时代”为主题的“尊法守法·携手筑梦”服务职工群众公益法律活动，200余名职工群众参加。

【主题职工演讲比赛】 2022年6月7日，为喜迎党的二十大胜利召开，唱响为实现中华民族伟大复兴中国梦而奋斗的工人运动时代主题，市总工会组织举办以“中国梦·劳动美——喜迎二十大 建功新时代”暨以“四个创建”为主题的全市职工演讲比赛，来自全市各级工会的54名职工参加演讲。参赛职工立足工作岗位，以身边人、身边事为缩影，向大家讲述拉萨市职工在贯彻落实习近平新时代中国特色社会主义思想、深入推进“四个创建、四个走在前列”、劳动创造幸福的生动故事，充分展示拉萨市职工建功新时代、践行新理念、昂扬向上的精神风貌。

【自治区总工会调研指导新就业形态劳动者建会入会工作】 2022年6月9日，自治区总工会党组书记、常务副主席王纯丁一行深入拉萨公共安全服务公司、楷博电子商务有限公司、城投物流有限公司围绕新就业形态劳动者建会入会工作进行调研。

【普布顿珠到市总工会调研】 2022年6月21日，自治区党委常委、市委书记普布顿珠到市总工会就加强和改进党的群团工作进行调研，详细了解全市职工合法权益保护、困难职工救助帮扶和劳模评选等工作开展情况。普布顿珠强调，要坚持以职工为中心的工作导向，多做统一思想、凝聚人心、化解矛盾、增进感情、激发动力的工作，切实把工会建成想得起、找得到、靠得住的职工之家。要精准开展困难职工帮扶工作，应保尽保、动态管理，真正把党和政府的关心关爱送到职工心坎上、紧要处。

【工人先进模范代表“庆七一 感党恩 喜迎二十大”座谈会】 2022年7月1日，为大力弘扬劳模精神、劳动精神、工匠精神，激励引导模范先进发挥示范引领作用，市总工会组织召开工人先进模范代表“庆七一·感党恩 喜迎二十大”劳模座谈会，市政协党组成员、副主席，市总工会主席宋留柱出席会议并讲话，拉萨市三级劳模先进和职工代表参加座谈会。

【自治区党委工作专班专题调研】 2022年7月7日，由自治区党委组织部、自治区党委政研室、自治区发改委等部门人员组成的工作专班一行到拉萨市开展新时代工运事业和工会工作专题调研。调研组深入西藏华泰龙公司进行实地考察调研，听取工会工作情况汇报。在市总工会召开座谈会，听取市总工会和部分企事业单位工会工作情况，收集工作中存在的困难和问题。

【“安康杯”知识竞赛活动】 2022年7月28日，市总工会联合市应急管理局、市卫健委举办以“喜迎二十大 建功新时代 遵守安全生产法 当好第一责任人”为主题的“安康杯”知识竞赛活动。共有来自全市各级各部门的24支代表队72名选手参加比赛。

【职工联谊活动】 2022年8月4日，自治区总工会联合市总工会举办2022年西藏自治区“喜迎党的二十大 永远跟党走 奋进新征程——相约工会 幸福西藏”职工联谊活动，近百名优秀青年男女职工欢聚一堂，浪漫相约。

（张兆鑫）

共青团拉萨市委员会

【概况】 2022年，共青团拉萨市委员会（以下简称团市委）团结带领全市广大团员青年围绕中心、服务大局，积极投身社会主义现代化新拉萨建设。截至年底，全市在“智慧团建”系统中注册的团组织有1275个，共青团员24649人，共青团干部1992人（其中专职团干部35人）。基层团组织书记配备率和进班子率均达100%。

【理论学习】 2022年，团市委依托理论学习中心组和党支部学习，制订全年学习计划，并固定每周五下午组织学习，共开展各类学习28次，专家专题授课辅导1次，撰写学习心得体会50余篇，开展警示教育1次，机关支部开展节前部署会5次。巩固和深化学习教育成果，结合建团100周年和喜迎党的二十大，组织各级团组织深入开展“喜迎二十大、永远跟党走、奋进新征程”主题活动30余场，拉萨各级团组织开展学习习近平总书记在中国共产主义青年团成立100周年大会上的重要讲话精神20次。组织各族各界优秀青年、五四奖章获得者等新时代拉萨市优秀青年代表，于5月13日召开拉萨市贯彻落实习近平总书记在中国共产主义青年团成立100周年大会上的讲话精神座谈会，普布顿珠书记出席会议并发表重要讲话。深入贯彻学习王君正书记在西藏自治区工青妇调研时部署要求，深入贯彻落实市委书记普布顿珠在拉萨市工青妇调研的指示精神，2022年6月21日召开贯彻落实市委书记普布顿珠调研拉萨市工青妇时的讲话精神部署会，并引导各县（区）团委、功能园区团工委等团组织将工作落实落深落细落地。6月24日，组织召开“感悟领袖风范 锤炼过硬作风”读书分享会，引导干部职工和团干部深刻学习领会习近平总书记成长之路和奋斗历程，以崭新的精神面貌和工作姿态，积极投身建设拉萨、繁荣西藏、报效祖国、圆梦复兴的光荣事业。开展改进作风狠抓落实工作“应知应会”测试1次，支部学习会上问答3次。党的二十大召开后，线上召开书记班子党的二十大精神专题学习交流研讨（扩大）会，与会人员结合自己分管领域工作，逐一进行交流发言。第一时间制订《拉萨共青团学习宣传贯彻党的二十大精神工作计划及系列活动方案》，推动在基层团组织、团员青年中掀起学习贯彻党的二十大精神的热潮。

【意识形态管理】 2022年，团市委深入落实党的意识形态工作责任制。持续推进前期制定的《关于贯彻落实〈新时代西藏共青团宣传思想文化工作规划（2019—2023年）〉的实施方案》，分时分步推动拉萨共青团宣传思想文化工作。年初召开意识形态工作部署会，专题研究2022年意识形态工作。

【网络阵地建设和网络意识形态宣传】 2022年，团市委利用微信、微博、抖音等新媒体平台传递社会正能量。推动“青年大学习”常态化、制度化。组织开展“青年大学习”18期，积极协调教育部门把青年教师、学生团员纳入学习范围，扩大学习覆盖面，累计参与突破10万人次。依托“学习强国”学习平台，强化理论武装，主动参与各理论测试，组织干部职工参与各类网上答题3次，努力建设“学习型”团组织。

【习近平总书记关于青年工作重要思想的学习宣传】 2022年，团市委深入学习贯彻习近平总书记在庆祝中国共产主义青年团成立100周年大会上的重要讲话精神。团市委领导班子带头学，把学习贯彻落实习近平总书记在庆祝中国共产主义青年团成立100周年大会上的重要讲话精神纳入书记办公会学习、党支部学习教育和其他团内会议、学习的重要内容。组织专人搜集整理习近平总书记关于青年和共青团工作重要论述，整理中央、区市党委庆祝中国共产主义青年团成立100周年庆祝会议精神资料形成摘编。围绕学习习近平总书记在中国共产主义青年团成立100周年大会上的讲话精神，专门邀请市委党校陈乐老师为共青团干部、青联委员、少先队辅导员专题授课，进一步在共青团系统深入学习讲话精神。

【主题活动】 2022年，团市委依托传统节日开展“我们的节日”系列活动4次，带领团员青年挖掘、传承传统节日文化和重要纪念日的精神内涵。开展新兴青年爱国主义教育基地观摩学习活动，组织拉萨市美团外卖小哥、快递小哥、街舞青年等新兴青年群体30人以“喜迎二十大、永远跟党走、奋进新征程”为主题开展教育活动，集中参观柳梧新区消防救援大队消防科普教育基地和西藏牦牛博物馆；以“3·28”西藏百万农奴解放纪念日、清明节、中国共产主义青年团成立100周年等节日为契机，以班级为单位，以主题队会为主要形式，开展革命传统和爱国主义精神教育，引导少先队员了解、熟悉国情知识，感受祖国母亲的伟大，激发少先队员的爱国热情和民族自豪感；为进一步规范少先队工作流程，分批分层推进学校少先队入队、“红领巾奖章”争章，规范使用少先队标志标识。安排专人赴城关区8所中学、20所小学开展少先队知识解析，重点针对少先队入队、“红领巾奖章”争章工作作辅导。全年共辅导20场次，在全市初中、小学中开展“红领巾奖章”三星章争章工作，通过层层争章，市少工委最终评选出三星章集体18个、个人109名，并通过“青春拉萨”微信公众平台进行公示。市少工委推荐集体8个，个人35名参加自治区四星章评选。

【团建工作】 2022年,团市委紧抓“党建带团建、团建促党建”这一主线,深入推进“一专一站两联”建设,对标团区委调整团的专门委员会,打通县域团代表联络站建设,建立团的委员会成员联系团代表、团代表联系团员青年的“两联”工作机制(即“一专一站两联”:一专指专门委员会;一站指团代表联络站;两联指团的委员会成员联系团代表、团代表联系青年),进一步完善专职团干部联系点制度,拉萨市八县区均已建立团代表联络站。安排基层组织建设工作业务骨干赴基层团组织讲授团建知识3场,推进“两新”组织团建,在成立10个行业团工委的基础上,安排团建指导员加强与各自指导行业的联系,引导行业团工委发挥作用。

【团教协作】 2022年,团市委全面推进少先队组织改革,争取教育部门支持,推行少工委“双主任”制度,及时变更拉萨市少先队总辅导员1人、副总辅导员4人,安排专人赴各县(区)少工委开展少先队专业知识讲座,培训40余场次,进一步规范少先队工作。

【团员管理】 2022年,团市委严把团员发展关,科学调整团员编号,严格按照目标发展团员。落实少先队推优入团、共青团推优入党工作,引导广大团员青年做到“五个模范”。加强“智慧团建”系统录入工作。截至年底,录入“智慧团建系统”团组织1186个,共青团员23487人,共青团干部2015人(其中专职团干部37人)。继续推进“智慧团建”系统录入,将学习习近平总书记在中国共产主义青年团成立100周年大会上的重要讲话精神情况录入智慧团建系统。

2022年8月,拉萨市少年宫结合社会主义核心价值观,组织青少年开展夏令营活动

【队伍建设】 2022年,团市委着力抓好团员、团支部录入、学社衔接、非公有制企业和社会组织建团和组织整顿有效覆盖等工作,逐步实现基层组织规范管理。落实团干部双重管理规定,为县区团委班子调整提供意见,关注基层团组织班子建设,及时协调各县(区)党委配齐配强基层团组织班子。严格团干部管理,贯彻新时期干部选任标准,注重突出政治品质、工作实绩,在实干中检验和历练干部,大胆选用忠诚、干净、担当的干部,着力提升团干部能力素质,树立正确选人用人导向。坚持和完善团委书记年度述职考核,年度工作集中考核答辩会,表彰优秀基层团组织、团干部、团员。

【改进作风】 2022年,团市委全面深入贯彻区市党委重要批示要求,严守政治纪律和政治规矩,强力推动共青团系统转变作风狠抓落实工作。全市改进作风狠抓落实工作动员部署会后,团市委第一时间以书记办公会、党支部会议等形式进行传达学习,成立领导小组及其办公室,专题研究制订《共青团拉萨市委员会关于进一步改进作风狠抓落实实施方案》《2022年团市委改进作风狠抓落实工作计划表》,制定《共青团拉萨市委员会2022年进一步改进作风狠抓落实自我检视问题清单》,查找问题57项,整改措施57项。年内召开部署会1次,推进会2次,专题研究安排改进作风狠抓落实工作推进。

【巡察整改】 2022年4月25日至6月25日,市委巡察组对团市委进行为期2个月的巡察,并于2022年7月19日下午,就巡察情况对团市委进行反馈,同时下发《关于印发〈十届市委第一轮巡察二组关于巡察共青团拉萨市委员会的反馈意见〉的通知》,团市委领导高度重视，团市委书记熊劲及时召集在家班子成员、各部门负责人及全体正式干部职工召开市委巡察二组对团市委巡察情况反馈意见整改落实专题部署会，成立巡察整改领导小组，并安排专人负责整改工作，立行立改问题已整改完成，其他问题整改正在稳步推进中。

【服务青年创业创新】 2022年6月30日至7月16日，组织开展“喜迎二十大 永远跟党走 奋进新征程”——拉萨市2022年青年创业技能专项培训，培训以7天集训加10天课外“一对一”辅导的方式开展。在充分总结过往经验的基础上，完善培训模式、突出针对性，增加优秀企业、典型产业的实地观摩和结训考核，以理论＋访学＋微咨询组合实施，同时设置党课和红色经典教育，依托培训提升创业青年爱党爱国意识。共40名来自拉萨市五县三区的农牧民合作社负责人、小微企业负责人及众创空间运营团队成员、计划创业的大学生等青年参加培训。8月7日，组织拉萨创业青年代表25人一行赴云南昆明开展交流共建活动，帮助拉萨创业青年代表分享创业理念、开阔视野、提高创业能力水平。由于疫情原因，原定一周的行程以两日学习、一日隔离后结束返回拉萨。支持文创企业发展，团市委获得拉萨市委宣传部牵头实施的拉萨市文化产业发展专项资金支持实施“团团礼盒伴手礼”设计制作项目，总计100万元，经先后与5家设计公司比对设计文案和理念，最终确定1家设计公司的项目产品包装设计，同时确定2家历届青创大赛获奖的优秀项目企业，以供货和后期宣传形式，既形成共青团助力青创产品成长的品牌项目，同时激励青创企业不断创新和提升产品品质，已形成最终的包装设计文案，签署合同后将推动具体制作事宜。持续推动“青”字号品牌创建活动，为树立典型，表彰先进，经组织推报、实地考察、择优遴选、社会公示，命名13个青年文明号集体、5个青年安全生产示范岗集体、10个青少年维权岗。

【青少年权益保护】 2022年，团市委持续开展预防未成年人违法犯罪工作，作为合适成年人参与公安、检察院提审、心理治疗工作3次，开展社区家庭教育宣讲1次；联合市公安局、市公安局特警支队开展“少年警校冬令营”活动，培养青少年爱国奉献思想、遵纪守法意识、恪守职责精神，进一步增强广大青少年对警察职业的认同感和敬畏感，培养孩子们的正义感、是非观。每周三、四、五选派专业师资，对接实验小学本部、实验小学东城分校、广西友谊小学，定时免费送去书画、舞蹈、棋类、乐器类、小记者、跆拳道、少儿足球等培训项目，延伸校外教学手臂，帮助学校弥补短缺的资源，从而满足广大家长和青少年兴趣特长培养的需求。共组织20余名专业教师进到学校教授特色课程，教授20余门课程，总课时达到1000余课时，覆盖学生达3万余人次，活动取得显著成效，获得学校、学生及家长的一致好评。深入推进法治宣传，组织干部职工参加拉萨市2022年“三下乡”暨“新春走基层”活动，组织普法、禁毒防艾等志愿者走进当雄县，向群众发放《中华人民共和国未成年人保护法》《中华人民共和国未成年人犯罪法》《中华人民共和国禁毒法》宣传册及《禁毒防艾》手册、防艾宣传挂历等宣传资料500余份。结合本市青少年情况，立足实际，发挥优势，开展“青春自护·平安春节”青少年假期自护教育活动，进一步增强青少年自我保护意识和能力。5月11

2022年5月8日，拉萨共青“梦想小屋”捐建项目启动仪式举行

日，团市委组织4名干部职工赴堆龙德庆区荣玛乡搬迁点开展法治宣传活动。通过悬挂横幅、现场咨询、发放宣传资料等形式，广泛宣传《中华人民共和国宪法》《中华人民共和国妇女权益保障法》《中华人民共和国未成年人保护法》《中华人民共和国预防未成年人犯罪法》等一系列针对性强、与青年生活息息相关的法律法规，发放法律宣传资料500多份、100多本青少年喜爱的图书，现场为群众提供法律咨询50多人次。开展2022年“轻松备考·12355与你同行”中考减压活动10余场，覆盖学生3000余人。

【“领导干部下基层大接访办实事”活动】 2022年3月，市团委深入尼木县日措村，与村“两委”干部及驻村工作队队员进行座谈，详细了解日措村各项工作开展情况，了解和梳理前期接访情况。会后，根据汇总情况实地走访存在突出问题的困难群众5户，详细询问存在的困难和问题，询问他们的生活起居和健康状况并对村民反映的住房安全、生活环境、水渠堵塞等问题做实地调研。3月14日，在尼木县尼木乡完小开展领导干部“下基层大接访办实事”之“自护教育进校园”活动。活动现场，团市委向学校赠送《中小学民族团结教育读本》200册，赠送课外图书500余册。邀请西藏星光社会工作服务中心讲师，围绕认识自我、预防性侵、提高自我保护意识等内容对青少年作了专题辅导。青少年安全自护教育是团市委一项品牌活动，至2022年已开展10余年，每年充分利用寒暑假、节假日，组织专业讲师、志愿者等深入学校、社区等，向青少年及家长宣传民族团结、交通安全、禁毒防艾、防性侵、反霸凌等安全知识和自护自救常识。3月11日，在吉崩岗街道办事处开展“下基层大接访办实事”岗位精准对接会，吉崩岗街道有求职意愿的居民群众以及相关用人单位负责人100余人参加会议，实实在在帮助居民群众享受各级政府就业创业优惠政策，聚力稳就业，扎实惠民生。3月15日，组织拉萨出入境边防检查站、西藏移动拉萨分公司青年志愿者在拉萨市城关区吉崩岗街道开展学雷锋志愿服务活动。

【“四联四包”工作机制暨“大宣讲大调研大排查大落实”活动】 2022年7月4日，团市委召开深入落实领导干部常态化“四联四包”工作机制暨“大宣讲大调研大排查大落实”活动动员部署会，研究并制定尼木县塔荣村开展“大宣讲大调研大排查大落实”活动工作专班，对18项调查科目进行逐一分解，制定尼木县塔荣村“大宣讲大调研大排查大落实”入户调查表，并确定分组入户人员。7月7日，组织村民开展“四联四包”工作集中“大宣讲”活动，共180余名农牧民党员群众参加，塔荣村包村领导、村“两委”、驻村工作队、“1+3”专干、四类专干开展走访入户调研工作，通过入户面对面访谈、实地察看、查阅资料等方式，全面了解家庭基本情况，深入宣讲政策法规，自治区、市县党委有关精神，排查生态环境、医疗卫生、教育、金融等领域的风险隐患，共走访调研125户农牧民群众户。7月12日，组织“喜迎二十大、永远跟党走、奋进新征程”——拉萨市共青团“四联四包”主题曲艺宣传进村居活动，共400余农牧民群众参加。开展“青春志愿塔荣行 文化宣讲进村居”活动，向初、高中及大学生们讲授关于志愿服务相关注意事项，现场面对面进行答疑解惑，将有意愿参与志愿服务的青年（18—45岁）纳入志愿服务队伍。开展“创业就业政策宣讲”活动，为塔荣村未就业大学生讲解就业创业相关政策，面对面解答未就业大学生的疑虑，为未就业大学生选择未来方向做出积极努力。同时还开展禁毒宣传、义诊、义务理发等活动，在义诊活动中，村民们纷纷排队就诊，医生们耐心问诊，现场发放感冒药品、风湿类药品、滴眼液、解热镇痛、止咳等价值近1.5万元的药品。

【助力全区社会治理大局】 2022年，团市委争取江苏省援藏资金1100万元，实施援藏项目2个（分别是拉萨青年代表团赴江苏交流共建活动、拉萨市少年儿童活动中心改造提升工程）。其中，投资720万元的拉萨市少年儿童活动中心改造提升工程于5月投入使用。充分发挥少年宫青少年校外教育基地作用。组织开展“童眼看两会”活动，带领少年宫小记者前往党代会报到处、党代会现场对拉萨市第十次党代会进行宣传，对党代表进行现场采访，配合拉萨市电视台进行现场摄制；持续开展流动少年宫进校园活动，相关工作人员每周到学校监督流动少年宫进校园活动开展情况；深入推进希望工程。推出拉萨共青团“梦想小屋”关爱计划。“梦想小屋”关爱计划项目，致力于让更多的困境青少年在全社会的关爱下健康成长。经过推荐、走访等方式在城关区、堆龙德庆区、达孜区选定10名品学兼优的困境青少年作为关爱对象，帮助他们改造居住环境，筑起温暖的“梦想小屋”。拉萨市青年联合会对接13名青联委员、1家青年文明号集体筹集爱心资金，每名捐赠者结对1—2户困境青少年，针对他们居住条件简陋、生活设施缺乏的实际状况，在现有住房基础上，按照“墙面改造、床、桌椅、书架、台灯、窗帘等家具和生活用品”配备到位标准和“四必须、四保证”的改造要求，依托原有居住房间进行规划、设计、装修，配备必要家具和学习生活用品，为青少年打造独立空间，涉及资金24万余元，个别青联委员捐赠者还将持续性长期帮扶结对青少年；申报3家“全国青联小屋”，分别位于城关区吉崩岗社区、曲水县少年儿童活动中心、尼木县尼木乡完小，建设经费各4.5万元均为全国青联委员万宁 个人捐赠；北京青少年发展基金会希望之星“1+1”“我在北京有个家”第二批、第三批、第四批物资发放至城关区、堆龙德庆区、当雄县、尼木县197名青少年手中；按照团区委《关于开展国务院国资委党费专项资助西藏籍贫困学生工作自查的通知》，以入户走访、座谈会的方式，深入曲水县、堆龙德庆区开展调研工作；全面启动希望工程“1+1”——幻方助学计划。针对拉萨市一年级至四年级中的建档立卡户、残疾、单亲、孤儿、留守儿童、最低生活保障、因重大疾病致贫的女童1557人开展资助资格审查、申报等工作；实施北汽集团助学工作。核对拉萨市101名受助贫困生在校就读情况。实施“童心港湾”项目，在堆龙德庆区马镇设兴村建立拉萨市首个“童心港湾”项目，服务马镇留守儿童，项目金额为9.5万元，与中国光华科技基金会签订“童心港湾”项目协议。组织举办2022年“石榴籽一家亲”——江苏拉萨新疆青海少年手拉手夏令营活动，2022年“红领巾心向党”第十三届素质拓展暨民族团结进步教育夏令营，“喜迎二十大 永远跟党走 奋进新征程”拉萨市少年宫2022年传承红色基因、体验警营生活、亲近大自然素质拓展暑期夏令营等暑期活动，引导广大少先队员走出校园，开阔眼界，增长知识，自觉培育和践行社会主义核心价值观，加强民族团结，增强少先队员的光荣感和组织归属感，激励他们成长成才。组织来自市直各单位的40名单身青年开展以“我们的节日之七夕寻梦缘·牵手渡鹊桥”为主题的七夕联谊活动，为单身青年搭建一个交友联谊的平台。

【志愿服务工作】 2022年，团市委共组织1330余名青年志愿者开展志愿服务活动，志愿服务8500余人次，志愿服务6320小时，扩大青年志愿服务群体在社会上的影响力，促进新时代文明志愿服务发展和建设。进一步打造小青稞青年志愿者品牌工作，逐步实现各行各业青年志愿服务工作的全覆盖。指导拉萨市中学结合实际，建立中学生志愿服务队，推动中学生团员注册成为青年志愿者。成立拉萨学雷锋出租车志愿服务队和高三毕业生志愿服务队，创新志愿服务工作内容，打造更完善的青年志愿者群体。依托团中央“志愿汇”平台建立青年志愿者信息库。截至年底，线上共注册登记3820名青年志愿者；线下共有28支青年志愿服务队、25支中学生志愿服务队挂靠在市志愿者服务指导中心名下，指导开展各项志愿服务。充分发动“候鸟型”志愿者在居住街道社区开展关爱帮扶、健康宣讲、敬老爱老、生态环保、公益助学等特色鲜明的志愿服务活动，梳理出一批社会反响好、常态有序的服务项目，加大指导和培育力度，用项目活动凝聚和统筹志愿者力量。为做好中学生志愿服务工作，进一步贯彻中央有关中学教育和中学共青团工作战略要求，发挥志愿服务“实践育人”优势，促进中学生践行社会主义核心价值观，制订《关于做好中学生志愿服务工作的实施方案》，确保中学生志愿服务工作落地生根、取得实效。为吸引更多青年朋友们加入志愿者行列，用奋斗的青春谱写新时代志愿故事，以高考为契机，成立高三毕业生志愿者队伍，完善志愿服务群体，更好地推进志愿服务事业的发展。在组织活动的同时，规范志愿者日常管理，加强沟通交流。每季度召开志愿服务座谈会并学习习近平总书记在中国共产主义青年团成立100周年大会上的重要讲话精神，教育引导西部计划志愿者“感悟领袖风范 锤炼过硬作风”，坚定不移跟党走，为党和人民奋斗。持续配合相关部门，落实期满服务的“西部计划”志愿者在报考公务员和事业单位、参加研究生考试的政策待遇。

（李英华）

拉萨市妇女联合会

【概况】 2022年，拉萨市妇女联合会（以下简称市妇联）实施思想政治引领、服务民生、家家幸福安康、依法维权、基层基础“五大工程”，深入落实民族团结巾帼添彩、乡村振兴、素质提升、生态文明、固边强边、家风家教、法治拉萨、改革创新“八项巾帼行动”，坚决筑牢疫情防控屏障，坚决巩固疫情防控成果，持续改进作风狠抓落实，为党尽忠、为民尽责，团结引领广大妇女坚定不移听党话感党恩跟党走。

【第十届执行委员会第六次会议】 2022年4月29日，拉萨市妇女联合会第十届执行委员会第六次会议召开。会议全面总结2021年度全市妇联工作，安排部署2022年工作任务。

【“最美家庭”揭晓活动】 2022年5月13日，市妇联举行2022年拉萨市文明创建暨“最美家庭”揭晓活动，为29户“最美家庭”代表授牌。

【“新天路上迎新春 民族团结一家亲”活动】 2022年，自治区妇联、市妇联联合拉萨火车站，开展以“新天路上迎新春 民族团结一家亲”为主题的迎新春活动，组织10名基层优秀妇女代表，乘坐拉萨至林芝的“复兴号”动车，切身感受西藏跨越式发展。

【朗玛堆谐交流会活动】 2022年，市妇联投入资金29.97万元，联合市文化局、市群艺馆举办以“巾帼心向党 喜迎二十大”为主题的巾帼美育实践基地朗玛堆谐交流活动，吸引200余名朗玛堆谐爱好者参与，其中女性占比80%，人均年龄55岁以上。

【组建妇女合唱队】 2022年，市妇联组建妇女合唱队在“盛世中国幸福西藏”拉萨市庆祝西藏百万农奴解放63周年主题经典歌曲大赛中获得优秀奖。

【“巾帼创业之星进校园”创业分享会】 2022年，市妇联在拉萨市第二中等职业技术学校举办“巾帼创业之星进校园”创业分享会，4名优秀女性企业家向250名学生分享创业故事，激励学生们树立正确的职业观、择业观和市场就业意识。

【“推进家庭美德 弘扬时代新风尚”巡讲专业讲师团培训班】 2022年，市妇联举办“推进家庭美德 弘扬时代新风尚”巡讲专业讲师团培训，妇女工作者、家庭教育工作者、教师及公检法司工作者32名学员参训，为妇女儿童和家庭家教家风工作储备第一批巡讲员人才库。为期6天的培训结束后，巡讲讲师团赴各县（区）开展巡回宣讲培训14场次，线上培训1场次，参与群众700人次。

【“情定森防·缘来是你”未婚单身联谊活动】 2022年8月3日，在西藏森林消防总队开展“情定森防·缘来是你”未婚单身联谊活动，市直各单位20名未婚单身女性和20名西藏森林消防总队未婚单身男性参加联谊活动。

【思想政治引领工程】 2022年，市妇联在全市252所“巾帼夜校”，

2022年3月26日，拉萨市妇联在拉萨市电视台举办以“盛世中国 幸福西藏”为主题的纪念西藏百万农奴解放63周年主题经典歌曲大赛

开设学习宣传党的政策理论、法律知识、卫生健康、国家通用语言文字教育等群众感兴趣的课程1370场次，参与群众2.34万人次。2个巾帼美育实践基地，开展实践活动157场次，参与群众0.5万人次。推广“热巴健康操”，参与群众近0.2万人次。

【维护妇女儿童合法权益】 2022年，市妇联接待来信来访51件（“12338”维权公益热线工单处理11件）。各县（区）妇联接待来信来访91件。全市接报家暴警情776起，共下发告诫书125份。全市申请下发人身安全保护令5件，签发数5件，签发率100%。拉萨市困境妇女庇护所救助妇女71人，未成年人27人。疫情防控期间共救助妇女34人，未成年人14人。

【护蕾行动】 2022年，市妇联召开“护蕾行动”数据分享会。开展“护蕾行动”活动5场，参加250人，个案16人。开发“护蕾盾”小程序端口。

【妇女儿童关爱行动】 2022年，市妇联为115名低收入困难妇女发放价值3.45万元的“家乡同心包”（内含生活保暖、卫生、医药急救、防疫等生活用品）115个。为156个拉萨市妇女儿童维权服务岗发放价值7.8万元的关爱礼包。为全市77座寺庙管委会妇女干部职工199人，发放“致全区驻寺维稳一线姐妹们的一封信”199份和“阿佳关爱礼包”77箱、口红套装199个、红糖礼包199个。为达孜区琼仓寺尼姑义诊，发放价值0.6万元的慰问品和常用药品。为3名低收入家庭妇女“两癌”患者发放救助金3万元。开展拉萨市妇女“两癌”综合防治工作。“三大节日”、“三八”妇女节期间，开展送温暖慰问活动，发放慰问金5.72万元。“下基层办实事送健康”活动，为280余名群众义诊，免费发放价值1万元的药品。为穷达村2所幼儿园42名幼儿发放价值0.6万元的爱心物资。

【巾帼志愿服务活动】 2022年，拉萨市432支巾帼志愿服务小分队，8194名巾帼志愿者，常态化开展关爱行动、宣传服务、保护生态环境等各类志愿服务活动1267场次，受众达2.8万人次。

【“家庭教育五进”专题讲座活动】 2022年，市妇联举办“家庭教育五进”专题讲座活动13场次，受益家长0.55万人，发放宣传册、宣传品2.2万余份。

【打造拉萨文化产业巾帼阿佳品牌文创产品】 2022年，市妇联争取“2021年度拉萨文化产业发展专项资金”100万元，实施“格桑花开巧手梦 齐心绘就同心圆”项目，着力将堆龙德庆央达爱莱呗帼民族产品中的藏式娃娃打造成拉萨文化产业巾帼阿佳品牌文创产品“拉飒姑娘”。

【网上宣传】 2022年，“拉萨女性”微信公众平台先后推出“巾帼心向党 喜迎二十大”“县（区）妇联主席访谈录”“她力量”“巾帼热议二十大”等专题专栏，向全市妇女和家庭发出《凝聚巾帼力量　共创文明城市》汉语、藏语倡议书，推送文章、视频等394条，发布原创内容199篇，阅读量达2.5万余次，拥有粉丝1.36万人。充分动员全市妇联系统网宣队伍的积极性、主动性，积极参与网络信息的转发点评宣传工作。

【实用技能培训】 2022年，市妇联投入资金18.3万元，开展氆氇编织等各类实用技能培训，培训农牧

2022年8月3日，拉萨市妇联在西藏森林消防总队综合楼举行“情定森防·缘来是你”单身联谊活动

民妇女 15 人。各县(区)、功能园区妇联开展网络直播等各类实用技能培训,培训农牧民妇女 50 人。

【巾帼示范基地】 2022 年,2 个家政服务有限公司被授牌 2022 年度自治区级“巾帼家政转移就业培训示范基地”。

【选树先进典型家庭】 2022 年,拉萨市 4 户家庭获得第十三届全国“五好家庭”,3 户家庭揭晓为“全国最美家庭”。12 户家庭获得“自治区民族团结最美家庭”(3 户家庭获得“自治区五好文明家庭”)。拉萨市选树“绿色家庭”36 户,评选推荐市级“卫生家庭”“美丽庭院”59 户。

【妇联干部培训】 2022 年,市妇联组织 13 名乡(镇、街道)、村(社区)妇联主席参加全区第四期基层妇联干部“领头雁”培训班,推动妇联干部提升工作能力。

(刁 莉)

拉萨市科学技术协会

【概况】 2022 年,拉萨市科学技术协会(以下简称市科协)落实《拉萨市全民科学素质行动计划纲要实施方案》,全年牵头组织开展科普巡展、科普六进等各类科普宣传活动 25 场次,举办科普讲座 11 场次,发放各类科普图书 5 万余册,1 万余名公众参与到活动中。推动科普资源进校园工作,组织召开拉萨市第六届青少年科技创新大赛启动仪式暨第五届青少年科技创新大赛表彰大会。成功召开拉萨市科协第五次代表大会,选举产生新一届拉萨市科协领导机构,为全面推进拉萨市科协工作再上新台阶奠定坚实的组织基础。

【科普基地建设】 2022 年,市科协推进科普基地建设,争取到自治区科普项目资金 136 万元,启动建设 2 个农业科普示范园区,支持拉萨藏域星球天文科普教育基地成功获批国家级科普教育基地,建成全区首家“幸福社区智慧科普社区”。

【服务科技工作者】 2022 年,市科协向自治区科协申报“最美科技工作者”,市人民医院边巴卓玛、市农技推广总站陈初红被评为“自治区最美科技工作者”,其中边巴卓玛被中国科协评选为全国最美科技工作者。

(次仁白珍)

拉萨市工商业联合会

【概况】 2022 年,拉萨市工商业联合会(以下简称市工商联)深刻领悟贯彻习近平总书记关于“全国工商联要加强基层组织建设,推动所属商会改革发展”的重要指示精神,矢志不渝、笃行不怠,切实落实“两个毫不动摇”,深入推进“两个健康”,充分展现全市商会改革发展的新风貌,在不断创新完善服务“全覆盖”、政策“全兑现”、纾困“全上线”、活动“全方位”的新征程上,有效焕发全市民营经济和工商联事业的新活力。选举产生市工商联第五届领导机构和市商会领导班子,非公有制经济人士在班子人数比例上持续增强,非公有制经济人士、女性和大学以上学历所占比例比上届分别提高 7.4%、13.5% 和 6.4%,领导班子结构进一步优化。8 个县(区)工商联全部完成商会建设工作,不断推动“五好”县级工商联建设,截至年底,认定全国“五好”县级工商联累计达到 16 次,8 个县(区)工商联全部开展“五好”县级工商联创建申报工作。

【政治建设】 2022 年,市工商联始终坚持以组织民营经济人士学习习近平新时代中国特色社会主义思想及习近平总书记关于民营经济领域的系列重要讲话精神为主线,教育引导广大民营经济人士强化科学理论武装和理想信念教育,进一步引导民营经济人士统一思想、凝聚共识、提升站位。畅通政企沟通渠道,不断构建亲清政商关系,切实推动党委政府与民营企业通过工商联深度沟通、有效协商,更加坚定中华民族伟大复兴的信念信心。扎实做好非公有制经济代表人士的选拔和政治安排推荐工作,拉萨市非公有制经济代表人士中,有全国政协委员 1 名,自治区人大代表 11 名、政协委员 41 名;市级人大代表 10 名、政协委员 54 名;县级人大代表 8 名、政协委员 26 名。

【非公有制党建】 2022 年,市工商联先后成立非公有制企业行业党委和非公有制企业行业工会联合委员会,打造民营企业党建标准化建设示范点,不断完善民营经济领域党、工、团、妇组织架构。安排 10 万元专项资金用于推进非公有制企业党支部“五个标准化”,“九有”建设。截至年底,全市非公行业党委下辖43个非公有制企业党支部,302名非公党员,会员企业中“三有”企业党组织覆盖率稳步提升。

【民族团结】 2022年,市工商联充分认识民族团结进步创建工作的重要意义,带领广大民营经济人士推进民族团结创建工作。2021—2022年,推选12家民营企业参评第二、第三批自治区级民族团结进步模范单位,20家民营企业参评拉萨市民族团结进步模范单位。200余家爱心企业弘扬企业家精神,为困难群众、困难群体发放慰问金和生活物资折合人民币3000余万元。协调商会、会员企业举办多场次义诊活动,近千名群众受益。组织4个县(区)工商联负责人和民营企业代表40人到区内外学习考察非公党建、民族团结、强边固边、企业发展等方面的好经验、好做法,开展各类培训160余人次,并参观江孜宗山、中国红十四军纪念馆等爱国主义教育基地多处。

【政府职能发挥】 2022年,市工商联会同市税务局、检察院、法院等部门,组织300余家企业开展“春雨润苗”惠企税务政策学习、百名企业家走进检察院参加“检察院开放日”活动、“专业法官送法上门进企业”活动,与市司法部门联合开展法治化营商环境保护民营企业发展专项调研。相继召开多场营商环境座谈会,参与企业180余家,收集政策建议55余条。制定《拉萨市营商环境特邀监督员管理办法》,从高原特色农业、文旅行业、数字经济、水产业、民族特色手工业、现代服务业等6个行业组建营商环境监督员队伍共30人,建立信息对接机制,助力营商环境改善。组织180名民营企业负责人参加与农行拉萨市分行联合举办的政银企对接会,为15家中小微企业现场发放授信贷款2.92亿元。开设“商机互动”专栏,发布会员企业的采购需求、产品与服务信息、闲置资源及企业介绍。先后在深圳市、北京市促成京藏产业园、觉罗数字、牦牛出行、万达华波美等11家本地数字经济园区与企业、外地企业、商会拉手结对。制定《联系服务商协会与会员企业制度》,采取“一对N”形式,为企业送政策、送法律、送服务,做到经营状况、政策落实、履行社会责任情况“三了解”,对工商联工作的意见“一听取”,通过市工商联会员企业工作交流群转发推送各类政策40余条。

【示范带动】 2022年,市工商联持续推荐非公有制经济人士参与区市民族团结、先进个人、优秀企业等各类评比表彰活动,加强对民营企业和企业家的宣传报道,营造企业家队伍比学赶超氛围。持续举办线上线下招聘会,对接130余家民营企业,收集提供就业岗位1078个,利用援藏平台和全国工商联光彩事业西藏行活动,与市人社局合力推动高校毕业生到其他省市就业创业工作。开展企业家副主席副会长轮值活动,不断提升履职尽责能力。

【企业活动】 拓展“万企兴万村”活动。拉萨市“万企兴万村”行动启动以来,共有60余家企业参与“万企兴万村”行动,与乡村签订71份村企结对共建框架协议。

拓展开展“接访日”活动。2022年,市工商联收集民营企业人士及群众诉求、协调解决问题,集中宣讲民族团结、医保、信访政策200余人,接访群众39人次,查摆群众急难愁盼问题19件,就地解决10件,协调解决意见,移交问题2件。

2022年6月23日,拉萨市民营经济领导小组办公室举办全市民营经济领域“扎实稳住经济一揽子政策措施”宣传解读会

【民营企业招聘活动】 2022年，拉萨市民营企业开发就业岗位3.66万个，举办招聘活动262场次，实现城镇新增就业13550人；农牧民转移就业8.6万人，实现收入8.89亿元；职业技能培训1.71万人，职业技能等级认定3210人。

【民营企业维权服务】 2022年，市工商联开展法治宣传教育进企业68场次，发放宣传资料5000余份，解答问题涉及200余人。拉萨市阳光、藏信、立恒3家公证机构共办理公证5028件，提供各类咨询6000人次，代写文书2515件；市属各律师事务所为260家企业担任法律顾问；提供法律咨询及代写法律文书5346人次。

【服务非公有制经济发展】 2022年，市工商联严格执行《拉萨市首贷服务中心运行规程（试行）》，推动落实《关于更好发挥拉萨市首贷服务中心作用进一步加强金融服务民营企业的若干举措》，更新编制《拉萨市首贷服务中心进驻金融机构特色金融产品手册》，支持小微企业619家、发放贷款13.13亿元。6月23日，拉萨市民营经济领导小组办公室举办全市民营经济领域“扎实稳住经济一揽子政策措施”宣传解读会，贯彻落实全国稳住经济大盘电视电话会议精神和自治区部署推进会各项要求，宣讲解读自治区最新出台的稳住经济一揽子政策措施，扩大民营企业政策知晓率，让民营企业家深切感受到区市党委、政府的高度重视和亲切关怀。市属国有企业为4393户中小微企业和个体工商户减免租金，减免租金金额32903.41万元。

（王　博）

拉萨市文学艺术界联合会

【概况】 2022年，拉萨市文学艺术界联合会（以下简称市文联）共有10个协会（作家协会、美术家协会、书法家协会、摄影家协会、音乐家协会、舞蹈家协会、戏剧家协会、曲艺家协会、民间文艺家协会、影视艺术家协会），各协会会员共计645名。市文联按照“团结引导、联络协调、服务管理、自律维权”的工作宗旨，围绕迎接党的二十大召开，党的二十大精神学习宣传认真策划开展文艺活动；不断树牢宗旨意识，认真做好文艺惠民活动，助力疫情防控工作；加强沟通协作，不断做好文艺作品创作工作。

【文艺惠民活动】 2022年，市文联以堆龙德庆区新时代文明暨网络文明“四进”启动仪式活动为契机，组织书法家、摄影家为群众开展“送书法、送春联、送证件照、拍摄全家福”。先后组织书法家在拉萨市“两会”代表委员报到酒店，市政府机关、市体育局、市中法、市新时代文明实践中心，当雄县，柳梧新区开展“为代表委员送福、送春联”“喜迎党的二十大 送文艺进机关”“送福送春联 文化进万家”“书法文艺进校园”开展送书法文艺志愿服务活动，为“两会”代表委员、广大干部职工、农牧民群众、学校师生带去文化大餐，共开展20场活动，书写赠送书法作品2100幅。组织摄影家在春节、藏历年期间，先后在墨竹工卡县扎雪乡、城关区甲玛林卡社区、疫情防控一线，为群众、一线防控人员免费拍摄装裱赠送全家福110幅，市摄协连续11年开展“全家福”拍摄活动，已形成品牌效应，该活动受到自治区文联表彰并推广到各地市。

【文艺创作】 党的二十大召开期间，市文联组织策划“喜迎二十大 奋进新征程——首届拉萨当代中青年书法家学术提名展”，组织拉萨市35名优秀中青年书法家，以喜迎党的二十大为主题共创作90幅书法、篆刻作品，并在文联公众号推介。党的二十大闭幕后，联合林芝书法家协会认真组织策划“庆祝二十大 书写新辉煌 ——拉萨林芝书法网络联展”，共邀请两市54名优秀藏文和汉文书法家以庆祝党的二十大胜利召开为契机，创作书法作品74幅。拉萨市作协联合那曲市作协，开展“深入生活、扎根人民”采风创作活动，实地走访森布日那曲生态搬迁安置点、经开区德吉康萨社区，深入田间地头、产业园区、农贸市场、文明实践中心、小区物业中心、搬迁群众家、古建大院，了解群众生产生活、就业就医上学等情况，倾听干部群众讲述搬迁带来的喜人变化，感受社会经济翻天覆地的繁荣发展，撰写诗歌12首。为记录新时代幸福拉萨记忆，展现拉萨人民幸福生活风采，2021年12月13日，市文联面向全体市民，征集反映拉萨人民幸福生活，赞美新时代发展成就的短视频374条，经过拉萨市直6家单位和8县（区）负责人及影视家协会专家评

2022年2月15日，自治区摄影家协会、拉萨市摄影家协会和拉萨市墨竹工卡县摄影家分会联合在墨竹工卡县甲玛乡赤康村开展“摄影家进村入户拍摄‘全家福’服务群众”活动

委评选，共选出特等奖1名、一等8名、二等奖10名、三等奖18名。2022年5月31日，举行表彰大会。

【文艺作品获奖情况】 2022年，摄影作品《公路穿越西藏的变化》荣获第二届“鸟瞰视界”全国航拍大赛人文纪实类金奖。歌词《当兵在西藏》被评为词曲网“最受欢迎原创作品金奖”，《明珠西藏 幸福起航》荣获“光荣绽放2022年度优秀词曲作品”人气银奖。曲艺作品《颂心声》《五彩哲嘎》分别获得首届西藏文化艺术节曲艺大赛一、二等奖。曲艺剧《农场情》导演格桑卓嘎获得格桑花导演奖。美术作品《一张合影》入选中国文联第二届“时代中国”全国美术作品展。

【文学作品获奖情况】 2022年，报告文学《爱在山海间》和《千年回眸：中华民族共同体意识下的西藏》获自治区党委宣传部2022年度文艺扶持。

【拉萨市文学艺术界联合会二届五次全委会】 2022年7月8日，拉萨市文学艺术界联合会召开二届五次全委会。自治区文联党组成员、副主席、秘书长李雪艳出席并做指导，市委宣传部常务副部长次培讲话。拉萨市文学艺术界联合会第二届主席团成员、第二届委员会委员，非委员各文艺家协会代表、文联部分干部职工出席或列席会议。要求拉萨市广大文艺工作者要坚持正确的方向，以增强推动拉萨文艺大发展大繁荣的责任感和使命感围绕中心工作做好文艺创作，唱响主旋律，弘扬正能量；市文联要严明纪律做好换届工作。

（刘锴洋）

拉萨市残疾人联合会

【概况】 2022年，拉萨市残疾人联合会（以下简称市残联）不断完善残疾人社会保障制度和关爱服务体系，全力提升服务残疾人的能力和水平。稳步推进残疾人康复服务，发放基本辅助器具12类1410件，适配助听器79台，落实资金87万余元，残疾儿童康复救助和康复服务实现多元化，公办公营、公建民营、医疗康复模式逐渐发展成熟。残疾人就业人数取得突破，265人实现稳定就业。残疾人各项补贴及时足额兑现，发放补贴540.135万元。不断拓展无障碍改造覆盖范围，为85户残疾人及1所小学实施无障碍改造项目，落实资金30.21万元，残疾人教育工作水平不断提升，全市融合教育示范学校达到13所。4月22日，经市委常委会批准，正式设立中国共产党拉萨市残疾人联合会党组，配备党组书记1名，党组成员2名。

【残疾人康复】 2022年，市残联为79名听障人士适配助听器，投入资金47万余元，采购配发基本辅具12类1410件，惠及1400余人，投入资金40万元。公办康复服务模式日趋成熟，免费为24名残障对象提供肌体康训、按摩理疗、生活自理、日间照料等服务。公办民营康复服务模式取得成效，50余名残疾儿童在市残疾人康复实训基地接受孤独症、脑瘫肢体、听力、言语训练等康复服务，基础康复训练有效率达90%，为30个残疾儿童家庭减免各类康复训练费用12.5万元。开拓医疗康复合作模式，将拉萨市人民医院设立为拉萨市残疾儿童肢体矫治手术定点医院，为有康复需求和手术适应证的肢体残疾儿童提供矫治手术并给予康复救助，落实肢体矫治手术救助资金25.8万元，首次实现残疾儿童救助项目与定点医疗机构合作，拓宽残疾儿童康复救助工作模式。

【残疾人就业】 2022年，市残联通过开展技能培训实现就业。为98人提供机动驾驶、烹饪、保安保洁、美甲等5期技能培训，投入资金30.57万元。通过扶持创业实现就业，扶持残疾人创业项目6个，投入资金77.24万元，辐射带动残疾人就业25人。通过提升就业服务实现就业，根据残疾人就业实际需求，建立“一人一策”服务，为有就业需求的城乡残疾人推荐就业200余人次，实现23人就业。为42名应届残疾人大学生推荐就业岗位，成功就业12人。通过按比例安置政策实现就业24人。全年共实现残疾人就业265人，同比增长43%，其中各县（区）新增残疾人就业200人。

【残疾人保障】 2022年，市残联兑现“阳光家园”资金16.5万元，受益110人；残疾人机动车燃油补贴资金21.58万元，受益568人；兑现重点关爱对象特殊护理补贴资金272万元，惠及453人；兑现0—8岁残疾儿童康复救助资金24.96万元，受益19人。精准实施0—16岁残疾儿童康复补贴发放工作，落实资金154.32万元，惠及643人次。为各县（区）配套本级残疾儿童康复救助资金50.775万元。

【残疾人民生工程】 2022年，市残联对文创园区同心苑小区29户易地搬迁残疾人家庭实施居家无障碍土建改造和无障碍设备配备服务，投入改造资金8.37万元。对拉萨市麻风病治愈残疾人员安置点56个宿舍实施居家无障碍改造，投入资金17.29万元。实施全纳教育示范学校——曲水县小学无障碍改造项目，投入资金4.55万元。拉萨市残疾人无障碍设施改造工作已由过去单一的残疾人居家无障碍改造拓展到公共服务、学校、居民小区、社会福利机构等领域。

【残疾人教育】 2022年，市残联新增墨竹工卡县南京实验小学、墨竹工卡县中学为融合教育示范学校，落实资金8.76万元，全市融合教育示范学校达到13所。为22名残障少儿提供免费音乐培训，投入培训资金为9.24万元，并在克莱德曼音乐艺术学校举办2022年拉萨市残障儿童庆“六一”文艺会演活动。

【组织体系建设】 2022年，拉萨市肢残人协会、盲人协会、聋人协会3个市级专门协会经拉萨市民政局批复成立。组织50名村（社区）残疾人协会工作人员举办培训班，提升基层协会工作人员的各项能力。

【残疾人托养服务】 2022年，市残联为托养对象提供康复按摩理疗、文娱康训、心理疏导、农疗康训、劳动技能训练、运动功能训练。开展“五个一”等各类活动19次，各类培训5次，各类助残志愿活动10余次，新接收托养残疾人2名。

【残疾人事业宣传】 2022年，市残联将拉萨市残疾人之歌——《折翼的天使》作为参赛曲目，组织干部职工参加《格桑花开》特别节目《青稞飘香》（第二季）拉萨赛区比赛，并取得第六名的成绩。制作拉萨市第二届残疾人运动会会歌《超越梦想》。充分利用“三大节日”“全国助残日”“四联四包”等节点、活动，全面加大宣传力度，制作宣传物品10类12500件，投入资金12.08万元。

（卢勇强）

2022年6月16日，拉萨市“残疾儿童肢体矫治手术定点医院”签约仪式在市人民医院举行，探索拉萨市残疾儿童康复医疗模式新模式

经济管理

发展和改革

【概况】 2022年，拉萨市主动把握中央“政策发力适度靠前”的机遇，用好中央为西藏量身定制的优惠政策，坚持积极汇报衔接、主动谋划争取，制定《全市重大项目包保推进工作机制》，严格落实重大项目专班推进、定期调度机制，145个重点项目在年内开工建设，完成固定资产投资229亿元，全年到位中央预算内投资15.6亿元，成功发行专债3.35亿元。主动对冲疫情影响，全面落实国家和自治区一揽子稳经济措施，第一时间出台市级配套政策，减免国有房屋租金3.07亿元，向8305家企业兑现稳岗返还、一次性留工培训补助、高校毕业生一次性扩岗补助等补贴资金5754.3万元。对中小微企业和个体工商户疫情期间免收污水和生活垃圾处理费。

【“十四五”规划实施机制】 2022年，拉萨市发展和改革委员会（以下简称市发改委）印发《关于建立健全〈拉萨市国民经济和社会发展“十四五”规划和二〇三五年远景目标纲要〉实施机制的意见》，从发挥规划体系合力、确保重点任务落实、完善监测评估体系、强化实施保障支持等方面提出可操作性强的工作举措，并就《拉萨市国民经济和社会发展“十四五”规划和二〇三五年远景目标纲要》确定的32项发展指标、275项重点任务措施、39项重大工程项目提出具体分工。

【宏观经济运行】 2022年，拉萨市实现地区生产总值784.84亿元、同比增长0.2%，城乡居民人均可支配收入分别增长4.6%、7.3%，规模以上工业增加值增长17.2%，一般公共预算收入剔除增值税留抵退税因素后下降12.5%，社会消费品零售总额下降11.5%，城镇调查失业率控制在4%以内，居民消费价格指数涨幅控制在3%以内。

【项目审批】 2022年，市发改委评审中心委托组织各阶段投资项目179个，送审总投资共计191.16亿元。其中，已审结140个，送审总投资共计100.86亿元、审定总投资共计85.51亿元、审减总投资共计15.35亿元、审减率15.22%；在

2022年施工中的拉萨市北环路与蓝天路改造工程

审项目 39 个，送审投资 90.3 亿元。

【项目建设】 2022 年，拉萨市已到位 76 个项目中央预算内投资 15.98 亿元，成功发行专债 5.6 亿元。全年安排重点项目 98 项、180 个，严格落实重大项目专班推进、定期调度机制，145 个重点项目开工建设，完成投资 85.65 亿元。研究印发《关于加快推进 2022 年后两月固定资产投资计划的通知》，对 10 个政府投资项目开展评估督导并形成调研报告。北环西延线等一批重大项目前期工作稳步推进，南北山绿化等一批重点民生工程开工建设，帕古水库、堆龙河整治等项目加快实施，藏热大桥通车运行。

【物价调控】 2022 年 1—11 月，拉萨市居民消费价格总水平累计同比上涨 1.7%，完成 CPI 涨幅控制在 3% 以内的目标。强化价格检测。对粮油、肉禽蛋、酥油、蔬菜等重要民生商品及成品油、天然气、电、防疫物品等价格情况采取日监测周报告制度。开展涉案财物价格认定工作，共受理价格认定案件 76 起，标的金额 96 万元。启动清理规范拉萨市居民户内供气安装及延伸服务收费工作。

【营商环境】 2022 年，拉萨市启动用能、用地、规划审批专项行动，推进政务数据共享工作，政务服务事项网上可办率达到 99.7%，事项承诺压缩比、即办件占比、平均跑动次数分别优化到 81.84%、48.52%、0.14 次。政府服务热线“12345”建立“接诉即办”工作机制。加强

2022年施工中的西藏S5线拉萨至泽当快速公路项目

信用监管，公布 8 家重大劳动保障违法行为，失信人员 440 余人。全市各类市场主体达到 15.4 万户，同比增长 9.1%。

【经济社会发展规划编制和经济运行监测】 2022 年，市发改委加强经济运行调度分析，认真研判形势，结合经济形势研究制定一揽子政策措施任务分工方案、稳经济若干临时性配套措施，制定印发复工复产工作指引，依据规划实施情况印发“十四五”规划实施机制意见。及时召开全市固定资产投资及项目推进等会议，加强对经济社会发展形势的动态分析、对比分析和专项分析，研究提出针对性的措施建议。组织起草完成季度经济运行分析报告，通过分析全市主要经济指标运行情况，剖析存在的主要问题，为市委、市政府出谋策划。

【产业发展】 旅游基础设施不断完善。“拉北环线”首批旅游标识牌和打卡标志建成落地，推出优秀乡村旅游点、乡村旅游精品线路，拉萨市成为全国第二批、自治区首个“国家文化和旅游消费试点城市”。

净土健康产业不断壮大。藏鸡入选国家特色优势产业集群，“三品一标”产品新增 55 个，“一村一品”国家级示范村镇总数达 11 个，城关区智昭产业园认定为国家级，曲水县和墨竹工卡县成功申报创建全国农业现代化示范区，城关区成功晋级国家级农产品质量安全县，主要农畜产品加工转化率达到 36%。

绿色工业基础不断巩固。新增自治区绿色制造企业 9 家，安排 5000 万元中小企业发展专项资金支持工业企业发展，积极培育自治区级专精特新企业 34 家，获得 ISO 9001 质量管理体系认证证书的企业 13 家。全市规模以上工业企业总产值迈上 200 亿元大关，达到 207 亿元，同比增长 17.2%。

现代服务业发展提速增效。拉萨市跨境电子商务综合试验区获国务院批复，拉萨国家陆港型

物流枢纽建设步伐加快，共建设项目22个，总投资约138.46亿元，现已建成拉萨城投物流园、西藏航龙钢铁物流园、拉萨领峰智慧物流园、综合保税区一期、拉萨西站货场、高原食品冷链中心等6个项目，完成投资86.22亿元，占总投资的62.3%。

【乡村振兴】 2022年，拉萨市持续巩固拓展脱贫攻坚成果同乡村振兴有效衔接，全力推进第二批40个村居“美丽乡村·幸福家园”建设和27个美丽宜居村建设，安排1.03亿元、8个草原畜牧业转型升级等项目支持农村产业发展壮大。严格落实“四个不摘”总体要求，持续加强易地搬迁后续持续，深入32个安置点开展实地调研。巩固脱贫攻坚和乡村振兴有效衔接，安排当雄县草原畜牧业转型升级等8个项目1亿元用于支持农村产业发展壮大，乡村振兴基础不断夯实。

【项目援藏】 2022年，市发改委修改完善《拉萨市援藏项目资金管理实施细则》，全年落实北京、江苏援藏省市援助资金6.57亿元，实施项目112个，资金到位率、下达投资率100%。通过联合北京、江苏援藏指挥部以“面对面，点对点”的形式现场督导项目进度，援藏项目开复工率达到83%。

（次仁拉姆）

国有资产

【概况】 2022年，拉萨市人民政府国有资产管理委员会（以下简称市政府国资委）紧扣市委、市政府中心工作，以加强党的领导统领企业改革发展全局，以实现国有资产保值增值为目标，以深化国资国企改革为主线，聚焦“四个创建”“四个走在前列”和“七个排头兵”工作目标，着力做好促改革、调结构、惠民生、防风险等各项工作。截至年底，市属9家国有企业所属各级全资或控股、参股子公司212户，资产总额1103.33亿元，同比增长1.12%，负债总额755.01亿元，同比增长2.33%，所有者权益348.33亿元，同比增长-1.43%。营业收入86.43亿元，同比增长-23.53%，成本及费用93.27亿元，利润总额1.65亿元，同比增长-84.21%。资产负债率68.43%。

【顶层设计】 2022年，市政府国资委优化资产布局结构，聚焦重点领域，突出主业，编制拉萨市国资国企改革发展“十四五”规划，推动国有资本向关键领域集中。按照《拉萨市国资国企改革三年行动方案（2020—2022年）》要求，深化实施国企改革三年行动，市属国有企业已基本完成国企改革三年行动重点任务。

【推进企业战略重组】 2022年，市政府国资委完成拉萨圣地园林投资有限公司整合重组工作，推进拉萨布达拉旅游文化集团有限公司整合重组。拉萨市城市建设投资经营有限公司公交站台、户外广告资源及灯杆等广告资源经营权整合到拉萨净土数字经济产业集团有限公司。拉萨市城市建设投资经营有限公司旗下9家子集团公司整合重组为6家。

【落实稳住经济的一揽子政策】 2022年，市政府国资委贯彻落实国务院及自治区《关于贯彻落实〈扎实稳住经济的一揽子政策措施〉的实施细则》《西藏自治区人民政府关于印发〈关于稳经济若干临时性措施〉的通知》精神，督促指导市属企业多措并举统筹开展

2022年4月12日，拉萨市政府召开全市国资国企改革三年行动推进会

房租减免工作，切实帮助广大市场主体特别是中小企业、个体工商户渡过难关，市属5家国有企业（拉萨市城市投资建设经营有限公司、拉萨市净土产业投资开发集团有限公司、拉萨布达拉旅游文化集团有限公司、拉萨市交通产业集团有限公司、拉萨净土数字经济产业集团有限公司）累计为5082户承租户减免租金，共减免租金43810.02万元。

【推进完善中国特色现代企业制度】2022年，市政府国资委修订完善市属国有企业党委前置研究讨论重大事项规程示范文本，党委会、董事会、经理层会议议事规则（示范文本），党委书记、董事长、总经理权力清单（示范文本），“三重一大”决策实施办法（示范文本）等制度，从推进党建工作写入企业章程、严格执行党委前置研究讨论程序、修订完善公司党委议事规则等多方面着手，坚持把强化党的领导和完善公司治理统一起来，把加强党的建设与推动公司改革发展结合起来。市属9家国有企业和72家控股子企业制定党委前置讨论重大事项规程，58家市属国有企业子公司建立董事会，市属国有企业集团总公司和88家子公司建立向经理层授权管理制度，89家子公司落实国有企业党委会、董事会、经理层会议议事规则和国有企业党委书记、董事长、总经理权力清单。基本完成7家市属国有企业全民所有制企业公司制改革工作。

【建立健全市场机制】2022年，市政府国资委印发《关于加大力度推行经理层成员任期制和契约化管理有关事项的通知》，推进市属国有企业各级子公司推行经理层成员任期制和契约化管理工作。2022年底32家子企业推行经理层任期制和契约化管理工作。市属国有企业及96家市属国有企业子公司建立健全考核机制，完成7091名市场化用工。

【推进混合所有制改革】2022年，市属国有企业混合所有制改革率达40.2%，拉萨市城市建设投资经营有限公司相继与甘肃祁连山水泥集团、万科集团等知名企业开展战略合作，通过技术交流、成果共享等形式，充分利用各自优势资源，最大限度实现优势互补、共赢发展。对接资本市场，拉萨市城市建设投资经营有限公司累计成功发行各类债券200亿元，用于补充流动资金、项目建设等。

【完善国有资产监管体制】2022年，市政府国资委出台市政府国资委以管资本为主推进职能转变方案，调整市政府国资委权责事项，全面梳理及时制定权责清单。印发并全面推行市属国有企业违规经营投资责任追究实施办法（试行）、主要负责人履行推进法治建设第一责任人职责规定等14项制度，进一步完善国资监管体系。

【风险管控】2022年，市政府国资委印发《加强拉萨市属国有企业内部控制体系建设与监督工作的实施方案》等文件，市属国有企业相应建立健全各项内控制度。强化《拉萨市国有企业资产负债率分类管控工作方案》的督导，分类管控企业负债规模，实施负债规模和资产负债率双重管控，“一企一策”降低企业资产负债率，确保企业资产负债率控制在安全合理区间。建立企业法律总顾问制度，一级企业完成率达到100%，建立健全企业规章制度、经济合同、重要决策合法性审查机制，充分发挥法律总顾问参与企业重大经营决策进行法律把关的作用，严格防控法律风险。

【优化国有资本布局】2022年，市政府国资委聚焦重点领域，突出主业，推动国有资本向关键领域集中，完成拉萨市国资国企改革发展“十四五”规划。形成布达拉旅文集团整合重组方案，推进布达拉旅文集团整合重组。深入各县（区）调研净土公司发展情况，组织召开推进理顺市、县（区）国有净土公司的经营管理关系专题会，制定理顺拉萨市县（区）净土产业公司经营管理关系的工作方案，为下一步推进市县净土企业重组整合奠定基础。

【推进国有企业负责人经营业绩考核】2022年，市政府国资委落实《拉萨市市属国有企业负责人经营业绩考核办法》《拉萨市市属国有企业负责人薪酬制度改革实施方案》等要求，结合企业实际制定完善国有企业领导人员分类分层管理制度，更好解决劳动、人事、分配“三项制度”改革中出现的新情况新问题，真正实现“职务能上能下、员工能进能出、薪酬能升能降”的市属国有企业差异化薪酬分配制度。

【企业扁平化管理】 2022年,市政府国资委印发《关于推动市属国有企业清理低效无效资产和压缩管理层级工作的通知》,有效压缩企业管理层级,减少法人户数,将企业层级控制在3级以内,市属国有企业已减少子企业户数85户。完成55家子企业的“两非”(非主业、非优势企业)、“两资”(低效资产、无效资产)剥离清退,完成44家“僵尸企业”处置和重点亏损子企业专项治理。

【督促市属国有企业安全生产】 2022年,市政府国资委累计检查国企项目652次,发现隐患1747处,完成整改1542处,整改隐患115处。完成环保督察整改工作,做到全程监督指导、全程跟踪推动,以严督实导倒逼问题整改。办理环保督察问题87件,其中已办结50件,阶段性办结36件,未办结1件。改制企业党员党组织关系全部移交完成,改制企业在职党员移交至市工商联,退休党员党组织关系全部移交至社区。

(陈龙四)

自然资源

【概况】 2022年,拉萨市自然资源局(以下简称市自然资源局)编制《拉萨市国土空间生态修复规划》《拉萨市土地整治规划(2021—2025年)》《拉萨市城区低效用地再开发利用政策建议》,统筹推进拉萨河流域山水林田湖草保护修复试点项目,截至年底,37个子项目已完工31个。加快推进绿色矿山建设,强化日常监管,推动实现边开采、边治理,推进青藏高原西南缘历史遗留废弃矿山生态修复示范工程。

【自然资源开发利用】 2022年,市自然资源局解决川藏铁路配套公路及边防公路补充耕地指标1458.6015亩,借用贡嘎机场第二跑道项目补充耕地指标545.217亩,为全区重点项目提供用地保障。开展城乡建设用地增减挂钩项目数据地类变更工作,推进市政管网“一张图”基础数据整合,推进农村乱占耕地建房专项整治。坚持最严格的耕地保护制度,印发《拉萨市2022年违法违规占用耕地重点问题整治工作方案》和《关于成立拉萨市违法违规占用耕地重点问题整治工作领导小组通知》,持续强化耕地保护工作,坚决制止各类耕地“非农化”“非粮化”行为。组织编制完善《拉萨市城区土地级别与基准地价更新(2021)》《拉萨市集体经营性建设用地土地级别与基准地价成果(2021)》《拉萨市国有农用地基准地价成果(2021)》,并经拉萨市第十二届人民政府第三次会议和第十届市委常委会第八次会议研究后,于2022年4月6日颁布实施。

【自然资源勘测】 2022年,市自然资源局严格落实自然资源统一调查工作总要求,周密部署、精心组织,以高度负责的态度、扎实有效的措施,完成“三调”工作各项任务,获得中华人民共和国自然资源部、国务院第三次全国国土调查领导小组办公室授予的“第三次全国国土调查先进集体”称号。

【执法管理】 2022年,市自然资源局推进“两违”专项整治,整改完成“两违”问题266宗,收缴罚金219.74万元,收回土地1276.82亩,拆除建筑面积534790.61平方米,取得较好整治成效。推进拉萨市南北山绿化工程范围内“两违”整治工作,拆除永久性建筑面

2022年5月12日,市自然资源局陪同自治区自然资源厅专家组到文创园区实地检查2022年新安装的地质灾害普适性监测设备

积1009.59平方米，收回土地面积3.64亩。推进农村乱占耕地建房专项整治工作，排查出新增农村乱占耕地建房问题共计64宗，占地面积278.42亩，完成整改19宗。全年办理行政处罚案件17件，罚款136.89万元。组织各县（区）、各功能园区按时完成3459个卫片补充图斑审核检查工作，图斑监测面积达36903.2亩。受理涉访涉诉案件32件，均已按时答复并已完成办结，办结率100%，并荣获“全国自然资源信访工作业绩突出单位”称号，1人荣获全国自然资源信访工作业绩突出个人称号。扎实抓好土地例行督察发现问题整改工作，严格履行土地例行督察发现问题整改工作领导小组办公室职责，市级层面先后制定印发各类规范指导文件，市政府多次召开推进整改调度会议，压实各县（区）、功能园区整改主体责任和属地责任，完成2017—2020年土地例行督察发现拉萨市问题和2021年耕地保护督察发现问题整改92个。开展建设用地和建设项目批后监管工作，依法查处35个项目，做到早预防、早发现、早制止。

2022年5月18日，拉萨市自然资源局检查林周县江夏乡财胜矿业有限公司程巴铜多金属矿涉及中央生态环保督察来信来电举报问题整改落实情况

【自然灾害防治和治理】 2022年，市自然资源局制定《拉萨市2022年汛期地质灾害防治方案》，指导各县（区）、功能园区、市直相关部门开展地质灾害防治工作。开展2022年各县（区）地质灾害年度“三查”工作，共排查重点地质灾害隐患点212处，其中泥石流142处、崩塌45处、滑坡24处、河岸坍塌1处。各县（区）发生地质灾害共计5起，以小型泥石流灾害为主，无人员伤亡且已及时处置。配合自治区自然资源厅完成拉萨市五县三区1：5万地质灾害详细调查、第一次全国自然灾害综合风险普查（拉萨市各县区1：5万地质灾害风险普查工作）。共建立地质灾害普适型专群结合监测点20处，设备已全部安装完毕并运行，提高拉萨市地质灾害监测预警水平和防灾减灾能力。加快推进《拉萨市“十四五”地质灾害防治规划（2021—2025）》编制工作。实施地质灾害治理工程共2处，分别为墨竹工卡县唐加乡卓村4组泥石流治理工程和文创园慈觉林崩塌（十六幼儿园南侧山体）治理工程，累计投入资金812.61万元。

【测绘工作】 2022年，市自然资源局推进地理空间信息系统建设，全面谋划在全市范围内新建13座北斗卫星导航定位基准站，为全市自然资源、基础测绘、城市规划、交通运输、工程建设、环境保护、气象预报、应急救援等行业及领域提供高效便捷的测绘地理信息服务。

【基础测绘】 2022年，市自然资源局推进自然资源“一张图”地理空间基础信息系统建设，提升拉萨市基础测绘和城市精细化管理水平，开展拉萨市中心城区1：500地形图测量、正射影像图和城市三维建模项目。

【地理国情普查与监测】 2022年，市自然资源局深入开展不同来源国土面积数据实地摸排核查，建立健全国土面积数据统一管理的制度，启用拉萨市总面积的标准数据使用，为保障国家领土完整和边境稳定提供数据支撑。

【地理管理与服务】 2022年，市自然资源局为了加强地理空间数据的安全管理，规范地理空间数据管理、共享、应用等工作，建立一套地理信息数据外发安全管控软件，实现地理空间数据精确使用和版权可保护、流向可追溯，提升数据共享环境，保障数据安全。

【测绘地理信息】 2022年，市自然资源局以2021年国土变更调查为基础，并结合有关专项监测及自然资源管理成果等资料，开展2022年国土变更调查，完成自然资源部下发县级国土变更调查遥感监测图斑8882个外业举证工作，全面掌握2022年拉萨市地类、面积等变化情况。

【地质矿产勘查开发】 截至2022年底，拉萨市共有探矿权87宗，采矿权51宗。市自然资源局制定印发《关于进一步规范砂、石、黏土类非金属采矿权延续、变更、注销审批管理的通知》，理顺权责关系，进一步压实审批和监管责任。制定印发《关于进一步规范矿山地质环境治理恢复基金管理的通知》《关于进一步加强矿山地质环境治理恢复基金使用监管的通知》，全面落实矿山地质环境治理恢复基金管理机制。以政府购买服务方式开展矿山巡查、重要矿产资源“三率”调查与评价，全面有效加强矿山监管。联合市生态环境局、市公安局、市应急管理局、市市监局以及发改委等制订印发《拉萨市打击“洗洞”盗采金矿专项整治行动实施方案》，全面开展打击“洗洞”盗采金矿专项整治行动，严防“洗洞”带来的社会安全、环境污染等危害。专项整治行动开展以来，未发现“洗洞”盗采金矿行为。保持“打非治违”高压态势，查处越界开采2起、超规模开采1起，没收违法所得201.20万元，罚款65.36万元。

（刘全军）

经济和信息化

【概况】 2022年，克服疫情严重影响，狠抓监测调度和复工复产，拉萨市规上工业总产值达213亿元，首次突破200亿元大关，同比增长21.8%。全市规上工业增加值同比增长17.2%，增速位居全区第一，对拉动全区工业经济发展作出较大贡献，发挥首位度作用。拉萨市信息化工作顶层设计进一步优化，信息化项目技术评审机制职责进一步扛牢扛实，信息化管理能力进一步提升，2022年全球数字经济大会拉萨峰会成功举办，5G建设稳步推进。信息化建设在全市社会治理、城市管理、经济发展、政务服务和民生保障等方面基础支撑作用日益明显。

【经济运行监测】 2022年，拉萨市经济和信息化局（以下简称市经信局）深入贯彻落实“疫情要防住、经济要稳住、发展要安全”的总要求，高效统筹疫情防控和工业经济运行，突出自来水、电力、燃气及口罩、消杀物资、藏药生产等重点企业的各项指标跟踪监测，帮助企业恢复正常生产，确保全市各类民生企业运行平稳有序。保障重大项目推进，每月对全部工业项目进行调度监测，建立领导包保责任制，积极帮助企业协调解决问题。

【扶持中小企业发展】 2022年，市经信局出台《拉萨市“十四五”时期中小企业发展规划》，明确中小企业发展根本方向和目标。聚焦人民群众需要，起草完成《拉萨市轻工业发展促进行动计划》，促进轻工业发展。起草完成《拉萨市中小企业发展专项资金管理办法》，拟每年安排5000万元资金从骨干企业培育、技术创新、绿色发展等5个方面支持全市工业企业发展。组织企业申报自治区中小企业发展专项资金项目，累计获批项目达140个，累计获批资金达1.82亿元。坚持专精特新方向，立足净土健康产业、数字经济等拉萨资源禀赋和比较优势，新增8家自治区级专精特新企业，累计培育34家自治区级专精特新企业，占全区的72%，其中2家企业被认定为国家级专精特新“小巨人”企业，一批高新技术制造企业相继投产，发挥首府城市首位度作用。

【绿色工业发展】 2022年，市经信局率先在全区范围内构建完善的绿色发展工作体系，率先在全区范围内启动绿色试点，开展第四批拉萨市绿色发展试点企业认定工作，新认定拉萨市绿色发展试点企业5家，新增自治区绿色制造企业9家，推荐5家企业申报国家级绿色制造企业，累计培育拉萨市绿色试点企业26家，累计培育自治区绿色制造企业达17家，累计培育国家级绿色工厂2家、国家级绿色设计产品1家。

【天然饮用水产业发展】 2022年，拉萨市天然饮用水产量为32.25万吨，同比下降3.9%。借助援藏优势，群策群力，推介“拉萨好水——7100”。苏商会、江苏省国资委“悦购钟山”电商平台与拉萨市水企签订长期合作协议。组织拉萨市水企参加“江苏对口支援协作合作地区特色商品展”“2022年度‘拉萨好水’等净土健康产品推介暨苏拉产业合作对接活动”，提升知名度和品牌曝光率。全年累计完成单品销售1118吨，金额超500万元。

【民族手工业发展】 2022年，市经信局实施《拉萨市民族手工业发展规划》，开展拉萨市首届工艺美术大师评选，评选出市级工艺美术大师43人，9人获选自治区工艺美术大师。截至年底，全市共有工艺美术大师83人（国家级5人、自治区级35人、市级43人），形成国家级、自治区级、市级工艺美术大师梯次培育格局，为设立工艺美术大师工作室、发展大师经济奠定基础。全市民族手工业实现产值0.72亿元，同比下降8.06%，实现销售收入0.65亿元，同比下降4.6%。

【民爆行业安全监管】 2022年，市经信局全面落实工业和信息化领域安全生产各项工作，对全市软信企业、民爆企业、工业企业开展安全生产隐患排查10次，整改安全隐患92项，为党的二十大胜利召开营造安全稳定环境。疫情防控期间，通过电话、微信、工作邮箱、视频等方式对复工复产企业安全生产隐患排查和整改情况加强监督，确保工业企业安全复工复产。全国安全生产专项整治三年行动计划中，全市4家民爆企业以优异的成绩全部通过考核，被自治区经信厅评为2022年度西藏自治区民爆生产、销售企业安全生产标准化二级单位，民爆行业标准化建设走在全区前列。

【援藏工作】 2022年，市经信局邀请江苏20余名经信系统领导和企业家代表赴藏进行产业对接活动，来访企业家为当雄县羊八井镇彩渠塘村争取爱心捐赠10万元。南京天加能源科技有限公司计划投资20亿元开发建设60兆瓦的地热发电及综合利用项目已成功签约。南京逍宇文化艺术交流有限公司注册资本1000万元的“穿藏线”旅游App项目已成功落户拉萨高新区。通过援藏渠道，经与全国信息化标准委员会秘书处协调，促成拉萨净土信息安全服务中心有限公司参与编制《信息系统处理生僻字建设改造指南》和《软件产品中文信息处理要求和测试方法》等两项国家标准的研制工作，推动行业高质量发展。

【信息化项目技术评审】 2022年，市经信局着眼全市信息化建设全局，在全区首创信息化项目技术审查机制，确保全市信息化项目建设“一张蓝图绘到底”。全年共完成17个信息化项目技术审查，通过优化技术路径，审减资金3238万余元。

【全球数字大会拉萨分会】 2022年7月，全球数字经济大会拉萨峰会成功举办，一批数字经济项目落地雪域高原，招才引智项目15个，招商引资项目总投资28.53亿元，拉萨市作为北京之外唯一城市主办“数字桥梁跨越喜马拉雅”峰会，数字经济成为高原经济社会发展的新动能。

【5G建设应用】 2022年，拉萨市新建5G基站483个，其中由城关区（含柳梧）向7个县区延伸新建5G基站152个，累计新建5G基站3282个，实现拉萨市区、各县（区）主城区、部分重点乡镇5G全覆盖，完成智慧矿山、智慧医疗、智慧园区等5G应用试点7个。

【通信消盲】 2022年，拉萨市逐步解决边远牧区组4G通信网络信

2022年3月24日，拉萨市首届工艺美术大师评审启动仪式举行

号差、网速慢问题，截至年底，基本实现当雄县15户以上自然村4G网络全覆盖，将逐年推进全市农牧区20户以上自然村4G网络全覆盖，不断提升农牧民群众的幸福感和获得感。

【信息化项目建设】 拉萨信息惠民项目投资5873.86万元，建设主要内容为惠民信息系统和“幸福拉萨”App（市政府唯一官方App），充分发挥政府与群众间的信息桥梁作用，2022年7月完成终验。“智慧校园信息化提升一期工程”项目，用于提升两所江苏援藏学校的智慧校园建设，投资1619.92万元。

（万翠芳）

财政

【概况】 2022年，拉萨市财政总财力决算数达到583.65亿元，同比增长14.33%，其中，一般公共预算财力546.19亿元，同比增长15.37%，总财力大幅提高。坚持民生支出优先安排，切实兜牢“三保”支出和重大项目支出，民生支出占一般公共预算支出比例达80%。在疫情性减收、经济性减收、政策性减收等叠加因素影响下，全市财政收入完成91.45亿元，其中，一般公共预算收入完成72.47亿元，剔除增值税留抵退税因素同比下降12.47%。受疫情影响，拉萨全域发展按下暂停键近4个月，财政收入降幅正常可控，质量不减。

【财政收入】 2022年，拉萨市财政收入91.45亿元，同比减少44.47亿元，下降32.71%。其中，一般公共预算收入72.47亿元，同比减少34.47亿元，下降32.23%；政府性基金收入15.78亿元，同比减少9.6亿元，下降37.82%；国有资本经营预算收入3.2亿元，同比减少0.4亿元，下降11.22%。

【财政支出】 2022年，拉萨市财政支出376.44亿元，同比增加30.36亿元，增长8.77%。其中，一般公共预算支出355.33亿元，同比增加36.95亿元，增长11.61%；政府性基金支出18.97亿元，同比减少6.82亿元，下降26.44%；国有资本经营预算支出2.14亿元，同比增加0.22亿元，增长11.74%。

【财政监督管理】 2022年，拉萨市财政局（以下简称市财政局）制定《拉萨市财政局关于进一步加强财政国库管理工作的实施方案》《拉萨市本级行政事业单位公务用车配备使用管理办法》《拉萨市市属国有企业资本金管理办法（试行）》，出台全区首个《拉萨市政府采购质疑和投诉调解工作实施方案》。全面清理全市行政事业单位干部职工长期借款不还资金15633.58万元、涉及1002人，整改完成率100%。对市卫健委、市住建局等10家行政事业单位开展会计监督检查，重点检查存量资金、公车配置、“三公”经费以及超预算支出等情况。制订《拉萨市财经秩序专项整治行动方案》和《拉萨市地方财经秩序专项整治行动复查工作方案》，以问题为导向，对标对表做好整改，各单位财经秩序进一步规范、管理水平不断提升。

【稳经济政策落实】 2022年，市财政局落实好增值税留抵退税政策，确保应退尽退。全市累计减税降费69.8亿元，其中，减税68.35亿元，降费1.45亿元；实现增值税留抵退税51.76亿元，占全区增值税留抵退税额的70%，规模性纾困政策全面实施，组合式税费支持政策精准落实，政策红利充分释放，市场主体活力进一步增强。

【地方政府专项债券发行使用】 2022年，市财政局紧盯国家政策导向和资金投向，立足拉萨发展实际，全年申报政府专项债券3批次、27个项目、涉及资金65.21亿元，成功转贷发行5.6亿元，用于拉萨市文旅创新产教融合产业园区配套基础设施、当雄县城市更新市政管网改造升级、墨竹工卡县人民医院改扩建等，专项债券稳投资、补短板、促消费作用充分发挥。

【政府采购支持中小企业】 2022年，市财政局巩固经济发展多样性、稳定性基础，将面向中小企业预留份额由30%阶段性提高至40%以上；将面向小微企业的价格扣除比例从6%—10%提高到10%—20%，降低中小企业参与门槛，持续优化政府采购营商环境。政府采购授予中小企业采购合同金额1.84亿元，资金份额占60.73%。

【阶段性减免国有房屋租金】 2022年，市财政局深入贯彻落实区市党委关于稳经济一揽子政策的决策部署，应对疫情带来的不利影响，印发《关于加快落实承租国有房屋租金减免工作有关事项的

2022年6月23日，自治区党委常委、市委书记普布顿珠（前排左一）在拉萨市财政局调研

通知》，持续降低实体经济运营成本。减免国有房屋租金2.97亿元。

【推进重大基础设施项目建设】 2022年，市财政局着力提高城市品位，稳步提升城市现代化水平，投入75.51亿元，支持S5线拉萨至泽当快速通道、北环路蓝天路改造、拉萨河沿线特色空间开发、城市水系提升、污水处理等项目的建设。

【推进乡村振兴】 2022年，市财政局坚持农业农村优先发展，支持巩固拓展脱贫攻坚成果同乡村振兴的有效衔接，投入资金21.41亿元，用于粮食生产和重要农畜产品保供、高标准农田建设、农作物良种繁育、“美丽乡村·幸福家园”项目建设、政策性农业保险保费补贴等，全年蔬菜产量26.7万吨，肉奶产量17.5万吨；建设高标准农田11.5万亩，粮食产量16万吨，青稞产量11.4万吨，“三农”的各项工作得到有效推进。严格落实“四个不摘”要求，统筹整合财政涉农资金18.23亿元，支持产业发展、小型基础设施、生态环境保护等156个项目建设，重点补齐交通、水利等基础设施短板，发展壮大特色产业，促进全产业链发展、产业集聚发展，以产业增添经济发展不竭动力，城乡居民人均可支配收入与全区保持同步增长。

【支持企业健康发展】 2022年，市财政局扩大有效投资，增强发展内生动力。落实“双创”资金1374万元，用于双创企业云安全办公管理服务平台建设、就业创业技能培训等方面，重点培育26家中小型企业。落实国有企业发展资金5.49亿元，增加国有企业注册资本金，增强企业资本实力，扩大经营规模，企业的活力不断增强、市场竞争力有效提升。

【加大科技项目支持力度】 2022年，市财政局把科技创新作为引领发展的第一动力，全年投入资金3.2亿元，用于科技创新中心建设、“碳达峰、碳中和”实现路径探索研究，奖励高新技术及科技型中小企业，支持高原生物研究、高原地区深静脉血栓分析等14项科技项目的建设，科技创新成为引领拉萨发展的不竭动力。

【扩大内需促进消费】 2022年，市财政局加大资金投入，推进消费市场复苏回暖。发放1.27亿元消费券，用于“助企惠民·悦享消费”系列活动，激发市场消费潜力，拉动消费增长，共撬动消费4.55亿元，资金撬动比达到404%，通过财政组合政策的实施，切实减少疫情带来的冲击和影响。落实物价稳定调节资金3000万元，市场物资供应充足、价格稳定。

【支持稳定就业】 2022年，市财政局落实就业保障资金5.87亿元。兑现12000余名高校毕业生就业补贴资金、落实5905名公益性岗位补贴资金、落实全市“四类”人员和“三支一扶”人员经费，稳住就业基本盘，切实保障民生。

【支持教育优先发展】 2022年，市财政局落实资金47.86亿元，用于教育“三包”、义务教育阶段学生营养改善、学前教育至高中阶段“十五年”免费教育、教育基础设施、教育事业发展等支出，促进教育公平与质量提升，为推动教育事业健康发展提供坚实的财力保障。全市“三包”标准达到每学生每年3600—6000元，82794名学生受益；实施数字校园、书香校园等600余个教育项目，教育基础设施明显提升。

【支持文体事业发展】 2022年，市财政局落实资金5.97亿元，用于文物保护、公共文化服务体系、喜迎党的二十大文化惠民活动等，支持藏戏演出、文化产业发展、县级文化图书馆建设等，为打造既有风情、又有文化的高原特色城市贡献力量。落实体育发展资金5411万元，支持环拉萨自行车大赛、拉萨赛马大会、户外运动博览会等活动，推动全民健身体育事业蓬勃发展。

【推进健康拉萨建设】 2022年，拉萨市医疗卫生保障支出5.25亿元，支持医疗服务保障体系建设，全面落实高龄老人健康补贴、加强重大传染病防控、智慧医疗等方面的建设，公共卫生保障能力不断增强，人民健康水平持续提升。

【支持社会保障事业】 2022年，市财政局落实资金12.13亿元，用于困难群众生活保障和救助、扶残助残、退役安置、基本医疗和养老保险补助等，城镇低保标准达到每人每月974元，农村达到每人每年5160元，1万余名困难群众获益，社会保障事业实现可持续发展。

【支持居民住房条件改善】 2022年，市财政局落实资金2.2亿元，支持棚户区改造、老旧小区改造和八廓古城区改造项目建设，降低社会生活成本，提升生活品质，直接受益1964户，游牧民、城镇低收入人群、创业大学生等特殊群体的住房条件有效改善。

【支持社会治理能力提升】 2022年，市财政局落实搭建交往交流交融桥梁、民族团结示范区创建等资金1134.11万元，支持民族团结各类活动。落实智慧交通、刑事技术鉴定中心实验室升级改造、指挥中心大楼信息化建设、“智慧营区”建设、消防灭火救援装备器材等资金6.49亿元，建成拉萨市数字化管理指挥中心，实施“雪亮工程”。

2022年11月，市财政局在拉鲁社区二组开展疫情防控工作，群众为市财政局抗疫工作队赠送锦旗

【财政管理体制优化】 2022年，市财政局研究制定基本公共服务、生态环境、教育、交通运输、惠民惠农、应急管理等6个领域共同财政事权和支出责任划分改革方案，促进各级政府履职尽责，逐步实现基本公共服务均等化。创新管理模式，深化经济技术开发区、柳梧新区财政体制改革，界定收入范围，核定收入基数，划分事权和支出责任，发挥财政体制在改革发展中的引导和保障作用。

【深化预算制度改革】 2022年，市财政局加大财政资源统筹，将一般公共预算、政府性基金预算和国有资本经营预算有效衔接，全面实施项目全生命周期管理，推动跨年度预算平衡。深入推进零基预算改革，创新预算管理方式，紧扣重大改革、重要政策和重点领域，集中力量办大事，突出保障重点，切实提高财政资金配置效率和统筹保障能力。加大预决算信息公开的监管力度，压实信息公开主体责任，增强信息公开的及时性、全面性、完整性。

【预算绩效管理】 2022年，市财政局全面推进预算绩效管理改革，促进财政资源配置优化、财政资金使用合理有效，做到“花钱必问效、无效必问责”，建立健全事前评估、事中监控、事后评价“全链条”机制，完善绩效指标评价体系。开展市直53个项目、涉及资金12.06亿元的绩效评价工作，不断推动预算绩效管理高质量。

【地方政府债券监管】 2022年，自治区核定拉萨市政府债务限额

102.67亿元，拉萨市政府债务余额控制在自治区批准的限额之内。市本级债务率为69%，风险等级评定结果为绿色，债务风险安全可控。

【资金援藏】 2022年，拉萨市共收到援藏资金6.57亿元，其中北京援藏资金2.73亿元，江苏援藏资金3.84亿元，主要用于发展产业、智力援藏、改善民生等领域。加强援藏资金管理，集中力量办大事，谨防"撒胡椒面"，有限的援藏资金，更多用于得民心、顺民意、利民生的项目，充分发挥资金效益。

【支持创建国家生态文明高地】 2022年，市财政局落实资金5.58亿元，支持城市景观打造，园林绿化提质增效，"四化"建设以及园林城市装扮等，城市园林水平不断提高。落实资金18.66亿元，支持南北山造林绿化、大气污染防治、山水林田湖草沙一体化、拉萨河流域水源地保护等领域环境污染和综合治理体系建设，完成造林面积55.87万亩，空气质量优良率99.7%，在全国168个重点城市中排名第一，拉萨天更蓝、山更绿、水更清、环境更美。

（黄元科）

税务

【概况】 2022年国家税务总局拉萨市税务局（以下简称市税务局）开展税收现代化服务中国式现代化大讨论，形成讨论成果20余篇，在国家税务总局《税收舆情》刊登。推进全面从严治党向纵深发展、向基层延伸，深化推进税务系统纪检监察体制改革，着力构建一体化综合监督体系，落实好"1+7""1+6"制度体系，一体推进"三不腐"，精准运用"四种形态"40人次。强化"两权"监督制约，实现十九大届期县（区）税务局党委班子巡察全覆盖。全年组织收入（未扣减出口退税）192.16亿元。全力落实退税减税降费一系列税费支持政策，累计新增减税降费及退税缓税缓费23.22亿元。

【为民收税】 2022年，市税务局坚持"税费皆重"理念，依法依规征税收费，坚决不收"过头税费"，全年组织收入（未扣减出口退税）192.16亿元，其中税收收入120.42亿元，社会保险基金和非税收入71.74亿元，办理出口退税144万元。全力落实退税减税降费一系列税费支持政策，累计新增减税降费及退税缓税缓费23.22亿元。拓展"非接触式"办税缴费服务，实现"云端"办税覆盖率超98%。深化"银税互动"合力作用，全市共发放信用贷款近5亿元，受惠企业370余户。开设"办不成事"专窗，推行"企业包联"网格化服务，实现线上"一对一"服务41447户。创新打造"阳光智税"征纳沟通平台，建立线上系统问题处理机制，实现税费服务24小时"不打烊"，覆盖企业4万余家，总服务次数达10万余次。

【改革强税】 2022年，市税务局以深化税收征管改革为抓手，围绕意见落实，探索税收共治"拉萨经验"，推进社会综合治税体系。进一步优化税务执法方式，试行"说理式"执法。成立全区首个公职律师涉税争议咨询调解中心，携手市中法签订《多元解纷合作协议》。联合西藏大学成立全区首个高校税收法治教育实践基地。建成全区首个税警联合作战中心暨警税情报研判中心，持续在数据共享、联席会议、联合办案等方面探索新

2022年7月13日，拉萨市税务参加羊达社区"四联四包 大宣讲"活动之"私房改建程序及政策答疑"宣讲大会

模式。构建“信用+风险”新型动态监管机制,加强税务稽查现代化改革,依托税警“净空”专案组,依法处理并公开曝光骗取留抵退税案件4起,其中总局曝光2起。常态化打击虚开骗税违法行为,查办相关案件15起,形成强有力震慑。深化税收数据管理,提升5C税收征管质量,促进“以数治税”,完成7项1.8万条数据的核实整改工作。税收征管改革在持续推进信息化建设中稳步向前。

【人才兴税】 2022年,市税务局贯彻新时代党的组织路线,抓好“后继有人”根本大计,着力建设一支能够担当税收现代化建设重任的高素质干部队伍。对《拉萨市税务系统青年人才培养规划(2021—2022)》实施终期评估,动态调整50名青年标兵,选拔30名青年人才,人才培养迈出新步伐。坚持选人用人正确导向,选拔任用8名副科级领导干部,职级晋升77人。基层县局班子年龄结构优化至39.6岁,同比下降1岁,以优秀年轻干部为中坚力量的基层领导集体初步形成。深化数字人事、绩效管理和日常考核结果运用,持续激发队伍活力。实施“薪火育才”干部教育培训规划,全年共实施培训项目46期,覆盖1200余人次。依托“苏藏”东西部合作交流机制,派出3名干部赴江苏挂职学习。加强干部多岗位锻炼,交流干部102人。

【文化铸税】 2022年,市税务局推动税务文化繁荣发展,坚持贴近实际、贴近生活、贴近群众,深耕“阳光税务”文化,延伸“阳光税语+”系列子品牌。打造干部群众喜闻乐见的本土税收宣传影视作品,荣获国际、国内奖项4项。首创“阳光税语”直播间,加快形成税收宣传文化矩阵。加强新时代廉洁文化建设,开展“云上廉洁家书”家庭助廉系列主题活动,收到干部家属回信46封,持续吹响助廉“冲锋号”。推动脱贫攻坚成果与乡村振兴有效衔接,深入驻村点开展“四联四包”。先后荣获“自治区民族团结进步模范个人”“拉萨市民族团结进步模范单位、模范家庭”“拉萨市平安单位”等称号。

(平措罗追)

商务

【概况】 2022年,拉萨市实现社会消费品零售总额353.31亿元,同比下降11.5%。其中,城镇社会消费品零售总额309.07亿元,同比下降11.6%;乡村社会消费品零售总额44.24亿元,同比下降11.3%;商品零售收入325.55亿元,同比下降10.8%;餐饮收入27.76亿元,同比下降19.3%。全市落实招商引资项目235个(其中新建项目103个,续建项目132个),协议总投资338.72亿元,实际到位资金260.32亿元,超额完成年度目标任务258亿元的0.9%,完成固定资产投资102.96亿元,占到位资金的39.55%。全市实现进出口贸易额为44.46亿元,同比增长22.9%,出口41.82亿元,同比增长100.6%,进口2.64亿元,同比下降82.8%。

【供销合作社】 2022年8月,拉萨市恢复成立拉萨市供销合作社机构,为拉萨市商务局下属副县级事业单位,定编10人。

【促消费活动】 2022年,拉萨市投入5000万元实施“助企惠民·悦享消费”促进消费系列举措,全年累计开展8轮消费券发放活动,最终参与活动商家1643家,核销49.1万笔、核销总金额3051.28万元,拉动消费1.08亿元,核销率达99%。组织实施汽车促消费、绿色智能家电、环保家具下乡及藏品网上行活动,拉动消费增长3.47亿元。组织开展拉萨市大中型商超十日购活动,助力企业纾困解难,促进消费加快恢复,最终参与企业14家,实现销售额总计4496.97万元,有效促进消费复苏。组织“促流通扩消费竞赛季”销售大比拼,引导龙头企业发挥引领作用,与政府携手并肩促进消费,该竞赛创自治区先河。

【招商引资】 2022年,拉萨市各级招商部门,始终将招引大企业、落地大项目作为首要目标,全市开展“走出去”招商引资21次,“请进来”精准对接31次,对接洽谈推进项目85个,达成签约项目43个,签约协议投资210.51亿元,其中正式签约项目22个,签约金额52.93亿元,已落地项目13个,实际到位资金7.29亿元,“走出去”招商引资签约项目落地率创近年新高。签约项目中,投资规模10亿元以上项目5个,1亿元以上10亿元以下项目29个。在南京举办“苏拉一家亲 共谱山海情”招商引资项目推介会,达成签约项目 17 个,协议投资 38.2 亿元。参加自治区政府在成都、上海举办的全区招商引资推介会,达成签约项目 4 个,协议投资 73.44 亿元,与平安集团上海总部、苏美达集团、麦德龙中国区总部等 20 余家企业对接洽谈,项目均在有效推进中。落地新引进投资规模 1 亿元以上项目 56 个(10 亿元项目 2 个,5 亿元以上项目 7 个),包括年产 30 万吨青稞啤酒、华泰龙矿山生态修复、拉萨市生活垃圾焚烧发电二期等项目。新引进世界 500 强企业 4 个。

2022年6月24日,拉萨市商务局组织召开“促流通 扩消费 竞赛季”消费大比拼动员大会

【招商平台搭建】 2022 年,为加快培育一批全国知名先进制造业集群和具有国际国内竞争力的一流企业,拉萨经开区制定《拉萨经开区关于进一步促进产业高质量发展“1+N”政策的实施意见》。为助力园区企业做大做强,实现企业招得来、落得下、留得住,拉萨市新区(柳梧新区)优化完善“1+5 体系”招商引资政策。全市 4 家自治区级以上园区,落实招商引资项目 107 个,协议总投资 141.69 亿元,实际到位资金 176.36 亿元,占全市实际到位资金的 67.74%,其中,拉萨经开区落实招商引资项目 36 个,实际到位资金 100.28 亿元;柳梧新区落实招商引资项目 50 个,实际到位资金 59.99 亿元;文创园落实招商引资项目 8 个,实际到位资金 8.41 亿元;达孜工业园区落实招商引资项目 13 个,实际到位资金 7.68 亿元。

【限额以上商贸企业培育】 2022 年,拉萨市商务局(以下简称市商务局)通过政策引导提升商贸流通企业纳统积极性,宣传助企纾困优惠政策,加大限额以上商贸企业培育,助力企业度过疫情难关。全市共有纳统企业 213 家,其中批发零售企业 164 家,住宿餐饮企业 49 家。2022 年,月度纳统 3 家企业,年底上报 7 家企业为社零企业。组织全市 46 家新纳统企业申报纳统奖励补助共计 368 万元。

【市场建设】 2022 年,市商务局推进八一农贸市场、加荣农贸市场试点升级改造、“中华美食·西藏味道”美食街建设和供销社恢复成立工作。“中华美食·西藏味道”美食街已基本完成基础建设;八一农贸市场已通过招投标确定施工单位,加荣农贸市场正在开展招投标工作。

【培育外贸企业发展】 2022 年,拉萨市推进外向型发展平台建设,拉萨综保区于 5 月 27 日通过国家验收组正式验收。中尼友谊工业园项目累计接洽企业 76 家,已签约意向入驻企业 12 家,项目意向投资金额 5.83 亿元。推进跨境电商等新业态发展,依托拉萨综保区,积极引进保税加工、跨境电商、保税物流类等外贸新业态企业。综保区已落地项目 26 个,保税加工项目 4 个,保税物流项目 19 个,保税服务项目 3 个,储备项目 33 个。推荐 15 家企业参加各类展会,累计新增对外贸易经营者备案登记 14 家、变更 12 家,审核办理 2 家企业外籍人员进藏函请示,多种方式指导企业千方百计保订单、保市场、保渠道,推动对外经贸发展。

【政策性法规编制】 2022 年,市商务局先后组织制定《拉萨市“2023—2025”商务发展规划》《拉萨市促进限额以上商贸企业发展奖励办法(试行)》《拉萨市首店经济扶持办法(试行)》《拉萨市夜间经济示范区认定和奖励办法》《拉萨市推进贸易高质量实施方案》《拉萨市成品油零售经营资格审批服务指南》等，进一步丰富消费业态、完善市场功能、提升城市活力，引领商务有序高效发展。

【援藏招商】 2022年，北京、江苏援藏指挥部发挥产业援藏优势，进一步加强两地间的企业走访、项目推介、客商邀请、合作洽谈等，构建常态化、宽领域、多层次的援藏招商新格局。全市落实援藏招商引资项目36个，协议投资40.73亿元，实际到位资金11.48亿元。在2022年自治区援藏干部招商引资集中签约活动中，北京、江苏援藏前方指挥部现场签约项目4个，协议投资19.8亿元。北京援藏工作队对接协调推动落实2022全球数字经济大会拉萨峰会成功举办，签订招商协议24份，项目总投资28.53亿元。江苏援藏指挥部建立健全项目专班跟进、项目"并联审批"、援藏干部挂钩联系"三项制度"，对接客商785人次，外出招商144人次，到拉萨考察152人次，意向投资124亿元。江苏援藏重点招商引资项目，总投资10亿元的拉萨朗热酒村项目已开工建设，项目建成后可辐射带动1000余名农牧民就业增收致富。加强苏拉园区合作，推进南京市江宁开发区与拉萨经开区强化战略合作。帮助墨竹"格桑花开"产业园、林周格桑塘现代农牧产业示范园等8个功能园区完善基础设施建设、提升产业承载能力。

【产业招商】 2022年，市商务局重点围绕文化旅游、净土健康、绿色工业、现代服务、高新数字"五大产业"加大招商引资力度，推进产业招商高质量发展。全市落实招商引资项目235个，实际到位资金260.36亿元。其中，文化旅游项目11个，实际位资金10.37亿元；净土健康产业项目29个，实际到位资金23.36亿元；绿色工业项目83个，实际到位资金56.5亿元；高新数字项目3个，实际位资金1.16亿元；现代服务业项目109个，实际位资金168.97亿元。

【储备冻猪肉惠民投放】 2022年，为切实做好市场保供稳价工作，充分发挥政府储备保障市场供应作用，拉萨市开展中央储备冻猪肉惠民投放活动，在141个投放点投放560吨冻猪肉，按每千克27.8元进行销售，有效平抑冻猪肉市场价格。

（封　丰）

审计

【概况】 2022年，拉萨市审计局（以下简称市审计局）依法全面履行审计监督职责，全力组织抓好项目实施，共完成审计项目18个，查出主要问题金额196219.19万元，其中违规金额1236.10万元、损失浪费金额48.18万元、管理不规范金额194934.91万元；审计发现非金额计量问题38个；出具审计报告和专项审计调查报告14篇，审计处理处罚金额66751.51万元，其中应上缴财政46988.29万元、应归还原渠道资金2573.60万元、应调账处理金额129467.68万元。审计促进整改落实有关问题资金75396.16万元；挽回（避免）损失58206.54万元；核减投资额7876.53万元。审计提出建议48条，被采纳48条；向社会公告审计结果2篇。获评2021年全区审计机关表彰审计项目，城关区扎细街道团结新村棚户区基础设施改造审计项目被评为全区审计机关优秀审计项目三等奖。

【财政审计】 2022年，市审计局围绕促统筹、优结构、保民生、防风险、提效能实施拉萨市2019—2021年高龄老人健康补贴专项审计，拉萨市2019—2021年经济困难的高龄、失能老年人补贴专项审计和2022年稳增长政策措施落实情况跟踪审计。重点揭示高龄老人健康养老补贴基础数据填报不规范、补贴对象识别不精准、补贴发放管理不规范等问题。

【政府投资审计】 2022年，市审计局围绕优化投资结构和提高投资效益，加强对政府重大投资项目资金审计力度，实施曲水县生态奶牛养殖场建设项目审计，拉萨市东环线北线建设项目审计和拉萨市两岛市政基础设施综合整治工程审计。重点揭示基本建设未履行程序直接发包、未按规定招标、违反工程造价管理有关规定多计工程款、未按合同约定执行、未及时办理财务竣工决算、工程结算审核力度不严等问题。

【经济责任审计】 2022年，市审计局紧紧围绕"权力运行"和"责任落实"两个方面，按审计项目计划，稳步推进3家单位4名党政主要领导干部和国有企业领导人员经济责任审计。实施拉萨市生态环境局原党组副书记、局长格桑巴珠任期经济责任履行情况审计，市文化局党组书记、副局长张碧芳和党组副书记、局长拉巴旺堆任中经济责任履行情况审计，拉萨市暖心燃气热力有限公司党委书记、董事长尼玛任期经济责任履行情况审计。重点揭示执行政府决策不到位、未完成政府既定的目标任务、坐支非税收入、扩大开支范围、违规发放津贴补贴、“三重一大”决策未落实、未按规定配备会计机构负责人、资金支出未履行相关审批程序、超额发放企业负责人薪酬等问题。

【预算执行审计】 2022年，市审计局紧扣“政治—政策—项目—资金”主线，围绕中心、服务大局，实施市财政局2021年度本级预算执行和其他财政收支情况审计，市外事办2021年度部门预算执行和其他财政收支情况审计和市统计局2019—2021年预算执行情况审计。重点揭示政府采购预算编制比例较低、预算编制不科学、预算调减比率过大、部门预算执行进度缓慢、往来款未及时清理等问题。

【其他审计】 2022年，市审计局实施曲水县乡村振兴产业项目相关政策和资金情况审计，重点揭示产业帮扶项目规划建设不合理、项目库建设和执行不规范、帮扶项目后续培育不足、财政支持政策未有效落实等问题。实施拉萨市生态环境局原党组副书记、局长格桑巴珠自然资源资产离任（任中）审计，重点揭示生态环境保护相关资金使用不规范、相关项目建设未按合同约定对项目进行验收等。实施拉萨市2021年促销专项资金审计——拉萨市“冬日嗨购·惠暖拉萨”促消费系列活动跟踪审计及“情满拉萨乐享消费”汽车促销活动审计，重点揭示使用消费券宣传力度不足，优惠政策知名度和群众参与度不高，对运营商的监督力度不够，资料归集力度不够等问题。实施“十三五”前期经费绩效审计，信息化建设项目绩效审计和区外各类机构设置及管理运行情况审计，重点揭示前期工作经费管理办法执行不到位、前期经费切块下达、滚动使用方式致使财政资金长期沉淀在用款部门、部分项目未按规定履行招投标程序、个别建设项目实际执行超概算、未按规定及时办理房屋产权证、未按规定续签合同造成国有资产流失等问题。

【重大违纪违法问题查处】 2022年，市审计局移送司法机关、纪检监察机关和有关部门处理事项13件，移送处理金额7888.82万元。

【预算执行和其他财政支出情况审计报告审议】 在2022年11月25日召开的拉萨市第十二届人民代表大会常务委员会第6次会议上，审议《拉萨市人民政府关于2021年度本级预算执行和其他财政收支的审计工作报告》《拉萨市人民政府关于2020年度本级预算执行和其他财政收支审计工作报告中的整改落实情况报告》《拉萨市人大财政经济委员会关于〈拉萨市2020年度本级预算执行和其他财政收支审计查出问题整改落实情况〉的审议意见》。

【审计监督其他重大事项审议】 在2022年11月25日召开的拉萨市第十二届人民代表大会常务委员会第6次会议上，审议《拉萨市人民政府关于2020年度本级预算执行和其他财政收支审计工作报告中的整改落实情况报告》和《拉萨市人大财政经济委员会关于〈拉萨市2020年度本级预算执行和其他财政收支审计查出问题整改落

2022年6月15日，拉萨市审计局召开2022年度全市审计工作会议

2022年11月21日，拉萨市审计局派驻西藏大厦疫情防控组完成工作任务

实情况〉的审议意见》。在2022年5月31日召开的拉萨市委审计委员会2022年第2次会议上，审议通过《2022年拉萨市委审计委员会工作要点》。

（尼玛次登）

统计

【概况】 2022年，拉萨市认真贯彻落实中央和区、市决策部署，高效统筹疫情防控和经济社会发展，精准加快落实稳经济一揽子政策，全市疫情防控有力有效，复工复产加快推进，经济恢复有序有力，总体呈趋稳向好态势。全市实现地区生产总值（GDP）747.57亿元，比2021年增长0.2%。其中，第一产业增加值26.74亿元，增长4.7%；第二产业增加值291.25亿元，增长2.3%；第三产业增加值429.58亿元，比2021年下降1.3%。全市规模以上工业增加值增长17.2%；全社会固定资产投资比2021年下降37.3%；全年完成社会消费品零售总额353.31亿元，比2021年下降11.5%；城镇居民人均可支配收入51591元，比2021年增长4.6%，农村居民人均可支配收入22756元，比2021年增长7.3%。

【各种重要统计项目】 2022年，根据国家统计制度，拉萨市统计局（以下简称市统计局）主要统计GDP核算、农业、工业、建筑业、房地产、能源、固定资产投资、社会消费品零售总额、服务业、劳动工资等，并通过联网直报开展企业问卷调查，如：创新调查企业家问卷和“四下”企业调查问卷等。

【统计执法】 2022年，市统计局借助“八五”普法契机，突出统计普法宣传重点3类人群（党政领导干部、统计人员、统计对象等），继续推动统计法律法规培训进党校，发放《统计监督意见》700余份，重要文件汇编136套。牢固树立依法治理统计意识，全市统计执法证持有者14名，全市统计局统计执法检查2次，同自治区统计局开展1次执法检查。根据《国家统计局关于印发〈督察西藏自治区统计局防范和惩治统计造假弄虚作假情况反馈意见〉的通知》，拉萨市统计局立足防范和惩治统计造假弄虚作假职能职责，坚持问题导向，认真安排部署，坚持当下改与长久立相结合，有力有效地推进拉萨市统计系统落实国家统计督察反馈意见整改工作。根据《自治区统计局关于印发统计造假不收手、不收敛问题专项纠治实施方案通知》要求，成立纠治领导小组确保实施主体，制订翔实的纠治工作方案，精准排查问题，保证纠治工作取得实效。

【经济普查】 2022年，市统计局根据国家统计局印发的《国家统计局办公室关于组建第五次全国经济普查筹备领导小组及办公室的通知》和西藏自治区统计局印发《关于组建第五次全国经济普查筹备领导小组及办公室的通知》精神，起草《关于组建第五次全国经济普查筹备领导小组及办公室的通知》，组建第五次全国经济普查筹备领导小组及办公室，同时全市各县（区）统计局，园区经发局均相应组建第五次全国经济普查筹备领导小组及办公室。借鉴拉萨市第四次全国经济普查经费预算和第七次全国人口普查经费预算经验，精准编制完成拉萨市第五次全国经济普查经费预算。完成自治区第五次全国经济普查调度工作，及时上报工作开展情况，推动工作落实。

（吉　宗　张　凡）

市场监督管理

【概况】 2022年，拉萨市市场监督管理系统不断提高政治站位、着眼发展大局、防范隐患风险，聚焦主责主业，强化监管、优化服务、严守底线，统筹推进疫情防控和经济社会发展任务，狠抓工作落实，完成各项工作任务。截至年底，全市市场主体15.4万户；全市食品经营主体31607家；获证食品生产企业65家，已取得登记证的小作坊221户；零售药店369家；医疗器械经营企业588家；获证工业企业7家。

【经济发展】 2022年，拉萨市市场监督管理局（以下简称市市场监管局）持续优化营商环境，出台“助企纾困”二十条举措，帮助市场主体渡难关、增活力。以“七办措施”，深入开展“减证便民”行动，推行网上办、一网办、承诺办、智能办、就近办、整合办、简易办“七办”措施，推进市场准入便利化和审批许可改革，实现企业开办全程电子化，为各类市场主体“松绑铺路”。全市登记市场主体15.4万户，同比增长9.1%。个体工商户突破10万户，占全区个体工商户总量的1/3。通过“一网通办”平台登记企业占新增市场主体的4.6%。

【质量强市】 2022年，市市场监管局编制《拉萨市市场监管“十四五”工作规划》，作为新时期全市市场监管建设的行动纲领，指导未来五年继续实施高质量高水平发展战略。配合行业主管部门制定《电动自行车集中停放场所建设标准》等7个地方标准。拉萨纳木错景区旅游服务、达孜养老服务2个国家级标准化示范区通过国家验收。开展质量基础设施“一站式”服务建设试点工作。

【知识产权】 2022年，市市场监管局开展“4·26”世界知识产权日和“5·10”中国品牌日系列活动，持续开展知识产权“蓝天”专项行动和“奥林匹克标志”“打击恶意商标注册行为”专项整治工作，完善知识产权纠纷多元化解决机制，在柳梧产业集聚区建立“知识产权维权服务援助站”，成立4家“知识产权纠纷调解工作室”和知识产权志愿者服务队。推动西藏甘露藏药股份有限公司入选“2022年国家知识产权优势企业”，实现西藏知识产权优势企业“零”的突破。指导培育墨竹菜籽油、塔巴陶瓷和当雄蕨麻3个地理标志保护产品。全市有效注册商标33784件；有效专利4686件；地理标志商标21件；马德里国际商标注册60件。与市中院协调设立“知识产权审判庭”，商讨签订“枫桥经验”行政司法案件多元化纠纷解决合作协议，推进知识产权民事、刑事、行政案件“三合一”审判制度。

【标准建设】 2022年，市市场监管局持续推动堆龙羊达农业标准化示范区建设和整改工作，已申请区市监局组织区级验收工作。持续加大推进纳木错旅游标准化示范区、国家青稞精准扶贫农业标准化示范区建设力度，在完成区级验收的基础上最大力度提高示范区效益。纳木错旅游标准化示范区已通过2022年度国家级服务业标准化试点项目考核评估合格名单。按照开展服务业标准化示范区建设要求，协调相关部门申报1个社会管理和公共服务综合管理标准化试点建设项目（项目名称：墨竹工卡县特困人员集中供养服务中心）。推动《西藏高原气体充装规范》《高原氧气使用规范》《公路旅游服务标识设置规范》3项地方标准建设。

【食品安全监管】 2022年，拉萨市食品生产企业建立“一企一档”风险隐患清单，实行企业自查、监督、抽检全覆盖。加强“三小一摊”规范管理，帮扶规范小作坊转型升级。提升量化分级管理能力，根据各项因素，对餐饮企业开展诚信建设，全面实施量化分级管理。量化分级评定13568家，评定率71.5%。开展网红餐厅、糕点生产、进口冷链食品、特殊食品、节令食品、保健食品、网络餐饮、校园食品等重要环节专项整治工作，聚焦民生关注热点、风险。检查各类食品经营主体3万余户次。开展重大活动食品安全保障8次。

【药品、医疗器械、化妆品监管】 2022年，市市场监管局督促药店落实销售“四类”药品实名登记管理等制度。共检查药品经营企业890余家次，责令整改154家。抽查中药饮片经营、使用单位23家，下达责令整改通知书4份。开展医疗器械网络销售备案规范工作，办理网络销售医疗器械备案20家。持续开展药械风险隐患排查整治，对存在风险隐患的173家药械生产经营企业下达责令整改通知书，对4家存在严重隐患的医疗器械经营企业进行约谈。排查经营使用单位760户次，完成监督抽检382批次，共立案查处违法案件14件，罚没款41.55万元。

【特种设备安全专项整治】 2022年，市市场监管局对全市39家电梯安装单位进行证后资源条件审查工作，发现各类问题420条次，对限期内未完成整改的4家单位进行停业整改。持续推进“服务+保险”模式。督促工业气瓶充装单位建立气瓶追溯体系。开展气瓶质量安全追溯体系回头看和“黑气瓶”排查，深化燃气压力管道、蒸压釜、医用氧源头治理整治工作。抽查商场、气站等特种设备使用单位751家次，涉及电梯、锅炉、压力容器等特种设备5410台次，发现安全隐患944条次，下发特种设备安全监察指令书86份。关停气瓶充装单位3家次，停业整改电梯安装单位4家次。

【工业产品质量安全工作】 2022年，市市场监管局以“双随机、一公开”定向抽查等工作手段，共计对获证企业开展监督检查14家次，发现问题5条。开展危险化学品等10类重点产品风险隐患集中整治工作，共计排查生产领域37家次、流通领域1539家次。结合“3·15”晚会曝光问题在全市范围内开展“电线电缆”“电动自行车”市场专项检查工作，下发责令整改通知8份。针对2021年监督抽查中140批次不合格产品进行后处理汇总上报工作，立案处理5批次、下达责令整改通知书84批次。

【市场秩序】 2022年，市市场监管局加快构建以信用为核心的新型市场监管体制，建立完善守信联合激励和失信联合惩戒制度，加快推进社会诚信建设，全市企业年报率为94.56%。强化价格监管，建立全市市场监管系统上下协调联动工作机制，推行价格监测预警，宣传政策法律法规，通过多种方式进行警示告诫，督促指导守法诚信经营。组织相关部门召开转供电电价政策宣传暨提醒告诫会，加强转供电监管落地。开展全市各类价格专项整治，加强治理涉企收费监管，督促协会对公共管理行业收费行为开展自查自纠，实地开展收费督查，对未公示收费目录、未及时调整公示信息的现场责令改正。强化消费维权，推进放心消费示范景区、餐饮店、商超创建，创建第一批示范单位牌匾。加强广告、网络交易市场监管，强化指导引导行业自律，营造规范良好的网络市场经营秩序。实行线上线下一体化监管，累计检查各类网站、网店、商品信息1160家次，线下检查568家，责令整改明码标价115家，规范引导线上配送问题78家。开展各类发布违法违规广告宣传行为专项整治工作，突出重点领域，创新监管模式，强化部门协同打好广告监管“组合拳”。持续开展各类专项整治，坚持以线上线下全领域、各环节全覆盖监管为目标，建立重大安全隐患风险清单，开展“扫黑除恶”、“扫黄打非”、打击养老诈骗、“禁白”、禁止非法野生动物交易、农资市场打假、3C强制认证、检验检测机构等专项集中整治，切实做好市场监管领域“7+1”涉稳问题隐患排查。严格互联网舆情应对处置，积极回应诉求，深入化解矛盾，正向引导舆论。深入开展环保督察。严格按照“一个案件、一套方案、一名责任人、一抓到底”的要求，采取主要领导现场督办、分管领导全程跟踪办理的形式，自上而下拧紧责任链条，对拉萨市环保办转办件问题任务进行立行立改，成效显著。共办理转办案件42件，主要涉及大气污染、生态污染、土壤污染、噪声污染等内容，其中主办案件12件，协办案件30件，全部办结。

【执法普法】 2022年，市市场监管局坚持“一扩两重一查两办后回访再分析”，形成工作闭环进一步提升案件办理效能，促进“两法衔接”有效推进。全市共立案查处市场监管领域违法案件178起，案值66.38万元，罚没款298.71万元。在大型综合商场及美团平台等22家企业深入推广ODR在线消费纠纷和解机制，实现“24小时在线维权”。受理投诉举报7253件，为消费者挽回经济损失560.3万元。

（杨绿化）

调查

【概况】 2022年，国家统计局拉萨调查队（以下简称拉萨调查队）贯彻落实国家统计局统计报表制度，新开展服务零售结构调查工作，收支调查、住户调查、流通消费价格、月度劳动力调查、工业生产者价格、非制造业采购经理指数、农民工监测、新设立小微企业跟踪调查等各项常规调查业务工作顺利开展,完成住户大样本轮换工作,开展农村居民收支(地方点)调查工作,荣获2022年全国统计系统先进集体称号。

【常规调查】 2022年,拉萨调查队编撰2021年《拉萨民生分析汇编》,联合市统计局编撰《拉萨市2021年国民经济和社会发展统计公报》《2022年拉萨统计年鉴》。加强与拉萨市融媒体中心的沟通联系,召开新闻发布会,通报2021年主要民生调查指标完成情况,介绍拉萨调查工作,提升社会、公众对调查工作的知晓度。立足民生调查,聚焦党中央、国务院重大决策部署在拉萨落实情况和市委、市政府重大决策部署,加强信息的统筹协调、撰写报送工作。完善“三级”信息审核机制,加大审核力度,采用率明显提升。年初以来,有6篇经济信息被自治区党委办公厅《每日信息》头条采用;分别有16篇经济信息和15篇政务信息被国家统计局内网主页采用,较2021年同期大幅提升。

【住户大样本轮换工作】 2022年,拉萨调查队党组高度重视大样本轮换工作,精心组织力量,克服疫情带来的重重困难,最终完成轮换工作。加强沟通联系,经常性组织县区统计局、基层调查员召开视频会,了解工作进程,规范性进行指导。对于工作迟缓的县(区)主动联系分管领导,寻求更大支持,加快推进力度。定期参加总队推进会,汇报工作进度及存在困难,提出解决办法。提升宣传效果,在全市出租车LED顶灯和公交车LED显示屏投放住户调查宣传标语,同时制作张贴汉语、藏语宣传海报,宣传住户调查大样本轮换工作。根据《西藏自治区人民政府办公厅关于做好2022年住户调查大样本轮换工作的通知》精神,结合拉萨实际,详细制订工作方案,市县两级一体统筹;整体安排经费预算,落实经费260万元。开展阶段性培训,充分利用腾讯会议,每阶段均召开培训会,稳步推动轮换工作。完成辅助调查员选聘工作,每个调查小区均配备1名兼职辅助调查员。至10月底,顺利完成大样本轮换关键阶段性任务,确定样本108个调查小区,13819户调查户的摸底工作,落实调查户1080户,全面开展试记账工作。同步推进电子记账的覆盖工作。

【推进电子记账工作】 2022年,拉萨调查队通过宣传动员、体验带动、加大培训等方式,坚持“成熟一户,发展一户”的原则,推动电子记账户工作。城乡电子记账户分别占样本的59.5%和8.0%,户均记账笔数分别达到44笔和29笔。

【农村居民收支(地方点)调查】 2022年,拉萨调查队在完成国家调查点工作任务的同时,服务地方需要,接受市政府委托开展农村住户收入和支出地方调查工作,在10个县(区)建立34个农村住户地方调查点,确定340个农村住户(地方点)调查户,按季度反馈县(区)农村居民收入数据。

(刁 文)

农业农村

【概况】 2022年，全市农业农村系统深入学习贯彻习近平总书记重要讲话和重要指示批示精神，按照市委、市政府工作安排，聚焦“疫情要防住、经济要稳住、发展要安全”的重要指示，统筹推进疫情防控和农业农村发展，保持稳中有进良好态势，全市农林牧渔业总产值达到49.82亿元，按可比价计算同比增长9.1%；第一产业增加值达到26.74亿元，同比增长4.7%；农村居民人均可支配收入达到22756元，同比增长7.3%，为稳定全市发展大局发挥“压舱石”作用。

【粮食安全】 2022年，拉萨市实行耕地保护党政同责，严守拉萨市72.55万亩耕地红线，按照青稞种植面积基本稳定、保障畜牧业发展基础的原则，调整粮经饲比例为63.15∶20.44∶16.41，开展深松深耕5.7万亩，完成机耕面积48.45万亩、机播面积45.5万亩、机收面积43.3万亩，主要农作物耕种收综合机械化率达到81.23%。全年粮食播种面积42.01万亩（其中青稞面积31.35万亩），实现粮食作物产量16.01万吨（其中青稞产量达11.91万吨）。建立完善《拉萨市“菜篮子”市长负责制联席会议制度》，全面部署全市“菜篮子”工程建设各项工作，形成政府牵头主抓、部门协同配合、社会积极参与的工作格局。蔬菜种植面积7.51万亩（其中设施蔬菜种植面积2.56万亩），蔬菜产量达27万吨。全市畜禽存栏160.98万头（只、羽），其中牛猪羊存栏123.01万头（只），活禽存栏37.97万羽，藏鸡入选国家特色优势产业集群。全年畜禽（猪牛羊活禽）出栏71.29万头（只），实现肉产量（猪牛羊禽肉）3.67万吨、奶产量13.7万吨、禽蛋产量1700吨。

【种业工程】 2022年，拉萨市严格落实《拉萨市种业振兴行动工作举措》，全市粮食作物良种推广面积34.21万亩，其中青稞良种覆盖率达到93%。从青海省农科院和海北州农科所引进油菜新品种8个，落实油菜新品种试验示范种植287亩。引进亚麻新品种（系）13个，试验种植亚麻面积16亩。苏拉青2号推广8000亩。依托北京

2022年4月11日，在全市农牧业工作会议上，拉萨市人民政府向荣获2021年市级农牧业产业化经营龙头企业授牌

种业协会共引进农作物新品种25个，其中粮饲兼用型玉米品种13个、谷子类3个、蔬菜类9个。全市9个县(区)57个乡镇250个行政村(社区)完成畜禽遗传资源普查，数据录入率达100%。实施拉萨市优质牦牛冻精推广与示范项目，生产牦牛冻精11863剂，推广冻精8096剂，完成牦牛改良人工授精1690头。曲水县良种奶牛繁育技术研究项目采用现代化繁育技术完成配种686头次(含复配)。有序推进牲畜良种改良及优良牦牛种公牛、彭波半细毛羊种公羊选种调种工作，全年累计实施黄牛改良1.7万头，推广优良牦牛种公牛805头、彭波半细毛羊种公羊2000只，牲畜良种覆盖率达43%。

2022年5月31日，由自治区农业农村厅主办、拉萨市农业农村局和达孜区农业农村局承办的以"放心农资进村，稳产丰收保供应"为主题的西藏自治区2022年放心农资下乡进村宣传周活动，在国家级农产品质量安全县拉萨市达孜区举行

【涉农改革】 2022年，拉萨市农业农村局(以下简称市农业农村局)严格执行村民建房"一户一宅"的规定，全市审批宅基地400余宗。规范工作流程，稳慎推进整改违建工作，2022年对全市8宗违建宅基地案件核实处理。完成农村集体资产2021年度清查工作，稳步推进农村集体经济组织登记赋码信息核对工作，清查农村集体资产总计122.26亿元，其中经营性资产94.11亿元、非经营性资产28.15亿元、资源性资产107.45万亩。加快农村产权交易信息服务平台建设，实现各乡(镇)农村产权交易信息服务中心全覆盖，协助林周县卡孜乡农村产权交易中心发布1条土地流转信息，总面积4208亩，成交总金额157.8万元。印发《拉萨市开展农村"资源变资产、资金变股金、成员变股东"改革试点工作方案》，在城关区维巴村、曲水县南木村和林周县春堆村开展全市农村"三变"改革试点，林周县春堆村推动579.8亩土地资源变资产、376名集体成员变股东，实现股东收取青稞种子田项目的保底分红并参与组级股份经济合作社的二次盈余分红，每亩实现分红收益1100元，实现农牧民增收致富，取得初步成效。市农业农村局获得全国农村集体产权制度改革工作先进集体荣誉称号。

【农牧业项目】 2022年，市农业农村局实施高标准农田建设项目5个，建设任务11.5万亩，投资3.45亿元，全部开工建设，堆龙德庆和达孜交由当地村委会或农牧民施工队建设，吸纳农牧民群众就近就业增加收入。全市开展6座乡级农牧业防抗灾物资储备库建设任务，总体进度达到98%。实施2022年涉农整合衔接资金生产发展类产业项目40个，完成投资2.4亿元。加强市净土产业和重点产业发展政策补贴资金抽查审核，落实2021年补贴资金4072.53万元，涉及补贴项目118个，助力净土健康产业提质增效。加快构建现代农牧业科技创新体系，制定印发《关于强化科技支撑驱动乡村振兴高质量发展的实施方案》，实施科技协同创新专项项目3个，投入资金770万元。落实农机购置补贴资金4969.05万元，累计报废老旧农机具30台，办理农机加油优惠卡10909张，补贴资金677.89元。严格落实草畜平衡制度，实施高寒地区牲畜暖棚圈、当雄县草牧业转型升级等畜牧业项目和牲畜出栏补贴政策，发展订单畜牧业，提升畜牧业综合生产能力。

【农牧民增收】 2022年，拉萨市实现农牧民转移就业8.6万人、实现收入8.92亿元。开展各类职业技能培训1.72万人，培训后农牧民就业率达46.1%。全市乡村旅游接待游客475.33万人次，实现旅游收入5.56亿元，同比分别增长

10.05%、10.93%，通过旅游促进农牧民转移就业50355人次、实现增收3.02亿元，全市林卡经营实现收入5410万元。国企新增拉萨籍农牧民转移就业岗位253个、增收884.52万元，产业发展和工程项目带动农牧民短工3533人次，实现增收2591万元，同比提高78%。民营企业共吸纳农牧民3.3万人，增收1.46亿元。南北山绿化工程吸纳拉萨籍农牧民7700人，增收1.3亿元。全市农村土地经营权流转9.87万亩，其中出租面积为8.87万亩，占89.87%，有效激发了农牧民的生产积极性。

【现代农牧业产业】 2022年，全市市级农牧民专业合作社示范社达到103家、自治区级达到15家、国家级达到17家；市级农牧业龙头企业达到40家、自治区级达到7家、国家级达到10家。“一村一品”国家级示范村镇总数达11个。评选市级家庭农（牧）场20家，总数达到100家，自治区级家庭农（牧）场7家。曲水县和墨竹工卡县成功申报创建全国农业现代化示范区。市级现代农业产业园区达到4个，城关区国家级现代农业产业园区已成功认定，当雄县国家级现代农业产业园区创建工作有序推进。发挥现有农畜产品加工企业作用，重点促进牛奶、牦牛肉及青稞加工转化，全市主要农畜产品加工转化率达到37%。曲水县和墨竹工卡县成功申报创建全国农业现代化示范区。

【农产品质量安全监管】 2022年，市农业农村局深入实施农业生产“三品一标”提升行动，“三品一标”产品新增55个，总数达到347个，其中无公害农产品266个、绿色食品12个、有机农产品67个、地理标志产品2个。推行生产主体食用农产品“承诺达标合格证”，全年累计开具食用农产品合格证11.12万张。全年开展农产品定量检测1044批次，合格率达98%以上，农产品定性检测15000余批次，合格率达99%以上，配合农业农村部和自治区农业农村厅开展风险监测3次，平均合格率达98%以上。深入开展化肥使用量零增长行动，全市化肥计划内指标用量9280吨（含商品化有机肥1615吨），较2021年持平。深入开展农药使用量负增长行动，全市订购常规农药77.17吨，较2021年减少3.03吨，下降3.78%。截至年底，全市共有国家级农产品质量安全县1个、国家级农产品质量安全创建县1个、自治区级农产品质量安全县4个、自治区级农产品质量安全创建县2个。持续推进耕地质量提升，开展林周县受污染耕地安全利用试点工作，受污染耕地治理率达92.65%。

【“美丽乡村·幸福家园”建设】 2022年，市农业农村局成立“美丽乡村·幸福家园”工作专班，充实工作力量。制定印发《2022年度“美丽乡村·幸福家园”建设行动计划年度目标任务表》，实行工作进展半月调度制和资金支出月调度制，协同市直相关部门定期不定期实地检查指导督促各县（区）加快工程进度。全市第二批“美丽乡村·幸福家园”建设项目40个示范村共计投入11.63亿元，房屋新建已完工523户、房屋改造提升已完工1961户，人居环境整治项目完成总工程量的65%。

（张红亮）

乡村振兴

【概况】 2022年，拉萨市乡村振兴系统统筹推进巩固脱贫成果、乡村发展、乡村建设、乡村治理等重点工作，坚守不发生规模性返贫底线，脱贫群众收入保持较快增长，扶贫产业提档升级，美丽宜居乡村建设加快推进，乡村治理水平不断提升。

【动态监测帮扶】 2022年，拉萨市乡村振兴局（以下简称市乡村振兴局）完善防止返贫动态监测和帮扶机制，印发《拉萨市防止返贫风险分析研判和协同处置工作协调机制》《关于规范脱贫人口收支动态监测统计工作的通知》，开展两轮集中排查工作，将监测范围调整到6500元以下，将各类可能导致返贫的突发情况纳入监测和帮扶范围，优化识别纳入程序，缩短识别认定时间，跟进强化帮扶措施，做到早发现、早干预、早帮扶，累计识别监测对象515户2031人，消除风险251户995人，其余均已落实针对性帮扶措施。设立全市防止返贫帮扶资金，筹集资金120万元，已兑现11.86万元，受到农牧民群众欢迎。

【政策兜底保障】 2022年，市乡村振兴局优化“三保障”和饮水安全政策，落实“三包”经费5.25亿元，资助困难家庭学生1.2万人次，保持控辍保学动态清零。开展农牧民免费体检26.4万人，人均公共卫生服务经费达到105元，家庭医生签约率98%。推进农村住房全覆盖排查，实施危房改造466户。完善农牧区供水动态监测机制，投入1008万元、维护111处饮水工程点，实施35个高海拔供水点改造提升项目，受益群众3.53万人。

【衔接项目建设】 2022年，市乡村振兴局调整优化产业布局，完善县级项目库建设，累计储备补短板、促发展项目933个，估算投资80.3亿元。建立日跟踪、周调度、月通报机制，积极应对疫情带来的不利影响，全力推进项目建设，投入资金18.23亿元，实施涉农统筹整合项目156个，项目开工率100%，完工项目77个，资金支出率为59.84%，中央衔接资金支出率为75.92%。健全扶贫资产管护机制，累计确权678个扶贫项目、1986个扶贫资产，涉及资金68.36亿元，推动工作重心由“摸底确权”向“管好用好”转变。

【稳岗就业增收】 2022年，市乡村振兴局制定《拉萨市关于脱贫人口增收行动的实施举措》，着力在强化产业支撑带动作用，提高生产经营净收入比重；扩大就业创业渠道，巩固工资性收入增长势头；兜牢民生底线，稳步提升转移性收入水平；用活乡村资源资产，在挖掘财产性收入增长潜力上下功夫，确保群众持续增收。全市脱贫人口人均纯收入达17900元，同比增长14.16%，与全市农牧民人均收入差距进一步缩小。强化就业技能培训，脱贫人口外出务工近2万人，脱贫家庭应届高校毕业生、“两后生”就业449名、1366名，就业率分别为97%、91%。

【易地搬迁扶持】 2022年，市乡村振兴局联合市发改委开展易地扶贫搬迁专题调研，在全市32个搬迁点布局实施产业项目94个，投入资金37.85亿元，年均产业分红4334万元、带动收益5.3万人次，稳定就业4941户8067人，实现1户至少1人以上稳定就业目标。稳步推进搬迁后原旧房及宅基地处置，全面完成符合条件的搬迁群众不动产颁证，妥善处置搬迁群众原生产资料，持续增加搬迁群众收益。发挥首府城市首位度作用，年度内完成昌都三岩片区5户36人搬迁工作，累计实现搬迁入住676户4208人、占总搬迁任务的84%，实现就业558户1415人。

【美丽乡村建设】 2022年，市乡村振兴局稳妥推进乡村建设行动，全年建设美丽宜居村27个，总投资9.23亿元。深入开展“四清两改”村庄清洁行动，累计清理农村生活垃圾11310吨、废弃物数量1743吨，稳步推进人畜分离，完成农村户厕改造7207户，普及率达到70.64%。推进“美丽乡村·幸福家园”建设行动，完成投资6.04亿元，新建房屋499户、改造提升房屋1732户。曲水县才纳村被评为“第四批全国乡村旅游重点村”，曲水县三有村被评为全国巩固拓展脱贫攻坚成果村级实践交流基地，达孜区白纳村荣获中国美丽休闲乡村称号。

【乡村治理】 2022年，市乡村振兴局印发《拉萨市树立农牧民新风貌行动实施方案》，制定“强化思想引领、加强文明创建、健全村规民约、推动移风易俗、厚植乡土情怀、夯实乡村治理”6项重点任务、52项具体举措，在全市44个乡村振

2022年，拉萨市乡村振兴局调研县（区）项目复工情况

兴示范引领村和5个全国文明村开展树立农牧民新风貌试点，推行“积分制”“清单制”有效管理模式，培育文明乡风、良好家风、淳朴民风，不断健全自治法治德治融合的乡村治理体系。

【工作作风改进】 2022年，市乡村振兴局全面落实领导干部常态化“四联四包”工作机制，开展“大宣讲大调研大排查大落实”活动，累计开展政策宣讲100余次，发放宣传资料2000余份，受益群众达5000余人次，办实事8件，撰写高质量调研报告3篇。践行“一线工作法”，班子成员和县级干部带头深入基层、深入群众，进一步摸清摸准巩固拓展脱贫攻坚成果、全面推进乡村振兴各项工作底数，及时化解农牧民群众急难愁盼问题，开展调研排查服务400余人次。强化干部分层分类培训，举办各类培训34班次、培训2136人次，不断提升基层干部业务能力和水平。

【问题整改】 2022年，市乡村振兴局对照国家和自治区关于巩固脱贫攻坚成果同乡村振兴有效考核评估反馈问题，牵头全面认领、举一反三，印发《拉萨市关于2021年度巩固拓展脱贫攻坚成果同乡村振兴有效衔接考核反馈问题的整改方案》，针对4个方面21个具体问题，围绕责任落实、政策落实、工作落实和工作成效4个方面，制定68条整改措施，做到一个问题至少一套措施，全部完成整改并持续巩固提升成果。

林业和草原

【概况】 2022年，拉萨市组织实施南北山绿化造林、“绿色围城”三期（北山生态修复）工程、“先造后补”工程，持续开展义务植树、乡村“四旁”植树等国土绿化行动，累计造林绿化18.04万亩。拉萨南北山绿化工程水电路配套设施同步跟进，建成101眼机井、69个高位蓄水池，安装提水管线113千米，通电通水46个造林片区。林业产业主要以林下藏鸡养殖、花卉种植、经济林为主，面积共625.31亩。林业有害物防治率90%以上。累计设立市、县、乡、村四级林长1891名，完成全市森林草原火灾风险普查确定风险隐患点433个，全市全年未发生重特大森林草原火灾。开展行政执法70次，救护黑颈鹤、红嘴山鸦等国家一、二级保护动物10只。

【造林绿化】 2022年，拉萨市组织实施拉萨南北山绿化工程，完成投资13.4亿元，人工造林9.17万亩、点播造林3.6万亩。持续组织实施“绿色围城”三期工程、“先造后补”工程等国土绿化工程，组织开展义务植树活动、乡村“四旁”植树行动，完成造林绿化5.27万亩。组织开展“绿色围城”一期、二期工程检查验收工作，实现工程科学化实施、规范化管理。

【林业产业发展】 2022年，拉萨市林业产业主要是“林+养殖”模式和森林康养旅游。利用林下资源开展林下藏鸡养殖约100亩，助力农牧民增收20余万元。全市累计种植经济林和花卉共计525.31亩，品种以花卉为主，经济果林为辅。

【林原有害生物防控】 2022年，拉萨市林业和草原局（以下简称市林草局）坚持“预防为主、综合施策、科学防治、积极消灭”的方针，林业有害生物防治率达90%以上，持续加大苗木运输监管和检疫力度，办理植物检疫要求书4163份、植物检疫证623份，有效维护和巩固了全市生物安全。

【林原资源保护】 2022年，市林草局印发《拉萨市关于全面推行林长制的任务分工方案》，制定林长制改革信息公开、督促检查等4项配套制度，研究出台《拉萨市林长制考核办法（试行）》，将林长制责任履行情况纳入各部门和领导干部考核体系，累计设立市、县、乡村四级林长1891名。完成全市森林草原火灾风险普查，确定森林公园、自然保护区、重点公益林区等重点区域风险隐患点433个。常态长效开展森林草原火灾隐患排查整治和森林草原防灭火应急演练，开展专项排查30余次，排查并及时整改火灾隐患27条，取得全市重特大森林草原火灾零发生的良好成绩。

【林原执法】 2022年，市林草局开展行政执法62次，其中包括行政许可56宗、其他行政执法6次；自然保护地管理科开展行政检查4次，未发现违法问题；雅江黑颈鹤自然保护区拉萨管理局对重点场所野生动物违法交易行

2022年4月2日，市林草局到堆龙德庆区开展义务植树活动

为共开展行政检查4次，未发现违法问题。

【野生动植物保护】 2022年，市林草局共救护野生动物10只。其中，包括国家一级保护动物黑颈鹤、秃鹫；国家二级保护动物大草鹏、绯胸鹦鹉；自治区级保护动物：斑头雁、赤麻鸭；低危类动物：红嘴山鸭；“三有”动物灰腹噪鹛、朱雀。成功放归黑颈鹤1只、红嘴山鸭1只、灰腹噪鹛1只、朱雀1只。

【生态富民】 2022年，市林草局组织群众参与拉萨南北山绿化工程建设，带动群众增收5.9亿元，惠及农牧民群众168万人次。选聘专职护林员、生态岗位人员8096名，兑现森林生态补偿资金、生态岗位补助资金9145.33万元。科学指导群众开展虫草采集工作，全市虫草采集产量777.14千克，实现群众增收9425.35万元，与2021年相比，产量增长8.8%、收入增幅9.8%。市县两级配套购房补贴资金9130.5万元，开展当雄县、尼木县第一批极高海拔地区农牧民生态搬迁工作，投资4600万元实施搬迁配套产业项目3个，实现农牧民生活条件改善和生态环境保护“双赢”。

【国土绿化行动】 2022年3月29日，西藏自治区国土绿化行动暨拉萨南北山绿化动员部署会议在拉萨召开，会议总结西藏自治区国土绿化工作经验，安排部署今后一个时期全区国土绿化重点任务和拉萨南北山绿化工程建设。自治区人大常委会主任洛桑江村主持会议，自治区党委书记王君正出席并讲话，自治区副主席江白与承包造林企业代表签订承包造林目标责任书。

【拉萨为南北山绿化立法】 2022年4月27日，拉萨市第十二届人民代表大会常务委员会第四次会议通过，2022年5月26日西藏自治区第十一届人民代表大会常务委员会第四十次会议批准《拉萨市南北山绿化管理条例》于2022年5月31日颁布实施。该条例共二十二条，主要包括规划与建设、保护与管理、法律责任等内容。

【王君正调研拉萨南北山绿化工程】 2022年7月24日，自治区党委书记王君正带队调研拉萨南北山绿化工程，听取拉萨“绿色围城”周边山体造林情况，自治区领导庄严、陈永奇、普布顿珠、达娃次仁、多托、雷桂龙参加调研，市林草局局长尹培凤一同调研。

【严金海调研拉萨南北山绿化工程】 2022年11月17日，区党委副书记、自治区主席严金海到香嘎片区、纳金片区调研拉萨南北山绿化工程。详细了解国土规划、造林绿化工程、配套围挡、配套水利、道路工程以及人员复工等情况。

【江白调研拉萨南北山绿化工程】 2022年3月11日，自治区副主席江白率队到拉萨市南北山绿化工程东嘎村、南嘎村等造林点调研，实地查看造林工作进展，及时纠正和解决实际问题，督促加快工作进度。

（周 鑫）

水利

【概况】 2022年，拉萨市水利工作贯彻落实习近平总书记“十六字”治水思路，贯彻落实区市党委、政府系列重大决策部署，紧紧围绕“十四五”水安全保障规划任务，坚持系统治理、综合治理、依法治理、源头治理，统筹疫情防控和经济发展，真抓实干、攻坚克难，水安全保障、水环境整治、水资源利用、水生态修复取得新成效，为全面建设社会主义现代化新拉萨凝聚水利力量。

2022年，拉萨市水土保持监测站荣获全国水土保持工作先进集体称号，水土保持目标责任评估排名全区第一，拉萨市2021—2022年度水利建设质量工作督查评价结果全区第一，拉萨河3#闸入选全区优质水利工程，拉萨市实行最严格水资源管理制度考核优秀，成功创建拉萨市民族团结进步模范单位。

【拉萨河流域】 拉萨河是拉萨市的母亲河，是雅鲁藏布江最大的一级支流，流域面积32875平方千米，发源于念青唐古拉山南麓，干流长551千米，在曲水境内汇入雅鲁藏布江，出口处年均径流量105亿立方米，流域内年均地表水资源量82.1亿立方米，地下水资源量25.84亿立方米，可利用水资源总量82.1亿立方米。拉萨河支流流域面积大于50平方公里的河流157条，流域面积1500平方千米以上的共7条，为麦曲、桑曲、乌鲁龙曲、雪绒藏布、墨竹玛曲、澎波曲和堆龙曲。

【水资源管理】 2022年，拉萨市水利局（以下简称市水利局）坚决落实最严格水资源管理制度，优化水资源配置，实现用水方式由粗放低效向集约节约的根本转变。规范取水许可审批，下达取水许可决定12个，依法征收水资源费1100余万元。调整、核定用水计划，倒逼重点取用水单位改进生产工艺，强化节水用水管理，全年下达通知4份，处罚2家，罚款20万元，整改完成率100%。落实地下水压减工作，关停集中式饮用水供水厂2家，有效减少地下水开采。深入开展取用水专项整治，完成6个违规取用水问题整改。推进技术革新，西藏巨龙铜业优化选矿节水技术革新，设计尾矿库回水日处理能力达3万平方米，回水利用率大幅提升。全面推进重要饮用水水源地安全保障达标建设，北郊水厂、西郊水厂、药王山水厂水源地安全保障达标建设完成评估。

【水利规划】 2022年，市水利局正式印发《拉萨市“十四五”水安全保障规划》，完成《拉萨市城市防洪规划》编制。以“十四五”水安全保障规划为依据，着眼长远发展需要，集中力量建设一批打基础、利长远、惠民生的水利工程，2022年纳入自治区年度水利建设项目23项、涉及资金30.1亿元。推进旁多引水工程、达孜段防洪工程、拉萨河谷（堆龙以西）生态保护修复试点工程、教育城段水系生态治理工程手续办理，其中教育城段水系生态治理工程已开工建设。

【河湖长制】 2022年，市委、市政府主要领导以身作则、以上率下，高规格召开全市河湖长制工作推进会，带头开展巡河调研，履行河湖长制工作总督导、总调度职责。全市各级河湖长巡河巡湖2149次，巡河里程9125千米，巡河App使用率比2021年度提升53%，河湖长巡河的频次和里程均有较大幅度提高。及时补充、调整市级河湖长6人，合理分配责任范围，市级管理河湖覆盖率100%。开展59条河湖管理范围划定，42条岸线保护利用规划编制，91条河湖一河（湖）一策方案编制。对21条河湖开展健康河湖评价，评价结果全部为健康以上。高质量完成

2022年3月22日，拉萨市水利局组织开展“河长体验行”志愿服务活动

思金拉措示范河湖建设并通过自治区验收。落实涉河建设项目行政许可制度，完成12个涉河建设项目审批。开展河道非法采砂专项整治、妨碍河道行洪突出问题排查整治及“清四乱”常态化规范化排查整治，累计出动3384人次，巡查河道4750千米，完成非法采砂整治3处、水利部妨碍行洪问题整改2处、“四乱”问题整改12处，河湖面貌明显改善。

【水利工程建设与管理】 2022年，全市水利工程完成固定投资14.06亿元。拉萨河河势控导工程（滨江花园段）工程、拉萨河综合整治工程5#闸建设工程、拉萨河城区段综合治理及生态修复工程通过完工验收。拉萨市帕古水库工程完成导（截）流验收，工程进度达43.5%。拉萨市墨达灌区续建配套与节水改造工程开工建设，工程进度达35%。安装雨水情和大坝安全监测系统，完成11段堤防、5座水库划界，城关区、达孜区、曲水县、林周县、尼木县实现水库专业化管护。深化安全生产，对全市32处在建水利工程水库、水闸进行安全检查，发现并整改问题15个，整改完成率100%。城关区、墨竹工卡县、曲水县、尼木县、当雄县完成质监机构组建。

【防汛抗旱】 2022年，市水利局精心编制《水旱灾害防御应急响应工作规程》，及时修订《拉萨河超标准洪水防御预案》等方案预案，调整公示防汛抗旱“三个责任人”名单，完成与应急管理部门防汛抗旱指挥部办公室职责职能工作交接，提前储备600万元的防冲墩、彩条布等防汛物资，开展山洪灾害知识培训和实战应急演练，全面做好水旱灾害防御准备。全面开展风险隐患排查，先后投入180人次提前做好水库、水闸、堤防、在建水利工程、山洪灾害隐患点薄弱点风险隐患排查，排查风险点位41处并全部完成整改。投入资金1.121亿元对6座水库、城区段堤防、41处水毁工程进行维修加固，全力保障度汛安全。

【农村水利建设】 2022年，市水利局维修养护农村饮水工程111处，抽检农村饮水水源420处，对已建成的24个灌区进行灌溉水水质抽检，均符合《生活饮用水卫生标准》，受益人口25536人。坚持试点先行、以点带面，完成林周县北部三乡、尼木县续迈乡高海拔地区农村安全饮水试点工程，项目投资688.52万元，受益人口1084人，高海拔季节性缺水问题得到有效突破。稳步开展普松灌区、续庆灌区等7个灌区农业水价综合改革，有序推进农业用水总量控制和定额管理，“以水养水”新格局进一步实现。

【重大水利枢纽水源工程】 拉萨市帕古水库工程位于拉萨市尼木县境内，是尼木玛曲流域的控制性工程，是《西藏自治区尼木玛曲流域综合规划》中推荐的骨干水源工程。该项目概算总投资73474万元，工程等别为三等，工程规模为中型，总工期42个月。大坝采用沥青混凝土心墙堆石坝，工程设计正常蓄水位4550米，工程多年平均供水量934万立方米，其中生活和工业供水量347万立方米、灌溉供水量587万立方米。灌区工程设计灌溉面积4.08万亩，其中改善灌溉面积3.95万亩、新增灌溉面积0.13万亩。2022年，该工程完成投资1.36亿元，整体工程形象进度达到43.5%，其中，临建工程、坝基防渗墙、导流洞全部完成，坝体填筑完成30%，输水管线完成23千米。

【节水工程】 拉萨市墨达灌区续建配套与节水改造工程位于城关区、达孜区、墨竹工卡县境内，工程等别为Ⅲ等，渠首工程级别为3级，渠系及渠系建筑物5级，设计防洪标准为10年一遇。该项目概算总投资20318.21万元，总工期18个月，2022年6月20日开工建设，2022年完成投资5600万元，完成15条渠道（43千米）拆除重建17.752千米，渠道清淤（50780.8立方米）完成11420立方米，整体工程形象进度达35%。

【中小河流、水土流失、病险水库治理】 2022年，市水利局推动全市中小河流治理，完成全市23条中小河流治理方案报告编制，实施中小河流治理项目6个，总投资14699.38万元，综合治理河长74千米，修建堤防及护岸总长48.478千米。年末完成投资6544.96万元，综合治理河长33.3千米，修建堤防及护岸总长21.82千米。严格水土保持方案审批，审批水土保持方案87个，累计征收水土保持补偿费1975.46万元。水利部、自治区下发的97个水土保持遥感监测疑似图斑完成核查整改销号，整改完成率100%。扎实推进拉萨市城市水土保持项目，总投资2500万元，完成投资1333万元，完成工程量的85%。2022年，全市实施小型水库除险加固和维修养护项目5个，其中，白定水库和措杰水库已完工，洛普水库和桑珠林水库完成工程量的85%，南木水库完成工程量的60%。

【城乡供水】 2022年，市水利局实施尼木县塔荣集中供水工程，总投资4120.04万元，完成投资651万元，通过新建水厂、新建或改建管网等措施，解决塔荣镇和周边现有居民14250人以及企业的供水问题，将供水保证率提高到95%。推进拉萨市旁多引水工程项目前期，完成可研报告、社会稳定风险评估、文物考古调查影响评估、项目法人、建设用地地质灾害评估、建设征地范围停建令、建设用地矿产资源压覆矿报告、移民安置规划大纲、移民安置规划报告、建设项目用地预审与选址意见书、环境影响报告、水土保持方案报告、洪水影响评价报告、水资源论证、取水许可15项前置手续办理。

（白玛罗布）

交通运输·住建

交通运输

【概况】 2022年,拉萨市交通运输局(以下简称市交通局)坚持党建统领,抓党建促业务,统筹疫情防控和交通运输发展,充分发挥交通先行带动作用,全面推动交通运输行业长治久安和高质量发展。

【农村公路养护】 2022年,市交通局牢固树立新发展理念,践行以人民为中心的发展思想,制定印发《拉萨市交通运输局关于全面推行农村公路"路长制"的实施方案的通知》《拉萨市农村公路养护管理办法(试行)》《拉萨市农村公路养护资金管理办法(初稿)》,建立县、乡、村三级"路长制"组织体系,推动农村公路管养规范化发展。全年落实区、市、县三级农村公路日常养护资金2310.02万元,争取区、市两级农村公路养护工程补助资金1464万元;投入机械274台次、人员899人次,截至年底,全市农村公路养护总里程达5312.36千米,列养率100%。

【重点项目建设】 2022年,拉萨市实施交通重点工程3个,其中续建工程1项、新建工程2项。S5线拉萨至泽当快速通道工程进度持续加快,累计完成投资88.64亿元,完成总投资的90.45%。稳步推进中心城区疏堵工程,北环路和蓝天路改造工程累计完成投资9593万元,完成工程总量的40.75%。完成拉北环线公路旅游服务功能提升工程,制定《公路旅游标识设置指南地方标准》,有效串联县域优秀旅游资源,打造旅游环线"打卡地"。

【交通运输规划】 2022年,市交通局编制完成《拉萨市中心城区交通拥堵综合治理方案研究(2020—2025年)》《拉萨市干线公路与城市道路系统适配性研究(2020—2025年)》《拉萨市农村公路网规划(2020—2025年)研究》,《拉萨市"十四五"交通运输发展规划》《拉萨市综合立体交通网规划(2021—2050年)》,待市政府常务会议研究。加快推进G561林周至拉萨新改建工程和拉萨南部绕城高速公路工程,开展拉萨智轨项目前期研究,促进区域经济发展,

2022年6月19日,拉萨市交通运输局检查组到S5拉萨至泽当快速路项目建设工地检查工程质量及工程建设情况

缓解城区交通拥堵。

【安全生产监管】 2022年，市交通局始终践行“人民至上、生命至上”理念，压紧压实行业监管责任和企业主体责任，持续巩固交通运输行业安全生产专项整治三年行动成果，推进安全生产风险防控体系建设，聚焦“两客一危”、交通工程建设重点领域，强化安全风险分级管控和隐患排查治理，提升安全监管能力、完善应急监管机制，全年未发生重特大交通运输安全生产事故，行业安全生产形势总体稳定、持续向好。全年共检查道路运输企业253家次，排查整改隐患问题105项（立即整改89项、限期整改16项），下发整改通知书7份，罚款2家，约谈2家。向在建工程项目下发停工令、整改通知书各1份，举办消防应急救援演练1次，开展安全培训145场次，累计受教育2309人次；发放各类宣传折页、物品12000余份，滚动播放宣传教育片及标语394万余次，悬挂安全生产标语、放置安全警示展板80余幅，媒体宣传报道16次。

【道路运输市场发展】 截至2022年底，拉萨市共有旅游运输企业2家，旅游车2303辆；班线企业3家，班线车辆374辆；出租车企业2家，出租车1322辆；网约车平台8家，网约车822辆；城市公交企业1家，公交车辆562辆；市内客运站2家。危货企业12家，危货车辆600辆（含挂车），普货企业32家，普货车辆8350辆（含挂车）；维修企业369家（一类50家、二类58家、三类261家），机动车驾驶员培训学校12家。道路运输从业人员达3.71万名。

2022年5月12日，拉萨市道路运输管理局在柳梧新区组织网约车驾驶员考试

【公共交通发展】 2022年，拉萨市坚持公交优先发展战略，努力提升公共交通服务。截至年底，全市运营公交线路46条，总长1057千米，开通运营公交车专用道46千米，运营公交车562台，新能源占比保持100%。

【公路客货运量】 2022年，拉萨市完成公路客运量（非市区客运）164.27万人，同比上升–40.00%；旅客周转量72180.03万人千米，同比上升–31.13%；完成公路货运量1497.42万吨，同比上升–11.37%；货物周转量391281.43万吨千米，同比上升–11.98%。

【网约车规范发展】 2022年，市交通局稳妥推进拉萨市网约车合规化，督促平台公司制订网约车合规化工作方案，加快经营车辆办证进度，因地制宜提供藏语和汉语考试。截至年底，已办理网络预约出租汽车经营许可证8个，办理网络预约出租汽车驾驶员证1802个，办理网络预约出租车营运证846个。

【规范小微型客车租赁】 2022年，市交通局根据《小微型客车租赁经营服务管理办法》和《关于规范小微型客运租赁备案管理的通知》要求，结合拉萨市小微型客车租赁实际情况，联合市公安局、市市场监督管理局制定发布《关于〈小微型客车租赁经营服务管理办法〉的实施方案》。

【出租车乱象整治】 2022年，市交通局持续深化出租汽车乱象治理，研究印发《关于规范出租车运营秩序整治行业乱象行动方案》，加大检查力度、实行网格管理、推动品质提升，有效规范出租汽车经营行为。全年共整治违规运营问题1083项次，批评教育驾驶员650人次，停运处罚176人次，收缴罚没款25.7万元。

【非法营运整治】2022年，市交通局牵头制订《拉萨市非法营运车辆专项整治工作方案》，落实周调度、月报告机制，建立非法营运车辆联合打击会商制度，加强非法营运典型案例研究，坚持打击重点、全面辐射，持续优化执法力量布控，严厉打击非法营运行为。全年共出动执法人员3220人次，受理举报投诉908次，查处非法营运车辆480台，收缴罚没款426.7万元。

【超限超载治理】2022年，市交通局依托超限超载监测站开展流动治超，严查绕道及冲卡超限运输车辆，全年检查货运车辆5.88万辆次，劝返超限超载车辆1375辆次，卸载货物1.6万吨。

（季　娇）

住房和城乡建设

【概况】2022年，拉萨市住房和城乡建设局（以下简称市住建局）以新型城镇化为重点，全面推进城市建设。共实施市政建设项目10项，其中新建3项、续建项目7项，项目总投资约56.63亿元，累计完成投资约8.2亿元。滨河路、藏热大桥、迎亲大桥提升改造等项目建成使用，拉萨市管网改造和智慧水务、藏大路雨污分流改造圆满完工，东嘎污水处理厂、百淀污水处理厂二期、达孜区至叶巴镇跨河排水管网工程前期工作积极推进，城市功能不断完善，城市承载能力不断提升。

【房地产开发经营】2022年，拉萨市严格执行商品房预售许可制度，规范开发企业的经营行为，严肃查处违规预售等违法违规行为，有效降低房地产市场风险。全市在建房地产开发项目80个，累计完成投资41.2亿元，同比下降66.2%。商品房实际销售面积80.67万平方米，同比下降69.4%；实现销售金额70.03亿元，同比下降68.9%；全市房地产市场销售均价：住宅8091元/平方米、办公9099元/平方米、商业14877元/平方米，同比分别上升1.15%、下降2.5%、上升17.6%。全市房地产市场二手房交易面积40.34万平方米，较2021年同期相比下降48.7%。全面加强房地产市场秩序规范整顿监管力度，对3个未批先售项目下达《拉萨市住房和城乡建设局行政处罚决定书》，实施行政处罚96.7万元。研究优化商品房预售资金监管模式，草拟《关于新建商品房预售资金监管中使用银行保函的通知》，缓解房地产开发企业资金周转压力，提高预售资金使用效率。以《问政拉萨》第二期播出为契机，开展物业服务领域突出问题专项整治行动，抽查全市物业项目约300个，约谈物业企业15家，现场整改问题28个，下发责令整改通知书15份，取得了良好成效。落实疫情防控工作，全市住宅小区共计529个，其中入驻物业服务企业297个，自管小区232个，物业企业管理住宅、商业及其他业态面积1862.56万平方米。

【保障性住房建设】2022年，市住建局持续加大各类保障性安居工程实施力度，完善住房保障体系，做深做细住房保障，全力以赴改善民生。拉萨市建设各类保障性住房7431套（户），总投资9.23亿元。棚户区改造共5个，总投资5.83亿元。新建2022年棚户区改造项目3个，指标2944户，总投资1.93亿元；续建项目2个，总投资3.9亿元。城镇老旧小区改造共16个项目、涉及3763户，总投资2.19

2022年3月24日，以《问政拉萨》第二期播出为契机，拉萨市住建局组织城关区、柳梧新区、文创园区、经开区、堆龙德庆区住建部门负责人、拉萨市物业协会代表、部分物业公司负责人召开拉萨市物业领域专项整改工作部署会

亿元。新建项目6个(12个小区),指标1964户,总投资1.27亿元;续建项目10个(24个小区),指标1799户,总投资9205.89万元。续建2021年公租房2个项目,指标440套,总投资6146.37万元,累计完成投资4200.22万元。续建2021年周转房项目5个,指标284套,总投资5964万元,各县(区)已开工建设。

2022年8月10日,拉萨市住房和城乡建设局工作人员检查工地安全生产情况

【建筑市场管理】 2022年,市住建局履行住建部门行业监管职能,始终坚持以人为本和安全发展的管理理念,精心安排部署,强化安全生产和农牧民就业增收责任落实,全市建筑领域工作总体平稳持续向好。为有效改善住建领域施工现场文明施工管理等现状,建立横向到边、纵向到底的管理工作机制,健全施工现场生态环保监管体系,以中央环保督察为契机,开展扬尘污染防治集中督导整改,督促施工现场落实在建项目“六个100%”要求,严格按照《西藏自治区环境保护条例》在限制的时间和区域内进行施工,有效提升全市项目安全文明施工水平。持续推行建筑工人实名制管理及农民工工资银行代发制度,切实保障建筑领域农民工合法权益。根据“西藏自治区建筑工人实名制平台”数据显示,全市范围内实施在建项目总数400个,落实专户340个,落实率85%;专户进账总额累计达到75.442亿元,代发总额62.05亿元,做到农民工工资按时足额发放,有效保障建筑工人工资发放工作。精准把握形势,深入开展自建房排查整治工作。全市住建系统已录入排查信息32974条,并及时按要求做好整治工作。

【工程质量和安全生产监督】 2022年,市住建局按照“同级审批、同级监管”原则,开展受理工程质量和安全生产监督工作。全年新报监项目37个,建筑面积295.52万平方米,总投资83.34亿元。共下发核查记录单27份、局部停工通知书16份,限期整改通知书16份。加强商品混凝土企业和工程质量检测机构的监督管理。对全市12家预拌商品混凝土企业进行抽查检查,共提出300多条整改意见。加大对检测机构的监管力度,及时对出具报告不规范、涉嫌出具虚假报告的企业进行调查取证,对涉嫌出具虚假报告的检测机构锁定证据后移交给拉萨市市场监管局进一步处理,对出具报告不规范的企业提出整改意见,并要求限期内完成整改。全面开展行业督导检查,持续开展安全生产专项整治三年行动,结合年初全国两会、元旦、春节、开复工、“五一”、党的二十大等重要时间节点,全面开展建筑施工领域质量安全生产文明施工排查整治工作,累计检查建筑领域项目、单位890余家次,对照企业日常检查台账,抽检整改落实情况120余次,实地发现安全隐患630余处,立即整改590余处,下发限期整改通知单40余份。

【乡村振兴】 2022年,市住建局根据《2022年拉萨市农牧民增收工作实施方案》,鼓励项目法人单位按照《自治区人民政府办公厅关于促进农牧民持续增收的意见》文件精神,将政府投资400万元以下项目原则上交由农牧民施工队实施,其他项目按照拉萨市工程项目建设落实三项规定,督促施工企业扩大农牧民工用工量和机械用工量。拉萨市将约60个政府投资400万元以下项目交由农牧民施工企业实施,促进农牧民就业转移近15000人次,实现农牧民增收约500万元,带动农牧民施工队伍 40 余家。

（尚莉莉）

住房公积金管理

【概况】 2022 年，拉萨市住房资金管理中心（以下简称市住房资金管理中心）在拉萨市行政审批和便民服务局（三级政务大厅）设有 9 个业务柜台，在市直、各县区设有 20 个委托银行经办网点，受理拉萨市及市属县（区）住房公积金业务。从业人员 6 人，其中，在编 3 人，非在编 3 人。全年归集住房公积金 16.13 亿元，办理住房公积金提取业务 9504 笔、提取资金 6.79 亿元，发放个人住房贷款 350 笔、2.39 亿元，贷款回收资金 4.23 亿元，同比增长 3.61%。高校就业创业公积金业务 82 笔，补贴资金 271.68 万元。为全市 1846 家单位，7.13 万名缴存职工账户结付利息 0.89 亿元，平均每个账户可收到 1259.62 元的利息“红包”，同比增长 10.03%。

【公积金政策调整】 2022 年，市住房资金管理中心贯彻落实党中央、国务院及自治区相关政策。根据高效统筹疫情防控和经济社会发展的决策部署安排，进一步加大住房公积金助企纾困力度，帮助受疫情影响的企业和缴存人共渡难关，市住建局下发《拉萨市住房和城乡建设局关于实施住房公积金阶段性支持政策的通知》，明确受疫情影响的在藏企业可按规定申请缓缴住房公积金，缓缴期间不影响职工正常使用住房公积金。深入贯彻落实《中国人民银行关于下调首套个人住房公积金贷款利率的通知》精神，下调西藏辖区首套个人住房公积金贷款利率 0.15 个百分点，5 年以下（含 5 年）和 5 年以上利率分别调整为 1.61% 和 1.93%。第二套个人住房公积金贷款利率政策保持不变，即 5 年以下（含 5 年）和 5 年以上利率分别不低于 1.936% 和 2.288%。

【资金运营管理】 2022 年，市住房资金管理中心加强资金运营管理，进一步做好资金流动性动态监管和常态化调控。全年新开户单位 331 家，净增单位 167 家；新开户职工 0.93 万人，净增职工 0.61 万人；实缴单位 1767 家，实缴职工 8.49 万人，缴存额 24.36 亿元，同比分别增长 10.44%、7.74%、21.31%。年末缴存总额 143.11 亿元，比 2021 年末增长 20.51%；缴存余额 75.44 亿元，同比增长 27.17%。受委托办理住房公积金缴存业务的银行 6 家。全年 1.25 万名缴存职工提取住房公积金，提取额 8.24 亿元，同比下降 17.27%；提取额占当年缴存额的 33.83%，比 2021 年减少 15.77 个百分点。年末提取总额 67.67 亿元，比 2021 年末增加 13.87%。全年发放个人住房贷款 420 笔 2.81 亿元，同比分别下降 52.65%、52.69%；回收个人住房贷款 5.06 亿元。截至年底，累计发放个人住房贷款 19234 笔 81.51 亿元，贷款余额 39.08 亿元，分别比 2021 年末增长 2.23%、3.56%、减少 5.81%。个人住房贷款余额占缴存余额的 51.80%，比 2021 年年末增加减少 18.14 个百分点。年末发放异地贷款总额 1827 万元，异地贷款余额 779.97 万元。年末，住房公积金存款 37.16 亿元。其中活期 23.15 亿元，1 年（含）以下定期 14.01 亿元。年末住房公积金个人住房贷款余额占缴存余额的 51.80%，比 2021 年末减少 18.14 个百分点。

【风险控制】 2022 年，市住房资金管理中心建立健全规章制度，创新风险理念和方式，不断加强内部控制体系建设。加强廉政风险防控，始终把党风廉政和反腐败工作与住房公积金业务同部署、同落实，明确各级岗位职责及分工；定期报告住房公积金业务运作情况，公开住房公积金年度报告；加强信息系统建设，业务信息和内部流程嵌入系统留痕管理，防范人为操纵，确保信息安全。健全风险防控机制，严格贷前审查，严把源头初审关，通过住房公积金监管平台结合人行征信系统，核查购房合同、不动产权证、缴存信息等真实情况，进一步降低资料不实引起的资金风险；严格落实“四清一责任”机制，加强逾期贷款的管理。常态化关注逾期贷款，加快法律诉讼程序，确定专人催收，建立分类台账。对全市 403 笔逾期贷款进行清缴，减少逾期金额 471.88 万元，进一步保障贷款资金的安全。构建“贷款严审”体系，防范贷中操作风险。按照“岗位不相容”原则，建立贷款受理、复核、审核、审批四支专业队伍，严格执行贷款审批规则。通过业务流程标准化管理，做到岗位人员职责分工明确，审核要点明确，审批权限明确，层层把关每笔贷款的完备性、合规性，每层级均有退件权限，一旦发现存在问题立即中止贷款程序，有效减少人为干扰、确保贷款审批公平、公正。

【信息化建设】 2022年，市住房资金管理中心提升服务效能，优化营商环境。开展优化营商环境、“区内异地，跨省通办”工作，推出涵盖网站、网厅、手机App、微信公众号、短信平台和自助终端等多渠道智能化的住房公积金综合服务平台，实现信息查询、部分业务办理、互动交流线上服务，为广大缴存单位及职工提供多渠道、全方位、人性化、安全高效快捷的住房公积金服务。推动住房公积金线上服务事项，职工可以通过微信公众号，支付宝，网厅等直接线上提交申请，2个工作日即可办结，实现足不出户就能即时办理，资金直接划入个人账户，资金“秒”到账，同时发送短信提醒。全年住房公积金提取网上办理业务5656笔，提取资金26354.39万元，实现“让职工少跑腿，让数据多跑路、就近办、速度快、环境优”目标。促进住房公积金贷款业务实现“三级政务大厅一站式”办理，“受托银行网点的委托”办理。方便公积金贷款申请初审面签同步进行，个人征信报告可直接在三级政务窗口查询打印，职工办理贷款只跑一次。贷款业务从受理到审批办结只需要10个工作日，让群众的获得感、幸福感大大增强。

（尚莉莉）

邮政·通信

邮政管理

【概况】 2022年,拉萨市邮政快递业增长突飞猛进,1—7月业务总量和业务收入均同比增长20%,拉萨市邮快件使用量人均91件。拉萨市邮政管理局(以下简称市邮政局)和全市邮政企业深入践行以人民为中心的发展思想,持续推进2022年度更贴近民生七件实事落实落地,疫情期间,组织邮政快递企业调集全网力量保通保畅保供,不断满足广大人民群众最关心最直接最现实的用邮需求,通过小快递服务大民生,为建设团结富裕和谐文明美丽社会主义现代化新拉萨贡献行业力量。

【邮政基础设施建设】 2022年,拉萨市持续加强邮政基础设施建设,继续提升邮政普遍服务水平。全市有邮政普遍服务网点83处,其中乡镇网点48处,村邮站172处,做到乡乡设所、村村直接通邮。持续整合优化农村邮路,全市有农村邮路22条,实现农村邮路汽车化率100%,拓展投递深度,增加投递频次,提高投递效率。夯实县乡村寄递物流体系根基,曲水县建成寄递物流公共配送中心,当雄县在建寄递物流公共配送中心,聂当乡建成乡级寄递物流综合服务站,5处乡镇局所搭建益农信息社。

【服务质量提升】 2022年,市邮政局督促寄递企业落实服务质量提升主体责任,规范从业人员培训和生产作业各环节,提升处理时效。通过现场检查、绿盾工程等科技手段运用,加大监督检查力度,全年下达行政处罚2起。通过社会监督员监督、“12305”邮政业申诉电话、“12345”政府热线转办等方式,充分利用社会监督,提高申投诉处理水平,不断提升广大用邮群众的获得感、幸福感和安全感。

【行业安全保障】 2022年,拉萨市邮政快递业未发生安全生产事故。全年执法252家次,出动1117人次,包括14次联合执法,下发责改1份,约谈2家次,处罚2起合计1.3万元。全年开展行业会议培训22次,增强企业应急管理意识和能力。与安全、交警、禁毒和治安等部门开展4次寄递安全协调小组联席会议,取得良好的效果。与市公安局、市烟草专卖局建立联合执法、联合行动、联合办案机制,及时共享信息并依法移交案件。督导企业严格落实寄递安全“三项制度”。严格执行收寄验视制度,当面验视内件;严格执行实名收寄制度,保障用户个人信息安全;严格执行过机安检制度,落实县级网点安检要求。推动处理场地做到“四个全覆盖”(一线作业人员安全教育培训全覆盖;设备设施安全警示标志全覆盖;配备专兼职安全监督员全覆盖;分拣区设置查验门岗全覆盖)。

【快递市场监管】 截至2022年底,全市共有11个品牌快递企业,12个分拨中心,255家营业网点(普服网点83家,快递网点171家,邮票销售场所1家)。2022年,全市快递业务量累计完成955.48万件,同比下降18.37%。快递业务收入完成0.34亿元,同比下降14.56%;邮政寄递服务业务收入完成0.03亿元,同比下降7.95%。顺丰拥有全自动化识别分拣设备“摆轮矩阵”分拣机;邮区中心拥有半自动化分拣设备“摆轮矩阵+简易小件”分拣机。顺丰丰泰产业园于2018年6月1日开始建设，2022年1月开始投入使用。

（丁莉莉）

中国电信集团有限公司拉萨分公司

【概况】 2022年，中国电信集团有限公司拉萨分公司（以下简称中国电信拉萨分公司）聚焦云改数转、筑牢网信安全，强化服务攻坚。持续深化数字化转型，推动规模发展，善待客户，共创被人尊重的企业。在拉萨市网络实施全光网络、移动网络的建设中起到主要角色，实现与各电信运营商的互联互通，为拉萨市客户提供宽带化、智慧化、可扩展的通信网络环境。采用最新电信技术组建，网络整体结构简洁高效，用户接入转接次数大大减小，有效地降低网络故障率，保证网络稳定性。贯彻落实集团“云改数转”战略和实现党建统领，以强烈的责任感和使命感，时刻牢记“人民邮电为人民”的初心和使命。中国电信拉萨分公司主要经营与通信及信息业务相关的系统集成、技术开发、技术服务、信息咨询、通信设备销售、设计施工、拉萨境内的移动、宽带、固话等各类通信与信息化业务。作为建设拉萨网络强国、数字拉萨和智慧拉萨的主力军，作为DICT、云计算、大数据等业务的供给者。

【数字化转型发展落实有力】 2022年，中国电信拉萨分公司持续提升网络支撑能力，坚持4G网络“建、优、维”运营思路，成立云网优化中心，健全无线网络维护队伍，无线网络运维指标保持全区领先。完成4G基站的扩容和补点，新建243个站址，4G网络覆盖达98%以上，小区高负荷由年初的25%下降到9.06%，网络投诉同比下降明显，第三季度无线满意度行业领先。对32个乡镇网络实施升级改造，解决乡镇承载网瓶颈问题，使乡通承载网络出口带宽由10G共用提升到各乡镇独享30G，乡镇出口峰值从80%超流量下降到24%峰值流量，实现有线无线传输通道分离，网络结构进一步优化。推进乡村振兴战略，履行企业社会责任。

【客户满意度行业领先】 2022年，中国电信拉萨分公司打造“善待客户，共创被人尊重”的企业愿景。深入分析居高不下的投诉大问题，抓住关键问题，解决网络和厅店突出问题。实现厅店服务标准化、规范化。“守正创新、渠道领先”一把手工程综合考评全区排名第一，公众客户满意度行业领先。

【网络强国战略落实】 2022年，中国电信拉萨分公司提升核心网络能力，引进两家专业化无线网络优化团队，以援藏支持、厂家协助等多渠道寻求网络方面的提升，围绕人员密集区域、质差区域、信号忙点区域的无线网络开展“优维建”工作。

【企业社会责任履行】 2022年，中国电信拉萨分公司完成中共二十大通信保障任务，快速支撑党政军“智能门磁”“防疫哨兵”等科技防疫能力的保障和服务。助力小微企业纾困解难，落实中小企业提速降费，优惠金额累计达130万元，全年房租减免189万元。助力脱贫攻坚，推进乡村振兴战略，组织纳木湖小学30名学生开展现场观摩学习。投资57.83万元实施第7批电信普遍服务工程建设，投资1044.34万元推进农牧区4G网络覆盖广度和深度，完成关爱2000基站建设66个。

（索娜德吉）

中国移动通信集团西藏有限公司拉萨分公司

【概况】 2022年，中国移动西藏公司拉萨分公司（以下简称中国移动拉萨分公司）在拉萨地区设有4个城区分公司、5个县分公司、2个营销中心、划分为24个网格，县自办营业厅8家，地市自办营业厅3家，委托加盟店42家，服务站52家、手机卖场14家，授权代理点43家；拥有员工380人。中国移动西藏公司拉萨分公司扎根雪域高原，以“世界一流信息服务科技创新公司”为发展定位，以“创世界一流企业，做网络强国、数字中国、智慧社会主力军”为总体目标，深入践行央企三大责任，服务和融入新发展格局，落实集团创世界一流“力量大厦”战略部署，聚焦“四个三”战略内核，以网络领先、5G创新、数据赋能、算网布局“四大行动”为牵引，加速打造“连接＋算力＋能力”的新型信息服务体系，全面推进社会数智化转型，最大程度释放数字红利，为自治区聚焦

"四件大事""四个确保"、推进"四个创建""四个走在前列"战略实施注入强劲的数智动能。

【网络建设】 2022年,中国移动拉萨移动分公司践行以人民为中心的发展思想,深入贯彻习近平总书记关于网络强国的重要思想,坚持稳中求进,不断加强网络建设,努力探索提供更好的信息服务,助力地方经济社会发展、融入百姓生产生活,为满足人民群众对美好数智化生活的向往不懈奋斗。全市基站规模达6621个,其中2G基站1493个,4G基站3972个,5G基站1156个,其中2022年启动建设项目551个,新建5G基站328个;家宽资源已覆盖全市2148个小区,累计已建成端口数总计41.92万个,其中2022年新建家宽资源小区246个,端口14864个。深入推进与中国广电的5G共建共享、合作共赢,科学统筹规划700MHz、2.6GHz、4.9GHz频率资源,着力打造700MHz频段打底网,精准建设2.6GHz、4.9GHz频段,有序推进室内覆盖建设,实现拉萨城区、县城、行政村连续覆盖,在5G网络覆盖、5G客户规模、5G网络速率等方面进一步扩大领先优势。响应社会各界需求,通过前置部署,精细组织,合力攻坚,确保节假日、庆祝活动、重大会议、地震灾害等现场的语音通话质量稳定,上网感知优良。2022年,先后完成中共二十大会议、"数字峰会"、环城自行车赛、首届西藏文化艺术节等多次重要保障工作任务,累计出动应急保障人员11280人次,4G/5G应急保障车辆21辆次、其他保障车辆380辆次,各类型油机240辆次。实现保障期间"零重大网络故障""零重要客户投诉"的工作目标。

【客户发展】 2022年,中国移动拉萨分公司坚持高质量发展的改革要求,锚定"高基数上实现高增长"发展思路,以"份额提升+收入增长"为目标,全年推进"大融合运营""资费满意度提升"两项专题营销,实现客户规模与价值的双提升。不断探索新的发展思路,组织开展诸如幸福好网来敲门、助老服务日等创新服务模式,在深入社区、街巷、单位的驻点服务中,锻炼业务能力、改善服务感知,提升发展成效。2022年,拉萨分公司活动客户份额同比提升0.67pp,进一步巩固行业主导地位,行业份额持续提升,市场竞争能力进一步提升。

【家宽运营】 2022年,中国移动拉萨分公司坚定不移地把"宽带高质量高速发展"作为公司市场发展的重中之重,着力提升"建设规划能力""市网协同能力",主攻小区、沿街商铺、农村市场、商企等4个场景高效拓新,同步融合全屋Wi-Fi、安防、大屏等智家产品,依托家庭市场实现教育、健康、养老、办公、安防、社区治理等多个细分领域的突破。2022年,宽带份额同比提升0.32pp。

【渠道运营】 2022年,中国移动拉萨分公司持续深化渠道转型,进一步夯实发展基座,完善实体渠道触点覆盖、主动服务、精准发力,迅速提升运营效率。结合实体渠道分层分级管理办法推动渠道业务发展量。强化实体渠道份额的攻坚,将补盲提份额作为渠道建设的首要任务,加快推进补点。围绕提升有效渠道份额、提升高销渠道占比作为任务重点,稳固优质点位、淘汰劣质点位,进一步提高实体渠道的产能和效益。

【服务能力建设】 2022年,中国移

2022年7月,中国移动拉萨分公司完成环城自行车赛网络保障工作

动拉萨分公司聚焦服务创新，全力追求客户满意，先后推出多项服务新举措，构建以客户为中心的线上+线下协同服务体系。在拉萨市区率先推出“优质服务进万家，幸福好网来敲门”“暖心教学服务邻里，智慧生活爱满夕阳”等新型服务模式，建立起直面诉求、现场响应的沟通机制。全面落实关于5G服务质量的各项要求。全面梳理5G套餐，确保高中低档位套餐在各渠道上线，做好资费公示，保障客户知晓权。健全“四个提醒”机制、严守“四条营销红线”，挖掘短板，对不满意客户进行修复关怀，提升客户使用感知度和满意度。推进适老化服务，各区县厅店已配置爱心专席和座椅，在具备条件的营业厅已设置无障碍通道及为老年客户提供现金、POS机等多种支付方式，并主动为老年客户提供业务办理需求及信息登记，定期针对老年客户提供上门服务工作。减少不合理携转限制条件或捆绑，携转工作严格按照规范要求执行，充分保障用户自由选择权，同时提高“携号转网”服务申请通过率。全年累计服务用户约59万人，组织开展个性化、定制化服务730次。

【信息化建设】 2022年，中国移动拉萨分公司以推动移动互联网、云计算、物联网、大数据等技术加速融入经济社会民生各领域、全过程，持续一体化推进“云+网+DICT”融合发展。借助“9one”平台，整合中国移动产业链优势，持续提升对工业、旅游、交通、泛园区、教育、医疗等千行百业信息化需求解决能力。强化5G赋能，深度推进5G网络行业应用，助力墨竹工卡县巨龙铜业智慧矿山项目建设，在5400米海拔地建立5G基站，树立5G专网项目标杆，借助无人驾驶技术，实现封闭区域内无人驾驶车辆“装、运、卸”典型作业过程的全自动运行，打造世界首个高海拔地区露天矿无人驾驶应用项目。

【履行社会责任】 落实常态化“四联四包”工作机制。拉萨市推行领导干部常态化“四联四包”工作机制暨“大宣讲大调研大排查大落实”活动以来，拉萨分公司上下联动，领导干部坚决扛起“四联四包”工作责任，下沉基层一线开展工作，并严格执行中央八项规定及其实施细则精神和区党委实施办法，协同驻村工作队采取调研走访、宣传教育、隐患排查、督促落实等措施，强化担当、主动作为、真联实包，有效推动包联走深入实，用心用情用力助力基层长治久安和高质量发展。

“大宣讲”讲政策、聚民心。2022年，中国移动拉萨分公司以走村入户，到田间地头与农牧民群众“话家常”的形式，开展“一对一”宣讲及政策答疑，以5G多媒体为平台支撑，通过雪普村“短微课堂”定向推送以自治区党委书记王君正的讲话精神、“美丽乡村·幸福家园”建设等惠民政策为主要内容，进而巩固学习效果。累计完成8次宣讲，覆盖全村农牧民群众285户、627人。

“大调研”体民情、听民声。2022年，中国移动拉萨分公司实现和乡党委政府及村“两委”的沟通，争取村“两委”的协同，为真正做到了解基层群众所想所盼，在工作推进中深挖问题、周密排查和及时反馈奠定夯实基础。收集整理住房等11个方面农牧民群众生产生活中存在的问题与困难25个。

“大排查”控隐患、保稳定。2022年，中国移动拉萨分公司协助管好用好村级组织活动场所，充分发挥政治功能和服务功能，协助做好“一站式服务”“一门式服务”工作，推动村为民服务全程代办。完成全村60岁以上老人养老保险信息完善，农牧民牲畜保险报销8次，村域4G网络覆盖率98%，家庭宽带资源覆盖率93%。

“大落实”办实事、解民忧。2022年，中国移动拉萨分公司坚持“民有所呼、我有所应，民有所求、我有所为”，不忘初心，践行国有企业社会责任，结合“四联四包”工作机制暨“大宣讲大调研大排查大落实”活动，全面发挥包联单位优势，实行有针对性的定点帮助，开展16个问题及困难协调处理，用心用情解决好群众急难愁盼问题。

落实“我为群众办实事”尽心尽力解民忧。2022年，中国移动拉萨分公司发展壮大集体经济，积极配合雪乡雪普村乡党委政府及村“两委”实现高标准农田建设、深耕深松劳务输出，使农牧民群众年度增收110万元。出资2.05万元，为村委会捐赠耕犁1套。协助雪普村村委会举行“播种绿色，拥抱蓝天”百人植树活动，落实“四旁”植树4000株。组织员工团购驻村点农副产品藏鸡蛋350枚。

【打造数字乡村助力乡村振兴】 2022年，中国移动拉萨分公司推进平安乡村、智慧社区建设，依托技术优势，为美丽乡村的建设量身打造“智慧眼”视频监控系统，实现24小时实时监控，通过中国移动“数字乡村平安乡村工程”的建设，不仅满足农村看家护院的刚需，实现乡村综治管理、安防、创卫的目的，助力乡村安全防范水平得到进一步提升，村民安全感不断增强。全年赋能提升数字乡村专干24名，达成全年72个数字乡村点位建设，全面助力乡村振兴工作。

（冯 妮）

中国联合网络通信有限公司拉萨分公司

【概况】 2022年，中国联合网络通信有限公司拉萨分公司（以下简称中国联通拉萨分公司）拥有通达各处的现代通信网络，建成覆盖拉萨市6个县域的通信传输网、交换网、数据网和支撑网。实现移动（语音、移动增值业务）、固网（固话、数据、宽带、互联网应用及固网增值业务）全业务经营，持续提升基于云计算、物联网、大数据和5G行业应用的集成创新能力，为广大用户提供全方位、高品质信息通信服务。践行“强基固本、守正创新、融合开放”战略，全力推进5G网络建设和全面数字化运营转型，参与“网络强国”“数字中国”和“智慧社会”建设，奋力打造服务领先的创新型企业，不断开创高质量发展新局面。

【5G业务】 2022年，中国联通拉萨分公司线上业务向高质量、高黏性转变，居全区第二。自有渠道运营逐步向高价值客户牵引，满家满卡满融工作持续向好，自营厅累计发展用户同比提升25.8%。数字乡村通过平台与会销相结合，以平台拉动基础业务发展，与曲水县曲水镇茶巴朗村签约数村平台，通过业务置换的方式带动业务发展。

【社区及智家业务】 2022年，中国联通拉萨分公司以营服体系建设为抓手，提升组织效率。通过全面推广和深化井田制，落实“铁脚板”精神，建立宽带资源项目制负责机制，采用“以店包片”或“以人包片”模式，解决小区“空心化”现象。建立宽带运营队伍，提升智家营销队伍能力。搭建、完善宽带业务运营专业线团队，明确专人专岗，推动人员到位。加快千兆宽带网络覆盖，提升精品网络质量。建立“市场—网络”快速响应机制，实现宽带精准投资和网络优化提升。

【服务工作】 2022年，中国联通拉萨分公司实施“3+1”管理机制、纳入一把手工程。针对服务承诺和23项问题，划定责任部门，明确责任人。以客户为中心，提升装维服务水平，制订提升优化方案。建立闭环管理机制，以服务标准制定、监督检查、落实整改、考核问责四个方面为抓手，打造闭环服务管理体系。申诉管控、携号转网通过率、三率指标年度均达成年度目标。

【通信基站建设】 2022年，中国联通拉萨分公司做好5G网络的联合规划与建设，拓展广度覆盖，5G基站达到1129个，实现城区、县城的5G网络覆盖。推进900M低频打底网项目，开通95个站点，将移动网人口覆盖率提升至90%、行政村覆盖率提升至95%。深耕网络优化，加强5G网络基础优化和4G/5G协同，提升用户体验，5G平均RSRP值、5G覆盖优良率、5G用户接通率、5G用户掉线率较优。

2022年6月30日，当雄县无线通信覆盖首站开通

【年度活动】 2022年1月18日，中国联通拉萨分公司北城温州商贸城营业厅升级完成，开业运行。温州商贸城营业厅换装升级按照5G标准智慧厅打造，采用全新企业标识，亮丽、清新、大气，让人耳目一新。厅内区域划分分明，设有业务受理区、自助服务区、5G业务体验区等，旨在更为精细、方便、快捷为用户提供高品质服务，全面提升企业品牌形象。

2022年5月17日，中国联通拉萨分公司以“科技助老，联通美好”为主题，在东郊万达广场、柳梧万达广场和雅砻小区开展丰富多彩的助老活动。

2022年6月30日，中国联通拉萨分公司为深入贯彻数字乡村发展战略，以低频网支撑4G/5G广度和深度覆盖为基础，补4G短板、塑5G长板。当雄县纳木错乡各村组牧场基站的首站开通，标志着900M低频打底网建设进入全面施工阶段，为全线实现288个站点建设目标奠定基础，同时也标志着拉萨联通偏远区域网络覆盖的深度和广度有效加强。

2022年6月29日，中国联通拉萨分公司承建的第七批电信普遍服务建设工程首站开通。此项建设工程共11个点位，均位于墨竹工卡县、林周县、曲水县及当雄县的偏远山村、牧场，分公司克服站点海拔高、行路难等施工环境困难，历时68天，完成所有基础工程建设，布放光缆90余公里。

2022年7月，中国联通拉萨分公司组织开展运营机制改革工作。坚持问题导向、目标导向、结果导向，重点解决当前制约运营效率提升和人力资源有效配置的突出问题，以持续推进职能部门高效敏捷提升效率为出发点，以建立市场统筹运营机制提升发展能力为着力点，清晰定位职能职责，提升一体化运营的协同作战能力。

（扎　央）

开发区·功能区

拉萨经济技术开发区

【概况】 2022年,拉萨经济技术开发区(以下简称拉萨经开区)坚持不懈抓招商、建项目、优环境、提服务、扩载体、促转型、惠民生、强作风、保稳定。1—6月,实际完成地区生产总值30.02亿元,完成全年任务目标(83.37亿元)的36%,较2021年同期增长4.4%。受疫情影响,1—10月,实现规模以上工业总产值17.18亿元,完成全年任务目标(32.37亿元)的53.07%;实现社会消费品零售总额9.6亿元,完成全年任务目标(30.27亿元)的31.7%;实现固定资产投资总额8.35亿元,完成全年任务目标(24.1亿元)的34.64%;实现招商引资到位资金39.76亿元,完成全年任务目标(58亿元)的68.55%,增长3%。截至10月底,完成税收收入65.47亿元,增长3.6%;本级全口径财政收入23.82亿元,超进度1.15个百分点,完成全年目标任务(28.2亿元)的84.48%。

【政治思想学习】 2022年10月29日、11月10日,分别召开干部职工大会、第15次党工委会议,传达学习党的二十大、习近平总书记在参加党的二十大广西代表团讨论时等系列重要讲话精神,学习自治区党委书记王君正在10月26日和11月1日区党委常委会会议讲话精神,自治区党委常委、市委书记普布顿珠在市委常委会会议讲话精神,在全面学习上下功夫。利用门户网站、微信公众号、LED大屏幕等载体广泛宣传党的二十大的政治意义、理论意义、实践意义,推动精神进机关、进学校、进社区、进小区、进企业、进工地。按照区市文件精神,加快制定《关于深入学习贯彻党的二十大精神、加快拉萨经开区长治久安和高质量发展的意见》,推动党的二十大擘画的宏伟蓝图、区市党委作出的决策部署在园区落实落地,用实际行动坚定捍卫“两个确立”、坚决做到“两个维护”。

【从严治党】 2022年,拉萨经开区坚决扛起全面从严治党政治责任,不断夯实党的执政根基。自觉把经开区工作放在党和国家工作大局来研究思考、站在西藏和拉萨工

拉萨经济技术开发区管委会

作全局来推动落实，用胜任本职工作的实际行动增强“四个意识”、坚定“四个自信”、做到“两个维护”。成立经开区当好“七个排头兵”领导小组，设立7个由党工委班子成员任组长的工作专班，分工落实。巩固党史学习教育成果，召开党工委理论学习中心组会议7次，带动各级党组织开展学习150余次，深入学习习近平新时代中国特色社会主义思想，党员干部“学习强国”日均积分40分以上。压实机关、国企、非公有制企业、社区等79个基层党组织的党建重点工作、任务和责任。聚焦“四查四问”，制定《经开区改作风抓落实任务清单》，共涉及经济发展、党的建设、改善民生等7个大类106项具体任务。县处级干部深入堆龙乃琼街道推行领导干部常态化“四联四包”工作机制暨大宣讲大调研大排查大落实活动，与群众面对面交流、心贴心宣讲、点对点落实。常态化观看《零容忍》《正风反腐就在身边》等警示教育片，集中排查廉政风险点，建立科级以上领导干部廉政档案61份。按照请示事项16类26件、报告事项11类28件、报备事项4件及时向市委、市政府报告重大事项。

【高原经济高质量发展产业体系构建】 2022年，拉萨经开区实施“六大行动”，在着力创建高原经济高质量发展先行区上当标兵。

实施产业结构优化升级行动。2022年，拉萨经开区赴四川、陕西、广东、天津等地开展招商活动6次，特别是参加第五届进博会，完成与兰州兰贝尼供应链有限公司、长美融创（西藏）冷链供应链有限公司、中以检测认证有限公司3个项目签约，总投资达6亿元。1—11月，新增注册企业1071家。

拉萨经开区B区全景图

实施产业质量赋能提效行动。2022年，拉萨经开区强化龙头带动，分级建立培育库，培育更多瞪羚企业、独角兽企业，建链补链强链，在产业链协同发展上下功夫，引进福地食品年产3000吨青稞食品项目等。顺丰货运完成“首飞”，主动对接洽谈，帮助西藏特色农畜产品“飞出去”。

实施产业规模三年倍增行动。2022年，拉萨经开区针对高原特色资源开发型、市场需求型、产业赋能型3类企业，抓增量、优存量，园区上市企业10家，专精特新企业11家，科技型中小企业48家，高新技术企业35家，“四上”企业106家。经开区西区（聂当工业园）基础设施建设项目二期已复工，完成项目进度的54.5%。

实施载体平台引凤归巢行动。2022年，拉萨经开区依托“双创”中心、工业中心一二期、藏中药材交易市场等载体，用好博士后科研工作站等平台，加强科技研发、企业孵化等工作。藏域星球天文科普馆被中国科协命名2021—2025年第一批全国科普教育基地。拉萨经开区知识产权保护和服务工作站正式挂牌。

实施营商环境发展共同体建设行动。2022年，拉萨经开区出台《经开区关于进一步促进产业高质量发展“1+N”政策的实施意见》，“1”即产业扶持资金管理办法，“N”即稳投资、降成本、增规模、提质量、促发展5个专项政策。开展“进家（企业）门、问困难”活动，1239家实体企业实现走访全覆盖，解决出行不便、电力设施老化、部分企业取水指标、施工许可证等具体问题400余条。建成运营“你来说、我来办”式的一站式政务服务中心，提供全程帮办代办服务，企业开办时间压缩至2个工作日、重点招商引资企业压缩至1.5个工作日。在全区率先推广餐饮服务电子信息公示牌试点工作。将班子成员个人名片印至园区每一家企业，主动靠前服务。依托融资公司、小额贷款平台，新增贷款担保授信业务11笔、金额为1.51亿元,发放贷款12笔、金额为1.13亿元。

实施开放发展新格局拓展行动。5月27日,拉萨综合保税区正式通过国家层面验收,7月20日实现封关运行、“首票”业务顺利通关,落地项目26个。成功承办2022年全球数字经济大会拉萨分会场工作。推进中尼友谊工业园开工建设,签约意向入驻企业投资项目6个。市场化运营区外四地四中心,开展招商引资活动,对接意向落地企业18家,完成西藏籍大学生到其他省市就业实习培训162人。

【民族团结进步模范园区建设】

建设模范园区。2022年,拉萨经开区制订《创建民族团结进步模范园区实施方案》,推进民族团结进机关、进企业、进社区,让园区23个民族乃至区内区外的各民族共同参与,端午节组织12个民族群众开展“包粽子”活动。

解决群众就业。2022年,拉萨经开区依托园区企业,深挖就业岗位,共开发就业岗位1223个,成功举办“就业创业铺筑交融路、民族团结共绘中国梦”精品招聘会,解决西藏籍农牧民群众和高校毕业生就业349人。兑现高校毕业生就业创业补贴260余万元。

突出共建共享。2022年,拉萨经开区讲政治、顾大局,支持全市民生项目建设资金36亿元。落实市委、市政府对口帮扶尼木要求,投资1840万余元,建设尼木县尚日村产业服务中心项目,开展恩泽社区绿化工作。共享经开区发展成果,将经开区400万元以下项目全部交由堆龙、曲水当地农牧民施工队实施。

维护社会稳定。2022年,拉萨经开区做好全国两会、3月综治维稳月、萨噶达瓦节,特别是党的二十大召开期间的维稳安保工作战,巩固17个责任片区成果,将防范金融风险、化解信访案件、消除环境隐患等一体纳入网格,出动警力3000余人次、警车1200余辆次,检查商铺、居民小区等各类场所5940余次,确保社会局势持续和谐稳定。

抓好安全生产。2022年,拉萨经开区落实安全生产十五条硬措施,加强对重点区域、行业、企业的指导和督查,推进安全生产专项整治三年行动计划,建立问题隐患和制度措施“两个清单”和“六项机制”,做到防控风险、堵塞漏洞,安全事故“零发生”。

促进融合融入。2022年,拉萨经开区将德吉康萨社区小组长工资从500元/月提高到1000元/月,另增加200元/月作为每月绩效奖金。举办社区夜校办班、开展技能提升培训,累计培训32期、2200余人次,稳定就业1208人,占总劳动力的98%,人均工资达3700元。支持社区在曲水县做大藏鸡特色养殖,助力群众增收致富。

【生态环境】 2022年,拉萨经开区落实拉萨南北山绿化工程,在1835.9亩土地上栽培乔木10.5万株、灌木7.9万株,铺设灌溉管道8.5万米,完成总工程量的80%,解决农牧民就业284人、带动增收516.26万元。落实“三线一单”要求,建立和完善生态环境准入机制,坚决做到招商引资污染性项目、破坏资源型项目、有重大环境隐患项目“三个不要”。统筹经开区A区、B区和综保区、经开区西区绿化,投资4.15亿元,已经建成天文公园、河畔公园等9个公园,人均绿地面积达95平方米。对标经济发展、产业共生、资源节约等五大类32项具体指标,逐项完善,创建国家级生态工业示范园区。运营好全区第一个环保在线监测系统。对照《绿色园区评价要求》31项考核指标,查漏补缺,加快申报国家级绿色园区。扎实做好迎接中央第二轮环保督察工作,转办案件4件,办结3件,阶段性办结1件。《问政拉萨》涉及经开河畔公园事宜已整改完毕。

【融入国内国际双循环新发展格局】 2022年,拉萨经开区加快吉隆口岸“飞地经济”布局,拟投资12亿元建设中尼商贸加工基地、尼泊尔进口产品加工基地、吉隆口岸国际贸易展示中心等,推进边境产业园区建设,打造兴边富民经开示范区。助力那曲—拉萨“飞地”产业园发展,支持那曲发展“飞地经济”。落实国企改革三年行动方案,推进经开投、中开藏域、顶立建设、西藏人力、产业扶贫、综保投6家直属国企改革,加快建设现代企业制度,国有资产突破100亿元,有序开展国企高管竞聘工作。落实《聘用人员管理办法》《中层干部选聘办法》,完成6个内设局室62名主管、副主管聘任工作。

(白玛德吉)

拉萨高新区

【概况】 拉萨高新区(柳梧新区)规划面积为16.8096平方千米,东至顿珠金融产业园,南至察巴湖,西至拉贡快速公路,北至拉萨河,平均海拔3650米,下辖1个街道及5个村(居)。2022年,拉萨高新区完成地区生产总值65.72亿元,同比增长6.1%;实现农牧民人均可支配收入23344元,同比增长7.2%;完成各项税收收入51.13亿元,同比增长18.38%;一般公共预算收入完成15.55亿元,同比增长1.24%;完成规模以上工业产值1.06亿元;完成社会消费品零售总额18.12亿元;完成固定资产投资19.81亿元。

【拉萨高新区获批国家级高新区】 2022年12月14日,经国务院批复,拉萨高新区从"跟着跑"到"并排跑",正式升级为国家级高新技术产业开发区,实现西藏自治区国家级高新区"零"的突破。

2015年3月,拉萨市成立拉萨高新技术产业开发区领导小组,将建设以柳梧新区北、中组团为核心区的国家高新区作为全市的重点工作全力推进,正式启动国家高新区"以升促建"工作。自此以来,高新区管委会坚持对标国家高新区各项要求,累计投入超过365.33亿元推动高新区建设发展,不断完善产业体系,以数字经济作为主导产业,累计招引数字经济类企业2213家,不断提升园区科创能力,累计培育国家级高新技术企业43家,占全区高新技术企业总数(103家)的41.75%。

【北京大学创业训练营西藏众创空间正式获批国家备案众创空间】 2022年6月28日,科技部火炬中心发布通知,北京大学创业训练营西藏众创空间正式获批国家备案众创空间。

北京大学创业训练营西藏众创空间成立于2017年,位于柳梧新区国际总部城13号楼二层,旨在充分发挥西藏自治区与北京大学各方资源优势,开展智力援藏、产业扶贫,建设以企业为主体、市场为导向、政产学研用相结合的创新创业扶持体系,围绕西藏特色优势产业,率先开展"创业CEO全年4+N实训计划",激发双创活力。

【2022全球数字经济大会拉萨峰会高新论坛】 2022全球数字经济大会拉萨峰会作为唯一京外分会场,由拉萨市人民政府主办,是高位推动西藏发展高原特色数字经济、建设数字西藏、促进环喜马拉雅经济带经济发展交流合作的新平台。2022年7月29日,高新区分论坛在邦锦岷山饭店举办,以"数字桥梁跨越喜马拉雅"为主题,划分为数字安全、数字共享、数字基建三大板块。来自政府机关、高等院校、科研院所、企事业单位的院士专家、企业家、领导将共同探讨高原特色数字经济发展新道路、新理论、新规则,推动西藏数字经济产业发展和数字西藏建设,展现高原特色数字经济的发展成果、技术运用和投资机遇。

拉萨高新区北组团鸟瞰图(2022年摄)

【生态环境】 2022年，拉萨高新区持续打好蓝天、碧水、净土保卫战，空气、地表水、集中式饮用水水源地、土壤质量持续保持良好。投资5.59亿元分四个标段实施北组团地下管网改造工程，疏通城市血管脉络。投资3.2亿元建设污水处理厂及配套主管道工程（一期）项目。投资8039.46万元实施拉萨河南岸污水处理厂尾水人工湿地水质净化工程，补足辖区污水处理能力不足短板，巩固和提升水污染防治成果。

【辖区教育提档升级】 2019年以来，北京第二外国语学院对口支援柳梧初级中学进行合作办学，挂牌北京第二外国语学院拉萨附属中学。双方在前期问诊把脉、互访互学的基础上，逐步建立特色课程建设、师资培训、国际交流、师生研讨交流、实习实践等方面的“输血造血式”交流合作模式，北二外拉萨附中在学校管理、素质教育、教学质量方面得到质的提升，并荣获“全区教育工作先进集体”等称号。2022年7月7—17日，柳梧初级中学24名教师到北京第二外国语学院成都附属中学参加培训，培训内容涉及班主任班级管理、德育教务工作开展、学科教学及备考策略等，参训老师收获颇丰。

【“美丽乡村”建设】 2022年，拉萨高新区柳梧街道参与美丽乡村建设的群众共计150户，总建筑面积24764.77平方米。拉萨高新区总结2021年美丽乡村建设好的经验，多次专题研究，制订符合柳梧实际的实施方案，严格按照中共和拉萨市委农村工作领导小组文件要求，采取政府补助70%、群众自筹30%、剩余资金由政府投资的标准推进住房建设。在项目建设中，柳梧街道成立项目专班，“一对一”政策讲解150余次，做好群众思想工作。严格落实项目预算管理，对150户提升改造住房建立一户一档，内容包括住房提升申请书、户型确认书、建设承诺保证书及施工图纸、拆旧房屋和旧房的影像资料留底工作。

【全国乡村“村晚”示范展示活动】 根据文化和旅游部公共服务司关于开展2022年全国“村晚”示范展示活动的通知，为进一步丰富群众精神文化生活，营造更浓厚的节日氛围，2022年1月24日，拉萨高新区管委会组织达东村开展以“欢乐过大年 喜迎冬奥运”为主题的2022年全国乡村“村晚”示范展示活动。活动传统与现代结合、文化与生活相融，展现出达东村的文化底蕴和经济发展，展现出西藏村民群众崭新的精神风貌，也展现出全面小康、乡村振兴的壮美画卷。

【达东村入选《乡村振兴报告》“旅游乡村”示范村】 2022年9月，乡村振兴战略规划实施协调推进机制办公室组织编写的《乡村振兴战略规划实施报告（2018—2022年）》（以下简称《报告》）出版发布。《报告》分主题遴选31个地方典型范例，拉萨高新区柳梧街道达东村作为“旅游乡村”示范村，被选入其中。

2016年以来，达东村实施村容村貌整治暨扶贫综合（旅游）开发项目、“美丽乡村”建设项目，达东村村民逐渐改变传统落后的生产生活方式，加强对生态和文化的保护，加大基础设施建设的投入力度，对村容村貌进行整治，对基础设施进行完善，改善交通环境。充分利用其优美的自然环境，深入挖掘其潜在的生态价值和历史文化价值，通过差异化发展的模式，

2022年2月24日，拉萨高新区（柳梧新区）管委会与那曲高新技术产业开发区举行“飞地经济”招商合作协议签约仪式

达东村成为拉萨城郊周末休闲以及进藏游客乡村文化旅游体验目的地。

【边疆地区“飞地经济”深入合作】 2022年，拉萨高新区与阿里、那曲对接，主动推进“飞地经济”深度合作，发挥对口援藏和西部地区财税政策优势，对“飞地”企业提供最大政策支持，进一步丰富企业数量、健全产业链条、提升收入规模，为推动高质量发展、稳边固边墙边注入强劲动力。5月6日，拉萨市高新区管委会主要领导带队，到那曲高新区就“飞地经济”工作开展实地调研，进一步畅通交流渠道，明确合作方向，为双方实现“指标共创、利益共享、合作共赢”奠定坚实基础。6月2日，阿里地区发改委及阿里地区9家“飞地”企业赴高新区共同召开“飞地经济”交流座谈会，会议初步确定符合高新区产业发展导向的3家企业将落地高新区，其中安徽天意药业有限公司计划在高新区建设生物制药项目，项目前期投资8000万元，拟建设6条兽药GMP生产线，项目投产后吸纳解决50人就业。7月11日，应那曲高新区的邀请，到杭州参加那曲高新区招商引资专题推介会，会议推介与那曲高新区的飞地经济合作事宜、高新区高原政策环境优势等。

（李明辉）

西藏文化旅游创意园区

【概况】 2022年，西藏文化旅游创意园区（以下简称文创园区）位于拉萨市南部，地处北纬29° 36′、东经91° 06′，东与 城关区蔡公堂街道相邻，南与贡嘎县接壤，西连柳梧新区，北接城关区。平均海拔3650米，距拉萨市中心2.5千米。辖1个村1个社区居委会，4个村民小组，共有642户2388人，人口出生率8%，自然增长率4%。地域面积8.147平方千米，林地面积约427.0公顷。主要旅游景点有《文成公主》《金城公主》。2022年，完成生产总值123200万元，同比增长–0.2%。其中，无第一产业完成；第二产业完成52000万元，同比增长0.7%；第三产业完成71200万元，同比增长–5.6%。全社会固定资产投资同比增长–77.7%。社会消费品零售总额21613.1万元。进出口贸易总额186.68万元。接待旅游211502人次，实现旅游收入9722.88万元，同比增长–29.71%。完成公共财政预算收入3490万元，同比增长–75%；执行公共财政预算支出13945万元，同比增长–21%。农村居民人均可支配收入24380元，同比增长12.9%。截至年底，参加城乡居民基本医疗保险2100人，农村最低生活保障22人。全县（区）特困供养3人。

【经济发展】 2022年，文创园区深入贯彻新发展理念，坚持稳中求进总基调，坚持改革发展稳定同步推进。园区固定资产完成投资2.8亿元，招商引资实际完成资金8.41亿元；社会消费品零售总额21613.1万元。园区本级财政收入完成3490万元。其中，一般公共预算收入完成3321万元，政府性基金收入完成169万元。本级财政总支出完成13945万元。全年财政总收入达到3490万元。旅游收入为9722.88万元，接待游客量为211502人次。农牧民人均可支配收入24380元。

【重点项目建设】 2022年，文创园区招商引资续建项目7个（包含以商招商1个），在库项目18个，其中续建项目17个，新建项目1个。其中园区基础道路提升改造（望圣路南段）项目从开工到现在累计完成合格工程量2140万元（已完成工程量清单），占合同总价的54%；供水取水提升改造项目正在建造蓄水池；公共厕所提升改造项目、云天湖公园项目、地质灾害项目已完成前期全部工作。此外，为解决园区出行难的问题，与辖区部队进行沟通衔接。8月5日，召开军地有关项目推进的现场协调会，就妙光大道、文成大道新改扩建项目达成初步意见。

【园区建设】 2022年，文创园区累计招商引资项目36个，协议资金累计达到154亿元，累计完成投资151亿元。以建设国家级文化产业示范园区为目标，坚持龙头项目引领、精品项目支撑、小微项目汇聚的招商引资思路，坚定不移推动项目发展，为提升文化旅游产业集聚、建设全产业链打下坚实基础。招商引资开复工项目共计7个，均为续建项目，园区开复工实现85%。

【维稳安全工作】 2022年，文创园区成立平安建设工作领导小组，健全组织领导。全年召开平安建设工作会议3次,推动平安建设工作。部署春节、藏历新年、3月综治维稳月、全国两会、党的二十大和各个重要节点维稳安保工作,安排值班带班,强化督导检查。以党工委会、主任办公会、理论学习中心组学习、“三会一课”、主题党日活动、农牧民夜校、巾帼夜校等宣传教育活动为平台,学习宣传法律法规和维稳举措。截至年底,开展学习100余场次,组织各类宣讲200余场次,涉及群众12000余人次。落实信访事项排查化解责任制、领导干部包案制和领导干部接访、下访、回访、联系群众制度。全年化解接访及咨询69件次,涉及人数634人(含咨询人数),涉及金额1161.5万元。化解政府热线“12345”投诉和反馈事件294件。开展道路交通安全专项整治行动10余次。开展消防安全、地质灾害隐患排查和整治工作30余场次。常态化推进扫黑除恶、打非治乱专项斗争工作。形成“党员干部(网格长)+网格民警+机关干部、村干部+联户长”的网格管理模式。截至年底,园区共有网格7个,联户单位51个,网格化和双联户工作覆盖率100%。

【国土空间规划编制】 2022年,文创园区对接市自然资源局为做好园区空间规划提供基础数据和建议,为园区发展在用地上予以最大程度的保障。

【项目规划验收】 2022年,文创园区完成西藏银泰商业经营管理有限公司“措棋林”项目的规划验收工作;检查验收2021年度卫片执法工作的整改落实情况,形成对卫片图斑判定和依据说明的统一的标准。

【地质灾害治理】 2022年,文创园区二号崩塌地点(十六幼儿园对面)地质灾害防治项目通过评审。配合市自然资源局及第三方常年做好“三查”工作,健全日常隐患点位巡查机制。废弃矿点跃进铜矿已安排交由藏慈文投公司代建。

【基础设施建设】 2022年,文创园区基础道路提升改造(望圣路南段)项目从开工到现在累计完成合格工程量2140万元(已完成工程量清单),占合同总价的54%。供水取水提升改造项目正在建造蓄水池。公共厕所提升改造项目、云天湖公园项目、地质灾害项目已完成前期全部工作。为解决园区出行难的问题,与辖区部队进行沟通衔接。8月5日,召开军地有关项目推进的现场协调会,就妙光大道、文成大道新改扩建项目达成初步意见。

【招商引资】 2022年,文创园区初步拟定《文创园区招商引资优惠政策若干规定》《产业项目扶持专项资金管理暂行办法》。编制《创建第五批国家文化和科技融合示范基地申报书》开展示范基地创建工作;承办数字经济会议工作,签约成功2.5亿元意向投资协议。外出招商引资活动效果显著,先后签订12亿元招商合作协议,与明腾网络公司等3家企业签订合作意向协议。

【综合执法力度】 2022年,文创园区通过政府购买服务招录10名应届大学毕业生,经过培训承担日常的督促检查工作。全年共出动执法人员837人次,共检查场所4270余家次,其中工地检查140余家次、自建房检查近110家次、沿街商铺检查近4020家次,有效地改善了文创园区市场的良好有序环境和市容情况。

【安全生产】 2022年,文创园区根据拉萨市安全生产工作的相关要求,制订《文创园区安全生产隐患排查工作方案》《藏历新年及春节的节前隐患排查工作方案》及自建房安全隐患排查等工作方案,从建筑施工安全、危险化学品安全、道路交通安全、燃气安全、自建房安全5个方面开展隐患排查工作。全年排查各类隐患500余场次,下达各类整改通知书20余份。

【乡村振兴】 2022年,文创园区成立以园区党工委书记为组长的领导小组,以社区党组织书记为组长的社区领导小组,进一步夯实工作组织架构,细化领导工作职责。“十四五”期间园区为易地扶贫搬迁点申请配套项目3个,涉及投资3110万元。农牧民转移就业任务为300人,完成283人(其中县内126人、县外140人、跨市16人、区外1人),完成率达到94.3%,实现劳务收入697万元;南北山绿化造林3个片区共计临时就业99人,创收121404元。注重人才引领和劳动力技能培训,累计为100余名群众开展保安和驾驶技术培训。落实生态岗位政策,同心苑社区生态岗位共计102个，其中护林员23个，水利协管员7个，旅游厕所保洁员30人，草原监管员21人，城镇保洁员和村级环境监督员14人，地质灾害群防群测员7人。落实生态保护补偿资金[中央下达草原生态保护补助奖励（生态保护岗位补助）]37.45万元。组织生态岗位集中开展12次人居环境整治、护林、造林等活动，参与累计达1224人次。以“3·28”西藏百万农牧解放纪念日、“5·23”西藏和平解放纪念日、“七一”建党日、“十一”国庆节等重大节庆和纪念日为主题，广泛开展“同升国旗 同唱国歌”、缅怀革命先烈、重温入党入团誓词、“爱国歌曲大家唱”“同声颂祖国经典诵读”“讲历史、谈变化、颂党恩大讨论”“新旧对比大家讲”“同吃国庆面”等富有教育内涵的仪式活动和教育实践活动，不断提高农牧民群众讲党恩爱核心的政治自觉、思想自觉、行动自觉。为提升搬迁群众生活满意度幸福感，对接市体育局，为同心苑社区争取资金20万元，本级配套7万元，为搬迁居民建设全民健身场地器材补短板工程项目。

【生态文明建设】 2022年，文创园区开展中央环保督察问题整改工作。先后制订《西藏文化旅游创意园区关于拉萨市生态环境保护专项督察整改方案》《西藏文化旅游创意园区关于第二轮中央生态环境保护督察工作日常巡查方案》。该次中央环保督察共接办来信来电举报件9起，全部按时限完成整改，有2个案件进行阶段性办结，在案件整改中园区共计清运各类垃圾68车，补栽树木300余棵，播撒草籽225余千克。创建生态文明示范高地，围绕“6·5”世界环境日、“5·22”国际生物多样性日、全国低碳日等为契机集中开展宣传教育活动，推进园区生态文明示范高地建设，提高园区居民垃圾分类意识及知晓率，共建天蓝、地绿、水清的美丽园区。委托西藏净源科技有限公司对园区的慈觉林村和同心苑社区开展生态文明建设示范高地创建工作。聘用4名河管员及14名环境卫生管理员对园区所辖河、湖、渠进行日常监督和管理工作，为生态文明高地的创建奠定扎实的基础。全力配合支持南北山绿化项目，共计涉及南北山绿化工程3个片区（慈觉林1、2、3号片区），共计9529余亩，为确保拉萨市南北山绿化工程圆满完成，园区从物力、人力上给予大力支持，在疫情防控期间也按照自治区党委政府的工作安排全力保障南北山绿化项目复工复产。南北山绿化造林3个片区共计临时就业99人，创收121404元。根据《西藏自治区林业和草原局关于开展2021年森林督查、森林资源管理“一张图”年度更新工作的通知》的相关要求，对涉及园区的9个项目进行销号整改，均已将销号材料上报至自治区林草局。为进一步改善园区居住环境，提高园区绿化风貌，园区共计花费40余万元对市政道路绿化进行补栽，种植2020棵树木，播撒草籽1500余千克，有效改善了园区环境及整体风貌。

【学习宣传贯彻党的二十大精神】 2022年，文创园区管委会、村（居）、各局办中心组织召开党的二十大学习动员部署会10余场次，撰写心得体会100余篇。通过集中学习、个人自学，全体党员干部更加深刻认识党的二十大的重要意义，更加深刻地领悟“两个确立”的历史性决定，进一步增强“四个意识”、坚定“四个自信”、做到“两个维护”的思想自觉和行动自觉。先后通过微信群、微信公众号、制作宣传视频等线上形式广泛转载宣传党的二十大精神，制作横幅、宣传海报50余幅，通过LED显示屏滚动播放党的二十大精神等线下形式同步进行宣传。各级各部门结合实际，把学习宣传贯彻落实党的二十大精神融入日常业务工作，推进园区长治久安和高质量发展。

（次　央）

达孜工业园区

【概况】 达孜工业园区规划总面积为6.018平方千米，园区业已形成“一个名牌”（以净土健康产业为主导品牌）、“四大产业”（高原生物医药医疗产业、新能源及科技型新兴产业、民族手工业和现代服务业）发展格局。园区累计入驻企业1597家（包含注册型）其中实体企业71家，培育非公有制企业党支部12个，规模以上企业9家，龙头企业8家，高新技术企业5家，中国驰名商标3个，自治区著名商标5个。2022年，园区完成总产值6.25亿元，完成工业总产值1.25亿元，完成税收7.9亿元（包含注册型)。

【复工复产安全教育培训】 2022年,为切实做好园区企业节后复工复产安全教育培训工作,进一步增强园区企业安全生产意识。3月28日,达孜工业园区管委会安监局联合西藏天圣消毒制品有限公司开展一次有针对性、专业性、有效性的复工复产安全教育培训和实操演练活动。

【企业调研】 2022年4月19—20日,达孜工业园区管委会主任加永热珠先后到西藏藏缘青稞酒业、西藏圣信工贸、西藏玫瑰产业基地、西藏新动能产业园等园区内重点生产企业,详细调研企业安全生产、环境保护、疫情防控、经营销售等重点内容,仔细询问企业在生产、经营、销售等环节中面临的困难和问题,了解企业急难愁盼问题。

【园区公租房项目建设】 2022年5月7日,达孜区政府党组成员兰辉组织召开工业园区公租房项目建设现场协商会。达孜区住建局局长次仁多吉,工业园区管委会副主任邓爽、园区经济发展和规划建设局局长骆斌,西藏开源实业有限公司负责人杨洋、宋艳群参加。

【防灾减灾宣传】 2022年5月9—12日,达孜工业园区管委会安监局先后在西藏春光食品有限公司、西藏圣信工贸有限公司和西藏罗占民族手工艺发展有限公司3家企业,组织开展以"减轻灾害危险,守护美好家园"为主题的防灾减灾科普宣传活动。

【"安全生产月"动员部署启动会】 2022年6月2日,达孜工业园区管委会组织召开2022年第二次安全生产会暨2022年园区"安全生产月"动员部署启动会,由达孜工业园区管委会主任加永热珠主持会议,管委会安监局局长米玛扎西做动员讲话,共39家实体企业参加此次启动会。

【"大宣讲大调研大排查大落实"】 2022年7月11日,园区管委会全体干部分为4组,本着"说干就干、马上就干"的工作原则,以注重群众接受度和满意度为工作方法,全面宣讲党的惠民政策,全面调研制约农村发展中存在的矛盾问题,全面掌握桑珠林群众的困难意见,以全面摸清基层的底数情况为目标,开展入户调查,争取"高质量、高效率"完成此项工作。管委会主任加永热珠作为包村领导参加桑珠林村"大宣讲"活动。

(尼玛曲准)

堆龙德庆工业园区

【概况】 2022年,堆龙德庆工业园区完成工业总产值31293.81万元、工业销售产值36958.87万元、工业增加值15284.58万元,其中,规上工业增加值5933.06万元。完成固定资产投资1.2亿元,工业税收完成794.13万元,成功培育规下升规上企业1家。

【助推复工复产】 2022年3月起,堆龙德庆工业园区管委会结合"领导干部下基层大接访办实事"活动,分组到园区各企业了解生产经营、产品研发、消防安全、环保、疫情防控、项目建设进度及企业需求与面临的困难等情况,协调解决企业问题10余项,协调周边村居购买园区建材产品。同时,及时与园区各企业协调,如实按期填报每月经济数据报表,统一归口,做到应统尽统;每周实时掌握各企业用工需求,并按时反馈至区人社局,收集就业需求10余个岗位。

【项目建设】 2022年,堆龙德庆工业园区新建企业项目4个,续建项目3个,涉及总投资4.61亿元。投资2.3亿元的西藏吉祥哈达厂建设项目于4月复工,8月停工;总投资8539万元的年转化小麦1.5万吨(青稞1.2万吨)复配专用粉及食品深加工项目于3月复工,8月停工。

【营商环境】 2022年,堆龙德庆工业园区管委会启动自治区级工业园区创建工作,收集整理前期论证材料。引导园区企业绿色工厂创建工作。建立联系企业制度,推行"保姆式"服务,引导园区企业开足马力生产,主动适应市场、加快转产转型,申报拉萨市绿色示范点,努力为企业协调解决好融资、原料、用工等问题,提升园区经济在堆龙德庆的经济贡献率。

【园区治理】 2022年,堆龙德庆工业园区加强落实安全生产和环保责任制,定期不定期督促企业重视安全生产和环保工作,开展大排查20余次,与园区企业签订安全生产、环境保护、门前三包等责任书

100余份，收集疫情防控承诺书50余份。全面推进环保督导整改落实工作，对园区内所有企业开展环境问题排查，督促园区内企业严格执行环境保护法律、法规及有关规定，同时印发《关于开展“散乱污”企业清理整治专项行动的通知》，进一步清理园区“散乱污”问题，确保工业园区环境保护各项目标任务完成。

（欧阳小月）

曲水县工业园区

【概况】 2022年，曲水县雅江工业园区注册企业18家，其中规上企业2家，主导产业为藏医药生产、农产品生产加工等净土健康产业。聂当园区注册企业98家，其中规上企业7家，主导产业为建筑建材、民族手工业、循环经济产业等。完成工业总产值4.78亿元，完成销售收入5.04亿元，完成工业增加值1.68亿元，上缴税金0.25亿元，吸纳农牧民就业219人。

【企业管理】 2022年4月，为做好园区企业监管工作，针对园区安全生产、环保、消防等方面的突出问题和薄弱环节，对园区企业进行全面排查，初步摸排出疑似“两违”21宗（新增2宗、存量19宗），其中违法占地2宗、违法建设17宗、同时存在违占、违建2宗。经排查发现疑似“散乱污”企业76家，其中聂当园区75家，雅江园区1家。“两违（散乱污）”企业已按照淘汰关闭一批、整顿规范一批、完善提升一批三个层次进行分类，分类结果经研究审核后，统一执行。

【企业服务】 2022年，进一步提升政务服务效能，坚持以“一扶到底”“保姆式服务”为服务理念，累计对接入园企业（项目）15家，经初步审核提交县联审联批会议审议，其中审议通过12家企业（项目），盘活土地248亩，计划总投资27830万元。针对已经通过县联审联批的企业，明确专人负责，落实“帮办代办”制度，针对项目前期手续办理、项目材料等事项，落实全过程服务、全过程跟踪，确保落地建设的企业尽快落地、尽快建成投产。做好曲水县净土健康产业园项目前期招商引资工作，累计对接意向入驻企业10余家，并制定完善《净土健康产业园企业入驻管理办法》。

【环保督察】 2022年，第二轮中央环保督察涉及曲水县工业园区的环保督察转办来信来电举报件4件，园区联合相关部门对涉及企业进行现场调查核实，举报内容属实的由执法部门下发整改通知书，并督促企业及时整改，相关问题已基本整改完成。

【安全生产】 2022年，曲水县工业园区通过开展安全生产宣讲会、悬挂横幅、张贴安全生产标记等形式，持续加强企业安全生产法律法规和安全生产知识的宣传，让企业时刻绷紧安全生产这根弦，同时利用“安全生产月”以及春节、藏历年等重要节前，协同县经信局、县应急管理局、消防等部门对园区企业人员开展安全生产宣传、隐患排查等工作，共发放安全生产宣传手册200余份，张贴安全标语40余份，悬挂警示横幅10余条，营造出浓厚的安全生产工作氛围。定期不定期开展日常安全生产检查工作，开展安全生产专项整治三年行动以来发现问题隐患“回头看”工作，督促企业落实整改，做好各类检查记录。开展安全生产日常检查、专项检查、重要节点前的检查，重点检查企业有无设立安全生产制度、安全生产设施是否完备等，累计检查130余次，出动检查人员36人次，发现隐患问题30余条，涉及企业27家，坚持做到检查和隐患排查不走过场、不留盲区、不留死角。

【推进与经开区合作共建】 2022年，在拉萨市委、市政府主要领导实地调研基础上，曲水县与拉萨经开区多次洽谈、现场勘探，基本达成双方合作事宜并签订框架协议，确定曲水县负责土地提供，经开区负责开发建设、招商、运营的合作模式。总投资1.15亿元的经开区西区（聂当工业园）基础设施建设项目二期，2022年底已完成工程量的65%。继续推进经开区西区（聂当工业园）基础设施建设项目三期、聂当大桥项目、经开区西区（聂当工业园）综合管廊等项目的前期工作。

（刘　硕）

城市管理

综述

【概况】 2022年，拉萨市城市管理和综合执法局（以下简称市城管局）树牢以人民为中心的理念，坚持围绕中心、服务大局，以推进城市管理精细化为抓手，努力改善城市环境、提升城市品质，不断增强人民群众的幸福感和获得感。

【市政设施管护】 2022年，拉萨市共计维修路面坑洼8900余平方米，维修人行道8392平方米，更换检查井1290套，更换雨水井681套，维修树围石、道牙石共计1320米。全年迅速、及时、有效地处置汛期突发危重险情12起，完成扎细新村支路、军民路、德吉中路、罗堆中路、当热路等8条路段地下管网清淤工作，共计清运垃圾6223立方米。处理路灯故障共计560余起，更换主电缆5952米，更换灯头2513个，更换交流接触器等电器部件共计1200余个。完成娘热北路、色拉路、北京东路、当热西路、德吉路、金珠东路等6条路段架空电缆入地工作，管养范围内的路灯亮灯率长期保持在98%以上。

【停车场管理】 2022年，市城管局备案登记发证停车场54家，涉及车位14431个。

【环境卫生管理】 2022年，市城管局清运各类垃圾18.6万吨，清运偷倒建筑垃圾103吨，清理小广告约42万张，清洗果皮箱约21.4万次；累计清理"三渠一河"周边各类生活、建筑、白色垃圾等505吨；累计出动洒水车约1.25万趟次，洒水量约15.9万吨；累计出动抢修人员3670名人次，抢修疏通2800次。

【生活垃圾填埋场运行】 2022年，拉萨市城区（城关区、堆龙区、达孜区、柳梧新区、经开区、文创园区）曲水县生活垃圾均清运至聂当乡生活垃圾焚烧发电厂和生活垃圾填埋场进行无害化处置，共处理生活垃圾31.08万吨，其中，填埋处理9.56万吨，焚烧处理21.52万吨；餐厨垃圾处置中心处理餐厨垃圾2.3万吨。

【市容市貌管理】 2022年，市城管局安排专人对城区涉及21条路段和4座大桥安装LED景观灯饰和设施定期开展巡查工作，截至年底，共排查维修938组及7条路段1246棵行道树亮化设施，确保景观灯饰常用常新。开展城区户外广告行业监管工作，督促城关区城管局做好门店招牌审批和日常巡查工作。拆除慈松唐路灯杆广告42处、夺底北路灯杆广告54处，整改大型户外广告画面1处、指路牌广告画面11处，现场监督检查单立柱广告施工5次。

【园林绿化管理】 2022年，市城管局对城区园林绿化建设养护管理单位、企业下发《加强春灌及春季补植补栽的通知》6份、下发整改通知书19份，并跟踪复查整改情况。加大园林科研力度，增加拉萨苗木品种多样化，采购引种驯化苗木，将248株香花槐推广至滨河路、30株红枫推广至吉日街道、35株海棠推广至民族北路。开展病虫害防治工作，向拉萨市68家单位下发《关于进一步做好居住小区、单位庭院园林植物病虫害防治工作的通知》，要求各单位和庭院小区做好管辖区域的植物病虫害防治工作。全面推进布达拉宫广场周边绿化景观提升工程项目、拉

2022年5月13日，拉萨市城管局组织环卫工人参观拉萨市生活垃圾分类宣教中心

萨两岛生态公园工程项目、拉萨纪念碑体彩公园建设项目、同心公园建设项目、拉萨罗布公园景观工程项目建设。

【城市管理执法】 2022年，市城管局加大对节前乱摆摊设点、占道经营、流动商贩、共享单车乱停乱放等违章行为的整治力度，共清理流动商贩650余人次，乱摆设点、占道经营行为240余起，清理破损陈旧门店招牌（横幅）162处（条），规范800余辆乱停乱放共享电动单车。加强联合执法，整治铁器市场占道经营问题，对扎基路与曲米路占道经营反弹现象，出动36人次进行联合整治，共清理乱堆乱放物品200余件。加大对乱摆摊设点、占道经营、流动商贩、乱堆乱放、共享单车乱停乱放等行为的整治力度，共清理流动商贩165人次、流浪乞讨人员14名、乱摆设点和占道经营行为为30余起、沿街商户门前乱堆乱放行为为31余起，规范共享电动单车（非机动车）乱停乱放行为335起。做好高考、对口高职、小考考试期间市容环境秩序保障工作，在考试前夕和考试期间出动执法人员80余人次，清理流动商贩30余起，没收各类广告宣传单200余份（张），规范乱停乱放电动车100余辆，清理乱堆物料行为2起。到各县（区）开展城市管理执法监督检查工作，指导督促各县区城管局做好街面秩序工作，确保干净整洁。

【燃气行业管理】 2022年，市城管局及时与全市各燃气企业签订《2021年度燃气行业安全生产目标责任书》。共检查燃气经营企业79家（次）；下发整改通知书28份，排查出117处问题。督促市暖心公司加大管网巡检力度，截至年底，对已建成的596.3千米中压燃气管网、5593.8千米庭院低压燃气管网、3373个中压燃气阀井、1584个庭院低压阀井、10座阀室巡检22次；巡检及擦拭保养1396台调压箱。在节假日期间对重点路段巡查14次；居民用户安检22824家，工商业用户安检418家。

【供排水行业管理】 2022年，拉萨市城区供水总量为13413.7万立方（其中包括纳金地表水厂供水量8702.68万立方米）。拉萨市自来水公司代征污水处理费5844.85万元。生活污水处理量为4894.37万立方米，该数据仅包括拉萨市污水处理厂一期1907.06万立方米、拉萨市污水处理厂二期2893.41万立方米和柳梧污水处理厂93.9万立方米。脱水污泥处理量为10452.43吨，该数据仅包括拉萨市污水处理厂一期污泥3414.52吨，拉萨市污水处理厂二期污泥7034.06吨，柳梧污水处理厂污泥3.85吨。

（则尼拉）

八廓古城管理

【概况】 2022年，拉萨市八廓古城管理委员会（以下简称八廓古城管委会）统一协调辖区内行政、公安、寺庙管理等机构，重点做好社会管理和矛盾排查、化解工作，统筹协调区域内经济发展，做好维护稳定、社会管理和保护建设等各项工作。

【治安管理】 2022年春节期间，由八廓古城管委会牵头，联合古城区3个街道办事处、古城公安局、城关区消防救援大队对古城区内重要场所、寺庙文物古建筑、易燃易爆危险品等开展联合检查，确保辖区消防安全形势持续稳定。3月21

日，八廓古城管委会在八廓南街路段开展以“平安古城是我家，平安满意靠大家”为主题的宣传活动，共发放平安古城、古城保护、扫黑除恶各类宣传资料300份。全年更新办理出入古城核心区内非机动车辆通行证，共办理电动车通行证28件、机动车临时通行证4件；接受拉萨市、拉萨市城关区派发的“12345”政府服务热线工单18件，及时解决居民群众急难愁盼问题；办理拉萨市城关区第十三届人大代表关于老城区居民停车难、停车贵的意见建议，把解决“老城区居民停车难停车贵”问题作为一项解决民生问题来抓好，持续向上级部门、相关部门、公司等反映群众诉求，已完成前期居民意见建议调查工作，与有关公司负责人洽谈老城区居民夜间停车事宜并敲定停车费用。

【市政养护】 2022年，八廓古城管委会始终坚持“日常养护为主，突发抢修为辅”，全力做好古城市政基础设施的管理和日常养护工作，确保达成古城区路灯明、路面平、桥架完整、管道通、亮化美等目标。古城区石板路维修投入经费319.7万元，维修巷道19条、石板面积共计5835.77平方米。全年更换LED防水线条灯2587条、防雨LED电源1672个、LED防水洗墙灯2120条、LED防水壁灯1599盏、LED防水投光灯386盏、LED双头壁灯1398盏，线路检修32.25万余米，更换线路1.36万余米，安装脱落灯具5848米，更换线路套管2011米、空气开关169个、时控开关17个、交流接触器42个。疏通清理下水道、打捞及更换各类井盖管井污水管道总计7.97万米，清理污水井7527口、化粪池2483口、雨水井3419口，更换各类井盖257套，新安装污水管道91米，新建污水井5座、雨水井3座。开展路灯照明日常维护，总计更换钠灯1212盏、镇流器1212套、酥油灯353盏、LED线条灯525条、景观灯电源41台，检修路灯线路4.12万余米，更换线路2660米，更换路灯电缆2098米，更换空气开关114个、时控开关39个、交流接触器38个，挖掘及修复石板路面1183平方米，新安装路灯11盏，维修路灯灯杆及底座28盏。

【市容执法】 2022年，八廓古城管委会以《拉萨市老城区保护条例》《拉萨八廓街历史街区保护规划》为抓手，以“标准化建设、精细化管理、人性化服务”为目标，通过“强化例会沟通交流、培训提高能力、督导查实效果”等方式，切实履行城市管理职能，加大管理与服务力度，规范队伍建设，全力以赴开展城市市容执法工作，为古城区人民群众提供一个和谐、文明、健康、亮丽的生产生活环境。古城区3个市容执法大队共出动1.62万余人次，清理整治流动商贩6137人次、尾随兜售372人次、店外店4697人次、乱贴小广告80人次、强买强卖567人次、占道经营1566人次、非机动车乱停乱放3223人次、违规兑换现金363人次，劝导流浪乞讨1285人次，批评教育2061人次，上缴罚没款21750元。

【行政审批】 2022年，在日常公私房建设、市政市容等各类行政审批工作中，八廓古城管委会严格按照《拉萨市城乡规划条例》《拉萨八廓街历史文化街区保护规划》《拉萨市老城区保护条例》等法规要求，审核申报项目，深入实地严格勘验。截至年底，共核发建设工程规划许可证28份；办理古城区18项市政市容行政审批案件180件，其中，店铺招牌106件，临时占道56件，掘路18件，缴纳费用合计19128.74元，下达督促整改文书1件，审核案件均做好台账记录并归档。全年发现新增违法建设11起，下发违法建设拆除通知书9份，成功整改拆除11起，拆除面积663.3平方米，均做好违建登记备案。妥善处理中央第四生态环境保护督察组转办来信来电举报件、关于“拉萨市城关区林廓北路12号，消防大队占用农行退休基地绿化带违建房屋”问题，5日内完成违建房屋拆除、场地改为绿化带工作，拆除面积213.30平方米，办结该举报件。

【文物保护与旅游管理】 2022年，八廓古城管委会督促“八廓古城历史遗迹调查课题”项目的推进，协调八廓南街夏帽嘎布店现场拍摄微视频，深入了解以八廓街和大昭寺为主的古城历史文化建筑的历史沿革。对项目实施方在拍摄中没有找到的古城区历史遗迹前往实地进行核实，对策门林卓康等现存文物历史遗迹进行指认，对吉冲朗索等不存在的古建大院再次进行核实。关于古城内旅拍店尾随推销行为，管委会文化旅游管理科与市容执法大队联合前往实地进行调查了解情况，以口头警告和政策宣传相结合的形式开展联合执法并取得良好效果，为古城旅游业发展营造良好环境。

（田 叶）

布达拉宫广场管理

【概况】 2022年，布达拉宫广场管理处紧紧围绕全国文明城市创建工作，开展广场设施维修维护、亮化照明、绿化监管、秩序管理、保洁监督、文明劝导等，广场公园管理服务工作面貌焕然一新，赢得市民群众和游客的广泛好评。2月，设立中国共产党拉萨市布达拉宫广场管理处党组。

【文明城市创建】 2022年，布达拉宫广场管理处对布达拉宫广场、公园路面进行清洗3次，铲除广场口香糖1次，擦洗消杀垃圾箱10余次，及时清运垃圾15车。完善公园内母婴室，创造一个温馨的母婴之家。在广场、公园进出口设置志愿者服务站，配备急救箱并及时补充药品、开水器等便民设施。与周边公安力量针对流浪乞讨、尾随兜售等问题加强沟通，整合部门力量集中治理。在布宫转经道安装文明城市宣传栏30个。清理布达拉宫转经道雨水箅杂物，共清理公园及转经道130个下水井。

【设备维护】 2022年，布达拉宫广场管理处先后完成更换广场中华灯大小灯罩28个，更换灯芯32个；更换广场公园各类庭院灯灯泡灯条射灯420个；更换和平解放纪念碑射灯10个；更换广场碳钢座椅6个；调整广场公园路灯开灭时间6次；更换、增加广场公园井盖3个；维修广场公园阀门4个；完成音乐喷泉维护工作，保障音乐喷泉的正常喷放；完成布宫广场东西侧236米不锈钢栏杆更换钢化玻璃及张贴腰线；完成宗角禄康公园母婴室内重铺地板、更换洗手池等设施；完成布达拉宫广场南北湖2405.5米石栏杆打磨清洗工作；完成布达拉宫广场白塔安检口改扩建工作；完成广场伟人像骨质瓷更换。

【绿化养护】 2022年，布达拉宫广场管理处督促临时养护公司做好春季补栽工作。广场公园集中整治黄土裸露问题，翻土撒种16.5千克，喷洒药物整治草地蒲公英等杂草问题。4—6月，开展补栽工作17次，品种17种、65262株。雨季及时开展广场、公园草地、绿篱修剪工作5次，保持草地整齐、绿篱修剪平整线条流畅。为迎接“五一”、国庆和中共二十大胜利召开，开展花卉装扮工作，在广场、公园主要出入口、重要节点处13处摆放鲜花7种、摆放数量34200余盆，并做好花卉日常养护浇水、枯萎花卉更换等工作。

（韩 婧）

生态·旅游

生态环境

【概况】 2022年，拉萨市生态环境局（以下简称市生态环境局）深入贯彻践行习近平生态文明思想，紧紧围绕全市经济社会发展大局，以改善生态环境质量为核心、以管控生态环境风险为底线、以强化生态环境执法为抓手，坚持疫情防控与复工复产并行，始终牢记“保护好西藏生态环境，利在千秋、泽被天下”的指示精神，充分发挥“首位度”城市作用，在“把青藏高原打造成为全国乃至国际生态文明高地”上持续发力。拉萨市1个市、3个县（当雄县、曲水县、堆龙德庆区）获得国家生态文明建设示范命名，1村（达东村）获得“绿水青山就是金山银山实践创新基地”命名。4月，拉萨市被生态环境部列为“十四五”时期“无废城市”建设城市。

【生态保护】 2022年，拉萨市推进生态环境持续优化，深入打好污染防治攻坚战，全市空气质量优良天数比例为99.7%，在全国168个重点城市中排名第一位；全市主要江河湖泊和5个国控断面、城市集中式饮用水水源地水质达标率为100%；城中水系水质持续保持良好，全市地表水无劣Ⅴ类水体；城市建成区无黑臭水体；功能区声环境质量保持良好；土壤环境质量保持总体稳定，辐射环境质量总体良好。

【生态环境创建】 2022年，市生态环境局印发实施《拉萨市着力创建国家生态文明高地 努力做到生态文明建设走在全国前列的实施意见》。拉萨市荣获“国家生态文明建设示范市”称号，也是全国第一个获得该荣誉的首府城市（省会城市）；当雄县、堆龙德庆区、曲水县成功创建为国家生态文明建设示范县（区）；柳梧新区达东村成功创建为“绿水青山就是金山银山”实践创新基地。拉萨市及3个县（区）、25个乡镇、124个村居获得自治区生态文明建设示范创建命名。开展生物多样性调查，共发现野生动物89种，其中国家一级、二级保护动物17种。拉萨市共有鸟类242种，占西藏自治区鸟类总种数的49.2%，生物多样性丰富，生

2022年2月10日，拉萨市召开2022年全市生态环境保护工作会议

态底色更足。

【污染防治】 2022年，市生态环境局制订《拉萨市挥发性有机物污染治理工作方案》《拉萨市持续打好柴油货车污染治理攻坚战实施方案》。严格高污染燃料禁燃区管控，35蒸吨及以下供热及生产燃煤锅炉建设项目一律不予审批。严格机动车尾气检测规范管理，共完成150864辆车次机动车尾气检测工作。持续推进入河排污口规范整治，全市243个入河排污口完成整治233个。制订《拉萨市持续打好饮用水水源地保护攻坚战行动方案（2022—2025年）》。强化饮用水水源地水质监测与执法监管，全市城市集中式饮用水水源地水质达标率为100%。建成堆龙德庆区、林周县（区）5座农村生活污水处理设施。加强“一住两公”建设用地管控，建设用地安全利用率达100%。强化和规范尾矿库污染治理，完成拉萨市涉矿企业尾矿库隐患排查。编制发布《2021年度拉萨市固体废物污染环境防治信息公报》。完成2022年持久性有机污染物调查和2021年度危险废物申报登记。持续强化“一废一库一品”重点领域环境风险防控，全面落实危险废物转移电子联单制度。自治区危险废物处置中心共收集危险废物451.6吨，处置503吨（含库存）。

【生态环境监测】 2022年，市生态环境局完成对各分局及各功能区上报的2022年度县域环境质量监测方案审定、2021年各县（区）农村环境质量监测数据审核梳理及

2022年6月2日，2022年六五环境日“共建清洁美丽世界”主题宣传活动在堆龙德庆区祥和苑社区生态搬迁点广场举行

上报。制订《拉萨河流域2022年度断面补偿水质监测试点工作方案》，完成编制《堆龙河东嘎本底论证报告》。开展全市6个国家环境空气质量监测站点设施安全情况排查。

【环保督察】 2022年，市生态环境局坚持问题导向，对标清单，应改尽改，第二轮中央生态环境保护督察组进驻期间，共向拉萨市转办问题759个，已办结704个，阶段性办结55个（含空港新区2个已与山南市交接），剩余阶段性办结53个（含3个已上报销号材料待自治区审核），办结率93%。第二轮中央生态环境保护督期间，全市累计排查整治生态环境问题700余批次，出动超1万人次，发现共性问题1025个，立即整改818个，阶段性整改207个，清理各类垃圾超3万吨。转办督办问题办理过程中共对159家企业（项目）责令整改、立案处罚企业（项目）50家、罚款443.16万元。

【执法与管理】 2022年，市生态环境局以现场执法检查、污染源在线系统非现场检查方式，持续加大辖区饮用水水源地、垃圾填埋场、污水处理厂、危废处置中心、餐厨垃圾处置中心、垃圾焚烧发电厂、南北山绿化等基础设施和医院、工矿企业等各类排污单位、城乡综合环境管理的环境执法力度，严肃查处环境违法行为，确保污染物达标排放。全年出动执法人员4300余人次，检查各类点位2100余家次；环境行政处罚案件11件（含各分局），罚款金额1855.99万元；查封（扣押）案件4件。

（马　静）

旅游

【概况】 2022年，拉萨市旅游发展局（以下简称市旅发局）按照建设重要世界旅游目的地、打造“地球第三极”的目标定位，把旅游业作为满足人民群众对美好生活的

需要的先导产业，为旅游产业创造好的政策环境和发展氛围。拉萨市才纳乡才纳村被列入第四批全国乡村旅游重点村名录。截至年底，全市共有旅行社300余家，导服公司1家，A级景区30处，旅游星级宾馆（酒店）84家，旅游汽车公司2家（拉萨市交产集团旅游发展公司、雪域明珠汽车公司）。因受疫情影响全市累计接待游客2021.37万人次，实现旅游收入288.86亿元，同比分别下降18.06%和21.10%。全市乡村旅游接待游客475.33万人次，实现旅游收入5.56亿元，同比分别增长10.05%和10.9%。

【旅游行业管理】 2022年，市旅发局联合公安、市场监管、交通以及各县区旅游部门对全市旅游市场进行规范整治共开展旅游市场检查90余次，出动执法人员300人次，检查涉旅企业260家次，其中检查星级宾馆（饭店）183家次，检查A级景区17家次，检查旅行社53家次，检查旅游购物场所17家次。检查布达拉宫及大昭寺等重点景区周边导游128人次，旅游团队30余个。联合公安、交通等部门检查过往旅游车辆30余次，旅游团队15个。经检查，下发责令整改通知57份，诫勉谈话16家企业，暂扣星级标牌3个，暂扣导游证9个，查获非法营运车辆2辆，处罚6家旅行社及3名导游。

【规范旅游服务标准】 2022年，市旅发局制定《拉萨市导游服务规范》《拉萨市旅行社服务规范》，以标准化提升服务质量，引导旅游企业向品牌化高端化发展，促使旅游市场主体严格实施旅游服务标准，规范服务行为，全面提升旅游服务质量。

【旅游投诉处理】 2022年，市旅发局按照“提升旅游投诉受理水平，提高游客满意度”工作要求，2022年共受理旅游投诉813起，挽回游客经济损失499.59万余元。

【旅游项目投资】 2022年，拉萨市总投资8000万元的3个“十四五”旅游项目（分别为拉萨市尼木县旅游基础设施、拉萨市达孜区夏拉沟旅游景区、拉萨市墨竹工卡县雅嫩景区基础设施建设项目）累计完成投资4687万元，促进当地农牧民参与项目建设4474人次、实现增收227万元。“拉北环线”首批旅游标识牌和打卡标志已在沿线建成落地。市旅发局实施计划总投资200万元的“哲蚌寺、古城旅游基础设施导视系统工程项目”已通过公开招投标确定实施单位。

【旅游发展创新】 2021年拉萨市成为全国第二批、自治区首个“国家文化和旅游消费试点城市”。2022年，市旅发局开展关于拉萨市创建成为国家文化和旅游消费示范城市相关工作。全面启动达孜区创建全域旅游示范区工作。文成公主藏文化风情园景区和藏游坛城景区相继入选国家级夜间文化和旅游消费集聚区名录。曲水县才纳乡才纳村成功入选第四批全国乡村旅游重点村名录，全市国家级乡村旅游重点村达到11个。云上达孜工业旅游景区入选第一批国家工业旅游示范基地名录。

【招商引资】 2022年，市旅发局按照“特色、高端、精品、差异、重点”的招商引资项目储备要求，深化旅游产业转型升级，围绕“拉北环线”整体布局，加大旅游投入力度，提升旅游吸引力。按照全区文化旅游和体育旅游产业招商引资重点项目需求计划，拉萨市上报墨竹工卡县日多温泉康养小镇开发建设项目、影视基地项目、唐古乡森林文旅综合开发项目、室内滑雪项目，共计投资28.45亿元，通过培育旅游休闲新业态、优化行业服务品质、优化拉萨市旅游市场环境，不断提升拉萨市旅游知名度和影响力，提高旅游产业的经济社会效益。

【品牌效应】 2022年，市旅发局印发《拉萨市“十四五”旅游发展规划》，并开始实施。《拉萨市旅游发展总体规划（2020—2035）年》《拉萨市红色旅游发展规划》通过专家按照自治区旅发厅出台的《关于启动本地游活动促进旅游产业健康发展的若干措施》，主动对上衔接，横向联动、纵向沟通，动员各景区景点推出惠民优惠措施，从而进一步拉动旅游经济复苏。拉萨市成为全国第二批、自治区首个“国家文化和旅游消费试点城市”，开展示范城市创建工作。达孜区创建全域旅游示范区工作已全面启动。文成公主藏文化风情园景区和藏游坛城景区相继入选国家级夜间文化和旅游消费集聚区名录。曲水县才纳乡才纳村成功入选第四批全国乡村旅游重点村名录，全市国家级乡村旅游重点村达到11个。云上达孜工业旅游景区入选第一批国家工业旅游示范基地名录。

【旅游文化】 2022年，市旅发局协办“5·19”中国旅游日西藏分会场活动，举办2022拉萨文化和旅游消费季之美丽乡村旅游系列活动，推出优秀乡村旅游点、乡村旅游精品线路，激发县（区）创新发展本地游热度，带动旅游业在疫情大背景下探寻新的发展路径。通过援藏渠道打造扎西、卓玛旅游IP形象，制作《跟着阿槑游拉萨》主题绘本，让拉萨市旅游形象充分展示在区外公众面前，提升拉萨旅游知晓度和美誉度。在官方抖音推出民俗体验、美食、攻略和本地游系列篇等短视频共计133条，总曝光率1580万次，粉丝数增至51万人，有效激发群众出游热情，助力旅游市场加快复苏。

（次仁宗吉）

科技·教育

科学技术

【概况】 2022年,拉萨市各级落实科技及技术提升资金5.55亿元,财政科技支出强度提升到1%左右,其中市级应用技术研究与开发、区域创新协同专项资金1200万元,同比增长10%左右;立项下达市级科技计划项目9个,支持资金1100余万元;组织市内企事业单位向国家、自治区申报中央引导地方项目、重点研发计划项目、技术创新引导计划、自然科学基金等类别项目并获批立项支持18项,获资金支持865万元;新认定高新技术企业25家、市级科技型中小企业8家、市级工程技术研究中心3家。全市高新技术企业达到102家,入库登记国家科技型中小企业236家,分别占全区的92%、87%;在全国97个国家创新型城市创新能力评价中,拉萨市位列第77位,进入全国城市创新能力百强榜。全市科技进步贡献率达到54.1%。

【科技体制改革】 2022年,拉萨市科技局(以下简称市科技局)推进科技创新政策体系建设。研究制定《拉萨市"十四五"科技创新规划》《拉萨市关于改革完善市级财政科研项目和资金管理的实施方案》《拉萨市科技成果评价实施细则》《拉萨市创新协同发展会商机制》等17项政策文件,进一步完善科技创新政策体系。推进市级科研机构转型发展,出台《拉萨市高原生物研究所绩效评价试点实施方案》,探索市级科研机构绩效评价机制,激发一线科研人员创新活力。实施"高原生物研究所科研基地平台改造与提升"项目,推进与河南农业大学、中国科学院地理所拉萨农业生态试验站合作,提升生物基地科研服务能力。推进科技中介机构转型升级,发挥市生产力促进中心科技服务机构作用,借鉴学习江苏科技计划项目管理工作先进经验,探索开展线上线下项目评审模式,进一步规范科技计划项目评审和管理工作,不断提升科技项目管理质量和水平。推进科技咨询专家库建设,制定出台《拉萨市科技咨询专家库管理暂行办法》,充分发挥专家在科技评价和决策咨询中的作用,提高决策的科

2022年5月,拉萨市科技局组织"三区"科技人才下乡开展科技服务

学化水平，年内，已征集216名专家申请入库，进一步完善市级科技项目管理体系。

【科技创新中心建设】 2022年，市科技局深入贯彻落实市委关于建设全区科技创新中心的战略部署，草拟《拉萨市建设全区科技创新中心行动计划（2022—2025）（送审稿）》等战略规划性指导文件，提出“以科技城为核心、以拉萨河科创带为纽带、以特色园区为支撑”的“一核一带多区”战略布局和“主体在企业、方向在产业、支撑在人才、特色在园区、保障在制度”的建设思路，高位谋划和推进全区科技创新中心建设，着力打造具有区内外影响力的高原特色产业创新高地。6月，行动计划经市政府常务会议审议后提交市委研究审定并根据市委意见进行修改完善。拉萨高新区成功升级为国家高新技术产业开发区，成为全区唯一的一家国家级高新区；拉萨青藏高原科学研究中心、国家青藏高原科学数据中心西藏分中心、藏医药研究中心、西藏科技创新园区等自治区重大科技创新平台落地拉萨，为建设全区科技创新中心奠定坚实基础。

【重点领域技术攻关】 2022年，一批项目取得重大突破和积极进展，格桑塘牦牛选育与高效扩繁项目实现12月龄、18月龄和24月龄时牦牛体重分别达117.1千克、165.6千克和228.3千克，比传统养殖提高113%、119%和89.6%。实现母牦牛初产年龄比传统养殖提前2年，在西藏牦牛种业进程中具有里程碑的意义。城关良种奶牛高效养殖关键技术研究、青稞新品种苏拉青2号高效栽培技术研究等种质工程科技项目有力地支撑和提升产业发展。“复杂环境下钢结构智能化施工关键技术”“高海拔冻土复杂地层大跨度隧道施工技术研究”“青藏高原基于水土保持的植被生态修复关键技术”等4个项目入围全区科技奖提名受理，“优质牦牛乳质量控制关键技术研发与应用”项目荣获2022年度自治区科学技术奖二等奖。充分发挥拉萨市技术产权交易市场作用，成果交易额稳步提升，促进科技成果转化落地。全年共登记技术交易合同163份，实现技术交易2.63亿元，占全区总量的近50%。

2022年5月19日，拉萨市科研人员到曲水县茶巴朗村二组采集土壤样本

【百企培育工程】 2022年，市科技局出台《关于加强企业创新主体培育推动经济高质量发展的若干措施》，围绕绿色工业、清洁能源、现代服务、数字经济、农牧产业等领域，加强高新技术企业和科技型中小企业等创新型企业梯度培育，兑现2019—2020年新认定技术企业配套奖补资金2150万元、2020—2021年新认定科技型中小企业和工程技术研究中心配套奖补资金180万元。推进科技创业创新券工作，申报企业35家，申报资金816万元。高新技术企业营业收入达到178.8亿元，工业总产值达到118.5亿元，上缴税收16亿元，其中收入过亿元企业22家，科技型企业吸纳就业2万余人，高新技术企业已经成为支撑全市高质量发展的重要力量，高新技术产业已在能源科技、数字经济、生物医药、信息技术、生态环境、农牧产业、科技服务等多个领域分布。

【科技支撑乡村振兴建设】 2022年，市科技局印发《关于强化科技支撑驱动乡村振兴高质量发展的实施方案》和《拉萨市农业科技园区管理办法（试行）》。启动拉萨市科技示范村创建工作，白定村、唐嘎村、卡如村等9个村提交申报方案。城关智昭、曲水才纳、尼木吞米、堆龙农业园等4家农业园区纳入自治区农业科技园区重点建设计划。充分发挥“三支队伍”基层科技力量作用，招聘选派大学生科技专干310名、选派农牧民科技特派员627名、选派“三区科技人才”90名。开展科技惠民、助力乡村振兴系列活动，在全市范围内开展牦牛养殖技术、饲草种植技术讲座20余场，受益群众3000余人次。

【创新创业工作】 2022年，市科技局提升科技金融服务质效，全年累计发放各类创业贷款48笔、6787万元，其中“创业担保基金”发放贷款26笔767万元，“融资委托贷款专项资金”发放贷款18笔4020万元，“天使投资基金”投资4个项目、金额达2000万元。组织完成全市自治区级众创空间2021年度运营考核工作，兑现2021年、2022年5家自治区级载体一次性建设补助资金1500万元，2022年新认定自治区级双创载体3家。截至年底，全市双创载体共有56家，其中国家级双创载体（含星创天地）11家，自治区级双创载体23家，自治区级以上载体总量占全区的60%以上，各双创载体总面积（含星创天地）达到34.9万平方米。有入驻企业896家，累计入驻企业3132家，带动就业3.2万余人，其中高校毕业生8782人，成功孵化企业600余家，其中科技型小企业150家，获得知识产权3229项，专利2370项，营收49.05亿元，税收3.79亿元。

（王东红）

气象服务

【概况】 2022年，拉萨市综合观测站网布局进一步优化、气象预报预警能力逐步提高、气象服务保障能力显著提升。拉萨市气象局（以下简称市气象局）编制《拉萨市关于推动气象事业高质量发展的实施意见》，编制《拉萨市气象灾害应急预案》和《人影高质量发展实施意见》，推动印发《拉萨市大城市气象保障服务高质量发展工作方案（2022—2025）》，气象防灾减灾体系进一步完善。防雷监管安全生产形势持续稳定。

【生态修复型人工影响天气科学实验工作】 以全球变暖为主要特征的全球气候变化已经成为当前全球关注热点，气候变化导致极端天气气候事件频发，冰川和积雪加速融化，水资源分布失衡，生态环境受到很大的危害，根据西藏自治区气象局改善城市生态环境、助力高原生态文明建设，实施拉萨市区及周边人工增雨（雪）作业的相关要求，市气象局积极响应，于2021年起正式参与到拉萨市生态修复常态化人工增雨（雪）作业。2022年2—4月，市气象局配合区人影中心开展人影作业保障，严密监测天气变化，遇到有利天气时，与区人影中心预报员加强、加密天气会商机制，共同研判天气形势变化，其中在2022年2月5日、2月20日和4月17日共3次人工增雨（雪）作业保障过程中，天气预报服务精准，人影作业效果评估良好。

【人工影响天气工作】 2022年，拉萨市28个固定作业点开展人工防雹作业133次，发射高炮弹1117发；人工增雨（雪）11次，发射火箭弹63枚；举办3期人工影响天气技能培训班，参与人员共计70余人次；开展人工影响天气安全检查2次，全年无安全事故；人工影响天气装备、弹药、人员首次在拉萨市公安局治安大队备案。7月29

2022年5月19日，拉萨市在市政府6楼会议室参加全国气象高质量发展工作视频会

日2时10分至7时20分，市气象局到林周县春堆乡开展2次人工增雨作业，共发射6枚火箭弹，截至当日10时，作业区降水量为5.4毫米，作业区上游降水量为1.6毫米，作业区下游最大降水量为7.5毫米，降水数据显示此次增雨作业成效显著，有效缓解农区旱情。

【气象保障服务】 2022年，市气象局对标"监测精密、预报精准、服务精细"要求，全年共计发布各类预报预测服务材料608期。重要天气报告共3期，分别是2022年拉萨市汛期气候趋势预测、2022年拉萨市雨季监测公报、2022/2023年拉萨市今冬明春气候趋势预测。常规气象服务共333期，包括月趋势预测12期、周报104期（含堆龙德庆区周报52期）、旬报36期、天气消息15期、天气公报13期、预警信号5期、地质灾害气象风险预报42期、雨情公报86期、节日预报8期（元旦、春节、藏历年、清明、"五一"、端午、中秋、国庆各1期）、"城市热岛专刊"7期、拉萨市月气候影响评价5期。专题气象服务共272期，包括"春运气象服务"41期、"虫草采挖专报"5期、"供暖保暖专报"16期、"环拉萨城自行车比赛气象服务专报"3期、"西藏自治区第十三届运动会暨第五届民族传统体育运动会气象服务专报"7期、"林周旁多水库专报"14期、"拉萨文创园专报"17期、"小考专报"4期、"中考专报"6期、"高考专报"10期、"对口高职专报"3期、"疫情防控专报"122期（拉萨市疫情防控气象服务专报77期、拉萨市逐三小时疫情防控气象服务专报45期）、"那曲—山南森布日二期搬迁拉萨属地气象服务专报"24期。充分利用气象影视、微信服务群、抖音、短信、便民警务站LED屏、邮箱、传真等手段，加强气象信息发送。全年共完成990余套藏语和汉语气象影视节目的制播；通过拉萨气象官方抖音发布天气消息、节日预报、预警信息、科普等短视频气象服务信息共110余期；通过藏语和汉语节目中发布300多期人影作业公告；通过手机短信发送各类气象信息、全国灾害普查标语、防疫宣传信息670余条，累计达38万人次；通过便民警务站电子显示屏系统发送信息750余次；通过微信服务群（为农、消防、森防、文创、暖心、旁多水库、电视台合作、全区灾害天气发布联防、市委服务等）发布信息3300余次；邮箱、传真等440余次。疫情防控期间，通过"拉萨气象发布"抖音平台，发布4期藏语和汉语社区防疫相关工作指南短视频，共计播放量达到49.4万次。

2022年6月16日，拉萨市气象局到东郊万达广场开展安全生产月气象宣传活动

【气象法规建设与社会管理】 2022年，市气象局推行防雷安全执法公示制度（对整改不到位或拒整改现象进行企业信用征信网公示）并上报专项管理部门；对92家加油站、26个加气站、12个人员密集场所、8家烟花爆竹仓库、17个非煤矿区雷管炸药仓库等重点场所执法留痕制度（发放"防雷安全监管重点单位"铜牌）。建立健全易燃易爆监管台账。每年对29家防雷检测机构进行人员技能培训和业务质量考核。通过"进牧区、进农村、进社区、进学校、进企业"的"五进"方式，开展气象防灾减灾和雷电防护知识科普宣讲（每年均参与达300人次）。为全市危化企业、易燃易爆场所主要负责人、安全管理人员进行培训（每年均参加达160多人次）。实施《关于拉萨市行政区域内教育系统及市县级党政机关事业单位防雷常规检测项目》方案，并每年争取342.93万元的政府购买服务经费纳入市气象局常态化防雷检测经费。共

实施检测单位420家，其中，市直205家单位，中小学校215所。

【气象科技创新和成果】 2022年，市气象局业务人员共完成发表11篇论文（2篇核心、9篇省级期刊）、1项西藏自治区科技厅自然基金项目、实用新型专利1项。

教育

【概况】 2022年，拉萨市共有学校（幼儿园）377所。其中，专科学校1所，中等职业技术学校2所，普通高中4所，完全中学2所，初中17所，小学74所，特殊教育学校1所，幼儿园276所（民办幼儿园33所）。在校生158269人，其中高等专科学校5433人，中等职业技术学校9040人，高中12639人，初中27055人，小学69185人，特殊教育学校229人，幼儿园34688人。

【学前教育】 2022年，拉萨市坚持学前教育普及普惠，扩大普惠性学前教育资源。提升科学保教质量，推进幼儿园与小学科学衔接，城关区和堆龙德庆区为自治区幼小衔接实验区，7对试点园、校于春季学期开始实施试点工作，帮助儿童实现从幼儿园到小学的平稳过渡。加强城镇小区配套幼儿园治理，实施《拉萨市城镇小区配套幼儿园建设管理办法（试行）》，将城镇小区配套幼儿园规划、建设、移交、办园等关键环节纳入职能部门职责，稳步推进专项治理。全市村级幼儿园覆盖率已达100%，全市学前三年毛入园率达98.07%.

【义务教育】 2022年，拉萨市继续实施《拉萨市中心城区教育设施布局规划（2021—2025）》，科学调整城区义务教育学校布局，改善办学条件，改扩建小学3所、新增学位900个。按照“流入地政府管理为主，以全日制公办中小学就读为主”的原则，坚持就近入学为主安排随迁子女就学，全市义务教育起始年级共解决4239名随迁子女就学，占起始年级新生总数的18.9%。优化招生管理，坚持公平、公正原则，顺利完成招生工作目标任务，全市秋季学期小学新生、初中新生分别录取12693人、9634人，西藏初中班（校）录取4049人，实现小学招生“应招尽招”、初中招生“整班移交”，在满足学校片区内户籍适龄儿童入学的基础上对全市所有适龄儿童、进城务工子女、易地搬迁随迁子女等应纳尽纳、全员入学。全市九年义务教育巩固率达99.33%。

【普通高中教育】 2022年，拉萨市教育局（以下简称市教育局）推进普通高中新课程新教材国家级示范区创建工作，组织高中教师开展业务培训，学习钻研新教材、新课程。落实《拉萨市普通高中办学质量评价方案》，推动普通高中规范化发展。全面贯彻落实高中普及攻坚任务，不断扩充普通高中办学资源，全面完成自治区教育厅下达的招生任务。全市高中阶段教育毛入学率达96.44%.

【职业教育】 2022年，拉萨市各学校根据学校容纳量将本年度招生计划确定为3130人，其中拉萨市第一中等职业技术学校1500人，拉萨市第二中等职业技术学校1630人。本年度毕业2654人，通过普通高考和对口高职考试继续升学1428人，毕业生就业1135人，就业（含升学）率97%。西藏中职班（校）接送学生人数为885人。根据《西藏自治区教育厅 西藏自治区财政厅关于印发〈西藏自治区高水平职业院校和专业群建设计划实施方案〉的通知》文件精神，

2022年4月22日，中国共产主义青年团城关区教育工作委员会成立

协助两所职校通过挖掘优势、错位发展，申报西藏自治区高水平职业院校和专业建设计划，推荐拉萨市第一中等职业学校申报优质专业群建设学校、拉萨市第二中等职业学校申报优秀中职学校。两所职校以新修订的《中华人民共和国职业教育法》为契机，开展“技能让生活更美好”为主题的职业教育活动周，通过展示特色精品专业及成果等方式，展示拉萨市职业教育取得的良好成绩，营造全社会关心支持职业教育的良好氛围。坚定不移推进以国家通用语言文字为主的藏语和汉语教育，提高学校教师国家通用语言文字教学能力和信息化教学水平，巩固和扩大“五个100%”建设成果。加大“双师型”教师培训力度，继续提高“双师型”教师比例。更新完善好教师专业成长档案。400余名教师参加希沃电子白板、剪辑师、班级优化大师等信息化软件应用能力培训。选派数学、语文和学前教育3个专业共计42名教师赴扬州等地参加职业院校教师素质提高计划培训。729名师生进行初、中级技能等级认定，596名人员获得国家职业资格证书（初级），54名人员获得国家职业资格证书（中级），总共650人获得职业技能等级证书，合格率达到89.2%。“1+X”职业技能等级证书制度试点工作按计划稳步推进，两所职校开展试点工作以来，各项工作有序推进，取得一定成效，在参加全国和区市各项技能大赛中，取得较好成绩。结合西藏市场实际需求，到多家企业调研，两所职校对相关试点专业从招生、教学等方面进行调整，真正做到以市场需求为导向，让学生学有所用。拉萨一职根据教育厅批准的4个“1+X”证书制度试点工作部署，开展专业学生考证工作，学校积极与试点企业对接，不断完善师资培训、硬件建设、课程设置、报考学生遴选、线上考试、线下实操等环节，保证“1+X”职业技能等级证书制度试点工作按计划完成；拉萨二职已参与“1+X”证书试点共7个，除界面设计申报中级，其余6个证书均为初级。

【高等教育】 2022年，拉萨师专占地612.5亩，共有在校生5433人，教职员工392人，其中专任教师316人，专任教师中，教授14人，副教授69人，硕士164人，博士5人。学校建筑面积18.6万平方米，其中图书馆17602.26平方米，实验实训用房32105.88平方米。教学科研仪器设备总值10199.57万元（其中1085.96万元正在用于建设中）。有教育学、工学、管理学3个学科门类，覆盖专科专业14个。在西藏、四川、云南、甘肃、陕西、山西、吉林、黑龙江、安徽、广西、河南等11个省份投放招生，完成招生计划1987人，其中达到本科线以上人数共694人。全年毕业生共计1793人，年内召开就业推进会6次，开展政策宣讲和就业推介会10次，落实就业1704人，就业率达95.04%。投入科研经费30多万元，立项自治区教学改革项目12项，自治区高校人文社科项目10项，自治区教育科学研究课题8项。6月，数学和自然科学系小学数学教育专业通过师范类专业二级认证。新增墨竹工卡县南京实验小学、城关区第11幼儿园、达孜区中心幼儿园、城关区第四幼儿园、柳梧新区红军小学、拉萨市城关区当巴小学、爱心幼儿园7所实习基地，共签约实习基地30所。

【特殊教育】 2022年，拉萨市健全区域特殊教育体系、随班就读支持保障体系，坚持义务教育阶段残疾儿童少年受教育“一个都不能少”，采取就读特殊教育学校、随班就读和送教上门三种方式，确保全市义务教育阶段适龄残疾儿童少年就学“全覆盖、零拒绝”。实施特殊教育提升计划，成立市、县（区）两级特殊教育专家委员会，严格执行义务教育阶段残疾儿童随班就读、送教上门工作要求，落实“一人一案”教育安置政策。全市义务教育阶段残疾儿童入学率达98.52%。

【民办教育】 2022年，拉萨市结合国家、自治区关于“双减”工作系列安排部署，拉萨市“双减”工作目标任务取得阶段性成果，以市委教育工作领导小组秘书组的名义印发《关于成立拉萨市“双减”工作专门协调机制的通知》，召开民办校外培训机构分类改革会议，就转型意向做最终签字确认，为下一步拉萨市校外培训机构的分类改革及移交工作打下坚定的基础。按照常规工作要求，对校外培训机构的安全维稳、疫情防控、收费标准、授课内容、师资情况等方面加大检查监管力度，确保发现的问题整改到位、见底见效、长管长严。共开展11次联合检查，查处6个违规培训点。配合拉萨市政协的调研工作。推动社区教育试点工

2022年7月8日，拉萨团市委举行"青春护航·阳光成长"——2022年拉萨市青少年性健康教育项目启动仪式

作，充分发挥现有阵地和基地的示范辐射功能，组织实施拉萨市城关区团结新村社区教育活动场所装饰及设备采购项目(因疫情顺延实施时间)。

【教育合作交流】 2022年，拉萨市持续推进"城乡结对"工作落实，市区20所优质中小学与农牧区中小学进行结对帮扶，采取城乡交流、送教支教、师徒结对、跟班跟岗、蹲点指导、开展互访等方式，助推农牧区教育工作高质量发展。在市委、市政府的高度重视下，在江苏省援藏指挥部的积极推动下，南通西藏民族中学"拉萨班"于2022年9月正式开班，首班共招收学生30人，学制为初中3年，开设藏语文课程，实行混合编班。

【德体工作】 2022年，市教育局深入学习贯彻习近平总书记关于思政工作的重要论述和立德树人根本任务，开好"线上第一课""开学第一课""复学第一课"。成立工作专班，根据自治区教育厅《关于在全区大中小学深入开展民族团结进步创建活动的通知》要求，在全市教育系统以铸牢中华民族共同体意识为主线，深入开展民族团结进步学校、班级、宿舍和个人创建申报工作，共收到30所学校、25个班级、19个宿舍和32名个人的申请，经查阅资料、测评打分，最终向自治区教育厅推荐13所学校、8个班级、8个宿舍、8名个人(师生各4人)。向拉萨市民委推荐35所学校参评拉萨市民族团结进步模范单位，经民委初选，共20所学校进入最终测评名单；向拉萨市民委推荐19所学校申报自治区第二批民族团结进步模范单位，完成全部学校的资料收集检查汇总工作。持续开展铸牢中华民族共同体意识和"三个意识"专项教育实践活动。推进"七个全覆盖"，深入开展铸牢中华民族共同体意识专项教育和"国家意识、公民意识、法治意识"专项教育活动。深入推动党的组织和工作全覆盖、国家通用语言文字推广普及全覆盖、铸牢中华民族共同体意识宣传教育体系全覆盖、铸牢中华民族共同体意识符号形象体系全符号全覆盖、铸牢中华民族共同体意识培训体系全覆盖、开展反分裂斗争全覆盖、各族师生交往交流交融良好氛围全覆盖。推进思政教育阵地校园化、工作细节化。充分发挥活动式教学第二课堂、体验式教学第三课堂、网络式教学第四课堂的育人功能，制定《拉萨市教育局关于做好"开学第一课"的通知》，将"开学第一课"作为新学期学生思政教育的主要内容。各学校充分利用"3·28"西藏百万农奴解放纪念日、学雷锋纪念日、"五一"劳动节、"五四"青年节、"六一"儿童节、端午节等节庆节点的教育涵育功能，开展形式丰富多样的教育实践活动700余场次。为全市所有中小学配备117名法治副校长，共开展240余场次法治宣传教育活动，对青少年学生进行法律法规教育。坚持"建好家校共育平台"，2022年全市中小学采用"线上+线下"的方式共开展175场家庭教育活动。统筹实践育人资源，全市各级各类学校共组织校外综合实践活动180余场。根据市委、市政府关于疫情防控工作的安排部署，为实现让广大学生"停课不停学，成长不停歇"的目标，德体科组织形式多样的活动：收看由中宣部、教育部、中央广播电视总台联合制作的以"奋斗成就梦想"为主题的2022年《开学第一课》；组织学生家长观看教育部关工委"家校共育，立德树人"2022年家庭教育公开课；集中学习中小学生德育学堂课程；与拉萨市检察院卓·吉未检工作室联合开展青少年法治教育活动；组织开展“欢庆国庆节，喜迎二十大”线上活动，举办“致敬英烈，不忘先辈遗志”“国旗合影，誓与祖国同心”“丰富活动，添彩盛世中华”等活动。各级各类学校组织师生线上统一观看党的二十大开幕会，及时安排师生跟进学习最新相关报道和主流评论文章，并通过线上方式开展形式多样的学习讨论和相关知识线上比赛活动。推荐教育系统市级“五四奖章”优秀个人3名、优秀集体2个；市级“两红两优”优秀团员12人、优秀团干部12人、红旗团委4个、红旗团支部13个。持续做好市直学校团建工作，全年在市直学校发展团员1008名。组织市直学校8位学生会主席参加4月22日团日活动。联合团市委在全市中学组建25支学生志愿服务队，注册学生志愿者450余人。协助团市委在各县区教育局、市直学校进行中学生志愿服务工作落实情况调研工作。协助团市委开展全市高三毕业生参加“奋进新征程 领航新时代”青春志愿分享会。协助市文明办开展2021年全市新建7所乡村学校少年宫建设自查工作。开展第七届学生“学宪法 讲宪法”活动和毒品预防教育。根据教育厅通知要求，及时组织动员各县区、各级各类学校进行遴选预参赛选手，筛选出4—8名学生参加第七届全国学生“学宪法 讲宪法”活动全国总决赛。将2022年青少年禁毒知识竞赛的通知转发给各县区教育局、各级各类学校，组织学生在家长帮助下积极参加答题活动，利用好知识竞赛活动，在学生中持续性开展禁毒教育，拉萨市各个学校正在通过青骄第二课堂组织知识竞赛。深入推进创城的未成年人思想道德建设指标体系的落实，及时将《未成年人思想道德建设测评体系任务分解表》和《拉萨市2022年未成年人思想道德建设工作测评体系操作手册》下发给各县区、市直学校，要求各县区、各市直学校按照未成年人思想道德建设评价体系具体要求，结合各自实际，开展形式多样的学习教育。加强和改进学校思想政治教育推动教学质量提升，以《思政课质量提升三年行动计划》为抓手，按照年初工作计划，召开全市党建和思政工作现场推进会，开展思政课教师培训，从各学校选派12名班主任、12名德育干部、19名心理健康教师参加教育部基础教育司举办的2022年全国中小学德育骨干、班主任和心理健康教育教师网络培训示范班，选派12名教师参加自治区中小学心理教师培训，选派市直学校4名团干部参加“喜迎二十大 永远跟党走 奋进新征程”2022年西藏自治区中学（中职）团干部培训班。完成9100余名初中毕业生的学业水平体育与健康科目考试工作。组织28名教师参加2022年校园足球特色学校骨干教师及教练员培训班在线培训。组织全市97所中小学校学生视力测试人员在线培训并每年开展两次中小学生视力监测工作。组织市直高中报送2022年秋季高中新生军训计划。组建拉萨市教育系统代表队，参加拉萨市第三届工间操大赛并获得冠军。近30名体育教师组成教练员团队，利用周末和节假日开展校园足球“满天星”训练营工作，开展校园足球“满天星”训练营精英队日常训练工作。抽调师生分别代表拉萨市和自治区教育厅参加自治区第十三届运动会暨第五届民族传统体育运动会。完成《国家学生体质健康标准》测试及数据上报工作。持续深化体教融合，开齐开足上好体育课。严格落实学校“两操一课”“阳光体育一小时”，中小学生每天校内外体育锻炼各1小时的要求；充分利用校园卫生保洁、环境绿化美化、宿舍食堂清洁、日常家务劳动、综合性实践基地、青少年活动中心、职校实训车间、校园周边农田耕地草场等资源开展校内外劳动教育。

【综合实践】 2022年，市青少年实践基地牢记“为党育人、为国育才”的初心使命，与时俱进，拓展实践育人活动载体，丰富活动内容和形式。开展4期以“法护蓓蕾、德润童心”为主题的青少年法治教育系列活动，受益学生500人次。组织开展“格桑花”家庭教育系列活动，举办5期家庭教育家长讲座，受众家长2500余人次。联合市中法组织实施4期《中华人民共和国家庭教育促进法》宣讲活动，1期家庭教育亲子劳动活动，利用微信公众号推送14篇家庭教育知识理念，访问量超1万人次。起草《关于进一步加强中小学校家庭教育工作的实施意见》。持续开展自治区、拉萨市研学实践教育，组织开展1期以拉萨市中学生“寻访红色路，激发爱国情”为主题的研学实践教育活动，联合西藏牦牛博物馆开展

1 期“喜迎二十大 传承中华优秀传统文化”研学教育实践活动，参加师生近 1000 人次。开展以“弘扬劳动精神，践行育人价值”为主题的劳动教育系列活动，参加师生近 300 人次。持续开展假期公益性实践教育活动，开展 1 期“篮球冬季训练营”、1 期“寒假特训营兴趣班”活动、1 期暑期嘉年华系列活动，活动涵盖艺术、体育、科技等内容，受益学生达 5000 人次。组织实施第七届青少年科技创新大赛暨第二届中小学科技节。打造“同心向党——歌唱祖国”北京—拉萨青少年云合唱系列品牌活动，形成铸牢中华民族共同体意识的有力抓手。2022 年，拉萨市青少年示范性综合实践基地被教育部评定为西藏自治区首家“全国中小学生研学实践教育营地”，并下拨研学支持资金 500 万元；被拉萨市人民政府认定为市级“爱国主义教育基地”；被指定为西藏自治区青少年普法教育基地、拉萨市青少年普法教育基地。

【师资队伍建设】 2022 年，市教育局强化师德师风建设，以“四有好老师”“四个引路人”“四个相统一”为总要求，把师德师风作为评价教师队伍素质的第一标准，全面依托“一考三评”，通过开展“诚信五月·始于校园”等主题活动，实施师德师风建设工程，持续完善师德规范建设。强化激励机制建设，探索建立《关于全面深化新时代教师队伍建设改革的实施意见》，不断提高教师地位待遇，最大限度调动和激发全市教育系统教师队伍干事创业的积极性、主动性、创造性。强化教育监督管理，打造过硬教师队伍，研究制定《关于拉萨市中小学教师（含学前和中职）职称聘后管理办法（试行）》《拉萨市中小学市级学科带头人、骨干教师教学能手暂行管理办法（试行）》，探索建立教师岗位聘任后“能上能下、有进有出、优胜劣汰”工作机制。研究制定《关于推进全市中小学教师“市管校聘”“县管校聘”管理改革的实施方案（试行）》，实现教师由“学校人”向“系统人”的转变。强化培训工作，累计选派 600 余名教师参加线上和线下各级各类培训。以线上形式启动为期 1 年的拉萨市骨干教师赴京、赴苏高级研修班，45 名参训教师集齐“云端”，通过“云课堂”汲取北京、江苏先进教育教学理念。强化师资队伍结构优化，进一步做好教育事业单位公开招聘高校毕业生工作，新补充教师 246 名。完成 23 名拟补录乡村幼教的体检、公示工作。完成 42 名新一批“组团式”援藏教师轮换工作和岗前培训工作。深入开展“名师送教”活动，以拉萨市“百名专家送教”活动为契机，遴选 7 名教学经验丰富的高中教师组成专家团，到空军拉萨基地开展送教活动，对士兵进行高考前的突击专项辅导。从基层学校聘请 12 名优秀教师开展下乡进校指导工作。评选出拉萨市第三届中小学学科带头人 36 名、拉萨市第三届中小学骨干教师 208 名、拉萨市首届中小学教学能手 193 名；2 名教师被教育部评为 2022 年乡村优秀青年教师培养奖励计划人选；1 名教师评为宋庆龄幼儿教育荣誉奖、1 名教师评为第十四届宋庆龄幼儿教育奖；推选 2 名新时代中小学名师名校长培养计划（2022—2025）推荐人选，推选教书育人楷模 1 名。开展“师恩重如山”庆祝教师节主题线上活动，在全社会形成尊师重教良好氛围。开展教师节表彰慰问活动，推荐全区教育系统先进集体 10 个，全区中小学名校长 3 人，全区中小学名师 4 人，全区优秀校长 10 人，全区优秀教师 30 人，全区模范班主任 22 人，全区优秀教育工作者 10 人，西藏自治区乡村教师从教 25 年终身成就奖 122 人，优秀援藏干部教师 9 人，在疫情防控一线作出贡献的优秀教师 2 人和优秀教育工作者 1 人；表彰全市教育系统先进集体 20 个、先进个人 70 人；慰问个人 3250 人、慰问集体 100 个，发放慰问金 280 万元。完成 240 余名在编教师、国考人员以及国家免试人员（户口在拉萨或持拉萨的居住证）的教师资格认定工作。聘任 544 名教师到中小学教师系列高级、中级岗位（正高级教师 3 名、高级教师 222 名、中级教师 319 名）。

【教育科研】 2022 年，市教育局组建第一批“拉萨市基础教育专家库”，从拉萨市教育系统遴选、市教育局区外友好交流学校聘请一批基础教育专家，组建第一批“拉萨市基础教育专家库”，64 名教师被聘为拉萨市第一批基础教育专家。举办首批“种子”教师研训能力提升班，选出 6 名县（区）学校的优秀教师，参加为期 1 年的首批“种子”教师研训能力提升研修活动，涵盖基础教育 3 个学段、4 个学科。开展教研员蹲校活动，由市教研所牵头，一线名优骨干教师组成的专家组分赴堆龙德庆区、曲水县、墨竹工卡县、林周县、柳梧新区和达孜区的16所幼儿园、11所小学和4所中学开展蹲校视导活动，专家组一行以课堂教学为突破口，深入课堂一线，上示范课、开展专题讲座、随机听评课、查阅教案和作业，为一线教师带去新的教学理念与教学方法，了解县（区）教研室及学校教研工作开展情况、“三科”教材使用情况，掌握教师课堂教学效果、培优补差工作开展情况、“双减”落实情况等，共听评课206节，上示范课39节，检查教师教案382本，检查学生作业23726本，开展学科作业专题培训35场，总结反馈30次。组织市级培训，根据《中共拉萨市委员会　拉萨市人民政府关于进一步加强藏语言文字工作的意见》要求，开展为期5天的拉萨市第七期小学藏语和汉语教师教学技能提升培训，全市41名基层小学藏语和汉语教师参加培训。拉萨市学科教研基地校工作稳步推进，依托教研基地校组织全市高三第二次模拟考试及高一、高二期末联考，开展全市性大教研活动46次，其中思政大教研活动11次。与拉萨江苏实验中学共同开展为期3天的“苏拉”两地基于核心素养的命题培训（线上），特邀江苏省南通市各高中学科基地命题专家组核心成员授课，共涵盖英语、数学、化学等9个学科，拉萨市市直各高中学科老师全员参加相应学科的培训。高度重视课题研究工作，召开拉萨市教育教学研究“十四五”规划2021年度课题中期汇报会，12个课题组负责人从课题研究工作进展情况、课题的主要研究框架、课题研究所取得的阶段性成果、经费开支情况、课题后期进度安排与打算等几个方面作汇报，专家评审团逐个对12个课题组提出详细的建议和意见。开展拉萨市教育教学“十四五”规划2022年度课题申报和立项工作，共有33个课题立项，其中重点课题3项。申报西藏自治区教育科学研究2022年度课题，拉萨市共立项17个省级课题。考核、选聘市级兼职教研员，完成对43名拉萨市级兼职教研员的年度工作考核（优秀6人、合格36人、不合格1人）。在全市选聘53名学科骨干教师为拉萨市第二届兼职教研员。按照区教育厅《关于征集西藏教育史展馆资料的通知》和市政府《关于做好〈拉萨年鉴〉编纂工作的通知》要求，完成资料收集、整理、撰写和上报工作。完成《拉萨教育（汉文版）》共6期和《拉萨教育（藏文版）》共4期的编印发行。完成全市2022年初中九年级音乐、美术、信息技术3个科目学业水平测试的命题、制卷和阅卷工作，全市9000多名学生参加测试。

【安全卫生】　2022年，市教育局深化“平安校园”创建，中小学幼儿园安全风险防控体系建设进一步加强。深入开展校园安全大排查大整治行动，切实扫除校园安全监管盲区，补齐校园安全工作短板，确保校园教育教学秩序正常。“人防、物防、技防”全面提升，校园安防“4个100%”（专职保安员配备、校园封闭化管理、一键式紧急报警视频监控建设和护学岗设置达到100%）全覆盖。紧紧围绕党的二十大，组织成立全市教育系统维稳安保工作领导小组，制订全市教育系统二十大维稳攻坚战实施方案。完成中央环保督察教育反馈问题整改工作。推进校园安全专项整治三年行动，全方位排查整治安全隐患共532处，整治率100%。加强同公安、政法部门的沟通协调，加大校园及周边治安防控巡查力度，不断深化“护校安园”工作，净化校园周边环境。持续深入推进扫黑除恶教育系统专项整治，对黑恶势力形成高压态势。开展校园食品安全守护行动，以推进智慧监管为抓手，实施“互联网＋明厨亮灶”工程，推进教育系统创建国家食品安全试点城市专项工作。针对季节特点，加强与卫健、市场监管等部门的协调配合，严格落实各项措施，扎实做好常见传染病疫情防控工作。

【教育信息化】　2022年，拉萨教育城域网与西藏教育专网双向并行，拉萨市中小学教育城域网出口带宽达到5G，全市336所中小学、幼儿园网络联通率达100%，实现万兆到县、千兆到校、百兆到桌面（部分学校实现千兆到桌面），泛载校园多业务，奠定数字化校园基础。增建信息化教育教学场所，完成拉萨北京实验中学等3所学校信息化项目建设并投入使用。拉萨市北京中学等20所学校信息化建设项目完成总工程量的97%。加大信息化教学场景建设，全市建成智慧教研观摩室12间，创客教室43间，VR体验室4间，智慧音乐教室4间，智慧书法教室3间，数字实验室12间，云机房58间，专递课堂47间。加大中小学校教育技术装备投入力度，多媒体教室覆盖率100%，其中智慧黑板978台。深入推动“互联网+”环境下教育资源均衡，促进信息技术与教育教学深度融合，以拉萨教育云服务平台为依托，组建市、县、校网络研修共同体，全年开展全市大教研直播活动8次，学科教研员和教师在线收看达2000余人次，通过“拉萨网校”开展160余节全市优质课直播，为“三个课堂”常态应用提供教研支撑，持续推进专递课堂常态应用，推进“三个课堂”应用取得实效。国家智慧教育平台获广泛应用，活跃设备数排名位居西藏第一，总注册用户4.2万人次，浏览量达3694.65万人次。在第二十三届全国学生信息素养提升实践活动中，拉萨市共有52件作品在西藏赛区获奖。以《中华人民共和国网络安全法》《中华人民共和国数据安全法》等法律法规为纲，成立拉萨市教育系统网络安全与信息化工作领导小组，编制《拉萨市教育局信息安全工作总体方针和安全策略》，全面提高教育系统网络安全防护能力。

【教育经费】 2022年，拉萨市教育经费总投入566280.45万元。其中市本级投入30486万元，比2021年下降11.45%。较2021年下降原因是2022年统计口径发生变化，2021年的投入是以预算收入进行统计，2022年则改为收付实现制；下半年，教育项目及基本支出进度放缓，教育实际支出费用下降。中小学生均公用经费（含取暖费100元）标准为年生均学前700元、小学750元、初中950元、高中1000元、中职1000元、特殊教育（含随班就读及送教上门特教学生）1000元、高职（高专）2700元、其他省市西藏班（拉萨校区）8000元。实施15年免费教育补助政策，标准分别为学前教育年生均城镇3600元、农村380元；义务教育年生均小学260元、初中380元；示范高中年生均1840元、普通高中年生均1240元、特殊教育（含随班就读）年生均6000元；中职教育年生均3300元。思想政治（意识形态）工作经费标准中小学生（含中职和特教）年生均100元，本专科学生补助标准年生均380元。

【项目建设】 2022年，拉萨市共有教育基建项目47个，总投资143130万元。乡村幼儿园饮水净化工程125个，总投资1020.5万元。幼儿园教玩具购置项目3个，总投资582.3万元。高中数字模拟仿真实验室建设项目3个，总投资1480万元。

【学生资助】 2022年，市教育局落实国家资助政策，加大宣传力度，加强精准资助，全年落实各项资助金5899万元，资助12380人。其中“建档立卡大学生”免费教育资助项目1709人，下达自治区资金852.6740万元，县级配套资266.02万元，实际资助金额1088.95万元（县区配套资金和实际资助金额中不包含空港新区）；高校毕业生“学费补偿和国家助学贷款代偿”项目资助430人，补偿代偿资金700多万元；县（区）农户大学生资助项目资助7754人，兑付资助资金3591.70万元；中央彩票普通高校家庭经济困难新生入学项目“滋蕙计划”资助大学新生396人，兑付资金31万元；中央彩票公益金教育助学项目“励耕计划”教师资助项目资助教师63人，兑付资金64万元；拉萨市本级家庭经济困难大学生资助项目资助522人，兑付金额349.33万元；中职国家奖学金项目资助9人，发放奖学金5.4万元；秋季学期就读区外高校出藏返校家庭经济困难学生交通补贴项目92人，兑付资金41.70万元。

【“三包”政策】 2022年，拉萨市贫困学生“三包”标准达到年人均4220元，共下拨“三包”经费52493.74万元、受益学生124363人，义务教育阶段营养改善经费6878.4万元，受益学生68784人。春季学期教育“三包”经费执行标准，即年生均学前教育阶段：二类区3600元、三类区3700元、四类区或边境县3800元；义务教育阶段：二类区4100元、三类区4200元、四类区或边境县4300元；高中教育阶段：二类区4600元、三类区4700元、四类区或边境县4800元，特殊教育（含随班就读）6000元。秋季学期在春季学期基础上生均提高240元，即年生均学前教育阶段：二类区3840元、三类区3940元、四类区或边境县4040元；义务教育阶段：二类区4340元、三类区4440元、四类区或边境县4540元；高中教育阶段：二类区4840元、三类区4940元、四类区或边境县5040元，特殊教育（含随班就读）6000 元。农村义务教育营养改善计划（含国家试点和地方试点）标准为年生均 1000 元。

【教育督导】 2022 年，市教育局完善督导体制机制，根据《深化新时代教育督导体制机制改革的意见》，经请示市政府同意，调整充实拉萨市教育督导委员会组成人员及第五届拉萨市专兼职督学，并下发相关文件，要求履行督导职责，提出各县（区）建立教育督导室、配备专兼职督导人员、责任督学挂牌督导全覆盖等，不断完善教育督导体制机制。推进学前教育普及普惠，根据全市学前教育普及普惠发展规划，推进曲水、林周、墨竹工卡 3 个县学前教育普及普惠工作，通过市级过程督导、整改完善，3 个县基本达到自治区验收标准，推动迎接自治区督导评估验收。启动县域义务教育优质均衡发展创建工作，巩固基本均衡成果，收集基本均衡图片资料、总结经验，推选基本均衡过程中做出突出贡献的先进集体和先进个人，报自治区教育督导员会办公室审批、表彰。根据拉萨市教育发展总体规划以及自治区县域义务教育优质均衡创建工作规划进程，于年初启动拉萨市优质均衡创建工作，召开启动会议，按照“成熟一个、验收一个”的原则，对“十四五”期间推进的曲水县、堆龙德庆区进行摸底调研、过程督导，为迎接 2023 年自治区督导评估验收做好准备。督促各县（区）政府履行教育职责，严格落实拉萨市关于《对县（区）人民政府履行教育职责的评价办法的通知》，年初，督促各县（区）整改 2021 年政府履行教育职责督导反馈意见，督促落实 2021 年教育财政投入 20% 情况；根据自治区教育督导委员会通知要求，督促 2022 年政府履行教育职责情况，并上报相关情况报告，确保教育有保障。认真做好控辍保学工作，通过开学检查、专项督导、借助西藏“珠峰旗云平台”控辍保学等举措，对各县（区）学生上学情况进行实时动态监测，发现疑似辍学苗头的，要求立即跟踪整改，全年全市无辍学情况。对 200 名重度残疾儿童少年，各县（区）学校进行送教上门服务，依法保障所有适龄儿童接受义务教育的权利。持续抓好“五项管理”落实督导工作，多次印发通知，要求各校合理布置作业、科学安排作息时间、加强学生手机管理、丰富校园生活、把好学生读物入口关，并跟进督导检查，发现问题立行立改，确保有关要求落实到位，为学生身心健康成长提供有力保障。

【招生考试】 2022 年，拉萨市各级各类教育考试工作经受住疫情考验和组考安全的挑战，先后完成上半年全国英语等级考试、全国普通高校招生统一考试、全区对口高职考试、全区初中学业水平考试、全国高等教育自学（省考科目）考试、下半年全国计算机等级考试、2023 年普通高校招生艺术类专业加试、2023 年全国硕士研究生招生统一考试的组考任务，累计参考 37654 人次。

【语言文字】 2022 年，市教育局深入贯彻落实党和国家的语言文字方针政策、法律法规，以努力培养爱党爱国的社会主义事业建设者和接班人为目标，坚定不移推广国家通用语言文字，全市普通话普及率和识字人口使用规范汉字比例逐步提高，为铸牢中华民族共同体意识、构筑中华民族共有精神家园、各族群众参与伟大复兴进程和共享伟大成果贡献力量。全面加强国家通用语言文字教育教学，服务落实立德树人根本任务。始终把推广普及国家通用语言文字作为铸牢中华民族共同体意识、推进中华民族共同体建设的必然要求，坚持把学校作为国家通用语言文字教育基础阵地，全面加强全市各级各类学校国家通用语言文字教育教学。全市教师普通话合格率达 99.6% 以上。落实《关于进一步加强学校语言文字工作的意见》《中小学语言文字工作指导标准》，加强学前儿童普通话教育，推进义务教育阶段和高中阶段国家通用语言文字教育。全市中小学推行使用国家三科统编教材（道德与法治、语文、历史）实现全覆盖。推进国家通用语言文字授课。落实教师资格申请人和招聘教师的普通话等级要求。实施“语培计划”“优师计划”“国培计划”等项目，加大教师国家通用语言文字教学能力培养培训力度，教师教学能力、学生语文素养显著提升，语言文字工作在铸魂育人中的作用愈加凸显。组织 100 名乡村幼儿园教师参加教育部语用司主办的“童语童音”师资培训。组织 15 名中小学教师、教研员、语言文字系统工作人员参加教育部语用司主办的“国家通用语言文字规范标准”培训。组织 2 名中小学骨干校长参加教育部语用司主办的“全国语言文字工作中小学骨干校长”培训；组织15名幼儿园教师，小学一、二年级语文教师参加国家语委主办的“第35期中央普通话进修班”。组织2名骨干教师参加教育部语用司主办的“中华经典诵写讲骨干教师培训”。开展第25届全国推广普通话宣传周活动。举办“传承经典赓续荣光”——拉萨市教育系统喜迎二十大诵读经典专场展演活动。下发《拉萨市学校国家通用语言文字工作达标建设方案》，拟用4年时间，完成全市中小学、幼儿园、中职学校的国家通用语言文字达标建设工作。

（施以平）

主要学校

拉萨师范高等专科学校

【概况】 拉萨师范高等专科学校（以下简称拉萨师专）位于拉萨市城关区圣陶南路88号，是西藏自治区唯一的师范院校，也是拉萨市直属唯一高校。学校占地40.83万平方米。建筑面积18.6万平方米，其中图书馆17602.26平方米，实验实训用房32105.88平方米。教学科研仪器设备总值10199.57万元（其中1085.96万元正在建设中）。纸质图书54.97万册。有1所附属小学、1所附属幼儿园、58个（110间）校内实验实训室，30个校外实习实训基地。学校下设15个二级机构，其中管理部门6个，教学系部7个，教学辅助单位2个。学校党委下设8个党总支，26个党支部。在校生5433人，学生社团28个。师生员工中，共有藏族、汉族、回族、白族、彝族等24个民族。教职员工392人，其中专任教师316人。专任教师中，教授14人，副教授69人；硕士164人，博士5人。建成自治区高校优秀教学团队1个、自治区高校科研创新团队2个，拥有教育部行业职业教育教学指导委员会教学标准修订制定专家组成员2名、教育部高等学校大学物理课程教学指导委员会西南地区工作委员会委员1名、自治区教学名师1名、自治区学术技术带头人1名。学校拥有自治区级学前教育实训教学示范中心、自治区高校人文社科研究基地“西藏基础教育发展研究中心”。有教育学、工学、管理学3个学科门类，覆盖专科专业14个。截至2022年底，建设学校共投资14.72亿元，其中土地3.3亿元，建筑10.62亿元，新增教学仪器设备等0.8亿元。

【通过师范专业认证】 2022年6月29日，教育部高等教育评估中心微信公众号发布《历年通过认证专业名单（工程、师范、药学类）》，拉萨师专数学和自然科学系小学数学教育专业通过师范类专业二级认证。

【新增7所教育实习基地】 2022年，拉萨师专新增墨竹工卡县南京实验小学、城关区第11幼儿园、达孜区中心幼儿园、城关区第四幼儿园、柳梧新区红军小学、拉萨市城关区当巴小学、爱心幼儿园7所实习基地。截至年底，拉萨师范高等专科学校共签约实习基地30所。

【升本工作】 2022年，拉萨师专加强与教育部、区市相关部门的沟通衔接，加快补齐发展短板，已基本达到本科学院设置标准。升本支撑材料和申报材料得到进一步完善，学校正积极推进教育部专家组进校考察评估准备工作。

【思想政治教育】 2022年，拉萨师专推进思想政治教育，用好用活“珠峰旗云”、网络易班、“网上共青团”、德育室、校史馆等5个思政教育平台，构建“三全育人”工作新格局。开展“思政大讲堂”系列活动，举办专题辅导讲座4次，教育培训师生5200余人。建强思政队伍，配备专兼职辅导员45人，健全辅导员管理办法，推动辅导员队伍专业化专职化。加强学报、广播站、校园网、新媒体平台等阵地的建设，牢牢掌握意识形态工作主动权、话语权。

【师资队伍建设】 2022年，拉萨师专根据学校发展需要和工作安排，及时召开党员大会，选优配齐党委、纪委班子。选派2名干部分别下沉墨竹工卡县和尼木县挂职锻炼，提拔调整3名正科级干部和3名副科级干部，干部队伍战斗力不断提升。首都师范大学等4所高校以“1+M+N”模式组团援助我校，持续推进师范教育协同提质计划。完善职称评聘、教育评价、辅导员管理等体制机制，稳步推动“一考三评”、师德师风建设。投入资金1096万元，积极推进7个教育质量提升项目，切实增强内涵发展动力。

【教学工作】 2022年，拉萨师专

稳步提升教育教学水平。构建教师教育合作共同体，与墨竹工卡县南京实验小学等7所小学、幼儿园开展国培跟岗实践暨教育实习基地合作共建，在实践中提升育人成效。制订完善人才培养方案，稳步推进师范专业认证和学分制改革。完善教学管理制度办法3项，强化教学规范管理，教学质量监控体系初步建成。积极举办师范技能考核、师范生课堂教学比赛，切实提高师范生教学技能。

【人才培养】 2022年，拉萨师专根据升本工作要求，完善《本科专业人才培养方案的指导意见》，召开人才培养推进会，深入探讨专业基础和专业课程方案的修订和完善。整理、修改、完善相关升本材料。推进各师范专业认证准备工作，审核、修改《各师范专业人才需求调研分析》，制定各类（系部、教师等）《教学质量评价管理办法及评价标准》。制订《师范类专业论证整改方案》等制度方案，组织相关部门开展师范专业认证专题工作会议，参与小学语文教育专业、小学体育教育专业、学前专业3个专业师范专业认证培训会、推进会。

【科研工作】 2022年，拉萨师专投入科研经费30多万元，争取各级各类研究项目。立项自治区教学改革项目12项，自治区高校人文社科项目10项，自治区教育科学研究课题8项，科研能力显著提升。加强学科平台建设，学前教育实训教学示范中心、西藏基础教育发展研究中心两个自治区平台按规划稳步推进，服务效能不断提升。开展国培、区培、马云教育基金拉萨市优秀教师培训和尼木村居“两委”班子国家通用语言培训项目，培训学员395人，服务社会效能持续提升。

【学生管理工作】 2022年，拉萨师专开展奖助学金、勤工俭学、特困补助等助学解困资助工作，为学生发放各类奖助贷资金190余万元，567名学生从中受益。健全学生管理奖惩机制，严肃校纪校规，教育引导广大学生自觉养成良好的学习、生活、行为习惯，努力构建学生自我管理的有效机制，推动学生管理工作规范化制度化和科学化。加强校园文化建设，扎实推进迪孜室、德育室等建设项目。

【招生就业】 2022年，拉萨师专确定招生计划2261个，区内确认计划1261个，区外确认计划1000个，区外投放招生省份有四川、云南、甘肃、陕西、山西、吉林、黑龙江、安徽、广西、河南共计10个省（自治区）。完成招生计划1987人，区内共计录取1261人，其中普通专科录取745人、提前艺体录取316人、对口高职录取200人；区外高职专科批完成录取726人。录取总人数中达到本科线以上共694人。全年召开就业推进会6次；开展领导访企拓岗和“百日攻坚行动”，积极开展政策宣讲和就业推介10次。对接人社、企事业单位开展“进校园、送岗位”等活动，挖掘就业岗位8000多个。深化“三联三进一交友”活动，推动全体党员教师与毕业生开展就业结对帮扶，全面做好稳就业各项工作。2022年，有毕业生1793人，已落实就业1704人，就业率达95.04%。

（平措旺杰）

拉萨市第一中等职业技术学校

【概况】 拉萨市第一中等职业技术学校（以下简称拉萨一职）成立于2013年6月，是经拉萨市人民政府批准的全日制公立普通中等职业技术学校，为拉萨市人民政府直属正县级事业单位，主要职责和办学定位是围绕净土健康产业发展开展人才培养和农牧民培训。拉萨一职坚持“立足拉萨，面向全区，服务‘净土健康’产业”为宗旨，坚持“围绕‘农’字办职教、聚焦‘藏’字出特色”的办学理念，耕耘净土、以技立业。学校占地80.8万平方米，建筑面积12.9万平方米，建成有8栋专业教学楼、1栋公共教学楼、1栋公共实验楼、1栋图文信息中心楼等教学设施，建成1个标准运动场、篮球场等运动设施，建成10栋师生公寓、学生食堂等生活设施。学校下设办公室、教务处、学生工作处、招生就业处、实训处、总务计财处6个处室和农林牧渔、交通运输与工程技术及轻纺食品与质量检验3个教学部。学校围绕净土健康产业调整专业设置，实现学校专业建设与产业发展同步协调，在实现六大类28个专业全面发展的基础上，着力打造现代农艺技术、农业机械运用与维护、汽车运用与维修三大品牌特色专业。

【重大活动】 为深入贯彻落实习近平总书记关于职业教育的重要指示批示精神和全国职业教育

大会精神，认真学习领会新修订的《中华人民共和国职业教育法》，严格落实《教育部等十部门关于做好2022年职业教育活动周相关工作的通知》要求，2022年5月，拉萨一职召开以“技能·让生活更美好”为主题的2022年职业教育活动周暨校园技能大赛。此次活动的开展，增强了中等职业教育的社会影响力，充分展现了“劳动光荣、技能宝贵、创造伟大”的时代风尚，达到展成就、扩影响、促发展的效果。

【学术工作】 为扎实推进学校“一考三评”工作和教学诊改项目实施工作，2022年5月，拉萨一职召开教学诊改项目实施工作推进会。听取承担教学诊改项目实施的公司代表的工作汇报，与会各处（室）、教学部负责人结合本部门工作实际，围绕通过实施教学诊改项目如何优化人才培养模式、教学质量、管理水平、教研能力、学生综合素质等方面提出意见和建议，会议就如何高质量实施教学诊改项目提出切实可行的要求。通过召开教学诊改项目实施工作推进会，进一步促进项目实施进度，提高项目质量，为确保学校实施教学诊改项目，促进学校内涵发展奠定坚实基础。

【教学工作】 2022年6月初，拉萨一职召开2022届毕业生“两考”工作部署专题会议，由校党委班子成员亲自带队负责，各处（室）、教学部根据责任分工，从考前准备、考试期间、考试结束环节中涉及的师生安全、疫情防控、考试纪律、行程安排、后勤保障等重点工作出发，强化工作作风，积极主动谋划，落实目标任务，完成2022届毕业生“两考”工作。2022年8月，进行“停课不停学”在线教学工作部署，制订实施方案并进行网络和教学测试。充分利用“西藏教育珠峰旗云”平台，采取直播、录播等多种方式组织开展线上教学，向学生推送优质学习资源，教师在线辅导答疑，做到有问必答。在不增加学生学习压力负担的前提下，布置家庭作业并明确提交时间，及时反馈家庭作业中存在的问题，教学效果良好。

【师资队伍建设】 2022年，拉萨一职共有教职工384人，教师队伍中有中高级讲师16人，讲师55人，助理讲师101人；“双师型”教师68人。学校2022年度教师“一考三评”工作从4月初开始正式启动，6月初至7月中旬完成对部分教师的听评课工作。由于秋季学期疫情原因，结合学校教师“一考三评”工作、驻村及师生实际情况，制订“一考三评”补充方案，12月上旬对未进行听评课的教师完成线上听评课，对教研组推荐的优秀人员利用“西藏教育珠峰旗云”完成线上听评课。12月中旬对所有教师完成线上业务考试工作，按照成绩和比例拟定本年度“一考三评”优秀等次共37名教师，考评等次通过各教学部工作群和教研组工作群进行公示。

【招生就业】 2022届毕业生1057人，通过参加普通高考以及对口高职考试，升入高职高专院校326人。2022年秋季招生宣传组先后到拉萨、山南等19所中学进行招生宣传，招生人员向8000多名初中毕业生详细讲解学校基本情况，解答国家对中职学校的相关资助政策、招生专业设置、职业教育今后的发展方向和趋势等问题，共发放学校简介折页纸5000多张，招生宣传单5000多张、海报100多张，PPT19份。

【平安校园建设】 2022年，拉萨一职实行封闭管理，中层干部、班主任充分发挥在学生管理中的主导和主体作用，增强责任心，把各项交通安全管理措施落到实处，确保学生安全。全体教职工积极参与学生交通安全管理，形成齐抓共管的合力。学生充分利用班会及课余时间，以校园广播、黑板报等为载体，对学生进行法治宣传教育，组织学生观看道路交通安全法宣传片，进行道路交通安全教育，结合新生入学教育，组织法治教育课，进一步提高学生的法律意识和法治观念。

（杨凤英）

拉萨市第二中等职业技术学校

【概况】 拉萨市第二中等职业技术（以下简称市二职）位于拉萨市城关区蔡公堂乡书山路117号，校园占地面积25万平方米，建筑面积12.4万平方米，总投资6.85亿元，规划在校生规模6000人。学校坚持以“办人民满意的职业教育”为宗旨，秉承“修德、强能、爱国、成才”的校训，坚持“党建统校、质量立校、人才强校、特色兴校、依法治校”的办学方针，坚持“以质量求生存、以创新求发展、以特色创品牌”的办学理念，按照“五进三出，多元合作”的办学思路，创新“校企合作、工学结合、顶岗实习”的人才培养模式，为区域发展输送大批技能强、适应性强的高素质技能人才。2022年，市二职有综合教学楼及辅楼、图书馆、综合实训楼、学术报告厅、活动中心等基础设施，建有藏药护理、旅游管理、信息技术等六大主干专业群共34个专业，配套建有8个现代化实训车间和15个实验实训中心，在编教职工495人，在籍学生4942人。

【思想政治工作】 2022年，市二职以爱党爱国为主题，组织学生深入学习党的二十大精神、习近平总书记“五四”青年寄语、庆祝建团百年重要讲话精神等。通过青年大学习、国旗下宣誓、主题班会、黑板报、宣传栏和收听收看党的二十大盛况等多形式多渠道活动，引领青年学生听党话跟党走，厚植爱党爱国情怀。组织学生积极参加疫情防控、文明城市创建、课外劳动等志愿服务活动，让学生在实践中增强社会责任感。开展“3·28”西藏百万农奴解放纪念日教育及“学生入团活动”“铸牢中华民族共同体意识”“民族团结进步教育”等主题活动，帮助同学们树立正确的人生观和价值观。开展“技能让生活更美好”主题教育实践活动，在全校营造崇尚技能、学习技能的良好氛围，引导广大青年学生树立技能成才、技能报国的理想信念。联合拉萨市城关区检察院、蔡公堂派出所举办5期法治教育专题讲座，召开2次家长座谈会，让家长参与到学校管理和发展中来。坚持班主任工作周例会制度，加强班主任和团干部培训，建立以教学部为单位的9个团的基层委员会，选优配齐教学部团委书记，推动“党团一体化”“班团一体化”建设。

【教学工作】 2022年，市二职认真做好教学计划、师资配备、教学管理、考试测试等教学环节日常管理，组织9个听评课小组，完成全校教师“一考三评”评课活动。组织开展线上教育教学工作，将课程学习与疫情防控知识学习有效结合，充分利用线上教学加强爱国主义教育、安全教育，注重疫情防控知识的普及，鼓励学生锻炼身体。5月11日，组织开展职业教育活动周技能展示活动，抓好教研、集备、授课、检测等教学常规的落实与反馈，开展网课内容及问题研讨，动态调整网络授课模式，强化家校联系和师生互动，激发学生内驱力。

【教师队伍建设】 2022年，市二职按照教师培训方案，加强和改进教师思想政治教育、职业理想教育、职业道德教育。5月中旬，组织400多名教师参加希沃电子白板、剪辑师、班级优化大师等信息化软件应用能力的培训。6月底，选派数学、语文和学前教育3个专业共计42名教师赴扬州等地参加职业院校教师素质提高计划培训。举办教师互联网微课大赛和赛课活动，分组开展教师互评、学生共同评价的听评课活动，完成教师思想政治和师德素养、课堂教学能力、信息技术应用能力“三评”工作，提升教师教育教学能力。11月底，分批组织全体教师，采取线上线下方式，有序完成“一考”工作，制定《拉萨市第二中等职业技术学校教职工年度考核积分细则》，完成教师年度考核工作。

【专业建设】 2022年，市二职组织专业教师团队，加强与全区各兄弟院校沟通合作，开展各专业人才培养方案、教育教学标准、专业课程建设、教材书目选用等工作。反复召开专业建设研讨会，明确专业建设方向，暂停对婴幼儿托育、美发与形象设计、无人机驾驶操控与维护、地质测量、邮政快递运营5个专业的招生。持续跟进学校校刊《高原职教》第10期的编辑、校对、印刷等工作，持续推进特殊焊接技术、无人机驾驶、网络运营与维护、界面设计“1+X”证书试点工作。

【技能鉴定】 2022年5月，市二职对电工、美容美发等10个工种，共计729名师生进行初、中级技能等级认定，596名人员获得国家职业资格证书（初级），54名人员获得国家职业资格证书（中级），共650人获得职业技能等级证书，合格率达到89.2%。

【校企合作】 2022年，市二职贯彻落实国家职业教育改革实施方案要求，深入推进人才培养模式改革，走校企合作、工学结合道路，努力提高教育教学质量。4月下旬，学校与金谷饭店、柠渡咖啡、象雄美朵3家企业签订校企合作协议，安排200余名学生分别赴3家企业参加实习实训。截至年底，市二职与区内外共171家企事业单位建立校企合作关系，努力为学生营造全方位、多层次、宽领域的就业实训环境，着力培养出个人自信、社会需要、国家认可的应用型人才。

【招生就业】 2022年，市二职计划招生1620人，为完成2022年秋季招生任务，学校进一步完善招生管理办法，制订实施方案，召开招生工作动员会议，编制招生计划，完成招生简章制作，巧用载体，通过线上线下联动，多渠道展示学校风采，宣传解读职业教育政策，制定录取通知书和招生简章2000余套。10月底，开通线上招生报到工作，超额完成招生工作，实际招生1630人。组织全体新生开展线上授课。不断开拓市场，主动搭建与企业的互动合作平台，及时收集相关就业信息，全力为毕业生储备就业岗位。2022年毕业学生1597人，通过普通高考和对口高职考试继续升学1017人，就业566人，就业（含升学）率99.12%。

【提质培优达标工程和"双优"院校建设】 2022年，市二职聚焦职业院校、"办学条件达标工程"和"双优"院校建设工作，努力提升学校办学条件和办学能力。持续推进"提质培优"行动计划，打造名班主任工作室，培育德育骨干管理员和思政课专任教师，开发职业教育课程思政教育案例，推进1+X证书试点，加快职业教育信息化标杆学校建设等10项"提质培优"行动计划严格按实施方案有序推进。根据《教育部等五部门关于印发〈职业学校办学条件达标工程实施方案〉的通知》，严格对照重点监测指标，认真研究，编制《拉萨市第二中等职业技术学校办学条件达标工作实施方案》。6月，经自治区教育厅组织答辩评审，市二职被确定为优质中职校建设学校，旅游服务和文化艺术两个专业群被确定为优质建设专业群。学校将以职业院校"提质培优"行动计划、"办学条件达标工程"和"双优"院校建设工作为契机，持续深化教育改革，强化内涵建设，努力提升学校办学能力，实现高质量发展。

（祁浩权）

2022年6月15日，江苏电子信息职业学院、西藏京东物流公司到拉萨市第二中等职业技术学校交流调研

文化·卫生·体育

文化综述

【概况】 2022年，拉萨市文化战线同心同力，克服各种困难，自觉担负“兴文化”使命任务，围绕中心，服务大局，迅速掀起学习宣传贯彻党的二十大、自治区党委十届三次全会、市委十届四次全会精神的热潮，积极服务经济社会发展，履职尽责、担当作为，各项工作稳中有进，取得成效。

【大型活动】 2022年，拉萨市完成大型群众性电视文艺节目《格桑花开》系列季播特别节目《青稞飘香》（第二季）拉萨赛区声乐海选赛，海选赛参加150余人，并产生30名优胜选手进入复赛，在总决赛中拉萨市选手在声乐类、曲艺类、舞蹈类斩获佳绩。筹备参加首届西藏自治区文化艺术节，全市共有160名选手参加各类大赛，其中当雄县《拉拉·致富路》以总分第一名摘得首届西藏民间舞大赛群星奖，市歌舞团次仁拉姆凭借《甘巴拉》获得青年歌手大赛专业组民族唱法金奖，在首届西藏文化艺术各项赛事中，拉萨市共荣获18个奖项，其中，金奖（一等奖）3个，银奖（二等奖）3个，铜奖（三等奖）4个，优秀奖7个，格桑花单项奖1个。组织开展2022年第十九届群星奖评选推荐工作，经过评选，最终推选舞蹈《拉拉·致富路》进入全国复赛。

【文化艺术】 2022年，拉萨市文化局（以下简称市文化局）印发《拉萨市文化局2022年文艺创作工作方案》，并结合自身实际，积极踊跃地创作了一批生态环保、民族团结、乡村振兴、非遗传承类、喜迎中共二十大等多题材的文艺作品，共388部，累计演出场次为826场，受到群众的普遍喜爱。完成拉萨市歌舞团原创曲艺剧《农场情》藏语版编排。7月29日、30日在金城公主剧场进行展演。广泛开展“深入生活、扎根人民”主题文艺采风活动，赴5个县、7个乡、8个村，下乡采风11天，新创（改编）节目27个。对接和安排自治区文化厅“我们的中国梦”——喜迎党的二十大基层巡回演出14场，以及自治区歌舞团“喜迎二十大 奋进新征程”国乐经典惠民演出13场。

【公共文化服务】 2022年，市文化局结合实际起草并指定印发《拉萨市人民政府办公室关于印发〈拉萨市开展国家公共文化服务体系示范区创新发展复核迎检工作实施方案〉的通知》，为推动公共文化服务高质量发展奠定基础。在全区率先制定印发《拉萨市人民政府办公室关于公布本级基本公共文化服务目录的通知》，并以政府红头印发和政府网站公布方式进行公开，规范公共文化服务内容。举办拉萨市公共文化服务体系建设创新发展工作培训班和拉萨市县（区）级文化馆图书馆总分馆制建设工作培训班，并完成申报第一批西藏自治区公共文化服务体系示范县（区）创建工作，堆龙德庆区被列入第一批创建西藏自治区公共文化服务体系示范县（区）名单。推进拉萨市图书馆前期开馆工作，接收江苏省文化援藏南京图书馆援建纸质图书3万余册（含RFID芯片和图书条码），完成拉萨市图书馆标识（logo）、卡通形象网上征集工作。广泛开展行政村文艺演出队线上展演活动，截至年底，线上文化活动最多1次观看量超19万人次，作为新趋势极大提升了文化活动的覆盖面和影响力。

【文化市场管理】 2022年，市文化局对文化市场始终保持着高压态势，从严治理各类违法违规经营行为，有效净化文化市场，确保文化市场的繁荣有序。对接各功能区、各县区文旅局执法监督部门从1月20日开始到8月16日，对辖区内歌舞娱乐、网吧、游艺娱乐场所等文化经营场所开展安全生产检查。完成对拉萨市399家各类文化证件的年审工作。完成全市399家文化经营单位的年报统计工作。与市(区)内和各功能区138家各类文化经营户签订“2022年文化市场安全防范责任书”。利用“3·15”消费者权益保护日、“4·26”知识产权日、综合治理活动月等时段，采取灵活多样的方式，在拉萨市主要路段开展文化市场法律法规宣传教育活动3次，发放宣传资料1000余册(张)。

【文化交流】 2022年，市文化局完成并参演苏拉首次合作音乐剧《天·梦》，该次音乐剧为拉萨市歌舞团首次参演的大型音乐剧，由拉萨市文化局副书记、副局长、市歌舞团团长卫东率市歌舞团赴宁开展前期对接、编排等工作，此后率次仁拉姆等3名演员加入剧组进行排练，于7月9日在南京荔枝剧院成功首演，获得巨大反响，该次演出在艺术性和思想性方面都得到领导和专家的赞赏。

【文化市场安全】 2022年，市文化局深入推进文化市场综合执法规范化建设，严格文化市场综合执法，开展“扫黄打非”和文化市场监管，全市文化市场健康有序发展。被评为文化和旅游部系统“七五”普法先进单位、全国“扫黄打非”先进集体。重点强化对文化娱乐、营业性演出、文物保护、艺术品市场、广播影视等重要领域监管，并在春节、藏历新年、全国两会、3月综治维稳月，暑期、国庆等重要节点组织开展专项整治行动，确保文化市场安全。始终把安全生产作为文化市场监管重中之重，对网吧、歌舞娱乐场所、营业性演出、电影院等公众聚集消费场所安全隐患进行不间断地细致排查，对发现问题的场所要求立即整改，确保全市文化市场领域安全有序，共检查经营单位2220家次、出动执法人员5262人次，其中责令改正74家、停业整顿10家、办结案件40余起，行政处罚830298.5元，没收违法所得72797元。开展文化市场专项行动9次，开展各类文化市场安全生产专项行动8次，联合执法30余次，排查安全隐患69处。

（杨睿楷）

非物质文化遗产

【非物质文化遗产保护】 2022年，市文化局将非遗保护专项资金列入年初预算，每年投入150万余元，专项用于非遗保护传承、展示宣传、传承人补助工作等，不断加大非遗保护传承工作保障力度，有效推进非遗传习活动的开展，提高传承人的积极性和主动性，保障拉萨市非物质文化遗产进一步传承发扬，切实发挥好专项资金效益。为进一步加强非遗保护工作咨询、论证、评审和专业指导，通过物色、筛选、聘请，成立拉萨市非物质文化遗产保护工作专家委员会，最终确定33名专家委员会成员，涉及多个行业组织，所辖专业包含民间文学、曲艺、舞蹈、非遗保护等，制定《拉萨市非物质文化遗产保护工作专家委员会制度》，为非遗保护工作的开展提供制度支撑。

【非物质文化遗产传承】 2022年，市文化局为加强非遗保护体系建设，扩充非遗项目内容，推动非遗保护传承，组织开展第六批拉萨市非遗项目评选工作，成功公布拉萨民歌，直孔啊哒制作技艺、加木马具制作技艺等39个非遗项目，其中新增项目35项，扩展项目4项。完成《拉萨非遗大典》(项目卷和传承人卷)编撰工作，书中分别选入代表性项目藏文版144项、汉文版144项，代表性传承人藏文版131名、汉文版131名，插图745张，内容涉及传统技艺、传统舞蹈、传统美术、传统戏剧等十大门类，内容涵盖传统技艺、传统舞蹈、传统美术、传统戏剧等十大非遗类别。

（杨睿楷）

文物

【概况】 2022年，拉萨市组织申报西藏自治区第二批革命文物14处，完成29处西藏自治区第一批革命文物立碑工作。国家、自治区和拉萨市共投入8543万元(国家投入文物保护经费6038万元，自治区投入2500万元，本级投入文物保护经费10万元)，实施9个重点文物保护项目。组织全市各县区和文物保护单位负责人及工作人员34人开展文物安全培训。

【红色基地建设】 2022年，根据中共西藏自治区委员会宣传部、西藏自治区文物局《关于开展全区第二批革命文物名录公布工作的通知》要求，拉萨市组织各县区开展全区第二批革命文物申报工作，经过初选，推荐14处登记不可移动文物申报全区第二批革命文物，最终拉萨市无革命文物入选。

【文物保护】 2022年，市文化局开展第九批全国重点文物保护单位申报遴选工作，推荐上报楚布寺等3份申报材料。持续梳理市级文物部门9项政务服务事项，按照要求开展压缩办理时限、优化办件流程等事项，推荐2名古建筑专业为建设领域"联审联批"提供人才支持，参加拉萨智轨电车、曲水达东大桥项目规划、古城丹杰林综合楼建设项目规划等评审工作，完成老城区"私房改建"文物审核意见54份。审批木如印经院木如大殿主供佛像维修事宜，夏扎大院建设浴室事宜，对北京昆仑文保科技有限公司办理文物保护维修施工二级资质等5家公司的文物保护相关资质进行初审，对布达拉宫广场周边绿化景观提升项目等4个文物考古调查与评估报告进行审核。邀请西藏自治区文物保护研究所专家对堆龙德庆区德庆镇邱桑村邱桑"古人类手脚印"遗迹进行实地调研，研究确定保护措施。参与开展曲水县温江多遗址考古发掘，该考古发掘项目入选2022年度全国十大考古新发现终评。

【可移动文物普查】 2022年，市文化局协调自治区文物鉴定中心专家赴内蒙古自治区包头市对收藏家韩福山拟捐赠给西藏夺底钱币博物馆500件瓷器等待定文物进行鉴定，对拉萨市档案馆馆藏档案实物、西藏牦牛博物馆新征集藏品进行鉴定。

【文物展示宣传】 2022年，拉萨市辖区有6座博物馆被列入全国博物馆名录，其中西藏牦牛博物馆举办专题展览特色鲜明，并顺利通过中共拉萨市委员会宣传部组织开展的拉萨市2022年度爱国主义教育基地集中测评。全年共推出6个临时展览，观众5.55万人次，策划举办"以心为印——拥忠卓玛个展""画美时代——拉萨市青少年优秀绘画作品展""读城——大美北京""指掌春秋"——闽台木偶艺术展"闽瓷双璧，交相辉映——福建黑白瓷器展""第十五届西藏珠穆朗玛摄影大展"等展览，通过推出符合时代主题和种类多样的临时展览，丰富展览内容，从而进一步推动兄弟博物馆之间的文物交流和拉萨与其他省市城市文化的交往交流交融。

【文物安全】 2022年，拉萨市召开拉萨市2022年文物安全联席会议，督促各级政府将文物保护经费纳入财政预算、将文物安全工作列入政府绩效考核评价指标体系，督促各行业相关部门落实文物安全监管责任及直接责任，逐级签订《拉萨市文物安全目标责任书（2022年度）》，联合宗教、消防部门联合印发《关于在全市属于宗教活动场所的文物保护单位扎实推进落实消防安全"七项新措施"的通知》，并联合开展文物安全检查，出动检查人员173人次，检查文物保护单位共396处，发现安全隐患196处，当场整改42处，限期整改28处，对隐患突出的文保单位下发整改指令书4份。6月，开展全市文物安全专题培训，组织30名基层文物管理人员参加培训。

（杨睿楷）

卫生健康

【概况】 2022年，全市卫生健康系统知重负重、担当奉献，全面落实"疫情要防住、经济要稳住、发展要安全"的要求，始终坚持新时代党的卫生健康工作方针，完整准确全面贯彻新发展理念，强化作风建设和能力建设，统筹推进健康拉萨建设、医药卫生体制改革、疾病预防控制、中藏医药事业发展等工作，不断提升医疗卫生服务整体水平，以时不我待的紧迫感推进卫生健康改革发展，最大程度守护人民生命安全和身体健康。全市共有医疗机构416家，其中，市级公立医院1家（综合医院1家），县级公立医院8家（综合医院8家），民营医院21家（综合医院9家、藏医院3家、眼科医院1家、妇产医院2家、美容整形医院2家、体检医院1家、口腔医院1家、肿瘤医院1家、精神病专科医院1家），门诊部45家，医学检验中心2家，各县（区）社会办医疗机构339家。全市总开放床位5632张（包括21家民营医院），每千人口床位比

6.4，全市从事医疗卫生人员7483人（包含自治区医院），每千人拥有卫生专业技术人员8.6人，其中：临床执业医师2710人（临床、口腔、公卫、中医），助理医师790人（临床、口腔、公卫、中医），护理人员3983人。

【基本公共卫生服务】 2022年，拉萨市卫生健康委员会（以下简称市卫健委）全面实施基本公共卫生服务，下拨服务经费4776万元，人均服务经费达到105元，完善家庭医生服务机制，现有家庭医生服务团队338个、家庭医生1093名。开展好老年和妇幼健康服务，公立医院全部设立老年人就医绿色通道和老年人优先窗口；全力保障母婴安全，实施各项妇幼健康项目，全市孕产妇和婴儿死亡率分别为52.87/10万、3.35‰，住院分娩率为99.95%。加强因病返贫风险监测，全口径帮扶监测对象3354人（2884户），分类救治3344人，风险监测因病返贫风险户、人占比分别为17.14%、16.48%。规范服务精神障碍患者，在册管理611人，规范管理率81.83%。

【卫生人才队伍建设】 2022年，市卫健委采取“走出去”的办法，组织10名卫生人才到北京开展跟岗锻炼，组织11名疾病预防控制骨干人才赴江苏开展跟岗锻炼。组织各类乡村医生培训1319人次，举办两期50名“拉萨市县级、乡镇藏医药骨干培训”，选送住院医师规范化培训在职医务人员14名，联合市人社局开展2022年大学生村（居）医务人员招聘工作，招录医疗卫生人才5名。依托市人民医院组团医疗资源开展学术沙龙10余场，组团式专家学术交流14场，参加3500余人次。

【卫生应急处置】 2022年8月新冠疫情发生后，拉萨市第一时间启动应急预案，因时因势调整防控方案，加快补齐短板弱项，提升救治能力，主动对接申请7个援藏省市及其他区外医护和防疫物资及医疗设备紧急驰援，开展医疗救治工作，最大限度保护全市人民群众身体健康，最大限度减少疫情对经济社会发展的影响。

【疾病预防控制】 2022年，全市适龄儿童国家免疫规划疫苗接种率达99.36%，有效处置林周、堆龙动物鼠间疫情，全市无甲类传染病报告，全年共报告法定传染病乙、丙两类19种，11413例，总报告发病率为1315.01/10万（人口数867900），发病数与2021年同期相比上升124.31%，报告死亡4例（艾滋病1例，肺结核3例），与2021年同期死亡2例相比，上升100%。其中乙类传染病发病数为10499例，报告发病率为1209.70/10万，与2021年同期相比上升433.49%。丙类发病数为914例，报告发病率为105.31/10万，与2021年同期相比下降70.71%。

【“组团式”医疗援藏】 2022年，各位援藏专家身体力行，深入一线，协同本地干部接门、急诊患者4.7万余人次，住院3000余人次，抢救危急重症500余人次，开展手术1400余台次，其中三、四级手术占比60%以上，专家会诊130余人次，远程会诊4次；实施幕下脑肿瘤手术等新技术、新项目30余项，其中内镜经乳头胆囊引流等数项技术填补自治区空白。制定院内感染预防、神经外科、脑肿瘤专科、拉萨市内镜质量控制与改进中心等学科及专业规划，成立全区首家血管外科专家门诊。新增急诊医学科、介入科2个“以院包科”

2022年5月8日，拉萨市卫健委组织先心病患儿赴南京接受免费治疗

科室，至此与首都儿科研究所11家北京市属医院建立“以院包科”科室11个，于2022年8月6日成功挂牌“中国创伤救治联盟创伤救治中心建设单位”，成为继创建全区首家地市级三甲医院后，完成全区首家“五大中心”建设任务的医院。每名援藏专家帮带1—2名本地干部，将“师带徒”工作由“量”的增加转为“质”的提升，围绕提升专业水平和管理技能，带领“徒弟”开展临床教学查房170余次，申报科研项目25项，持续打造本地医疗人才队伍。

2022年3月14日，拉萨市爱卫办动员驻市各单位开展“城乡清洁日”活动

【医疗卫生服务体系建设】 2022年，中央预算内投资8000万元，实施医院和疾控机构建设项目6个，均按计划开工建设。持续开展“优质服务基层行”活动，推进乡（镇）卫生院、村卫生室标准化建设。12家乡镇卫生院（卫生服务中心）达到申报推荐级标准。完成林周县甘曲镇卫生院等3个乡镇卫生院的建设运营。城关区功德林社区卫生服务中心作为全区首个“城市社区医院建设”试点，创建工作得到高效推进。

【基层卫生管理】 2022年，全市基层卫生健康工作坚持以建设健康拉萨为抓手，聚力“抓重点、补短板、强弱项”的决策部署，坚持以基层为重点的新时代卫生健康工作方针，聚焦基层卫生健康事业发展不平衡不充分问题，以提升能力和激发活力为重点，努力建设功能完善、服务优质、运行高效的基层医疗卫生服务体系，推动基层卫生健康事业高质量发展。截至年底，全市共有乡、村两级医疗卫生机构261个，其中，乡镇卫生院53个，社区卫生服务中心（站）15个，村卫生室193个。乡镇卫生医疗专技人员共955人，持证608人，无证347人。实际在编757人，占总数的79.27%；聘用110人，占总数的11.52%；公益性88人，占总数的9.21%。均已满编，已达到一乡一院的标准，乡（镇）医生平均达到10人；村医578人，持证288人，无证290人。本科4人，占总数的0.7%；专科49人，占总数的8.55%；中专153人，占总数的26.7%；高中及以下370人，占总数的64%。达到一村一室标准，村医平均达到2人，农牧区医疗卫生服务圈切实形成。

【家庭医生签约服务】 2022年，拉萨市以提升家庭医生签约服务质量为抓手，将家庭医生签约工作重点向提质增效转变，做好签约一人、履约一人、做实一人。坚持以家庭为单位，以自愿为前提，优先签约重点人群，重点服务慢病患者，在签而有约的同时，推进对签约居民实行分类管理、分类指导，做好慢病患者的健康管理。开展高血压筛查，视情况及时转诊或随访评估。截至年底，全市有338个家庭医生服务团队，1018个家庭医生，一般人群家庭医生签约率达到98%，服务率达70%以上。

【红十字会工作】 2022年，拉萨市红十字会发展会员26名，招募红十字会志愿者15名。动员全社会支持参与无偿献血活动，驻市700余名干部职工积极参加无偿献血，献血量达49400毫升。利用“红十字博爱送万家活动”，向群众发放米、面、粮油、衣物等慰问物资，累计发放博爱箱100箱，活动受益群众100户。依托重要节点，围绕红十字会“三献”“三救”核心工作，累计开展各类宣传活动10余次。

（普布次仁）

爱国卫生

【概况】 2022年，拉萨市组织开展各类城乡环境整治、农贸市场环境整治等各项专项整治活动10余场次，各级各部门开展门前“三包”、单位周边环境和责任片区清扫200余场次，深入现场开展暗访检查50余次。制定印发《拉萨市关于深入开展爱国卫生运动的实施意见》，明确各单位各部门工作职责和工作目标，组织各类爱国卫生活动5次，发放各类爱国卫生运动、疫情防控、创卫宣传资料6万余份。全面推进健康县区建设，创建完成4个国家健康县区（城关区、墨竹工卡县、堆龙德庆区、曲水县），创建完成3个自治区健康县区（达孜区、林周县、尼木县）。深入开展卫生城镇创建，除建成区以外，创建完成2个自治区卫生县（墨竹工卡县、曲水县）。

【健康教育】 针对可能造成的健康危害，以心理健康、卫生防疫、重点传染病预防、饮用水卫生、食品卫生、环境卫生等内容为重点，进行卫生防病、健康保健知识的宣传和讲座。2022年，拉萨市开展机关、医院、学校、社区、企业集中宣传10次，讲座210场，受益人群近4万人次，达到营造健康环境，培育健康理念，完善健康服务，拥有健康人群的目的。市级开展6个县（区）健康素养监测，健康素养综合指标为21。

【病媒防制】 2022年，拉萨市投入病媒生物防制工作经费20余万元，在春季集中开展党政机关、街道、老城区、公园绿化带、污水处理厂、垃圾填埋场等“四害”灭杀活动和密度监测，城区平均鼠、蚊、蟑螂密度控制在国家规定的标准内，平均蝇密度不超过国家规定标准的3倍。

（普布次仁）

医政管理

【概况】 2022年，市卫健委紧紧围绕医药卫生体制改革和卫生重点工作，以开展“三提升”和“平安医院”创建等活动为载体，以“质量、安全、服务”为切入点，切实加强医疗质量内涵建设。开展医疗质量管理活动，力促医院管理水平和医疗服务质量的提升。先后组织开展毒麻药品规范管理检查、指导抗菌药物合理使用。加强医疗质量管理体系建设，有计划组织开展医疗质量的检查、指导，夯实医疗质量控制与管理基础。加强重点科室院内感染管理，实行医疗废物分类收集、集中贮存、集中处置。依法加强医疗机构监管，严格医疗准入，开展平安医院创建工作，畅通医患沟通渠道。充分利用签订目标责任书，降低医疗风险隐患。加强继续医学教育项目工作，承办省、市继续医学教育项目10项，不断推进医疗卫生事业高质量发展。

【医疗服务行动】 2022年，市卫健委利用组团式医疗援藏政策和资源优势，加快推进公立医院高质量发展，市医院继成功创建全区首家地市级三甲医院后，率先在全区完成“五大中心”建设任务，实现全区“双首创”。市医院依托北京市属医院通过“以院包科”形式打造妇、儿等优势学科9个，开展“师带徒”新业务新技术、新项目39项，填补自治区技术空白7项，选取39种日间手术病种和20种肿瘤日间病房病种纳入试点范围。投入援藏资金1030万元实施市医院第三住院部设备采购项目，新增床位200余张，有望进一步缓解妇产科、儿科、外科床位紧张问题。强力带动科研项目申报，市医院共申报国家自然科学基金地区基金项目等各类科研项目55项，其中立项15项，投入资金122万余元。强化医院绩效考核管理，在10月公布的2021年国家三级公立医院绩效考核结果中，市医院提升至B级，全国排名提高83名，全区排名第二。

【医疗服务监管】 2022年，市卫健委强化行业安全监管，对349家医疗机构医疗安全、医疗废物、毒麻药品等安全责任落实情况进行监督检查，组织环保联合督导检查4次，办理案件7件。

（普布次仁）

藏医药事业

【概况】 2022年，拉萨市共投入资金10万元实施全国基层名老藏医药专家传承工作室、流派传承工作室建设项目，落实2022年中医药事业传承与发展重点支持项目任务，委托西藏拉智职业技能培训学校举办2期“拉萨市县级、乡镇藏医临床骨干人才培训班”，共计培养50名系统掌握藏医药基础和实践技能的基层医疗卫生机构藏医医师。实施少数民族骨干人才培训项目，培养县（区）5名藏医专业人员。

【藏医藏药研究成果】 2022年，市卫健委支持各级藏医医疗机构结合实际推广和使用藏医药技术，运用藏医药“治未病”理念和干预措施提供康养服务，城关区功德林、吉日和塔玛社区卫生服务中心建设3个市级藏医药和汉族医药优势专科和特色专科，完善藏医药特色服务体系。发挥藏医药在健康服务中的特色优势，加强藏医药研究，推动藏医药和西医药协同发展。针对新冠病毒感染疫情，将藏药催汤、流感丸、仁青芒觉作为新冠预防、治疗、康复用药，发挥催汤对预防感冒、流感等特殊作用。各藏医服务机构主动开展催汤、九味防瘟香囊等预防性投药工作，努力提升藏医药在应对突发公共卫生事件方面的处置能力。

【藏医医疗】 2022年，拉萨市8个县（区）人民医院，53家乡镇卫生院，11家社区卫生服务中心（站）均设有藏医科。取得藏医执业资质277人，高级职称29人，中级职称人数118人，初级职称82人。全市县乡两级医疗机构藏医门诊达11.7万人次，住院治疗453人次，藏医适宜技术服务3万余人次。在基层特别是农牧区突出藏医药“治未病”的特点，以慢性病人群管理为重点，将藏医药健康管理纳入基本公共卫生服务项目中，在儿童、孕产妇、老年人等重点人群和高血压、糖尿病等慢性病患者健康管理中积极运用藏医药方法，提高重点人群和慢病患者藏医药健康管理率，65岁及以上老年人中医药健康管理率达到75.9%，0—36个月儿童中医药健康管理率达到74.8%。

（普布次仁）

医疗保障

【概况】 2022年，全市基本医疗保险参保53.55万人，参保率持续稳定在95%以上。城乡居民基本医疗保险参保38.93万人，城镇职工基本医疗保险参保14.62万人，确保应保尽保。基金收支总体平衡，支撑能力保持在安全合理区间，基本医疗保险基金（含生育保险）收入17.49亿元，支出7.53亿元，医疗救助资金收入1.14亿元，支出1610.68万元，医疗救助收入1.14亿元，支出1610.68万元，基金安全可持续。

【医疗救助政策及标准】《西藏自治区人民政府办公厅关于健全重特大疾病医疗保险和救助制度的实施意见》文件规定，对特困人员、孤儿（含事实无人抚养儿童）、一、二级重度残疾人员政策范围内个人自付医疗费用进行全额救助；对低保对象，易返贫致贫人口（含脱贫不稳定户、边缘易致贫户、因病突发严重困难户）、低保边缘对象，经工会部门认定的困难职工政策范围内个人自付医疗费用分别按95%、90%比例救助；对因病致贫重病患者医疗费用经基本医保、大病保险支付后负担达到或超过其家庭2021年收入40%的，政策范围内个人自付医疗费用按70%的比例救助。一个自然年度内普通医疗救助年度限额15万元、重特大医疗救助年度限额30万元。2022年，拉萨市九类特殊人群住院统筹基金报销2419人次，报销金额2787.51万元，大病保险理赔

2022年5月27日，拉萨市医疗保障局组织召开拉萨市“两代表一委员”医保政策培训交流会

396.42 万元,医疗救助 259.86 万元;门诊特殊病报销 5410 人次,报销金额 578.7 万元;大病保险理赔金额 320.94 万元;医疗救助金额 86.19 万元。

【异地就医】 2022 年,全市跨省异地就医总备案 3794 人次,其中城镇职工 3327 人次,城乡居民 467 人次。区内异地就医总备案 3.09 万人次。作为就医地,结算跨省异地就医医疗费用 1267 人次,总费用 438.31 万元,减少个人垫付 284.16 万元,覆盖 109 个地区的参保人员。结算区内异地就医费用 135.58 万人次,总费用 7.27 亿元,减少个人垫付 6.66 万元,覆盖 73 个地区的参保人员。作为参保地,结算跨省异地就医医疗费用 25.68 万人次,总费用 9707.85 万元,减少个人垫付 8251.24 万元,覆盖 23658 家跨省定点医药机构。结算区内异地就医费用 9.23 万人次,总费用 2431.33 万元,减少个人垫付 2167.11 万元,覆盖 700 家区内异地定点医药机构。

【药品和医疗服务价格控制】 2022 年,拉萨市医疗保障局(以下简称市医保局)制定出台《拉萨市非公立医药机构医药价格监测和信息发布制度》,建立民营医疗机构收费价格的监测和信息发布制度,做好“比价、晒价、合理定价”,切实减轻群众就医负担。组建医保、医疗、物价等专家团队开展民营医疗机构收费价格研究,在综合考虑医疗服务成本以及社会各方面承受能力等因素的基础上,制定民营医疗机构医疗服务价格指导

2022年5月28日,拉萨市医疗保障局举行打击欺诈骗取医疗保障基金专项治理启动仪式

体系。

【药品和医用耗材采购监督】 2022 年,拉萨市所有公立医疗机构均严格落实国家和省际联盟组织的 123 个品种药品和 5 类医用耗材集中带量采购,价格平均降幅分别达到 66.13% 和 70.34%。与四川建立动态实施药械价格联动机制,联动挂网价格平均降幅达 20%。

【打击欺诈骗保行为】 2022 年,市医保局拟定《拉萨市医疗保障基金信用管理暂行办法》,是针对定点医药机构、医保医师、医保药师等 8 个信用管理主体的暂行办法,为基金监管提供制度支撑。紧盯医保领域违法违规和欺诈骗保行为,重点聚焦基层定点医疗机构、社会办定点医疗机构,以及篡改肿瘤患者基因检测结果、血液透析骗取医保基金、医保卡违规兑付现金等欺诈骗保问题,开展专项治理。处理因过度检查、过度用药、重复收费、超标准收费等违反诊疗规范医药机构 10 家,追回违规使用医保基金本金 217.3 万元,处罚金 86.6 万元。移送司法机关案件 1 起,暂停服务协议 1 家。

【DIP 付费制度改革】 自 2020 年 11 月拉萨市被确定为全国区域点数法总额预算和按病种分值付费(DIP)首批试点城市以来,拉萨市医疗保障局统筹改革思路、健全组织机构、强化专项培训、细化工作措施、加强部门协同,研究印发《拉萨市基本医疗保险住院医疗费用区域点数法总额预算和按病种分值付费(DIP)实施细则(试行)》《拉萨市区域点数法总额预算和按病种分值付费(DIP)试点经办管理规程(试行)》《拉萨市基本医疗保险区域点数法总额预算和按病种分值付费(DIP)监管考核办法(试行)》《拉萨市 DIP 付费特病单议评审办法(试行)》等配套文件。组织专项培训 7 期,参训 758 人。形成拉萨市特色的病种分组系数,

确定DIP病种目录2027种(2022版),其中核心病种1298个,综合病种385个,基层病种22个,新增病种322个。2022年12月起,拉萨市在全区率先实现DIP实际付费工作,2022年12月成功入组1179个DIP病例,使用国家DIP基线版模块完成实际支付1041.5万元,与同时段按项目付费对比,统筹基金少支出347.29万元,打破原有的医疗路径依赖,形成有效的、良性的医疗资源竞争机制,创建"公平、公正、公开"的监管与支付生态,让医保变被动为主动付费,有效约束过度医疗和医疗费用不合理上涨,提高医保基金的使用效率。

(丁家毅)

体育

【概况】 2022年,拉萨市体育局(以下简称市体育局)始终贯彻落实市政府关于《拉萨市全民健身实施计划(2021—2025年)》和《拉萨市"十四五"体育发展规划》文件精神,组织开展环拉萨城自行车大赛、首届"新年登高 助力冬奥"山地自行车爬坡赛、拉萨市"乐动六一 快乐成长"第二届中小学生游泳比赛、2022年"堆龙万达杯"足球邀请赛、2022年第三届工间操大赛等各类重大活动,在全市掀起一波又一波参与全民健身的浪潮,对带动拉萨市群众、学生、干部职工参与全民健身,丰富群众、学生、干部职工的体育文化生活,促进全民健身活动的广泛开展起到积极作用。

【学校体育】 2022年,全市各学校有序举办学生运动会、足球联赛等体育活动。13所小学已普及开展围棋、藏棋、自行车等体育进校园活动。采用"四不两直"的方式,主要以突击检查、随机抽查和到校必查等形式不定期地对全市中小学进行督导检查。市业余体校制定科学合理的训练计划,开展2021年至2022年冬季大强度训练,强化优势项目、提升训练质量,促使冬训各项工作稳步推进、有序开展。在冬训测试比赛中,50名学生进行力量、速度、耐力等各项身体素质的比拼测试,测试项目包括400米、800米、1000米、2000米、3000米、立定跳远、1分钟跳绳、4×100米、4×400米等。市体育局为在测试比赛中取得优异成绩的学生颁发奖状和奖品,激发参训学生的训练积极性,增强荣誉意识。

【竞技体育】 2022年,由196名运动员组成的拉萨市代表团参加西藏自治区第十三届运动会的12个大项73个小项和第五届民族传统体育运动会11个大项28个小项所有项目比赛。经过多方协作、有序安排、刻苦训练、稳定保障,尤其是运动员的顽强拼搏和教练员精准的技战术安排,截至8月7日,区运会因疫情决定延期,拉萨代表团在西藏自治区第十三届运动会项目中共获得金牌14枚、银牌7枚、铜牌11枚,金牌榜和奖牌榜均位列第一名。在西藏自治区第五届民族传统体育运动会项目中共获得金牌3枚、银牌1枚、铜牌1枚,成绩位居前列。

【全民健身工程建设】 2022年,市体育局重点规划建设的达孜区白纳沟健走步道完工50%、拉萨市体育文化产业园项目完工65%、城关区全民健身活动中心项目完工70%、全民健身体彩公园膜结构遮阳棚项目已完工。2020年乡镇多功能健身活动广场项目中的3个子项完成换址并开工建设。28

2022年1月1日,由市体育局主办、市自行车运动协会承办的拉萨市首届"新年登高助力冬奥"山地自行车爬坡赛在城关区娘热街道娘热沟举行

2022年6月25日，“堆龙万达杯”足球邀请赛在堆龙德庆区滨河体育公园足球场开幕

个乡镇（社区）全民健身补短板和60套全民健身路径器材资金到位。在全区首次配建智能室外健身器材，并完成全市全民健身路径器材第一批更换与维修，保障市民安全、便捷、有效地健身。市群众文化体育中心立足拉萨体育产业中心点，不断提升内在动力，通过添置饮水机、休息座椅、共享充电宝、失物招领柜、自动饮料售货机、咖啡机等提升服务水平，新开放乒乓球场、新建室外篮球场等提升场馆供给能力，广泛吸引市民群众参与全民健身，截至8月7日，免费或低收费对外开放1030场次、接待健身群众52500余人次，承接区市机关、企事业单位开展的团体性体育活动10余场次。市区内其他健身场所同样广受欢迎，规模较大的健身点如宗角禄康、阿坝林卡公园、措吉林公园等。

【“我为群众办实事”活动】 2022年3月，市体育局按照市委关于“下基层大接访办实事”相关活动要求，组织党组成员到柳梧新区柳梧街道德阳村、桑达村下基层调研20余次，形成调研报告3篇，共收集整理出问题23条。7月，根据市委统一安排部署开展“大宣讲大调研大排查大落实”活动。局党组成员9次到柳梧新区柳梧街道德阳村、桑达村下基层开展调研活动，形成调研报告2篇，共发现25个问题，调研结束后及时形成问题清单，同时做好整改及落实工作。

【拉萨“领峰杯”新年登高自行车爬坡赛】 2022年1月1日，由拉萨市体育局主办，拉萨市自行车运动协会承办，各地市自行车运动协会及俱乐部协办的首届“新年登高 助力冬奥”山地自行车爬坡赛在拉萨顺利举办。本届比赛吸引全区近90余名自行车运动爱好者报名参赛。区体育产业设施开发管理中心主任达娃顿珠，区登山队专家、汽摩自运动协会主席边巴扎西，区体育局群众体育处索朗顿珠出席，市体育局局长拉珍致开幕词，市体育局党组书记钟传彬宣布开幕。经过激烈角逐，来自西藏亚车队的江村罗布、达娃珠扎和老队员车队白玛央吉分别获得男子精英组、男子大师组、女子组第一名。

【拉萨市第二届中小学游泳比赛】 2022年6月1—2日，拉萨市第二届中小学游泳比赛在拉萨市群众健康服务中心（游泳馆）成功举办。“乐动六一 快乐成长”拉萨市第二届中小学生游泳比赛由市体育局主办，市游泳协会承办。来自19所学校的700余名中小学生参加比赛。比赛共设小学低龄男女组50米蛙泳、小学大龄男女组50米蛙泳、初中男女组50米蛙泳、初中男子组50米自由泳等8个组别。

【“堆龙万达杯”足球邀请赛】 2022年6月25日，由拉萨市体育局、堆龙德庆区人民政府主办，西藏置业集团、拉萨市足球协会承办的“堆龙万达杯”足球邀请赛在堆龙滨河公园开幕，该次赛事共吸引7支足球队100余名运动员参赛。足球邀请赛现场观赛3万余人、线上观赛达50万人次，获得足球爱好者的广泛关注。

【环拉萨城自行车大赛】 2022年7月23日，由中国自行车运动协会、拉萨市人民政府、西藏自治区体育局主办，拉萨市体育局承办的2022环拉萨城自行车大赛成功举行，环拉萨城自行车大赛全程72.3千米，共有来自全国300余名骑行高手参赛，在骑行过程中领略拉萨的山河风貌，在愉悦的心情中体验高原自行车赛的极限。该次赛事得到200余家主流媒体的报道和24个网络平台的实况直播，直播观看258.4万人次，在区内外产生较大的影响。

【拉萨市第三届工间操大赛】 2022年7月2日，“我运动 我健康 我快乐”拉萨市第三届工间操大赛在拉萨市群众文化体育中心举行。副市长陆从福出席开幕式并宣布开幕，自治区体育局副局长陈天兵、市直机关工委书记王晖、自治区体育局群体处四级调研员王军徽出席开幕式。赛前进行气势恢宏的千人工间操展演，烘托热烈的氛围。来自各县（区）、功能园区、市直机关单位、市属国有企业的33支队伍，1000余人参加比赛，用实际行动诠释“每天锻炼一小时，健康工作50年，幸福生活一辈子”的健康生活理念。

【“苗圃计划”联合培养效果显著】 2022年，市业余体校与江苏省联合培养的“苗圃计划”学生现有28名，其中8名在苏州市体育运动学校训练、20名在扬州市体育运动学校训练。2名竞走运动员测试成绩达到U14—U15国家一级水平；1名女子摔跤运动员以优异的成绩选入江苏省南京市重竞技运动学校；琼达、拉巴卓玛、旦增罗布3名学生备战江苏省第二十届青少年部田径运动会。

【健全体育组织建设】 2022年，市体育局强化管理各体育社团，科学指导各单项体育协会。成立拉萨市体育单项协会3家（自行车协会、乒乓球协会、足球协会），藏棋协会、羽毛球协会、户外拓展运动协会正在按照民政局相关规定办理手续。着手推进篮球、老年健身、民族健身操、风筝等协会的筹建。

（金琳琳）

民族·宗教

民族事务

【概况】 2022 年，拉萨市民族事务委员会（以下简称市民委）坚持以铸牢中华民族共同体意识为主线，着力在创建全国民族团结进步示范区上当好排头兵，全面贯彻落实中央民族工作会议、区党委民族工作会议和全国民族团结进步创建经验交流会精神，促进全社会铸牢中华民族共同体意识，推进民族团结进步模范区创建工作，不断推进民族工作高质量发展。成功创建全国民族团结进步示范区示范单位 6 家，自治区级民族团结进步模范县（区）模范单位 23 家、市级民族团结进步模范县（区）模范单位 196 家，自治区级民族团结进步教育基地 2 个，成功创建市级民族团结进步模范单位。3 月 28 日，在庆祝"西藏百万农奴解放 63 周年纪念日"之际，拉萨市和云南普洱再次携手，成立拉萨净土低氟健康茶展销中心，展销中心的成立是两市贯彻落实党中央、国务院关于推广普及低氟茶决策部署工作的深度延续，每年将为普洱市推广 5000 吨以上低氟普洱茶。

【民族团结进步模范市创建】 2022 年，拉萨市成立以市人大常委会党组书记、主任贺鹏为组长，市委常委、宣传部部长王慧和市委常委、统战部部长、市政协党组副书记格桑次旦为常务副组长，市人大、政府、政协分管领导为副组长，各县（区）和市直相关单位为成员单位的拉萨市着力创建民族团结进步模范区当好排头兵专项组。市民委制订印发《拉萨市 2022 年铸牢中华民族共同体意识为主线着力创建全国民族团结进步示范区工作方案》，细化分解 11 项任务清单，巩固深化提升全国民族团结进步示范市创建成果；制订印发《拉萨市 2022 年深入开展民族团结进步宣传教育工作方案》，以"四个纳入"、抓好"四个统筹"、发挥"三个作用"、开展"民族团结宣传教育 +N 活动"为抓手，列出重点任务清单 14 项，多层次、多角度深入宣传。3 月 25 日，自治区民委、拉萨市民委、墨竹工卡县委、县政府在甲玛乡赤康村共同举办以"铸牢中华民族共同体意识 创建民族团结进步模范区"为主题的喜迎"二十大"庆祝"3·28"西

2022年5月20日，拉萨市民委在城关区蔡公堂街道白定社区开展"铸牢中华民族共同体意识拉萨市民族团结进步创建进社区示范宣讲活动"

藏百万农奴解放纪念日民族团结进步创建进乡村活动。3月28日，市委、市政府举办盛世中国、幸福西藏——拉萨市纪念西藏百万农奴解放63周年主题经典歌曲大赛成果汇报演出。3月28日，市民委、市民族团结进步创建工作领导小组办公室在墨竹工卡县曲龙寺管委会组织开展以“建设美丽幸福西藏　共圆伟大复兴梦想”纪念西藏百万农奴解放63周年为主题的民族团结进步模范区创建进寺庙系列活动，全年各类媒体宣传报道民族团结内容达380余条次，各类户外宣传横幅、广告、灯箱等达750余条。印制《铸牢中华民族共同体意识宣讲提纲》，开展铸牢中华民族共同体意识宣传教育活动达700余场次。邀请自治区民委党组成员、副主任刘冬梅作“深入学习习近平总书记关于民族工作的重要论述，牢牢把握铸牢中华民族共同体意识主线，推进西藏民族工作高质量发展”专题辅导报告。积极争取国家、自治区级民族团结进步示范单位、模范单位，拉萨市已经在2016年首批成功创建全国民族团结进步示范市并在2021年接续创建成功复牌，成功创建自治区民族团结进步模范市；成功创建全国民族团结进步示范区示范单位6家，自治区级民族团结进步模范县（区）模范单位23家、市级民族团结进步模范县（区）模范单位196家，自治区级民族团结进步教育基地2个。

【民族交往交流交融】2022年6月16日，四川省雅安市雨城区政协主席、藏茶产业发展工作领导小组组长张燕一行11人到拉萨市调研健康茶工作，深入城关区龙茶行和朗赛公司茶叶经销店实地调研低氟茶在拉萨市推广普及、群众对低氟健康茶各项政策了解、健康低氟茶在群众中的口碑、销售及市场行情等。并在市政府召开座谈交流会，双方就继续加强低氟健康茶的推广和合作进行沟通交流。

【民族事务管理】2022年3月，市民委重新启动修改《拉萨市民族事务委员制兼职委员单位工作职责》《拉萨市民族事务委员制工作制度》工作。4月12日，以市政府办公室名义印发《拉萨市民族事务委员会委员制工作制度》《拉萨市民族事务委员制兼职委员单位工作职责》。5月26日，召开第一次全体民委委员会议，研究相关事项，对下一步工作进行安排部署。对2012年出台的《拉萨市民族团结进步条例》进行修订，市政府于2月18日常务会议研究通过，2月20日市政府报送至市人大审查。

【民族政策落实】2022年3月28日，在庆祝“西藏百万农奴解放63周年纪念日”之际，拉萨市和云南普洱再次携手，成立拉萨净土低氟健康茶展销中心，每年将为普洱市推广5000吨以上低氟普洱茶；举办低氟健康茶推广普及培训。5月12日，在西农集团邀请低氟茶培训讲师王梦奇围绕“低氟健康茶推广普及的重要意义”“低氟健康茶各项政策措施”“低氟健康茶辨别”“饮茶型低氟病的相关知识”“藏茶的健康功效”等5个方面为全市健康茶宣传推广的成员单位、各县（区）负责人、乡镇（街道）、村（社区）、驻村工作队及寺庙管委会负责人等进行全面培训；发放2022年低氟健康茶，全市“十三五”期间脱贫群众（不含脱贫不享受政策户）44102人发放低氟健康茶220.51吨。开展民族成分变更工作，按照《中国公民民族成分登记管理办法》，市民委共收到13例因父母婚姻关系发生变化，申请变更子女民族成分，经严格审核，对符合规定的予以变更、确认共13例。

【民族干部培训】2022年，市民委干部职工参加各级各类培训31场次、47人次，其中参加“铸牢中华民族共同体意识培训”“拉萨市宗教界‘三个意识’主题教育培训”等业务培训6场次、13人次。

（卓玛央宗）

宗教工作

【概况】2022年，拉萨市宗教事务局（以下简称市宗教局）是市政府工作部门，正县级建制，设4个内设科室（正科级），分别为办公室、政策法规科、藏传佛教事务科、其他宗教事务科。核定人员编制15名，其中，行政编制8名，事业编制7名；部门领导职数5名，科级领导职数8名。所属事业单位宗教服务和管理中心，核定编制6名，内设领导职数3名。市宗教事务局管理指导的拉萨市佛教协会，设1个内设科室（正科级），综合办公室；核定编制8名，部门领导职数2名，不分内设科室，科级领导职数2名。

【宗教领域宣传教育】 2022年,市宗教局深入开展“三个意识”教育,深化常态化“四条标准”教育实践活动,持续推进爱国主义教育、民族团结教育、新旧西藏对比教育和反分裂斗争教育,采取视频宣传、微信推送、“一对一”送教上门等方式,深入宣传党的二十大精神,推广普及国家通用语言文字,不断增强“五个认同”,铸牢中华民族共同体意识。各级涉宗部门组织各类宣讲活动5643场次。结合“八五”普法、“宗教领域精准普法”、“三月宗教活动场所普法宣教月”、“三个意识”教育等活动,推动宗教界法治宣传教育,连续4年组织寺庙僧尼举办法律知识考试。2022年,组织僧尼参加法律知识考试,参考率达83.2%,合格率100%。在满足信教群众基本宗教需求的基础上,向农牧民群众宣传党的宗教工作方针政策,引导信众理性对待宗教,市区基层组织在转经道设置服务宣传点,发放理性布施、科学放生、文明煨桑倡议书。

【佛协工作】 2022年,市佛协举办全市宗教界人士喜迎藏历新年茶话会,成功召开拉萨市佛教协会第五届理事会第二次理事会议,引导大昭寺、哲蚌寺、色拉寺等积极参与拉萨南北山绿化工程。鼓励支持宗教界代表人士做好教义教规阐释工作,举办“首届西藏佛学院拉萨分院学员培训班”“首届藏传佛教尼姑培训班”及“三个意识”教育专题讲座、经验交流座谈会,邀请高僧大德讲经阐释,组织参观林周农场等各类实践活动。

【宗教事务管理】 2022年,市宗教局严格依法审批宗教活动场所建设(修缮)项目,建立事前、事中、事后全覆盖监管机制,采取实地督导检查,深入开展安全生产专项整治三年行动计划,推进寺庙“智慧消防”试点工程,推进“十四五”项目各项工作。督促相关责任部门建立健全依法打击非法宗教活动工作责任制和排查治理常态化管理制度,纳入市域治理现代化试点工作范畴,有效遏制宗教极端思想传播。

(张 玥)

广播电视

【概况】 2022年,拉萨市广播电视局(以下简称市广电局)立足举旗定向,在增强意识形态凝聚力和引领力上达到新高度,落实意识形态工作责任制。以高度的政治自觉落实党组理论学习中心组学习制度,印发《拉萨市广播电视局党组2022年专题学习研讨重点内容安排》,组织开展集中学习研讨12次,开展书记讲党课3次,举办《习近平谈治国理政》读书班1次,开展"感悟领袖风范、锤炼过硬作风"活动1次。召开意识形态、党建工作、党风廉政建设工作专题会各2次,学习中央和区、市党委相关会议精神,部署安排下一阶段工作。对各播出机构开展意识形态工作责任制落实情况督查检查2次,并对检查情况进行反馈。结合巡察整改工作,规范工作流程、制定完善各类制度,逐步实现"用制度管人"和"用流程管事",并荣获"全国新闻出版广播影视系统先进集体"称号。

【重要报道】 2022年,市广电局坚持团结稳定鼓劲、正面宣传为主,结合高水平全面建成小康社会、疫情防控、党的二十大等重点工作,精心做好正面宣传。全市各级广电部门围绕各项宣传工作重点共计宣传报道7000余条。为迎接贯彻党的二十大,充分反映人民群众实实在在的幸福生活,拉萨融媒体中心开辟专栏《喜迎二十大 奋进新征程》《二十大时光》《喜迎二大 奋进新征程 非凡十年看拉萨》等专栏,共播出150余条相关新闻。曲水县广播电视台开辟专栏《奋进新征程 我谈曲水新变化》《聚焦两会专栏》等专栏,共播出58期。林周县广播电视台开辟专栏《党的二十大报告里的我们》《喜迎二十大 非凡十年》等专栏,共播出31期。墨竹工卡县广播电视台开辟专栏《聚焦二十大 书记谈变化》《非凡十年 看墨竹》等专栏,共播出70期。当雄县广播电视台开辟专栏《非凡十年 我来说》《喜迎二十大 翰墨写初心》等专栏,共播出79期。达孜区广播电视台开辟专栏《喜迎二十大 奋进新征程》,共播出69期,为党的二十大胜利召开营造良好的舆论氛围。制作并播出关于疫情防控相关新闻1500余条;微信公众号转载并推送关于疫情防控文章5056条;下载并播出关于疫情防控公益广告1000余条;新媒体制作疫情防控相关短视频1646条。根据国家广电总局和自治区广电局相关文件精神,组织督促协调各级广电部门申报优秀作品争取相关扶持资金。按照2022年全国广播电视新闻作品每季度推优工作要求,申报电视新闻作品6部,其中拉萨融媒体制作播出的《问政拉萨》栏目获得第一季度优秀广播电视新闻作品。在鼓励播出机构参与播出优秀推优作品展播的同时,督导播出机构严格执行播前"三审三校"和"重播重审"制度。截至年底,全市各级广播电视播出部门播放优秀公益广告1500余条,播放3万余次,其中播放优秀国产动画片20余部;播放优秀国产纪录片7部。

【"大拆违"宣传】 2022年,市广电局对接相关部门,完成广播电视塔项目移交工作。印发《2022年拉萨市境外卫星电视广播地面接收设施工作要点》,各级广电部门联合文化市场综合执法支队,公安、市场监管局等相关单位共执法检查 150 余次，出动 450 人次，未发现安装境外卫星电视广播地面接收设施的情况。开展“黑广播”“灰广播”打击治理，拉萨市辖区内未发现存在“黑广播”或“灰广播”情况。参加全市各单位组织的以“第 34 个全国爱国卫生月”和“安全生产拉萨行”等为主题的相关法律法规宣传活动，并在驻村工作点开展广电“文艺、法规、服务”“三下乡”活动。向农牧民群众、商家发放《卫星广播电视地面接收设施管理条例》宣传手册共计 1000 余册，赠送《拉萨市 2013—2016 年电视综艺晚会集锦》光盘共计 1000 余盒，现场为农牧民群众宣传、解答相关广电法规政策，进一步增强农牧民群众的广电法律、法规意识，受到当地群众的广泛赞誉。受理各类“12345”市民服务热线 9 件次，均与有线数字电视有关，与中国广电西藏有限公司联系解决群众的燃眉之急。

【安全播出和服务群众】 2022 年，市广电局按照自治区广播电视局 700 兆工作安排部署，完成中央节目无线数字发射站（32 座台站）的发射系统改造。防范化解风险隐患，充分利用已建的拉萨市广播电视安全播出监测系统，强化广播电视节目播出内容安全的保障力，不断提升广播电视节目播出质量。组织全市安全播出单位开展安全播出自查、检查和问题整改落实工作。深入排查播出、传输、覆盖等各环节的风险隐患，切实消除安全隐患，做到全覆盖、无盲区。

（罗　珍）

融媒体工作

【概况】 拉萨市融媒体中心（以下简称市融媒体中心）有 1 个广播频率、3 个电视频道、2 份报纸和 10 个新媒体矩阵。3 个频道、1 个频率共有 25 档自办栏目，其中藏语自办栏目 14 档和汉语自办栏目 11 档，自办栏目日播出 9 小时，年播出 3285 小时。《拉萨日报》汉语报于 2017 年 7 月 1 日创刊，每周 7 期，周一至周五每日 8 个版，周六周日 4 个版，日印刷量 7500 份。《拉萨日报》藏语报，2017 年 7 月 1 日创刊，每周 7 期，每期常态 4 个版，主要为翻译汉文报纸稿件，日印刷 83500 份。

【采编发流程优化】 2022 年，市融媒体中心对报纸、电视、网站、广播、App、抖音、微信公众号、视频号等实行全媒体调度，尤其是对重大新闻稿件采编、审核、发布等方面进行流程重置和优化，改变过去各媒体平台各唱各的调，很难统一发声的局面。一条新闻，记者采集后通过统一调度，分别在电视端（电视频道）、手机端（微信及视频号、抖音、App 等多平台）、PC 端“三屏”分发，建立起“统一策划、一次采集、多元生成、立体发布、全网覆盖”的工作机制，形成“拉萨发布”“悦享拉萨”两个微信公众号、“拉萨融媒”今日头条号、“拉萨发布”微博客户端、“拉萨融媒”抖音号、拉萨广播电视台官网、“拉萨融媒”App、“悦享拉萨”视频号、“拉萨融媒”快手号、“FM914 你好拉萨”抖音平台等多形式的全方位、立体化新媒体矩阵。“拉萨发布”微信公众号粉丝量从年初的 16 万人上升到 38 万人，增长粉丝近 22 万人，增长率达 135.7%。8—9 月，在自治区 200 多家政务微信公众号榜单中排名第二，10 月、11 月排名第一；“拉萨融媒”抖音号 115 万名粉丝量领跑全区，“FM914 你好拉萨”抖音号等各平台关注度均大幅提升。

【交流合作】 2022 年 1 月 2 日，由市融媒体中心承办，苏拉两地共同打造的拉萨 2023 年中华民族一家亲新年音乐会在江苏紫金大剧院成功举办并进行现场直播。4 月，市融媒体中心加强与地市宣传文化系统的交流合作，与林芝市、那曲市联动，开展《高原零距离·忆往昔——波密红楼里的历史记忆》《一起旅行吧 看怒江向东》两档栏目的网络直播，有效搭建三市媒体在信息交流、宣传造势、舆论引导和观念沟通的平台，建立起三市联动、优势互补的媒体合作机制。

【中长期规划】 2022 年，市融媒体中心紧密结合自身业务定位和实际情况，制订《拉萨市融媒体中心创新管理改革方案》《拉萨市融媒体中心构建全媒体传播体系改革方案》《拉萨市融媒体中心精品内容建设工作方案》《拉萨市融媒体中心推进意识形态主阵地建设工作方案》《拉萨市融媒体中心先进技术创新应用方案》5 个方案，对全媒体环境下的媒介竞争态势、媒介发展走势进行全面深入研究，制订《拉萨市融媒体中心三年行动计划》，详细规划每一阶段媒体融合的任务目标、具体措施等内容，并细化实化每一项工作举措，以确保媒体融合工作的计划性与规范性，推动媒体融合工作顺利、高效地向纵深发展。

【优化内设机构】 2022年，市融媒体中心优化调整内设机构，将采访部和编辑部优化整合成立新闻部和新媒体部，明确部门工作职责、加强科级职数配置，形成运转顺畅、分工合理、职责明晰、监督有力的工作流程。

【围绕中心工作】 2022年，市融媒体中心紧紧围绕市委、市政府的中心工作，围绕全国、区市两会、疫情防控、党史学习教育、生态环保、作风建设、宗教界“三个意识”教育等全市性重点工作，制订内容翔实的宣传方案。加大新闻策划力度，形成舆论引导合力，通过编前会、策划调度会对工作进度和质量进行调度、对责任进行再压实，将宣传工作抓细抓实抓落地。分别推出《两会进行时》《领导干部下基层大接访办实事》《创建国家生态文明高地——中央生态环境保护督察进行时》《改进作风 狠抓落实》《防疫不放松 拉萨在行动》《看变化——我们的幸福生活》《奋斗的青春最美丽》《亲切的关怀 巨大的鼓舞 君正书记来拉萨》等专栏，新媒、电视、报纸端结合自身报道需求，通过H5、短视频、微视频、图文并茂的形式，以小故事讲大道理、小视角反映大主题、小切口突出新时代，推出一批有思想有温度有品质的新闻作品，用心用情讲好拉萨各级各部门、各族干部群众奋进新时代的生动故事，为拉萨各项事业发展提供强大的精神动力、舆论支持和文化条件。

【策划选题】 2022年，市融媒体中心始终坚持团结稳定鼓劲、正面宣传为主的方针，牢牢把握正确政治方向、舆论导向和价值取向，把体现党的主张与反映人民心声统一起来，把镜头对准群众，对准基层，坚持“三贴近”、践行“走转改”、增强“四力”，精心策划实施《新春走基层》《春耕春播》《乡村振兴》《乡风文明》等系列主题报道，生动记录群众的生产生活和新时代的奋斗故事，坚持守正创新，创新传播形式，着力打造主题鲜明、内容鲜活、形式新颖，网上网下同频共振、群众喜闻乐见的精品节目，推出一批“沾泥土”“带露珠”“冒热气”的精品力作，努力讲好西藏故事、拉萨故事。

【聚焦民生热点难点】 2022年，市融媒体中心紧紧围绕市委、市政府推动的、广大人民群众关注的和社会反映强烈的热点难点问题，推出全区首档问政类栏目《问政拉萨》。该栏目充分发挥媒体监督作用直击民生热点痛点，有效搭建群众与政府部门和公共服务行业之间的桥梁，进一步拓展群众诉求渠道，成为政府与群众之间的“连心桥”。该栏目累计播出9期，每期通过“拉萨发布”“悦享拉萨”微信视频号、“拉萨融媒”抖音号、快手号进行网络直播，累计区内外线上观看达40余万人次，点赞累计达80余万人次，深受全市干部群众、区内外网友高度关注和一致好评，并入选国家广电总局2022年第一季度优秀广播电视新闻作品名单。

【聚焦党的二十大】 2022年，市融媒体中心紧紧围绕迎接、宣传、贯彻党的二十大精神这条主线，扎实做好新闻宣传工作。在党的二十大召开前，以营造氛围、增进共识等为重点，策划《走进乡村看变化》《拉萨非凡十年》《数说县区》等专

2022年2月，拉萨市融媒体中心推出全区首档问政类专题节目《问政拉萨》

栏，播出47期，为迎接党的二十大胜利召开营造良好舆论环境。党的二十大召开期间，多形式多角度全方位对拉萨市积极学习宣传贯彻党的二十大精神情况进行宣传报道，推出《学习二十大奋进新征程》《踔厉奋发启新程——拉萨我的家》《二十大时光》《说说二十大》等多个专栏，采访市直单位负责人、部门业务骨干、各县区居民、农牧民群众150余人次，各平台播出稿件160余篇，营造良好的学习、宣传、贯彻党的二十大精神的浓厚舆论氛围。党的二十大召开后，以贯彻落实党的二十大精神等为重点，组织策划一批新闻采访活动，通过全方位、多层次、广覆盖、高水平的持续宣传报道，确保让党的二十大精神和党中央的决策部署走进千家万户、入脑入心入行。

【广播节目】 2022年，拉萨市广播电台不断充实完善各类专题专栏节目，提高节目质量，深化专栏效果，通过策划推出一批高质量、有特色、有影响的品牌专题专栏，全力讲好拉萨故事，及时传播拉萨好声音，更多有深度、有温度、有广度的广播节目纷纷涌现，增强节目的吸引力和感染力。为提高电台节目影响力，提升服务功能，广播电台持续在新媒体端发力，在电台抖音号“FM914你好拉萨”推发“民法典解读”“交通出行提示”“电台节目预告”“防疫知识讲解”“政策解析”“健康知识介绍”等120余条抖音作品，作品近30日播放量达到374.6万次。截至年底，关注人数达15.2万人，成为西藏自治区粉丝量最多的电台抖音号。

【文艺活动】 2022年，市融媒体中心先后完成春节特别节目《古城春韵》、2022年春节藏历水虎新年电视联欢会的录制与播出，拉萨市庆祝百万农奴解放纪念日特别节目“盛世中国　幸福西藏”经典歌曲合唱、“诵读新时代”、“4·23”全民阅读普及月启动仪式、“拉萨市深化全国文明城市创建新闻发布会暨主题作品颁奖晚会”、“喜迎二十大 礼赞新时代”——书香拉萨农牧民（居民）国家通用语言诵读比赛、拉萨市“童心向党庆七一喜迎党的二十大”文艺会演等的网络直播、电视节目的播出，大屏小屏同频共振，用心服务丰富群众文化生活。

【公益广告】 2022年，市融媒体中心充分发挥传媒平台优势，全年围绕社会主义核心价值观、时代楷模、垃圾分类、绿色环保、疫情防控、关爱未成年人等内容，制作播出《疫情总会过去，山河终将无恙》《烟火气》《看见同舟共济的力量》《文明煨桑，保护环境》等公益广告487条。编播电视新闻节目《拉萨新闻》（汉语）365期、《新拉萨》（汉语）106期，《拉萨新闻》（藏语）365期，《新拉萨》（藏语）106期，广播新闻节目《拉萨新闻》（藏语）324期、《914新拉萨》312期，《拉萨日报》汉语版出版309期、发行量240万份，《拉萨日报》藏语版出版306期、发行量2988万份。

【广电融合提升工程项目建设】 2022年，拉萨广播电视台广电融合提升工程项目的建设目标为拉萨广播电视台升级全台广电设备，加快广电传统媒体与新兴媒体的融合力。结合拉萨广播电视台的实际情况和未来发展要求，在项目建设内容上拉萨广播电视台将遵循融合发展理念，转型谋变，把传统媒体的影响力向网络空间、移动媒体延伸，通过打造“融合媒体”进一步优化生产流程，按照“一次采集、多种生成、多元传播”的模式，把融合理念贯穿并体现在电视报道的全过程、各环节，将极大改善拉萨广播电视节目制作能力，强化广播电视公共服务基础设施，更好地发挥广播电视的“喉舌”作用，将发挥长远的政治、经济和社会效益，为拉萨广播电视台传统媒体转型现代互联网新媒体，融合媒体云平台的建设奠定坚实基础，为拉萨智慧广电奠定基础。

【新型主流舆论引导平台搭建】 2022年，市融媒体中心以移动App为用户使用核心，对接党委部门技术平台，按照“媒体+”的要求，实现党建服务功能，为党建提供信息发布及宣传、管理服务，协助党建工作的开展，包括国家党建要闻、地方党建、党建动态等资讯新闻，打通党政宣传的“最后一公里”，增强基层党组织的学习力、凝聚力、战斗力。宣传和推广市融媒体中心“悦享拉萨”App，使之成为市内主流舆论阵地，综合信息服务平台和社区信息枢纽，实现全市各社区资讯统一管理、统一运营、统一发声，形成功能完备、覆盖全面的现代化全媒体生态体系，进一步巩固和加强主流媒体的舆论引导地位。坚持“新闻+”理念，以综合性和服务型为主打，把融媒体中心和服务群众结合起来，拓展多种运营服务，增进服务效能，创新盈利模式。发挥融媒体内容和队伍优势，发挥窗口优势，围绕公共文化、智慧政务、智慧城市民生建设方面，与相关部门合作探索，举多方之力打造一个跨平台、跨终端的全市新媒体应用。根据实际需要，立足本土创建面向实践的融合平台，组建“新时代文明实践中心”，将文明实践中心与文明实践社区、社团、志愿服务融会贯通。建立平台和终端贯通机制，打造实时智能的文明服务供需平台，推动文明实践供给侧和需求侧精准对接。强化“线上线下”相融机制，推动实体空间网络化，将“线下”的日常文明观念和规范转移到“线上”；推动虚拟空间实体化，将网络空间中的教育内容转化为现实空间中的模拟场景、实践情景、教育情境，引导民众主动践行文明观念。为节约租用成本，将小程序和网站进行本地化部署，在App端增加“问政拉萨”板块，充分利用现有的设备资源，合理布局，积极推动新媒体业务全面发展。

【网络安全建设】 2022年，为迎接党的二十大胜利召开，市融媒体中心决定对各相关系统进行网络安全加固，确保各系统在传统安播的前提下完成网络安全加固环节。针对电视播控系统、广播制播系统、媒资系统、方正飞旋数字报系统、方正全媒体采编系统5个系统，增加相关的网络安全硬件设备，按照广电总局等级测评相关规范，对5个系统分别进行不同等级的测评工作，至年底该工作正在有序进行。将原电视台100兆专线带宽提升至300兆，将原报社20兆专线带宽提升至100兆，确保各业务对网络带宽的需求。

地方志工作

【概况】 2022年，拉萨市及各县(区)地方综合年鉴均实现一年一鉴、公开出版。当年完成的工作任务，得到自治区地方志的通报表扬。拉萨市及各县(区)地方综合年鉴于2022年9月至12月全部公开出版完毕，其中《拉萨年鉴(2021)》于2022年12月公开出版。稳步推进拉萨市扶贫志、小康志编纂工作，为2025年12月底完成出版开好局。

【《拉萨市志(2001—2010)》印刷出版】 2021年8月，《拉萨市志(2001—2010)》由方志出版社完成三审三校工作。拉萨市地方志编纂委员会办公室(以下简称市地方志办公室)按照方志出版社的修改意见，将修改意见进行分类，并指定专人负责、逐条落实，于2022年2月完成修改，并将修改稿呈自治区地方志审核，待审核后印刷出版。

【《拉萨年鉴(2022)》编纂工作】 2022年3月，市地方志办公室收集原稿开始着手，以西藏年鉴为参考，借鉴其他兄弟城市优秀年鉴，认真总结往年编纂经验，重新编写《拉萨年鉴编纂大纲》，进一步明确各撰稿单位需提供的材料，规范提供材料格式。4月，印发《拉萨市人民政府办公室关于做好〈拉萨年鉴(2022)〉编纂工作的通知》。截至年底，《拉萨年鉴(2022)》编纂已基本完成。

【指导各县(区)地方志工作】 2022年，市地方志办公室在认真编纂拉萨市年鉴、志书的同时，加强对各县(区)地方志工作指导，严格审阅各县(区)地方综合年鉴、志书，把好政治关、保密关、史实关、质量关。对有问题的坚决予以改正，对涉密的坚决删除不用，对质量不达标的坚决予以重写，对缺少资料断章断线的，坚决予以补充。截至年底，各县(区)地方综合年鉴2022卷均已送至方志出版社进行三审三校工作。地方志书方面，堆龙德庆区、达孜区已印刷出版；当雄县、林周县均通过方志出版社三审三校，待自治区审核后出版印刷；城关区、墨竹工卡县通过自治区验收，待自治区总编；曲水县、尼木县通过终审，已呈自治区，待验收。

(袁宏雁)

档案管理

【概况】 2022年，拉萨市档案局(馆)选派专人规范化整理市委办公室档案382盒，4180件，其中永久164盒，1358件，长期218盒，2822件。发挥档案保管利用的服务职能，不断强化服务意识，优化服务方式，通过接待查询、电话咨询、上门服务等多种形式提供查档服务，满足利用者需求。全年提供查阅文书档案6771卷次，123098

件次，154人次；企业退休人事档案818件次、38人次；查阅资料87卷次，30人次，为领导决策、经济建设、编史修志、调解矛盾纠纷、工作参考提供原始依据，深受档案利用者的好评，特别是林芝巴宜区委组织部送来“巴宜拉萨心连心 热情服务显真情”的锦旗。

【《“十四五”拉萨档案事业发展规划》编制】 2022年，市档案局（馆）结合拉萨市档案工作实际，紧紧围绕统筹推进“五位一体”总体布局和协调推进“四个全面”战略布局，从推进“四个体系”建设方面，编制《“十四五”拉萨档案事业发展规划》，规划设定5个方面21项重点任务。4月，以市委办、市政府办名义印发全市。

【文书档案归档和移交接收】 2022年，市档案局（馆）制订年度接收计划，采取跟踪服务、业务指导、上门催办等方式，督促立档单位做好档案移交和移交前的分类整理工作。全年接收市直机关单位档案4543盒31461件；7名企业退休人员的人事档案。

【红色档案资源建设】 2022年，市档案局（馆）与市委宣传部对接，14位十八军老战士采访影像资料已经移交，其他100余位十八军老战士采访资料移交工作正在洽谈中。与市委老干局沟通联系，征集到十八军老战士建增老人实物档案140余件，十八军老战士何达成实物档案70余件及收藏书籍70册。与市牦牛博物馆联系，将其收藏的45幅红色版画，进行扫描留存。征集进馆《庆祝中国共产党成立100周年“文化中国 时代榜样”世界邮票纪念珍藏册》。重视红色口述档案的抢救与保护工作，组织申报《拉萨市红色档案口述史抢救与保护项目》。借助拉萨发布平台，发布《拉萨市档案馆关于征集红色档案公告》，面向社会征集各个历史时期在拉萨形成和留存的具有纪念意义和保存价值的各类档案。

【脱贫攻坚档案的归集工作】 2022年，市档案局（馆）赴各县（区）、功能园区、脱贫攻坚指挥部办公室等档案应收尽收、应归尽归，齐全完整。截至年底，脱贫攻坚文书档案（2016—2020年）208卷2240件已经全部移交进馆，接收电子照片档案1070张，视频光盘7张，播放时长149分钟，内存33GB。

【档案数字化建设】 2022年，拉萨市数字档案馆项目已经通过分保评审和技术评审，市经信局出具《技术审查报告》批复。对馆藏老照片进行扫描820张。购置档案管理软件，组织人员网上自学，对馆藏档案进行扫描。截至年底，扫描馆藏档案30盒360件3120页；目录著录360条；原文挂接360件，系统挂接机读目录1.4万余条，启动档案数字化工作。

【特色功能展厅建设】 2022年，市档案局（馆）推进西藏“三大重点文物”保护维修工程档案展厅和照片档案陈列室项目，于12月10日完成招投标工作。

【空港新区档案移交工作】 2022年，市档案局（馆）根据《西藏空港新区整体移交工作方案》的总体部署，采取以岗代训的方式就机关文书档案规范化整理要点对空港新区管委会档案员进行业务培训，于6月接收进馆空港新区管委会2015—2021年文书档案280盒4742件。

【查找梳理市委办公室历史沿革档案资料】 2022年，市档案局（馆）根据市委办公室第11次室务会的安排部署，安排专人查阅馆藏档案，梳理市委办公室历史脉络。截至年底，查阅馆藏档案605件，扫描有关档案133件。

【规范档案专用库房建设】 2022年，市档案局（馆）为规范合理保管档案，调整新增政权系统档案第二库房、企业人事档案、电子档案、音像档案、报纸陈列室等6个专用库房，新增面积约1500平方米。调整防磁柜20组，用于存放电子档案。将1959年以来的《西藏日报》《拉萨晚报》进行修裱保护，将馆藏的1572卷报纸合订本全部分类整理。安装报架16组，批量采购报纸专用盒，报纸全部有序规范保存。档案专用库房由原来的3个增加到现在的9个，正在朝着“一个又一个”的档案专用库房迈进。

【安全体系建设】 2022年，市档案局（馆）深入贯彻《国家档案局关于进一步加强档案安全工作的意见》和《档案安全风险评估指标体系》，统筹档案事业发展和档案安全，增强风险意识，强化底线思维，落实安全责任，健全应急机制，健全档案库房安全管理制度，落实档案库房日常安全检查机制，提高档案库房安全防灾标准，每周两次对档案库房例行检查，确保档案实体在“收、管、存、用”各个环节的安全。实施消防设施维修保养项目，确保消防设施正常运转。

【国家重点档案保护与开发工程项目申报】 2022年，市档案局（馆）根据《西藏自治区档案局关于组织申报2023年度国家重点档案保护与开发工程项目》的通知精神，结合馆藏古籍文献实际，编制申报古籍藏文档案保护与开发项目。

对口支援

综述

【概况】 2022年，拉萨市根据《关于请提供对口支援工作有关情况的通知》要求，做好“十四五”时期规划中期绩效综合考核评价工作。深入贯彻党的二十大精神、中央第七次西藏工作座谈会及第三次对口支援西藏工作会议精神，密切协同北京、江苏前方指挥部，围绕智力支援、产业促进就业、保障和改善民生、民族交往交流交融、文化教育支援等领域，共同扎实做好对口支援本年度各项工作。

【援藏项目、资金、人才管理】 2022年，为进一步规范援藏项目资金的管理和使用，规范审批流程，优化援藏资源配置和提高援藏资金使用效益，北京市援藏指挥部会同拉萨市政府共同制定出台《北京市扶贫协作和支援合作西藏拉萨项目结对管理联系人制度（试行）》。江苏省援藏指挥部会同拉萨市政府共同制定出台《关于进一步加强江苏援藏项目全过程管理的实施意见》。拉萨市结合工作实际，对《拉萨市援藏项目资金管理实施细则》进行修订。

【体制机制建设】 2022年，拉萨市受援协调工作领导小组办公室设在拉萨市发展改革委（以下简称拉萨市受援办），负责统筹推进经济对口支援工作，协调、衔接对口援藏建设项目的规划和年度计划，负责下达批准后的年度投资计划，承担检查、监督、指导和协调援藏建设项目落实工作。

【项目建设】 根据《“十四五”时期北京市对口支援西藏拉萨市经济社会发展规划》《“十四五”时期江苏省对口支援西藏拉萨市经济社会发展规划》，落实坚持首善标准，高质量完成援藏项目重点任务。“十四五”以来，北京、江苏安排对口支援项目177个（北京98个、江苏79个），对口支援计划投资135506万元（北京58706万元、江苏76800万元）。其中，2022年，北京、江苏对口支援计划内安排援藏项目112个（北京46个、江苏66个），安排投资65700万元（北京27300万元、江苏38400万元）。包括：智力支援类项目3293.96万

当雄县基层治理项目的主要内容是为乌玛塘乡、羊八井镇及25个行政村村委会建设周转房266套以及21间食堂，室外给排水、室外电气等附属设施。图为2022年建设中的当雄县基层治理项目

元（北京 1998 万元，江苏 1295.96 万元）、推进产业支援促进就业类项目 19355.63 万元（北京 7000 万元，江苏 12355.63 万元）、保障和改善民生类项目 30823.41 万元（北京 8680 万元，江苏 22143.41 万元）、交往交流交融项目 2299 万元（北京 1249 万元，江苏 1050 万元）、文化教育支援项目 9245 万元（北京 7690 万元，江苏 1555 万元）、预备费 683 万元（全为北京）。根据所有项目全部在规划项目中的要求，加强规划计划紧密衔接，按照北京、江苏关于下达 2022 年度计划的有关通知要求，拉萨市发改委于 3 月印发《关于下达 2022 年度江苏援藏项目投资计划的通知》《关于下达 2022 年度北京援藏项目投资计划的通知》、7 月印发《关于下达 2022 年度北京援藏项目第二批投资计划的通知》。市发改委按有关程序及时编制、下达，截至年底，年度计划援藏资金已全部到位，资金到位率 100%。全年开工项目 112 个，开工率 100%（北京、江苏开工率均为 100%）。完工项目 41 个，占计划完工 59 个的 69.49%（北京已完工 21 个，占计划完工 32 个的 65.63%；江苏已完工 20 个，占计划完工 27 个的 74.07%）。累计完成年度安排投资 49166.27 万元，完成投资率达 74.83%。（北京预计完成年度安排投资 20689.64 万元，投资完成率 75.78%；江苏预计完成年度安排投资 28476.63 万元，投资完成率 74.16%）。按照年度计划向民生和基层两个领域倾斜的要求，2022 年，北京市民生领域项目投资 24683 万元，占年度投资的 90.41%；基层领域项目投资 22403 万元，占年度投资的 82.06%。江苏省民生领域项目投资 34915.44 万元，占年度投资的 90.93%；基层领域项目投资 33840.44 万元，占年度投资的 88.13%。符合“十四五”时期援藏规划内资金安排“两个 80%”的倾斜要求。

2022年7月29日，拉萨市举行援藏干部欢送仪式

【智力援藏】 拉萨市始终拓展“组团式”援藏效能，创新柔性人才引进方式，更好发挥援藏干部人才传帮带作用。北京、江苏专家、专业技术和企业人才进藏指导服务，有效突破一批技术难题，解决一批生产经营困难，传帮带出一批骨干，提升农牧实用技能人员培育实效。依托北京、江苏优势人才智力资源，开展一系列卓有成效的智力支援项目，“十四五”规划以来，对口支援干部人才 549 人次，包括干部 258 人次、教育援藏 177 人次、医疗卫生援藏 114 人次；选派挂职干部 29 人次、组织受援地党政干部到区外挂职或培训 1163 人次、组织受援地党政干部在本地培训 1866 人次。柔性引进专业技术人才（不含教育、医疗类人才）12 人次。2022 年安排智力支援项目援藏资金 3293.96 万元，用于拉萨市党政干部、专业技术、企业人才及农牧民实用技能人员培养培训，干部人才短期援藏、“十四五”相关规划编制和课题研究、高原疾病预防与治疗课题研究等 14 个项目的实施。

【人才援藏】 2022 年是援藏第九批和第十批援藏干部轮换之年，在延续第九批援派干部人才人员结构和岗位职责基础上，开展智力支援“造血”行动，北京、江苏选派第十批援藏干部人才 251 人，其中党政干部 80 人、专业技术人才 164 人、企业管理人员 7 人，与第九批援藏干部人才总量保持一致。组织赴京集中培训和岗位锻炼，培训当地党政人才、专业技术人才和乡村振兴带头人等 63 人。聚焦基层教育、基层医疗、旅游、文化、净土健康等领域，安排进藏专家240余人次开展短期援藏培训，覆盖当地2000余名干部人才。江苏邀请东南大学王建国院士团队等多个专家团组到拉萨指导八廓街古城改造和规划编制工作，自治区党委副书记、自治区主席严金海予以充分肯定。坚持“走出去”与“请进来”相结合，广泛开展党政人才互访、交流和培训，重点培训专业技术人才、农村基层干部、乡村振兴和农牧民带头人，进一步拓宽人才的视野，提高专业水平和实操能力，有效增强本地人才的业务素质。

【“组团式”援藏教育】 拉萨市实施办学条件改善等“四项工程”，率先实现幼儿园、初高中、职业教育等各领域各门类广覆盖，推动江苏20余所优质学校与拉萨学校结对共建。江苏常州、南通两地西藏民族中学连续多年中考成绩在全国西藏班中名列前茅，协调推动新增1个南通拉萨班，首批30名学生已顺利入学。2022年，拉萨市北京实验中学理科重本率较2021年提升23.5个百分点，藏文班重本率提升11.2个百分点，拉萨北京中学高考全校上线率99.6%，重本率67.5%。拉萨江苏实验中学高考上线率达99.5%，本科率达90%。

【“组团式”援藏医疗】 2022年7月，北京完成新一批共计21名“组团式”援藏医疗队人才轮换，其中副高级职称专家占比76.2%以上，硕士研究生以上学历占比71.4%，同比往年均有所提高。拉萨市人民医院深入推进“五大中心”建设，不断加强与北京相关医院“以院包科”合作。10月公布的2021年国家三级公立医院绩效考核结果中，考核提升一等级，达到B级，全国排名提高83名，位居自治区第二名。“组团式”医疗援藏让“大病不出藏”成为现实。

2022年8月，江苏省先后派出共2批医务人员赴拉萨开展抗疫工作。北京市先后派出共2批医务人员赴拉萨开展抗疫工作。

【产业援藏】 拉萨市始终把产业和就业援藏作为援藏工作的重中之重，充分发挥产业优势，结合拉萨资源禀赋和产业基础，完善基础设施，实现优质产品开拓市场，着力培育、引进、建设具有完善产业链条、带动增收致富、促进乡村振兴的重点产业。“十四五”规划以来，北京、江苏引进企业134个，落地投资1274341万元，其中引入劳动密集型企业22个；培育合作社等农业新型经营主体2个、规模275.32万元；培育发展特色农牧业、农产品加工业、民族手工业、乡村旅游业等特色优势产业企业3个；对口支援项目吸纳当地群众就业1317人，其中工程建设类项目吸纳受援地群众就业占总用工人数平均比为50.46%；开展劳动力职业技能培训项目297个，开展劳动力职业技能培训11863人次，其中农牧民职业技能培训11270人次；在省市后方建立农产品展销中心、销售门店、专柜7个；帮助销售农产品2511.21吨，销售13636.73万元；开行旅游专列1次，旅游包机58次，运送游客4380人次。2022年安排推进产业支援促进就业项目援藏资金19355.63万元，用于墨竹工卡县双创产业、林周县牦牛产业研发和服务、林周县数字产业发展中心、尼木县种猪繁育及生猪养殖产业化、当雄县牦牛品种改良推广等27个项目实施。

【特色产业培育】 2022年，拉萨市探索“小组团”经济援藏模式，达孜白纳沟高原生态旅游、墨竹小菜籽油特色产业等“小组团”，集农牧业生产、种植、加工、销售、观光旅游以及医学研究应用等方面于一体，延伸拓展产业链条。实施“拉北环线”公路旅游服务标识提升工程，将布局分散的重点文化景区、自然景观和藏式村落串联成线。北京投资8450万元，继续实施尼木县种猪繁育及产业化推广示范基地建设，尼木县续迈乡生猪养殖基地累计采购生猪9批次961头，出栏育肥猪573头，实现总收入298.03万元，利润30.2万元，累计劳务分红28.9万元，23户户均分红1.26万元。打造净土乳业品牌，采用“公司+自有奶源基地+农户”的形式，引领农牧民养牛，企业收奶，就近加工，形成种养加、产供销一体化的产业链。

【招商引资】 2022年，拉萨市招引文化旅游、净土健康、绿色工业、现代服务、高新数字等补链、延链、强链项目，共对接客商675人次，外出招商137人次，到拉萨考察152人次，意向投资101亿元。6月，镇江工作组引进的江苏最大产业援藏项目——拉萨朗热酒村项目顺利开工，总投资达10亿元。到上海和江苏相关市县，开展线下对接洽谈活动,成功招引沛嘉医疗科技牛心包、成都第一制药山莨菪、全景文化旅游全域旅游、邦农控股蓝莓产业、如家集团高端特色酒店等重点项目,现场签约1个20亿元级重大项目,实现招大引强的重大突破。加强苏拉园区合作,南京市江宁开发区与拉萨经开区强化战略合作,打造西藏唯一的国家级经济开发区。帮助墨竹“格桑花开”产业园、林周格桑塘现代农牧产业示范园、达孜工业园、曲水才纳净土健康产业园等8个功能园区完善基础设施建设,带动2800多名农牧民增收致富。依托柳梧新区等既有产业园区,推动北京与拉萨以“园中园”形式共建拉萨北京产业园。

【消费帮扶】 2022年,拉萨市推介“拉萨好水”品牌,拓展在苏销售渠道,累计销售超千吨。在江苏搭建拉萨农特产品展销平台,19家相关企业赴南京参加“江苏对口帮扶支援合作地区特色商品展”消费帮扶专场活动,组织13家特色产品企业参加江苏对口支援协作合作地区消费帮扶线上培训班,引导拉萨净土健康产品走向江苏市场。利用江苏北京交通广播网等主流宣传阵地,全方位宣传推介西藏文化和精品旅游线路,冬游拉萨品牌旅游活动在南京受到热烈欢迎;2022年,北京市消费帮扶“京彩西品”行动,支援合作促进会预投600万元用于活动,其中市总工会预投100万元,拟发消费券6万张,全市职工持工会会员互助服务卡消费,购买帮扶产品,可享满200元减100元优惠,7月27日活动以来,共销售西藏、新疆、青海、内蒙古等支援合作地区农副产品245万余元;北京消费扶贫双创中心打造拉萨馆,聚焦拉萨市“两县两区”、拉萨净土和双创基地的净土健康系列产品,共四大类(食品、饮品、饰品、药品)362个单品,双创中心拉萨馆直销近5700万元,累计带动拉萨市脱贫地区34家生产、加工、销售企业,覆盖4408户18173名脱贫人口实现持续增收。

【保障和改善民生】 拉萨市始终坚持民生导向,巩固拓展脱贫攻坚成果,助力乡村振兴。以提升农牧民的获得感、幸福感、安全感为目标,切实解决群众的居住、饮水、出行、公共服务等急难愁盼问题。“十四五”规划以来,北京、江苏实施乡镇改善群众生产生活条件、乡镇“五小”工程项目33个,投资52761.41亿元。实施进村入户项目22个,投资39933.13万元。组织受援地医疗骨干人才赴区外培训60人次、组织受援地医疗骨干人才在本地培训1990人次、支援方选派医务人员101人次、支援方选派医务人员师带徒培养166人,打造“院包科”重点科室11个。新建改建扩建医疗机构地县级3个、乡镇村级2个。实施易地扶贫搬迁集中安置区配套设施和服务体系建设类相关项目3个,投资6097.34亿元。实施基层组织阵地建设项目5个,投资7000亿元。2022年安排保障和改善民生项目援藏资金30823.41万元,用于墨竹、林周、达孜、当雄、堆龙“美丽乡村·幸福家园”基础设施建设,市人民医院“强三甲”学科建设及医疗设施设备、基层组织和政权、邻里服务中心、“幸福路”等33个项目实施。

助推乡村振兴巩固拓展脱贫攻坚成果。北京投入5500万元,提升当雄县巴嘎村整体面貌,提升姆蓝雪山虫草品牌。城关区持续加强基层党组织对乡村振兴的全面领导,提升基层自治能力,将党建贯穿到乡村振兴和提高民生福祉中去。持续建设堆龙德庆区马镇措麦村组织振兴和文化振兴示范项目,进一步提升基层治理和公共服务能力,使全村288户1306余名村民受益。江苏援藏启动实施十大类80个“格桑花开·民生微实事”二期工程项目,开展一批供热、供氧、污水处理等基础设施工程,稳步推进“美丽乡村·幸福家园”建设,惠及43个村(居)、约1500名农牧民。解决堆龙德庆区3个乡镇(古荣镇、马镇、德庆镇)饮水问题,让当地老百姓喝上“健康水”,使5574户、19877人受益。在墨竹工卡县建成100多座便民“溪桥”,打通5.6万名农牧民家门口的“微交通”,改造提升“村级养老驿站”,曲水县三有村、四季吉祥村等养老驿站成为老年人的幸福乐园,支持当雄困难群众精准求助,改善低保人员、低收入家庭、特困供养人员等家庭生活条件,受益家庭达682户、受益5864人。

推动卫生健康事业发展。持续支持拉萨市人民医院“强三甲”学科建设,完善五大医疗中心建设,组织开展“心肺复苏进拉萨市师范高等专科学校”活动,与各县网络医院开展线上互动71次，转诊急性心肌梗死患者15例，完成国家胸痛中心总部云平台数据库填报胸痛患者435例。2022年推动北京佑安医院、北京世纪坛医院达成对拉萨市人民医院介入科、急诊医学科的“以院包科”支援帮扶计划，新增2个“院包科”重点科室，“以院包科”科室总数达到11个。1—7月，市人民医院门急诊量达17.03万人次，同比增长6.6%；住院量7485人次，同比增长7.8%；手术量2566台次，同比增长6.9%；建设县域医共体，开展互联网+、云计算远程诊疗，县（区）的人民医院医疗水平实现质的跃升。派出骨干赴达孜、墨竹、林周、曲水的25个乡开展义诊40余次，免费诊治患者数4830余例，持续实施“心佑工程”，组织筛查近2万名学龄儿童，已完成36名先心病患儿的免费救治。

【各民族交流交融】 拉萨市将促进各民族广泛交往交流交融摆在更加突出位置。深入开展铸牢中华民族共同体意识教育和国情教育，组织更多本地青少年、群众、妇女和基层干部到其他省市参观学习考察，为少数民族群众到区外就业创业生活创造条件。“十四五”规划以来，北京、江苏组织开展青少年“手拉手”、考察团、学习团、参观团、夏令营等各类交流活动47场次、1643人次。组织乡村干部赴区外参观学习活动11次、280人，其他群体（不含青少年）赴区外参观学习活动23次、284人次。对口支援省市干部结对312人次，对口支援省市干部结对受援地群众290户，对口支援省市群众参与结对73户，对口支援省市群众参与结对的受援地群众171户；其他省市西藏班培养学生1941人；累计提供区外公务员、事业单位、企业岗位分别为25个、155个、4191个；举办招聘会13场次；西藏籍群众到区外就业117人，其中就业于公务员、事业单位岗位48人，就业于企业69人。2022年，安排促进各民族交往交流交融项目援藏资金2299万元，用于党政机关、事业单位及专业技术人才交流交往、促进拉萨籍高校毕业生就业创业、优秀创业青年赴其他省市访学、妇女文化交流、中小学生“感恩祖国”系列研学、脱贫户和低保户等困难家庭子女学习交流等18个项目的实施。

党政机关、事业单位及专业技术人才交往交流交融。拉萨与北京、江苏干部人才充分发挥桥梁纽带作用，把培训学习与交流互动结合起来，同宣传西藏、推介拉萨结合起来，积极介绍拉萨风土人情、人文环境以及招商引资政策，促进拉萨和北京、江苏及其他省市的交往交流交融。顺义区选派12名教育、医疗、养殖技术人才赴藏短期交流，尼木县20名党政干部、村居干部、党员致富能手赴外省市培训交流。促进农业领域交流，组织集中授课、线上课程及现场实操培训4次，培训15名检测人员。

文化交流。将“天边墨竹最西藏”净土产品与文化博览会打造成为苏拉两地产业合作新平台。2022年，开展“到人民中去”文化交流活动，包括国家一级歌唱家、国家级非遗口技项目传承人、中央民族乐团演奏家等首都艺术家，12月对拉萨及西藏等地的各族群众、援建干部进行慰问演出。组织拉萨工艺美术界参加“2022年中国国际服务贸易交易会”，拓宽京拉两地与世界交往；依托“学习强国”、“全民数字素养与技能平台”、美团培训等平台，录制17门视频精品课程，线上线下培训。截至2022年10月，近10万人线上学习，线下培训涉及西藏等12个省（自治区）的脱贫地区，共36场，驻村第一书记及乡村电商从业者6000余人。

大手拉小手，中华民族一家亲，童心共筑中国梦，持续共同联谊。2022年6月，苏州、林周两地教育部门、结对共建学校通过视频连线方式举办2022年民族交往交流“中华民族一家亲 童心共筑中国梦”暨“喜迎二十大·共庆六一”线上联谊活动。11月，举行“青暖童心·大手拉小手”关爱活动结对仪式，65名泰州市青联委员与来自西藏、新疆的青少年进行结对，并获得爱心助学金10万元。26名拉萨少先队员和少先队辅导员赴江苏南京，参加2022年“石榴籽一家亲”——江苏西藏新疆青海少年手拉手夏令营活动，来自江苏、新疆、西藏、青海的90名师生重温革命历史、感受传统文化、探索科技奥秘；34名拉萨中小学生和8名老师与北京少先队员开展联谊活动、手拉手结对子、互送礼品等，促进各地少年之间融情交流；建立“格桑花开”爱心奖教及助困基金，募集爱心资金225万元，资助困难教职工22名，奖励成绩优异师生30余人。

引导和支持社会各界群体积极参与交往交流交融。组织拉萨民营企业“走出去”，赴其他省市进行产品展示展销、座谈交流，实地学习观摩。拉萨—北京妇女文化交流项目，组织5名乡村干部赴区外参观学习活动1次。2022年，北京实验中学举行两批40余位教育教学专家短期教育援藏，覆盖15门初高中学科，北京专家听课和指导培训讲座30次，全校240多位老师参加培训，占全校任课教师的90%。2022年6月，完成一期针对城关区16名致富带头人、49名乡村振兴专干开展的“新时期乡村振兴专项线上培训”。

【文化教育支援】 聚焦师资队伍建设和教育质量提升，使拉萨市各族群众在家门口享受到优质教育资源，获得感、幸福感明显增强，将爱我中华的种子深深埋在高原学子的心中。“十四五”规划以来，北京、江苏新建改建扩建中小学37个、新建改建扩建幼儿园38个、新建改扩建乡镇寄宿制学校30个、用于改善乡镇义务教育条件项目金额2080万元。组织受援地教师赴受援地培训174人次，组织受援地教师在本地培训4718人次，支援方选派教师185人，支援方选派教师师带徒培养189人。组织创作推广社会主义核心价值观、有利于铸牢中华民族共同体意识的优秀文化作品516件。开展各民族文化交流互鉴活动37场次，其中赴受援地乡村、乡镇活动14场次；引进对口支援省市电视、电影等文艺作品数量4件。2022年安排文化教育支援项目9245万元，用于文学作品《雪域丰碑》、纪录片《岁月拉萨》、教育基地学科建设、民族舞台情景剧创作及巡演、四季牧歌剧场推广、基础教育校园文化建设、中小学及乡附属幼儿园改造、文化交流互鉴、家门口西藏班（北京班）、京藏宏志班等19个项目的实施。

加强工作统筹联动，合力推动文化支援。组织拍摄的《发现拉萨》纪录片，2022年3月在央视频道播出，入选国家广播电视总局优秀国产纪录片并参加两轮海外展映。7月，苏拉两地联手打造的西藏首部新时代现实题材原创音乐剧《天·梦》在南京荔枝大剧院首演，将开启全国巡演。组织创作一批品牌图书、影视作品《岁月拉萨》等文艺作品，创建一批首都文化援建品牌。以纳木错文化为基础拍摄电影《天湖的约定》。

提升教学经验，提高学生学业水平。江苏支援建设教师队伍，努力提高师资水平，成立学校课题领导小组，14个校本课题，覆盖所有学科和部分科室，参研人员达100多人。2022年，邀请江苏名校名师5人次入藏，开设展示课5节，专题讲座5场，听课评课20多节，辐射本地教师近300人次。截至年底，拉萨北京实验中学共有宏志班12个，其中初中毕业宏志班3个，学生89人，96%考入理想高中。高中毕业宏志班2个，学生87人，本科率为98%，重本率为69%，现在校宏志班7个，宏志生273人，共计449人，全部为建档立卡户、低保户、孤儿等贫困学生，惠及家庭449户。2022年，北京援派西藏技师学院支教工作组6人，在汽车、智能产业、旅游商贸、数字信息产业等4个教学系任教，成为各自系部的骨干教师和中坚力量。截至年底，学院区内外校企合作企业达100多家。首届毕业生于2022年顺利毕业，就业后有的到国企工作，有的到区外企业工作。

（次仁拉姆）

北京援藏

【概况】 2022年，北京援藏指挥部坚持深入贯彻党的二十大精神、第七次西藏工作座谈会精神、第三次对口支援西藏工作会精神，按照西藏自治区和拉萨市委、市政府有关要求，精准对接拉萨所需与北京所能，深入做好各项工作，为拉萨高质量发展和长治久安贡献北京力量。全年安排援藏资金2.73亿元（此外，4个结对区安排资金3850.06万元），谋划实施46个援藏项目，其中，固定资产投资项目15个，非固定资产投资项目31个。按照国家发改委对援藏项目的考核要求，对照“四率”（资金拨付率、开工率、完工率、投资完成率）加快推进项目建设进度。截至年底，资金拨付率100%，项目开工率100%，完工率65.63%，投资完成率75.78%。

【智力支援】 2022年，北京援藏指挥部加大技术管理培训力度，共实施“拉萨市干部人才培养培训和智力援助”“干部人才短期援藏”等9个项目，共投入援藏资金1998万元。聚焦乡村振兴、经济社会高质量发展，组织人员赴京集中培训和参加岗位锻炼，培训党政人才、专业技术人才和乡村振兴带头人等63人。聚焦基层教育医疗和文旅产业等领域，安排进藏专家240余人次开展短期援藏培训，覆盖当地2000余名干部人才。结合教育、医疗“组团式”援藏工作，邀请40余位教育教学专家，深入开展短期教育援藏工作，组织专题培训讲座30次，受援地240多位老师参加培训学习。组织开展组团医疗援藏系列学术沙龙10余场，组团式专家学术交流14场，参加培训3500余人次。开展多项手术合作，多项技术填补受援地医疗空白。有效发挥援藏干部人才智力支援和传帮带作用，形成一批智力成果，为当地打造一支带不走的人才队伍。

【产业援藏】 2022年，北京援藏指挥部将发展特色优势产业作为促进受援地区群众就业增收的重要途径，开展特色产业提质增效、产业园区共建等行动，综合采取多渠道、多层次的合作方式，扶持高原特色产业发展，有效增强当地发展内生动力，以产业发展带动就业。全年共安排产业就业帮扶资金7000万元，实施尼木县种猪繁育及生猪养殖产业化基地建设、当雄县牦牛品种改良推广、“两区两县”京藏产业就业暨消费帮扶引导资金等4个产业支援促进就业项目，持续带动当地120余名群众就近就地就业增收。加强就业帮扶，开展藏籍高校毕业生专场招聘，面向北京市用人单位征集岗位1840个，为历年最多。深入推进消费帮扶行动，为拉萨市销售产品近5000万元，带动当地劳动力就业超过40人。坚持差异化定位，持续推动北京科技成果在拉萨市转化，不断夯实各县区特色产业发展基础，例如城关区主打高原乳业，堆龙德庆区主打民宿旅游和设施农业，尼木县主打藏鸡生猪养殖，当雄县主打牦牛育肥和文化旅游。

【保障和改善民生】 2022年，北京援藏指挥部深入贯彻以人民为中心的发展思想，顺应民意、凝聚民心，聚焦解决受援地群众急难愁盼问题，不断提升民生保障水平。全年安排保障和改善民生领域援藏资金8680万元，共实施7个项目，助力拉萨市打造美丽乡村，带动当地群众生活条件改善，为当地村民致富增收，让援藏成果更多惠及拉萨人民群众。持续推进“组团式”医疗帮扶，助力拉萨市人民医院成为西藏自治区首家完成“五大中心”建设任务的医院，在国家三级公立医院绩效考核中达到B级，位居自治区第二名。不断完善“以院包科”机制，“以院包科”科室总数达到11个，小儿骨科实现“零”的突破，诊疗能力不断增强，“大病不出藏”的救治保障能力进一步提升。

【民族团结融合和京藏一家亲】 2022年，北京援藏指挥部重点围绕文化、教育、人才等行业，安排援藏资金1249万元。实施“党政机关、事业单位及专业技术人才交流交往”“‘两区两县’基层与北京市结对区开展交往交流交融”“促进拉萨籍高校毕业生就业创业”等12个项目，总体呈现帮扶形式多样新颖、参与主体多元、参与领域丰富广泛的特点。线下交流交往集中安排、有条不紊，线上交流如火如荼，教育、医疗、文化、生态等线上交流全面展开，完成线下各类交往交流达到700余人次，线上交流交往近万人，“京藏一家亲”“首望同心 京彩拉萨”等品牌不断擦亮，中华民族共同体意识进一步铸牢。

2022年8月6日，拉萨市人民医院成功挂牌“中国创伤救治联盟创伤救治中心建设单位”，成为完成全区首家“五大中心”建设任务的医院，造就全区“双首创”

当雄县羊八井牦牛养殖育种基地项目（2022年摄）

【文化教育支援】 2022年，北京援藏指挥部充分发挥首都文化教育资源优势，深入推进援建，高度重视文化教育支援工作，全年安排文化教育支援领域援藏资金7690万元，实施13个项目。不断打造“京彩拉萨”首都文化援建品牌，纪实文学《雪域丰碑》和纪录片《岁月拉萨》展现西藏与其他省市交往交流的悠久历史，成为文化援建特色亮点。发挥教育援藏在支持拉萨市社会事业发展中的引领作用，派出教师45人次，继续实施拉萨北京实验中学、拉萨市实验小学“组团式”教育援藏，拉萨市北京中学万人支教工作。支持开展幼儿园校园文化及安全提升项目。“组团式”教育援藏资源持续改善、教学水平不断提升、成果持续扩大，高原的孩子们也能共享到优质教育。2022年拉萨北京实验中学、拉萨北京中学两校高考成绩再创历史新高。

（北京援藏指挥部）

江苏援藏

【概况】 2022年，江苏援藏前方指挥部深入贯彻落实党的二十大精神、习近平总书记关于西藏工作的重要指示和新时代党的治藏方略，深入贯彻落实自治区第十次党代会和区党委十届三次全会精神，贯彻落实拉萨市第十次党代会和市委十届四次全会精神，牢记“三个务必”、捍卫“两个确立”，增强“四个意识”、坚定“四个自信”、做到“两个维护”，自觉把对口援藏工作摆在全市经济社会发展大局中来谋划推动，聚焦“四件大事”，锚定“四个创建、四个走在前列”，围绕当好“七个排头兵”，严格落实江苏“十四五”援藏项目规划，聚力推进“维稳援藏、产业援藏、民生援藏、智力援藏、文化援藏”等重点任务，平稳有序完成轮换交接，以“争当表率、争做示范、走在前列”的使命担当，全力以赴打赢疫情防控阻击战，高质高效完成年度援藏工作目标任务。对于2022年援藏工作，时任江苏省委书记吴政隆、省长许昆林先后作出7次批示，予以充分肯定。江苏省委书记，省人大常委会主任信长星到江苏工作后，也在多个不同场合，表扬肯定援藏工作。西藏自治区党委书记王君正，主席严金海等领导也多次作出批示予以高度评价。紧紧围绕推动西藏长治久安和高质量发展目标，创新开展项目全生命周期管理，实施援藏项目标识点亮工程，着力打造具有标杆性、示范性、带动性的品牌援藏项目，奋力推动江苏援藏更加有形有感有效。5.12亿元援藏资金全部拨付到位，项目开工率达100%，项目和资金注重向基层、民生项目倾斜，均符合两个80%要求。

【产业援藏】 2022年，江苏援藏前方指挥部打造经济发展增长极始终把产业援藏作为重中之重，精准定位自治区和拉萨市的资源禀赋、产业基础和重点方向，推动受援地产业扩大规模、提质增效。

突出培育重点产业。2022年，江苏援藏前方指挥部坚持支柱产业、龙头企业、重点园区、品牌产品建设“四驾马车”齐头并进，安排专项苏拉资金扶持龙头企业做优做强，推动南京江宁开发区与拉萨经开区深化战略合作，合力打造西藏唯一的国家级经济开发区。帮助墨竹“格桑花开”产业园等8个功能园区完善基础设施建设、提升产业承载能力，引育企业30余家，吸纳就业2800人。探索“小组团”经济援藏模式，达孜白纳沟高原生态旅游等“小组团”，实现“三产融合”“三链联动”。实施“拉北环线”公路旅游服务标识提升工程，将布局分散景点串“珠”成链，助力西藏旅游业加快发展。

深入开展招商引资。2022年，江苏援藏前方指挥部以延链、补链、强链项目为招商重点，建立健全专班跟进、“并联审批”、挂钩联系三项制度，创新实施招商模式，开展“招商引资百日攻坚”行动，全年累计达成意向投资124亿元。6月，总投资10亿元的江苏省最大援藏产业项目拉萨朗热酒村正式开工。疫情期间改线下“面对面”为线上“屏对屏”，与客商加强交流，储备项目。疫情缓解后，迅速组队开展线下招商，签约53亿元重大项目，受到中央组织部领导的肯定。

不断拓展消费帮扶。2022年，江苏援藏前方指挥部在省内多地搭建拉萨农特产品展销平台，组织19家拉萨企业参加“江苏对口帮扶支援合作地区特色商品展”消费帮扶专场活动，推动与江苏省供销合作总社开展战略合作，拓展“拉萨好水”品牌销售渠道，借助江苏交通广播网等主流宣传阵地，推出“西藏天路”之旅系列旅游产品。开展江苏援藏高铁冠名宣传，促进拉萨净土健康产品走进江苏，吸引更多江苏游客到拉萨旅游观光。

【民生援藏】 2022年，江苏援藏前方指挥部以提升群众获得感、幸福感、安全感为目标，实施80个“格桑花开·民生微实事”二期工程项目，稳步推进“美丽乡村·幸福家园”建设，惠及43个村（居）、约1500名农牧民。在墨竹工卡建成100多座便民“溪桥”，打通5.6万名农牧民家门口的“微交通”，改造提升“村级养老驿站”，曲水县三有村养老驿站被列入2022年中央政治局第三十九次集体学习会的背景资料。派出医疗骨干赴4个县区25个乡开展义诊40余次，免费诊治患者4830余例，持续实施“心佑工程”，已完成36名先心病患儿的免费救治。实施“1+4+N”基层党建社会治理建设工程，推进乡镇邻里中心、乡村综合服务中心等固本强基永久阵地建设，不断提升乡村综合治理能力和现代化水平。

【智力援藏】 2022年，江苏援藏前方指挥部激发内生发展新动能，牢固树立人才是第一资源的理念，持续加大智力援藏力度，坚持“走出去”与“请进来”相结合，努力培养具有鲜明“江苏烙印”“带不走”的在藏干部人才队伍。

精准实施柔性引才。2022年，江苏援藏前方指挥部邀请东南大学王建国院士团队到拉指导八廓街古城改造和规划编制工作，自治区党委副书记、自治区主席严金海会见王建国院士，对其专家意见予以充分肯定。广泛开展党政人才互访、交流和培训，重点培训农村基层干部和农牧民带头人。

深化“组团式”教育援藏。2022年，江苏援藏前方指挥部率先实现幼儿园、小学、初高中、职业教育等各领域各门类教育援藏全覆盖，推动20余所省内学校与拉萨结对共建，徐州幼儿师范高等专科学校成为拉萨幼师的“黄埔军校”。协调推动新增1个南通拉萨班，首批30名学生已顺利入学。拉萨江苏实验中学高考上线率达99.5%，本科率达90%，在同类学校名列前茅。

推进“组团式”医疗援藏。2022年，江苏援藏前方指挥部建设县域医共体，开展互联网+、云计算远程诊疗，帮助受援医院建章立制，开展37项新技术项目，通过“一对一”传帮带模式培养骨干人才，4个对口支援县（区）的人民医院医疗水平实现质的跃升。

【交往交流交融活动】 2022年，江苏援藏前方指挥部推动民族团结进步，着力构建多领域、多层次、多渠道的交流合作机制，增进苏拉两地群众感情，共同铸牢中华民族共同体意识。江苏援藏前方指挥部领导代表拉萨市委、市政府，与省直机关各部门、各市县交流互访累计达40余次。4个援藏设区市与受援县区全部乡镇建立对口协作机制，在17个援藏省市中率先实现结对帮扶、交流交往全覆盖。藏族大学毕业生在苏就业、藏族青少年江苏行、基层干部交流培训等“重头戏”备受欢迎。拍摄制作“茉莉格桑共芬芳”系列短视频，扩大《江苏省对口支援西藏建设志》发放范围，在拉萨建成江苏援藏成果展示馆。组织拍摄的《发现拉萨》纪录片，3月在央视播出，入选国家广播电视总局优秀国产纪录片并参加两轮海外展映。根据江苏援藏真实事迹打造的西藏首部原创音乐剧《天·梦》，获2022江苏紫金文化艺术节“优秀剧目奖”。

（江苏援藏指挥部）

附件：

对口援藏典型经验案例

智力支援领域案例

案例1："大组团＋小组团"，开启北京高质量援藏模式新探索

（一）基本情况

"十四五"以来，北京市进一步整合力量、积极作为，在持续加大医疗、教育"大组团"援藏的同时，又继续拓宽援藏领域，实现从教育、医疗"大组团"式援藏，到城市规划建设管理、信息化建设管理、牦牛产业发展、乡村振兴等"小组团"全面铺开的新阶段高质量援藏模式，充分体现北京援藏新探索，得到中组部调研组的充分肯定和表扬，时任自治区党委书记吴英杰，自治区党委副书记、拉萨市委书记严金海均对北京援藏工作给予高度肯定。2022年是北京市援藏干部人才轮换之年，西藏拉萨指挥部强化干部人才选派与受援地区需求的对接匹配，不断提高智力支援水平。

（二）主要做法

提高政治站位，以认知认同认定夯实思想基础。毛主席曾说过："政治路线确定之后，干部就是决定的因素"。"十四五"前后，面对"拉萨市已先于全国完成脱贫攻坚任务，北京援藏干部干什么，怎么干？这支队伍怎么带？"等迫切需要解决的问题，北京援藏指挥部党委深刻剖析、认真梳理，在统一思想、教育引导上下足功夫。持续教育全体援藏干部，青藏高原是中华民族的战略纵深，对口支援西藏是国家的战略安排，中华民族要实现伟大复兴，必须要坚持长期援藏建藏兴藏治藏的理念。持续引导全体援藏干部深刻领会"组团式"援藏是在新的历史时期和对口援藏20多年工作的基础上，对于援藏工作体制机制的一项重大创新，是进一步深化新时期援建工作的有益探索。通过政治引领、思想引领、组织引领让援藏干部解决思想上的"认知、认同、认定"，进而从情感和意志上实现"定位、到位、在位"。

明确工作思路，不断凝聚"小组团"援藏工作合力。北京援藏指挥部党委积极对接拉萨市提前完成脱贫攻坚任务和新阶段高质量发展要求，坚决调整援藏工作理念，一致认为要"集中力量办大事、办实事、办成事"，进一步深化组团工程。要在保持现有援藏总体格局和支援关系的基础上，系统借鉴组团式援建，充分衔接全体干部人才挂职、任职的实际状况，充分利用北京援藏干部人才现有知识能力、工作经验等优势，帮助拉萨市解决一些工作中的短板弱项，因时因地制宜地开展"小组团"援藏，助力拉萨可持续发展和区域振兴。由此，各支部、各区县，包括医院、学校团队都在这个范畴内深耕发力。

坚持党建引领，选优配强"小组团"援藏工作力量。"小组团"之所以小，就是难以实现"组团式"援建的组织模式，但是"小组团"必须实现一定程度的人员集中，才能形成合力，因此必须在目标创新的基础上坚决探索组织创新、机制创新。如：针对拉萨市城市规划建设管理质量提升组团式援藏工作要求，以及援藏干部分散在各个挂职单位，平时工作较为繁忙，交流较少等现实情况，指挥部党委将在拉萨市发展改革委、自然资源局、住建局、城管委、交通局等单位挂职的北京援藏干部人才编入同一临时党支部，充分发挥党组织凝聚力，通过日常开展各项党组织活动，在思想上、工作上、生活上将这些同志拧成一股绳，群策群力为推进拉萨城市规划建设管理质量提升出谋划策。比如，积极探索柔性智力援助模式，根据"小组团"援藏工作阶段性需要，通过计划外短期援藏、项目化运作、首都专家团队进藏指导等灵活方式，协调北京市相关单位选派短期人才进藏工作，不断充实壮大"小组团"援藏力量。再如，为了某些具体目标，由指挥副指挥直接牵头，机动调集力量，推动小组团运转。

（三）取得成效

北京援藏工作求真务实，不断创新，在"大组团＋小组团"援藏中努力前进，取得较好的成效，得到中组部调研组的充分肯定和表扬。2021年5月，西藏拉萨指挥部向北京市扶贫协作和支援合作工作领导小组、西藏自治区党委副书记、自治区主席严金海报送《从"组团"到"小组团"新阶段高质量援建的北京探索》，总结汇报"小组团"援藏相关情况。时任北京市委常委、市政府党组副书记、常务副市长崔述强批示：请援助合作办会同市相关部门总结拉萨指挥部的做法，在今后对口援助合作工作中有针对性进行推广。严金海批示："小组团"创新有特色、有成效，望继续努力，不断迈上新台阶。

持续开展医疗“组团”式援藏，提高拉萨医疗人员技术水平。拉萨市人民医院深入推进“五大中心”建设，不断加强与北京相关医院“以院包科”合作，带动受援地医疗人员技术水平显著提升。2022年10月公布2021年国家三级公立医院绩效考核结果，拉萨市人民医院考核提升一个等级，达到B级，全国排名提高83名，位居自治区第二名。同时，带动当雄县人民医院等县级医院初步实现常规手术不出县的目标。“组团式”医疗援藏让“大病不出藏”成为现实。

持续加强教育“组团”式援藏，不断提升当地教师队伍质量。2021年，拉萨北京实验中学与拉萨北京中学两校高考成绩再创历史新高，本科上线率超过92%，总成绩包揽拉萨市前两名，名列自治区前茅。2022年，两所学校高考成绩进一步提升，其中拉萨北京实验中学理科重本率提升23.5个百分点，藏文班重本率提升11.2个百分点；拉萨北京中学高考全校上线率99.6%，重本率67.5%。“组团式”教育援藏让高原的孩子们在家门口享受优质教育。

城市规划建设管理质量提升小组团式（“规建管”小组团）助力拉萨城市管理建设水平迈上新台阶。“规建管”小组团成立以来，积极编制《拉萨市国土空间总体规划》《拉萨市综合交通体系规划》《城乡规划管理技术规定》等成果，进一步完善拉萨城市建设顶层设计。推进城市交通节点改造项目，进一步推进中心城区水系治理和生态修复工作，促进拉萨市城市高质量建设发展。在拉萨首次组织实施基于北斗精准定位的燃气管线抢险抢修安全运维工程，确保拉萨天然气生产运营和抢险抢修安全，提升拉萨智慧城市建设水平。

“信息化建设管理”小组团助力拉萨市数字城市建设。依托拉萨净土数字产业集团，建立北京信息安全测评中心拉萨分中心，为拉萨市培养组建首个本地化信息安全服务团队并形成服务能力。组织实施拉萨市大学生信息化岗位培训，首次参训的55名学员全部完成课程学习和实机训练，特别是有47人通过工信部网络与信息安全管理师（初级）考试认证，在全自治区一举实现该项国家考试认证“零”的突破，有力地推动拉萨籍大学生信息化岗前培训体系建设，实现政府、企业和个人三方“共赢”。

案例2：北京专家赴拉萨北京实验中学短期援藏

（一）基本情况

为更好落实中央西藏七次会议精神，进一步深化京藏教育教学交流机制，带动整个拉萨市教育高品质发展，北京援藏指挥部特别设立专项资金支持短期教育援藏项目，力求北京援藏教育团队通过各种形式把北京先进的教学理念、教学方法传递到本地教师的手上，带动拉萨市教师队伍建设和教学科研水平提升。2022年，已组织两批次共40余名教育教学专家深入拉萨北京实验学校开展短期教育援藏工作，覆盖15门初高中学科，重点针对初高中学科开展“同课异构”活动，进行听评课指导、专题讲座等。

北京专家听课和指导200余位当地老师的课，参与听评课老师近千人次；有10余名北京专家现场授课示范，给予本地师生最直观生动的有效指导；开展专题培训讲座30次，全校240多位老师参加培训学习，占全校任课教师的90%。培训主题除了有学科教学指导、新高考改革、班主任工作等教育教学内容，还有传统文化继承与发展、航模社团现场指导航模火箭发射、高三学生考前心理辅导等特色内容。

（二）主要做法

聚焦课程改革，深化教学研究。开展基于教材教法、新课标、课题研究等方面的专题讲座，从思想上、理念上、方法上提升教师的能力和水平，了解教育发展的新趋势、新要求，提高对学科教学的整体感知和把握能力。

以课堂观察与评价为切入点，提高课堂教学质量。与拉萨市教研所联合举办“拉萨市优质课展示活动”，拉萨市18所初中校教师参加，涉及9个中考科目；拉萨市直6所高中参加，涉及部编教材的3个学科。北京专家作为此次活动的评委，提出指导意见。

开展区域交流，助推教师发展。针对各个层次教师发展需求，直接面向广大教师在教学设计撰写、课堂教学方法上进行“一对一”指导。每一位专家亲自帮助青年、骨干教师等进行教学设计等集中或“一对一”培训。组织教师与专家集体备课，加强交流与沟通，重视过程，辐射成果。后期关注收集整理优秀案例、成果，汇编成册，推广经验。

云端携手,短期援藏长期教研。短期援藏专项活动是京藏教师交流研讨的开端,借此活动为纽带,架起协作、交流的桥梁,通过网络支撑起京拉两地学科研究、分享的平台,共同为西藏的教育撑起一片蔚蓝的天空。

(三)取得成效

北京教育专家短期援藏项目已经形成系列化、周期化,行之有效的教育支援项目,短期援藏教研工作的区域影响力不断加强。2022年短期援藏发挥短期援藏专家的“造血功能”,以规范教学为入口,促进教师业务能力的提高,转变教学理念逐步适应新的课程标准要求。“拉萨市优质课展示活动”,惠及拉萨市24所初高中校,直接参加展示课活动教师将达到100人。援藏专家的精神风貌、援藏情怀不仅让老师们在情感上有颇多感染,并且援藏专家的专业精神和专业水平也让老师们倍感敬佩。通过与专家的交流研讨,学校教育管理水平、教学科研水平、教育教学质量、民族团结凝聚力也有显著提升。

务实推进产业支援 促进就业领域案例

案例3:聚焦延链补链强链 实施精准招商 培优育强特色产业

江苏援藏前方指挥部认真落实江苏省、自治区党委政府决策部署,坚持把招商引资作为援藏工作的重要内容,立足拉萨实际,发挥比较优势,精心谋划部署,创新体制机制,推动招商引资工作在理念、目标、原则、措施等方面全面贯彻上级要求、深度融入拉萨发展、更加贴近群众需求,引领招商引资工作取得突破性进展。2022年以来,累计对接客商785人次、外出招商144人次、到拉萨考察152人次,达成意向投资124亿元;6月,总投资达10亿元的江苏最大援藏产业项目拉萨朗热酒村正式开工。

一是设置专门机构,广泛汇聚招商力量。紧扣援藏工作的新形势新要求新变化,围绕区、市发展全局和中心工作,指挥部在内部创新设立招商组,市政府办公室副秘书长任组长,市商务局、市场监管局等部门,拉萨经开区、西藏文创园区等园区以及墨竹工卡、曲水等县区的12名援藏干部参加,进一步健全工作体系、强化力量配备,为高效推进招商引资工作奠定坚实基础。疫情期间,组织招商组全体同志深入开展“新形势下的拉萨招商引资工作怎么看、怎么干”大讨论,着力统一思想认识、强化针对措施、增进工作合力,确保招商引资工作高质、高效、圆满完成。

二是突出比较优势,全面精准宣传推介。赴成都、重庆、兰州、深圳、南京、镇江、苏州等地开展招商引资,重点从历史文化“名城”、资源禀赋“富城”、交通枢纽“重城”、青藏高原“净城”、改革开放“新城”五个维度全面推介拉萨,密集拜访万科、国药、华润、协鑫、正威、马自达、平安等7家世界500强企业,苏美达集团、麦德龙中国区总部、星巴克上海总部、汇鸿集团、金鹰集团、携程集团、如家集团、天加新能源、成都第一制药等40多家行业头部、专精特新等大型企业,取得较好的效果。

三是招大引强,重大项目实现突破。紧紧围绕加快构建新发展格局、着力推动高质量发展,大力推进以商招商、链式招商,重点探索中介招商、代理招商等委托招商模式,一方面,聚焦优势、突出特色,大力招引文化旅游、净土健康、绿色工业、现代服务、高新数字等补链、延链、强链项目,不断提升拉萨产业基础高级化、产业链现代化的水平,另一方面,紧扣短板、填补空白,积极招引改善高原宜居环境、加强产业链垂直整合、提升进出口贸易水平等拉萨经济发展亟须的项目,推动拉萨实现更高质量、更有效率、更可持续的发展。

四是强化跟踪服务,推进项目落地见效。对近期洽谈成功的重点项目,成立工作专班,强化跟踪服务,及时解决影响项目落地的各种问题,全力推动项目尽快落地、投产达效。对储备项目,加密对接频次,提升对接效率,在疫情平稳的前提下,明年初主动邀请客商实地考察,提升在拉投资兴业信心,重点推动洽谈项目尽快转化为签约项目、签约项目加快开工建设,形成实物投资量。

案例4:搭建数字经济京藏“连心桥”,助力数字进藏治藏兴藏通藏

(一)基本情况

“十四五”以来,面对新的发展形势,北京援藏团队经过研究认为,拉萨市发展数字经济有特殊优势:气候条件特殊,常年低温、低湿、低硫、低氧,是高耗能电子设备设施运行的理想环境;政策措施特殊,享受国家一系列倾斜扶持政策和特殊奖补措施，有利于企业孵化发展；地理位置特殊，是承接“一带一路”建设、辐射南亚次大陆的战略桥头堡，有先天地缘优势；能源潜力特殊，西藏水能蕴藏量全国第一，风能、太阳能也非常丰富，随着国家逐步开发，稳定、海量、便宜的能源供给潜力巨大。基于此，援藏团队通过抓住北京举办全球数字经济大会的有利契机，积极谋划拉萨分会场（2021 年）和数字经济峰会（2022 年），搭建数字经济京藏“连心桥”，为拉萨市导入数字经济发展的关键要素资源，助力数字进藏治藏兴藏通藏。

（二）主要做法

高位统筹推动，携手搭建平台。2021 年 8 月，拉萨作为唯一的京外分会场承办 2021 全球数字经济大会有关活动。此次大会规模层次空前，无论从参会专家水平层次到参会企业数量体量均创自治区同类型会议规模新高。在大会筹备、实施的各阶段，北京市、西藏自治区、北京援藏指挥部、拉萨市有关领导都对拉萨分会场活动高度关注和统筹指导。在筹备期间，时任西藏自治区党委副书记、拉萨市委书记严金海 2 次作出批示，要求“抓住机遇，大力宣传展示西藏高原建设发展大数据中心独一无二的优势和潜在的重要价值，吸引更多的存储和算力客户落户拉萨”，时任自治区党委主要负责人圈阅同意。在 7 月 6 日的大会协调推进会上，北京市委常委、副市长殷勇充分肯定拉萨分会场筹备工作成果，并指出在西藏拉萨设立分会场的重大意义。此次大会整体由北京市经济和信息化局具体组织实施。该局援藏人员在获悉大会筹办计划后，立即向北京援藏指挥部领导报告，建议增设拉萨分会场，并通过北京经信系统与拉萨之间的对口支援渠道争取北京方面的大力支持。指挥部领导高度重视，有关部室根据职责积极与大会组委会、拉萨分会场执委会协作配合，选派精干力量参与开幕式、北京数据存储备份启动仪式、签约仪式、主论坛、投资推介和现场考察等主要环节筹办工作，多方协调北京、拉萨各类资源主动支撑，携手搭建齐抓共管、衔接紧密、高效推进的工作平台。

面向未来发展，搭建数字桥梁。数字经济作为新一轮科技革命和产业变革的重要内容，是未来发展的战略制高点，各地都在积极布局数字经济。北京市发展数字经济优势明显，正在加快建设全球数字经济标杆城市。但同时，在双碳背景下，北京的数据存储等设施建设受限，需要顺应国家“东数西算”布局，加强区域合作。西藏地区海拔高，气候低温、低湿、低硫、低尘，绿色能源蕴藏量丰富，特别适合高功率电子设备低故障低成本运行。上述特点使得拉萨在布局数字经济，尤其是大数据、云计算、灾备存储、仿真实验等领域，具备很强的比较优势，可以成为高质量发展的新亮点、新支柱。基于这些共识，北京援藏工作积极动员各方力量，结合国家面向南亚数据大通道建设，推动新基建及数字经济在拉萨落地，并取得明显成效，宁算科技等一批数字经济相关企业加速进驻拉萨。正是基于这些长期布局谋划和援藏工作持续推动，此次全球数字经济大会拉萨分会成为北京市助力拉萨市数字经济发展的一个新节点。京拉两地“大手拉小手”，搭建数字桥梁和展示平台，有助于弥合东西部数字鸿沟，共享北京数字经济资源，开启拉萨市数字经济发展新篇章。

以分会为契机，推动数字进藏治藏兴藏通藏。近年来，以北京市导入数字经济资源为主要契机，西藏自治区在守土固边、生态保护、民生改善、产业发展等领域加大信息化资源投入，推进构筑泛在先进的数字设施底座，建设共享开放的数据资源体系，支撑国家治理体系和治理能力现代化，强化边境智能管控与社会维稳，筑牢青藏高原生态安全屏障，加强民生保障智慧应用，发展高原特色数字经济，构建区内区外双循环新格局，构建高原特色数字经济高地。在本次全球数字经济大会拉萨分会上，华为公司、航天海鹰安全技术有限公司、成都勤智云集团有限公司、西藏电子商务有限公司等企业等 13 个项目集中签约落户拉萨。以此次全球数字经济大会拉萨分会为新契机，西藏自治区经信厅出台《关于推进 5G 网络发展的实施意见》《西藏自治区数字经济发展规划》等，着力推进 5G 建设应用，引导数字进藏治藏兴藏通藏，为促进新时代拉萨长治久安和高质量发展，助推“建设美丽幸福西藏、共圆伟大复兴梦想”作出积极贡献。

持续推进，塑造拉萨数字经济峰会品牌。2022 年，全球数字经济大会拉萨峰会 7 月 28 日在拉萨开幕。拉萨作为 2022 全球数字经济大会唯一京外城市举办的主题峰会，借助数字大会平台力量，搭建从北京到拉萨乃至辐射南亚次大陆的数字桥梁，为拉萨市在“一带一路”建设、构建生态文明高地、“双碳”目标等大背景下发展数字经济提供助力。通过举办全球数字经济大会拉萨分会场会议、全球数字经济大会拉萨峰会等活动，大力宣传展示西藏高原建设发展大数据中心独一无二的优势和潜在的重要价值，吸引更多的存储和算力客户落户拉萨。

（三）取得成效

全球数字经济大会拉萨分会（2021年）和拉萨数字经济峰会（2022年）的举办，通过存储备份启动仪式、签约仪式、论坛等丰富多彩的特色活动，进一步拓宽京藏两地乃至拉萨与世界的交往交流交融之门，为拉萨市在“一带一路”建设、构建生态文明高地、“双碳”目标和顺应“东数西算”产业布局等大背景下发展数字经济，提供高质量模式参考、高效能产业引导、高水平战略咨询，大力推动习近平总书记“走出一条符合西藏实际的高质量发展之路”殷切嘱托的贯彻落实。与会北京市经信局领导、院士专家、企业均高度评价活动成果，将该活动视为前期信息化、大数据领域人才、技术对口支援基础上，北京拉萨数字经济协作合作提质升级的重要标志，也是京拉两地融合产业链、构建协作链的重要起点。

其中，2021年分会活动，吸引相关报道的全网点击量达300万次以上，创自治区新闻宣传历史新高。以中国工程院院士吴光辉为代表，40余家数字经济领军企业200余人参加大会，在西部地区的数字信息领域尚属首次。通过举办全球数字经济大会拉萨分会场会议，大力宣传展示西藏高原建设发展大数据中心独一无二的优势和潜在的重要价值，吸引更多的存储和算力客户落户拉萨，大会达成签约项目13个、入驻拉萨企业14家，涉及云计算、大数据、智慧城市、文化旅游产业等多个方面。推动建设西藏自治区首个数字经济产业园“拉萨国际数字经济园区”。时任拉萨市市长果果对大会效果给予“全国绝无仅有、西藏首次、历史第一”的高度评价。会后，时任中央政治局委员、北京市委书记蔡奇对大会举办情况批示“初战告捷，明年继续办好”。

案例5：实施“格桑花开人才+”计划，开启就业援藏江苏新模式

为深入贯彻落实习近平总书记“人才就是未来”的重要论述和指示精神，南京工作组聚焦智力支援，坚持以人才振兴推动乡村振兴，创新推出“格桑花开人才+”计划，积极探索人才培养新模式，创建人才增能“训练营”，激活本土人才“内动力”，着力培养和塑造高素质的基层组织引路人、产业发展推动人、乡风文明传承人、农业技术推广人和巩固脱贫致富带头人。人民论坛专题报道“格桑花开人才+”计划，人民日报客户端西藏频道发表文章《智力援藏，为西藏墨竹工卡乡村振兴注入“智动力”》，《西藏日报》发表评论《为创新就业援藏模式点赞》。主要做法和经验如下：

一是突出系列化。结合新时期发展要求，深入实施人才素质提升工程，坚持以人才振兴推动乡村振兴，围绕基层组织、产业发展、乡风文明、技术推广、就业创业等方面，创新推出系列智力援藏举措，以7个主题开展“格桑花开人才+”计划系列培训班，打造培训与实践、培训与就业、培训与增收无缝衔接的人才培养模式，助推墨竹工卡高质量发展。截至2022年底，共计举办3期“宁墨情·共发展”墨竹工卡县党政干部乡村振兴专题培训班，122名当地乡村振兴干部赴南京开展集中培训；举办3期“格桑花开大学就业创业特训营”，102名墨竹籍未就业大学生赴南京开展培训；举办2期“松赞艺术团培训班”，47名艺术团成员赴南京开展交流培训；举办1期“乡村旅游专题培训班”，12名乡镇旅游分管及旅游公司人员赴南京开展专题培训；举办1期“格桑花开·能工巧匠100+”手工编织培训班，24名有一定编织基础的留守妇女参加培训；开展宁墨两地教师结对传帮带交流培训，援藏教师开设公开课30余次；开展“宁墨情·传帮带”县医院“教培强院”项目，开展病例讨论、手术示教、专题讲座等168次，受训1300余人次。

二是凸显平台化。凝聚社会各界力量、汇聚社会各界资源，在“人才+”计划基础上推出升级版的“格桑花开平台+”计划，从聚焦单向人才培养向聚焦多元人才输出平台构建转变，从探索人才培养新模式向探索就业创业新模式转变，构建墨竹人才培养的社会大帮扶格局。主要包括：

——“格桑花开人才库管理平台”。通过全方位记录特训营成长营学员的培训、成才之路，一人一档，提供优质的就业创业过程服务，优化人力资源管理，实现人才与企业的合理配置，提供有效的人才解决方案，开展模块化人才培养与人才输出，形成西藏青年人才资源的“蓄水池”。

——“格桑花开乡村振兴合作平台”。与西藏雪堆白传统手工艺术学校共建墨竹分校，实施“乡村振兴能工巧匠100+”培养计划；与西藏特色产业联合会共建“乡村振兴手拉手”计划，培养打造出一批净土产品、手工艺品、非物质文化遗产活化产品等营销型人才。

——“格桑花开合伙人孵化平台”。借助西藏江苏商会会员企业优势，由企业搭建平台、提供资金支持，学员通过以合伙人、店长等方式成为创业者、经营者，提高学员创新创业的成功率。

——“格桑花开公益服务平台”。成立志愿服务队，注重培养大学生的社会责任感，致力展现青年最积极、最向上、最朝气的精神面貌，弘扬奉献、友爱、互助、进步的志愿精神，主动承担社会责任，以实际行动回馈社会。

三是体现持续性。立足墨竹工卡县乡村振兴人才培养，南京工作组连续举办“宁墨情·共发展”墨竹工卡县党政干部乡村振兴专题培训班、“格桑花开大学生就业创业特训营”“松赞艺术团培训班”，帮助参训学员开阔视野、增长见识、提升水平。截至2022年底，3期“宁墨情·共发展”党政干部乡村振兴专题培训班共培训688名乡村振兴干部，打造一支政治过硬、本领过硬、作风过硬的乡村振兴干部队伍；67名特训营学员全部实现高质量的充分就业创业；九期成长营，提升437人次已就业创业学生的职业规划力和团结协作力。

案例6：因地制宜发展生猪规模养殖产业，填补拉萨市场空白

（一）基本情况

尼木县续迈乡生猪养殖基地，分为续迈乡生猪养殖三期建设项目、千头生猪养殖基地建设项目以及万头生猪养殖项目三个阶段完成。

第一阶段，尼木县续迈乡生猪养殖三期建设项目。项目总投资2701.62万元，分3期建设完成。一期项目总投资539.51万元（县级整合扶贫产业资金），包含猪圈、库房、水泵房、值班房及附属。于2017年5月开工，2018年4月建成投入运营；二期项目总投资902.64万元（县级整合扶贫产业资金），扩建猪舍、病猪隔离圈、养殖场排水设施、屠宰点、冻库、职工宿舍、环保设施等。于2019年4月开工，目前项目已建成投入运营。同时，自2018年起，顺义区结对帮扶企业每年拨付一笔帮扶资金，用于猪场购买饲料、猪苗、防疫药品等，确保项目的正常运营；三期项目总投资1259.47万元（北京援藏资金759.47万元、顺义区结对帮扶资金500万元），建设育肥猪舍、配种猪舍、保育猪舍、消毒通道及相关附属工程等，于2020年3月开工，现已投入运营。

第二阶段是续迈村千头生猪养殖基地项目。总投资2200万元（北京援藏资金），新建道路、生产区、办公及生活区、污粪处理区。项目建成后，可实现年出栏生猪4000头和自繁自育仔猪5400头，预计实现年总收入3970万元，纯收入516万元，可带动建档立卡户123户480人。项目正在准备终验。

第三阶段是万头生猪养殖项目。计划总投资1.075亿元（北京援藏资金8450万元、县级整合扶贫产业资金2300万元）。新建猪舍21栋（母猪舍、公猪舍、育肥舍、保育舍、产房等）及配套设施。目前尼木县正在加快推进实施当中。计划到2023年，全县生猪养殖规模达到1万头以上，年生猪出栏达2万头，预计实现年总收入1.08亿元，纯收入1100万元。全力将尼木县续迈乡生猪养殖基地打造成为拉萨市乃至自治区的鲜肉供应、仔猪供应、生猪供应基地，辐射带动全乡脱贫户、低收入群体共计217户864人实现增收。

（二）主要做法

发挥优势，瞄准空白。生猪规模养殖产业在尼木县乃至拉萨市都是一个空白。尼木援藏干部抓住国家、自治区、拉萨市出台政策支持生猪产业发展的时机，牵头制订《尼木县加快生猪生产标准化养殖发展三年行动实施方案》，提出要在尼木县建成一个标准化的种猪、苗猪、商品猪繁育生产基地，目标是养殖1000头能繁母猪、年出栏3万头生猪，并协调落实北京援藏资金、顺义区对口支援资金开启尼木县续迈乡生猪养殖基地建设的新征程。

组团帮扶，技术支持。为解决

生猪养殖技术问题，对接北京顺鑫农业股份有限公司，先后选派17名技术人员开展短期援藏，进驻猪场实地进行防疫免疫、接生仔培、种猪饲养等生产管理技术培训和指导。选派尼木县6名生猪养殖学员到顺鑫农业旗下猪场开展为期半年的学习，掌握全流程养殖技术，为尼木县培养生猪养殖技术骨干。

持续投入，长线发展。“十四五”期间，安排北京援藏资金投入8450万元，继续实施尼木县种猪繁育及产业化推广示范基地建设项目，支持生猪产业高质量可持续规模化发展，争取为拉萨市生猪市场做出更大贡献。

（三）取得成效

续迈乡生猪养殖三期建设项目以续迈乡农牧民特色农产品合作社为经营主体，严格落实农牧民合作社“四个机制”“两个全覆盖”工作机制，生猪养殖基地总利润的10%用于养殖场日常周转运营，90%用于参与投劳建档立卡户分红。截至2022年底，尼木县续迈乡生猪养殖基地累计采购生猪9批次961头，出栏育肥猪573头，实现总收入298.03万元，利润30.2万元；累计劳务分红28.9万元，23户（21户为建档立卡户、2户为低收入户）户均分红12565元。

案例7：10亿元江苏最大产业援藏项目落地达孜

镇江工作组围绕达孜区青稞种植产业优势，深挖青稞产品附加值，通过引入洋河集团，打造拉萨朗热酒村项目，形成集展览展示、青稞研发、生产加工、服务配套、产品销售等功能于一体的青稞酒产业生态圈。该项目占地172.2亩，总投资10亿元，建成后将提供500余个就业岗位，带动周边群众增收致富。

项目主要特点体现在三个方面：一是产业模式新。项目由江苏洋河股份牵头，实施产业提升、村庄改造、绿色生态、文化传承“四大工程”，着眼于做强西藏酿酒企业、做精青稞加工产业、做靓特色文旅事业，打造“龙头企业+合作社+基地+农户”相结合的乡村振兴新模式，构建集“酿酒生产研发、销售、服务和展览展示、生态观光、文化体验”于一体的青稞酿酒产业生态圈；二是造血功能强。立足于更好地服务当地经济社会高质量发展，项目建成投产后年产值将超10亿元，新增就业岗位500余个，极大提升拉萨市产业集聚能力和产业发展水平。项目还坚持完善利益联结机制，通过订单农业、乡村旅游、吸纳就业等方式，带动1000余名农牧民就业增收致富，助力拉萨市巩固拓展脱贫攻坚成果、加快实现乡村振兴；三是高原特色浓。配套推进朗热庄园、朗热家园、朗热水街、朗热林卡等项目建设，挖掘村庄历史文化、凸显西藏村庄特色，创建一个望得见山、看得见水、记得住乡愁的宜居生态家园，建成酒旅融合、酒村融合的“新地标”。

主要经验做法体现在三点：一是建立工作专班。建立由指挥部总指挥担任组长，副总指挥担任副组长的重大项目推进制度。每月至少开展一次现场调研，动态掌握项目进度，分类施策解决项目难题。建立常态化工作对接机制，加强前后方单位的沟通协调。二是提供全程服务。指挥部创新建立部门联审联批制度，在确保依法依规基础上，协调推动相关部门优化审批流程，开启绿色通道，为项目审批提供全方位、一站式、保姆式服务，极大提高项目行政审批效率。三是组织现场督办。深入开展项目集中指导活动，会同拉萨市直有关部门定期或不定期走访项目现场，开展集体现场办公，累计召开6次专题会议，及时协调解决项目推进中的困难和问题。

保障和改善民生领域案例

案例8：不断擦亮“组团式”医疗援藏招牌，打造高原医疗高地

（一）基本情况

2015年8月，在中组部的顶层设计和组织推动下，医疗人才“组团式”援藏工作正式启动实施。七年多来，北京援藏医疗团队以拉萨人民医院为主阵地，积极发挥医疗“组团式”援藏作用，聚焦医院创三甲、强三甲目标，强化责任落实，健全推进机制，在成功创建“三甲”医院的基础上，推进医疗“五大中心”建设，推动医院基础设施建设、学科建设、人才培养、医疗服务质量、技术水平和科学管理方面等全面提升，为北京援藏交上一份满意的答卷。

（二）主要做法

推进“五大中心”创建，加强学科建设。不断提升危重孕产妇及新生儿救治中心的救治能力，多次在院内举行相关学习课程，极大地提高医院妇产科和儿科新生儿

专业医护人员临床水平，医院未出现孕产妇死亡病例；新生儿专业组技能日趋全面，达到自治区领先水平。开设新生儿独立病区，规范NICU危重早产儿的管理，影响力不断扩大。本地医务人员技术水平提高，能够常规开展高原地区新生儿脐静脉置管新技术。自创建胸痛中心基层版以来，不断优化流程，提升诊疗水平，推进“大病兜底”建设和带动作用，2021年与下级四县两区医院创建医联体合作项目，对心血管急危重症患者进行院前指导及救治开通绿色通道，通过胸痛中心标准版验收。2021年开展冠脉造影术60余台，PCI（经皮冠状动脉介入治疗术）20余台，急性PCI（急诊经皮冠状动脉介入手术）30余台，PTCA（冠脉支架植入术）10余台，永久起搏器5台。同时，从设施、医疗技术等方面进一步完善提升卒中中心建设。

实施“以院包科”，创建品牌科室。坚持以科学评估、质量优先、精准实施的以院包科原则，推动拉萨市人民医院在妇产科、儿科、消化科、心内科、骨科、神经内科、呼吸科、神经外科分别与北京妇产医院、首都儿科研究所、北京友谊医院、北京安贞医院、北京积水潭医院、首都医科大学宣武医院、北京朝阳医院、北京天坛医院开展以院包科。在此基础上，2022年推动北京佑安医院、北京世纪坛医院达成对拉萨市人民医院介入科、急诊医学科的“以院包科”支援帮扶计划，拉萨市人民医院新增2个“院包科”重点科室，“以院包科”科室总数达到11个。

完善绩效措施，深化绩效改革。援助团队详细梳理医院绩效方案，对现行绩效方案进行详细分析。梳理规范包括医院物价管理制度、医院医药价格管理机制等有关物价规章制度8项；落实29个计费单元组，建立临床兼职物价员队伍36人职责，4月底，医院发挥援藏专家优势，完成申报医疗保障局新增项目586项，5月配合自治区医疗保障局对全区医疗服务项目汇总3000余项并进行分类筛选工作。

紧跟信息时代，推进智慧医疗建设。一是在微信公众号增加诊间支付、住院押金、智能导诊、核酸报告查询等功能，同时联合拉萨市经信局，开发“幸福拉萨”App，为患者提供多种预约诊疗服务平台、多渠道自助模式；二是在中国联通、中国电信等5G合作伙伴的支持下，快速推进5G医疗应用，共建智慧医疗平台，使远程医疗无线化、移动化、多级化，打破传统的区域医联体，打造北京—拉萨—区县三级跨地域的“医联体”新模式，并在2022年初，向工信部、国家卫健委申报5G+远程诊断项目，“组团式”医疗援藏支持下5G+远程诊断在高原地区分级诊疗医疗体系中的应用；同时，针对会议室办公功能欠缺等问题，实施集学术讨论、培训教学、视频会议等功能于一体的智能多媒体会议室改造工程，实现远程系统多地多会场全程录播，有效推动医联体建设。

（三）取得成效

援藏专家在拉萨市人民医院担任院级领导、职能部门主任、临床科室主任，同本地医疗同仁通力合作，共同推动医院学科建设、能力提升、人才培养和管理改进等工作。现第七批援藏医疗队硕士以上学历占69.8%，副高级职称专家占比57.5%；2名院级领导，7名管理专家，12名临床医技专家。充分发挥“小团队”的“大作用”，由援藏专家带来的技术、管理、品牌效应不断显现，患者群众对医院的信任感、满意度持续提升，医院多个学科“一床难求”。2021年1—9月，拉萨市人民医院门急诊总量达25.6万余人次，同比增长43.2%；住院人次达到8906人次，同比增长5.6%；手术台次达到3154台，同比增长16.1%。2022年，持续开展“组团式”医疗援藏，1—7月，拉萨市人民医院门急诊量达17.03万人次，同比增长6.6%；住院量7485人次，同比增长7.8%；手术量2566台次，同比增长6.9%。不断夯实基层党组织阵地建设，公共服务能力进一步提升。10月公布的2021年国家三级公立医院绩效考核结果中，拉萨市人民医院考核提升一个等级，达到B级，全国排名提高83名，位居自治区第二名。

案例9：创新小儿骨科，践行从医为民、解民之苦的医者誓言

（一）基本情况

雪域高原由于高寒缺氧带来的影响，这里的百姓多发肺动脉高压、心脏肥大、大脑衰退、呼吸系统、消化系统疾病。同样，骨关节疾病、先天肢体畸形发病率也明显增加。一些人因就医困难造成疾病被拖延，失去治疗最佳时期。拉萨市人民医院骨科于2020年10月才正式独立成科，成立时间短，小儿骨科更是“零基创业”，从治疗理念、人员配备、器械准备等各个

方面都尚属空白。援藏团队通过学科建设,不断提升小儿骨科的影响力,整个西藏地区的儿骨病人汇集到拉萨市人民医院。儿骨团队在原有骨科只处理儿童创伤性骨折的基础上逐渐发展为目前常规开展发育性髋关节发育不良、儿童创伤性畸形矫形诊治、马蹄足诊治、四肢创伤性骨折微创治疗、斜颈诊治等疾病的骨科亚专业,且收治病人量逐年上升。

(二)主要做法

逐步完善制度,创建专业团队。以北京积水潭医院规章制度为基础,逐渐建立并完善包括骨科危重病人分级、骨科急诊手术分级制度等10余项规范制度,建立科室档案,培养科室文化,并在原有的基础上成立以创伤骨科为基础,小儿骨科为特色,矫形、手外、脊柱各专业组综合发展的专业骨科团队。

开展不良筛查,进行医疗救助。针对拉萨本地0—2岁婴幼儿DDH(发育性髋关节发育不良)发病情况,参照《发育性髋关节发育不良临床诊疗指南》并结合西藏地区的地域特点,开展《拉萨地区婴幼儿髋关节发育不良筛查机制及诊疗流程》项目,筛查本地婴幼儿810余例,对其中20余名发育不良的婴幼儿进行早期干预和宣教,坚决做到早发现早治疗。对一名患有髋关节脱位致使行动不便长达13年之久的儿童采取募捐及争取北京援藏医疗救助资金等方式解决4万余元,并迅速建立专家治疗团队为其提供矫形治疗的技术支持,以帮助该名儿童矫正畸形、缓解病痛,恢复正常的学习生活,真正践行从医为民、解民之苦的医者誓言。

促进交流学习,不断提升当地医疗服务水平。在北京积水潭医院以院包科的支持下,本地医生赴北京积水潭医院进修运动损伤,两名超声科医生赴北京积水潭医院进修学习新生儿髋脱位筛查。组织两届拉萨市人民医院—北京积水潭医院高原骨科高峰论坛等多项学术活动、讲座,覆盖全区及部分西南地区达400多人次,极大提高了西藏自治区的骨科水平和拉萨市人民医院的影响力。

(三)取得成效

从零开始,实现突破。拉萨市人民医院小儿骨科收治患者不断增加,2021年累计收治患者儿童360例,而2022年疫情发生前仅上半年收治患者儿童就达208例,且在全区首个开展通过关节造影辅助DDH(发育性髋关节发育不良)复位诊疗,让每一个藏区孩子都能健康地站在人生起跑线上。2022年7月,拉萨市人民医院与残联签订协议成为儿童畸形矫正定点医院。

打造一支带不走的医疗人才队伍。拉萨市人民医院骨科年度门诊量增长1倍,手术量增长49%,关节置换数量增长51%,髋脱位手术从2例增长至138例。带教本地三名徒弟,从解剖入路开始“手把手”地教,本地医生已经能够独立开展6岁以下髋脱位病人各类手术及保守治疗工作,做到区内甚至西南地区一流水平;能够独立完成外固定架技术治疗各类陈旧性骨折、脱位、骨质缺损等相关疾病,填补区内空白;能完成各类常见儿童创伤的诊疗工作。

案例10:以村居环境整治为切入点,打造藏地乡村振兴样板

(一)基本情况

巴嘎村位于拉萨市当雄县东北方,距离县城82千米,平均海拔4480米。下辖7个行政小组,共有村民500余户、3400余人。依托姆蓝雪山、虫草节等文化品牌,实现全村年经济收入4400余万元。2019年入选“第一批全国乡村旅游重点村”以来,巴嘎村着力打造文旅生态产品,不断提升姆蓝雪山虫草品牌,提高品牌竞争力与品牌知名度,巩固拓展脱贫攻坚成果,助推乡村振兴。

北京援藏团队经过多次实地考察、多番科学论证之后,结合当地资源禀赋提出通过对巴嘎村因地制宜开发建设,发展乡村旅游产业,促进产业结构的升级转型,促进群众增收,实现乡村振兴。项目2021年9月启动,总投资达5500万元,全部项目将于明年竣工。届时巴嘎村将在原有虫草村的基础上,进一步提升“美丽乡村”的整体面貌及知名度,成为当雄县高海拔草原牧区的一颗闪耀明星。

(二)主要做法

村容村貌与旅游休闲、周边环境打包整治。通过对当地群众的居住空间进行集中设置,翻新建设老旧的农牧民居,着力打造生态宜居、特色鲜明的现代化美丽乡村。

发展村集体经济,创新“虫草+文旅”的群众增收模式。将传统的虫草采挖和旅游业结合起来,规范虫草采挖保护制度,对采挖地进行生态保护和规划,有度采挖,定时定点交易虫草。

打造多元旅游项目和精品品

牌。助力巴嘎村打造一支村级文化娱乐队伍，打造精品虫草品牌，不断提升姆蓝雪山知名度，发展多元旅游项目。

（三）取得成效

一是对当地群众的居住空间进行集中设置，极大地改善群众的生活条件，由于集中居住节约土地占用空间，对当地生态保护与环境改善也有积极促进作用。二是以前虫草和传统畜牧业是村里牧民群众的主要收入来源，如今通过让游客在巴嘎村体验骑马、篝火晚会、挖虫草等民俗风情的同时，让更多群众受益，助力乡村振兴。作为一个新型乡村示范点，能更多地参与到旅游资源开发和受益的环节中，进一步提升居民经济收入。

案例11：发挥援藏资金撬动作用，让老百姓喝上“健康水”

（一）基本情况

北京援藏团队经调研发现，堆龙德庆区3个乡镇（古荣镇、马镇、德庆镇）中大部分村组现状饮水长期存在夏季涨水时候水质浑浊不达标、原水未经过滤存在泥沙或者日常水量不足的等情况，且原修建取水构筑物出现破损、老化及不能使用等情况，需对其进行新建或修复，供水管道也存在部分老化开裂及外露等情况，需更换管道，还存在部分未通自来水的情况，严重影响村民日常用水，从而降低村民的生活质量，对农牧民日常生活和身体健康造成不良影响，也间接影响村内经济发展。

（二）主要做法

配套国家资金，于细微处发力。在国家扶贫资金聚焦“两不愁三保障”，初步改善区域发展环境的基础上，为彻底解决百姓迫切饮水需求，北京市发挥援藏资金撬动作用，实施农村饮用水安全巩固提升工程，对其新建或修复。总投资3200万元，2022年投资2000万元，新建给水管道，新建蓄水池、过滤池、背水台、机井等设备设施数台，新建38处水源，其中自然供水35处，均为山里的“矿泉水”。

以水为脉，注重抓自然规律。结合当地自然条件、资源禀赋，该饮水供水系统提升改造工程项目，沿地势布设管网，以自流方式为山区农牧民供水。项目新建蓄水池、过滤池、背水台、机井等设备设施数台，新建38处水源，其中自然供水35处，均为山里的“矿泉水”。

（三）取得成效

该项目的实施，让当地老百姓喝上了“健康水”，极大改善了当地群众的生产生活条件，使5574户、19877人受益，有效解决了偏远地区季节性缺水问题，同时产生显著的社会效益、生态效益和一定经济效益，对保障人民群众身体健康，完善农村基础设施，建设社会主义新农村，促进社会稳定和经济发展起到积极作用。该项目作为典型北京品牌得到北京市相关部门和领导的一致好评和肯定，并多次被人民日报、新华网、北京日报和西藏卫视等媒体宣传报道。

促进各民族交往交流交融领域案例

案例12：“屏对屏”“心连心”探索交往交流交融新形态

依托互联网创新苏拉两地交往交流交融形式，线上开展“青暖童心·大手拉小手”“中华民族一家亲，童心共筑中国梦”等活动，用心架起一座各族群众交往交流交融的“云上”桥梁。

（一）“青暖童心·大手拉小手”关爱活动。为深化苏藏两地交往交流交融，进一步加强与结对帮扶地区青少年儿童的交流沟通，2022年11月，泰州团市委、市青联举行“青暖童心·大手拉小手”关爱活动结对仪式，65名泰州市青联委员与来自西藏、新疆的青少年进行结对。结对仪式上，西藏曲水县茶巴拉小学旦增诺布等青少年学生自发拍摄小视频，送上对泰州市青联和结对委员的祝福与感谢。泰州市团委副书记、市青联副主席为10名结对委员代表颁发结对关爱卡。结对委员代表向困境青少年群体捐赠爱心助学金10万元，并表示将继续为结对的青少年提供力所能及的物质帮扶，并在情感关爱、学习生活方面给予青少年关心和爱护，呵护他们健康成长。

（二）“中华民族一家亲，童心共筑中国梦”线上联谊活动。为不断增进苏州、林周少年儿童手足相亲、守望相助的深情厚谊，通过深化交往交流交融铸牢中华民族共同体意识，2022年6月1日，两地教育部门、结对共建学校适应新冠肺炎疫情常态化防控要求、创新工作形式，以视频连线的方式，举办2022年民族交往交流“中华民族一家亲 童心共筑中国梦”暨“喜迎二十大·共庆六一”线上联谊活动。相隔数千公里的两地师生通过网络视频展现各自独特民族文化，用歌声拉近彼此的心，用舞蹈浇灌团结之花。现场穿插会演的剪纸、书法展示，充分展现中华民族大家庭优秀文化的博大精深，见证中华文化的精彩碰撞。此次两地少年儿童云上联谊活动，在苏州、林周孩子们的心田进一步种下感党恩、听党话、跟党走的种子，在广大师生中营造“中华民族一家亲 同心共筑中国梦”、以优异成绩迎接党的二十大胜利召开的良好氛围。

案例13：文化援藏盛开民族团结之花——拉萨北京“心连心”艺术周盛况

（一）基本情况

2021年7月，在庆祝西藏和平解放70周年前夕，习近平总书记赴藏考察，亲题“建设美丽幸福西藏 共圆伟大复兴梦想”的贺匾、贺幛，为自治区干部群众送去党中央的亲切关怀。为深入贯彻落实习近平总书记在西藏考察时的重要讲话精神以及区、市党委的重要决策部署，北京援藏指挥部、拉萨市委宣传部，联合北京市文联、中央歌剧院、中央民族歌舞团，开展2021拉萨北京“心连心”艺术周。9月邀请北京艺术家代表团，在拉萨开展以“我们的中国梦”文化进万家为主题的系列文化交流活动，10月组织拉萨文艺代表团赴北京开展以“高原天籁 魅力拉萨”为主题的晋京展演。2022年，拉萨北京“心连心”艺术周通过线上展演、线下直播的方式，组织拉萨及西藏等地的各族群众、援建干部观看，进行慰问演出，以全新的面貌和形式，不变的激情和演出质量继续擦亮“心连心”艺术周活动品牌。

（二）主要做法

进藏演出送真情。北京市文联、中央歌剧院精心准备“声乐大师课”、杂技、戏曲、魔术、相声等精彩节目，深入校园、农村、军营，克服高原缺氧影响，为拉萨各族群众、援藏干部、驻藏部队官兵奉献一场文化盛宴。秉着“宁让生命透支，不让使命欠账”的信念，北京书协驻会在拉萨开展“结对子·共发展”合作互助系列活动。紧盯基层需求，以书法创作笔会、书法讲座、书法座谈交流等形式，不仅为服务单位及观众留下珍贵的墨宝，还为拉萨书法行业人才培养、艺术交流、社会服务等方面架起互助的桥梁。

晋京展演晒幸福。拉萨市委宣传部、市文化局成立专班，组织60余名文艺工作者，精心编排以“高原天籁 魅力拉萨”为主题的晋京展演节目，于2021年10月在北京先后举办专题演出、专家座谈、感恩教育三项活动，并推介拉萨市净土健康产业特产。展演以“喜庆热烈、幸福温暖、感恩奋进、共创未来”为编排基调，以传统藏戏、囊玛、堆谐以及农牧区特色原生态舞蹈为节目内容，充分展现西藏和平解放以来翻天覆地的变化，表达藏族儿女满满的幸福感、获得感、安全感。拉萨团队与中央歌剧院、中央民族歌舞团、中国音乐学院、首都师范大学、中国东方演艺集团等文艺界专家学者，组织召开“新时代拉萨文化文艺事业发展”专题研讨会。专家组听取此次展演的创作理念和拉萨文化艺术发展现状，肯定展演的主题、定位、内容，分享民族地区文化艺术发展所需的政策研究成果、先进发展模式、艺术创作思路。

（三）取得成效

为歌颂中国共产党百年华诞和西藏和平解放70周年巨大变化，北京市文联、中央歌剧院组织40余名艺术家，于2021年9月赴拉萨师范高等专科学校、拉萨北京实验中学及城关区、堆龙德庆区、尼木县、当雄县等进行8场慰问演出，其间还开展2场“声乐大师课”、5场书法笔会交流、2场书法讲座以及系列基层采风创作交流活动，惠及8000余人，新华社现场云直播关注度11.8万余人。拉萨文艺工作者在中央民族剧院进行3场专题演出，深受2000余首都各行各业观众喜爱。通过北京、拉萨双向文化交流，进一步增进各族人民“五个认同”，铸牢中华民族共同体意识。

艺术周活动让广大群众见证在以习近平同志为核心的党中央的坚强领导下，在“建设美丽幸福西藏 共圆伟大复兴梦想”的治藏方略下，在全国兄弟省市的无私援助下，拉萨、北京两地完成“京藏一家亲，协作送文化”的惠民之举、团结之举、振兴之举。通过此次活动，充分证明文化援藏在“志智双扶”中的重要作用。“援藏搭台、文化唱戏、双向交流”的团结协作模式，为新时代文化援藏和铸牢中华民族共同体意识提出借鉴方案。富有地域性、传统性、风俗性、艺术性的专题演出，为文化振兴提供参考。

文化教育支援领域案例

案例14：西藏首部原创音乐剧《天·梦》成功演出

《天·梦》是由中共江苏省委宣传部、西藏自治区党委宣传部、江苏省文旅厅指导，中共拉萨市委、江苏援藏前方指挥部、江苏省演艺集团、拉萨市委宣传部出品的西藏首部原创音乐剧。

音乐剧《天·梦》以藏族姑娘卓玛的成长为主线，以西藏社会风情与百姓生活变迁为背景，以独特的视角、跌宕的情节和艺术化的处理手法，将汉、藏两种风格结合，将藏族少女卓玛为成为第一批直升机女飞行员的奋斗历程在舞台上演绎出来，展现几代中华儿女在共同建设幸福美丽新西藏的过程中追梦、圆梦的故事。

作为"十四五"江苏援藏项目，《天·梦》是西藏首部原创音乐剧。江苏艺术家们多次赴拉萨采风，数易其稿，不断打磨提升。《天·梦》也是一部中华民族不同地域文化交流交融、碰撞创新的文艺作品，该剧采用音乐剧的形式，充分运用音乐、歌舞等舞台艺术手法，通过各族演员的"唱、舞、说、演"呈现出浓郁的民族风情和援藏感人故事，真实又不失浪漫色彩。青春励志的卓玛，援藏人物代表林舒海，专业一丝不苟的江远，憨厚淳朴的藏民们……他们都取材于真人真事。舞台上，既有雪域高原的辽阔奔放，又有江南水乡的委婉动情。音乐上，既有藏族风情的吟唱，也有江南水乡的小调。

2022 年 7 月 9 日，《天·梦》在南京荔枝大剧院首演。11 月 11 日，《天·梦》登上 2022 紫金文化艺术节，在南通大剧院亮相。在场观看群众深受感动，深切体会到江苏援藏干部克服高寒缺氧、扎根雪域高原、甘于奉献的感人事迹。近期计划将开启全国巡演。通过这部剧，将进一步推动建立江苏西藏两地文化艺术传媒界交往交流交融的新平台和新机制。

案例 15：倾力打造西藏幼教人才培养摇篮

为贯彻落实习近平总书记关于"改变藏区面貌，根本要靠教育"的重要指示精神，江苏援藏指挥部积极对接全省优秀教育资源，深入开展教育援藏工作。徐州幼儿师范高等专科学校充分发挥学前教育和科研优势，按照"全面规划，项目推进，资源支持，逐步实施"的原则，积极开展与拉萨市的结对帮扶工作，为当地学前教育事业的发展提供智力、人才和资源的支持。

（一）加强其他省市西藏班学生培养。徐州幼儿师专自 2010 年开始承担其他省市西藏生中职班培养任务，成为全国首批承担学前教育专业西藏生中职生培养任务的其他省市高校。2016 年起面向西藏地区招收高中起点三年制大专生，12 年来累计培养 934 名西藏学生，为拉萨学前教育事业输送大量优秀师资，有效促进了西藏学前教育事业的发展。

（二）立体化服务民族学生发展。成立民族团结教育工作领导小组，构建"校长主管、分管校长负责、学工处主抓、系部和班主任具体落实"的纵向管理模式和多部门联动的横向服务体系，形成包含学生常规管理、文明养成、安全防护、专业发展、汉藏团结等内容的制度体系。实施"全员导师制"和"伙伴制"，促进学生成长成才，为每位学生安排一位富有爱心，教育教学经验丰富的教师作为其成长导师，在思想品德、学业发展、生涯规划、身心健康、生活等方面给予全方位、全程指导。2018 年 11 月 11 日、2019 年 2 月 25 日的《中国教育报》分别以《西藏班学前教育专业师范生在排练藏族特色舞蹈》《央组：导师与伙伴陪伴我成长》为题，报道学校其他省市西藏生培养的典型事迹。

（三）加强民族团结与融合。定期开展富有民族特色的主题教育，如藏歌会、藏历新年联欢会、锅庄舞比赛等。民族学生组建锅庄舞社团、篮球社团、街舞社团等，每年的社团展演、他乡之声文艺晚会、校园歌手大赛等文化活动，增进了各族学生的情感交流。在学校的精心培养下，西藏学生的综合素质获得充分发展，受表彰的优秀学生干部及各类先进个人 656 人次，先后有 13 个班级被评为校先进班集体、五四红旗团支部，1 个班级被评为江苏省先进班集体，中职班的学生有 54% 升入高职校继续深造，其余同学回地方幼儿园任教，成为骨干教师。《太阳——一对西藏班母女的教育接力》视频，荣获西藏自治区党委网信办短视频比赛一等奖。案例《铸牢中华民族共同体意识 培养西藏幼教人才——西藏中职班德育模式的"徐州样本"》入选 2020—2021 年度全国西藏班新疆班创新案例。在省委教育工委、省教育厅主办的第十二届"江苏省大学生年度人物和高校辅导员年度人物"暨 2022 年"最美大学生""最美高校辅导员"评选活动中，尕松德喜同学荣获第十二届"江苏省大学生年度人物"。

案例16:“拓荒”职业教育,助力西藏技师学院教学就业“双丰收”

(一)基本情况

西藏技师学院是西藏唯一一所培养高技能人才的技工类院校,目前学院下设智能技术、交通与汽车、数字信息等6个产业教学系,设置有3D打印技术、机电一体化技术、环境保护与检测、汽车维修、健康与社会照护等37个专业,目前学院全日制在校生2200余人,累计中短期社会化培训达1万人次。在北京援藏支援下,西藏技师学院于2019年开工建设,2021年竣工,对于优化西藏人才培养模式提高劳动者素质、促进农牧民群众就业增收、培养具有创新创造能力的“西藏工匠”、缓解全区高技能人才严重短缺的瓶颈制约、增强全区经济社会发展内生动力都具有十分重要的意义。

(二)主要做法

2022年,北京援派西藏技师学院支教工作组6名同志,在汽车、智能产业、旅游商贸、数字信息产业等4个教学系任教,成为各自系部的骨干教师和中坚力量。一是通过课程资源开发、教学教法的探索研究、适应西藏特点的教案编写修订等补强专业建设的短板。二是积极探索教育教学规律,在教学中注重以学生为主体,以教师为主导,调动学习积极性,培养创造性思维方式,提高课堂教学效率。通过优化人才培养方案、工学结合、以赛促教、课堂思政等方式全方面培养学生技术技能和思想道德水平,打造复合型技术技能型人才。三是从“输血式”援藏向“造血式”援藏转变,通过“青蓝结对”“雏鹰计划”“伴飞计划”等方式,加强“双师型”队伍建设,“一对一”带徒弟,从专业技术、教学教法、教案课件等多方面培养当地年轻教师由“肯敬业”到“会敬业”转变,提升其教学能力和技能水平。四是通过优化人员分工及布局,捋顺工作流程,制定考核评价标准,修订规章制度等方式,提升西藏技师学院行政后勤、资产管理、招标采购等方面工作的管理水平和管理精度,提高工作效率。

(三)取得成效

积累丰厚的教育教研成果。健全集体备课制度,开发编撰适合当地学生的学习材料和校本教材,先后编写教育部“十四五”《数控车编程与仿真》等四本教材。开发“双创竞赛项目平台”等4个课程资源。修订《中西面点高级人才培养方案》等15个人才培养方案,编写各专业教案数百份。完成教育部“十四五”教育科研规划全国重点课题《中职教师教育教学能力的基本构成与提升途径》等。

培养一批优秀年轻教师。坚持开展听、评、说课活动,援藏老师与当地老师之间积极备课,商讨教案设计,认真评课,使教学水平得到很大的提高。特别是通过“青蓝结对”的方式,年轻藏族教师教学能力显著提升,其中1人在全国教师职业能力大赛西藏自治区选拔赛中荣获一等奖。

提高学生综合职业能力。为达到“以赛促学,以赛促教,以赛促改”的目的,组建物联网技能、综合布线、信息网络布线、西式面点、CAD机械设计等5个国家级技能大赛集训队,使得集训学生的技能水平、竞技水平和综合职业能力得到快速提升。

建校3年来,西藏技师学院扎实做好访企拓岗工作,拓宽就业渠道。2022年,学院区内外校企合作企业达100多家。首届毕业生于2022年顺利毕业,就业的企业既有中兴商贸、净云、拉萨饭店等国企,也有坎巴嘎布、康达汽贸、中凯矿业、华东水电等大型民营企业,又有北京京西时代、重庆信科设计、北京德师傅等区外企业。

案例17:《天湖·四季牧歌》进京,助推京藏文化交流启新篇

(一)基本情况

当雄原创游牧文化歌舞剧《天湖·四季牧歌》由北京、拉萨专家团队联合打造、当雄县艺术团担纲演出,东城区提供资金援助和宣传,是一部力求使天湖故事和游牧文化焕发艺术与时代光彩的原创游牧文化歌舞剧。以天湖湖畔四季轮回中发生的生动感人的爱情故事为主线,以真挚质朴的生命赞歌吟唱生命、歌咏美好,融合发源于天湖之畔的游牧文化、牦牛精神,突出“四季轮回、和谐自然、万物有灵、众生平等”的主题思想。该剧是北京援藏重要成果,为带动当雄文化发展和扶贫增收发挥重要作用。

为深入贯彻中央第七次西藏工作座谈会精神,铸牢中华民族共同体意识,落实北京市委书记蔡奇在2021年6月座谈会上关于“要持续开展‘京藏一家亲’等各领域文化交流交往活动,规划实施一批覆盖面广、群众喜闻乐见的文化援建项目”的指示要求。作为北京援藏重要成果和“十四五”期间重要文化援藏项目，“十四五”以来，西藏自治区拉萨市当雄县原创游牧文化歌舞剧《天湖·四季牧歌》两次到北京，同样班底的藏族小伙姑娘、同样的实景展现，为京城老百姓送上一场来自雪域高原的视听盛宴。

（二）主要做法

加强新技术应用，创新展演模式。为配合北京疫情防控要求，减少人员聚集，北京市东城区组织宣传部、文旅局、外联办及援藏团队召开演出协调会，确定演出采取全新展演模式，采取分场次演出的同时，采用线下北京剧场演出与线上平台直播相结合的形式，让更多北京及全国各地观众通过网络领略西藏当雄的风土人情之美。演出当天，当雄县艺术团31名藏族演员深情演绎，剧中优美的舞姿、动人的音乐及富有西藏特色的情景和故事充分展现羌塘草原文化的魅力。作为文化援藏项目，《天湖·四季牧歌》演出紧跟时代潮流，创新采用云端技术，在B站、微博、微信视频号、抖音四大平台首次进行同步云直播。为了让更多北京乃至全国观众了解进而观看这部剧，扩大演出宣传面，人民网、凤凰网、《北京晚报》、腾讯、搜狐、新浪、今日头条等200余家媒体、门户网站进行报道和宣传。此外，还邀请在京中国戏曲学院、中国东方歌舞团、中国舞台美术协会及国家艺术基金、东城区文旅局多部门共50余名专家学者观看点评。

深入开展文化交流。演出结束后，第二天在京举行当雄县原创游牧歌舞剧《天湖·四季牧歌》专家研讨会，围绕进一步提升、改进演出成效、艺术水平进行深入研讨，专家团一致认为要持续深化主题思想，打磨升级艺术表现形式，合力将《天湖·四季牧歌》打造为拉萨乃至西藏的“京藏文化交流金字招牌”。为提升本次文化交流活动内涵和全面性，《天湖·四季牧歌》赴京演出期间，当雄援藏团队组织演职人员、当雄县各乡镇基层文化专干30余人参加天安门升旗仪式、参观北大红楼中国共产党北京早期革命活动纪念馆、孔庙国子监等文化场所，开展教育意义丰富的文化交流学习活动和党史学习教育，切实提升当雄文化工作者的文化管理水平、激发爱党爱国爱家的爱国主义情怀。

（三）取得成效

《天湖·四季牧歌》连续进京上演，已经深耕成为京藏文化交流的一粒“种子”，在铸牢中华民族共同体意识方面起到很大的推动作用，在文化思想领域坚定藏族同胞“听党话、感党恩、跟党走”的决心，奋力谱写西藏文化高质量发展的宏伟蓝图。

2021年，在北京疫情形势严峻的情况下，通过线上与线下结合的方式进行演出推广，安排“四季牧歌”剧场到北京等地进行文化演出，从而带动当雄文化品牌输出，在线收看达到1.8万人，刷新该剧单场次观看人数纪录。2022年，为多方面展示“四季牧歌”及羌族文化特点，以纳木错文化为基础拍摄电影《天湖的约定》该电影已拍摄完成，正在开展后期剪辑等相关工作。

加强组织领导和机制保障领域案例

案例18：创新全过程管理机制，发挥项目长效化作用

2021年，拉萨市人民政府、江苏援藏指挥部联合发布《关于进一步加强江苏援藏项目全过程管理的实施意见》，明确专班制负责项目实施、精细化制定推进计划、信息化规范项目管理、全流程强化项目管理、挂钩式跟踪指导服务、全方位加强资金管理、常态化注重绩效评估、多维度运用评价成果等8项举措，要求做到“五突出”“三落实”，把江苏援藏项目打造成安全工程、精品工程、放心工程、满意工程。

“五突出”：一是突出精细化，制定推进计划。由项目单位组织研究、认真编制项目年度推进计划。二是突出信息化，进行线上管理。利用江苏省对口支援西藏项目管理信息系统，实现项目计划制定、过程管理、跟踪监督、资金管理等全生命周期管理。三是突出高效化，强化流程管理。确保项目审批规范及时、手续合法齐全、招投标程序规范。四是突出规范化，加强资金管理。把好“制度关”“进度关”“决算关”三道重要关口。五是突出常态化，注重跟踪评估。每月形成项目工作简报，每季度援藏前指、拉萨市发改委对项目建设经验做法、存在问题进行通报，每年形成年度总结报告。

“三落实”：一是落实专班负责制。项目单位成立项目工作专班，制定工作制度，明确岗位职责。二是落实专员挂钩制。实施援藏

干部项目指导服务制度，建立联审联批制度、集中指导活动制度。三是落实评价激励制。将项目年度评估结果报送拉萨市委、市政府和援藏前指，作为受援单位再次申请援藏项目的重要考量因素。

案例 19：不断健全北京援藏项目“全过程”管理体系

（一）基本情况

“十四五”以来，除了北京援藏公寓及配套服务保障楼项目等个别项目外，北京援藏项目由“交钥匙”与“交支票”并存的管理模式转变为“交支票”模式，随着援藏力度持续加大，援藏项目呈现出点多、面广、散小等特点，一些新情况新问题也日益凸显。北京援藏项目面临新形势新任务，刚性管控手段相对不足，规范约束不多，项目管理还存在不扎实、不规范、不到位现象。以往项目管理，只强调指挥部与受援地领导层面的高位推动，只注重指挥部各部门与当地受援办行政层面工作联动，忽视广大援藏干部人才在援藏项目管理上的职责作用，没有充分发挥派驻援藏干部人才的能动性，没有与拉萨市及“两区两县”发改、扶贫、规划、住建、财政、审计等属地行政监管力量形成有效协作，联动作用发挥得还不够好，援藏项目调度与援藏干部人才、属地部门职能发挥“两张皮”“两条线”运行现象比较明显。对援藏干部人才的考核督导还不完善，过去对援藏干部人才考核，往往强调援藏干部人才的总体工作，而缺乏援藏干部人才在具体援藏项目上的考核，导致部分援藏干部人才在项目管理上还存在不会管、不善管、不愿管现象。

北京援藏指挥部认识到，只有充分发挥全体援藏干部人才的集体智慧和力量，充分调动受援地行政、监管各部门和项目参建各单位联动参与、深度协作，才能把每个援藏项目落地落实落细。因此，西藏拉萨指挥部严格质量标准，修订完善项目管理制度，扎实做好援建项目的前期准备和建设管理工作，进一步加大项目建设的推进力度，努力实现项目精细化、科学化全过程管理，有力保障援建项目早开工、早建设、早见效，持续助力拉萨市实现长治久安和高质量发展。

（二）主要做法

建立事前、事中、事后项目全过程监管体系。建立事前评审机制。联合受援地相关部门对援藏项目在立项或实施前进行审核，对方案不合理、项目绩效目标不高、不符合政策规定的项目及时进行调整，进一步提升项目的科学性及可行性，保障北京援藏项目的实施效果。提高事中监管水平。建立健全定期调度机制，继续完善项目管理联系人制度，切实发挥北京援藏项目的引领、示范和带动效应。进一步开发建设援藏项目视频监控系统，对北京援藏项目施工现场进行实时监控，及时发现施工过程中存在的问题，第一时间协调解决，督促项目施工进度，确保项目按照计划进度实施。加强事后监督检查。充分发挥项目结对管理联系人的沟通协调作用，通过现场调研、下发通知、审计巡查等方式，按年度收集援藏项目相关资料，按照“一个项目一盒档案”的原则，统一归纳存档，确保项目实现既定的绩效目标。建立援受双方联合审计制度，加强对北京市援藏项目的监管，及时有效监督项目执行情况。

强化项目资金管理。西藏拉萨指挥部会同受援地加强对资金的监管和审计，严格落实建设项目经费使用管理办法、短期援藏资金使用管理办法、基本经费审计管理办法、日常经费使用管理办法等。北京援藏指挥部根据年度援藏项目计划，确保向基层、向民生倾斜达到 80% 的要求，确保资金到位和项目高效实施。

（三）取得成效

西藏拉萨指挥部帮助拉萨市“打基础、管根本、立长远”，聚焦巩固拓展脱贫攻坚成果和助力经济社会高质量发展，加快推进援藏项目实施，强化援藏项目管理，努力提升项目绩效水平，较好地完成了各项既定任务。2021 年，北京援藏项目资金拨付率为 100%，开工率为 100%，完工率为 97%，投资完成率为 83.87%。2022 年，北京援藏项目资金拨付率为 100%，项目开工率 100%，完工率 65.63%，投资完成率 75.78%（初步计算）。同时，项目结对联系人制度将各个环节的职责细化到项目申报、审核、形成规划和计划、推进实施、竣工验收、运行管理等项目建设全生命周期的重点环节，细化到从指挥部领导、项目管理部、县区领队到结对联系人等各层级援藏干部主体，充分发挥援藏干部积极性、主动性和创造性，有力推动实现北京援藏项目科学谋划、规范实施、精准调度、效果彰显。

人力资源与社会保障

【概况】 2022年,拉萨市实现城镇新增就业13550人,城镇登记失业率控制在4%以内。农牧民转移就业8.5万人,实现收入8.92亿元,开展农牧民技能培训15470人。应届高校毕业生就业率达96.8%,区外就业率达12%。社会保险参保达到60.17万人,征缴社保基金40.7亿元,发放社保卡71.21万张,激活率98%,39家银行网点实现即时制卡。助企纾困政策惠及全市参保企业,7500余家参保单位享受阶段性降低费率政策,382家参保企业申请享受“三大险种”缓缴政策,兑现3295家企业稳岗返还3203.89万元,兑现759家企业一次性留工培训补助695.8万元,兑现307家企业一次性扩岗补助74.85万元,兑现268名失业人员一次性生活补助金26.8万元。

【高校毕业生就业工作】 2022年,拉萨市聚焦岗位开发、技能培训、结对帮扶等重点任务,以“八个责任清单”压紧压实县区、行业部门主要领导工作责任,以市委名义印发结对帮扶花名册和职责清单,全市3847名党政机关干部和国有企业负责人结对帮扶高校毕业生7156人,制定发放“包保”帮扶明白卡,建立定期抽查、通报机制,压实结对帮扶责任,结对干部人均联系帮扶学生5次以上。着眼信息化和便民化,层层成立就业服务微信群,实现应届高校毕业生、农牧民等重点群体全覆盖,实时推送对接就业岗位、宣传解答就业政策。建立宣传、人社多部门联动,市、县、乡、村四级同步发力,网络、电视广播媒介同步运用,入企入校入村宣讲有效补充的就业宣传体系,开展线上线下宣讲座谈活动近400场次,发放宣传资料1.9万余份,发布宣传信息3400余次,高校毕业生就业创业观念持续改善。开发区内外就业岗位5万余个,与北京、江苏、四川等地人才市场合作,开发推送区外市场岗位1.3万个并纳入日常招聘,聚焦基层社会治理、公共卫生服务,开发基层购买岗位1500余个并全部用于解决应届高校毕业生就业。累计举办线上、到点、专场等招聘活动279场,通过招聘对接帮助高校毕业生就业3500余人。北京、江苏合计提供援藏事业岗位90个、援藏企业岗位2877个,通过援藏招聘实现北京就业6人、江苏就业62人。全年累计发放各类高校毕业生就业创业补贴1.3万人次2.07亿元,有效激励高校毕业生市场就业、区外就业、自主创业。成功建成并运行北京、江苏就业联络站,日常化开展援藏对接、人员摸排、岗位开发、实地走访、座谈联谊、政策宣传、就业引导等工作,倾情打造“拉萨之家”。推广“格桑花开”区外培训就业服务品牌,充分利用各类援藏资源,市县两级多点发力,开展格桑花开特训营、四川岷山集团“组团式”就业、曲水—泰州援藏招聘、四川专场招聘、苏州高新区“组团式”就业等区外就业服务活动8期,已实现区外“组团式”就业140余人,促进了各民族交往交流交融。

【就业培训】 2022年,拉萨市人力资源和社会保障局(以下简称市人社局)实施培训转型升级计划,实行县(区)培训计划每月把关指导,完成网约车驾驶员、调饮师、汽车养护、采矿工、中医药理疗师等19个新增工种备案,创新举办全区首期网络主播和网约车驾驶培训，实施“以工代训”“订单定向”培训模式。全年共计开展各类职业技能培训1.71万人。实施实用技能人员培育工程，初审完成市住建局、市妇联、市农业农村局等3家单位实用技能人员培育计划，涉及15个职业工种971人，围绕职业技能培训需求指导目录，对申报项目进行筛查审核。不断规范职业技能等级认定工作，健全完善以职业能力为导向、以工作业绩为重点，注重工匠精神培育和职业道德养成的技能人才评价体系，共开展职业技能等级认定3210人。

【转移就业】 2022年，市人社局畅通“政府＋劳务市场主体＋用工企业＋农牧民”输送机制，发挥市、县、乡、村四级447个劳务输出组织作用，择优选定13家劳务组织作为劳务输送主力军，主动对接行业部门、用工企业和南北山绿化工程、美丽乡村幸福家园建设项目，组织各县（区）农牧民群众报名参与。累计开展有组织劳务输出、劳务派遣5.16万人，实现收入5.33亿元。将项目带动、产业吸纳、基地促进、劳务品牌引领打造为促进农牧民转移就业的稳定平台、固定渠道，持续促进发挥作用。全市已开复工政府投资项目472个，吸纳就业3.19万人、实现收入1.72亿元；全市产业吸纳就业2.32万人、实现收入1.72亿元；依托已建成的181家转移就业基地（2022年，全市新增20家农牧民转移就业基地）吸纳就业2.01万人、实现收入1.65亿元；加快“一县一品”劳务品牌打造培育和申报推荐，挖掘培育劳务品牌8家。联合行业部门、县（区）、人力资源服务机构开展全市岗位开发工作，定期举办各类招聘会，搭建就业服务供需平台，全市举办各类招聘活动262场次（其中招聘会46场，岗位对接会216次），累计开发就业岗位36629个。加强与援藏省市、周边省市和国有企业的对接联络，探索建立区外农牧民转移就业基地，发挥“白纳铜匠”等劳务品牌区外转移就业引领带动作用。实现区外转移就业856人，其中，开发夫妻岗、家庭岗、村居岗222个。

2022年5月26日，拉萨市在西藏大学纳金校区举办以“新起点、向未来”为主题的“公共服务进校园——西藏大学专场招聘会”

【优惠政策落实】 2022年，市人社局按照区市稳经济若干临时性措施及配套措施的要求，制定《农牧民吸纳就业相关补贴政策经办流程（暂行）》《临时性生活补助发放经办工作参照流程》，向1家企业兑现农牧民转移就业基地吸纳就业奖励资金30万元、向44家企业兑现企业就业吸纳奖励资金50.07万元；为18245名受疫情影响未复工复产的项目工地或单位使用的临时外来务工人员（非本地常住人口）发放临时性生活补助2317.875万元。执行《拉萨市就业资金管理实施细则》，规范就业补助资金、公益性岗位资金等就业资金管理使用。累计下达就业资金46055万元、发放公益性岗位政府补贴16857.16万元。系统梳理国家和自治区层面出台的援企稳岗、失业保障、就业援助等各类优惠政策，加大资金兑现力度，帮助企业纾困解难。通过“免申即享”方式向3295家企业兑现稳岗返还资金3203.89万元，发放失业保险金632.5万元、失业补助金905.56万元。

【社会保障】 2022年，市人社局统筹城乡社会保障，深入推进制度覆盖到人员覆盖。全市企业职工基本养老保险参保12.53万人，征缴养老保险费24.48亿元，支付养老保险待遇4.82亿元；机关事业养老保险参保3.20万人，征缴收入

14.02 亿元，发放养老金 11.06 亿元；工伤保险参保 15.53 万人，征缴工伤保险费 6549.55 万元，支出 2647.17 万元；失业保险参保 11.68 万人，征缴失业保险费 12073.94 万元，支出 8286.99 万元；城乡居民养老保险参保 17.23 万人，征缴城乡居民养老保险费 3339.74 万元，发放养老金 1.28 亿元。社保信息化建设取得突破性进展。

【"一卡通"综合应用】 2022 年，市人社局通过利用"社保卡监控监管服务平台"，实现"人、卡、物"全方位一体化监管和"数据采集—制卡开户—发放激活"全过程实时监控监管，优化社保卡数据采集点、网络平台、金融机构三方联动的模式，通过全市城乡 86 个经办机构、56 个银行网点，66 台即时制卡设备构成线上公众服务平台申领、线下经办机构自主设备采集、金融机构现场即时制卡的多方联动便捷化服务模式，实现社保卡入卡管数据 71.21 万条，约为户籍人口的 127%，占常住人口的 82.61%，社保卡银行开户量超过 68.84 万张，发卡激活为 68.84 万张，发卡激活率为 96.67%，电子社保卡激活量为 40.49 万张，通过社会保障卡发放全市城乡居民养老金、机关企事业单位职工工资及退休人员养老金。

【社会保险业务"网上办"】 2022 年，拉萨"掌上社保"App 为群众提供缴费信息、社保信息查询及个人参保证明、个人权益记录单打印等移动服务，注册达 54.43 万人，日均登录查询办理 2000 余人次。"社保网上经办服务平台"让全市 7500 余家参保企业通过"互联网 +CA"认证的方式登录网上申报服务大厅，办理增减人员变更、申报核定、征集打单、参保证明打印、信息查询等社保业务，实现企业职工养老保险申报缴费全程网办。

2022年5月13日，拉萨市人社局组织工作人员到达孜区邦堆乡开展农牧民转移就业观念引导宣讲工作

【社保红色行动】 2022 年，拉萨市社保中心创新打造"社保红色行动"党建品牌，充分发挥党员先锋模范作用，按照"内在强建设，外在解难题"的工作原则，进一步在改进作风、狠抓落实、服务群众上持续发力，不断提升服务质量和服务水平，针对群众"急难愁盼"，结合政策宣传、疑难解答、社保卡服务等工作，共举办 6 次"上门服务"活动，为群众提供"量身定制"的精准服务，实实在在地"办实事、解民忧、暖民心"，得到群众的赞许和肯定，真正把服务送到群众的心坎上。

【坚持党管人才工作方针】 2022 年，市人社局开展乡村振兴战略人才振兴工作，编制《拉萨市 2022 年党政机关急需紧缺人才专业目录》，制订 2022 年人才引进计划。完成全区高校毕业生公开考录（招聘）拉萨考区考务工作，招录公务员 17 人、基层事业工作人员 189 人、教育类岗位人员 246 人。招募"三支一扶"人员 255 人，招聘"四类人员" 201 人。申报并获批表彰奖励项目 10 个。

【深化职称制度改革】 2022 年，市人社局推进事业单位县以下事业单位职员晋升工作。根据《中共中央办公厅 国务院办公厅印发〈关于县以下事业单位建议管理岗位职员等级晋升制度的意见〉的通知》《自治区党委组织部 自治区人力资源和社会保障厅印发〈西藏自治区关于做好县以下事业单位建立管理岗位职员等级晋升制度相关准备工作的通知〉》要求，制订《拉萨市县以下事业单位管理岗位职员等级晋升工作实施方案》，对县以下事业单位管理岗位职员等级晋升各项工作进行规范，提出具有操作性的指导意见，全面推进全市事业单位县以下事业单位职员晋升工作。全面推进专业技术人员继续教育网络平台学时认定工作。全面贯彻落实《关于启用西藏自治区专业技术人员继续教育网络平台学时认定功能的通知》精神，深入推进“放管服”改革，简化专业技术人员办事程序、缩短办事时间，实现“让信息多跑路、让百姓少跑路”，优化服务流程，提高专业技术人员管理部门服务效能和质量。按照文件要求，不再办理线下学时认定，全面开展网络平台学时认定工作。全年共计开展网络平台学时认定6000余条。

【落实工资待遇水平】 2022年，拉萨市工资收入分配秩序更加合理规范，落实中央关心关爱干部职工工资福利政策。调整西藏特殊津贴标准，审核下达拉萨市事业单位工作人员和机关工勤人员调整西藏特殊津贴标准增资补发17088.62万元。完成事业单位工作人员和机关工人基本工资调整增资清算工作。对拉萨市700家企业开展人工成本和在岗职工工资情况调查审核汇总填报。根据拉萨市企业薪酬调查结果（调查时期为2021年1月1日至12月31日），发布2021年拉萨市部分职业小类劳动者工资价位。

【遏制拖欠民工工资】 2022年，市人社局强化《保障农民工工资支付条例》宣传贯彻执行，督促548家建筑施工企业落实民工工资保证金3.96亿元，覆盖率达98%以上。检查用人单位673家，涉及劳动者1.1万余人。全市在建和续建工程项目实名制管理覆盖率达89%，农民工工资专户覆盖率达90.81%，累计向农民工工资专户进账资金85.38亿元，银行代发工资69.14亿元。处理劳动保障监察投诉案件392起，为1967名农民工追回劳动报酬2652.07万元，法定期限内结案率达100%。办理“12345”服务热线转办案件531件、“12333”咨询热线转办案件165件，核实答复网民留言、网络舆情213件，处理全国根治欠薪线索反映平台转办案2166件。向信用中国（西藏）平台、自治区人社厅等推送拖欠农民工工资联合惩戒对象名单12起、重大违法行为社会公布案件19起，移送涉嫌拒不支付劳动报酬罪案件5起。接待各类来电、来信、来访咨询2000余人次，开展法律法规宣传11次，现场咨询9500余人次，发放宣传资料1.1万余份。

【农民工工资制度建设】 2022年，市人社局加强劳动用工管理，落实实名制管理、农民工工资专用账户管理、总包代发、工资保证金等制度。全面推行劳动用工实名制管理，落实农民工工资专用账户管理制度，推行委托银行发放工资制度。健全劳动用工和工资支付记录，明确用人单位对农民工的工资支付责任，劳资专管员配备全覆盖，明确建筑领域农民工工资支付专用账户设立和使用范围，将工程建设项目开设专用账户作为民工工资保证金缴存及办理施工许可证的前置条件，严格执行人社部、自治区人社厅出台的民工工资保证金相关制度，落实保险担保、银行保函等第三方担保，完善工资保证金缴存比例、缴退流程、减免和提高缴存比例等规定。实行专人管理、专户存储、专款专用，确保资金运行安全。截至年底，全市工程项目实名制管理、工资保证金制度已实现全覆盖。

【维护用工双方合法权益】 2022年，市人社局开展工伤认定318件，劳动能力鉴定211件。共受理劳动争议案件228件228人，涉及总金额2112万余元。劳动争议人民调解委员会处理劳动争议案件57起，接受各类劳动政策法规咨询280起。法定时效内，案件结案率为100%。

（熊林豹）

民政

【概况】 2022年，拉萨市民政局（以下简称市民政局）主要承担着全市困难群众救助、基层政权建设、社区治理、社会组织管理、社会福利和社会事务等涵盖民生、公共服务、养老等多方面的工作职责。

【兜底保障】 2022年，拉萨市城乡低保标准分别是每人每月974元和每人每年5160元；集中特困供养和分散特困供养标准分别是每人每年14461元和每人每年7740元；城镇低保边缘生活补贴标准为每人每月100元。为城镇低保和农村低保共计6771户11449人兑现低保资金7196.4万元，为特困供养人员1234人兑现供养资金1160.3万元，为城镇低保边缘家庭198户523人兑现生活补贴62.76万元。结合困难群众救助补助资金审计工作，开展保障对象核查工作，共清退不合规纳保对象72人。

【精准核对】 2022年，市民政局充分利用居民家庭经济状况核对信息平台，通过线上+线下核对的方式，年内共核查救助对象家庭经济状况721户，其中核查低保251户，临时救助245户，医疗救助90户，特困人员39户，低保边缘家庭45户，其他51户。

【走访慰问】 2022年“三大节日”期间，市民政局共为720名城乡低保对象、集中供养人员、孤儿、困难僧尼、麻风病治愈康复人员以及易地扶贫搬迁点困难群众进行慰问并送去慰问金50.84万元。

【特困人员供养】 2022年，市民政局持续推进福利机构养老服务质量提升工作。特困人员集中供养服务中心、日间照料中心持续开展机构标准化服务建设工作，组织护理岗、后勤岗工作人员开展标准化技能培训，参训率达到100%。全市共有集中供养特困人员756名，分散供养对象512名，经县(区)民政部门排查统计，特困人员意愿继续集中供养率保持100%。

【养老服务】 2022年，市民政局持续提升巩固第五批居家和社区基本养老服务改革试点成效，全面加快推进养老服务体系建设工程。实施特困人员供养服务设施提升改造工程，持续巩固特困人员供养救助兜底保障成效。实施养老服务需求摸底、智慧养老平台建设及巡视探访服务等政府购买服务项目，吸引其他省市优秀养老服务企业的投入。实施居家养老“五助”服务、社区养老服务设施社会化承运等模式，动员未就业或返乡创业大学生培育孵化社会工作和志愿者服务协会，建设本土养老服务人才队伍。实施“公建民营”社会化养老服务模式，推动养老服务供给结构不断优化。初步构建居家社区机构相协调、医养康养相结合的养老服务体系。经第七次全国人口普查结果显示，拉萨市60岁及以上人口为73681人，落实供养保障金1514.39万元、护理补贴37.2万元。享受最低生活保障人员8840名，落实基本生活保障金1882.4万元，享受经济困难高龄补贴和经济困难失能补贴人员1132名、落实老年人“两项补贴”资金14.7万元。截至年底，全市共有10家养老服务机构，其中特困人员集中供养服务中心9家，共建机构养老服务床位1622张，为801名特困供养人员提供集中供养服务，全市特困人员意愿集中供养率为100%，为35名社会老人提供机构专业养老服务。根据自治区《关于推进养老服务高质量发展的若干措施》精神，进一步修改完善《关于加快养老服务发展的实施意见》《关于制定和实施老年人照顾服务项目的实施意见》等5件政策性文稿。继续总结居家和社区养老服务试点工作，深入调研拉萨市老年人综合能力状况，根据全市自理、半失能、失能老年人人口状况，将拉萨市基本养老服务格局从原来的“9091”调整为“9073”(90%老年人居家养老、7%老年人通过社区获得养老服务、3%老年人机构养老)。加快完善养老服务设施布局，投入2380万元对墨竹工卡、曲水两县特困人员集中供养服中心进行改造。推进15间老年人日间照料中心建设工作，已启动运营11家，服务老人3000余人次。推

2022年2月23日，拉萨市政府召开民政工作专题会议

动城区社区养老服务驿站建设，先后投入126万元建设运营鲁古社区、白林社区、幸福社区和三有村4家养老驿站。向自治区争取600万元在达孜区和林周县统筹建设2家农村幸福院。建设养老服务信息平台，立足拉萨市“养老服务起步晚、底数不清”现状，投入492.38万元同步实施全市养老服务需求摸底调查和拉萨市智慧养老服务信息系统研发项目。完成全市7.2万名老年人基本信息采集，并将养老需求和20多家养老服务组织信息录入到智慧养老信息系统内，以数据建模形式助推拉萨市潜在养老服务需求和市场实现可视化，探索“互联网＋智慧养老”现代化服务模式，培育发展拉萨市养老服务市场。孵化培养养老服务人才队伍，市、县（区）两级民政部门积极动员持证社会工作人员组建社会组织，成功孵化培养拉萨市社会工作和志愿者协会6家社会组织，带动122名未就业大学生、返乡创业大学生和留守妇女的灵活就业，为700多名困难、高龄、失能的老年人提供居家养老服务13.4万余次。高效推进养老诈骗打击整治专项行动，研究制订《拉萨市养老服务诈骗专项整治行动细化方案》，以动漫形式制作藏语、汉语防诈骗宣传视频，并指导全市民政系统设立养老诈骗举报热线。

【未成年人关爱保护】 2022年，拉萨市在做好困境儿童基本生活保障工作的同时，着重完善监护监督和关爱保护体系，搭建关爱保护平台，未成年人救助保护体系不断完善。全市孤儿人数381人，落实孤儿基本生活保障金489.98万元；事实无人抚养儿童67人，落实事实无人抚养儿童基本生活补助金48.24万元。2家儿童福利机构为381名孤儿提供集中收养服务，集中收养率为100%。14家留守儿童“快乐之家”为所辖区域内未成年人提供49场主题关爱保护服务。市未成年人保护中心为27名受侵害未成年人提供临时监护保障。研究制定《拉萨市收养评估实施细则（试行）》，建立儿童收养评估机制。开展困境儿童、留守儿童摸底和信息采集工作，分别为1702名留守儿童和183名困境儿童建立信息台账。推动基层儿童督导员、儿童主任队伍建设，在乡镇人民政府（街道办事处）一级设立68名儿童督导员，村（居）一级设立218名儿童村主任。投入447.2万元实施困境儿童关爱保护项目，为有需求儿童提供心理疏导等专业服务。针对孤儿大学生日常生活、受教育成本大幅增长现象，连续4年开展“福彩圆梦·孤儿助学工程”，为161名孤儿落实161万元助学补助资金。面向孤残儿童救治康复服务需求开展“明天计划”，投入5.8万元为23名孤残儿童提供健康体检和治疗康复服务。投入40万元开展西藏儿童守护计划，有效支持服务群体的多方面需求。投入福彩公益金700万元，在尼木县建设县一级未成年人保护救助中心，指导达孜区率先全区创建第一批全国未成年人保护示范县。

【孤儿收养】 2022年，拉萨市共有孤儿381名，收养率达100%，全年兑现孤保金52.98万元（拉萨市孤儿基本生活保障标准为1159元/月，比自治区标准高100元）。为161名成年在校孤儿落实“福彩圆梦·助学工程”补助资金161万元，补助标准为每人1万元。

【留守儿童保护】 2022年，市民政局加强困境儿童保障工作，全年落实381名孤儿、67名事实无人抚

2023年5月17日，拉萨市民政局到城关区金珠西路街道藏语和汉语社工站检查指导基层治理和了解社工站相关工作

养儿童保障资金538.22万元。为161名孤儿大学生落实“福彩圆梦·助学工程”资金161万元，为23名孤残儿童提供健康体检和治疗康复服务费用5.8万元，市儿童福利院、中国拉萨SOS儿童村持续多年实现机构集中收养率、升学率和就业率100%，儿童集中收养工作走在西南片区前列。进一步完善未成年人保护体系，建立市、县（区）两级未成年人保护工作议事机制，研究制定《拉萨市收养评估实施细则（试行）》，建立儿童收养评估机制，分级为1702名留守儿童和183名困境儿童建立信息台账，投入447.2万元启动实施困境儿童关爱保护项目，为有需求儿童提供心理疏导等专业服务，市未成年人保护中心联合社会组织争取中央财政扶持资金40万元开展普及预防式的自护教育、预防违法犯罪、两性教育培训，指导达孜区率先全区创建第一批全国未成年人保护示范县。

【社工工作】 2022年，拉萨市正式启动运营12个乡镇（街道）藏语和汉语社会工作服务站试点项目，同步推进10个乡镇（街道）藏语和汉语社会工作服务站建设项目。

【慈善及彩票管理】 2022年，市福利彩票管理站配送即开票3892.12万元，促销即开票103.6万元，为福彩销售点落实返现奖励4.14万元。

【婚姻登记】 2022年，拉萨市婚姻登记共5197对，其中结婚登记3915对，离婚登记806对，补办登记476对。

【殡葬管理】 2022年，市民政局持续推进殡葬改革工作，开展“文明祭祀·鲜花祭祀”主题祭祀活动，接待祭扫群众1078人次、祭扫车辆409辆。

【社区治理工作】 2022年，市民政局召开拉萨市城乡社区建设联席会议第一次全体会议审议，审核通过《拉萨市加强和完善城乡社区治理的实施意见》和《拉萨市城乡社区联席会议2022年度工作要点》。开展市域社会治理现代化试点迎检工作，成立工作专班，先后3次召开局党组会、局长办公会，听取工作开展和台账准备情况。通过召开协调会、发函、主动上门、前往县（区）检查指导等多形式、多渠道完成台账收集整理。开展“国家地名信息库数据质量建设行动”。召开县（区）地名信息库部署会，严格审核各县区地名上报工作，审核地名12424个，高质量完成地名信息库审核工作。完成全国基层政权和社区治理信息系统录入工作。常态化推进扫黑除恶斗争，下发《关于做好基层政权和社区治理相关工作的通知》，明确各县（区）民政局严格落实扫黑除恶工作常态机制，切实做好扫黑除恶、打非治乱工作，巩固扫黑除恶成果。

【社会组织登记管理】 2022年，市民政局始终坚持依法登记管理，加大清理整顿力度，进一步促进社会组织健康发展。全市共审批登记成立21家社会组织，其中，市级12家、县（区）级9家。召开全市社会组织行业委员会第一次会议。在市级“两新”组织行业党委书记2021年度抓基层党建工作述职评议中，取得第一名的优秀成绩。培育本土社会组织，为拉萨市和城关区两家社会工作和志愿者协会解决办公场所用地。拉萨市各级社会组织在市民政局和社会组织行业党委的号召下，投身疫情防控工作，动员广大职工和志愿者们筹措物资、走上一线，共有447名志愿者参与疫情防控工作。

【行政区划调整】 2022年，市民政局开展第六轮县级行政区域界线联检及检查汇总工作。指导各县（区）开展勘界联检工作，对2020年以来各县（区）报备的历年界线联检材料进行审核汇总，下发《关于补充完善第六轮界线联检资料的通知》，要求各县（区）查漏补缺，补充完善相关台账资料。

【地名管理】 2022年，根据智慧城管系统反馈情况进行核实，确认后通知相关县（区）立即进行处理，各县（区）维修路牌36个，安装门牌885块。

【项目建设】 2022年，拉萨市完成拉萨市精神病人福利院建设项目、三县福利院提升改造项目，并投入使用。已完成拉萨市精神病人福利院智能信息化（一期）所有建设内容，待验收。申请“十四五”规划内项目3个，规划外项目4个，申请资金3623.94万元。

（达瓦拉宗　鲁　生　刘　军　索朗桑姆）

退役军人事务

【概况】 2022年，拉萨市退役军人事务局（以下简称市退役军人局）深入贯彻习近平总书记关于退役军人工作重要论述和重要指示批示精神，全面落实党的二十大精神，围绕“让退役军人获得感成色更足”主线，用心用情用力做好各项服务保障工作。

【退役机制创建】 2022年，市退役军人局探索建立拉萨市退役军人事务标准体系，逐步建立通用基础标准体系、服务保障标准体系、管理服务标准体系，指导规范退役军人四级服务保障工作，建成市、县（区）服务中心10个、乡镇级服务站55个，村级服务站29个。

【退役政策宣传】 2022年，市退役军人局编印发放藏语和汉语《中华人民共和国退役军人保障法》《退役军人移交安置政策解答》《退役士兵就业创业政策》等宣传册7万余册。

【退役帮扶援助】 2022年，市退役军人局兑现一次性退役士兵经济补助和家庭优待金；发放退役军人和其他优抚对象抚恤生活补助和一级至四级伤残军人护理费；常态化联系退役军人，主动帮助解决实际困难。

【退役军人教育培训】 2022年，市退役军人局组织开展拉萨市军休干部、自主择业军转干部“退伍不褪色·永远跟党走”政治思想教育培训暨就业创业培训活动，组成专家团队，为退役军人宣传宣讲党的最新政策，组织开展向上的文体活动。

2022年9月30日，自治区党委、自治区政府在拉萨烈士陵园举办国家烈士公祭日向烈士敬献花篮仪式

【退役待遇保障】 2022年，市退役军人局落实退役军人自主择业军转干部医保、住房补贴及军休干部、无军籍退休职工退休费、养老金、慰问等资金。

【退役军人荣誉奖励】 2022年，市退役军人局推进常态化拥军、社会拥军，完成26家崇军特惠联盟登记工作，退役军人可凭有效证件享受消费折扣优惠。协助解决退役军人子女入学107人次，审定退役军人子女高考加分159人次。

【退役军人公墓维护】 截至2022年底，拉萨烈士陵园墓间道及灌溉改造项目完成墓间道透水砖铺贴1600平方米，砂砾垫层1900平方米，完成总工程量的40%。拉萨烈士陵园纪念馆建设项目独立基础、一层梁板、地下室挡土墙防水和二层支模架及模板铺设局部完成，完成总工程量的40%。指导尼木县和当雄县烈士陵园整修工作。

【重大纪念活动】 2022年，市退役军人局围绕“3·28”西藏百万农奴解放纪念日、清明节、“9·30”烈士公祭日等节点，开展缅怀革命烈士、文明祭扫活动，接待观摩、主题党日、瞻仰烈士等1.8万人次。组织开展烈士纪念馆VR视频制作和网上宣传，利用拉萨烈士纪念馆作为党和国家红色基因库的功能优势，为驻市部队、中小学生和机关单位、社会各界提供红色教育活动200余场次，加强社会主义核心价值观教育，开展十八路军老战士、革命功臣视频文字资料抢救工作，增强红色文化传播力，在全国范围开展烈士寻亲，夯实红色血脉，不断铸牢中华民族共同体意识。

（任金龙）

应急管理

【概况】 2022年，全市共发生各类事故161起、死亡67人，事故起数和人数同比分别下降17.44%和23.86%。其中，除道路交通事故外，建筑施工事故起数占6.83%，死亡人数占16.42%；工贸事故起数占1.86%，死亡人数占4.48%；非煤矿山事故起数占1.24%，死亡人数占2.99%；火灾事故起数占0.62%，死亡人数占5.97%。全市发生各类自然灾害4起，受灾人口545人，造成直接经济损失10.47万余元；自然灾害受灾人口、农作物受灾面积和绝收面积、直接经济损失与近五年数据相比分别下降78.71%、91.6%、91.78%、87.04%，属于受灾较轻年份。

【应急体系建设】 2022年，拉萨市应急管理局（以下简称市应急管理局）与拉萨具体实际相结合、同拉萨应急管理发展现状相结合，制定《拉萨市贯彻落实安全生产“十五条硬措施”具体措施及任务分工》。开展全市2022年度安全生产和消防安全督（巡）查工作，实行每月安全生产情况通报，总结对比事故情况、分析研判事故趋势、提出工作建议，用事故教训警醒各级各部门，时刻筑牢安全红线、底线意识，做到警惕常在、警钟长鸣。推动各县（区）防汛抗旱、抗震救灾、森林草原防灭火指挥部转隶工作，形成上下一致的工作体系。编制印发《拉萨市“十四五”时期应急管理体系规划》，着力构建集应急资源管理、视频会商、指挥调度、监测预警、信息报送和监督管理等功能于一体，上下贯通、左右联动、条块结合、顺畅高效的综合应急指挥平台体系。

【应急救援队伍建设】 2022年，市应急管理局编制《拉萨市突发事件应急指挥与处置管理办法》《拉萨市社会救援力量参与灾害事件（事故）应急救援相关费用补偿办法》等文件，与相关驻市军警单位、中央企业建立应急救援联动合作协议，夯实应急救援专家库储备，为突发事件及时快速处置提供机制保障。

【综合信息处理】 2022年，市应急管理局持续开展安全生产专项整治三年行动，以政府购买服务方式对11个县（区）和8家牵头部门开展培训指导服务。对6家重点非煤矿山企业派驻监管人员进行“一对一”驻点指导工作。强化有奖举报，组织定向培训，加强严管重罚、智慧监管。总结梳理各领域三年行动创新探索的经验做法和取得的成效。深入推动“1+4”专项整治行动，坚持“两个根本”，开展全方位监管，非煤矿山领域建立尾矿库“一库一策”安全风险管控方案，督促“头顶库”“病险库”综合整治；着眼“智慧化”矿山建设，将华泰龙公司和巨龙铜业作为拉萨市科技强安试点矿山企业，探索推进“机械化换人、自动化减人”新模式。危险化学品领域采取交叉执法和专项执法的方式加大对重大危险源企业执法检查力度。烟花爆竹领域严格行政审批许可，强化源头把控。开展“平安护航二十大”安全生产专项整治行动。在疫情防控期间，扎实开展方舱医院、隔离点、酒店宾馆以及保供运输车辆的安全隐患排查，发现问题隐患61处。强化执法监管，实施精准化执法。按照年初执法计划开展检查167家次，发现隐患373处，整改率86.33%，下发各类执法文书93份，行政处罚37.7195万元。

2022年2月24日，拉萨市应急管理局到墨竹工卡县烟花爆竹零售点开展节前检查工作

2022年3月28日，拉萨市应急管理局到堆龙德庆区古荣镇南巴村开展安全生产、防灾减灾宣传教育进社区活动

【应急保障】 2022年，市应急管理局立足“全灾种、大应急”工作需要，完善多部门联合会商研判，组织召开联席工作会议。开展“全国综合防灾减灾示范社区”集中授牌暨“全国防灾减灾周”活动启动仪式，创建防震减灾科普示范学校，组织减灾科普宣传教育，更新7处市级应急避难场所25个宣传栏版，全市应急避难场所面积达728282.7平方米，人均避难场所面积约为2.25平方米。疫情防控期间，市委、市政府第一时间投入3411万元两次增储帐篷、折叠床、棉被、棉大衣等26种应急救灾物资，市、县应急管理部门坚决贯彻落实区、市党委、政府安排部署，优化简化应急物资调拨流程，扎实做好应急物资调配保障工作，调拨指令20余次。

【应急宣传】 2022年，市应急管理局围绕“‘5·12’防灾减灾宣传周”“安全生产月暨安全生产拉萨行”“地震科普、携手同行”“消防安全宣传月”等主题，组织开展启动仪式、学法普法、宣传“八进”、集中宣传、培训辅导、应急演练、志愿服务等喜闻乐见、形式多样、线上线下等活动。在《拉萨日报》《拉萨新闻》等媒体及局微信公众号、政务服务平台发布安全知识，设立安全生产举报奖励平台，参与群众达12万余人次，受众覆盖17万余人次。

（旦增南木加）

消防救援

【概况】 2022年，全市消防救援队伍和全体指战员围绕“固本拓新”主题，聚焦“喜迎二十大，全力保安全”主线，锚定“坚守精神高地，勇创一流业绩”的奋斗目标，实现火灾形势持续稳定、救援任务圆满完成、重大安保万无一失、队伍建设欣欣向荣的工作目标，用消防救援工作和队伍建设取得的实践性成果、突破性进展、历史性成就，书写众志成城谋发展、争先进位攀高峰、百舸争流拼第一的动人篇章，延续首府消防工作全区排头、引领先进、跨越发展的生动局面。拉萨市消防救援支队（以下简称市消防救援支队）被自治区党委、自治区政府授予“西藏自治区重大活动‘先进集体’称号”；连续两年被自治区党委、自治区政府表彰为“自治区民族团结进步城市流动人口服务窗口单位”；被国家消防救援局表彰为“2022年度调查研究工作先进单位”和“2022年度‘一短三快’初战机制改革先进支队”；被拉萨市委、市政府评为“2022年拉萨市民族团结进步模范集体”；被拉萨市南北山绿化指挥部表彰为“2022年度拉萨南北山绿化先进单位”，1名个人获评“2022年度拉萨南北山绿化先进个人”；1名个人受到应急管理部表彰；1个基层单位和3名个人受到国家消防救援局表彰；2个基层单位和1名个人荣获自治区级表彰；5个集体和3名个人荣获拉萨市级表彰；34名指战员荣立个人三等功；拉萨支队党委被自治区消防救援总队党委表彰为“先进支队党委”和“基层建设先进支队”，支队主官被表彰为年度支队领导班子建设“一对好主官”；4名班子成员被表彰为“年度优秀领导干部”，1个基层单位荣获年度集体三等功，2个基层单位荣获集体嘉奖，15个基层单位分别荣获“年度安全工作先进单位”和“年度先进基层单位”称号。

【消防基础设施建设】 市消防救援支队坚持“质量发展”和“均衡

发展”理念，着眼训练基地、消防队站、车辆装备、公共消防基础设施等核心要素，谋划“以特勤消防站为尖刀、普通消防站为主体、专职消防队为补充、微型消防站为辅助”的多元化、体系化、实战化消防队站建设格局。截至2022年底，累计征地59.9亩，投入建设经费1.86亿元，新建、改造消防站10个，彻底填补部分地区队站建设力量历史“空白点”。特别是“十四五”规划以来，立足拉萨“一城两岸三区”格局，推动新开发的城市功能区、老城区、商业密集区消防站建设，落实规划内3个消防站建设项目资金5846万元，推进落实大昭寺、纳金路、夺底路、堆龙羊达乡、达孜区邦堆乡、柳梧中组团等“空白点”消防站建设工作。

【火灾扑救和应急救援】 2022年，全市消防救援队伍共接处警6084起，出动7785车次、4.6万人次，其中火灾133起，抢险救援163起，成功抢救、疏散被困群众221人，抢救保护财产价值2000余万元，完成自治区两会及区党委十届三次全会和党的二十大等4794起消防维稳勤务，成功处置“1·24”城关区鑫都家具厂火灾、“2·6”堆龙德庆区液化石油气槽车罐体侧翻事故、“2·17”皓天塑胶制品厂火灾、“5·2”蕬觉林宗赞路简易库房火灾、“7·6”墨竹工卡县汽油罐车侧翻等重大灾害事故，充分发挥应急救援“国家队、主力军”作用。

【火灾隐患排查整治】 2022年，市消防救援支队牢固树立风险意识、底线思维，持续推动消防工作责任落实，推动市政府专题审议出台《拉萨市“十四五”消防工作发展规划》，深入推进消防安全大检查，部署开展高层建筑、大型商业综合体、仓储物流、涉疫场所、居民自建房、消防产品、消防技术服务机构等专项执法检查和整治行动22项，全年检查单位1.2万家，督促整改隐患1万处，“三停”13家，同比分别增长40%、184%、86%。深刻吸取总结“4·22”火灾事故教训，努力从根本上消除火灾隐患、从根本上解决问题，提请各级政府组织召开部门、单位、乡镇约谈会议，累计约谈单位684家，推进整改销案13家重大火灾隐患，在国务院消防工作考核中实现“零”扣分，火灾防御能力有效提升。

【消防安全环境完善】 2022年，全市消防救援队伍全面贯彻落实自治区党委政府和自治区消防救援总队系列部署安排，高位推进寺庙消防安全“七项新措施”［七项新措施：1.弱电酥油灯替换；2.煨桑炉改造；3.智慧用电改造；4.集中炊事；5.千供灯外迁；6.配备防火池；7.增设火焰视频监控系统］，完成替换寺庙弱电酥油灯8469盏，改造煨桑炉262座，31家寺庙完成智慧用电改造，111家寺庙实现集中炊事，87家寺庙完成千供灯外迁，14家寺庙配设防火池，3家寺庙增设火焰视频监控系统。全力夯实基层消防安全治理基础，推动安装独立式感烟、声光和燃气泄漏报警装置2000余处，建立社区微型消防站89个，在全市3个区5个县挂牌成立65个乡镇（街道）消防工作站（所），构建“网格排查劝告、乡镇劝诫执法、部门依法监管”的基层消防治理体系，破解消防治理末端“虚化空转”难题。通过与全市8个寺庙消防救援大队签订行政执法委托书，授予行政执法权，负责寺庙及周边消防安全工作，强化社会面火灾防控力量，探索“委托执法”新机制；对“五类场所”“四大顽疾”实施精准综合

2022年1月，拉萨市消防救援支队开展冰面救援专业技术培训工作

整治，在全市开展“生命通道”专项整治工作，划定281条消防车通道标线，设置156处电动车集中停放点、68处充电桩。

【消防宣传体系建设】 2022年，全市各级消防救援队伍精准开展消防安全宣传“六进”活动，把握不同场所、不同区域火灾防范特点，进学校260次、进社区440次、进企业2400次、进农牧区110次、进家庭2600次、进寺庙600次。支队紧紧围绕“抓消防安全，保高质量发展”这一主题，结合全市疫情防控工作实际，采用“直播+”的宣传模式，开展“119”消防宣传月活动，带着网友“云”观看消防高精尖装备展、消防技能演示、消防产品真伪鉴别等科目，吸引近4.2万名在线网友观看和互动讨论。策划城市地标“消防安全亮万屏”和主题灯光秀活动，推动建成9个应急消防科普教育基地，1个消防主题公园，创新开展21项消防宣传主题活动，线上线下开展集中培训和入户宣传3600余家次，播放消防公益广告提示1.7万条，发放各类宣传品13.1万份，受教育40余万人次。协调移动、电信、联通三大运营商开展“消防知识掌中大放送”，推送短信消防安全提示230万人次。紧跟消防宣传热点，结合西藏特色，制作16组拉萨消防微信系列表情包，做到应急宣传、科普宣传、形象宣传有机结合；在央视新闻、人民网、拉萨电视台等主流媒体发表报道220篇，邀请党的二十大代表嘎松曲珍、社会知名人士璞珍等录制《消防公益说》宣传短片5条，拍摄制作其他宣传视频190条，视频点击量达970.5万次。

2022年2月6日，拉萨市消防救援支队开展液化石油气槽车罐体侧翻事故救援工作

【应急战斗水平提升】 2022年，拉萨市消防救援支队围绕“全灾种、大应急”的任务需要，立足应急救援“主力军、国家队”的职能定位，聚力思战、谋战、务战、胜战，以高度的政治自觉和强烈的责任担当，聚焦打赢能力，提升攻坚本领，支队投入1684.95万元升级改造拉萨市“119”应急指挥中心，打造“扁平化、可视化、智能化”的作战指挥中枢，成立拉萨市首届应急救援专家组，建成“24小时在线指导、适时赶赴现场、定期组织研讨”的专业指挥模式，接处警效率大幅提升，现代化信息化指挥能力明显增强。队伍各级实战专业能力稳步提升，深入推进灭火救援能力提质强能三年行动，全面推进地震、抗洪、山岳、水域、化工、低温雨雪等9支救援专业队能力提档升级，全年组织各类业务培训班6期，战训业务大讲堂12期，开展基层指挥员、班长骨干培训120余人次。

【南北山绿化工程灌溉工作】 2022年，全市消防救援队伍充分发挥专业力量、技术、装备等优势，全面开展南北山绿化工程灌溉工作，累计开展供水任务150天，出动消防车辆668辆次，投入消防救援人员2276人次，供水量96700吨，浇灌面积2.3万亩，为全市生态文明建设贡献“消防力量”，市消防救援支队和1名消防救援人员分别被拉萨市南北山绿化指挥部表彰为“2022年度拉萨南北山绿化先进单位”和“先进个人”。

（优拉才让）

人民防空

【概况】 2022年，拉萨市人民防空工作忠诚履行“战时防空、平时服务、应急支援”职责使命，坚持备战牵引，注重融合发展，突出创新驱动，不断推动全市人防各项工作更好更快发展。

【人防宣传教育】 2022年,拉萨市人民防空办公室(以下简称市人防办)以国际民防日、全民国家安全教育日等重要时间节点为契机,开展人民防空宣传活动,向市民介绍有关防空防灾、警报信号、工程建设、人防法规等方面内容,引导市民铭记历史、居安思危,自觉关注国防建设,努力营造全社会理解人防、关心人防、支持人防、参与人防的浓厚氛围。活动中累计发放宣传资料1200余份,人防宣传品800余份,接受咨询300余人次。

【人防基础设施建设】 2022年,市人防办强化以建领建、问题导向、质量定位的法治思维和纪律意识,规范审批程序,严格“结建”政策,持续深化全市人防领域“放管服”改革,全面加强人防工程建设管理。共受理审批符合人防“结建”项目19件,易地建设6件。

【人防行政执法检查】 2022年,市人防办定期不定期深入各县区工程项目现场执法检查,对检查中发现的问题当场提出整改意见。对吉曲翠提湾、吉曲雅苑等4个项目因未批先建人防设施进行行政处罚,下达行政处罚决定书4份,收缴行政处罚30万元;累计完成6个人防项目35057.14平方米验收工作。

【专项治理】 自人防系统腐败问题专项治理工作启动以来,市人防办将人防专项治理作为检验政治成色的“试金石”,坚决贯彻区、市有关治理工作部署要求,成立人防系统腐败问题专项治理工作领导小组,研究制订《人防系统腐败问题专项治理工作方案》,明确工作内容、责任领导、整改时限和具体承办责任人,分解任务,建立台账,压实责任。在前期对全市未批先建、已审批、应缴易地建设费等226个项目摸排的基础上,紧盯问题不放松,深挖严查不手软,通过下达追缴通知书、召开推进会、约谈相关负责人等方式,持之以恒抓好各项目单位缴纳易地建设费工作。同时持续开展排查工作,共计追回人防面积7486.31立方米,追缴易地建设费585.17万元,人防系统腐败问题专项治理工作取得明显成效。

(尚莉莉)

防震减灾

【制度和机制建设】 2022年,根据自治区应急管理厅、自治区地震局关于健全完善地方防震减灾救灾体制机制工作相关要求,拉萨市地震局(以下简称市地震局)充分发挥市抗震救灾指挥部办公室的职能作用,制定印发《2022年度拉萨市地震局防震减灾工作要点》,逐步完善成员单位间沟通协调工作机制、组织指挥体系和工作规程,逐步健全政府与部门、军队与地方应急管理部门的预案衔接、信息数据共享和情况互通等制度。督导各县(区)、各功能园区根据机构改革、政府换届和人员变动情况,及时建立健全和调整充实县级抗震救灾应急指挥部领导小组及成员单位,不断加强抗震救灾应急指挥机构的制度和机制建设,不断推进防震减灾工作的制度化、正规化,为做好防震减灾工作提供制度和机制保障。

【地震监测预报】 根据2022年中国地震局年度会商以及2022年西藏地区地震趋势会商评审结论,拉萨市未被列入国家级地震危险区以及自治区级地震危险区和值得注意地区,但鉴于西藏自治区及邻区地震活动频繁,市地震局始终牢固树立“震情第一”观念,参加2022年全区地震趋势会商会及2022年全区年中地震趋势会商会,加强与自治区地震局的联系和信息共享,充分利用区地震局在技术、装备、人才等方面的优势,强化震情监测和震情会商机制,促进拉萨市地震监测预报能力提升。

【群测群防工作】 2022年,市地震局加强地震灾情速报管理工作,加强灾情速报人员队伍建设,调整更新灾情速报人员信息。截至年底,拉萨市8个县(区)政府及经济开发区、柳梧新区、文创园区3个经济功能区,均明确1个部门(单位)具体负责地震灾情速报工作;每个乡镇明确1—2名工作人员担任灾情速报员,全市调整充实灾情速报人员420名,确保地震灾情速报人员从县(区)、乡镇至行政村、街道全覆盖,确保一旦发生地震,灾情信息报送渠道畅通。

【震害防御工作】 2022年,市地震局先后印发《关于报送地震灾害防范应对准备自查工作报告的通知》《拉萨市防震减灾督导检查工作方案》等文件，督导各县（区）、各功能园区及市抗震救灾指挥部各成员单位按照职能职责和分工，认真落实防震减灾各项工作，组织开展本地区、本部门、本行业地震灾害防范应对准备工作自查，切实做好地震灾害防范应对准备工作。到各县（区）、各功能园区开展防震减灾督导检查工作，重点围绕抗震救灾指挥机构设置、地震应急预案机制、应急救援力量队伍、应急演练、应急物资储备、应急避难场所设置、抢修保通保障、风险排查防范、地震科普宣传教育等方面进行重点督导检查。进一步建立健全各县（区）防震减灾体制机制，确保防震减灾工作责任落实到位。

【地震易发区房屋设施加固工程】 2022年，市地震局制定印发《拉萨市抗震救灾指挥部办公室关于进一步加快实施地震易发区房屋设施加固工程工作意见》，督促各相关行业部门结合实际，按计划、有步骤地对全市继续开展农村危房改造及抗震加固工作。2020年以来，全市排查农村房屋45981户，计划抗震加固258户，已完成121户；全市已设置减隔震房屋5290栋，进行抗震加固处理房屋2473栋。截至2022年底，拉萨市共采集录入房屋设施加固工程数据2062项，新建工程数据732项。深入尼木县，开展房屋设施抗震设防信息采集现场培训会，重点讲解“全国房屋设施抗震设防信息采集和管理平台”的下载、注册和数据采集填报等操作方法。

2022年5月7日，拉萨市在城关区蔡公堂乡蔡村举行拉萨市“全国综合减灾示范社区”集中授牌暨2022年“全国防灾减灾周”宣传活动启动仪式

【地震灾害风险普查工作】 2022年，市地震局协助配合自治区地震灾害风险普查工作组开展1∶100万地震灾害风险评估与区划建筑物抽样详查任务，涉及拉萨市城关区、堆龙德庆区、达孜区、林周县、曲水县各乡镇、街道。2021年，地震灾害风险普查重点任务全部已通过区地震灾害风险普查工作项目管理办公室验收，拉萨市地震灾害风险普查20个场地地震工程地质钻孔数据通过地震灾害风险普查工作项目管理办公室的审核，已汇交到西藏自治区地震灾害风险普查122个钻孔数据库中。

【地震安全保障服务工作】 2022年，市地震局参加自治区地震局监测中心组织的加密会商、周、月会商，完善与自治区地震局监测处、监测预报中心的震情会商机制，密切跟踪拉萨市震情形势，及时掌握舆情动态，重点突出做好疫情防控期间、全国两会、北京冬残奥会、3月重要时期以及萨噶达瓦节、党的二十大等重要时段震情保障，印发《全国两会、冬残奥会、3月重要时期地震安全保障服务工作方案》，确保拉萨市一旦发生3级以上有感地震，1小时内将震情信息报送市委、市政府等相关部门，为领导决策提供服务。

【防震减灾体系建设】 2022年，《拉萨市地震灾害应急预案（试行）》《拉萨市“十四五”时期防震减灾规划》经市政府专题会研究审议通过，以市政府办公室名义正式印发实施。根据《自治区抗震救灾应急指挥部办公室关于加强防震减灾应急演练的通知》，印发《关于加强防震减灾应急演练的通知》，要求各县（区）按照《拉萨市应急总体预案》和《拉萨市地震灾害应急预案（试行）》，结合区域实际，修订完善县级地震灾害应急预案，加强预案管理，提升地震应急指挥能力。截至年底，尼木县、当雄县、曲水县已完成地震灾害专项应急预案的修订。

【应急队伍建设】 2022年，市地震局不断完善沟通协调工作机制、组织体系和工作规程，强化部门之间、军地之间的信息沟通与应急联动，健全部门、军地预案衔接、信息数据共享和情况通报等制度，并积极组织开展地震应急专项演练，加大基层应急救援人员培训力度，提升综合救援能力。充分发挥基层党组织、驻村、驻寺工作队防震减灾应急救援的基础性作用，推进应急救援志愿者队伍和社会动员机制建设。

【加强地震应急演练】 2022年，市地震局根据预案指导当雄县、尼木县、曲水县、堆龙德庆区、城关区等开展地震应急综合演练。在演练过程中找出短板和不足，修改和完善预案，规范应急响应流程，强化各部门之间的协调联动机制，使预案成为职责明确、结构完整、功能全面、反应灵敏、规范有序、运转高效的地震工作行动方案，组织市抗震救灾应急指挥部成员单位观看《人民至上 生命至上——"应急使命·2021"抗震救灾演习电视专题片》，推动防震减灾工作更上新台阶。

【科普示范学校创建】 2022年，市地震局开展防震减灾科普示范学校推荐创建工作，在地震、教育、团委、科协等部门的积极申报推荐下，拉萨市城关区拉鲁小学荣获2022年度国家级防震减灾科普示范学校称号；曲水县才纳乡小学荣获2022年度自治区级防震减灾科普示范学校称号。为2021年度自治区级防震减灾科普示范学校拉萨市第三高级中学和城关区纳金中心小学开展集中授牌仪式，并结合校园防震减灾工作实际需求，为拉萨市第三高级中学和城关区纳金中心小学2所自治区级防震减灾科普示范学校配备防震减灾教育教学及宣传设备，提升校园防震减灾基础建设能力。

【"地震科普 携手同行"主题活动试点工作】 根据中国地震局《"地震科普 携手同行"主题活动方案》要求，拉萨市作为2022年度西藏自治区试点城市开展民族地区"地震科普 携手同行"主题活动试点工作。市地震局制定印发《拉萨市"地震科普 携手同行"主题活动2022年试点工作方案》，计划在全市各县(区)10所中小学校开展"地震科普 携手同行"活动，活动包括向每所民族学校捐赠一套书、举办一场讲座、举行一次演练、开展一次主题班会、培养一名防震减灾科学传播师等"五个一"具体活动内容。4月27日，在拉萨市江苏实验中学举行主题活动启动仪式暨首场讲座。全年在全市6所学校开展"五个一"系列活动，共发放宣传册、宣传品3240余份，受益学生达810余人。通过活动的开展，有效加强了民族地区学校防震减灾科普宣传教育工作，提高了应急避险、自救互救能力。着力提升城镇及农牧区青少年防震减灾科学素质，实现"教育一个学生、影响一个家庭、带动整个社会"的目的。

【防震减灾科普宣传】 2022年，市地震局编印富有区域特色的藏汉两种文字的防震减灾宣传册、宣传挂图、宣传折页，定制印有藏汉两种文字防震减灾宣传标语的宣传品，深受广大群众喜爱。以"5·12"全国防灾减灾日为契机，深入城关区吉崩岗社区、城关区蔡公堂乡蔡村、尼木县塔荣镇塔荣村、林周县卡孜乡托门村、拉萨市宇拓路、拉萨色拉寺佛学院等开展防震减灾宣传活动，向群众宣传防震减灾知

2022年4月27日，拉萨市地震局在拉萨市江苏实验中学举行2022年"地震科普 携手同行"主题活动启动仪式

识及震后应急措施、震后自救互救技能等相关知识，让群众全方位、多角度地了解防震减灾的重要意义，增强应对各类灾害的防范意识和自我保护能力。邀请自治区地震局专家开展地震科普知识讲座、组织开展应急疏散演练。共发放防震减灾宣传册、宣传品4700余份。5月5—15日，在拉萨汉语综合频道、拉萨文旅频道、拉萨藏语频道上每日滚动播放《地震来怎么办》地震科普短视频，并在拉萨市各类融媒体平台上同步发布视频，进一步扩大宣传面。利用市应急管理局微信公众号、门户网站等向社会公众大力普及防震减灾专业知识。5月12日，协调市科技局在拉萨科普微信公众号发布防震减灾相关知识及《地震来怎么办》短视频，并于当晚在拉萨汉语综合频道“今日拉萨科学”栏目中播出《地震预警小知识》。

（付　鑫）

粮食和物资储备

【概况】 2022年，拉萨市粮食和物资储备局（以下简称市粮食和物资储备局）加强党的建设，铸牢思想引领，落实党政同责，夯实粮安根基，实施战略储备，提升保障能力，改革体制机制，强化制度保障，履行监管职责，狠抓项目落实，补齐行业短板，特别是疫情防控期间高效完成应急救灾物资保障和粮食供应任务。

【粮食储备】 2022年，区、市、县三级政府粮油储备能够保障全市人口粮食需求，在全区率先实现区、市、县三级粮食储备体系全建立全覆盖。

【粮食安全】 2022年，市粮食和物资储备局与区、市储备粮各承储企业签订责任书和代储合同，定期开展监督检查，核实储备粮库存数量，加强储备粮质量和安全生产检查，无一例安全事故发生。疫情发生后，制订《关于城关区疫情防控期间“爱心粮油”发放保障实施方案》，积极组织粮源，协助城关区人民政府发放“爱心粮油”。及时研究处理堆龙朗孜和巴热糌粑有限公司反映的青稞原料短缺、生产成本高、申请糌粑涨价的问题，协调自治区向两家企业调拨自治区储备青稞，有效解决了民营企业的困难。修订完善《拉萨市粮食应急预案》《关于改革完善体制机制加强拉萨市地方粮食储备安全管理的实施方案》《拉萨市粮食安全保障实施方案》等，结合疫情防控实际制定《疫情防控期间粮食和应急救灾物资安全保障工作实施方案》，行业体制机制不断完善，用制度管人管事不断加强。开展“粮食科技活动周”“安全生产月”“世界粮食日”等粮食安全宣传活动，通过悬挂横幅、发放科普宣传资料、现场宣讲等方式引导广大群众树立节粮意识、健康消费、科学储粮，提高粮食安全意识。创建国家食品安全示范城市工作持续开展，参加拉萨市食安办组织的创建食品安全示范城市宣传视频拍摄活动。推进拉萨市粮食和物资储备局检化验中心建设，已完成基础人员配备，资质审定工作进入准备阶段，“以岗代训”以春秋季普查扦样检验持续进行。

【粮食调控】 2022年，拉萨市粮油市场供需基本平衡，全市粮食供应充足，价格基本稳定。及时启动《拉萨市粮食和物资储备局粮油保供稳市工作实施方案》，执行粮油保供稳价日监测、日报告工作制度，组织工作组多次深入粮油重点保供企业和超市、批发市场、农贸市场等对粮油供应、质量、价格、采购、调运等开展全方位统计监测和监督检查，及时掌握粮油市场动态。同时，积极鼓励粮食购销企业敞开销售粮油，做到粮油源头供应充足、价格基本稳定，未出现囤货、限购、涨价等现象，未出现粮油应急断档和价格剧烈波动等异常情况。加强粮食收购工作，严格执行自治区青稞最低收购价政策和价补分离政策。2022年，拉萨市涌现出自治区、拉萨市青稞售粮大户8户。

【粮食流通监管】 2022年，市粮食和物资储备局严格执行粮食监督机制，加强粮食收储质量安全管理，加大对企业进货入库查验扦样送检力度，开展粮油市场监督检查162次，出动检查人员324人次，检查企业413家次。科学研判粮食市场形势和价格走势，指导督促12个价格监测点上报信息416条，上报《粮油市场动态监测信息》29期。加强节前粮油市场保供稳价巡查，结合“放心粮油店”月考核制度，重点对粮油批发企业和部分政策性粮油承储企业、放心粮油店、大型超市等进行抽检，做好政策性文件内容宣传，督促各销售点、放心粮油店认真做好节日期间市场保供应求工作，严把质量关，注重食品卫生，保证粮油市场流通顺畅。加强疫情期间粮食保供监督检查，对市级政策性储备的2家糌粑加工厂进行实地调研，针对糌粑加工原粮不足的问题，及时展开讨论研究，制订解决方案，书面形成方案报告逐级上报审批，动用自治区动态储备青稞进行生产加工补给，并与堆龙古荣巴热糌粑有限公司、堆龙古荣朗孜糌粑有限公司两家糌粑加工厂签订相关协议，确保拉萨城区糌粑零售正常供应，确保零售糌粑价格稳定。

【应急物资储备】 2022年，市粮食和物资储备局组织全体干部职工全程参与物资搬运、调拨，疫情防控期间，保障全市方舱医院、集中隔离点等部门物资需求，未出现一次未调拨、延迟调拨、不满足需求等问题。先后2次完成应急救灾物资增储工作，增储应急救灾物资25.6万件，物资库存和品种在全区粮储系统居首位，有力补充应急救灾物资库存，保障疫情防控物资调拨需求。疫情防控期间，印发《拉萨市疫情防控应急救灾物资回收核销办法(试行)》，明确回收核销程序、标准和处置方式，回收物资12万余件。率先在全区粮储系统推行饮用水、氧气瓶应急物资动态储备，储备饮用水24.52万升、氧气瓶1000个，提升应急物资供应保障水平。组织拉萨市粮储部门开展救灾物资设施设备使用实操培训活动，增强实战意识，提高实战能力。保障抗灾救灾应急物资和设备调运能力，签订2022年《拉萨市救灾物资紧急运输协议书》。年内，拉萨市市级救灾物资共计102类、587754件，自治区级代储救灾物资共计24类、28544件。年内，向各县(区)拨付自治区、拉萨市应急救灾物资代储经费约92万元。

【储备设施建设】 2022年，市粮食和物资储备局狠抓项目落实，补齐行业短板，成功将区市粮食和应急物资储备中心项目纳入“十四五”时期重点项目，于2022年11月10日开工建设，年内已完成施工图纸会审、设计交底、施工现场用电用水、工程定位放线、基础开挖建设、基坑验收等工作。主动谋划编制《拉萨市天然气储备库建设项目》《拉萨市各县区救灾物资储备库消防设施建设项目》可行性研究报告。

(次仁拉姆)

国有企业

拉萨市城市建设投资经营有限公司

【概况】 2022年，拉萨市城市建设投资经营有限公司（以下简称拉萨市城投公司）已从100余家子公司整合至6家集团公司，主营业务领域覆盖工程建设、建筑建材、地产置业、商贸物流、市政运营服务，金融资本六大板块。共有员工5614人（含环卫工人2306人），有基层党委6个，党支部28个，党员609人。2018年初，公司入围国家税务总局“千户集团”，外部主体信用评级AA+、穆迪国际Baa2，由以建筑施工为主要职能的单一型企业成长为资产规模近千亿元，业务涉及多个产业链的市场化、资本化、效益化、多元化、规范化、现代化的综合性集团公司，成为西藏地区规模最大的国有企业和纳税企业。2022年，公司获中共西藏自治区委员会、西藏自治区人民政府联合授予的“西藏自治区就业创业工作先进集体”称号；公司所属博瑞集团荣获西藏自治区总工会颁发的“西藏工人先锋号”称号。

【经济体量和规模壮大】 2022年，拉萨市城投公司资产总额达961.14亿元，营业收入约70.52亿元，利润总额4.08亿元，净利润2.95亿元。2022年上缴市本级财政国有资本收益2.49亿元，上缴各类税金5.45亿元。2018—2022

2022年1月14日，北城新天地商业综合体正式开业运营。该项目由拉萨市城投公司下属西藏城市置业集团有限公司投资建设，总建筑面积7.88万平方米，配备停车位426个，涵盖购物中心、步行街、酒店及公寓，是集时尚购物、生活休闲、主题餐饮、亲子中心等多种经营业态于一体的商业综合体

堆龙德庆区古荣乡高海拔生态功能区生态搬迁安置项目

年，公司已累计上缴各类税金约25.01亿元；累计上缴市本级财政国有资本收益约8.60亿元。

【服务市委、市政府中心战略能力提升】 2022年，拉萨市城投公司联网直报系统入库共计56个项目（其中固定资产项目22个，房地产项目34个），总计划投资459.2亿元，2022年公司计划完成30亿元，实际完成投资18.3亿元，自项目开工以来累计完成投资273.6亿元。

【社会责任担当】 2022年，拉萨市城投公司坚持以人民为中心的发展思想，累计自筹资金约36.6亿元，实施棚户区改造、精准扶贫、高海拔易地搬迁、乡村振兴、那曲灾后重建、阿里抵边项目等一系列民生工程。投资4310万元捐建墨竹工卡“美丽乡村·幸福家园”项目。通过劳务、企业用工途径，累计带动西藏籍农牧民2.9万余人就业，促进农牧民增收达7.98亿元。

【企业管理】 2022年，拉萨市城投公司切实履行国有企业社会责任和担当精神，结合宏观政策及企业产业布局实际，以“围绕主业、突出主业、发展主业”为目标，秉持新发展理念，确保疫情防控和经济发展“两手抓、两手硬、两不误、两促进”。根据自治区党委、自治区政府《关于全面深化企业改革促进国有企业做优做大实施意见》《关于落实国企改革三年行动方案（2020—2022）有关事宜的通知》文件精神，以及拉萨市委、市政府关于市属国有企业“推动国有资本和国有企业布局优化、结构调整和战略性重组，实现国有企业质量更高、国有企业效益更好、国有资本结构更优的发展”的工作部署，公司瞄准公司主责主业及重点任务，在优化布局、调整结构、延伸产业链等方面做出积极努力，注重与现有产业协同共进，进一步归并同质业务、优化主体产业，融合产业资源优势，拓展开发战略性新兴产业，创新经营发展方式，重塑企业内控管理机制，不断向实现市场化、专业化、实体化转型，着力提升公司可持续发展能力，打造出一批符合拉萨市经济社会发展实际的精细化全产业链生态圈。2022年，公司已基本完成内部整合重组工作，全面形成以“建筑建材、商业开发及运营、经营性投资及管理”三大板块为发展主业的一体化产业协同发展模式，公司经营管理能力、质量效益显著提升，发展后劲持续增强，走出一条融合发展、协同发展之路。

（李　冬）

拉萨布达拉旅游文化集团有限公司

【概况】 2022年，拉萨布达拉旅游文化集团有限公司已经形成集文化旅游全要素于一体的旅游产业链。企业资产规模达40亿元，成为拉萨市唯一的国有独资旅游集团，也是西藏旅游文化产业领域最具实力和品牌影响力的国有旅游集团。集团有班子成员共3人（包括北京援藏干部1名），均为组织选派人员。集团设有董事会和监事会，下辖6个部门和13家二级子公司。集团总部及各下属公司员工共计1447人。在人才招聘方面集团优先吸纳本地高校毕业生，截至2022年10月累计吸纳高校毕业生46人，其中西藏籍30人，拉萨籍9人，累计带动增收88.49万元。同时，还累计为西藏籍农牧民提供就业194人，累计帮扶创收241.47万元（其中吸收拉萨籍就业72人次，帮扶创收86.88万元）。

【企业发展】 2022年，拉萨布达拉旅游文化集团有限公司整体营收为16800万元。纳木错景区2022年1月至9月营业收入3855万元，接待区外游客19.97万人次。乃仓大酒店营收3062.94万元。《文成公主》大型史诗剧于2022年5月25日至8月8日完成演出76场，累计接待游客约16万人次，票房收入约5660万元。雪鹰通航公司2022年营收4327.08万元。雪域明珠汽车公司旅游汽车租赁业务实现营收1058.13万元，达孜客运班线实现营收8.4万元。拉萨吉曲游船项目，自2022年4月至8月8日，共接待游客及市民3.9万余人次，营业收入63.16万元。纳木错景区持续推进纳木错生态旅游项目建设，有序推进游客集散中心招商引资、景区智慧系统建设等工作，进一步完善景区基础设施配套，为游客创造全新体验。纳木错游客集散中心已投入使用，为游客提供交通转运、用餐、吸氧、Wi-Fi等服务，全面提升游客体验度。纳木错智慧景区项目已完成户外LED大屏、室内调度中心大屏、售检票系统等的安装调试。随着人脸识别系统全面投入使用，游客入园将更加便捷。纳木错景区推进国家级旅游服务业标准化项目落地实施，提高景区规范化管理水平，加快提升景区软实力，为纳木错景区高质量发展奠定坚实的基础。为加强西藏文化交流展示，在乃仓大酒店内开设乃仓酥加和非遗展厅，并于2022年4月投入经营。为提高干部职工工作技能，提升集团经济效益，充实自媒体板块的空缺，开设集团首届主播培训班，聘请著名网络带货达人为培训导师，进行直播基础知识培训，挖掘职工自身潜力，提升职工从业素质。与朵啦少儿艺术中心联合打造大型原创儿童舞台剧《你好贡康桑》，已完成该剧演员的海选工作。雪鹰通航公司以推动区内通用航空建设，助力西藏经济社会发展为目标，为高原通航发展积累诸多宝贵经验。截至2022年8月31日H125直升机执行各类飞行任务总时长达758.58小时，共3940架次，完成包括青海的阿尼玛卿山、西藏日喀则的希夏邦马峰、林芝的米堆冰川科考及那曲的申扎行动保障任务、2022年环拉萨城自行车大赛、飞播造林等任务。恢复运营拉萨河水上游项目——拉萨吉曲游船。该项目以独特的视角带领人民领略西藏日新月异的发展变化，丰富拉萨游客旅游体验，也是充实本地人休闲娱乐的方式。集团下属旅游服务板块如纳木错景区、乃仓大酒店、雪鹰通航公司、吉曲游船、白纳林卡等，积极响应本地游活动及“西藏人游西藏”市场促进活动，主动对接参与旅游消费券活动，切实把政策和资源优势转化为旅游经济发展优势。纳木错景区对西藏户籍人员施行优惠政策总票价仅为30元，对当雄户籍人员施行免票政策。雪鹰通航公司低空游览项目以仅568元/人的优惠价格回馈社会各界人士以及国内外游客。为集中资源要素，优化资源配置，形成集团营销合力，于2022年4月正式成立拉萨乃仓文旅营销有限公司（以下简称乃仓营销公司）。乃仓营销公司作为提升集团产业经营能力的核心抓手，统筹集团各大业务板块的营销发展。该公司正在运营“乃仓生活平台”，并与携程系统对接，实现资源互通，解决现阶段人工搬单的问题；将云PMS系统与锦江绿云系统对接，实现房源信息同步的功能。遵循“资源变资产、资产变资本、资本获取资源”的发展思路，旅投公司积极对接政府与外部企业，盘活存量资产，做大增量资产，有效建立

2022年3月17日，生态环境部西南督察局赴纳木错景区检查督导环境保护工作

集团在区域内的发展壁垒。

【生态文明保护】 2022年，拉萨布达拉旅游文化集团有限公司组织开展“爱国卫生月”活动。根据《关于深入学习贯彻习近平生态文明思想及生态环境保护法律的通知》的要求，开展3次生态文明法律法规学习。根据市生态环保督察工作领导小组办公室《工作提醒》和迎检办检查情况，及时整改生态公司滨河公园一期环境。配合做好中央环保督察检查工作，对督察组以及上级部门反馈的问题、意见，积极认领整改，坚决做到第一时间即知即改、立行立改，切实做好纳木错景区生态环境保护工作。纳木错生态旅游项目坚持经济发展与生态保护并重，纳木错游客集散中心、纯电动型观光车已投入运营使用，扎西半岛基础设施游客服务站、调度站已建成。自游客集散中心、纯电动型观光车运行后，所有外来车辆游客须换乘纯电动型观光车进入纳木错景区，一定程度上减少了景区内碳排放，减少了景区内道路垃圾的抛扔、堆积，有利于保护纳木错景区生态环境。加大对环保清洁厕所的使用力度，加强景区环境保护宣传工作，纳木错景区2023年将引进先进的污水净化设备安装在拉萨纳木错景区生态旅游建设项目（二期）中，对于纳木错景区生态旅游整体建筑群所产生的生活废水处理以及避免环境污染有着重要意义。雪鹰通航公司自2020年起与自治区林草局、林科院紧密合作，连续3年高效高质量完成飞播造林达190余万亩，其中2022年飞播106万亩，涵盖拉萨、日喀则、山南等地市涉及20多个县区。

【保障和改善民生】 2022年，拉萨布达拉旅游文化集团有限公司根据区市两级政府指示精神，严格按照年初工作部署，完善综治维稳体系，围绕“安全生产 人人有责”和“遵守安全生产法 当好第一责任人”等主题，组织开展安全生产工作，并将疫情防控工作作为日常常态化工作。各重要节点严格执行24小时值班制度。集团公司领导班子共赴驻村点尼木县吞巴镇根培村调研6次，解决群众急难愁盼问题达6项，资金扶持方面达到23620元。5月16日，集团公司顺利完成第十批、十一批驻村轮换交接工作，确保驻村帮扶工作平稳有序开展。集团党委以“四联四包”工作机制暨“大宣讲大调研大排查大落实”活动为契机，围绕乡村振兴总要求，于7月5—20日到纳木错湖达布村开展调研。雪域明珠旅游汽车运输公司在开展常态化旅游汽车租赁业务的同时，推进乡村旅游班线项目。该项目覆盖达孜区20个村，执行票价仅为5—15元，项目惠及群众近3万人，使达孜区农村客运实现村村通。根据百姓出现需求及时对达孜客运班线的各线路运营时间进行调整，为老百姓出行提供便捷，有效缓解了当地老百姓的出行困难。纳木错生态旅游项目在带动属地群众就业方面发挥了积极作用，仅纳木错游客集散中心一项在本年度直接带动属地群众50余人在纳木错景区公司就业。

【国企改革】 2022年，拉萨布达拉旅游文化集团有限公司严格执行“三重一大”决策制度，建立健全各项内部治理制度及办法，推进落实集团业务与职能重组，推进用工市场化。通过完善及制定《集团薪酬管理办法》《绩效考核办法》《薪酬管理办法》《职业经理人管理办法（初稿）》《亏损企业专项治理方案》《混合所有制改革情况报告》等制度及改革措施，推动技术、人才、资本要素向主业集中，落实战略重组，破除无效供给，提高核心竞争力，促进集团高质量地发展。截至年底，共注销、剥离4家子公司，将集团下属企业管理层级压缩至3级。（下属共21家子企业，其中，二级企业13家，全资8家、控股3家，参股2家；三级企业8家，控股4家、参股4家。）

【稳经济一揽子政策落实】 为坚决贯彻落实区、市政府决策部署，彰显国企担当，拉萨布达拉旅游文化集团有限公司落实稳经济一揽子政策。乃仓酒管公司帮助服务业小微企业和个体工商户纾困解难，严格执行房租减免政策，自2022年6月起，陆续与24家商户签订租金减免协议，减免金额合计909.097万元。集团下属各业务单位落实“促进消费帮扶政策”，对援藏医疗人员终身免费的相关政策进行学习研究，制定兑现细节，确保待复工复产后，政策能及时得到落实。

（强巴多杰）

拉萨市净土产业投资开发集团有限公司

【概况】 2022年，拉萨市净土产业投资开发有限公司（以下简称拉萨净土集团公司）始终致力于发展高原现代农牧业，打造“从田间到餐桌”的完整产业链条，覆盖一、二、三产业的龙头企业。对内稳定市场、保障民生，实现农畜产品以销定产。对外开拓市场，打通渠道，实现抱团发力，统一品牌“走出去”。截至年底，旗下运营的全资、控股及参股企业 19 家，在职职工 491 人。

2022年7月27日，市净土集团在普松乡开展义诊活动

【企业发展】 2022 年，拉萨净土集团公司聚焦“四件大事”，聚力“四个创建”“四个走在前列”，围绕拉萨市“强中心”战略和当好“七个排头兵”，有效衔接乡村振兴战略，补短板、强经营、谋发展，锐意进取，攻坚克难，持续推动全产业链发展模式，发挥强经济国企主力军作用，坚持经济工作项目化，狠抓招商引资工作，优化完善净土健康产业体系，加快产业基地集约化、产品研发标准化、市场推广精准化、品牌建设优质化、物资保供专业化等重点项目实施，助推净土健康产业高质量发展。截至年底，营业收入突破 6 亿元，资产总额突破 21 亿元。

【企业管理】 2022 年，拉萨净土集团公司不断健全法人治理结构，指导旗下全资、控股子公司完成党建入章程工作，充分发挥章程在企业治理中的基础作用。按照企业发展战略布局，以着力加强人才梯队建设为抓手，推进企业组织架构调整、人员调整和职责优化。年初根据企业发展需求，对 32 名干部职工进行人事调整，新增设 3 个职能部门，开展任前集体廉政谈话 1 次，有效充实队伍力量，为企业新阶段发展提供人才支撑。

2022年疫情期间，市净土集团分拣生活物资

【农牧民增收】 2022 年，拉萨净土集团公司通过“订单农业”、统购统销本地生产的常规时令蔬菜、育肥牦牛、青稞制品、藏鸡蛋等农畜产品，以及提供短期务工等方式，累计投入资金约 5163 万元，带动农牧民群众 2341 人次，完成拉萨市增收办下发的年增长 13％的考核目标任务，拉萨市委、市政府授予集团“2022 年度全市农牧民增收先进单位”称号。

【“四联四包”】 2022 年 7 月，拉萨净土集团公司党委班子深入尼木县普松乡普松村、如白村、曲水村开展“大宣讲大调研大排查大落实”活动，走访慰问困难群众，免费

2022年疫情期间，市净土集团转运援藏防疫物资

开展义诊活动，修缮乡村舞台、捐赠防疫物资、药箱等为农牧民群众办实事解难题，累计投入办实事经费38.6万元。

【民族团结创建】 2022年，拉萨净土集团公司深入学习贯彻习近平总书记关于总体国家安全观的重要指示精神，以铸牢中华民族共同体意识为主线，对标对表“着力创建全国民族团结进步示范区”“努力做到民族团结进步走在全国前列”的方向目标，把维护祖国统一、加强民族团结和旗帜鲜明反对分裂作为首要标准，全力推进民族团结创建工作，为维护社会稳定和长治久安贡献国企力量。自治区党委、自治区政府授予集团“2022年西藏自治区民族团结进步模范集体”称号，拉萨市委、市政府授予集团“2022年拉萨市民族团结进步模范单位”称号。

2022年疫情期间，市净土集团为社区群众配送生活物资

【租金减免】 2022年，拉萨净土集团公司根据区、市党委、政府关于做好疫情期间减免小微企业和个体工商户房屋租金工作的决策部署，为切实帮助小微企业和个体工商户纾困解难，集团党委高度重视，进行专题部署，督促指导集团旗下子公司将租金减免政策不折不扣地落实到最终承租户。集团及旗下子公司为382户商户减免9个月房屋租金，共计减免租金3417.75万元。

（晋宝龙）

拉萨市暖心燃气热力有限责任公司

【概况】 2022年，拉萨市暖心燃气热力有限责任公司（以下简称拉萨暖心公司）始终秉承“以服务客户为中心”的工作理念，设立24小时服务热线“96188”，建立完善的客户服务、抢险应急、巡检维护体系，以及SCADA（数据采集与监视控制系统）、GIS（地理信息系统）等信息系统，以求真务实的态度竭诚为广大客户提供方便快捷的服务和安全可靠的用气保障。自2012年拉萨市实现管道天然气供应以来，天然气年用气量逐年递增，用户数量也持续增加，现已服务民用客户近13.82万户，2022年单日用气高峰期已达38万立方米，天然气的利用已成为优化能源结构、构建清洁低碳安全高效现代能源体系的重要举措。全年累计购入气

量5269.97万立方米，同比2021年4559.09万立方米增长710.88万立方米，增长率为15.59%。

【管网建设】 2022年，拉萨暖心公司按照拉萨市“东延西扩南跨北连，一城两岸三区”的城市发展规划，天然气管网规模也随之不断延伸和扩大。截至年底，燃气管网东延至达孜区主城区；西扩至堆龙德庆区香雄大道及波玛路末端；南跨至次角林及柳梧高新区；北连至城关区夺底乡及娘热乡。总体上全市主城区及周边燃气管网已基本覆盖。

【科技利用保障安全】 2022年，拉萨暖心公司初步建成智能管网、北斗地基增强系统，增加5G防爆应急移动视频指挥系统、现场班组快速定位等系统，不仅形成高效、协同、便捷的智能化燃气体系，不断提高燃气管网运行效率、安全水平及应急抢险效率，有效保障燃气管网运行安全，降低事故发生频率。

2022年1月29日，国务院督导组到暖心公司开展一线调研督导

【安检消除隐患】 2022年，拉萨暖心公司对596.9千米中压燃气管网车巡12次、人巡12次，对3417个中压燃气阀井巡检12次，对10座阀室巡检12次，对调压箱巡检2次、擦拭保养1次，燃气臭氧检测36次，庭院管网及设施设备排查2次；开展居民用户安检53647户，非居民用户安检775次。

2022年10月12日，自治区安全生产督导检查组以“四不两直、突击检查、暗访暗查”等方式到拉萨暖心公司对安全生产工作进行监督检查

【服务创新提质增效】 2022年，拉萨暖心公司开展设立收费窗口党员先锋岗、巡线党员突击车队等，优化办理流程、压缩办结时限，进一步突出“让服务加速度，百姓少跑路，公司得发展”的理念。开展工商业用户开发工作，不断完善推行《工商业用户使用天然气优惠政策》，全面落实延迟缴费、欠费不停气政策。整合服务渠道，增设便民服务中心综合咨询窗口，“96188”客户服务热线24小时在线接听咨询、转派工单，解决群众急、难、愁、盼的问题，通过线上-线下实现燃气业务全程办理。推行网上办和预约上门服务，拉萨市暖心燃气热力有限责任公司微信公众号可办理线上燃气报装业务。线上缴费多种途径，现可通过“拉萨政务服务”微信公众号、微信“生活缴费”、云闪付、翼支付、建设银行、农业银行、光大银行进行线上缴费，方便快捷。通过线上与线下相结合的方式组织开展进小区及专项宣传活动130次，覆盖

2022年7月12日，拉萨暖心公司在措吉岭文化广场开展燃气安全使用宣传工作

334917 户，发放资料 29527 份、礼品 3160 余份。利用公司微信公众号上传 59 期燃气安全相关案例、法律法规等。不断拓宽公司燃气安全宣传范围，坚持定期不定期通过拉萨发布、拉萨融媒、公司抖音账号等平台开展燃气安全知识宣传。坚持把全体职工的安全教育培训放在首位。组织公司员工开展《中华人民共和国安全生产法》、燃气作业操作、应急预案、消防安全、设备使用、警示教育事故案例等各类安全生产教育培训 8 次，累计 113 人接受由行业主管部门组织的免费燃气安全教育培训，均已取得合格证书。

【企业管理】 2022 年，拉萨暖心公司坚持人才强企，推行企业管理人员竞争上岗，本着能者上庸者下的原则为选人用人奠定坚实基础，激发人才活力、规范企业选人用人，健全公开、平等、竞争、择优的市场化招聘制度，吸纳和储备公司人才库，增强人才竞争优势，本着能者上庸者下的原则对空缺岗位开展竞聘工作。逐步完善公司人才梯队、人才库工作，推动国企选人用人更加市场化、职业化，建立优秀青年骨干人才库，做好人才梯队培养；建立人才交流体系，结合公司实际，开展管理人员轮岗调整 10 人次，蓄好队伍“源头活水”。本着党管人才、德才兼备、任人唯贤和与市场化相结合的原则探索推进职业经理人制度，逐步建立职业经理人才库。强化安全红线意识，开展警示教育、应急演练、隐患排查、隐患治理，着力抓好标准化建设，安全生产平稳运营。认真贯彻新《中华人民共和国安全生产法》，落实“谁主管、谁负责”“管生产必须管安全”的原则，全面落实安全生产责任；为提升员工安全生产业务能力，加大一线岗位培训力度，通过“走出去、请进来”等多种培训方式相结合，提升一线岗位业务水平和操作技能。在做好主营业务的前提下，开源节流，减少非生产性支出。为顺应公司管理制度和管理模式，严格落实中央八项规定、“三重一大”制度。提升资金利用率，减少材料成本。结合市场经济发展现状，优化工程设计成本的管理，保障燃气施工与施工方案一致。燃气施工阶段是材料成本投入最重要环节，为减少建设成本，应大量采用 PE 管代替钢管，降低材料采购中间差价，其次，保障常用材料供应充足，降低因二次运输材料成本上涨。

【企业责任担当】 2022 年新冠疫情发生以来，拉萨暖心公司按照市委、市政府的要求，充分发挥国企“七个排头兵”的使命与责任，盯重点、抓落实，持续发力，一手抓防疫，一手抓保供，坚决守护全市天然气“生命线”平稳供应。97 名员工奔赴“四联四包”两岛社区疫情一线，全力协助社区做好疫情防控工作，同时向市国资委，那曲市经信局以及市疫情办进行援助。委带领应急值守人员开展疫情防控期间全市燃气保供工作，解决群众急难愁盼问题 26199 起，抢险抢修工单 5444 起。其间，接听用户来电 2.05 万件，在线解答 1.65 万件，转派工单 0.4 万件。对 596.3 千米中压燃气管网车巡、人巡共计 4 次，对 3378 个中压燃气阀井巡检 2 次，对 10 座阀室共计巡检 2 次，共计巡检 2385.2 千米，巡检阀门井 6756 个，巡检过程中发现隐患已及时消除。按照市委、市政府的要求完成经开区方舱燃气管道建设工作，对 11 所方舱医院供暖项目进行现场踏勘和编制供暖方案并如期实现供暖。执行用气“欠费不停供”政策，设立半年费用缓缴期,截至年底,共计欠缴资金约5584万元。

【安全生产】 为进一步强化公司安全生产,强化安全责任落实,降低安全生产隐患,2022年5月,拉萨暖心公司制定《拉萨市暖心燃气热力有限责任公司安全隐患线索收集、举报奖励制度(试行)》,通过激励广大用户对天然气隐患的关注度和认知度,推进公司全体人员遵章守纪,及时发现和有限整改各类安全隐患,预防和减少安全事故的发生。截至年底,收到隐患举报2起,在举报奖励兑现落实过程中,群众对此项工作的满意度高、反响强烈,营造人人参与安全生产监督的良好氛围。

【落实"放管服"和优化营商环境】 2022年,拉萨暖心公司聚焦报装过程中的痛点、难点、堵点,简化燃气报装办理流程,压缩办理时间,加强服务管理,努力解决营商环境中突出的问题,着力有效降低企业投资创业成本,为企业发展增添新动能,助力拉萨经济持续向好发展。为履行国企责任担当,提升用户服务体验,改善高原群众的燃料需求和能源消费结构,降低天然气工商业用户接入门槛。通过建设环节内部优化、按比例直接补贴建设成本等方面考虑,促进拉萨市天然气市场发展,扩大服务用户规模,增加天然气使用量,推动清洁能源使用,秉承生态保护第一。推广实施商业开发优惠方案,本年度拓展工商业用户15家,工程建设费总投资163.9万元,建设期减免建设费用约35万元,截至年底,通气正在运营11家。

(高　静)

拉萨市交通产业集团有限公司

【概况】 2022年,拉萨市交通产业集团有限公司(以下简称拉萨交产集团)领导班子带领全体干部职工克服疫情影响等不利因素踔厉奋发、勇毅前行,推动公共交通客运向高质量发展。交产集团聚焦道路客运主业,主营公交车、出租车、旅游车、班线车四大业务板块,延伸业务有汽车维修、汽车检测、驾驶培训、汽车站务等。拉萨交产集团配备党委班子6人(含北京、江苏援藏干部2名),董事会成员5人,总经理班子5人,监事会成员2人。集团内设6个部门,正常经营二级公司12家,三级公司2家。共有从业人员5709人(其中管理人员1092人,一线驾驶员4617人)。拥有3955台车辆、2个客运站。

【企业发展】 2022年,拉萨交产集团共有资产13.96亿元,比2021年同期减少2.51亿元,同比增减率为-15.23%;共有负债14.88亿元,比2021年同期减少0.62亿元,同比增减率为-4.38%,资产负债率106.59%;主营业务收入累计2.17亿元,比2021年同期减少1.65亿元,同比增减率为-43.11%;营业成本为3.81亿元,比2021年同期减少0.67亿元,同比增减率为-15.00%;本年累计利润总额为-18832.95万元,2021年同期累计利润总额为-11020.18万元,同比2021年增亏7812.77万元,同比增减率-70.89%。

【安全生产】 2022年,拉萨交产集团发现并查处安全生产隐患459项,已整改453项,6项在整改中,整改率98.69%。通报处理45项,处理违规人员1017人,开除25人,处罚资金17.305万元。

【深化改革】 2022年,拉萨交产集团落实《国企改革三年行动方案(2020—2022)》,完善中国特色现代企业制度,规范党委会议事规则,加强企业董事会建设,保障经理层依法行权履职。优化国有资本布局,明确战略规划和功能定位,推进资源优化重组,推进组织架构改革。稳步推进低效无效资产处置工作,为进一步加快退出持续亏损、扭亏无望的子公司,妥善处置三年以上无效益且未来两年生产经营难以好转的低效无效资产,加速终止长期亏损、前景不明、缺乏控制力的投资项目,制订《拉萨市交通产业集团有限公司深化改革工作方案》。

【人事薪酬制度改革】 2022年,为进一步优化薪酬绩效管理,研究制定《集团月度绩效考核加减分实施细则》。2022年,集团本部绩效发放333.77万元,绩效扣款20.4万元,绩效奖励19.85万元。体现多劳多得,激发工作积极性。

【集团领导包企监督指导工作机制】 2022年,拉萨交产集团努力推进企业深化改革工作,针对子公司在管理中暴露出的问题，建立集团领导包企监督指导工作机制，通过集团领导包企子公司的监督指导，落实主体责任，细化完善可操作性方案，加强监督指导安保维稳排查管控工作，将基层党建、疫情防控、生产经营、安全生产、信访、复工复产工作落到实处。复工复产后，继续采取包企方案，并完善相关工作机制，针对公交版块成本规制问题、旅游板块深化改革问题、班线板块业务拓展问题以及出租板块黑车问题等涉及四家车公司重要问题或事项，由各包企组领导进行研究部署，并给予指导意见，有效提升子公司决策质量和效率。截至年底，拉萨交产集团包企监督指导工作已基本形成规范化运作机制。

（赵良发）

拉萨数字经济产业集团有限公司

【概况】 拉萨数字经济产业集团有限公司（以下简称拉萨数产集团）注册资本金1亿元，是拉萨市政府国资委全资国有企业，是拉萨市信息化领域及文化传媒领域唯一国有一级专业公司，现办公地点位于拉萨市柳梧新区北京大道拉萨数产大厦，有全资及控股子公司12家。公司已经获得高新技术企业认定，通过环境管理、职业健康安全管理、质量管理“三体系”认证，在经营示范单位、诚信供应商、质量服务、诚信企业家、重合同守信用企业、资信企业、信用企业7方面获得3A级诚信认证，是拉萨市诚信企业。2022年，拉萨数产集团营业收入4924.15万元，经营成本3455.22万元，实际盈利121.26万元，上缴税金137.3万元。

【项目建设】 2022年，拉萨数产集团多方争取新项目，中标拉萨经开区电子站牌采购项目、双创云安全办公管理服务平台采购项目、拉日拉那高速区间测速点位建设项目、拉萨市委党校电子屏采购项目、自治区党委办公厅办公耗材采购项目、全区流动人员人事档案电子化处理项目、中铁八局宜宾港/成兰线/成自高铁砂石料供应项目、拉萨市退役军人事务局信息安全服务项目、拉萨市旅发局OA网络及安防监控建设项目等。5月27日，拉萨综合保税区海关联检大楼信息化项目通过由海关总署牵头组织的8个部委联合验收。拉萨市公安局警务信息化项目三期工程具备终验条件；拉萨市精神病人福利院智能信息化工程（一期）具备初验条件；其他项目如拉萨市交警一期前端点位运维、达孜区“雪亮工程”、拉萨市电子政务外网等项目有序实施。

【改革创新】 2022年，拉萨数产集团围绕打造“飞越西藏”数字文旅项目以及智慧停车一体化、电动共享单车、有机青稞开发等项目。完成铜牛广场单立柱改造成三面LED屏工程，启动其他优势地段高炮和龙门架广告位改造成“三面翻”工作（首批包括5座高炮和龙门架广告位改造），实现传统广告向数字传媒的转变。5月20日，拉萨数产集团开发的智慧牦牛管理系统在林周县阿朗乡试点成功，先行安装定位设备100台。6月，拉萨数产集团与国家乡村振兴局、拉萨市各相关市直单位以及生态链企业深入交流，形成发展思路；着眼于培育西藏首个大数据交易市场，提高公共数据社会化利用水平，数产集团谋划成立西藏大数据公司，已获市国资委批复。同月，数产集团取得民航局西南地区管理局颁发的通用航空企业经营许可证，启

2022年5月20日，拉萨数产集团开发的智慧牦牛管理系统在林周县阿朗乡拉康村试点成功

2022年7月，拉萨数产集团到堆龙德庆区马镇包村点实地考察产业发展情况

动测绘乙级资质、电子化档案加工资质、职业技能鉴定中心资质办理。9 月，拉萨数产集团配合市疫情办对疫情防控相关数据进行整理、分析，并在此基础上开发出“拉萨市疫情防控一张图”，对于领导决策发挥辅助支撑作用。10 月，通过无人机倾斜摄影实景建模技术，数产集团绘制出八一社区实景三维地图，在此基础上开发包含社区管理、房屋管理、居住人员信息、数据标注、搜索等 26 项功能模块的社区管理数字化平台。同华为、大华、长城等知名品牌洽谈，取得华为西藏优选合作伙伴代理权、大华信息化产品西藏代理权、长城安可替代产品的西藏代理权。

【人才队伍建设】 2022 年，拉萨数产集团员工考取 CISP 证书 2 人、ITSS 服务经理 5 人、ITSS 服务工程师 2 人、施工五大员 8 人、华为路由交换 HCIP 证书 1 人、大数据分析师（高级）12 人、网络工程师（高级）12 人。拉萨数产集团一支本地化、年轻化的信息化领域技术人才队伍已经形成，并且仍在不断壮大中。截至年底，拉萨数产集团职工人数 110 余人，除保安、保洁、厨师、驾驶员等后勤岗位外，其他人员均具备大专及以上学历。

（孙清宇）

西藏拉萨市公共安全服务有限公司

【概况】 2022 年，西藏拉萨市公共安全服务有限公司（以下简称拉萨公共安全公司）本部有职工 321 人，其中男性 271 人，女性 50 人，平均年龄 30—40 岁，藏族 296 人，汉族 24 人，回族 1 人，大专以上学历 47 人，高中 66 人，中专 11 人，初中及以下 192 人。全年实现营业额 11279 万元，较 2021 年同期相比增加 322 万元，增长 2.78%，完成年度考核目标的 106.4%；实现利润总额 1346 万元，较 2021 年同期相比增加 373 万元，增长 38.35%，完成年度考核目标的 138.39%，资产负债率控制在 35% 以下。先后荣获“第五届全国先进保安服务公司”“拉萨市首届先进保安公司”和“第二批自治区级民族团结进步模范单位”称号及拉萨柳梧鸟巢方舱医院指挥部、拉萨综合保税区方舱医院等赠与的多面锦旗。

2022年6月14日，拉萨公共安全公司组织中国移动通信集团西藏有限公司安保员进行消防演练及防控演练

2022年，拉萨公共安全公司为西藏银行培训保安人员

【主营业务发展】 2022年，拉萨公共安全公司各项业务板块思路清晰，积极创新，年初人防保安派遣、炸药销售等业务采取制定目标责任，寻求新的利润点。全年共派遣人防市场保安员2306人，较2021年同期相比增加391人，增长20.42%；客户单位510家，较2021年同期相比增加155家，增长43.67%；营业额3784万元，较2021年同期相比增加466万元，增长14%；净利润233.8万元，较2021年同期相比增加29.8万元，增长14.57%。金融押运实现营业额1632万元，较2021年同期相比下降31.13万元，下降2%；净利润13.62万元，较2021年同期相比下降24.86万元（受疫情影响部分客户单位要求减免4个月的服务费）。民用爆炸物品销售利润稳中有增，销售炸药2834吨，较2021年同期相比增加108.77吨，增长4%；销售雷管200.73万发，较2021年同期相比下降19.05万发，降幅8.7%；销售导爆索30.71万米，较2021年同期相比下降10.22万米，降幅25%；营业额5779万元，较2021年同期相比增加46.17万元，增长0.8%；利润总额1466万元，较2021年同期相比增加95万元，增长6.1%。保安综合培训业务经营效益有所下降，保安综合培训学校共开展农牧民精准扶贫转移就业培训9期，培训292人，针对其他保安公司的保安员进行3期培训，培训159人；安排12—18批次1040名所辖区域保安员参加办证考证，考试通过率达82.8%；对公司300余名干部职工开展3期岗位技能提升培训；为拉萨籍农牧民提供415个就业岗位；营业额76.76万元，与2021年同期相比减少91.17元，降幅54.30%；利润总额1.37万元，较2021年同期相比减少15.47万元，降幅91.86%（由于部分客户单位尚未结算）。2022年已产生的医废运输成本费用490万元尚未核算拨付。

【安全生产】 2022年，拉萨公共安全公司深入学习贯彻习近平总书记关于安全生产的重要论述，坚定不移把安全生产理念贯穿公司高质量发展全过程各方面，开展安全生产一系列整改活动，不断完善安全生产管理体系。年初充实安全生产工作领导小组，在重要时间节点、重大宗教活动期间制订安全生产工作方案，落实安全生产各项部署。4月下旬组织召开专题会议，传达学习

2022年，拉萨公共安全公司为中国石油公司培训保安人员

安全生产“十五条措施”,推动安全生产领域问题整改。完善企业各项安全生产制度、应急管理制度、事故应急预案等,规范应急事件处置流程。对金融押运车辆及枪支弹药、民爆炸药库、公司办公及生活区域、监控室、值班室、停车场等重点领域和部位进行全方位、经常性的安全检查。对医废运输过程中车辆安全、人员防护等进行检查督导。子公司严格按照行业主管部门要求,结合公司实际情况,全面开展安全生产标准化验收达标工作,并已通过验收达到标准化二级。

【国企改革三年行动】 2022年,拉萨公共安全公司按照国企改革三年行动方案,组织梳理国企改革37项工作任务,及时明确各部门职责,层层分解任务,逐级压实责任,扎实高效推进各项工作有条不紊逐项落实。截至年底,除了推行职业经理人制度外,其他36项改革工作任务均已完成。

【农牧民就业增收】 2022年,拉萨公共安全公司将培训和就业作为农牧民增收工作的主要措施。通过组织有就业愿望的贫困劳动力参加“职业技能”培训,更加注重培训的针对性和有效性,针对文化程度较高的贫困劳动力重点开展职业资格培训,针对年龄偏大、文化偏低的贫困劳动力,就业到市场保安岗位,针对年龄较小、文化稍微高的贫困劳动力,就业到公司金融押运和民爆押运。全年解决农牧民转移就业116人,实现增收310.1万元。

(白玛措姆)

拉萨市政投建设项目代建管理有限公司

【概况】 2022年,拉萨市政投建设项目代建管理有限公司(以下简称拉萨政投代建公司)实现营业收入5252.16万元,发生经营成本2185.35万元,实现利润总额2950.69万元。截至年底,拉萨政投代建公司资产总额达25994万元,累计上缴税收5647万余元,累计上缴财政收益4284万元(每年在市属国有企业中名列前茅),国有资产保值增值率达46倍,公司总体发展呈现出稳步递增、风险可控、持续发展的良好态势。2022年,拉萨政投代建公司荣获“拉萨市民族团结进步模范集体、拉萨市民族团结进步模范单位”称号及年度“四上”企业联网直报工作二等奖、“盛世中国 幸福拉萨”拉萨市纪念西藏百万农奴解放63周年主题经典歌曲大赛优秀奖项。

【企业发展】 2022年,拉萨政投代建公司采取一系列措施,下大力气抓已组建的工程监理、造价咨询、施工图审等全资子公司的高效运营工作,通过落实和增加注册资本金、配备精干高效的管理班子、集聚各类专业人才、强化制度建设等一系列举措,积极推进子公司的发展。聚焦高质量发展,坚定改革发展意志,以构建全过程工程咨询服务体系为主线,对标“专精特新”企业发展目标,响应自治区、拉萨市“十四五”规划对建筑业发展的各项具体要求,深入调研开展工程咨询、社稳评估、节能评价、环境影响评估、水保方案编制、工程测绘等多项技术咨询业务,促进工程咨询业务创新融合发展,努力以全新的工程咨询服务组织实施方式,推动企业拓展全过程工程咨询服务市场。

【企业管理】 2022年,拉萨政投代建公司始终紧紧围绕项目代建管理中心工作,不断完善项目管理服

2022年5月26日,拉萨政投代建公司到人大附中工程项目一线开展“美好生活·民法典相伴”主题普法宣传进工地活动

2022年公司代建重点项目——人大附中拉萨幸福学校建设项目

2022年公司代建重点项目——拉萨市堆龙德庆区堆龙河两岸综合治理工程下游

务制度，持续优化项目管理服务模式，建立与企业经营发展相适应的代建项目管理服务体系，持续打造精干、专业的项目团队，推进项目建设管理各项工作，科学保障项目环保、质量、安全、投资、进度的有效管理。自公司成立以来，承接代建管理一大批改善民生、生态治理、完善城市基础设施等领域的重点项目，通过专业化、精细化、程式化的项目管理，项目环保、质量、安全、投资、进度、廉政等得到有效管理，有力提高政府投资效益，为拉萨市补齐基础设施短板、重点项目建设和固定资产投资完成等工作发挥积极作用。代建管理的重点项目包括藏热大桥、人大附中幸福学校、拉萨市堆龙德庆区堆龙河两岸综合治理工程下游、滨河路市政工程项目、西藏技师学校、拉萨市中心城区水系修复及生态治理工程项目、拉萨河综合整治工程5号闸等。

【国企改革】 自国企改革三年行动实施以来，拉萨政投代建公司坚持系统谋划，综合施策，积极融入拉萨市深化国资国企改革“一盘棋”工作部署。公司紧紧围绕《拉萨市深化国资国企改革三年行动方案》7个方面37项重点任务，持续加大统筹工作力度，强化工作部署安排，组建以公司班子成员为领导，以各职能部门为成员的改革领导工作小组，因势谋划、分层施策，对标对表认真梳理对照企业存在问题，研究制订《公司三年改革行动实施方案》，以抓重点、补短板、强弱项为主要任务，以做大做强做优国有企业为总目标，完善企业改革工作垂直管理和领导体系；按照“可衡量、可考核、可检验、要办事”的工作要求，进一步明确公司改革三年行动的“施工图”和“路线图”，专职推动企业改革工作全系统“挂图作战”。截至年底，拉萨政投代建公司落实改革三年行动方案累计形成31项具体工作成果，除职业经理人制度因条件不够成熟暂未实施，其他各项改革任务均已完成。

（边巴卓玛）

2022年5月7日，拉萨政投代建公司到南山公园开展以“爬南山，搞卫生”为主题的登山捡垃圾活动

拉萨平桥投资管理有限公司

【概况】 2022年,拉萨平桥投资管理有限公司(以下简称拉萨平桥公司)作为市属金融及产业投融资平台,致力于推动拉萨市金融产业及重点经济领域发展,以股权、债权等形式为拉萨市重点项目及重点经济领域提供引导和金融支持。主营业务有金融要素投资、产业投资、公共基础设施项目投资三大板块。全年营业收入5343万元,利润总额2883万元,净利润2611万元;公司总资产223527万元,负债总额122989万元,资产负债率55%,严格控制在管控线以内。

【金融要素投资】 拉萨市信用融资担保有限责任公司。截至2022年底,拉萨市信用融资担保有限责任公司资产总额7.9亿元,净资产6.95亿元,资产负债率12.02%;各项责任余额12.23亿元;实现营业收入4511.62万元,完成率113%;净利润2227.94万元,完成率123.8%。按照习近平总书记关于"疫情要防住、经济要稳住、发展要安全"的重要指示及国务院稳住经济大盘一揽子政策措施,根据西藏自治区《关于稳经济若干临时性措施》的相关要求,及时落实延期还本付息、融资担保相关政策,助企纾困。2022年疫情期间,累计为11家企业办理延期业务,涉及金额8721万元。

供应链金融服务平台项目。2022年,拉萨平桥公司供应链金融服务平台通过区块链、物联网等手段为供应链流通各个环节增信,促进中小企业更加高效及优惠地获得融资,更好地服务实体经济。联合拉萨尼弘元仓实业有限责任公司,与国内供应链金融机构合作,计划成立西藏供应链金融服务有限公司,已完成前期调研等工作,正在与各方探讨具体方案。

"梦创拉萨天使投资"基金。2022年,拉萨平桥公司通过使用"双创"资金,投入1000万元参与设立"梦创拉萨天使投资基金",持股20%。该基金已投项目有西藏藏源青稞科技有限公司、西藏众星北斗文化创意有限公司等4家企业。

【产业投资】 尼弘元仓供应链经济港项目。为进一步完善西藏物流体系,促进西藏自治区物流仓储产业智能化发展,拉萨平桥公司以股权形式投资尼弘元仓5000万元,助力西藏自治区物流产业发展。该项目大宗商品物流及沥青加工板块已投入运营,先后与30家大宗商品上下游企业签订合作协议。钢卷全自动裁剪设备的安装和试运营工作已完成。

数据中心建设项目。2022年,拉萨平桥公司通过2亿元专项债资金,引入专业机构参与合作,发展拉萨市数据中心项目。项目总投资4.73亿元,截至年底,主体建设部分已完工,累计完成投资额18068万元,占总投资的38.2%。

【公共基础设施项目】 新能源汽车推广及配套基础设施建设项目。2022年,拉萨平桥公司通过引入民营资本合资方式,以网约车作为载体推进拉萨市新能源汽车推广工作。截至年底,向市场投放新能源电动车80辆。按照适度超前、有序建设的原则提前布局建成3个充电桩示范站点,不断完善拉萨市充电公共基础设施建设。

拉萨市污泥处理基础设施项目。2022年,拉萨平桥公司加快推进曲水净土有机肥厂(污泥协同处置)PPP项目建设工作。该项目已完成主体建设、设备安装、厂区绿化等工作。完成应急污泥储存池建设项目。2022年,该项目接收污泥9000吨,为提升拉萨市污水处理厂二期处理能力并保持高效运行起到支撑作用。

(潘　晨)

城关区

【概况】 城关区地处北纬29° 30′—29° 46′,东经91° 00′—91° 17′。位于西藏自治区中部偏东南的雅鲁藏布江支流拉萨河下游段南北两岸,东与达孜区接壤,南与山南市贡嘎县和扎囊县毗邻,西与堆龙德庆区紧靠,北与林周县相依。城区面积519.29平方千米,行政区域东西跨距28千米,南北跨距31千米。下辖12个街道办事处、50个村(居)委会。境内气温较低,四季气候模糊,日温差大,年温差小。干湿季分明,冬春干燥,多大风,水热同步,多夜雨,日照充足,辐射强烈,冬无严寒,夏无酷热,气压低,氧含量较少。海拔3661米。2022年,城关区共有户籍人口199153人,比2021年增加2258人。其中,农业人口8772人,非农业人口190381人。辖区面积519.29平方千米,主要以奶产业、蔬菜产业为主,农业包括粮食经济作物,畜牧业以牲畜饲养为主。耕地面积382.85公顷,粮食播种面积62.93公顷,经济作物耕地面积206.17公顷。森林覆盖率4.32%,林地面积5718.7公顷。主要旅游景点A级别。特色产品擦擦、唐卡。2022年,城关区实现地区生产总值(GDP)370.01亿元,比2021年增长0.17%。其中,第一产业增加值1.61亿元,同比下降7.8%;第二产业增加值104.08亿元,同比增长3.9%;第三产业增加值264.32亿元,同比下降0.2%。全年社会固定资产投资增速-46.3%。社会消费品零售总额248.15亿元,-12.6%。2022年,城关区接待旅游1488万人次,同比增长2.8%;旅游收入实现121亿元,同比14%。地方财政收入57919万元,同比下降37%,地方财政支出513872。全年农村居民人均纯收入29924元,实现城镇新增就业4009人,城镇登记失业率控制在3%内。截至年底,参加城镇失业保险573人,参加机关事业单位基本养老保险5572人,参加企业职工基本养老保险2940人、城乡居民基本医疗保险96876人。机关事业单位医疗保险在职7308人,退休1778人。

【重大决策事项】 2022年,城关区在迎盛会铸忠诚中锤炼内功,以喜迎党的二十大为主线,以加强和改进基层社会治理体系建设为支撑,依托领导干部常态化"四联四包"机制,深入开展"大宣讲大调研大排查大落实"活动,广泛开展党的二十大精神系列学习宣传活动,持续推动党的二十大精神走深走实、走进千家万户,入脑入心、见行见效。

【重要基础设施建设】 老旧小区改造。2022年,老旧小区改造项目共16个,其中继续改造项目10个,涉及改造小区24个,项目总投资9205.89万元,完成工程总量的85%。新建老旧小区改造项目6个,涉及小区改造12个,项目总投资12277.84万元,完成工程总量的15%。

棚户区改造。夺底街道维巴村棚户区基础设施改造项目(一期)于2021年4月实施,总投资3341.07万元,涉及381户1925人。建设内容包括道路硬化、给排水改造、路灯照明、交安设施、桥涵、绿化等附属工程。2022年12月完成并投入使用,有效解决该区域道路泥泞不堪、河道污染等问题,实现雨污分流,改善群众生活条件。夺底街道维巴村棚户区基础设施改造项目(二期)于2021年4月实施，总投资为3921.62万元，涉及308户1232人。建设内容包括道路硬化、给排水、燃气工程等基础设施改造。2022年12月完成并投入使用。有效解决该区域道路交通拥堵，整体环境差，给排水管网破旧等问题。夺底街道洛欧村棚户区基础设施改造项目（一期）于2021年5月实施，总投资为4490.34万元，涉及365户1568人。建设内容包括道路硬化、给排水改造、路灯照明、交安设施、桥涵、绿化等附属工程。2022年12月完成并投入使用，有效解决该区域道路坑洼不平、污水四处散排、环境脏乱差、照明条件差、群众意见大等问题。夺底街道洛欧村棚户区基础设施改造项目（二期）于2021年4月实施，总投资为2743.42万元，涉及155户857人。建设内容包括道路硬化、给排水、燃气工程等基础设施改造。2022年12月完成并投入使用，有效解决该区域冬季扬尘大，夏季泥泞不堪，居民出行困难，给水管网严重老化，存在饮水安全隐患，基础设施条件差等问题。

2022年1月15日，城关区举办“文化进万家 非遗过大年”视频直播家乡年活动

【乡村振兴】 2022年，城关区严格落实“四个不摘”要求，编制《国家乡村振兴重点帮扶县巩固拓展脱贫攻坚成果同乡村振兴有效衔接实施方案（城关区）》，谋划“十四五”期间总投资6.5亿元乡村发展、乡村建设项目41个。整合1.22亿元实施生产发展、基础设施改善等项目13个，持续推进纳金街道嘎巴乡村振兴示范村建设项目、加尔西村人居环境整治项目。认证“三品一标”农产品14个，全区农产品质量安全综合抽检合格率达到100%。落实产业分红资金344.2万元。全区819户2675名建档立卡脱贫群众人均纯收入达到2.71万元，同比增长10.5%。城关区智昭产业园成功创建国家级现代农业产业园，智昭净土农业科技示范中心获评全国农耕文化实践营地第一批推荐名单。

【高原特色产业发展】 2022年，城关区编制完成《东城新区东段（纳金大桥至纳金山隧道段）城市设计》，完成生态保护红线初步调整成果。净土健康产业年收入3.76亿元，大昭圣泉、藏净泉销量2.18万吨、销售额3688.48万元，乳制品销售额达1亿元，养殖中心奶牛存活率达86%以上。兑现2022年度京藏产业就业暨消费帮扶引导资金740.47万元。全年接待游客364.35万人次，实现旅游总收入36.91亿元。坚持项目带动，总投资310.72亿元182个项目有序开复工，预计完成投资50亿元。实施招商引资“百日攻坚行动”，推进招商引资项目28个，实际到位资金24.04亿元，“拉萨航空运动营地”全面启动运营。北京市通州区援助资金1730万元，实施项目16个。到位地方政府专项债券1.5亿元、政府一般债券1.84亿元。坚持基础提升，老城区功能疏解步伐稳妥有序，总投资2.37亿元的新东郊安居苑、第四安居苑等35个老旧小区改造项目顺利实施推进，雪社区、加措二期、维巴三期棚户区改造项目取得新进展。城关区成功晋级为国家级农产品质量安全县创建单位，智昭产业园被认定为国家级现代产业园。2022年净土健康产业主营业务及租赁收入共计3.84亿元。奶产业集聚效应凸显，初步形成以乳制品制造为核心，集奶牛养殖、饲草种植、包装印刷等于一体的奶产业集群，走出一条第一、二、三产业深度融合的高品质发展新路子。智昭奶牛养殖有限公司、嘎巴生态牧场有限公司奶牛年存栏量已达3046头，年奶产量2543吨，收入1579.12万元。持续开拓净土品牌学生奶市场，联合品牌学生奶已供应到北京80多所幼儿园，研发推出唐藏奶粉乳制品。年内，乳制品销售收入突破1亿元。多渠道开发消费市场，大昭圣泉实业有限公司年水产品销量9899吨，实现销售收入1254万元；汇泉实业有限公司水产品销量8620.6吨，销售收入1301.89万元。林芝中央厨房通过危害分析与关键控制点体系认证。3月8日起，净土拉萨中央厨房全面投产，为1.2万余名学生配送餐食。城发·紫御名都累计认购441套，认购金额12.48亿元；城发·观城郡项目累计认购486套，认购金额4.21亿元。持续推进城市绿化工作，洁达园林公司管养面积达171.52万平方米。

【生态文明旅游建设】 2022年，城关区完成中央环保督察转办346个主责案件的整改及公示工作，并坚持举一反三、主动出击，全面推进“回头看”，持续巩固整改成效。严格生态准入，完成项目环评登记备案66个。改善人居环境，持续开展环境卫生清洁整治和生活垃圾分类工作，环卫机械化作业率达90%，城市生活垃圾密闭式清运率达100%，园林绿化养护面积达173万平方米，拆除存量违建36处18.67万平方米，有效保护土地280.79亩，辖区环境卫生质量明显改善，拉萨市空气质量优良率98%以上。全年接待游客人数达1488万人次，同比增长2.8%；旅游收入实现121亿元，同比增长14%。

【民族团结进步创建活动】 城关区委统战部把民族团结进步创建工作作为区委“一把手”工程。2022年，先后参与召开4次区委常委会，组织召开1次创建大会、1次推进会安排部署相关工作，研究出台《城关区民族团结进步模范单位创建实施方案》《城关区民族团结进步模范单位考评命名实施细则》《城关区民族团结进步模范区创建“九进”实施方案》3项总体方案，参与成立以区委书记为组长的民族团结模范单位创建工作领导小组，并责成辖区12个街道、51个村（居）各党政机关、寺管会分别成立工作领导小组，正式启动民族团结模范单位广创建全覆盖大工程，规划到2025年本级民族团结进步模范单位细化指标任务，明确工作总体基调、总体要求及具体安排。坚持求真务实的工作作风，依托“归口创建”开展民族团结进步模范单位测评，授予2个街道，3个村（社区），5家党政机关、人民团体，2个国有及非公有制企业和6所学校，2座宗教活动场所，1处景区“城关区级民族团结进步模范单位”称号，发挥好选树典型、示范带头的良好作用。坚持指导各单位开展丰富多彩的群众性文化生活，进一步铸牢中华民族共同体意识，以不同方式针对不同群体开展宣教活动400余次，有效保障民族团结进步创建在基层生根发芽。

【积极推进藏传佛教中国化】 2022年，城关区按照自治区、市党委要求，结合城关区宗教领域实际，成立以区委书记为组长的城关区宗教界深入开展“三个意识”教育领导小组，设立相应办公机构，制订印发《城关区宗教界深入开展“三个意识”教育活动工作方案》，组织全区各级各部门召开专题动员部署会1次，组织120余人次参加区市两级专题培训2次，成立由区委主要领导为团长，区委党校讲师为主宣讲员的相应宣讲团13个，组织全区宗教领域开展线下宣

2022年3月15日，城关区蔡公堂白定村举行春耕春播仪式

讲100余次，线上80余次，撰写心得体会百余篇，覆盖宗教教职人员600余人次。鼓励、支持各寺庙组织僧尼前往西藏博物馆及关帝格萨拉康等爱国主义教育基地开展学习交流活动5次，分批次组织小昭寺、曲桑日追、普布觉日追等寺庙僧尼到区内其他地市开展参观学习活动4批，举办“传承中华语言文化魅力 铸牢中华民族共同体意识”宗教界国家通用语言演讲比赛1次，加深广大僧尼对西藏地方与祖国关系史的了解和认识，激发广大寺庙僧尼学习国家通用语言的兴趣。

【基层党建群团及其他工作】2022年，城关区持续深化党建引领基层治理工作，广大党员干部疫情大考面前书写忠诚，街道“大工委”社区“大党委”持续深化，创造性推进10个社区共建“飞地型”集体经济，修订完善51个村（社区）村规民约，推动市场监管和城管执法力量下沉，组建统计信息服务中心为社区减负增效，党建带群建工作巩固拓展。7月21日，城关区总工会与古艺建筑美术公司召开为期2个月的第一届农牧民技能提升培训班。区团委以清明节、“五四”、“六一”等重要节点为契机，开展“喜迎二十大、争做好队员”等主题系列活动9次。开展“我们的节日·喜迎二十大——七待有你 夕望是你”主题青年联谊活动。实施返乡大学生社会实践工作。为群众办实事，开展文明1小时志愿服务活动。为城关区3名困难家庭青少年争取“梦想小屋”关爱计划。结合防疫工作推动健全青年志愿服务体系。与拉萨市人民医院及时开通孕产妇救治绿色通道。充分保障广大孕产妇安全、高效产检、就医、分娩等需求，获得群众的信赖与好评。在白林社区下沉点内的汉庭酒店开设“反家暴服务临时接待点”，通过“反家暴服务接待室”“反家暴服务临时接待点”、入户走访和手机调解四种方式，为25名来访妇女提供法律咨询、矛盾调解、心理疏导等服务，其中家暴案件23起，婚姻纠纷案件2起；24起调解成功，1起联合辖区派出所和警务室对当事人开具《家庭暴力告诫书》。新成立108家妇委会，其中机关与事业单位妇委会26家，“两新”组织妇委会82家，并指导13家区直机关单位完成妇委会换届选举工作，妇联组织覆盖面与影响力不断扩大。在改作风担使命中始终坚持加强自身建设，改进作风、狠抓落实，推行常态化“四联四包”工作机制，“四级”包联领导干部深入基层开展调研活动3363场次、入户走访17.5万户，推动民情民意在一线掌握、矛盾问题在一线解决。进一步健全政府议事制度，完善基建、采购、招投标等流程和管理办法。完成预算管理一体化改革，推进个人借款长期不还专项整治。全年安排审计项目54个，提出审计建议66条，深入推进审计全覆盖。办结代表委员意见建议112件，答复率、满意率均达100%。加速推进“互联网+政务服务”，“12345”“12349”热线受理1.65万人次，群众满意度达100%，组建城关区不动产登记中心，完成政务服务事项网办率“9080”目标，政务服务事项办件量在全区74个县（区）中排名第一。2022年6月，荣获国务院大督查及专项督查“免督查”激励。

【廉洁建设】2022年2月25日，中国共产党拉萨市城关区第十届纪律检查委员会第二次全体会议在城关区召开。同年，城关区纪检监察机关在区市党委、纪委监委的坚强领导下，忠诚履行党章和宪法赋予的职责，持之以恒正风肃纪反腐，全面从严治党向纵深推进，党风廉政建设和反腐败斗争取得新成效，为城关区经济社会发展提供有力保障。以党的创新理论武装头脑，践行“两个维护”更加坚定有力。深入整治群众身边腐败和作风问题，群众获得感幸福感安全感进一步增强。锲而不舍落实中央八项规定及其实施细则精神，作风建设成果不断巩固深化。坚守政治巡察职能定位，巡察利剑作用充分彰显。认真履行监督首责，权力运行制约和监督机制更加严密。统筹推进纪检监察体制改革，规范化法治化建设取得新成效。一体推进不敢腐、不能腐、不想腐，反腐败治理效能持续巩固提升。从严从实加强自身建设，纪检监察队伍展现新风貌。

（米玛桑吉）

堆龙德庆区

【概况】堆龙德庆区藏语意为“上谷神地”，位于拉萨市西北部，拉萨河下游。是拉萨“一心两翼”发展格局的“西翼”。主要以农业为主，包括青稞、小麦、蚕豆、油菜籽等农作物，牧畜业以饲养牦牛、山羊、绵羊为主。国家级野生保护动物有白唇鹿、马麝、藏原羚、黑颈鹤、胡兀鹫等，已经探明的矿产资源有石灰石、红土、煤、铁、铅、锌等。主要旅游景点有以楚布寺为龙头的楚布沟风景区，拥有小气候的柳梧尼玛塘自然保护区"邱桑温泉""雄巴拉曲"等景点。下辖3个镇、3个街道，21个行政村、10个社区，全区总人口9.1万人。成功上榜"2022年度全国投资潜力百强区"。2022年，堆龙德庆区完成地区生产总值67.68亿元，全社会固定资产投资47.9亿元，社会消费品零售总额19.02亿元，规上工业增加值5.9亿元，一般公共预算收入4.34亿元，农村居民人均可支配收入25888元，同比增长13.1%。

【自身建设】 2022年，堆龙德庆区委召开区委常委会会议18次、理论学习中心组会议12次，配合做好自治区出席党的二十大代表推选工作。区委在第一时间部署学习贯彻党的二十大精神，分类分众开展广泛宣讲，区委常委带头深入基层示范宣讲。选派148名政治素养高、工作思路清、业务能力强、责任担当实的党员干部驻村社开展工作，创建基层党组织示范点13个，常态化排查整顿软弱涣散党组织，集体经济收入超过100万元的村社达到14个。完成第九、十批援藏干部轮换工作，累计提拔使用干部561人，全面完成三届区委第二轮巡察，完成"强化警示教育、深化以案促改"工作，给予党纪政务处分15人、诫勉谈话9人。

【民生改善】 2022年，堆龙德庆区开展年度"十大民生实事"工作，涉及34个建设项目或具体事项。截至年底，12项已办结，22项因疫情、土地等因素影响正在加快办理。应届高校毕业生就业率97.4%，城镇新增就业1699人，农牧民转移就业11010人，实现劳务收入1.13亿元。国家义务教育优质均衡发展示范区创建有力推进，完成区第二小学建设，人大附中拉萨学校、区第二中学、第三小学加快建设。深入开展基层医疗巡诊、家庭医生签约服务、健康体检、慢病管理等工作，区人民医院二甲综合楼建设项目完成初验。各类社会保险应保尽保，建成运营2家老年人日间照料中心。为疫情期间生活困难和外来人员发放补贴资金1400余万元。三级公共文化服务覆盖城乡，文艺队伍遍布村居，文化活动常态开展。深化受援工作，完成援藏干部人才轮换，高效推进8个援藏项目建设，完成投资5150万元。

【城乡建设】 2022年，堆龙德庆区推进"畅通堆龙"行动，滨河路柳东段、经开段进展顺利，桑木二路、乃加二路加快建设，北环西延线前期工作推进有力，新城路网总里程达9.3千米。完成4个棚户区改造、惠及群众1192户。堆龙河两岸综合治理工程、民族团结公园、中心公园、拉贡路景观工程等项目加快推进。脱贫成果持续巩固拓展，防返贫监测预警机制健全完善，消除返贫风险户91户、325人。整合四级涉农资金3.02亿元，实施帮扶项目14个。推进群众住房改造和新建547户，实施乡村人居环境整治项目12个，完成户用洁厕改造594户、覆盖率达90.9%。

【产业升级】 2022年，堆龙德庆区推广良种良技良法，完成高标农田建设5000亩，撂荒地复垦9143亩，粮食产量达1.22万吨，蔬菜产量达3.73万吨。牲畜存栏达11.67万头（只）、出栏2.59万头（只）。依托"古荣糌粑"优质品牌，探索推进糌粑

2022年3月31日，堆龙德庆区举行"乡村振兴林卡贷"发放仪式

2022年2月15日，堆龙德庆区开展“五下乡”暨“新春下基层”活动。图为藏戏演出活动现场

加工企业整合发展。完成区工业园区B区燃气管网供暖工程，加快推进吉祥哈达、金谷农业等工业项目建设，扎实落实助企纾困帮扶措施，新培育规上企业1家。象雄美朵生态文化旅游园成功创建国家AAAA级旅游景区，乡村各类休闲旅游林卡发展至57个，成功举办“玉妥”文化旅游季推介活动，全年累计接待游客101.03万人次、实现收入3570.33万元。聚力建设拉萨国家陆港型物流枢纽核心区，完成现代物流产业发展规划编制，领峰智慧物流园建成运营，城乡物流配送“最后一公里”全面打通。不断优化营商环境，持续推进“放管服”改革。推进国企瘦身强体，注销区属国企子公司50家、村级国企2家。

【招商引资】 2022年，堆龙德庆区落实招商引资项目32个，实际到位资金22.84亿元。深入挖掘消费潜力，开工建设堆龙万达广场、龙腾创业创新大厦、净土便民服务中心、欧西钻石广场等商业综合体。研究制定《夜间经济奖励办法》，打造推出全市首家沉浸式夜市“上谷之夜 · 老电影”主题夜市，开业以来累计人流量达15万余人次。

【文化体育】 2022年，堆龙德庆区成功创建西藏自治区公共文化服务体系建设示范区，开展宣传宣讲、公共文化、志愿服务、移风易俗等活动1300余场次，受教育群众超过11.7万人次。组织举办“万达杯”足球赛，“净土杯”篮球赛等系列文体活动，累计线上线下观看达70余万人次。

【生态环境】 2022年，堆龙德庆区中央环保督察及森林督查反馈问题整改工作，中央环保督察反馈66条问题，完成整改59条、取得阶段性整改成效7条；森林督查反馈60条问题均已整改到位，并建立区、镇（街道）、村（社区）三级林长组织体系。持续推进环境突出问题治理，开展“散乱污”企业专项整治，常态化从严开展环境监察执法。加快推进南北山造林绿化，完成乡村“四旁”植树19.84万株，新增国土绿化面积385亩。全年空气质量优良率99%，江河湖泊、饮用水水源地水质达标率100%。

（雷　凤）

达孜区

【概况】 达孜藏语意为“虎峰”，位于拉萨河两岸河谷平原地区，地处北纬29° 40′ —29° 67′ 、东经91° 21′ —91° 35′，西与拉萨市城关区毗邻、北与林周县相连、东靠墨竹工卡县，南接山南市的扎囊县，平均海拔4100米，地势南北高、中间低，是典型的“U”形地貌，拉萨河达孜段流域面积85.77平方公里，其他支流长141.65千米，流域面积1314.27平方千米，水库2座（罗普水库、桑珠林水库），湿地2处（巴嘎雪湿地和唐嘎湿地），水资源丰富，属高原温带半干旱季风气候区，主要山川有恰拉山、郭嘎拉日山，主要物产有藏香、藏鸡蛋、牦牛肉、青稞酒、青稞醋、有机蔬果等，距拉萨市中心22千米，素有拉萨“东大门”之称。辖五乡一镇，22个行政村，131个村民小组，9351户，总人口4.7697万人，其中农村人口2.9369万人，人口出生率10.67%，自然增长率2.41%。地域面积1360平方千米，主要以第一产业为主，农业主要种植青稞、冬小麦、油菜、土豆等作物，畜牧业主要养殖牦牛、黄牛、羊、猪、藏鸡等。耕地面积为5526.67公顷，粮食播种面积3833.33公顷，经济作物播种面积813.33公顷。森林覆盖率30.38%，林业绿化率41.3%，林地面积61532公顷。国家级野生保护动物有黑颈鹤、棕熊等，已探明矿产资源有铅锌铜等。主要旅游景点有甘丹寺、扎叶巴景区、白纳沟景区、主西村徒步营地以及优敏芭古藏香文化产业园区（国家AAA级旅游景区），有全国乡村旅游重点村2个，分别为白纳村及扎叶巴村。特色产业有民族手工业、高原农畜产品深加工、高原生物医药医疗产业等。2022年，完成生产总值22.74亿元，同比下降0.4%。其中，第一产业完成3.63亿元，同比增长6.7%；第二产业完成9.78亿元，同比下降1.5%；第三产业完成9.33亿元，同比下降2.4%。全社会固定资产投资同比增长35.7%。完成邮政业务收入330余万元，完成电信业务收入1300余万元。固定电话用户4200余户，使用率99%；移动电话用户40000余户，使用率85%；互联网用户2万余户。社会消费品零售总额4.9亿。接待旅游26.11万人次，实现旅游收入827.37万元。完成公共财政预算收入24344.71万元，同比下降45.67%；执行公共财政预算支出125016.96万元，同比下降10.07%。年末城乡居民储蓄存款余额9.45亿元。农村居民人均可支配收入22655.54元，同比增长12.9%。截至年底，参加城乡居民基本养老保险13785人，参加企业职工基本养老保险2228人，参加城乡居民基本医疗保险27328人，参加城镇职工基本医疗保险2567人，参加失业保险3041人，参加工伤保险3790人，参加生育保险2567人。城镇居民最低生活保障人数为156户164人，农村最低生活保障人数为90户208人。全县（区）特困供养人数为148人。

【重大决策事项】 2022年，达孜区投资2亿余元有序推进达孜区第二小学、幼儿园改扩建、安装监控等项目。继续加快财税改革，完成63家行政事业单位资产数据迁移计划前期准备工作，为资产管理全面并入预算管理一体化系统（2.0）打好基础，办理增值留抵退税101户，退税金额达9974万元，减免74家受疫情影响的商铺房租。

【重要基础设施建设】 2022年，达孜区固定投资项目开复工52个，开工率59%。实行重点（重大）项目县级领导包保机制，落实重大包保项目28个，召开重点项目推进会6次，申报拉萨市级联审联批4次。投入资金1.75亿元，建设完成圣天源农畜产品牛肉深加工基地扩建、小牛奔奔产研基地和盛世未来城项目建设。有效推进洋河朗热酒村、扎叶巴康养小镇等重点项目建设进程。招商引资项目共13个，项目协议投资75.41亿元，累计到位资金10.17亿元。大力实施幸福社区人居环境提升项目，谋划打造城市宜居小区建设。维修虎峰大道沿线路灯1200个，铺设燃气管网19.4千米，规范施工围挡20余处。聚焦住房安全保障，累计完成4800余户农村住房安全普查和20户危房鉴定改造工作。投入2100万元全力推进洛普灌区续建配套与节水改造工程、拉萨河城区部队段水毁除险加固工程等民生水利项目。累计投资5593.68万元，新建农村道路20.02千米。解决偏远自然村网络“信号差、覆盖弱”问题，为群众提供更加优质的通信服务。

【乡村振兴】 2022年，达孜区健全完善防返贫动态监测和帮扶机制，为“三类人员”73人发放纾困扶持一次性生活补贴8.6万元，消除致贫、返贫风险“三类”人员12户52人。总投资1.70亿元，实施财政衔接推进乡村振兴补助资金项目19个。完成606户农村户用卫生厕所改造、验收、奖补兑现工作，兑现资金121.2万元，受益群众达3000余人。第二批“美丽乡村·幸福家园”建设整村推进试点工作已开工新建住房167户。基础设施持续完善，人居环境不断优化，白纳村入选中国美丽休闲乡村。

【重点集体经济】 达孜区虎峰城市建设投资有限公司成立于2016年11月7日，注册资本金1亿元。公司领导班子4人，分别担任法人兼董事长、常务副总、行政副总、财务总监。下设七部一室，分别为财务部、人力资源部、工程项目部、后勤保障部、法律风控部、计划合约部、资产管理部、综合办公室。2022年，在职人员共计19人。公司共有下属子公司15家，其中全资子公司3家：达孜弘穗粮油经销有限公司、达孜弘睿房地产开发经营有限公司、达孜弘材建筑材料有限公司；控股公司4家：西藏满斋建筑工程有限公司、西藏利贞建设工程有限公司、西藏实泰砂石有限公司、西藏筑泰砂石有限责任公司；持股公司5家：西藏天达房地产开发有限公司、西藏达孜永旺建材有限公司、拉萨达孜建功商砼有限公司、西藏中发建筑材料有限公司、拉萨升峰建筑材料有限公司；合营公司3家：达孜虎峰客运有限公司、江苏天空物业有限公司达孜分公司、江苏天空环卫有限公司达孜分公司。经营业务拓展至房地产、建材、粮油经销、交通运输、物业环卫、建筑施工、矿产品销售。

达孜区净土产业投资开发有限公司成立于2014年，注册资本1.5亿元。主营业务经营范围：种植业、养殖业、农产品、副食品、水果、蔬菜、食用油、粮食销售、调料（干杂）等农产品种植销售。公司下属有三家控股子公司，分别为西藏泉峰高标准奶牛养殖发展有限公司、西藏唐嘎藏鸡养殖发展有限公司、西藏韬盛农牧业开发有限公司。参股公司有西藏泰成乳业有限公司、西藏净源生态农业发展有限公司。公司人员组成由区政府派驻工作组人员2名（编制原单位），大学生就业7名（其中2名大学生派在养鸡场做出纳、库管），外聘会计人员1名、司机人员1名、保洁人员2名、科技特派员3名、退伍军人1名、农业技术人员1名、环卫工4名、三岩片区11名、厨师1名，共计34人。

拉萨达孜县旅游发展投资有限公司成立于2011年7月，注册资本1000万元，主要从事旅行社、旅游服务中心、旅游从业人员培训，旅游文化项目代建，旅游文化项目管理。藏文化旅游延伸产品设计加工销售，手工艺品设计加工

2022年5月10日，达孜区人民政府与农行拉萨分行、西藏财信融资担保有限公司签订巩固拓展脱贫攻坚成果暨服务乡村振兴战略合作协议

销售，旅游产品开发设计加工销售，餐饮，副食品加工销售。2022年，公司有职工16名，其中董事长1人，总经理兼企业法定代表人1人，副总经理（兼子公司法人）1人，中层3人，副部级2人，普通员工3人，后勤（保洁、驾驶员）5人。

达孜区虎峰园林绿化有限公司成立于2018年4月2日。主要经营范围：园林绿化工程，造林工程，经济林建设工程，苗木、花卉、盆景、草坪的培育与销售，森林病虫害防治，园林绿化养护管理工程，园林绿化技术咨询与信息服务，造林绿化工程项目投资、投融资，园林设施设备销售、租赁及安装。公司从业人员126人，其中研究生学历2人，本科学历3人，大专学历8人；园林中级工程师2人，林业初级工程师2人，林业技术员3人；西藏籍员工123人。

【高原特色产业发展】 2022年，达孜区推动工业园区经济“脱虚向实”，引导园区向“一轻二高三新”目标发展，全区有实体性企业55家，规模以上企业9家，龙头企业8家，高新技术企业5家。双创基地入驻企业55家，固定就业累计528人次，入驻创业基地格子间企业共364家，腾笼换鸟，盘活“僵尸企业”11家。工业园区现有实体性企业55家。以罗占、优格仓等企业为民族手工业产业主力，充分利用西藏旅游业急剧升温的有利条件，引导农牧区的能工巧匠进入园区，参加现代化生产，满足急剧膨胀的多样化、多层次的市场需求；千方百计创造条件引导拉萨旅游产品经销企业进驻达孜，构建公司订单+农牧民家庭式生产模式，促进农牧民在家创业、自主创业；紧跟旅游市场趋势，开发特色精美旅游工艺产品，提高产品艺术价值，重点生产唐卡、地毯、金银铜器、泥塑、彩绘、石刻、藏香等具有浓郁西藏民族文化色彩的特色产品；不断提高达孜旅游产品的市场占有率和扩大产品知名度。以千圣藏医药、传灵药业、宏发盛桃、

帕诺生物等企业为高原生物医药医疗产业主力军，依托高原生物多样性和生物资源丰富的优势，立足特色生物资源开发的实际，积极支持生物医药资源开发科技创新，构建高原特色生物医药资源开发产业链。以藏缘青稞酒业、圣信牦牛绒、春光食品、阳光庄园农副产品等企业为主力全面构建园区净土健康产业品牌。

【生态文明旅游建设】 2022年，达孜区推进达孜段南北山绿化、先造后补和乡村"四旁"植树绿化，完成造林面积2.45万亩。深入开展"绿盾2021"自然保护地强化监督和国家级自然保护区焦点问题实地核查，实现自然保护区内焦点问题数量、面积"双降低"。各级河湖长累计巡河547次，清理河道垃圾390.36吨。集中式饮用水水质达到Ⅱ类标准，主要江河湖泊水质均达到或优于Ⅲ类标准，无城市黑臭水体，空气、土壤质量双达标、双安全。严把项目建设环境准入关，登记排污许可证137个。创建德庆镇白纳沟"绿水青山就是金山银山"实践创新基地，全面落实第二轮中央环保督察交办件办理和问题整改。蓝天、碧水、净土保卫战成效得到进一步巩固。全年旅游接待26.11万人次，旅游收入达827.37万元，带动农牧民增收849人次。云上达孜工业旅游景区入选为国家工业旅游示范基地、叶巴村被评定为三星级西藏地质文化第一村。

【民族团结进步创建活动】 2022年，达孜区以铸牢中华民族共同体意识为主线，坚持把民族团结进步示范创建工作作为推动民族工作的重要抓手，制定印发《达孜区贯彻落实〈西藏自治区民族团结进步模范区创建规划（2021—2025年）〉实施方案》，推动民族团结进步创建与区委中心工作同研究同部署同落实，构建起新时代党的民族工作格局。举办民族团结知识竞赛、民族团结知识线上答题活动、民族团结主题文艺活动进宗教活动场所等活动200余次，受教育人群达47000余人次。以融媒体、宣传栏、乡村大巴等为载体，以"三个意识"教育为契机，广泛宣传中央民族工作会议精神、《西藏自治区民族团结进步模范区创建条例》、《中华人民共和国民族区域自治法》，共计发放宣传册子28000余册，各类宣传品、宣传海报5000余份，发送民族团结公益短信6万多条，为民族团结创建工作打下坚实的群众基础、创造有效的宣传教育载体。开展2022年拉萨市民族团结进步模范集体、个人、家庭推荐审批工作，共表彰22个民族团结进步模范集体、12个民族团结进步模范家庭、30名民族团结进步模范个人。

【基层党建群团及其他工作】 2022年，达孜区围绕加强党对各项事业的领导，新设区直机关党组18个，配强35名党组书记。通盘考虑巩固拓展脱贫攻坚成果同乡村振兴有效衔接，大力选拔45名熟悉基层工作的优秀年轻干部担任乡镇内设机构负责人，增补选唐嘎乡穷达村、罗普村各空缺的1个村"两委"职数，选派97名优秀干部开展驻村工作，补录5名乡村振兴专干，实现全覆盖，选派17名村主干参加区外轮训提高业务能力。开展农牧民技能培训24期，培养各类乡土人才1213人。排查整顿2家软弱涣散基层党组织，成功晋位升级。打造"两新"组织党建示范点2个，各领域示范创建有效覆盖。聚焦为党凝心聚力铸魂，虚实结合、软硬并举，推动党员教育有形、有效、有趣。联合区委党校举

2022年6月28日，达孜区举行拉萨朗热酒村项目开工仪式暨2022年江苏援藏项目建设推进会

办"党课我来讲"理论宣讲骨干培训班，搭建宣讲擂台，选拔金牌宣讲员，共储备县级入库理论宣讲员50名、乡级入库理论宣讲员60名、村级宣讲骨干400余名。开展"喜迎二十大、振翼逐梦新时代、感恩奋进新征程"主题教育实践活动、国家通用语言普及、党的二十大精神宣传宣讲200余场次，覆盖群众1万余人次。组织3500余名党员开展重温入党誓词、红色电影观影周、红色教育基地参观周等活动，教育广大党员传承红色基因、坚守初心使命。举办"感悟领袖风范、锤炼过硬作风"读书班、吃忆苦饭等主题活动136场次，形成领学促自学、互学促交流的生动局面，促进支部教育常态化开展，党员轮训实现有效覆盖。以"饮水思源 感恩思进"群众感党恩教育活动为抓手，以党建为引领，结合下基层大接访和"四联四包"工作上门为群众"思想体检"，全面摸清"管肚子"更要"管脑子"的底数，建立群众"一户一档"7793户，1342名包联干部处理群众困难诉求1850余个。

【廉洁建设】 2022年，达孜区委紧盯影响党中央决策部署落实、影响安全发展、加重基层负担的形式主义、官僚主义建立监督指导台账，围绕区委"两项教育"，创新实施"廉洁达孜七个一工程"，大抓作风不实、落实不力典型。持续开展节前"清风行动"，持续严明纪律要求，监督提醒纠正各类问题隐患。打造机关廉政文化走廊，建好用活"互联网+党风廉政建设"新模式，常态化组织参观"身边事教育身边人"典型案例警示教育展，举办专题讲座，制发《廉政倡议家书》，不断稳固干事创业的思想"大后方"。制订《拉萨市委巡察调研指导组对达孜区委巡察工作反馈指导意见整改方案》，提升巡察工作质效。坚持提前谋划与全面落实相统一，科学编制2022—2026年达孜区巡察工作规划，顺利启动二届区委第一轮巡察，多次深入乡村宣讲惠民政策和法律法规。把学懂弄通做实习近平总书记重要讲话和重要指示批示精神作为常委会会议"第一议题"、干部教育"第一课题"、政治谈话"第一主题"，引领全系统聚焦思想同心、目标同向、行动同步。召开2022年度反腐败协调领导小组工作会议，健全纪检监察机关与司法机关沟通协作机制；出台《达孜区纪委常委会工作规则》《达孜区纪委监委机关工作规则》，完善业务流程和内控机制。常态化开展办案安全工作培训，集中纠治影响办案安全突出问题，确保每一起案件都经得起时间和实践的检验。探索实施片区协作机制，"敞开大门"深化业务培训，"传帮带"作用有效发挥，业务能力显著提高。

（范晨伟）

林周县

【概况】 林周，藏语含义为天然形成的沃土，位于拉萨市东北，距离市区65千米。全县辖9个乡、1个镇，46个行政村，15773户、65342人；辖区面积4460平方千米，永久基本农田19.04万亩，林地160万亩，草地437万亩，是拉萨市五县三区中的第一产粮大县、第二牧业大县。全县南北狭长，跨度达180千米。念青唐古拉山支脉一恰拉山横贯全境，将林周县分割为南北两大部分。北部属拉萨河上游及其源流区域，平均海拔4200米，气候干燥，年平均气温2.9℃，以牧业生产为主。南部地区属拉萨河支流澎波河流域，平均海拔3860米，谷地开阔，气候温和，雨水充沛，年平均气温5.8℃，主产小麦、青稞、油菜、土豆等，是拉萨市的主要粮食生产基地。林周县风光秀美、山川壮丽、人杰地灵，人文历史底蕴深厚。县内有雅江中游河谷黑颈鹤国家级自然保护区和西藏热振国家级森林公园。国家级野生保护动物有黑颈鹤、白唇鹿等。有寺庙38座，著名的藏传佛教寺庙热振寺，距今已有千年历史，周围有风景秀丽的热振国家级森林公园。2022年，林周县实现地区生产总值19.79亿元，同比增长0.1%。其中，第一产业完成3.88亿元，同比增长3.1%；第二产业完成6.56亿元，同比增长1.3%；第三产业完成9.35亿元，同比下降2.8%；全社会固定资产投资同比增长34.3%；规模以上工业增加值完成1.69亿元，同比增长3.3%；社会消费品零售总额完成3.39亿元，同比下降13%；农村居民人均可支配收入实现20055元，同比增加1388元，同比增长7.4%；全县一般公共预算收入完成3.86亿元，同比下降0.5%；全县公共财政预算支出19.95亿元，同比增长22.8%。

【民主政治建设】 2022年，林周县坚持党的领导、人民当家做主、依法治国有机统一，充分发挥人民代表大会制度优势，听取审议专项工作报告12个，依法选举任免国家机关工作人员61人次，推动105件代表提出的意见建议得到及时办理，有效解决一批群众关心、社会关注的重难点问题。不断完善协商民主工作机制，有效落实县政协提案办理协商办法，逐步形成专题协商、对口协商、界别协商为主要形式的民主协商议政格局；全年收到提案20件，立案20件，提案办复率100%，有效发挥政协提案在促进发展中的重要作用。依托“八五”普法，全方位、立体式推进普法宣传，法治林周建设不断彰显。积极引导工青妇等群团组织把工作放在全县大局中去谋划、去落实，切实发挥桥梁纽带作用，推动群团组织健康发展。

【党的建设】 2022年，林周县坚持以党的政治建设为统领，把建设忠诚干净担当的高素质专业化干部队伍作为战略任务抓紧抓实，圆满完成第九、十批援藏干部轮换工作。制定《林周县年轻干部培养管理使用实施办法(试行)》，全年提任上一级职务111名、晋升职级293名，推动县、乡、寺管会干部交流128人次，高低海拔交流37人次。一体推进“不敢腐、不能腐、不想腐”体制机制，严肃查处违反中央八项规定精神问题2件6人，查处群众身边腐败和作风问题2件5人，通过信访举报受理问题线索28件、给予党纪政务处分12人，完成十届县委第二轮巡察工作。

【意识形态建设】 2022年，林周县全面落实意识形态工作责任制，召开8次县委常委会研究意识形态相关工作。统筹推进新闻宣传、社会宣传、网络宣传、群众宣讲，“林周之窗”“林周融媒”等线上媒体作用有效发挥，全年阅读量达80.66万人次、视频浏览量达5334万余人次，中央媒体、《西藏日报》等刊发林周新闻240余篇；开展新时代文明实践活动3300余场次，参与9.1万余人次。坚持把学习宣传贯彻中共二十大精神作为首要政治任务，引导干部群众深刻学习领会中共二十大精神，有力推动中共二十大精神在林周大地落地生根、开花结果。

【民族团结】 2022年，林周县召开“林周县民族团结进步模范县创建工作动员部署会”1次，领导小组专题会2次，研究审议民族团结进步创建事宜6项，落实民族工作专项经费32.7万元，民族团结进步创建经费125万元。树立“大宣教”理念，将民族团结进步创建活动纳入全县宣传思想工作和意识形态工作的总体规划。认真推进民族团结进步模范创建工作，评选创建72家“林周县民族团结进步模范单位”。召开“2022年林周县民族团结进步表彰大会”。注重发挥林周县民族团结进步示范教育基地(林周农场遗址)优势作用，接待260家单位团体、7656人次参观学习。

【农牧业生产】 2022年，林周县种植粮食作物15.56万亩，总产6.02万吨；种植饲草6.36万亩，总产1.43万吨。牲畜存栏22.86万头。良种繁育、实验示范、技术服务、农机保障统筹推进，综合机械化率达93%，群众种粮抓粮积极性不断提高。格桑塘牦牛选育与高效扩繁项目成效显著，授权实用新型专利21件，起草完成《牦牛短期育肥技术规范》等3件地方标准。

【项目建设】 2022年，林周县实施项目123个，总投资33.63亿元；开复工项目49个、开复工率84.5%，其中500万元以上项目42个，吸纳农牧民就业4335人，增收5185.73万元。加快推进“美丽乡村·幸福家园”示范村建设。投资2.51亿元实施20个乡村振兴项目。投资7394.8万元实施13个交通项目，受益群众4.68万人。投资1.48亿元实施水利项目7个，修建灌渠199.4千米。教育领域6个重点项目加快推进，4所学校荣获自治区第二届文明校园称号。

【民生事业】 2022年，林周县兑现城乡低保、“两项补贴”等各类民政资金1404.04万元，城乡居民医疗、养老保险参保率分别达到99%、97%。谋划实施总投资1.59亿元的22个“践行群众‘最后一公里’行动”项目。开展技能培训35期、20172人，转移就业1.4万人次，实现劳务收入1.33亿元。多措引导685名应届高校毕业生就业创业，兑现补助资金930万元，高校毕业生就业98%以上。完成县人民医院感染楼、急诊楼建设，提升改造35个村卫生室。守住防返贫底线，消除风险1户、2人。

【改革创新】 2022年，林周县深入

推进农村集体产权制度改革，流转土地2.18万亩，农村产权交易中心服务站实现县域全覆盖。优化国企资本布局，改制县粮油公司和组建鹏博项目管理有限公司。全面开展“减证便民”专项行动，优化再造政务服务流程，取消22项清单，行政许可事项网办率达到86.6%。降低实体经济企业成本，扎实推进“五税两费”等组合式税费支持政策，减免税额145万元。全年新增市场主体566户，注册资本4.3亿元。深入开展民工工资拖欠排查，严格落实建筑工人实名制管理。

2022年3月22日，林周县举行2022年重点项目暨援藏项目集中开复工仪式

【生态保护】 2022年，林周县空气、地表水及地下水水质均达到或优于标准限值。设立林长398名，“四旁”植树13.6万株，新增造林绿化面积1909亩。甘曲湿地项目完成80%以上。旁多乡生活垃圾低氮低温裂解处理项目建成投用。完成6个农村饮用水水源地保护工作。成功创建4个自治区级生态文明示范乡和23个示范村。编制“三区三线”等6个专题的全县国土空间总体规划。深化污染防治攻坚，秸秆综合利用率达95%；扎实推进生态文明建设示范创建。拆除“两违”建筑1.34万平方米；持续加大黑颈鹤、白唇鹿等野生动物保护力度，实施雅江中游河谷黑颈鹤国家级自然保护区综合管理检测平台系统，24小时检测黑颈鹤，实现“天空地”一体化检测网格体系。

【社会稳定】 2022年，林周县牢固树立安全发展理念，完成党的二十大等重要节点安保任务。推进民族团结进步创建活动。平安林周、法治政府建设深入开展。挂牌成立10个乡（镇）消防所，自建房、非煤矿山隐患排查整治全覆盖，全年未发生较大及以上安全生产事故。

【数字档案馆】 2022年，林周县结合档案馆当前的建设情况，立足林周县档案工作实际，通过档案数字资源、应用系统、基础设施、安全保障体系四个方面的建设，满足从档案收集、管理、存储、利用和公众服务等全生命周期的档案业务需求，提升实体档案和数字档案的现代化管理水平。作为“全区第一家县级数字档案馆”，目标是达到“国家级数字档案馆”的要求。

【干部选育管用】 2022年，林周县研究制定全市第一个《林周县年轻干部培养管理使用实施办法（试行）》。坚持选精择优，分层次、分类别培养有潜力的年轻干部。截至年底，全县有“90”后正科级干部14名，“95后”副科级干部15名，并建立百名优秀年轻干部储备库。

【村级集体经济】 2022年，林周县坚持把发展壮大村级集体经济纳入县域经济发展布局，制定《林周县发展壮大村级集体经济三年行动计划》，组织召开村级集体经济工作会议2次，查找短板弱项，聚焦优势资源，规划壮大村级集体经济思路，切实找准切入点，因地制宜确定契合村情的主导产业和经营模式。7个村集体经济超过100万元，9个村集体经济收入超过50万元，同比2021年增加5个。藏雄村集体经济收入实现历史性突破，村集体经济总收入达到1139万元，村民分红1086万元，全村群众活动感成色更足、幸福感更可持续、安全感更有保障。

【诉讼服务】 2022年，林周县建立“包乡诉讼服务团队”工作机制，充分发挥乡（镇）便民诉讼服务点的

2022年3月16日，卡孜乡白朗村举行传统春耕春播仪式

作用，有效助力市域社会治理现代化建设。利用法官包乡深入各乡（镇）村居提供法律咨询260余次，包乡诉讼服务团队深入各乡镇化解矛盾纠纷107件，通过“诉前调解＋司法确认”的方式处理民事案件128件，当场兑现案款120万元。充分发挥司法服务和保障职能，建立《林周县人民法院关于涉农民工案件开通诉讼服务“绿色通道”的实施办法》，开辟立案、保全、审理、执行、多元化解等多方面“绿色通道”，实现涉农民工案件快立、快审、快执，依法维护农民工合法权益。通过“绿色通道”为农民工快速立案57件，结案55件。

【政治生态】 2022年，林周县有班子25名，其中男21名，女4名；30—40岁4名，40—50岁16名，50岁以上5名，“85后”副县2名，班子结构优、配置合理。在工作中，班子心往一处拧、劲往一处使，严格执行民主集中制和各项议事规则，严格遵行党的纪律和规矩，沟通交流顺畅、整体功能较强，被评为“拉萨市2021年优秀班子”，全年班子成员不存在被组织约谈、函询等情况。在班子的示范引领下，全县干部精神面貌昂扬向上，干事创业内在动力显著增强。开展2批次干部选拔任用工作，通过全网面向全区进行公示，没有收到任何举报线索和不良反映。

（李　菲）

墨竹工卡县

【概况】 墨竹工卡县位于西藏中部、拉萨河中上游。东与林芝地区工布江达县相邻，西靠拉萨市达孜、林周两县，北连那曲地区嘉黎县，南接山南地区乃东县，交通区位优势较为明显，川藏公路（318国道）横穿而过。全县辖7个乡1个镇，41个村（居）委会，总人口5.6万人。其中，农村人口38547人。县域面积5500平方千米，属以农为主的半农半牧县，平均海拔4200米。农作物主要有青稞、油菜籽、冬小麦等，畜牧业有牦牛、黄牛等。耕地面积11.11万亩，粮食播种面积7.28万亩，经济作物耕地面积3.5万亩。森林覆盖率37.3%，林地面积307.8万亩。国家级野生保护动物有黑颈鹤、斑头雁等，已探明的矿产资源有铜、铅、锌、金等。主要旅游景点“两泉一湖一寺一沟”闻名区内外。特色产品墨竹小油菜菜籽油、直孔白青稞糌粑、斯布牦牛肉制品等。2022年，地区生产总值完成61.61亿元；规模以上工业增加值增速68%；一般公共预算收入剔除增值税留抵退税后完成3.16亿元；完成固定资产同比下降15.8%；社会消费品零售总额实现4.28亿元；农牧民人均可支配收入同比增长7.7%。

【班子和队伍建设】 2022年，墨竹工卡县委班子成员13名，其中，书记1名，副书记4名，常委8名。性别情况：男性12名、女性1名；学历情况：大学及以上11人，大专2人。县人民政府班子成员10名，其中党组书记1名、副书记4名，党组成员5名；性别情况：男性9名、女性1名；学历情况：大学及以上7名，大专2名。进一步配齐配强涉及机构改革部门班子成员，全年调整配备县管干部100余人。

【社会稳定】 2022年，墨竹工卡县完成党的二十大和各重要时段的维稳安保任务。探索推进“互联网＋药品”“互联网＋明厨亮灶”监管新模式，聘请区外专家对全县矿山企业、危化品经营单位开展拉网式

“专家”会诊,全年未发生较大以上生产安全事故。

【对口支援】 2022年,墨竹工卡县到位计划内援藏资金8870.19万元,实施援藏项目12个;落实计划外援藏资金686.56万元,继续推进30个“格桑花开·幸福助力”民生微实事;南京市捐赠价值200余万元的防疫物资,选派2名专家赴墨指导疫情防控工作。

【民族团结】 2022年,墨竹工卡县成功被评为国家级民族团结进步模范集体。以铸牢中华民族共同体意识为主线,创建全区首家多功能退役军人之家。以民族团结创建“九进”为抓手,开展民族团结宣讲学习活动700余场次。全力推进区市民族团结示范单位、模范集体创建工作。

【产业发展】 2022年,墨竹工卡县成功创建国家级农业现代化示范区。严守耕地红线,粮食总产量预计达2.76万吨。加快实施黄牛改良、牦牛良种推广和农畜产品质量安全行动。保障“华泰龙、巨龙”全年不停产,规上企业工业总产值预计实现120亿元,在全市占比达50%以上。落实中央、区市的各项稳经济政策,深入推进“放管服”改革,完成增值税留抵退税3.02亿元。减免国有房租255.61万元。落实自治区中小企业发展专项奖补资金350万元。引导群众参与“助企促消费”活动,享受优惠金额达140余万元。招商引资累计到位资金18亿元。全年接待游客4.4万人次、综合收入396.45万元。

【生态保护】 2022年,6个乡(镇)、29个行政村创建为自治区级生态文明建设示范区。高质量通过全区生态环境保护考核,甲玛矿区创建国家级绿色矿山试点工作取得实质性成效,高质量办结第二轮中央环保督察转办的9个案件,高效推动工矿企业开展拉萨南北山绿化工程,完成矿山生态治理修复320.9亩。实施退化草原生态修复、“四旁”植树、县城绿化等项目,累计栽植苗木13万株。深入开展林长制、河湖长制、河湖“清四乱”专项整治行动。

【巩固脱贫成果】 2022年,墨竹工卡县全面推进巩固拓展脱贫攻坚成果同乡村振兴有效衔接各项工作,年内整合涉农资金3.07亿元、实施项目18个。发放扶贫小额信贷8172万元。成功消除返贫风险22户105人。脱贫户人均纯收入同比增长14.23%。

【民生改善】 2022年,墨竹工卡县探索推进“12369”促就业举措,应届高校毕业生就业率达97.11%。10936名农牧民实现转移就业,城镇失业登记率控制在4%以内。尼玛江热乡中心小学成功打造为全国“乡村温馨校园”。本级投入1.2亿元用于教育事业发展,全力推进自治区级“互联网+教育”示范县创建及校园基础设施提升工程,高质量通过自治区学前教育普及普惠过程督导。县人民医院入选全国首批“千县工程”。加快推动县医院信息化建设,探索“以院包科”新模式;县医院门诊医技楼专债项目成功落地,投入4500万元的住院楼项目开工建设;投入600万元为城乡居民购买“医疗互助保险”;累计为31名困难大病患者借支465万元诊疗资金。为4758名老人发放“幸福养老”金1992.47万元。疫情期间为4201名务工人员及困难群众发放补助资金及物资共计115.4万元。自主举办“农旅”深度融合的油菜花节,9个项目被列入第六批非遗传

2022年3月28日,墨竹工卡县举行“升国旗、唱国歌”仪式,纪念西藏百万农奴解放63周年

2022年9月8日，墨竹工卡县门巴乡贴朗沟秋季牧场转场

承项目。

【城乡建设】 2022年，墨竹工卡县推进“一街一景”及老城区“四化”等基础设施提升项目，9座县乡污水处理厂及137个5G基站建成运行。实施7个行政村214户“美丽乡村·幸福家园”整村推进、13个乡村振兴示范村建设、防洪堤新建等项目。有序推进30处农村安全饮水巩固提升、维修养护及农村公路精细化提升工程，农村公路列养率达100%。超指标完成1102户农村卫生厕所改造，普及率达85%。完成6个村庄规划编制，妥善处理2起“两违”问题，收缴罚款1146.03万元。智慧交通、智慧停车场、智慧城市建设取得显著成效，城乡环境实现“颜值”“气质”同步提升。

【自身建设】 2022提，墨竹工卡县政府始终把党的领导贯穿工作全过程，坚定坚决捍卫“两个确立”，做到“两个维护”。规范政府工作规则，严格落实“三重一大”，32个重大事项提请县委审议，自觉接受县人大、县政协及各方监督，办理人大建议67件，答复率达100%、满意率达99%以上。

（旦增达吉）

曲水县

【概况】 曲水县地理位置在拉萨市西南部，地处西藏腹地，拉萨河下游、雅鲁藏布江中游北岸，平均海拔3568米，地形地貌有不同切割程度的山地、宽谷、洪积扇及冲积平原等，水资源较为丰富，水资源总量为3.55亿立方米，气候条件属高原温带半干旱季风气候区，光照充足，地处冈底斯山，境内最高峰为打日抽左拉山峰，主要物产为贝母、虫草、黄连等数十种名贵中草药材。距拉萨市65千米，辖4个乡2个镇，20个行政村，140个村民小组，11150户，总人口4.82万人。其中，农村人口3.836万人，人口出生率8.6‰。辖区面积1626.9562万平方千米，以第一产业为主，农业包括青稞、小麦、油菜、土豆、蔬菜等作物，畜牧业包括牦牛、黄牛、马、驴、羊、猪、鸡等。耕地面积7466.67公顷，粮食播种面积3700.52公顷，经济作物耕地面积3145.47公顷。森林覆盖率28.3%，林地面积46046.332公顷。国家级野生保护动物有白唇鹿、麝、黑颈鹤、雪豹、棕熊、水獭等，已探明矿产资源有钼矿、铜矿、金矿、铁矿、铅锌矿、刚玉、石墨等。主要旅游景点有国家AAA级旅游景区秀色才纳、曲水县动物园以及俊巴渔村、桃花村。特色产品有玛咖酒、黑青稞、蜂蜜等。2022年，完成地区生产总值22.03亿元，同比下降0.6%。其中，第一产业完成2.63亿元，同比下降0.9%；第二产业完成11.95亿元，同比下降1.9%；第三产业完成7.55亿元，同比下降2.9%。全社会固定资产投资增速–68.0%，完成邮政业务总量21万件，完成电信业务总量25000个。固定电话用户3000户，使用率60%；移动电话用户14000户，使用率98%；互联网用户8000户。社会消费品零售总额8.67亿元。接待旅游2.52万人次，实现旅游收入468.11万元，同比下降89.02%。地方财政收入21600万元，同比下降54.77%；地方财政支出27954.64万元。年末城乡居民储蓄存款余额84908万元。全年农村居民人均可支配收入22237元，实现城镇就业665人，城镇登记失业率4%以下。全县参加城镇失业保险1402人，企业职工参加基本养老保险456人，机关事业单位参加基本养老保险1589人。参加城乡居民基本医疗保险参保人数为31586人，参保率97.4%。参加城乡居民社会养老保险16769人，已领取养老保险待遇4302人。

【重大决策事项】 2022年，曲水县定期传达学习党的路线、方针、政策和党中央、国务院，区委、区政府，市委、市政府及县委重大决策部署、重要文件、重要会议精神，建立跟踪督办制度，确保各项决策事项贯彻落实到位。研究审议重大项目实施方案，如《曲水县2022年国土绿化实施方案》《曲水县关于全面推行林长制的实施方案》《曲水县农业土地经营权流转管理办法》；研究制定重大工作机制如《曲水县机关事业单位编外聘用人员管理办法（试行）》《曲水县县属国有企业监督管理办法（暂行）》；研究部署重大事项，如生态环境保护督察整改工作及生态环境保护大排查工作、曲水县"两违（散乱污）"大整治联合行动工作，研究审议重大资金和产权移交事宜，科学编制《曲水县乡（镇）国土空间总体规划》《多规合一适用性村庄规划》《俊巴渔村文旅融合产业规划》等重大发展规划，组织编写2022年度政府工作报告。

【重要基础设施建设】 2022年，曲水县老旧小区外基础设施建设项目——泰州路及支路管网改造提升项目（二期），总投资1984.52万元，主要对曲水县泰州路及支路污水管网、强弱电管网、路面亮化、绿化等改造工程。曲水县2022年县城国道环境综合改造提升工程，总投资800万元，重点对318国道沿线人行道、绿化带等进行改造提升。曲水县武装部提升改造工程，总投资1500万元，新建综合楼建筑面积综合楼1432.20平方米，食堂846.8平方米，弹药库90.16平方米，车库394.2平方米，门卫112.6平方米等附属设施。曲水县老干部活动中心总投资600万元，新建养老院2060平方米以及附属工程。2021年，拉萨市曲水县曲水村2组、4组、6组棚户区改造项目总投资1899.15万元，新建危旧房屋改造10栋，建筑面积1203平方米，硬化339平方米、市政工程道路硬化、污水井、污水管等相关设施。曲水县才纳乡污水处理厂建设项目总投资1489万元，新建1座污水处理厂，近期处理量为1500立方米每天，以及铺设部分污水管网和安装污水处理设备等。实施曲水县南木乡江村"美丽乡村·幸福家园"农牧民新建房屋及人居环境整治工程项目、曲水县协荣村4组、5组、6组"美丽乡村·幸福家园"生态宜居建设项目、曲水县茶巴拉村"美丽乡村·幸福家园"生态宜居建设项目、曲水县聂当乡热堆村美丽乡村幸福家园整村推进项目，总投资1.05亿元。建设内容主要是房屋建设、排水工程、电气工程、道路工程，附属工程（文化广场铺装，新建绿化，以及混凝土硬化停车场、人行彩砖铺地、标识标牌）等。

【乡村振兴亮点工作】 2022年，曲水县本级财政设置帮扶专项资金，主要用于开发岗位，县级承担80%的岗位工资，被服务方承担20%的岗位工资，解决因照顾病人和小孩不能外出务工的劳动力就业问题，每人年增收3万元。发改、财政、乡村振兴局3个部门的监督力度整合在一起，更好地监督资金使用情况、绩效情况、工程进度等，保障涉农整合资金的使用安全和使用效率。推动文化项目品牌化，启动全域旅游规划，编制完成俊巴渔村文旅融合与乡村振兴、秀色才纳

2022年3月17日，曲水县举行100个重点项目暨援藏项目集中开复工仪式

国家AAAA级旅游景区创建等重点文旅规划，打造俊巴渔村、萨己林野奢营地等品牌项目，推进文旅事业健康有序高质量发展。才纳乡才纳村入选"全国乡村重点旅游村"，才纳乡四季吉祥村和曲水镇俊巴渔村先后入选"中国少数民族特色村寨"名录，曲水镇茶巴朗村入围"中国传统村落"，温江多遗址考古发掘取得重大成果。

曲水动物园饲草种植基地（2022年10月摄）

【重点集体经济简介】 才纳乡才纳村一直用乡村振兴战略统筹村庄发展，以产业强村为目标，以盘活农村集体资金、资产、资源工作为突破口，推进特色现代化农业发展，致力于走一条"筑巢引凤"的产业发展之路。才纳村被确定为县3个农村集体资产股份权能改革试点村之一，2018年10月代表西藏、拉萨市、曲水县、才纳乡在江苏南京领取农业农村部颁发的全国首批10个之一的农村集体经济组织登记证。2022年初才纳村集体经济累计收入达5500余万元，已颇具规模。才纳村充分发挥村党组织主体作用，遵循市场规律，把发展村集体经济项目和市场需求紧密结合，有效对接，充分调研，抓准时机，果断出手用集体资产4800万元购买位于柳梧新区"荣耀集团拉萨IN"的一整栋面积为2460余平方米的商品房。房屋租赁费用为每年377.6万元，成为让村民年年获益的"铁饭碗"，加上每年土地流转租赁费用200余万元，才纳村每年固定收入达600万元以上，丰富了才纳村集体经济收入的渠道，最终实现了村集体经济的快速增长。集体经济的壮大也为村民带来实实在在的好处，2022年，全村群众2384人均参与集体分红，每人可分得1100元，分红共支出262万元。

【高原特色产业发展】 2022年，曲水县开展高标准农田建设，促进粮食增产，"十三五"规划以来全县共计实施高标准农田建设9.2809万亩，高标准农田占耕地面积的比重达83%以上。全年粮食总产达2.91万吨，成立全区首家专业化种业公司——曲泰红芯种业有限公司，为全区各地市供应种子30万千克。发展现代畜牧业，探索高原特色养殖模式。通过整合现有资源，创新发展牦牛经济杂交工作，创新利用安格斯冻精与本地母牦牛进行冷配，先后投入资金3827.74万元建成色甫净土牦牛养殖基地、净土牦牛育肥基地，组建曲水县净土牦牛养殖公司，流转12.29万亩草场，开展基地管理及牦牛产业试点工作。建设规模藏鸡养殖基地3个，引进雪域白鸡1万羽，开展拉萨市白鸡种质资源研究与保护。全年蔬菜播种面积稳定在1.2万亩以上，产量达9.38万吨，设施温室大棚5068栋，蔬菜品种约60余种。全县规模以上龙头企业达到4家，实施农业"品牌战略"，全县"三品"认证达到25个，拥有国家级地理标志认证2个 。

曲水县雅江工业园区位于曲水县城，距离拉萨65千米，距离贡嘎国际机场约17千米，紧邻318国道及雅叶高速，地理位置优越，交通优势赋予其巨大发展潜力。园区规划面积1.5平方千米。主导产业为藏医药、农副产品加工、生物科技等净土健康类产业，是自治区一区两园重要组成部分。建立净土健康产业园，园区占地面积100亩，一期开发面积43亩，产业定位主要为高原绿色食品加工、藏医药等保健食品。该项目列入曲水县"十四五"规划，在县委、县政府及援藏工作组的大力支持下，筹集援藏资金4376万元，涉农整合资金5000万元，总计9376万元用于开发建设。其中，援藏标准化厂房建筑面积8321.66平方米，食品深加工扶贫产业园项目建筑面积10959.63平方米。

秀色才纳旅游景区核心区占地面积121.8公顷，拥有以郁金香、玫瑰、唐菖蒲等花卉为代表的大地花卉景观和花卉DIY、以超高海拔A葡萄、雪桃、曲水西瓜为代表的水果休闲采摘、以百亩连栋温室为代表的现代农业科技文化、以牦牛宴、拉萨葡萄酒为代表的净土美食文化、以藏药浴、温泉、针灸为代表的休闲养生，以文成公主历史传说、望果节为代表的藏族民俗文化等六大资源。重点打造农旅深度融合的旅游景区，采摘街、农业科普基地、现代农业科技示范基地等正在建设中。

俊巴渔村依山傍水并有一条天然水湖——白玛拉措，来该村能乘坐体验独具特色的牛皮船感受村里新、特、奇的古村落风貌。该村冬夏昼夜温差大，年平均气温7.18℃。这里不仅有国家级非物质文化遗产俊巴郭孜（牛皮船舞）、自治区级非物质文化遗产手工皮具制作技艺，拉萨市级非物质文化遗产俊巴渔宴，这也是自治区唯一一个组有3个非遗项目的村落。2020年9月，俊巴渔村入选文旅部公布的第二批全国乡村旅游重点村名单。2022年10月，俊巴渔村入选西藏第六批传统村落。俊巴渔村年均接待游客人数1万多人，旅游收入30万元。

曲水县动物保护园位于曲水镇茶巴朗村，占地面积1200亩，2015年启动建设，2018年5月正式对外营业，是西藏首家集高原动物保护、科普教育、观光旅游于一体的大型动物保护园。园区基础设施建设以“三分人工，七分自然”为宗旨，遵循“保护第一，以发展促保护”的总体思路，在保护的基础上积极加强资源保护、驯养繁殖，合理开发利用，使经济效益、社会效益和环境效益三者达到最优化和持续化。园内有大象、老虎、狮子、环尾狐猴、藏羚羊、骆驼、雪豹、梅花鹿、羊驼、黑颈鹤等30多种动物，总数量达到300多只（头）的动物可供游客观赏，园区已对外开放有高原植物观赏区、梅花鹿养殖区、珍稀动物展示区、猛兽区、高原动物救护站、儿童游乐场、演艺广场、酒店、林卡、培训中心区和科普教育中心等区域。

【生态文明旅游建设】 2022年，曲水县筑牢生态安全屏障，完成全县四乡一镇文明创建规划方案及报告编制和初审工作。全县上下严格对照《西藏自治区区（中）直有关部门和单位生态环境保护责任清单》等文件精神，落实生态环境保护职责，并将生态环境保护列为乡（镇）和县直单位高质量发展考评重要内容，进一步明确生态职责、压实生态责任、传导生态压力，强化督促检查，推动生态环境保护“党政同责、一岗双责”落实落地。加大农村环境整治力度，推进农村垃圾综合治理。严格落实《西藏自治区人民政府办公厅关于印发西藏自治区城镇生活垃圾无害化处理设施建设与运营管理办法的通知》精神，在已建成的“户集、村收、乡转运”农村生活垃圾处理体系的基础上，不断提升运营管理水平和处理能力。根据《自治区人民政府关于命名西藏自治区生态文明建设示范区（第一批）的决定》，曲水县取得自治区生态文明建设示范县命名，自治区生态文明旅游建设示范乡、村创建有序推进，覆盖率分别达83.3%和80%，并得以持续巩固，提前完成市委“十四五”目标任务。深度挖掘“旅游+农业”的乡村旅游模式，力求做到“乡乡有景色、村村有特色”，按照高原特色林下经济发展“一村一林卡”要求，打造特色林卡17处。建设以俊巴渔村为代表的非遗文化游，动物园为代表的亲子互动游，秀色才纳为代表的民俗体验游，达嘎大桥为代表的红色遗址游。紧紧依托高原农业发展特征，创新融合到高原生态乡村旅游发展中，通过旅游产业带动、务工就业、土地流转、入股分红等方式，将群众吸纳到产业链上来，带动群众就地就近发展创业增收。

【民族团结进步创建活动】 2022年，曲水县持续深化民族团结进步创建活动，以“3·28”西藏百万农奴解放纪念日等重要节点为契机，广泛开展民族团结进步宣传教育“九进”活动，使“三个离不开”“五个认同”思想更加入脑入心，推进民族团结进步创建活动，全面普及国家通用语言文字，促进各民族群众深层次交往交流交融。巩固第七批“全国民族团结进步示范县”成果，不断挖掘身边民族团结进步先进事迹，树立典型模范，推动全县民族事业的繁荣发展。9月，民族团结进步宣传月期间，通过“制作宣传视频、开展宣教活动、走访慰问”等多种形式,持续丰富活动内容。总结表彰一批对民族团结创建思路清晰、工作重视、布局合理、成效突出的民族团结模范单位、模范个人、模范家庭,为下一步民族团结进步创建工作发挥示范引领作用,2022年共表彰模范集体10家,模范个人20名,模范家庭6户。

【基层党建群团及其他工作】 2022年,曲水县委在各层级各群体中发展党员95名。常态化推进基层党建工作“四单”管理模式和党建季度督查,打造一批“两新”组织党建示范点。以县委常委党支部联系点制度为基础,建立形成县委党的建设领导小组办公室工作人员联系乡(镇)党建工作制度、乡(镇)党建专职副书记联系属地基层党建工作制度等,研究制定“两新”组织党建工作手册。进一步完善党建带群建工作机制,持续推进党建引领志愿服务工作模式,把在抗疫一线表现优秀的工作者作为优先发展对象进行储备,有16人申请“火线入党”。探索党建引领医共体建设,建立中小学校党组织领导的校长负责制,推进寺管会党组织标准化建设,加强离退休干部党建工作。全县四乡两镇、20个行政村已建立工会委员会和女工委,并在机关、事业单位、企业、农村合作社和“两新”组织中建立基层工会组织76个,发展会员共12310人。完成县级“六有”规范化建设、四乡两镇工会完成乡镇规范化建设“八有”的目标。以基层工会为单位建立工会会员实名档案。全县共有8个团委,46个团支部(乡镇团支部34个、县直机关团支部3个、企业团支部9个),青年工作委员8个,县中学团校1个;团员总数1323名,各级团干部76人,团的领导机关团干部3人,基层团干部73人。全年共发展团员42名,分布于县中学、各乡镇和企业。组织各级团干部参加各类线上线下专题培训会6场次,开展“红领巾爱学习”网上主题队学习和“爱国主义进校园”活动等各类创新活动20余次。县妇联共有编制3个,实工作人员有3名,其中正式干部2名,政府购买岗位1名。开展巾帼夜校186场次,参与人数达2665人。开展习近平总书记系列重要讲话精神、党的二十大专题精神学习等各类宣讲会238场次,参与5249人次。开展各类慰问活动10余次,发放各类慰问品和慰问金3万余元。开展“两癌”筛查工作,参与100余人。在各类活动中发放《中华人民共和国民法典》婚姻篇等宣传册5400册。常态化开展婚姻纠纷预防化解工作,共化解12个婚姻家庭纠纷(涉及妇女权益1个)。结合美丽乡村创建,共开展巾帼志愿服务159场次,参与2700余人次。

【廉洁建设】 2022年,曲水县委认真落实加强对“一把手”和领导班子监督的意见,紧盯“一把手”这个“关键少数”,列出16个党内法规和规范性文件作为“一把手”必备用书,督促“一把手”学习13次,督促“四大班子”成员及乡镇党政正职传阅《忏悔录》2次,撰写心得体会50篇。坚持固本培元、标本兼治,强化廉政警示教育,为全县党员领导干部征订“一报两刊”、《习近平关于坚持和完善党和国家监督体系论述摘编》等。督促各级党组织观看《零容忍》警示教育片1000余人次,召开廉洁家风专题讲座1次,开展廉政党课2次。督促各级党组织学习党纪法规、上级纪委典型案例通报15次。利用“清廉曲水”微信公众号转载、发布各类信息500余次,不断营造全面从严治党良好氛围。

【项目投资】 2022年,曲水县执行项目“周调度”“红黄灯”工作机制,明确重点项目责任单位、工作任务和时限要求,切实解决项目推进中的困难和问题,为推动年度固定资产投资计划特别是重点项目建设发挥积极作用,全年完成固定资产投资10.08亿元,较2021年同期本级投资基本持平。新增项目50个,储备项目22个。市级重点项目10个,确定县级重点项目20个,年度完工项目57个。疫情时期与市评审中心、各项目建设单位对接,组织开展“线上评审”,全力确保在疫情防控期间政府投资项目审批服务不断档、“零跑腿”,疫情防控常态化下实现64个项目开复工。

【市政基础设施建设】 2022年,曲水县老干部活动中心、才纳乡污水处理工程等15个公共服务项目全部开复工,总投资1.24亿元。农村公路全面贯通。达嘎镇色达村3组、4组农村公路、聂当乡德吉村4组、7组、9组农村公路等10个交通项目全部开复工建设,总投资0.82亿元。林堆新村防洪堤、才纳灌区续建配套与节水改造工程等27个水利工程项目开复工率达96%，总投资2.68亿元。重点对县城棚户区、拉萨河道、建筑工地等环境问题进行集中整治，开展综合执法13次。

【乡村振兴】 2022年，曲水县研究制定《曲水县防返贫风险分析研判和协同处置工作协调机制》，强化防止返贫动态监测，共识别监测户117户、414人，兑现产业分红资金156.69万元，已消除风险64户、228人。产业项目稳步推进。推进金哈达药业综合生产车间、食品深加工扶贫产业园、曲水县农村产业融合发展示范园等37个产业项目建设，总投资5.52亿元，不断优化产业布局，带动群众增收致富。人居环境提档达标。推动茶巴朗村、茶巴拉村等"美丽乡村·幸福家园"项目建设；完成改厕改造任务1839户，统筹推进乡村道路畅通、村容村貌整治，助力实现乡村宜居宜业。

【生态环境】 2022年，曲水县坚决扛起生态环境保护督察整改政治责任，中央第四生态环境保护督察组共向曲水县转办信访主责案件15件，全部办结销号。打赢污染防治攻坚战。聚焦大气污染、水体治理、固废处置等重点工作，持续发力、攻坚突破，推动生态环境质量稳步改善。"大生态"格局初具雏形。严格对照上级行业部门文件精神，落实生态环境保护职责，将生态环境保护纳入高质量发展考评体系。曲水县获得第五批国家生态文明建设示范区命名、第一批西藏自治区生态文明建设示范区命名。

【"放管服"改革】 2022年，曲水县按照"三集中三到位"工作要求，推进市场监督管理局、公安局等9个部门入驻县政务服务大厅，共涉及54项审批事项。县、乡、村三级政务中心共受理事项24360件，按时办结率100%。细化招引政策落实措施。制定《曲水县关于促进工业经济高质量发展的实施意见》，实地走访每家规上企业，组织规下企业代表召开午餐会、举办政策解读培训等形式让惠企政策直达企业，提振企业投资发展信心。

【民生福祉】 2022年，曲水县小学改扩建、南木乡小学学生食堂改扩建、才纳乡林堆新村教师宿舍建设等教育教学基础设施项目全部开复工建设，总投资0.76亿元；教育教学水平稳步提高，38人考入其他省市西藏初、高中班。曲水县现代疾病预防控制体系实验室项目全力推进。全县20个村均建立村（居）民公共卫生委员会。开展家庭医生签约服务，签约率达100%。兑现各项惠民资金。发放城镇低保补贴资金324.45万元、农村低保补贴资金154.29万元、分散特困人员资金补贴资金20.87万元、残疾人各类补贴资金162.81万元、老年人"两项补贴"资金5.4万元、医疗救助资助参保资金39.77万元；为14户群众解决临时救助资金10.4万元。兑现惠农资金868.6922万元，涉及农户5272户。疫情防控期间，设立"12349"救助热线实施临时救助，救助1136人，投入资金18.25万元。就业创业工作高效推进，职业技能培训人数1992人，开发就业岗位2071个，职业介绍成功246个，农牧民转移就业人数11052人，创收11000.46万元。应届毕业生就业率98.83%。各类社会保险工作有序推进。企事业单位、城乡居民社会养老保险参保18809人，医疗保险参保34407人，失业保险参保1402人，工伤保险参保3644人。粮食、物价等民生工作稳步推进。完成应急粮油储备工作，开展价格监测40人次，重要民生商品价格平稳，供应充足。

（卢天文）

尼木县

【概况】 尼木县地处西藏中南部，雅鲁藏布江中游北岸，东与拉萨市的曲水县相连，西与日喀则地区的南木林县相接，南与山南地区的浪卡子县、日喀则地区的仁布县接连，北与当雄县、那曲地区的班戈县毗邻。系前后藏接合部，地势北高南低，尼木河两岸为河谷，地势平坦，平均海拔4000米，境内最高点琼穆岗峰，海拔7048.8米，最低点为尼木玛曲汇入雅鲁藏布江处，海拔为3701米。2022年度全年用水总量4213万立方米，全县范围内有27个河湖段，525处农村水源点，水塘158座，水库2座；水厂1座，日供水量5000立方米。属高原温带半干旱季风气候区，四季分明，夏季雨水集中，辐射强，年日照时数3616.1小时，年无霜期197天，年降水量340.2毫米。距离拉萨市137千米，辖33个村（居），135个自然组。2022年底全县人口7957户35555人，其中农村常住人口29592人，人口出生率7.76‰，自然增长率1.83‰。全县面积约327000公顷，以有机种植业、特色养殖业为基础产业，藏香文化产业、生态旅游业为特色产业。农业包括青稞、小麦、豌豆、油菜、土豆等作物，畜牧业包括牦牛、绵羊、山羊等。耕地确权面积2909.71公顷，粮食播种面积2284.1公顷，经济作物播种面积521.7公顷。林地面积15692公顷。国家级野生保护动物有豹子、岩羊、狗熊、猞猁、獐子、黑颈鹤等，已探明矿产资源有铜、钼、泥炭等。主要旅游景点是吞巴景区，为国家AAA级旅游景区。尼木县作为藏文字的发源地，文化氛围浓厚，民风淳朴，被誉为"尼木三绝"的吞巴藏香、雪拉藏纸和普松雕刻享誉区内外。2022年，实现地区生产总值13.02亿元，按可比价计算，同比下降0.4%。其中，第一产业增加值2.45亿元，同比增长5.9%，第二产业增加值4.22亿元，同比增长0.1%，第三产业增加值6.35亿元，同比下降3.4%。全社会固定资产投资同76505万元。完成邮政业务总量142万元，完成电信业务总量3371万元，固定电话用户766户，移动电话用户22409户，互联网用户5571户。社会消费品零售总额2.06亿元；接待旅游3.02万人次，实现旅游收入1312.16万元，同比下降54.25%。地方财政收入17779万元，同比增长53.45%；地方财政支出120681万元。年末城乡居民农业银行储蓄存款余额52314.33万元。全年农牧民人均可支配收入完成20359元；2022年实现城镇就业611人，城镇登记失业率控制在3%以内。截至年底，参加城镇失业保险1636人，参加基本养老保险15749人，城镇职工参加基本养老保险2476人。参加城乡居民基本医疗保险30964人，医保登记人口参保率98.87%。参加新型农村养老保险15749人，发放养老保险待遇45650人次。城镇居民最低生活保障人数为229户238人，农村最低生活保障人数为129户375人，全县特困供养人数为145户161人。

【重大决策事项】2022年，尼木县深入贯彻落实习近平生态文明思想，坚持把生态文明建设作为全局工作的重中之重，作为尼木工作"四件大事"之一，全面推行河湖长制，实行最严格水资源管理，落实排污登记许可，制订《尼木县入河排污口分类整治工作方案》，全面排查县城生活污水排污口设置情况并进行专项整治。4月26日，尼木县第十四届人民代表大会常务委员会召开第四次会议审议中共尼木县人民政府党组关于拉萨市吞弥尼木产业园标准化厂房及水电气附属工程建设项目建设内容的议案，通过《中共尼木县人民政府党组关于审议拉萨市吞弥尼木产业园标准化厂房及水电气附属工程建设项目建设内容的议案》的决议。9月4日，尼木县商务局下发《尼木县关于有序恢复正常生产生活秩序的公告》，并研究制定《尼木县市场监督管理局关于有序开展复商复市工作的通知》，通过微信群、电话对接等方式，多渠道、多层次迅速向商户推送信息，下好复商复市"先手棋"。

【重要基础设施建设】2022年，尼木县固定资产投资建设项目115个，开复工项目70个，年末重点推进项目48个。落实自治区"十大民生工程"，以领导干部"下基层大接访办实事"活动为契机，本级财政投入232.5万元解决民生实事18件，33个村居惠民项目投入运行。农村公路里程达651.26千米，行政村客车通车率100%。县城内增设8处240个非机动车停车位。投资4198.75万元实施农村安全饮水工程5个，投资192.89万元实施续迈乡霍德村拉加组高海拔供水试点工程；建成覆盖县乡村三级电子政务外网专线112条，新建5G基站30个。推进"三园区"建设，按照"党建撬动、技术带动、园区驱动"思路，着力在推动市场化运作、专业化发展、多元化经营、现代化管理上下功夫，不断强化园区示范引领作用。吞弥经开区尼木产业园标准化厂房及水电气等附属工程建设项目于7月1日开工建设，正在积极发展运输、物流、商贸、电子商务等现代服务产业；尼弘元仓铁路公路联运物流园区2月投入试运营以来，累计培训农牧民技工35人，带动当地大学生、货车司机稳定就业55人。组织当地100户161名群众务工13278人次，带动增收644万元。

【乡村振兴】2022年，尼木县健全防止返贫动态监测和帮扶机制，持续巩固"两不愁三保障"成果，坚决守住不发生规模性返贫底线。美丽乡村建设稳步推进。严格落实“四不摘”要求，培育抓党建促乡村振兴示范点5个，加快推进第二批8个村“美丽乡村·幸福家园”建设和人居环境整治，完成麻江乡亚米组37户245人高海拔地区生态搬迁工作，投入65.86万元购买防返贫保险，守住防止返贫底线要求。尼木净土公司充分利用北京顺义区的援藏优势，不断强化与援助地区沟通对接，在北京顺义区设立吞弥净土直营店，与供销益家、顺义工会、顺鑫石门、顺商谊宾等北京市企事业单位达成供销合作。全年向北京地区销售尼木县土特产品共计417.62万元，通过销售尼木扶贫产品共计带动本地低收入群众296户847人。

【重点集体经济简介】 2022年，尼木县始终坚持党建引领，把建强基层党组织作为发展壮大村集体经济的重要支撑，把干部作为经济发展最大的优势资源，因地制宜，破解产业发展难题，有效拓宽群众增收渠道。尼木县按照“一乡一业、一村一品”产业发展思路，选派领导干部深入全县33个村（居）找优势、理资源、明方向，确定62个村级产业项目发展方向，按照“因地制宜、量力而行、分步推进”的原则，成立工作专班、明确责任分工，按照“点对点”干部抓产业“124”工作机制找准一批带领群众增收致富的“带头人”。精心选派145名市县乡干部到村居开展驻村工作，建立“3＋X”“2＋X”驻村新模式。2022年，33个村（居）集体经济总收入达2872.89余万元，每个村（居）集体经济均在10万元以上，其中15个村村集体经济收入在50万—100万元，9个村村集体经济收入在100万元以上；在新冠疫情的冲击下全年实现分红568.36万元，带动低收入人员500余人，人均增收6500元。

【高原特色产业发展】 藏香文化产业。藏香产业园精准扶贫示范基地建成投产，“藏香生产中心＋研发中心＋非遗展示中心＋藏香现代产业园”的藏香产业体系不断完善，藏香文化产业规模从一个村发展到整个县，尼木藏香品牌影响力不断提升。2022年，实现藏香产值3240.03万元，藏香销售收入1620.6万元，带动383户811人实现人均收入1.8万元。

有机种植产业。尼木县已获得“国家有机产品认证创建示范区”称号，取得“牦牛、藜麦、青稞、油菜籽”等8个有机产品认证。2022年建设有机基地3880亩，产出有机青稞87.1万千克、有机油菜13.6万千克、有机蔬菜62.08万千克。

有机养殖产业。牦牛育肥“一总场四分场”发展布局已经形成，自2019年11月项目运营以来，累计育肥牦牛4308头，出栏2761头，实现收入2135.3万元。生猪养殖已投资13351.62万元（其中援藏投资8450万元），分为安岗村生猪养殖项目、千头生猪养殖建设项目以及万头生猪养殖基地项目3个阶段进行建设。截至年底，第一阶段、第二阶段项目已建成投入运营，第三阶段项目（万头生猪养殖基地项目）已完成总工程进度的80%。自2018年项目运营以来，基本建成自繁自育体系，出栏育肥猪955头，实现收入434.79万元。藏鸡养殖已建成藏鸡保种育种基地和4个标准化藏鸡养殖场，“尼木藏鸡”和“尼木藏鸡蛋”获评国家地理标识保护产品，“三年十万蛋鸡工程”成势见效。2022年，藏鸡存栏9.9万羽，日产蛋3.4万枚，销售藏鸡（蛋）收入472.21万元。藏羊养殖已建成3个本地藏羊养殖点。引进苏湖多胎羊519只与

2022年7月1日，尼木县开展喜迎党的“二十大”暨“铸牢中华民族共同体意识——强国复兴有我”群众性庆“七一”主题文艺活动

本地羊杂交，探索品种选育和改良工作实验成功，育羔299只，现存栏806只，繁殖率达到54.4%，肉质口感良好。

2022年6月3日，尼木县组织开展“我们的节日·端午”主题活动

【生态文明旅游建设】 2022年，尼木县严格落实“河湖长”“林长”制，统筹推进山水林田湖草沙冰协同治理，“四旁”植树8.2万株，实施退化草原修复3.96万亩。衔接落实全国重要生态系统保护和修复重大工程总体规划，2021—2022年完成苗木栽植16万余株，种植面积0.3万亩，投资800万余元。全面推进生态文明建设示范区和“两山”实践创新基地申报工作，编制实施《尼木县生态文明建设示范县建设规划（2021—2025年）》。全面开展生态文明建设示范县、乡、村创建工作，截至年底，2个村已创建成功，其余8个乡（镇）、31个村（居）已完成市级初审，并申报至自治区专家审核。

全域旅游方面。全域旅游“π”字形发展格局已经成型并初具规模，重点打造吞巴、卡如特色小城镇。全年接待游客3.02万人次，收入1312.16万元。吞巴特色小城镇建设方面，整合乡村振兴和人居环境整治项目资金进行打造，对吞巴景区进行提升改造，主要是对藏香水磨长廊进行改造提升，对吞弥·桑布扎故居进行鉴定和壁画保护修复等。卡如特色小城镇建设方面，立足卡如乡为“中国美丽休闲乡村”和平谷大桃基地沟域经济、民俗体验区、温泉驿站、千年核桃树资源，推进卡如村乡村振兴项目、“美丽乡村·幸福家园”建设项目、雅江妥峡景区基础设施建设项目、卡如桃花源温泉建设项目等，努力打造卡如特色小城镇。

【民族团结进步创建活动】 2022年，尼木县全面落实中央民族工作会议精神，加强民族团结创建，推动各民族深入交往交流交融、共同团结奋斗，不断提高民族宗教工作法治化水平，全力维护全县民族团结进步和宗教领域和谐稳定。成立民族团结进步模范创建领导小组及办公室，制订下发《尼木县贯彻落实西藏自治区民族团结进步模范区创建规划（2021—2025年）实施方案》，争取专项资金100余万元。以铸牢中华民族共同体意识为主线，统筹推进民族团结进步“九进”工程，着力深化内涵、彰显特色，持续营造各民族团结一家亲的良好氛围。开展宣传宣讲300余场次，发放调查问卷470余份、宣传资料2000余份，受众4000余人次；张贴广告海报700余张，制作民族团结宣传片和宣传歌曲，建设民族团结公园、文化长廊。2022年，累计推荐评选国家级、自治区级、市级民族团结模范奖项59家单位和个人，尼木县被自治区、拉萨市评为民族团结进步模范县（区），卡如一级公安检查站、帕古乡等10家单位被自治区或拉萨市评为民族团结进步模范单位；3个家庭、12名干部群众被自治区或拉萨市评为民族团结进步模范家庭（个人）。

【基层党建群团及其他工作】 2022年，尼木县坚持重心下移抓基层、持续用劲解难题、久久为功打基础，扎实推进基层党建工作提质增效。扎实开展乡镇、村居换届“回头看”工作，为夯实基层政权、深化干部政治考察、提升干部待遇奠定坚实基础。全县有290个党组织，其中党组13个、党组性质的党委3个（公安局党委、教育局党委、国税局党委）、派出工委3个（县直机关工委、县委“两新”工委、县国有企业工委）、基层党组织有271个（党委12、党总支部33个党支部 226 个）。共有党员 3842 名，其中机关党员 1225 名，离退休党员 141 名，农牧民党员 2275 名，企业党员 34 名，女性党员 1260 名，大专以上学历党员 1299 名，少数民族党员 3500 名，35 岁及以下党员 1503 名，2022 年吸纳入党积极分子 109 名，发展党员 78 名。实施“122”村后备队伍机制，为每个村至少动态储备 1 名党组织书记后备人选、2 名干部后备人选和 2 名 35 岁以下、大专以上学历的入党积极分子。在各领域打造 17 个基层党建工作先进典型，排查整顿软弱涣散基层党组织 2 个。制订《关于在机关党组织中开展“三讲一满意”活动实施方案》，打造讲政治、讲效率、讲团结和做人民满意的模范机关。全面贯彻落实党委领导下的校长负责制，完成 7 所中小学校党组织书记和校长分设工作。推进纾困扶持政策落实落地落细，全力保障群众生活需求，为小微企业和个体工商户减免租金 124.77 万元，贷款贴息 6.02 万元，减免增值税、所得税、留抵退税 4992.11 万元，其中本级留抵退税 917 万元。县域三大运营商对小微企业和个体工商户宽带及专线降费 10%。2022 年 8—12 月未收缴小微企业和个体工商户污水处理费、生活垃圾处理费，水电气费由县政府按照 10% 予以补贴。“慧育中国 · 山村入户”早教项目持续推进，控辍保学保持动态清零，学校供暖实现全覆盖，中考成绩位列拉萨县区（除城关区外）第一名，实现历史性突破。普乃嘎姆糌粑制作技艺、普松乡百谐雕刻品牌成功入选拉萨市级文化遗产名录，帕古庄园、麻江碉堡成为革命文物红色教育点，完成 452 件可移动文物的鉴定工作。

【廉洁建设】 2022 年，尼木县委深入贯彻落实中共中央办公厅《关于加强新时代廉洁文化建设的意见》，牵头制定《尼木县关于加强新时代廉洁文化建设的实施意见》，明确 6 个方面 15 项具体举措，督促各级各单位严格抓好落实，不断加强全县廉洁文化建设。稳步开展政治生态谈心谈话 174 人，着力强化对“一把手”和领导班子的监督。建立健全县管干部廉政档案，对 434 名科级干部廉政档案进行动态更新，配合区市纪委对 4 名区管干部、48 名市管干部廉政档案进行填报完善。做实做细审查调查“后半篇文章”，制发纪检监察建议书 6 份，督促整改问题 15 个。以杨某涉嫌挪用公款罪一案组织召开全县以案促改警示教育大会，组织 30 余人参加杨某案开庭旁听，不断深化身边人身边事的警示教育作用，向案发单位制发纪检监察建议书 1 份，提出意见建议 3 条，督促召开专题民主生活会、警示教育大会，切实做好以案促改、以案促治各项工作。严把选人用人关口，出具廉政意见回复 69 批次 1428 人次，对 3 人提出暂缓使用的意见。紧盯党员干部作风懒散漂浮等问题，强化日常监督检查，处理违反会风会纪、上下班纪律等问题 23 人，约谈 3 人，通报 9 人，批评教育 11 人。更新全县 165 辆公务用车信息，督促落实公务车辆登记报备制度，持续整治“车轮上的腐败”。做实经常性纪律教育，督促各级党组织深入学习上级纪委相关纪律要求和典型案例，运用“尼木清风”微信公众号加强党风廉政建设宣传教育，累计发布 40 期 151 条各类廉政信息。严明政治纪律和政治规矩，查处违反政治纪律案件 2 件，给予党纪政务处分 1 人，批评教育 4 人。

（全芳琳）

当雄县

【概况】 当雄藏语意为“天选牧场”，地处西藏自治区中部，位于拉萨北部，东与那曲市嘉黎县相连，西南与尼木县交界，南与林周县、堆龙德庆区接壤，北与班戈县、那曲县毗邻，是拉萨唯一一个纯牧业县，也是拉萨市的“北大门”，距拉萨市 170 千米，青藏公路（国道 109 线）由东向西横贯全境。东北至西南长 185 千米，西北至东南宽约 65 千米，其中最窄处约 34 千米。辖区面积 1.23 万平方千米，平均海拔 4300 米。地理坐标为北纬 29° 31′—31° 04′，东经 90° 45′—91° 31′。当雄县下辖 6 个乡、2 个镇、29 个村（居）委会，172 个村民小组，全县总人口 55163 人。在职干部职工 1302 人，退休干部职工 371 人，全县共有基层党组织 337 个，基层党支部 271 个，党员 4940 人，其中牧民党员 3249 人。有中学 1 所，在校生 2479 人，教职员工 191 人；小学 9 所，在校生 5637 人，教职员工 386 人；幼儿园 30 所，在园幼儿 2001 人，教职工 98 人；有“牧家书屋”29 个、“寺庙书屋”4 个、文化站 9 所

（含县文化活动中心）、文艺演出团体 30 个；县中心医院 1 所，医务人员 76 人；乡镇卫生院 8 所，医务人员 110 人；防疫站 1 所，专职人员 17 人；特困人员 80 人；享受城镇最低生活保障 235 户、329 人，享受农村最低生活保障 487 户、1707 人。2022 年，实现地区生产总值 24.99 亿元，同比下降 0.6%。全社会固定资产投资完成 3.82 亿元，同比下降 72.5%。社会消费品零售总额达 17.04 亿元，同比下降 12.6%。一般预算收入达 1400 万元，同比下降 93.07%。农牧民人均可支配收入 25050 元，同比增长 7.6%。

【文化与旅游】 当雄县依托青藏铁路、青藏公路穿境而过的交通区位优势，立足“极净当雄”区域公共品牌，努力把丰富的人文景观和自然景观、高原特有的民俗文化等资源转化为经济优势、资源优势，持续做好“全域旅游”建设，加快推进文化旅游的深度融合，不断完善城乡旅游发展布局和基础设施，全面盘活县域内的旅游资源，完善旅游配套设施建设，培育壮大特色文旅产业，高质量推动文旅产业的可持续发展。

【水文】 当雄县水域面积 12.744 公顷，占辖区总面积的 12.7%。河流面积 1262.75 公顷，湖泊面积 7.6 万公顷，沟渠面积 5.81 公顷，水工建筑物（电站）面积 1.93 公顷，冰川及永久性积雪面积 5.03 万公顷。河流总长度 1152180 米，平均水面宽度 10.1 米，水系密度 115.6 米/平方千米。境内河流有桑曲、布曲、当曲、拉曲、尼木玛曲等，是拉萨河的主要支流和发源地，也是当雄—羊八井盆地、沼泽、草甸地带的水源所在，北部纳木错湖区为内流水系，水流注入纳木错。全县地表年平均径流量 23.80 亿立方米，主要是以雨水补给为主，融水和地下水补给为辅的河流，水资源丰富，水利开发有极大的优势。

【矿产资源】 当雄县境内矿产资源有砂锡、铅锌、玉石、高岭土、石膏、火山灰、石灰石、水晶石、硫黄、泥炭等，其中以羊八井热田和羊易热田最为著名。已探明并开采的矿产资源有乌玛乡的石膏矿，储量 1 亿吨，还有高岭土、火山灰、铝锡、铅锌矿和以铜矿为主的稀有金属矿，均有相当的储量和品质。

【旅游资源】 当雄县主要名胜古迹和旅游景点有世界海拔最高的咸水湖——纳木错、冲嘎固始汗夏宫遗址、享有盛名的藏传佛教噶当派创始人——仲敦巴旧址、藏北八塔、嘎洛寺（噶举派）、羊井寺（噶举派）、康玛寺（格鲁派）、多吉林寺（噶举派）。羊八井镇拥有驰名中外的地热电站，喷景壮观；海拔 4718 米的纳木错是西藏著名的佛教圣地之一，是全国第三大咸水湖，享有“圣湖”的美誉；与纳木错遥遥相对的是念青唐古拉山，主峰下是 1990 年第十一届北京亚运会圣火采集点，同时也是牧民从事宗教活动及赛马、赛歌的好地方。当雄县宁中度假村借用天然的温泉资源，配以相应的设施，是一个旅游休养的绝佳之地。

【自然资源】 当雄县自然资源丰富，境内草场广阔，天然草场总面积 691500 公顷，林地 90398.29 公顷，年鲜草可利用量为 629336.95 吨。当雄天然草场分为 4 个草场类，6 个草场亚类，15 个草场组，33 个草场型。优良草场占全县可利用草场的 68%，质量中等的占 29%。2011 年，草原生态保护补助奖励机制核定：草畜平衡理论载畜量为 87.0399 万只绵羊单位

2022年4月7日，当雄县举行2022年固定资产投资项目集中开（复）工仪式

的牲畜。当雄土地资源特点：山地冰川、河谷多，高山寒漠土、粗骨土、草甸土、高山草原土、亚高山草原土、草甸土和沼泽土，高山草甸土是当雄分布最大、面积最大、最主要的土壤类型，占当雄土壤总面积的 51.85％，人工草场 32000 公顷，灌溉面积 6000 公顷。

【社会发展】 2022 年，当雄县及时摸排并发放一次性生活补贴资金、一次性救助金等各项补贴资金 220.13 万元。落实小微企业和个体工商户用电“欠费不停供”政策，缓缴电费 155.1 万元。落实金融支持疫情的信贷政策，实施贷款展期和续贷 2544 万元，延期 2078.43 万元。

实施优质牦牛冻精推广示范项目，推进野血牦牛冻精生产及推广，当雄县现代农业产业园通过创建绩效中期评估完成“当雄牦牛”地理标志保护产品认证和郭庆牧场畜禽养殖有机转换认证、高原蓝公司有机加工产品认证。先后建成当雄净土牧场郭庆场试验田、当雄高原蓝牦牛产业基地，在区内外设立“有身份证”的牦牛肉销售点和体验店，与多个电商平台合作，实现线上线下销售，形成完备的“育—产—销”产业链条。依托水资源优势，在提升企业竞争力上持续用力，“7100”天然饮用水品牌影响力持续扩大。成功申报县级非遗项目“格萨尔卓舞”、羊八井寺“酥油花”“朵玛”为第六批拉萨市级非遗项目。依托纳木错、念青唐古拉山、羊八井地热温泉等著名景区景点的天然优势，建成当雄县游客集散中心、康玛温泉度假村、行者·黑帐篷系列。截至年底，景区门票及各项营收共计 880.44 万元，接待区内外游客 57610 人次。旅游景区及酒店宾馆共吸纳农牧民就业 1515 人次，实现农牧民增收 691.96 万元。根据自治区及拉萨市相关政策，研究出台当雄县招商引资 12 条激励政策，进一步加大招商引资工作力度，优化营商环境，更好发挥招商引资对当雄县经济社会发展的促进作用，吸引和鼓励外来投资者到当雄县投资兴业，推动当雄县经济社会高质量发展，进一步围绕当雄县五大主导产业，聚焦企业税源建设，通过招商引资政策加码，吸引优质企业落户。实行集团化运作，剥离不良资产，降低行政岗位比重，增加营销前端力量。国有经济布局优化和结构调整取得实质性进展，整体功能和配置效率持续提升，国有经济竞争力、创新力、控制力、影响力、抗风险能力显著增强。全年完成地方生产总值 24.99 亿元，地方一般公共预算收入完成 0.14 亿元。

【保障民生】 2022 年，当雄县多措并举促进群众就业，城镇新增就业 682 人，农牧民转移就业 10430 人。发放困难家庭大学生资助金 1583 人 678.84 万元，全方位服务好 515 名应届毕业生就业创业，兑现高校毕业生就业创业补助金 503 万元，就业率达到 99.02%。投入 415 万元，解决群众关心关注的热点难点问题 10 个。教研教改工作稳步推进，学前教育有力发展，“防流控辍”持续深化。29 个村（社区）公共卫生委员会揭牌成立。基层公共文化队伍建设不断加强，牧民群众的文化生活需求进一步丰富。严格落实城乡居民医保“三重保障”制度，积极开展“一站式”结算服务。县医院传染病房建设项目、各中小学职工周转房建设项目、高海拔供氧项目、县城管网升级改造工程有序推进。老年人日间照料中心建成并投入使用。投入资金 163.55 万元，维修 27 处农饮点。投入 8000 余万元有序推进饲草料基地灌溉、防洪工程建设。新建通信基站 24 个，全县基础设施不断完善。坚持盘活资产、激活资源、用活资金，开展壮大集体经济攻坚行动，全县 29 个村集体经济均达 10 万元以上。全年农牧民人均可支配收入 25050 元，同比增长 7.6%。

【生态保护】 2022 年，当雄县始终立足生态环境脆弱实际，坚持以习近平生态文明思想为指引，严格落实领导包案制度，从快从实做好中央环境督察组反馈案件和区市环保督察反馈问题的整改工作。开展日常督查及现场督办 50 余次，下达检查记录单 31 份。投入 122 万元，完成当雄县“十四五”环境保护规划及当雄县生态文明建设规划编制。投入 100 万元，开展全县 8 个乡（镇）生态文明建设规划及 29 个村（居）生态文明建设实施方案的编制工作，完成剩余 5 个乡（镇）、15 个村（居）的自治区生态文明建设示范乡（镇）、村（居）创建申报工作。

深入开展“清废”行动，无害化处理各类垃圾 24850 吨，处理废旧机油 3 吨，处置疫情防控医疗废物 119.2 吨，全县危废处置率达到

100%。持续推进净土保卫战，核定92个固定资产投资建设项目环境影响评价。投入700余万元加强环境整治能力建设，完成县城垃圾填埋场等3家重点企业的土壤监测。持续深入推进河湖长制、林长制各项工作，生态文明示范县成果得到巩固拓展。截至年底，兑现生态岗位补助资金877.1万元。

2022年9月22日，当雄县各项目工地有序复工复产

【党的建设】 2022年，当雄县委始终坚持全面从严治党永远在路上，深入推进新时代党的建设，不断夯实执政根基。管党治党责任全面落实，按照新一届中央政治局工作要求，坚决落实全面从严治党主体责任，持续深化纠治“四风”，形成常态、常抓不懈、保持长效。全面开展村级组织班子成员掌握国家通用语言文字精准识别、精准培训工作，增强村干部学习国家通用语言文字的主动性和实效性。全县各级党组织举办党员政治教育培训班31期，教育引导党员干部增强斗争精神和斗争本领，提高政治判断力、政治领悟力、政治执行力。以基层党组织书记为重点，组织举办基层干部主题培训16班次，涉及党员干部1200余人次。加大年轻干部培养，深入实施“四个一百”年轻干部选育工程。实施干部素质能力提升工程，探索开展“火石讲堂”，促进提升干部政治素质和履职能力。在“三大节日”期间开展老党员、困难党员等群体走访慰问活动。常态化推进全县上下改进作风狠抓落实工作，进一步加强作风建设。狠抓5项措施，坚决激励激发干部职工担当作为。在全县范围内抽选61名政治过硬、原则性强、素质较高的干部列入巡察人才库，配强巡察力量。创新监督方式，着力在提质上下功夫，开展公务接待中吃公款问题专项整治、“私车公养”专项整治“回头看”，紧盯学生餐领域“微腐败”，紧盯粮食购销领域“微腐败”，紧盯中央环保督察反馈问题，紧盯国有企业监督，紧盯乡村振兴过渡期，处置问题线索42件，收缴违纪资金61万余元，不敢腐、不能腐、不想腐一体推进。

【民生保障】 2022年，当雄县落实区市党委“十大民生工程”，兜牢民生底线，不断补齐民生短板，持续增进民生福祉。资助在校大学生1583人，发放资金678.83万元，九年义务教育巩固率达97.39%以上，教育“五个100%”目标全面实现。城乡居民基本医疗保险参保率保持在95%以上，贫困人口参保率达到100%，基本养老保险参保率达到100%。应届高校毕业生就业率达99.02%以上。投入415.25万元解决全县8个乡（镇）10件民生实事。成立当雄县慈善协会，接收25个单位社会各界爱心企业（人士）捐款捐物175.77万元；发放临时救助等政策资金1078.15万元。严格落实退役军人优抚政策，兑现各项抚恤优待资金123.21万元。疫情期间为拉萨市保供牦牛肉25万千克，实现群众增收3100万余元。

【基础设施】 2022年，当雄县推进实施500万元以上新（续）建项目62个，县医院传染病、各中小学职工周转房建设项目、高海拔供氧项目、县城管网升级改造等民生工程有序推进。老年人日间照料中心建成并投入使用。累计投入173.5万元，对27处农饮点进行维修养护和水质检测。累计投入165.6万元实施纳木湖乡高海拔农牧区试点推广热炕供暖项目。累计投入8468.5万元，修建防洪堤及灌溉渠。新建通信基站24个，全县基础设施不断完善。

【乡村振兴】 2022年，当雄县制订防止返贫动态监测和帮扶机制方案，精准识别“三类人员”，监测对象66户300人。实施推进乡村振兴补助资金项目14个，总投资1.67亿元。发展壮大集体经济攻坚行动，全县所有村（社区）集体经济收入均达10万元以上，达50万元以上8个，达100万元以上的5个。推进农牧民转移就业1.04万人次，转移就业劳务创收1.08亿元。乌玛塘乡巴嘎村、羊八井镇桑巴萨居委会“美丽乡村·幸福家园”建设项目已完成总工程量的65%。及时给全县脱贫群众和监测户兑现“十三五”时期产业分红资金3359万元。旅游景区及酒店宾馆共吸纳农牧民就业1659人次，实现农牧民增收770.9万元。

【文化旅游业】 2022年，当雄县成功申报县级非遗项目“格萨尔卓舞”、羊八井寺“酥油花”“朵玛”为第六批拉萨市级非遗项目。县艺术团《啦啦·致富之路》荣获首届民间舞蹈大赛群星奖一等奖以及青稞飘香拉萨赛区总冠军、青稞飘香全区二等奖，《感党恩》荣获自治区小戏小品三等奖，为当雄县文化产业增光添色。截至年底，旅游收入共计880.44万元，接待区内外游客57661人次。旅游景区及酒店宾馆共吸纳农牧民就业1659人次，实现农牧民增收770.9万元。

【生态环境】 2022年，当雄县全面落实河（湖）长制，整治河湖“四乱”等问题。全县已成功创建自治区生态文明建设示范县、乡、村18个，完成剩余5个乡（镇）的自治区生态文明建设示范乡（镇）。完成中央第二轮生态环境保护督察转办案件12件及自治区、拉萨市专项督察整改问题14条，整改率100%；完成植树造林1.3万余株，地表水达标率、空气质量优良率均达到100%。全面推行林（草）长制，完成三级林长设置，实现全县8个乡（镇）28个村（居）包联全覆盖，落实林（草）长制改革资金100万元。

【党风廉政建设】 2022年，当雄县始终把理想信念作为“总开关”，把政治立场作为“主心骨”，捍卫“两个确立”，做到“两个维护”、增强“四个意识”、坚定“四个自信”。认真落实中央八项规定及其实施细则精神，严格执行党风廉政建设各项规定，持之以恒正风肃纪，毫不动摇拒腐反腐，一体推进不敢腐、不能腐、不想腐。全力营造清正廉洁、守戒有为的良好政治生态。

（旦增克珠）

党政机构名称及负责人名录

中共拉萨市委员会

书　　记　白玛旺堆（藏族，1月免）
　　　　　严金海（藏族，1月任）
副书记　廖　恳（9月任）
　　　　　庄红翔（女，8月免）
　　　　　沈海斌（援藏，10月免）
　　　　　王　强（援藏）
　　　　　陈　静（援藏，10月任）
　　　　　马　军（9月免）
常　　委　占　堆（藏族）
　　　　　毛东军（援藏）
　　　　　吴亚松（藏族，9月免）
　　　　　普卫东（藏族）
　　　　　张定成（9月任）
　　　　　王洪勇
　　　　　阿努次仁（藏族，10月免）
　　　　　张　正
　　　　　张永林（9月任）
　　　　　王　慧（9月任）
　　　　　张春阳（9月任）
　　　　　格桑次旦（10月任）
秘书长　张春阳（9月任）
常务副秘书长
　　　　　庄　皓（10月任）
副秘书长　张　干（12月任）
　　　　　普布次仁（藏族，9月任）
　　　　　汪　帆（援藏）
　　　　　土　登（藏族，12月免）
　　　　　邬建锋（援藏）
　　　　　晁祥利

市人大常委会

主　　任　贺　鹏（11月任）
副主任　马　军（11月任）
　　　　　念　扎（藏族）
　　　　　彭飞跃
　　　　　达　瓦（藏族）
　　　　　次仁顿珠（藏族）
　　　　　赤来塔吉（藏族，11月任）
　　　　　彭丽华（女，藏族，11月任）
秘书长　张长祥
副秘书长　王红杰（11月任）
　　　　　白　珍（女，藏族）
　　　　　洛桑旺丹（藏族）

法制委员会

主任委员　巴　琼（藏族，11月任）
副主任委员
　　　　　王小龙

财政经济委员会

主任委员　德　吉（女，藏族）
副主任委员
　　　　　普　穷（藏族）

教育科学文化卫生委员会

主任委员 尼玛仓决(女,藏族,11月任)

副主任委员

侯 凌(女)

姜 伟

社会建设委员会

主任委员 谢玉梅(女,11月任)

副主任委员

边 央(女,藏族)

市人民政府

常务副市长

王 强(援藏)

沈海斌(援藏,11月免)

陈 静(援藏,11月任)

占 堆(藏族)

毛东军(援藏)

副市长 张永林

史育斌(援藏)

张文浩(援藏,10月免)

刘广民(援藏,10月免)

张 正(9月免)

扎西白珍(女,藏族)

陆从福

贡扎曲旺(藏族)

郑卫国

匡 晖(援藏,12月任)

潘文卿(援藏,12月任)

代利刚

洛 色(藏族,12月任)

赵世东(12月任)

秘书长 侯 飞

副秘书长 王志伟(援藏)

格桑卓嘎(女,藏族)

次旦卓嘎(女,藏族)

尹培凤(女)

李俊佑(援藏)

旺堆扎西(藏族)

杨少亮(援藏,10月任)

张 宁(挂职,11月免)

李光军(挂职)

闫 伟(10月任)

政协拉萨市委员会

主席 尼 玛(藏族)

副主席 亚 古(回族)

拉 巴(藏族)

拉巴顿珠(藏族)

岳国红(女,藏族)

达 娃(女,藏族)

刘 亮

宋留柱

韩云拴

卢炜升(女)

秘书长 邹玉明

副秘书长 张 强

王瑞鹏

普布扎西(藏族、2月任)

中国共产党拉萨市纪律检查委员会

书记 王洪勇

副书记 普布国庆(藏族)

李荣锋

格西斯满(女,藏族)

赖毅斌(援藏,7月免)

郭 峰(援藏,8月任)

常委 平措旺堆(藏族,6月任)

丹增塔杰(藏族)

刘永芳(女)

王卫岭(援藏,6月任)

李 琪

边巴索朗(藏族,6月免)

格桑洛布(藏族)

市监察委员会

监委主任 王洪勇

监委副主任

普布国庆(藏族)

李荣锋

格西斯满(女,藏族)

赖毅斌（援藏，7月免）
郭　峰（援藏，11月任）
监委委员　丹增塔杰（藏族）
刘永芳（女）
王卫岭（援藏，11月任）
李　琪
边巴索朗（藏族，6月免）
肖华平（2月免）
邓剑锋（2月任）

市委组织部（编办）

部　　长　张定成
常务副部长
袁国军
副部长　央　金（女，藏族）
白玛玉珍（女，藏族）
副部长、编办主任
李艳红（女）
副部长　张　戴（援藏，7月免）
禹春辉（援藏，7月免）
贺慧先
副部长、市公务员局局长
张振平（4月任）
副部长　王龙昌（援藏，7月任）
李念鹏（援藏，7月任）
编办副主任
管　勇（援藏，7月免）
马　锴（援藏，7月任）

市委老干部局

局　　长　央　金（女，藏族）
副局长　宋友禄
拉乌次仁（藏族）

市委宣传部

部　　长　王　慧（女）
常务副部长
次　培（藏族）
副部长　赤列罗布（藏族）
肖强伟
赵有鹏
卞光辉（援藏，6月免）
董庚云（援藏，7月免）
何景平
许　浩（援藏，6月任）
王忠九
王明宝（援藏，7月任）

市文联

主　　席　马可尼
副主席　郑　莉（女）
卫　东（藏族，兼职）
高延鸿（兼职）
罗布次仁（藏族，兼职）
强巴云丹（藏族，兼职）

市委统战部

部　　长　格桑次旦（藏族）
常务副部长
邹守忠
副部长　普　琼（藏族）
达　瓦（藏族）
公保太
巴桑德吉（女，藏族）
周　丽（女）
王正勇

市委政法委

书　　记　普卫东（藏族）
常务副书记
达　瓦（藏族，4月免）
副书记　崔建勇（6月任）
曾四红
周　杰

市委网信办（市大数据发展管理局）

主　　任　刘小斌
副主任　王　刚
洛桑扎西（藏族）
胡　建

陈　龙

市直属机关工作委员会

书　记　王　晖
副书记　葛同荣（1月任）
　　　　扎西卓玛（女，藏族，4月任）

市委巡察机构

巡察办主任　平措旺堆（藏族）
巡察办副主任
　　　　才华道吉（藏族）
　　　　侯　敏（女）
巡察一组组长　杨东升
巡察二组组长　谢永杰
巡察三组组长　索　朗（藏族）

市档案馆

馆　长　桑荣瑞
副馆长　刘淑娟（女）

市委党校（市行政学校）

校　长　张定成
常务副校长
　　　　杨世军（12月免）
　　　　刘期彬（12月任）
副校长　江　多（藏族，1月免）
　　　　次仁扎西（藏族）
　　　　冉新兵

市公安局

书　记　普卫东（藏族）
局　长　代利刚
副局长　邹华威
特勤局书记、局长
　　　　索朗边巴（藏族）
委　员　唐　凌
副局长　扎西平措（藏族）
　　　　次旺晋美（藏族）
特警支队支队长
　　　　蒋　波
副局长　谢公瑾
　　　　梁光文
　　　　强　久（藏族）
政治部主任
　　　　徐建华
副局长　付云辉（6月任）
　　　　王远彬（6月任）
治安管理支队支队长
　　　　黄　鹤（10月任）

市中级人民法院

院　长　李世蓉（女）
副院长　黄晓艳（女）
　　　　陈　杰（5月免）
　　　　德　吉（女，藏族）
政治部主任
　　　　巴　桑（藏族）
副院长　巴　桑（藏族）
　　　　罗　红（女，藏族）
　　　　马洪涛

市人民检察院

检察长　明马丹增（藏族）
副检察长　金　美（藏族）
　　　　李　华（1月任）
　　　　晓　红（藏族）
政治部主任
　　　　孙林华

市消防救援支队

政治委员（书记）
　　　　陶盛楷（6月任）
支队长　扎西见才（藏族）
副支队长　李之杲（7月任）
　　　　旺　扎（藏族，7月任）
　　　　洛桑朗卡（藏族，7月任）
　　　　程晓明（7月任）
　　　　陈　超（援藏，7月任）
　　　　李　宁（援藏，8月任）
　　　　胡　鹏（援藏，7月任）

副政治委员（纪委书记）
胡彦深（援藏，7月任）
政治部主任
罗桑念扎（藏族）

市总工会

书　　记　索朗罗布（藏族）
主　　席　张　勤（12月免）
宋留柱（12月任）
副主席　索朗罗布（藏族）
次仁拉姆（女，藏族）
冉龙平
德吉卓嘎（女，藏族，挂职）
陈小兵（兼职）
旦增朗杰（藏族，兼职）

共青团拉萨市委员会

书　　记　熊　劲
副书记　慈旦德吉（女，藏族）
唐大军（6月免）
曹　伟（藏族）
向　宗（女，藏族，兼职）
索朗央吉（女，藏族，兼职）
夏平志（兼职）

市妇联

书　　记　叶海缨（女）
主　　席　达　珍（女，藏族）
副主席　和继香（女，纳西族）

市工商业联合会

书　　记　公保太（藏族）
主　　席　黄前敏（女，藏族）
副主席　方　凯
赵　星（女，援藏，7月任）

市残疾人联合会

理事长　格桑平措（藏族）
副理事长　德　琼（女，藏族）

市发展和改革委员会

主　　任　李明健
副主任　董伯林
尼玛次旦（藏族）
贾延杰
强　勇（4月任）
郭宏达（7月任）
军民融合办专职副主任
冯俊涛（4月任）

市粮食和物资储备局

局　　长　严俊峰
副局长　洛桑德吉（女，藏族）

市教育局

书　　记　樊锋旭
局　　长　普　琼（藏族）
副局长　向　宗（女，藏族）
陈渠汇
巴　珠（藏族，2月任）
市纪委监委第八派驻纪检监察组组长
普琼次仁（藏族）
陈金龙（援藏，6月免）
周　凯（援藏，6月免）
仲启立（援藏，7月任）
周晓宇（援藏，7月任）

市科学技术局

书　　记　索朗慈仁（藏族）
局　　长　张永祥
副局长　卓　辉（援藏，7月免）
李信群（3月免）
桑林·才旦旺姆（女，藏族，3月任）
蒋历军（援藏，7月任）
吴金川（4月任）

市科学技术协会

主　　席　巴桑次仁（藏族）
副主席　次仁白珍（藏族）
陈初红（不驻会）
扎西平措（藏族，不驻会）

格桑央金（藏族，不驻会）
卫　　东（藏族，不驻会）

市经济和信息化局

书　　记　索　　群（女，藏族）
局　　长　王旭光
副 局 长　次旦贡觉（藏族）
卫智军（1 月免）
钱秀槟（援藏，11 月任）
向　　敏
朱　　乾（援藏，6 月免）
赵思楠（援藏，6 月免）
刘　　华（援藏，7 月任）
旦　　增（藏族，1 月任）

市民族事务委员会

书　　记　普　　琼（藏族）
主　　任　李德明
副 主 任　马扎西（藏族，1 月免）
次仁昌菊（女，藏族，1 月免）
张正鹏（1 月任）
次仁拉姆（女，藏族，1 月任）

市民政局

书　　记　詹晓圣
局　　长　土　　登
副 局 长　强　　琼（藏族）
琼　　吉（女，藏族，4 月任）
高凤妮（女，4 月任）

中国拉萨 SOS 儿童村

村　　长　琼　　吉（女，藏族，4 月免）
白玛央金（女，藏族，4 月任）

市儿童福利院

院　　长　诺布卓玛（女，藏族）
副 院 长　吴洪军

市司法局

书　　记　拉穷次仁（藏族）
局　　长　邱秀兰（女）
副 局 长　边巴次仁（藏族）
伍玉梅（女）
冯　　剑

阳光公证处

主　　任　韩新强（3 月免）
阿旺拉姆（女，藏族，5 月任）
副 主 任　阿旺拉姆（女，藏族，5 月免）
何　　君

市财政局

书　　记　劳明伟
局　　长　李　　萨（女，满族）
副 局 长　尼玛拉姆（女，藏族）
郭　　宇（7 月免）
万诗亮
许　　磊
赵　　翔（12 月任）

市人力资源和社会保障局

书　　记　白玛玉珍（女，藏族）
局　　长　王满春
副 局 长　贺能晟
平措朗杰（藏族）
费彦红（女）
王义斌（援藏，7 月免）
孙　　鹏（援藏，7 月任）
金　　星（援藏，11 月任）

市自然资源局

书　　记　刘英俊
局　　长　中楚成
副 局 长　贾志杰
拉姆次仁（女，藏族）
张　　林
巫鑫瑞（援藏，7 月免）
赵旭阳（援藏，8 月任）
傅介平（援藏，6 月免）
陈　　悠（援藏，8 月任）

市生态环境局

书　　记　格桑巴珠

局　　长　孙先龙
副局长　德吉央宗(女,藏族)
　　　　张　勇(援藏,6月免)
　　　　唐丽琼(女)
　　　　王　群(援藏,6月任)
　　　　汤清锋(援藏,7月免)
　　　　仝　仓(1月任)
　　　　周　鑫(援藏,7月任)

市住房和城乡建设局

书　　记　李　嵘(女,藏族)
局　　长　陈常军
副局长　许　光(援藏)
　　　　刘春涛
　　　　赵志赞(援藏,11月任)
　　　　曲　军(1月任)
　　　　扎西玉杰(藏族,5月任)

市交通运输局

书　　记　索朗多吉(藏族,5月任)
局　　长　索朗多吉(5月免)
副局长　青　扎(藏族)
　　　　杜志强
　　　　布　穷(藏族)
　　　　桑得田
　　　　拉姆次仁(女,藏族)
　　　　隰文博

市道路运输管理局

局　　长　其米边巴(藏族)

市水利局

书　　记　杨栋章
局　　长　罗布次仁(藏族,2月任)
副局长　腾宝亭(藏族)
　　　　孙美娟(女)
　　　　胡秀成(援藏,3月任)
　　　　刘　洋(援藏,6月任)
　　　　旦增林木(藏族,1月任)

市农业农村局

书　　记　崔勇刚
局　　长　郭万军
副局长　支建辉(3月免)
　　　　次旦朗杰(藏族)
　　　　边　巴(女,藏族,6月任)
　　　　王小军(援藏,7月免)
　　　　高　峰(援藏,7月免)
　　　　杨　帆(援藏,11月任)
　　　　杨仁荣(援藏,7月任)
　　　　马裴裴(3月任)

市商务局

书　　记　扎西平措(藏族)
局　　长　蒋　曦
副局长　杜颖胜
　　　　索朗顿珠(藏族)
　　　　程　哲(援藏,7月免)
　　　　孙光耀(援藏,7月任)
　　　　李红梅(女,4月任)
招商局局长
　　　　车西敏(女)
招商引资局副局长
　　　　邓　洪

市文化局

书　　记　张碧芳(女)
局　　长　拉巴旺堆(藏族)
副局长　卫　东(门巴族)
　　　　劲永春(藏族,3月免)
　　　　李　江(1月任)
　　　　格桑元俊(藏族,10月任)

市文物局

局　　长　劲永春(藏族,3月免)
　　　　秦　奕(女,5月任)
副局长　次吉卓玛(女,藏族,5月任)

西藏牦牛博物馆

馆　　长　琼　珍(女,藏族)
副馆长　洛　桑(藏族,1月任)

市卫生健康委员会

书　　记　范跃平(8月免)
　　　　　侯　飞(8月任)
主　　任　次旦卓嘎(女,藏族,8月免)
　　　　　尼　玛(女,藏族,8月任)
副 主 任　刘晓莉(女,8月任)
　　　　　叶晓梅(女)
　　　　　高　鹏(援藏,6月免)
　　　　　格桑卓玛(女,藏族)
　　　　　李　宁
　　　　　严周忠(援藏,6月任)
　　　　　张晓光(援藏,7月任)
　　　　　张国红(女,援藏,7月免)
市红十字会常务副会长
　　　　　巴　桑(藏族)

市旅游发展局

书　　记　泽　兵(藏族)
局　　长　高建红
副 局 长　扎西顿珠(藏族)
　　　　　倪　蓉(女)
　　　　　徐全军(援藏,6月免)
　　　　　原　宁(援藏,7月任)
　　　　　丁　韬(援藏,7月免)
　　　　　王　睿(援藏,7月任)
　　　　　郑同生
副局长、市旅游市场综合行政执法队队长
　　　　　琼　吉(藏族)

市退役军人事务局

书　　记　冯毓强(10月免)
　　　　　何　镛(10月任)
局　　长　仁乃旺堆(藏族)
副 局 长　肖国庆
　　　　　昌　拉(藏族,3月免)
　　　　　洛桑坚才(藏族,5月任)

市应急管理局

书　　记　米玛次仁(藏族)
局　　长　蔡卫旗(回族)
副 局 长　杨　英(女,藏族,3月免)
　　　　　文　林(蒙古族)
　　　　　次仁尼玛(藏族)
　　　　　其美玉珍(女,藏族,11月任)

市地震局

局　　长　边巴卓玛(女,藏族)

市审计局

书　　记　德庆央吉(女,藏族,4月任)
局　　长　任玉萍(女)
副 局 长　林大山(援藏)
　　　　　杜春梅(女)
　　　　　曲　松(藏族)
　　　　　王　鹏(援藏)
　　　　　刘子佩
纪检组组长　岳济邦

市外事办

书　　记　扎西江村(藏族)
主　　任　扎西江村(藏族,3月免)
　　　　　柳福平(3月任)
副 主 任　晋美扎巴(藏族)

市人民政府国有资产监督管理委员会

书　　记　刘期彬(12月免)
主　　任　列　桑(藏族)
副 主 任　何　黎(女)
　　　　　杨成彬(援藏,7月免)
第七纪检组组长
　　　　　黄文斌
副 主 任　张　斌(援藏,7月任)
　　　　　期朗珠扎(藏族)
　　　　　田　莉(女)
　　　　　达瓦次仁(藏族,4月任)

市市场监督管理局

书　　记　次仁卓嘎(女,藏族)
局　　长　卫智军
副 局 长　刘　明
　　　　　党军奎

卓　　拥(女,藏族)

市广播电视局

书　　记　龚大成
局　　长　格桑次仁(5月免)
副局长　李明琴(女,3月任)

市融媒体中心

书　　记　蔡新平
主　　任　格桑美朵(女,藏族)
副主任　贡布顿珠(藏族)
　　　　谢　　薪(援藏)
　　　　德吉措姆(女,藏族)
　　　　彭　　正

市体育局

书　　记　钟传彬
局　　长　拉　　珍(女,藏族,2月任)
副局长　米玛琼达(女,藏族,4月任)

市群众文化体育中心

主　　任　刘　　明(4月任)
副主任　格桑朗加(藏族,4月任)

市统计局

书　　记　杨如军
局　　长　旺堆罗布(藏族)
副局长　阳　　琳(4月任)
　　　　索　　央(女,藏族,5月任)
　　　　张秀兰(女,藏族,3月免)

国家统计局拉萨调查队

队　　长　李建树
副队长　思朗拥措(女,藏族)
纪检组组长
　　　　平　　措(藏族)

市乡村振兴局

党组书记　李海云
主　　任　格桑罗布
副主任　次仁德吉(女,藏族)
　　　　高立群(援藏,7月任)
　　　　皮志帅
　　　　杨　　君(女)

市林业和草原局

书　　记　洛桑尼玛(藏族)
局　　长　尹培凤(女)
副局长　贺桂芹(女)
　　　　卢立芳
　　　　索　　平(藏族,4月任)
　　　　王尚德(援藏,11月任)

拉鲁湿地国家级自然保护区管理局

局　　长　拉姆次仁(女,藏族)

市宗教事务局

书　　记　达　　瓦(藏族)
局　　长　达瓦次仁(藏族)
副局长　次仁罗布(藏族)
　　　　旺　　堆(藏族)
　　　　陈　　虹(女,4月免)
　　　　张晓柱(4月任)

市医疗保障局

书　　记　尼玛普芝(女,藏族)
局　　长　贺　　剑
副局长　次仁多吉(藏族)
　　　　唐小君(女)
　　　　周夕鸣(援藏,6月任)

市信访局

书　　记　张尚福
局　　长　格桑卓嘎(女,藏族)
副局长　普布卓玛(女,藏族)
　　　　洛桑多吉(藏族,1月免)
　　　　孙建伟(1月任)
　　　　米玛扎西(藏族,5月任)

市行政审批和便民服务局

书　　记　向巴彩喜(女,藏族)
局　　长　李英春

副局长 王永谦（援藏，8月免）
凌　奕（援藏，8月任）
丹增卓美（女，藏族）
刘其伟（1月任）

市城市管理和综合执法局

书　记 索朗江村（藏族）
局　长 赵铁岭
副局长 索朗江村（藏族）
央金卓嘎（女，藏族）
李二兵（3月免）
孙　伟（5月任）
龚小丽（女）
吴旻硕（援藏，7月免）
李黎立（援藏，7月任）

八廓古城管理委员会

书　记 达　娃（藏族）
主　任 阿　贵（藏族）
副主任 黄方勇
八廓古城公安局局长
洛桑次成（藏族）
副主任 索朗次仁（藏族，3月任）
王　静（女，1月任）

布达拉宫广场管理处

处　长 徐　华（女）
副处长 向巴四朗（3月免）
吴　冰

拉萨经济技术开发区管理委员会

主　任 旦增尼玛（藏族，12月任）
副主任 陈志海（6月免）
杨世军（12月任）
李先飞（8月任）
黄辅龙（1月任）
次仁达吉（藏族）
陈谷峰（3月任）
党政办公室主任
米玛昌决（女，藏族，4月任）
党政办公室副主任
涂　新
梁　栋
规划建设局局长
裴贻刚（4月任）
规划建设局副局长
余　洋
经济发展局局长
闫桓功（1月任）
经济发展局副局长
干　晟（8月任）
斯朗珠扎（藏族，4月任）
毛　鑫（4月任）
财政局局长
王　君（女）
财政局副局长
陈　薇（女）
安全生产监督管理局局长
西若伟色（藏族）
安全生产监督管理局副局长
普布扎西（藏族）
综合保税区局长
戴凤霞（女，满族）
综合保税区副局长
段福昌
拉萨综合保税区产业服务中心主任
沈　朗
拉萨综合保税区产业服务中心副主任
罗　桑（藏族）
李　键（4月任）

拉萨高新区管委会

书　记 任道波
主　任 达瓦次仁（藏族）
副主任 朱胜军
党工委委员
巴桑扎登（藏族）
副主任 次　旺（藏族）
火车站站前派出所所长
刘思锋

副主任 吴晓波
次仁央宗(女,藏族)
白孜杨

西藏文化旅游创意园区管理委员会

书记 赵翔(蒙古族)
主任 格桑加措(藏族)
党工委委员
徐安海
副主任 阎军(援藏,7月免)
卢智杰
陈继卫(7月任)
企业服务中心主任
何满(4月任)

拉萨师范高等专科学校

书记 余凤萍(女)
校长 杨继军(4月任)
副书记 张越友(女,6月任)
纪委书记 江文军
副校长 王斌(7月免)
旦巴(藏族,7月任)

拉萨市第一中等职业技术学校

书记 何震
校长 嘎玛努培(藏族,6月任)
副校长 穷达(藏族,4月免)
次仁多吉(藏族)
旺庆(藏族,1月任)
李治学(7月任)

拉萨市第二中等职业技术学校

书记 龚晓堂
校长 德吉卓嘎(女,藏族)
副校长 王斌(6月任)
拉巴(藏族)
李林(女,藏族)
罗布次仁(藏族)
巴珍(女,藏族)

市藏语委办(市编译局)

书记 乡琼(藏族)
主任、局长
马扎西(藏族)
副主任、副局长
边巴卓玛(女,藏族)

国家税务总局拉萨市税务局

局长 张增民
副局长 扎西旺堆(藏族,6月免)
扎西次仁(藏族,6月免)
旦巴次仁(藏族)
才丹康健(藏族)
纪检组组长
李小华

市气象局

书记、局长
洛桑扎西(藏族)
副书记 陈友珍(女,藏族,12月免)
副局长 王欣欣(援藏,女)
扎西达瓦(藏族)
白珍(藏族)
尼玛次仁(藏族)

市邮政管理局

局长 扎西尼玛(藏族)
副局长 旦增平措(藏族,1月任)

城关区

区委负责人 杜国君
区长 旦增曲扎(藏族)
人大常委会主任
尼玛云丹(藏族)
政协主席 赵彩娥(女)

堆龙德庆区

区委书记 石运本(4月任)
区长 石运本(4月免)
米玛次仁(6月任)

人大常委会主任
武 保 林(6月免)
赵 长 胜(6月任)
政协主席 洛桑强巴(藏族)

达孜区

书　　记 索朗次仁(藏族)
区　　长 刘 代 红(女)
人大常委会主任
米　　玛(女,藏族)
政协主席 黄 树 春

林周县

书　　记 高　　军
县　　长 德吉央宗(女,藏族)
人大常委会主任
格旦次仁(藏族)
政协主席 朱 宝 忠

墨竹工卡县

书　　记 沈 鹏 里
县　　长 巴　　桑(藏族)
人大常委会主任
张 志 文
政协主席 央　　旦(藏族)

曲水县

书　　记 赤来塔吉(藏族)
县　　长 汤 官 中
人大常委会主任
边　　旦(藏族)
政协主席 巴　　桑

尼木县

书　　记 杜 国 君(8月免)
赵 铁 岭(8月任)
县　　长 次旺多杰(藏族)
人大常委会主任
尼玛次仁(藏族)
政协主席 杜 开 凡

当雄县

县　　长 图登佩杰(藏族)
人大常委会主任
边巴扎西(藏族)
政协主席 刘　　刚

全国、全区五一劳动奖状(奖章)、工人先锋号、五一巾帼标兵及全市企业、职工其他获奖情况

2022年,市总工会推荐获得全国五一劳动奖状荣誉称号集体1家、五一劳动奖章荣誉称号个人1人、工人先锋号荣誉称号班组(科室)1个,获得西藏自治区五一劳动奖状荣誉称号集体5家、五一劳动奖章荣誉称号个人5人、工人先锋号荣誉称号班组(科室)5个,推荐评选拉萨市五一劳动奖状荣誉称号集体15家、五一劳动奖章荣誉称号个人30人、工人先锋号荣誉称号班组(科室)15个。

(一)全国五一劳动奖状(奖章)及工人先锋号获奖集体及个人先进事迹

1.2022年全国五一劳动奖状获得单位:拉萨远大建材有限责任公司

自公司建立以来,累计纳税1.4亿元,为农牧民增收2.28亿元,解决就业498人。在区内最早引进隧道窑烧结砖技术和生产设备,先后为西藏海关大楼等重要建筑和重点建设项目提供环保型新型墙体材料。为职工修建160套经济适用房,缓解企业职工的后顾之忧。累计捐款230多万元,帮助所在地和困难户解决脱贫、医疗等方面的困难。疫情期间,为武汉捐款近40万元,免除房租168万元。曾获"拉萨市民族团结进步先进集体"等称号。

2.2022年全国五一劳动奖章获得者:拉萨市城关区古艺建筑美术公司技术员桑珠

桑珠,男,藏族,群众,小学文化,拉萨市城关区古艺建筑美术公司技术员、木工。桑珠从事古建筑维修近四十年,兢兢业业,任劳任怨,不计名利得失,服从安排,顾全大局,为修缮保护布达拉宫、萨迦寺等包含世界文化遗产在内的几十处名胜古迹作出突出贡献。他带领修复团队攻克木结构防虫防腐等技术难题,实现古建维修"修旧如旧、不改变现状"的目标。曾获"西藏五一劳动奖章"称号。

3.2022年全国工人先锋号获得班组:拉萨市色拉寺管委会宣传教育处

教育引导寺庙僧人增强"四个意识"、坚定"四个自信"、做到"两个维护",坚持藏传佛教中国化方向,全力维护藏传佛教领域和谐稳定,把国家法律法规、自治区惠寺利僧政策、"七五"普法和"遵行四条标准、争做先进僧尼"教育实践活动等作为重点宣传内容,开展座谈会、参观考察、书法比赛、法律培训等活动,教育僧众自觉维护祖国统一和民族团结,引导僧众在政治上紧跟核心、思想上拥戴核心、感情上贴近核心,促进藏传佛教健康发展。曾被评为"西藏自治区'七五'普法工作先进集体"。

(二)西藏自治区五一劳动奖状(奖章)及工人先锋号获奖集体及个人先进事迹

4.西藏自治区五一劳动奖状获奖集体先进事迹

(1)林周县边林乡农牧民施工专业合作社:实施饲草种植200余亩,苗木种植15亩。培训农民工操作技术、管理经验,培养300余名泥工、木工、驾驶员和钢筋工等技术人员,让农民工掌握一技之长。累计投入34万元帮助县乡贫困户修建房屋、修缮学校、购买生产工具、生活用品慰问贫困户等。曾被评为拉萨市农牧民专业合作社高级示范社。

(2)西藏天地绿色饮品发展有限公司:致力于西藏青稞啤酒的研发、生产和销售,年产20万吨青稞啤酒,各项指标均达到GB/T 4927优级标准。在青稞浅色啤酒、黑啤酒酿造等方面形成3项技术成果,获得发明专利6项,通过HACCP体系和ISO 14001体系认证。解决80余名农牧民子女就业,人均年收入6万元。以产业扶贫方式带动群众增收,青稞收购价格高出市场20%以上。曾获拉萨市质量管理优秀奖。

(3)西藏腾通物流有限公司:致力于发展传统快递和物流枢纽建设,全区92个网点遍布每一个县级区域,有完善的市县乡级终端网络、中转运输网络和信息网络,推进快递下乡进村。进出港业务量从2015年的150万票提升至2021年的760万票,同比增长5倍,年累计快递服务760万人次,涵盖西藏所有快递业务需求的客户,直接提供就业岗位300多个。曾被评为全区非公有制经济组织先进基层党组织。

(3)拉萨申通快递发展有限公司:积极发动社

会各界爱心团体筹措慰问物资，组织专车将慰问物资送到村民手中，帮助过冬御寒。与日喀则仲巴县达热村开展“一对一”扶贫活动，为当地残障家庭提供生活保障。组织全区邮政快递行业开展安全生产技能培训、职业技能竞赛活动。曾获全国邮政行业先进集体称号。

（5）域上和美文化旅游股份有限公司：把促进西藏区域经济、文化交流作为企业责任探索藏文化传播发展与文化旅游市场化的道路，以“就业收入+间接应收”的方式激发农牧民

内生动力，增加农牧民收入，累计解决当地就业近万人次，支付劳动报酬3亿元。组织参加《我和我的祖国》千人合唱等活动，连续支持公益活动、公益演出，组织双湖县贫困学生观看《文成公主》大型实景剧。曾获拉萨市民族团结进步模范集体。

5. 西藏自治区五一劳动奖章获奖个人先进事迹

（1）西藏现代服务业技工学校校长边巴卓嘎

边巴卓嘎，女，藏族，中共党员，本科，西藏现代服务业技工学校校长。边巴卓嘎筹集300余万元建立23个“理想信念教育实践基地+协会创业扶持项目”，扶持吉隆县等边境旅游事业。组织参加西藏自治区第四届职业技能大赛，组织赴上海、新疆等地参加烹饪艺术、家政服务等行业劳动技能竞赛。培训学员2.2万人，返乡创业学员400余名，激发当地群众创业就业的热情。拉萨市第十次党代会代表。

（2）西藏顺丰速运有限公司运作组组长次仁措姆

次仁措姆，女，藏族，群众，本科学历，西藏顺丰速运有限公司运作组组长。次仁措姆先后从事公司收派员、仓管员、中转场运作员，不管是每天十几个小时在外跑业务送快递，还是每天早上8点上班到第二天凌晨两点下班的仓管员，她都充满热情，熟悉电脑系统、输单等流水线的操作技能，从一名普通员工快速成长为一名业务骨干，熟练业务，团结同事，认真负责，发挥“老带新”“师带徒”作用，培训新员工，分配班次，手把手指导新进公司的业务员学习操作程序。2022年获西藏自治区总工会“西藏五一劳动奖章”，2023年获中华全国总工会“全国五一劳动奖章”和“全国五一巾帼标兵”称号。

（3）西藏圣信工贸有限公司董事长拉巴赤列

拉巴赤列，男，藏族，群众，本科，西藏圣信工贸有限公司董事长。拉巴赤列立足西藏特色资源优势，组织研发生产牦牛绒、羊绒、羊毛制品五十余个品种，实现产品销售额突破2000万元。2017年至今，为300名异地搬迁村民项目分红300万元，2021年实现项目分红146万元。申报牦牛绒国家发明专利7项，国家实用新型专利2项，外观专利1项。曾获西藏自治区民族团结进步模范个人称号。

（4）拉萨市柳梧新区管理委员会党工委委员、副主任，江苏省第九批援藏干部刘军

刘军，男，汉族，中共党员，硕士，拉萨市柳梧新区管理委员会党工委委员、副主任，江苏省第九批援藏干部。刘军赴其他省市招商引资，成功招引生物医药等36个项目落户柳梧新区。先后7次在北京、广州等地召开的招商大会上做主题演讲，牵线促成柳梧新区与苏州浒墅关经开区等3个国家级经开区建立合作共建。柳梧新区的企业数量由不到7000家增长到1.1万多家，每年保持在30%左右的增长率。曾获评西藏自治区全区脱贫攻坚先进个人。

（5）中国拉萨SOS儿童村孤残儿童护理员尼玛布珍

尼玛布珍，女，藏族，中共党员，高中，中国拉萨SOS儿童村孤残儿童护理员。尼玛布珍在儿童村工作21年来，不是母亲胜似母亲，用心用情担任妈妈、老师、朋友的角色，不断探索科学的教育方式，精心抚育孩子成长成才，塑造积极向上的心灵，培养优秀品质，细心观察孩子的兴趣、爱好，抚育14名孤儿，培养的9名孩子纷纷走上出纳、警察、法警等工作岗位。曾获拉萨市劳动模范称号。

6.2022年西藏工人先锋号简要事迹

（1）西藏娃哈哈食品有限公司叉车班组：以服务车间、服务运输公司为宗旨，全心全意做好后勤保障，组织学习叉车维护保养知识，组织叉车工开展培训、技术创新、技能考试，开展“叉车开啤酒瓶”“叉车摞红酒杯”安全驾驶技能竞赛，锻炼叉车岗位职工的操作技能，提升职工的安全意识，全体员工专业技术过硬、服务意识强，全年完成饮料发货、生产铲运9万吨。曾获全国“安康杯”竞赛优胜班组称号。

（2）西藏博瑞环卫服务有限公司车队部：秉承着不断创新、开拓进取的精神，实施主干道垃圾不落地“定点、定时、定责”作业，2021年300余台环卫作

业车辆共开展环卫机械作业3.2万余次，清运各类垃圾18万余吨，清理香灰160余吨。清运偷倒建筑垃圾458吨，规范化覆土填埋面积达4600平方米，每天对生活垃圾中转站、生活垃圾填埋场和环卫作业车辆消杀、清洗，保障城市环境卫生。曾获全国妇联巾帼文明岗称号。

（3）拉萨市实验幼儿园教研坊：通过集体研究教育教学、环境创设、技能技巧等存在的问题，解决实际教学中的难题。《西藏幼儿园爱国主义启蒙教育的实践探索》在第五届中国教育创新成果公益博览会上展出，《开发民族文化教育资源实践教育活动研究》获得西藏自治区首届基础教育教学成果奖一等奖。《藏民族特色文化教育活动》教材在拉萨市县区全面推广。曾获拉萨市优秀教师团队称号。

（4）拉萨市甘丹寺管理委员会办公室：健全《甘丹寺寺庙财务管理制度》等12项财务管理制度，制定《应对重大政治斗争突发事件应急处突预案》等10余项专项工作方案，定期开展上门走访，组织僧众大会。修订11项制度，建立寺庙固定资产管理卡片12349项，核对录入8081个（项）数据，对538件可移动文物进行登记。曾获全区“遵行四条标准、争做先进僧尼”教育实践活动优秀组织单位称号。

（5）拉萨市哲蚌寺管理委员会办公室：以落实党的利寺惠僧政策为抓手，以维护寺庙持续和谐稳定为目标，制定《哲蚌寺管委会制度汇编》等规章制度。严格落实教育管理服务三大职能，加强“僧人家访”等系列活动组织保障，常态化开展“我为僧众办实事”实践活动，积极营造“敢担当、善担当、重实干”的浓厚氛围，为促进西藏长治久安和高质量发展作出积极贡献。所在单位曾获自治区先进寺庙管理委员会称号。

全国、全区、全市“三八红旗手”

（一）获得全国、全区、全市“三八红旗手”个人称号

全国2022年度三八红旗手：

德庆玉珍：拉萨海雕视角教育咨询有限公司创始人

自治区2022年度三八红旗手：

索朗曲珍：拉萨市雄色寺管委会副主任

格央拉：萨市人民医院妇产科妇科主任

卓玛拉萨：安桥家政服务有限责任公司法人

格桑央金：拉萨市尼木县卡如乡赤朗村妇联主席

康多：拉萨市林周县阿朗乡嘎列村党支部书记

普珍：拉萨江苏中学思政处副主任

（二）获得全国、全区、全市“三八红旗手”集体称号

全国2022年度三八红旗集体：

拉萨特殊教育学校

自治区2022年度三八红旗集体：

拉萨市行政审批和便民服务局

拉萨市曲水县四李吉祥村

民族团结进步奖的集体和个人

拉萨市民族团结进步模范集体（118个）

（一）城关区（7个）

中共八廓街道工作委员会、八廓街道办事处

中共夺底街道工作委员会、夺底街道办事处

蔡公堂街道恩惠苑社区居委会

嘎玛贡桑街道俄杰塘社区居委会

功德林街道幸福社区居委会

吉崩岗街道木如社区居委会

金珠西路街道当巴社区居委会

（二）堆龙德庆区（6个）

中共乃琼街道工作委员会、乃琼街道办事处

乃琼街道色玛社区居委会

羊达街道羊达社区居委会

德庆镇德庆村村委会

古荣镇嘎冲村村委会

马镇常木村村委会

（三）达孜区（7个）

中共德庆镇委员会、德庆镇人民政府

中共唐嘎乡委员会、唐嘎乡人民政府

雪乡扎西岗村村委会
章多乡恰村村委会
邦堆乡林阿村村委会
塔杰乡塔杰村村委会
德庆镇新仓村村委会

（四）墨竹工卡县（7个）

中共日多乡委员会、日多乡人民政府
中共扎西岗乡委员会、扎西岗乡人民政府
门巴乡达珠村村委会
尼玛江热乡宗雪村村委会
日多乡拉龙村村委会
唐加乡东布岗村村委会
扎雪乡扎雪村村委会

（五）林周县（7个）

中共强嘎乡委员会、强嘎乡人民政府
中共唐古乡委员会、唐古乡人民政府
松盘乡白定村村委会
强嘎乡连布村村委会
卡孜乡卡孜村村委会
春堆乡春堆村村委会
阿朗乡布岗村村委会

（六）尼木县（7个）

中共帕古乡委员会、帕古乡人民政府
中共塔荣镇委员会、塔荣镇人民政府
续迈乡尼续村村委会
帕古乡帕古村村委会
塔荣镇塔荣村村委会
普松乡普松村村委会
尼木乡聂玉村村委会

（七）当雄县（7个）

中共龙仁乡委员会、龙仁乡人民政府
中共宁中乡委员会、宁中乡人民政府
羊八井镇桑巴萨社区居委会
格达乡央热村村委会
公塘乡巴嘎当村村委会
龙仁乡龙仁村村委会
乌玛塘乡郝如村村委会

（八）曲水县（7个）

中共茶巴拉乡委员会、茶巴拉乡人民政府
中共南木乡委员会、南木乡人民政府
曲水镇茶巴朗村村委会
聂当乡德吉村村委会
南木乡江村村委会
达嘎镇其奴村村委会
才纳乡才纳村村委会

（九）拉萨经济技术开发区（3个）

拉萨经济技术开发区管理委员会
西藏甘露藏药股份有限公司
西藏天地绿色饮品发展有限公司

（十）柳梧新区（3个）

柳梧新区管理委员会
康乐社区居委会
西藏觉醒文化传播有限公司

（十一）西藏文化旅游创意园区（3个）

西藏文化旅游创意园区管理委员会
同心苑社区居委会
西藏铜盾保安服务有限公司

（十二）市直机关工委（7个）

市纪委
市委组织部
市委党校（市行政学院）
团市委
市税务局
市财政局
市民委

（十三）略

（十四）市森林消防大队（1个）

市森林消防大队

（十五）市委老干部局（3个）

市人大常委会机关退休党支部
曲水县驻拉萨退休党总支
市政府驻成都办事处安居苑退休人员支部

（十六）市工商联（4个）

西藏宏发集团
西藏明室文化传播有限公司（醍醐）
西藏藏建科技股份有限公司
西藏安牧多实业有限公司

（十七）市教育局（6个）

市第八中学
拉萨北京实验中学

市江苏实验幼儿园
堆龙德庆区中学
达孜区中心小学
当雄县中学

（十八）市公安局（6个）

市公安局城关公安分局
市公安局指挥中心
市公安局反恐怖工作办公室
市公安局特警支队排爆安检大队
市公安局城关公安分局布达拉宫广场便民警务站
市公安局佛学院派出所

（十九）市卫健委（2个）

市妇幼保健院
当雄县人民医院

（二十）市政府国资委（1个）

市政投建设项目代建管理有限公司

（二十一）市宗教局（5个）

城关区小昭寺
墨竹工卡县直孔替寺
曲水县雄色寺
当雄县嘎洛寺
林周县热振寺

（二十二）援拉医疗队（11个）

北京市援助拉萨医疗队
江苏省援助拉萨医疗队
重庆市援助拉萨医疗队
浙江省援助拉萨医疗队
湖南省援助拉萨医疗队
湖北省援助拉萨医疗队
辽宁省援助拉萨医疗队
甘肃省援助拉萨医疗队
四川大学华西第二医院
西藏自治区人民政府驻成都办事处医院
西藏民族大学附属医院

（二十三）市模范区专项组办公室（5个）

市委宣传部
市科技局
市水利局
市青年志愿者协会青年志愿救援队
甘丹寺

2022年拉萨市民族团结进步模范个人（172名）

（一）城关区（18名）

旦增塔杰 城关区委统战部民委专干
仁增多吉 功德林街道雪社区党总支副书记、主任
边巴次仁 两岛街道甲玛林卡社区居委会工作人员
李光华 金珠西路街道八一社区居民
索朗江村 八廓街道鲁固社区党支部副书记、居委会主任
拉穷 吉崩岗街道热木其社区党总支书记
顿珠多吉 扎细街道办事处党支部宣传委员
索朗次仁 嘎玛贡桑街道俄杰塘社区居委会文教卫生委员
德央 蔡公堂街道蔡村村委会工作人员
次仁玉珍 夺底街道桑伊社区党总支副书记
索朗扎西 娘热街道阿坝林卡社区居委会统战委员
尼珍 纳金街道纳金村村民
周虎山 八廓街道八廓社区个体工商户
拉堆布 吉日街道铁崩岗社区双联户户长
洛桑土旦 拉萨城发实业集团有限公司总经理
尼玛 西藏宏发集团董事长
索朗 朗赛建筑有限公司董事长
洛桑顿珠 嘎吉林建筑有限公司常务副总经理

（二）堆龙德庆区（14名）

格桑卓玛 德庆镇德庆村村民
巴桑 东嘎施工队法人
江白 东嘎街道东嘎社区党委书记
洛桑尼玛 古荣镇加入村4组组长
普布顿珠 马镇马村党总支副书记、村委会主任
杨国胜 西藏国勋广告有限公司法人
杨凯 堆龙川菜第一家负责人
李生龙 西藏藏地吉龙农业开发有限公司总经理
全栋 西藏高争建材股份有限公司副经理
多吉次仁 乃琼街道加木村村委会副主任
扎西 原乃琼街道波玛村党委书记

边巴卓玛　羊达街道通嘎社区环卫工
强巴卓嘎　羊达街道羊达社区联户长
马克力木　马克工贸有限公司总经理

（三）达孜区（7名）

吉　吉　唐嘎乡穷达村村民
白玛曲珍　雪乡雪普村村民
普布卓嘎　德庆镇德庆村村民
拉　姆　章多乡恰村纯净生态农牧民种植专业合作社社员
旦增罗布　塔杰乡塔杰村党委书记、村委会主任
高友乾　西藏金麦穗农业科技发展有限公司中级焊工
格桑次仁　德庆镇白纳村岗日霓霞农牧民施工队法人

（四）墨竹工卡县（12名）

陈昌浩　墨竹工卡县人民医院医疗集团副院长（江苏援藏）
格桑卓嘎　日多乡安多扎西批发店法人
马奴哈　四海超市家电部法人
熊志军　门巴乡鑫旺汽修部法人
刚　组　县城投公司环卫工
许正海　甲玛乡孜孜荣村村民
洛　桑　门巴乡仁多岗村村委会民族宗教委员
金　昂　尼玛江热乡宗雪村村民
巴　桑　日多乡念村党支部副书记、村委会主任
颜秀东　唐加乡东布岗村村民
土旦白姆　扎西岗乡扎西岗村村民
益西曲珍　福建省南平市建阳区气象局党办主任、四级主任科员（扎雪乡龙珠岗村）

（五）林周县（11名）

扎西平措　甘旦曲果镇朱加村村民
土旦次仁　甘旦曲果镇久荣村党总支书记、乡村振兴专干
央　金　江热夏乡拉顶村党支部副书记、村委会主任、妇联主席
洛　亚　松盘乡岗巴村村民
公　布　强嘎乡强嘎村村民
琼琼玛强　嘎乡典冲村村民
多　吉　唐古乡恰扎村党总支书记、村委会主任
琼吉措姆　唐古乡江多村村委会乡村振兴专干
阿旺卓嘎　唐古乡江多村村民
普布扎西　普巴图广告公司法人
郑树心　方圆科技法人

（六）尼木县（8名）

马安阳　尼木县农业农村局党组成员、副局长，尼木乡日措村第一书记
罗布卓玛　时代理发店理发师
斯　曲　普松乡曲水村村民
扎　央　续迈乡河东村党总支书记
土旦江参　卡如乡卡如村1组组长
达瓦吉宗　塔荣镇林岗村村委会农牧科技专干
于连海　麻江乡鑫旺超市法人
王　博　中铁二十一局集团拉日高速八标项目部项目专职副书记

（七）当雄县（10名）

桑　姆　拉丹鲁琼茶馆法人
斯曲卓玛　康鑫饭店法人
卓　嘎　达杰茶馆法人
索朗杰布　纳木湖乡色德村党总支副书记、村委会主任
罗　日　纳木湖乡恰嘎村党总支副书记、村委会主任
伟　色　鲁登罗桑商品混凝土搅拌站专业合作社总经理
其美旺姆　岗嘎卓玛民族服装缝纫专业合作社法人
罗高厚　富民矿业有限公司常务副总经理
陈晓琳　县工商联副主席、羊易地热电站有限公司总经理
次旦多吉　时代建筑施工专业合作社法人、总经理

（八）曲水县（9名）

益西卓嘎　仁旺茶馆法人
朱登辉　达嘎镇其奴村民族团结超市法人
王成程　拉萨大昭青稞食品有限公司总经理
次仁卓嘎　茶巴拉乡茶巴拉村村民
洛桑曲旦　南木乡南木村村民
舒小春　达嘎镇其奴村村民

李绍红 曲水镇曲水村村民

扎 西 聂当乡热堆村村民

赵青湖 才纳乡协荣村村民

(九)拉萨经济技术开发区(6名)

杨建昌 国家税务总局西藏拉萨经济技术开发区税务局党委书记、局长

次仁康珠 德吉康萨社区居民

多杰康珠 德吉康萨社区居委会监督委员

沈世雄 西藏月王药诊生态藏药科技有限公司质量负责人

王 栋 西藏娃哈哈食品有限公司党支部书记、办公室主任

王世全 西藏高原之宝牦牛乳业股份有限公司董事长

(十)柳梧新区(8名)

吴雨初 西藏牦牛博物馆创馆馆长、荣誉馆长

德吉曲珍 西藏觉醒文化传播有限公司副总经理

陈 泠 西藏盛世禧利文化发展有限公司董事长兼总经理、北京建藏援藏工作者协会副秘书长兼西藏工作站站长

格桑央宗 柳梧街道桑达村村民

尼玛玉珍 柳梧达东乡村民俗文化旅游有限公司达东林卡区域组长

曲 吉 城投大地幼儿园厨师

穷 达 柳梧街道柳梧村党委副书记、村委会主任

贾 强 柳梧街道柳梧村车队队长

(十一)西藏文化旅游创意园区(2名)

旦增曲扎 慈觉林村扎贡茶馆法人

巴桑卓嘎 慈觉林村联户长

(十二)市直机关工委(10名)

施龙江 市委常委办主任

赵 东 市委党史办副主任

李 川 市人社局公共职业技能实训中心九级职员

宋廷坚 市畜牧兽医总站站长、兽医师

徐 莎 市纪委监委组织部副部长

周泽翔 市公安局交警支队城北大队三级警长

巴桑卓嘎 市司法局阳光公证处初级职称

次 珍 市气象局气象台副台长、副高级工程师

相 辉 色拉寺管委会党组成员、副主任

次 珍 市公安局城关分局广场派出所副所长、四级高级警长

(十三)拉萨警备区(3名)

任宝荣 拉萨警备区上尉参谋

洛桑次成 77561部队62分队上尉政治指导员

旦增多吉 77561部队30分队计划财务股少校股长

(十四)市消防救援支队(3名)

李 峰 柳梧新区消防救援大队大队长、三级指挥长

赵剑楠 城关区消防救援大队新藏大路消防救援站三级消防士

仁青曲达 市消防救援支队哲蚌寺大队政治教导员、三级指挥长

(十五)市森林消防大队(1名)

尼玛次仁 市森林消防大队二中队中队长、三级指挥员

(十六)市委统战部(2名)

旦巴旺秋 市人民医院主治医师

丹增玉珍 市发改委产业科副主任、三级主任科员

(十七)市委老干部局(3名)

土 登 原尼木县兽医站站长

索 朗 原市中级人民法院纪检监察室主任

向祥祖 原市润通商贸有限公司(原市肉食品公司)党支部书记

(十八)市工商联(3名)

伦 珠 市雅杰商贸有限公司总经理

尼玛次仁 西藏明泽企业管理咨询有限公司总经理

拉巴赤列 西藏圣信工贸有限公司董事长

(十九)市教育局(5名)

次 珍 城关区纳金小学学生、少先队员

巴桑卓嘎 堆龙德庆区姜昆黄小勇希望小学副校长、小教一级

王波鸿 拉萨江苏实验中学学校办干事、中教一级

于 杰 市第二中等职业技术学校政工人事

处主任、讲师

永　　措　市第七中学教师、中教一级

（二十）市公安局（6 名）

贾振林　市公安局执法监督支队三级警长

张芮源　市公安局监所管理支队三级警长

杨　　鑫　市公安局城关分局夺底派出所三级警长

土旦念扎　当雄县公安局四级高级警长

郑旭铭　八廓古城公安局吉崩岗派出所恰彩岗便民警务站三级警长

马叶林　达孜区公安局一级警员

（二十一）市政府国资委（3 名）

朱久远　市暖心燃气热力有限公司工程建设部主管

土旦达瓦　市暖心燃气热力有限公司技术安全部科长

赵　　丹　市暖心燃气热力有限公司行政部经理

（二十二）市宗教局（6 名）

边巴玉珍　市宗教局藏传佛教科二级主任科员

柏　　强　楚布寺管委会办公室主任

索朗平措　自治区佛协副秘书长、市佛协副会长（常务理事）、甘丹寺管委会常务副主任

洛　　桑　自治区佛协理事、城关区功德林寺管委会副主任

平措坚参　市佛协理事、大昭寺管委会副主任

拉　　巴　自治区佛协理事、市人大代表、楚布寺管委会副主任

（二十三）北京市支援合作工作领导小组西藏拉萨指挥部（9 名）

李　　峥　城关区委常务副书记、常务副区长

史运德　堆龙德庆区委常务副书记、常务副区长

闫　　涛　当雄县委常务副书记、常务副县长

李明杰　尼木县委常务副书记、常务副县长

王雨佳　北京市支援合作工作领导小组西藏拉萨指挥部宣传联络部专职干部

梁　　新　拉萨北京实验中学副校长、中教高级

赵浩凯　市人民医院办公室主任

庄海舟　北京市援助拉萨医疗队队员

杨　　帆　北京市援助拉萨医疗队队员

（二十四）江苏省对口支援西藏拉萨市前方指挥部（9 名）

施勇君　墨竹工卡县委常务副书记、常务副县长

韦国岭　林周县委常务副书记、常务副县长

许俊超　达孜区委常委、副区长

刘　　军　柳梧新区党工委委员、管委会副主任

姚　　敏　达孜区人民医院常务副院长、主任护师

尹鹿鸣　布达拉旅游文化集团有限公司党委委员、副总经理

汤　　英　市第一中学校长助理、中教高级

刘玉平　江苏省援助拉萨医疗队队员

沈　　瀚　江苏省援助拉萨医疗队队员

（二十五）市模范区专项组办公室（4 名）

丹臻群佩　清华大学博士生、中华口述历史研究会副秘书长、自治区青联委员

普布旦增　市纪委监委第四派驻纪检监察组副组长、四级调研员

其美江才　市委宣传部宣传教育科科长

许维纳　市委统战部民族宗教科一级主任科员

2022年拉萨市民族团结进步模范家庭（30户）

巴桑卓嘎　市群众文化体育中心管理九级

巴桑德吉　市委统战部副部长

梁学玺　市委网信办大数据中心主任

格桑卓玛　市税务局二级主办

李文华　市气象局副高级工程师

强巴次仁　市畜牧兽医总站副站长、兽医师

向红兵　市公安局特警支队三级警长

达瓦桑布　市总工会权益保障部副部长

措　　西　市中级人民法院四级主任科员

吴　　玲　市人社局工资福利科二级主任科员

扎西央珍　市审计局四级调研员

尼玛扎西　市税务局二级主办

仓　　曲　市行政审批和便民服务局后勤主任

拉巴卓玛　曲水县曲水镇曲水村村民

白　　玛　柳梧新区康乐居委会居民

益西卓嘎　林周县中心幼儿园幼教、员级

王 江 太　林周县政府后勤服务中心中级工人

次仁曲珍　尼木县次曲建筑装饰装修有限公司法人

米玛央吉　城关区两岛街道甲玛林卡社区居委会统战委员

洛桑央金　城关区八廓街道白林社区居委会监督委员

次仁玉珍　堆龙德庆区公安局法制科四级警长

王 玲 玲　堆龙德庆区人民医院院感科主任、主管护师

达瓦扎西　墨竹工卡县扎雪乡格老窝村村民

加边多吉　墨竹工卡县门巴乡德仲村村委会监督委员

罗　　桑　拉萨综合保税区产业服务中心副主任

格桑曲珍　尼木县塔荣镇塔荣村妇联主席

土旦念扎　当雄县公安局团结路警务站教导员、四级高级警长

西热桑布　当雄县公安局党委委员、副局长、宁中乡派出所所长

桑　　珠　当雄县乌玛塘乡郭尼村牧民

次 德 吉　达孜区邦堆乡林阿村村民

拉萨市民族团结进步模范县（区）（7个）

城关区
达孜区
墨竹工卡县
尼木县
曲水县
当雄县
林周县

拉萨市民族团结进步模范单位（150个）

（一）机关（42个）

柳梧新区管理委员会
拉萨经济技术开发区管理委员会
市委办公室
市委宣传部
市委政法委
市政府办公室
市委党校（市行政学院）
市消防救援支队
市工商业联合会（总商会）
市残疾人联合会
市佛教协会
市税务局
市行政审批和便民服务局
市人力资源和社会保障局
市政府国有资产管理委员会
市卫生健康委员会
市民族事务委员会
市经济和信息化局
市交通运输局
市应急管理局
市审计局
市文化局
市医疗保障局
市体育局
市水利局
市儿童福利院
市公安局
市公安局城关公安分局
达孜区公安局
当雄县公安局
墨竹工卡县公安局
八廓古城公安局
市公安局柳梧新区公安分局
市公安局特警支队
市公安局交警支队
城关区委宣传部
林周县政协办公室
林周县委巡察办
当雄县委组织部
当雄县委宣传部
尼木县委统战部
曲水县行政审批和便民服务局

（二）乡镇（街道）（37个）

中共城关区吉日街道工作委员会、吉日街道办

事处

中共城关区功德林街道工作委员会、功德林街道办事处

中共城关区八廓街道工作委员会、八廓街道办事处

中共堆龙德庆区乃琼街道工作委员会、乃琼街道办事处

中共堆龙德庆区羊达街道工作委员会、羊达街道办事处

中共达孜区德庆镇委员会、德庆镇人民政府

中共达孜区邦堆乡委员会、邦堆乡人民政府

中共达孜区章多乡委员会、章多乡人民政府

中共达孜区雪乡委员会、雪乡人民政府

中共达孜区唐嘎乡委员会、唐嘎乡人民政府

中共墨竹工卡县工卡镇委员会、工卡镇人民政府

中共墨竹工卡县扎西岗乡委员会、扎西岗乡人民政府

中共墨竹工卡县唐加乡委员会、唐加乡人民政府

中共墨竹工卡县尼玛江热乡委员会、尼玛江热乡人民政府

中共曲水县达嘎镇委员会、达嘎镇人民政府

中共曲水县曲水镇委员会、曲水镇人民政府

中共曲水县才纳乡委员会、才纳乡人民政府

中共曲水县茶巴拉乡委员会、茶巴拉乡人民政府

中共曲水县南木乡委员会、南木乡人民政府

中共曲水县聂当乡委员会、聂当乡人民政府

中共尼木县吞巴镇委员会、吞巴镇人民政府

中共尼木县塔荣镇委员会、塔荣镇人民政府

中共尼木县麻江乡委员会、麻江乡人民政府

中共尼木县帕古乡委员会、帕古乡人民政府

中共尼木县尼木乡委员会、尼木乡人民政府

中共尼木县续迈乡委员会、续迈乡人民政府

中共尼木县普松乡委员会、普松乡人民政府

中共当雄县当曲卡镇委员会、当曲卡镇人民政府

中共当雄县龙仁乡委员会、龙仁乡人民政府

中共当雄县乌玛塘乡委员会、乌玛塘乡人民政府

中共当雄县宁中乡委员会、宁中乡人民政府

中共当雄县公塘乡委员会、公塘乡人民政府

中共当雄县格达乡委员会、格达乡人民政府

中共林周县松盘乡委员会、松盘乡人民政府

中共林周县卡孜乡委员会、卡孜乡人民政府

中共林周县唐古乡委员会、唐古乡人民政府

中共林周县阿朗乡委员会、阿朗乡人民政府

（三）村（社区）（21个）

城关区嘎玛贡桑街道俄杰塘社区居委会

城关区蔡公堂街道恩惠苑社区居委会

城关区吉日街道河坝林社区居委会

堆龙德庆区乃琼街道乃琼社区居委会

堆龙德庆区东嘎街道东嘎社区居委会

堆龙德庆区羊达街道羊达社区居委会

达孜区德庆镇德庆村村委会

达孜区邦堆乡林阿村村委会

达孜区唐嘎乡唐嘎村村委会

墨竹工卡县工卡镇塔巴村村委会

墨竹工卡县工卡镇工卡村村委会

柳梧新区柳梧街道达东村村委会

曲水县达嘎镇其奴村村委会

尼木县吞巴镇吞达村村委会

尼木县卡如乡卡如村村委会

尼木县续迈乡续迈村村委会

当雄县当曲卡镇当曲卡社区居委会

当雄县当曲卡镇曲登社区居委会

林周县强嘎乡强嘎村村委会

林周县甘旦曲果镇朗当村村委会

林周县唐古乡藏雄村村委会

（四）学校（22个）

市第一中等职业技术学校

市第二中等职业技术学校

市第二高级中学

市第三高级中学

市第四高级中学

市北京中学

拉萨北京实验中学

拉萨江苏实验中学

市第二中学

市第七中学

市第八中学

市江苏实验幼儿园

市特殊教育学校

城关区海城小学

城关区纳金中心小学
堆龙德庆区中学
堆龙德庆区姜昆黄小勇希望小学
达孜区中学
达孜区中心小学
曲水县聂当乡小学
当雄县中学
当雄县龙仁乡中心小学

（五）宗教活动场所（14个）

大昭寺
楚布寺
城关区小昭寺
城关区功德林寺
城关区下密院
堆龙德庆区马镇措麦寺
堆龙德庆区乃朗寺
墨竹工卡县曲龙寺
曲水县热堆寺
尼木县杰吉寺
林周县热振寺
林周县色康寺
林周县达龙寺
林周县毕龙寺

（六）部队（1个）

武警拉萨支队堆龙德庆中队

（七）企业（13个）

市城市建设投资经营有限公司
市净土产业投资开发集团有限公司
市暖心燃气热力有限公司
市交通产业集团有限公司
市政投建设项目代建管理有限公司
市公交运营有限公司
西藏圣安大酒店有限公司
西藏众源建材集团有限公司
西藏拉百商贸有限公司
西藏中保强盾保安有限公司
西藏天佑德青稞酒业有限公司
西藏雪山能源发展集团有限公司
西藏帮锦镁朵工贸有限公司

拉萨市民族团结进步模范大院（小区）（9个）

城关区吉日街道河坝林社区霍康大院
城关区吉日街道铁崩岗社区朗赛林大院
城关区八廓街道绕赛社区达果热赛大院
城关区八廓街道冲赛康社区玛康大院
城关区退休基地大院
城关区加措社区棚户区改造一期小区
城关区纳金街道尼盛峰誉小区
城关区金珠西路物华小区
自治区公安厅退休基地小区

2022年拉萨市受省部级以上表彰的先进集体一览表

表1

获奖单位	获奖名称	表彰时间	授予单位
市委组织部	2022年全国组织系统优秀信息一等奖	2022年	中央组织部
城关区八廓街道办事处	2021年度全国学雷锋志愿服务“四个100”先进典型	2022年	中央宣传部
市检察院第八检察部	全国检察机关“法治进校园”精品网课评选结果（《提升国家安全意识 增强国家安全使命 争做“神圣国土守卫者 幸福家园建设者”》）	2022年	最高检
市法院行政庭	全国法院行政审判先进集体	2022年	最高法
市总工会	2022年全国工会职工书屋示范点	2022年	全国总工会
中国电信集团有限公司拉萨分公司	广场营业厅爱心驿站 最美户外劳动者服务站点	2022年	全国总工会
拉萨市实验小学	全国优秀少先队大队部	2022年	共青团中央、全国少工委
拉萨师范高等专科学校19级思政2班团支部	2020—2021学年高校活力团支部	2022年	共青团中央
拉萨市关心下一代联络服务中心	全国青少年普法教育先进集体	2022年	中国关心下一代工作委员会、中央政法委、司法部、共青团中央
市检察院第八检察部	全国维护妇女儿童权益先进集体称号	2022年	全国妇联
市妇联	全国家庭工作先进集体	2022年	全国妇联
城关区工商业联合会	全国“五好”标杆县级工商联	2022年	全国工商联
西藏拉萨市公共安全服务有限公司	第五届全国先进保安服务公司	2022年	公安部、全国总工会、共青年团中央
西藏拉萨市公共安全服务有限公司	全国先进保安服务公司	2022年	公安部、全国总工会、共青年团中央
城关公安分局	全国优秀公安局	2022年	公安部
市公安局禁毒支队	全国优秀公安基层单位	2022年	公安部
市公安局当巴派出所	全国优秀公安基层单位	2022年	公安部
当雄县公安局乌玛塘乡派出所	全国公安机关爱民模范集体	2022年	公安部
市公安局治安管理支队	集体一等功	2022年	公安部
城关公安分局	全国优秀公安局	2022年	公安部
城关公安分局广场派出所	集体一等功	2022年	公安部
曲水县	第三批国家农业绿色发展先行区	2022年	农业农村部、国家发展改革委、科技部、财政部、自然资源部、生态环境部、水利部、国家林草局

续表1

获奖单位	获奖名称	表彰时间	授予单位
城关区农业农村局	城关区现代农业产业园认定为第四批国家级现代农业产业园	2022年	农业农村部、财政部
曲水县	国家农业现代化示范区	2022年	农业农村部
拉萨市第一小学	八一爱民学校	2022年	教育部、中央军委政治工作部、全国双拥工作领导小组
墨竹工卡县尼玛江热乡中心小学	第三批乡村温馨校园	2022年	教育部
拉萨市实验幼儿园	经典诵读“祖国，一首唱不完的恋歌”	2022年	教育部
市水利局（拉萨市水土保持监测站）	全国水土保持工作先进集体	2022年	水利部
曲水县司法局	全国司法行政系统先进集体	2022年	司法部、人社部
市司法局	全国司法行政机关2021年国家统一法律职业资格考试工作表现突出单位	2022年	司法部
市民政局	全国社会救助工作先进单位	2022年	民政部
市科技局	全国科技管理系统先进集体	2022年	人力资源社会保障部、科技部
市广播电视局	全国新闻出版广播影视系统先进集体	2022年	人力资源社会保障部、国家广播电视总局、国家新闻出版署
市林草局	全国林草系统先进集体	2023年	人力资源社会保障部、国家林草局
市信访局	全国信访系统先进集体	2022年	人力资源社会保障部、国家信访局
城关区吉日街道八朗学社区	国家级充分就业社区	2022年	人力资源和社会保障部
拉萨市交通运输局	交通运输部办公厅关于公布2021年交通运输综合执法检查结果先进集体	2022年	交通运输部
尼木县	中国民间文化艺术之乡	2022年	文化和旅游部
市文化局	全国文化和旅游系统“七五”普法先进单位	2022年	文化和旅游部
市文化局	全国文化和旅游系统“七五”普法优秀个人	2022年	文化和旅游部
林周县文化和旅游（文物）局	国家级非物质文化遗产代表性项目——卓舞（热振曲卓）	2022年	文化和旅游部
市自然资源局	2022年全国自然资源信访工作业绩突出单位	2023年	自然资源部
城关区信访局	中央信访联席会议办公室、国家信访局“关于全国信访工作示范县（市、区、旗）创建情况的通报”	2022年	国家信访局
市市监局	2021年度全国知识产权保护成绩突出集体	2022年	国家知识产权局
市气象局	全国气象工作先进单位	2022年	中国气象局
市文化局	2022年全国“扫黄打非”先进集体	2022年	全国“扫黄打非”工作小组办公室

续表1

获奖单位	获奖名称	表彰时间	授予单位
市统计局	第七次全国人口普查先进集体	2022年	国务院第七次人口普查领导小组
市自然资源局	第三次全国国土调查先进集体	2022年	国务院第三次全国国土调查领导小组办公室、自然资源部
市科协	2021年科普中国信息员队伍建设优秀组织单位	2022年	中国科学技术协会
市市场监督管理局	2020—2021年度消费维权先进集体	2022年	中国消费者协会
市委组织部	西藏自治区民族团结进步模范集体	2022年	自治区党委、自治区政府
市信访局	西藏自治区重大活动先进集体	2022年	自治区党委、自治区政府
市行政审批和便民服务局	西藏自治区民族团结进步模范单位	2022年	自治区党委、自治区政府
市纪委监委	西藏自治区民族团结进步模范集体	2022年	自治区党委、自治区政府
市委政法委	2021年全区社会治安综合治理工作第一名	2022年	自治区党委、自治区政府
市委政法委	全区“双联户”创建活动先进（地）市	2022年	自治区党委、自治区政府
拉萨市	2021年度全区农牧民增收先进地市	2022年	自治区党委、自治区政府
拉萨市农业农村局	2021年度全区农村集体产权改革先进地市	2022年	自治区党委、自治区政府
市人社局	西藏自治区就业创业工作先进集体	2022年	自治区党委、自治区政府
城关区教育局	自治区民族团结进步模范单位	2022年	自治区党委、自治区政府
市文化局	先进个人	2022年	自治区党委、自治区政府
布达拉宫广场管理处	西藏自治区重大活动“先进集体”称号	2022年	自治区党委、自治区政府
拉萨经开区管委会	西藏自治区就业创业工作先进集体	2022年	自治区党委、自治区政府
拉萨经开区高校毕业生就业创业工作领导小组办公室	西藏自治区就业创业工作先进集体称号	2022年	自治区党委、自治区政府
西藏文化旅游创意园区管委会	西藏自治区民族团结进步模范集体奖	2022年	自治区党委、自治区政府
拉萨市城市建设投资经营有限公司	西藏自治区就业创业工作先进集体	2022年	自治区党委、自治区政府
拉萨市净土产业投资开发集团有限公司	2022年西藏自治区民族团结进步模范集体	2022年	自治区党委、自治区政府
城关区城市管理和综合执法局（城关区交通运输局）	西藏自治区重大活动“先进集体”称号	2022年	自治区党委、自治区政府
布达拉宫广场管理处	先进集体	2022年	自治区党委、自治区政府
城关区教育局	自治区民族团结进步模范单位	2022年	自治区党委、自治区政府
城关区人力资源和社会保障局	西藏自治区就业创业工作先进集体	2022年	自治区党委、自治区政府

续表1

获奖单位	获奖名称	表彰时间	授予单位
城关区吉日街道办事处	西藏自治区民族团结进步模范集体	2022年	自治区党委、自治区政府
林周城镇化建设投资发展集团有限公司	西藏自治区就业创业工作先进集体	2022年	自治区党委、自治区政府
尼木县塔荣镇人民政府	西藏自治区就业创业工作先进集体	2022年	自治区党委、自治区政府
尼木县吞巴镇吞普村	2022年区市县“先进双联户”集体	2023年	自治区党委、自治区政府
市水利局	西藏自治区强基惠民优秀派驻单位	2022年	自治区党委
拉萨市第三高级中学	全区教育工作先进集体	2022年	自治区政府
拉萨市第四高级中学	全区教育工作先进集体	2022年	自治区政府
拉萨市城关区第十八幼儿园	第二批自治区级民族团结进步模范单位	2022年	自治区政府
墨竹工卡县尼玛江热乡中心小学	全区教育工作先进集体	2022年	自治区政府
墨竹工卡县唐加乡拉东村双语幼儿园	疫情防控工作集体	2022年	自治区政府
达孜区中心小学	全区教育工作先进集体	2022年	自治区政府
堆龙德庆区马镇中心小学	全区教育系统先进集体	2022年	自治区政府
曲水县聂当乡小学	全区教育工作先进集体	2022年	自治区政府
当雄县羊八井镇中心小学	全区教育工作先进集体	2022年	自治区政府
尼木县中心幼儿园	全区教育工作先进集体	2022年	自治区政府
拉萨市柳梧初级中学	全区教育工作先进集体	2022年	自治区政府
拉萨市考试中心	全区教育工作先进集体	2022年	自治区政府
拉萨市城关区第十八幼儿园	自治区级民族团结进步模范单位	2022年	自治区政府
拉萨市城关区第十八幼儿园	民族团结进步模范单位	2022年	自治区政府
城关区八廓街道办事处	西藏自治区生态文明建设示范区	2022年	自治区政府
城关区八廓街道办事处	西藏自治区重大活动先进集体	2022年	自治区政府
林周县春堆乡人民政府	西藏自治区生态文明建设示范乡（第一批）	2022年	自治区政府
林周县春堆乡人民政府	2022年拉萨市民族团结进步模范集体	2022年	自治区政府

说明：由于各单位资料提供不全，可能有遗漏

2022年拉萨市受省部级以上表彰的先进个人一览表

表2

姓名	性别	民族	工作单位	获奖名称	表彰时间	授予单位
宋晓婧	女	汉族	市教育局	全国“人民满意公务员”	2022年	中共中央、国务院
仁青多吉	男	藏族	市纪委监委	全国纪检监察系统嘉奖	2022年	中央纪委国家监委
王海洋	男	汉族	市委老干部局	“最美基层高校毕业生”	2022年	中央宣传部、人力资源社会保障部
龚爱珍	女	藏族	市检察院	全国检察机关信息工作表现突出个人	2022年	最高检
黄飞强	男	汉族	市法院	全国法院先进个人	2022年	最高法
次拉	女	藏族	城关区人民法院	人民法院行政审判工作先进个人	2022年	最高法
刘应	男	汉族	拉萨江苏实验中学	全国优秀少先队辅导员	2022年	共青团中央、教育部、全国少工委
郝一男	女	汉族	市委组织部	全国最美家庭	2022年	全国妇联
琼达	女	藏族	城关区嘎玛贡桑街道统建社区居委会	全国五好家庭	2022年	全国妇联
洛桑曲吉	女	藏族	林周县强嘎乡人民政府	全国最美家庭	2022年	全国妇联
达珍	女	藏族	市公安局国内安全保卫支队境外非政府组织管理办公室	全国公安政治安全工作先进个人	2022年	公安部
邓珠旺姆	女	藏族	城关公安分局广场派出所	全国特级优秀人民警察	2022年	公安部
季昆	男	汉族	市公安局国内安全保卫支队	全国优秀人民警察、全国二级英模	2022年	公安部
次仁尼玛	男	藏族	市公安局情报信息研判中心	全国优秀人民警察	2022年	公安部
杨雪军	男	汉族	市公安局刑警支队四大队	全国优秀人民警察	2022年	公安部
冷小东	男	汉族	城关公安分局公德林派出所拉鲁三组便民警务站	全国优秀人民警察	2022年	公安部
邓珠旺姆	女	藏族	城关公安分局	全国特级优秀人民警察	2022年	公安部
张军科	男	汉族	城关公安分局	全国公安系统二级英雄模范	2022年	公安部
扎慈	男	藏族	城关公安分局	全国公安机关疫情防控成绩突出个人	2022年	公安部
罗布旺堆	男	藏族	市社会福利院	全国养老服务先进个人	2022年	民政部
尼玛次仁	男	藏族	城关区嘎玛贡桑街道嘎玛贡桑社区居委会	全国先进基层群众性自治组织、全国优秀城乡社区工作者·全国优秀社区主任	2022年	民政部
普布卓玛	女	藏族	城关区妇女联合会	全国妇联系统先进工作者	2022年	人力资源和社会保障部、全国妇联

续表2

姓名	性别	民族	工作单位	获奖名称	表彰时间	授予单位
达瓦次仁	男	藏族	市司法局	全国司法行政机关2021年国家统一法律职业资格考试工作表现突出个人	2022年	人力资源社会保障部、司法部
索朗次仁	男	藏族	市人社局	全国人力资源社会保障系统先进工作者	2023年	人力资源社会保障部
索朗顿珠	男	藏族	市自然资源局	2022年全国自然资源信访工作业绩突出个人	2023年	自然资源部
鲁　涛	男	汉族	市自然资源局	2022年度全国水土保持工作先进个人	2023年	水利部
阿旺拉姆	女	藏族	市司法局阳光公证处	全国司法行政系统劳动模范	2022年	司法部
普　珍	女	藏族	市融媒体中心	“金声奖”中被评为优秀电视播音员主持人	2022年	国家广播电视总局
郑培利	男	汉族	市信访局	全国信访系统优秀督查员	2022年	国家信访局
尼玛次仁	男	藏族	市统计局	第七次全国人口普查先进个人	2022年	国务院第七次全国人口普查领导小组
全余秀	女	汉族	城关区统计局	第七次全国人口普查先进个人	2022年	国务院第七次全国人口普查领导小组
次　白	女	藏族	城关区第二幼儿园分园第二十七幼儿园	2022年全国师生信息素养提升实践活动第二十六届教师活动研讨作品	2022年	中央电化教育馆
仁旦旺姆	女	藏族	城关区第十幼儿园	《毛毛虫变蝴蝶》幼儿教育组微课“研讨作品”	2022年	中央电化教育馆
冯　理	男	汉族	城关区第十幼儿园	《伟大的祖国》幼儿教育组课件“典型作品”	2022年	中央电化教育馆
尼玛顿珠	男	藏族	市藏语委办（编译局）	西藏自治区重大活动“先进个人”称号	2022年	自治区党委、自治区政府
袁廷奎	男	汉族	市纪委监委	西藏自治区重大活动“先进个人”	2022年	自治区党委、自治区政府
张增民	男	汉族	市税务局	西藏自治区民族团结进步模范个人	2022年	自治区党委、自治区政府
吴　玲	女	汉族	市人社局	西藏自治区民族团结进步模范个人	2022年	自治区党委、自治区政府
董诗文	男	汉族	拉萨市江苏实验幼儿园	西藏自治区民族团结进步模范个人	2022年	自治区党委、自治区政府
普布扎西	男	藏族	拉萨经开区管委会	西藏自治区就业创业工作“先进个人”称号	2022年	自治区党委、自治区政府
平措旺堆	男	藏族	拉萨经开区德吉康萨社区	西藏自治区民族团结进步模范个人	2022年	自治区党委、自治区政府
国　吉	男	藏族	市公交运营有限公司	西藏自治区重大活动“先进个人”	2022年	自治区党委、自治区政府
王　静	女	汉族	城关区人力资源和社会保障局	西藏自治区重大活动“先进个人”	2022年	自治区党委、自治区政府
李　峰	男	藏族	城关区消防救援大队	西藏自治区民族团结进步模范个人	2022年	自治区党委、自治区政府
次仁朗杰	男	藏族	城关区八廓街道办事处	西藏自治区就业创业工作先进个人	2022年	自治区党委、自治区政府

续表2

姓名	性别	民族	工作单位	获奖名称	表彰时间	授予单位
益　　巴	男	藏族	林周县委组织部	西藏自治区重大活动“先进个人”	2022年	自治区党委、自治区政府
何利芬	女	汉族	拉萨市北京中学	全区优秀教育工作者	2022年	自治区人民政府
平措卓嘎	女	藏族	拉萨市北京中学	全区优秀教师	2022年	自治区人民政府
次仁更才	男	藏族	拉萨市北京中学	全区模范班主任	2022年	自治区人民政府
刘　　杰	男	汉族	拉萨市北京中学	全区优秀教育援藏人才	2022年	自治区人民政府
刘　　凌	男	汉族	拉萨市北京中学	全区优秀教育援藏人才	2022年	自治区人民政府
陈　　晨	男	汉族	拉萨市北京中学	全区优秀教育援藏人才	2022年	自治区人民政府
唐　　焱	男	汉族	拉萨北京实验中学	全区中小学名师	2022年	自治区人民政府
曹小梅	女	汉族	拉萨北京实验中学	全区优秀教师	2022年	自治区人民政府
何长江	男	汉族	拉萨北京实验中学	全区模范班主任	2022年	自治区人民政府
次仁桑珠	男	藏族	拉萨北京实验中学	全区优秀教育工作者	2022年	自治区人民政府
徐夕锋	男	汉族	拉萨江苏实验中学	全区优秀教育援藏人才	2022年	自治区人民政府
黄燕鹏	女	汉族	拉萨江苏实验中学	全区优秀教育援藏人才	2022年	自治区人民政府
周林聪	男	汉族	拉萨江苏实验中学	全区优秀教育援藏人才	2022年	自治区人民政府
纪国昌	男	汉族	拉萨江苏实验中学	全区优秀教育援藏人才	2022年	自治区人民政府
王汝华	男	汉族	拉萨江苏实验中学	全区中小学名师	2022年	自治区人民政府
王波鸿	男	汉族	拉萨江苏实验中学	全区优秀教育工作者	2022年	自治区人民政府
德　　央	女	藏族	拉萨江苏实验中学	全区优秀教师	2022年	自治区人民政府
德吉桑姆	女	藏族	拉萨江苏实验中学	全区模范班主任	2022年	自治区人民政府
边巴次仁	男	藏族	拉萨市第二高级中学	全区优秀校长	2022年	自治区人民政府
格桑顿珠	男	藏族	拉萨市第二高级中学	全区模范班主任	2022年	自治区人民政府

续表2

姓名	性别	民族	工作单位	获奖名称	表彰时间	授予单位
扎西旺堆	男	藏族	拉萨市第二高级中学	全区优秀教师	2022年	自治区人民政府
匡东梅	女	汉族	拉萨市第三高级中学	全区优秀教师	2022年	自治区人民政府
次旺琼达	男	藏族	拉萨市第三高级中学	全区模范班主任	2022年	自治区人民政府
杨生娟	女	汉族	拉萨市第四高级中学	全区模范班主任	2022年	自治区人民政府
陆彭飞	男	汉族	拉萨市第四高级中学	全区优秀校长	2022年	自治区人民政府
扎西罗布	男	藏族	拉萨市第四高级中学	全区优秀教师	2022年	自治区人民政府
董刚	男	汉族	拉萨市第四高级中学	全区优秀教育工作者	2022年	自治区人民政府
贵桑朗珍	女	藏族	拉萨市特殊教育学校	全区优秀校长	2022年	自治区人民政府
巴桑卓玛	女	藏族	拉萨市特殊教育学校	全区模范优秀教师	2022年	自治区人民政府
多吉扎西	男	藏族	城关区教育局	全区优秀教育工作者	2022年	自治区人民政府
胡德荣	男	汉族	拉萨市第三中学	全区优秀教师	2022年	自治区人民政府
马桂兰	女	回族	拉萨市第一中学	全区优秀教师	2022年	自治区人民政府
郎杰	男	藏族	拉萨市第一中学	全区模范班主任	2022年	自治区人民政府
陈文博	男	汉族	拉萨市第一小学	全区中小学名校长	2022年	自治区人民政府
周县鸽	男	汉族	拉萨市第一小学	全区优秀教师	2022年	自治区人民政府
次央	女	藏族	拉萨市城关区第一幼儿园分园	全区优秀教师	2022年	自治区人民政府
吴建	女	汉族	西藏拉萨市城关区第十四幼儿园	全区中小学名师	2022年	自治区人民政府
洛桑曲珍	女	藏族	城关区白定小学	全区模范班主任	2022年	自治区人民政府
索朗德吉	女	藏族	拉萨市第八中学	西藏自治区优秀教师	2022年	自治区人民政府
米玛仓曲	女	藏族	拉萨市城关区第二幼儿园分园第二十七双语幼儿园	全区模范班主任	2022年	自治区人民政府
罗桑桑旦	男	藏族	墨竹工卡县尼玛江热乡小学中心小学	全区优秀校长	2022年	自治区人民政府
普布次仁	男	藏族	墨竹工卡县尼玛江热乡小学中心小学	西藏自治区乡村教师从教25年终身成就奖	2022年	自治区人民政府
次仁曲觉	男	藏族	墨竹工卡县尼玛江热乡小学中心小学	西藏自治区乡村教师从教25年终身成就奖	2022年	自治区人民政府
布穷	男	藏族	墨竹工卡县尼玛江热乡小学中心小学	西藏自治区乡村教师从教25年终身成就奖	2022年	自治区人民政府

续表2

姓名	性别	民族	工作单位	获奖名称	表彰时间	授予单位
大达瓦卓玛	女	藏族	墨竹工卡县尼玛江热乡小学中心小学	西藏自治区乡村教师从教25年终身成就奖	2022年	自治区人民政府
卓　嘎	女	藏族	墨竹工卡县门巴乡中心小学	西藏自治区乡村教师从教25年终身成就奖	2022年	自治区人民政府
次旦桑布	男	藏族	墨竹工卡县门巴乡中心小学	西藏自治区乡村教师从教25年终身成就奖	2022年	自治区人民政府
顿旦平措	男	藏族	墨竹工卡县门巴乡中心小学	西藏自治区乡村教师从教25年终身成就奖	2022年	自治区人民政府
央　措	男	藏族	墨竹工卡县门巴乡中心小学	西藏自治区乡村教师从教25年终身成就奖	2022年	自治区人民政府
平措顿旦	男	藏族	墨竹工卡县门巴乡中心小学	西藏自治区乡村教师从教25年终身成就奖	2022年	自治区人民政府
张小军	男	汉族	墨竹工卡县门巴乡中心小学	全区优秀教育工作者	2022年	自治区人民政府
查　亚	女	藏族	墨竹工卡县日多乡中心小学	西藏自治区乡村教师从教25年终身成就奖	2022年	自治区人民政府
卓　嘎	女	藏族	墨竹工卡县唐加中心小学	西藏自治区乡村教师从教25年终身成就奖	2022年	自治区人民政府
次旦念扎	男	藏族	墨竹工卡县唐加中心小学	西藏自治区乡村教师从教25年终身成就奖	2022年	自治区人民政府
巴　桑	男	藏族	墨竹工卡县唐加中心小学	西藏自治区乡村教师从教25年终身成就奖	2022年	自治区人民政府
尼玛次仁	男	藏族	墨竹工卡县唐加中心小学	西藏自治区乡村教师从教25年终身成就奖	2022年	自治区人民政府
索朗卓玛	女	藏族	墨竹工卡县唐加中心小学	西藏自治区乡村教师从教25年终身成就奖	2022年	自治区人民政府
珠　扎	男	藏族	墨竹工卡县唐加中心小学	西藏自治区乡村教师从教25年终身成就奖	2022年	自治区人民政府
巴　桑	女	藏族	墨竹工卡县唐加中心小学	西藏自治区乡村教师从教25年终身成就奖	2022年	自治区人民政府
格桑平措	男	藏族	墨竹工卡县唐加中心小学	西藏自治区乡村教师从教25年终身成就奖	2022年	自治区人民政府
次仁桑姆	女	藏族	墨竹工卡县扎西岗乡南京希望小学	西藏自治区乡村教师从教25年终身成就奖	2022年	自治区人民政府
益西次仁	男	藏族	墨竹工卡县扎西岗乡南京希望小学	西藏自治区乡村教师从教25年终身成就奖	2022年	自治区人民政府
达娃玉珍	女	藏族	墨竹工卡县扎西岗乡南京希望小学	西藏自治区乡村教师从教25年终身成就奖	2022年	自治区人民政府
阿　珠	男	藏族	拉萨市墨竹工卡县甲玛乡希望小学	西藏自治区乡村教师从教25年终身成就奖	2022年	自治区人民政府
格　尼	男	藏族	墨竹工卡县扎雪乡中心小学	西藏自治区乡村教师从教25年终身成就奖	2022年	自治区人民政府
贡嘎坚参	男	藏族	墨竹工卡县扎雪乡中心小学	西藏自治区乡村教师从教25年终身成就奖	2022年	自治区人民政府
格桑曲吉	女	藏族	墨竹工卡县门巴乡双语幼儿园	全区优秀教师	2022年	自治区人民政府

续表2

姓名	性别	民族	工作单位	获奖名称	表彰时间	授予单位
玛日央	女	回族	墨竹工卡县甲玛乡希望小学	全区优秀教师	2022年	自治区人民政府
格桑德吉	女	藏族	墨竹工卡县扎雪乡中心小学	全区模范班主任	2022年	自治区人民政府
旦增尼珍	女	藏族	墨竹工卡县南京实验小学	全区模范班主任	2022年	自治区人民政府
索朗尼玛	男	藏族	林周县阿朗乡中心小学	西藏自治区乡村教师从教25年终身成就奖	2022年	自治区人民政府
索朗尼玛	男	藏族	林周县阿朗乡中心小学	全区优秀校长	2022年	自治区人民政府
欧珠边巴	男	藏族	林周县阿朗乡中心小学	西藏自治区乡村教师从教25年终身成就奖	2022年	自治区人民政府
阿南	女	藏族	林周县阿朗乡中心小学	西藏自治区乡村教师从教25年终身成就奖	2022年	自治区人民政府
土旦	男	藏族	林周县松盘乡中心小学	西藏自治区乡村教师从教25年终身成就奖	2022年	自治区人民政府
尼玛仓确	女	藏族	林周县松盘乡中心小学	西藏自治区乡村教师从教25年终身成就奖	2022年	自治区人民政府
格桑占堆	男	藏族	林周县松盘乡中心小学	西藏自治区乡村教师从教25年终身成就奖	2022年	自治区人民政府
韩福跃	男	满族	林周县教育局	全区优秀教育工作者	2022年	自治区人民政府
平措达娃	男	藏族	林周县卡孜乡中心小学	西藏自治区乡村教师从教25年终身成就奖	2022年	自治区人民政府
阿旺次仁	男	藏族	林周县卡孜乡中心小学	西藏自治区乡村教师从教25年终身成就奖	2022年	自治区人民政府
巴桑顿珠	男	藏族	林周县春堆乡中心小学	西藏自治区乡村教师从教25年终身成就奖	2022年	自治区人民政府
拉巴次仁	男	藏族	林周县春堆乡中心小学	西藏自治区乡村教师从教25年终身成就奖	2022年	自治区人民政府
旦真	男	藏族	林周县春堆乡中心小学	西藏自治区乡村教师从教25年终身成就奖	2022年	自治区人民政府
边巴卓玛	女	藏族	林周县强嘎乡中心小学	全区优秀教师	2022年	自治区人民政府
旺久	男	藏族	林周县强嘎乡中心小学	西藏自治区乡村教师从教25年终身成就奖	2022年	自治区人民政府
罗布养培	男	藏族	林周县强嘎乡中心小学	西藏自治区乡村教师从教25年终身成就奖	2022年	自治区人民政府
普布达瓦	男	藏族	林周县强嘎乡中心小学	西藏自治区乡村教师从教25年终身成就奖	2022年	自治区人民政府
洛桑卓玛	女	藏族	林周县强嘎乡中心小学	西藏自治区乡村教师从教25年终身成就奖	2022年	自治区人民政府
达瓦次仁	男	藏族	林周县强嘎乡中心小学	西藏自治区乡村教师从教25年终身成就奖	2022年	自治区人民政府
卓嘎拉姆	女	藏族	林周县强嘎乡中心小学	西藏自治区乡村教师从教25年终身成就奖	2022年	自治区人民政府

续表2

姓名	性别	民族	工作单位	获奖名称	表彰时间	授予单位
拉巴顿珠	男	藏族	林周县边角林乡色康村幼儿园	西藏自治区乡村教师从教25年终身成就奖	2022年	自治区人民政府
拉巴旦增	男	藏族	林周县边角林乡平措林村幼儿园	西藏自治区乡村教师从教25年终身成就奖	2022年	自治区人民政府
土登扎西	男	藏族	林周县边角林乡中心小学	西藏自治区乡村教师从教25年终身成就奖	2022年	自治区人民政府
冲　　多	女	藏族	林周县边角林乡中心小学	西藏自治区乡村教师从教25年终身成就奖	2022年	自治区人民政府
索朗卓嘎	女	藏族	林周县边角林乡中心小学	西藏自治区乡村教师从教25年终身成就奖	2022年	自治区人民政府
益西卓玛	女	藏族	林周县中心幼儿园	全区模范班主任	2022年	自治区人民政府
巴桑次仁	男	藏族	林周县甘曲镇朗当村幼儿园	西藏自治区乡村教师从教25年终身成就奖	2022年	自治区人民政府
班　　旦	男	藏族	林周县甘曲镇久荣村幼儿园	西藏自治区乡村教师从教25年终身成就奖	2022年	自治区人民政府
仓　　决	女	藏族	林周县甘曲镇久荣村幼儿园	西藏自治区乡村教师从教25年终身成就奖	2022年	自治区人民政府
冲　　日	男	藏族	林周县甘曲镇朗当村幼儿园	西藏自治区乡村教师从教25年终身成就奖	2022年	自治区人民政府
洛桑群培	男	藏族	林周县江热夏乡拉定村幼儿园	西藏自治区乡村教师从教25年终身成就奖	2022年	自治区人民政府
米玛桑珠	男	藏族	林周县江热夏乡中心小学	西藏自治区乡村教师从教25年终身成就奖	2022年	自治区人民政府
边巴罗布	男	藏族	林周县江热夏乡中心小学	西藏自治区乡村教师从教25年终身成就奖	2022年	自治区人民政府
德　　琼	女	藏族	林周县江热夏乡中心小学	西藏自治区乡村教师从教25年终身成就奖	2022年	自治区人民政府
次仁达瓦	男	藏族	林周县江热夏乡中心小学	西藏自治区乡村教师从教25年终身成就奖	2022年	自治区人民政府
米玛措姆	女	藏族	林周县苏州小学	全区模范班主任	2022年	自治区人民政府
达娃次仁	男	藏族	林周县旁多乡中心小学	西藏自治区乡村教师从教25年终身成就奖	2022年	自治区人民政府
米玛次仁	男	藏族	林周县旁多乡中心小学	西藏自治区乡村教师从教25年终身成就奖	2022年	自治区人民政府
次旺多吉	男	藏族	林周县旁多乡中心小学	西藏自治区乡村教师从教25年终身成就奖	2022年	自治区人民政府
旦巴加才	男	藏族	林周县旁多乡中心小学	全区优秀教师	2022年	自治区人民政府
边巴卓玛	女	藏族	林周县唐古乡藏雄村幼儿园	西藏自治区乡村教师从教25年终身成就奖	2022年	自治区人民政府
普　　布	女	藏族	达孜区德庆镇桑珠林村双语幼儿园	西藏自治区乡村教师从教25年终身成就奖	2022年	自治区人民政府
白玛玉珍	女	藏族	拉萨市达孜区塔杰乡双语幼儿园	全区优秀教师	2022年	自治区人民政府

续表2

姓名	性别	民族	工作单位	获奖名称	表彰时间	授予单位
央吉卓嘎	女	藏族	拉萨市达孜区中心双语幼儿园	全区优秀教师	2022年	自治区人民政府
边巴仓决	女	藏族	达孜区邦堆乡双语幼儿园	西藏自治区乡村教师从教25年终身成就奖	2022年	自治区人民政府
尼　桑	女	藏族	达孜区中学	全区模范班主任	2022年	自治区人民政府
达娃群宗	女	藏族	达孜区中心小学	全区模范班主任	2022年	自治区人民政府
德吉卓嘎	女	藏族	堆龙德庆区中学	全区模范班主任	2022年	自治区人民政府
苍　卓	女	藏族	堆龙德庆区德庆镇中心小学	全区模范班主任	2022年	自治区人民政府
加　措	男	藏族	堆龙德庆区古荣中心小学	西藏自治区乡村教师从教25年终身成就奖	2022年	自治区人民政府
索朗德吉	女	藏族	拉萨市堆龙德庆区乃琼中心小学	全区优秀教师	2022年	自治区人民政府
普布卓玛	女	藏族	堆龙德庆区第三幼儿园	全区优秀教师	2022年	自治区人民政府
格　欧	男	藏族	曲水县茶巴拉乡小学	全区模范班主任	2022年	自治区人民政府
米玛央珍	女	藏族	曲水县茶巴拉乡小学	西藏自治区乡村教师从教25年终身成就奖	2022年	自治区人民政府
加　措	男	藏族	曲水县聂当乡小学	西藏自治区乡村教师从教25年终身成就奖	2022年	自治区人民政府
央　宗	女	藏族	曲水县聂当乡小学	西藏自治区乡村教师从教25年终身成就奖	2022年	自治区人民政府
次仁巴珠	男	藏族	曲水县聂当乡小学	西藏自治区乡村教师从教25年终身成就奖	2022年	自治区人民政府
宗　巴	女	藏族	曲水县达嘎镇小学	全区优秀教师	2022年	自治区人民政府
布　央	男	藏族	曲水县达嘎镇小学	西藏自治区乡村教师从教25年终身成就奖	2022年	自治区人民政府
赤列江村	男	藏族	曲水县小学	全区优秀校长	2022年	自治区人民政府
罗布曲珍	女	藏族	曲水县才纳乡小学	西藏自治区乡村教师从教25年终身成就奖	2022年	自治区人民政府
扎西顿珠	男	藏族	曲水县南当乡小学	西藏自治区乡村教师从教25年终身成就奖	2022年	自治区人民政府
拉巴次仁	南	藏族	曲水县南当乡小学	全区优秀教师	2022年	自治区人民政府
黄　明	男	汉族	当雄县中学	全区优秀教师	2022年	自治区人民政府
达娃曲珍	女	藏族	当雄县乌玛乡第二中心小学	全区模范班主任	2022年	自治区人民政府
布　琼	男	藏族	当雄县乌玛乡第二中心小学	西藏自治区乡村教师从教25年终身成就奖	2022年	自治区人民政府
彭　多	女	藏族	当雄县宁中乡第二中心小学	西藏自治区乡村教师从教25年终身成就奖	2022年	自治区人民政府

续表2

姓名	性别	民族	工作单位	获奖名称	表彰时间	授予单位
格桑才旦	女	藏族	当雄县宁中乡第二中心小学	西藏自治区乡村教师从教25年终身成就奖	2022年	自治区人民政府
尼玛多吉	男	藏族	当雄县宁中乡第二中心小学	西藏自治区乡村教师从教25年终身成就奖	2022年	自治区人民政府
次仁色珍	女	藏族	当雄县格达乡中心小学	西藏自治区乡村教师从教25年终身成就奖	2022年	自治区人民政府
达娃卓嘎	女	藏族	当雄县格达乡中心小学	西藏自治区乡村教师从教25年终身成就奖	2022年	自治区人民政府
罗　桑	男	藏族	当雄县格达乡中心小学	西藏自治区乡村教师从教25年终身成就奖	2022年	自治区人民政府
普布拉姆	女	藏族	当雄县龙仁乡中心小学	西藏自治区乡村教师从教25年终身成就奖	2022年	自治区人民政府
白　玛	男	藏族	当雄县龙仁乡中心小学	西藏自治区乡村教师从教25年终身成就奖	2022年	自治区人民政府
桑旦措姆	女	藏族	当雄县公塘乡中心小学	西藏自治区乡村教师从教25年终身成就奖	2022年	自治区人民政府
仓木拉	女	藏族	当雄县公塘乡中心小学	西藏自治区乡村教师从教25年终身成就奖	2022年	自治区人民政府
仁　青	男	藏族	当雄县公塘乡中心小学	西藏自治区乡村教师从教25年终身成就奖	2022年	自治区人民政府
德吉曲珍	女	藏族	当雄县公塘乡中心小学	西藏自治区乡村教师从教25年终身成就奖	2022年	自治区人民政府
巴桑次仁	男	藏族	当雄县公塘乡中心小学	西藏自治区乡村教师从教25年终身成就奖	2022年	自治区人民政府
达　娃	女	藏族	当雄县公塘乡中心小学	西藏自治区乡村教师从教25年终身成就奖	2022年	自治区人民政府
旺旦罗布	男	藏族	当雄县公塘乡中心小学	西藏自治区乡村教师从教25年终身成就奖	2022年	自治区人民政府
洛　旦	男	藏族	当雄县公塘乡中心小学	西藏自治区乡村教师从教26年终身成就奖	2022年	自治区人民政府
巴桑次仁	男	藏族	当雄县公塘乡中心小学	全区中小学名校长	2022年	自治区人民政府
大次仁	男	藏族	当雄县宁中乡第一中心小学	西藏自治区乡村教师从教25年终身成就奖	2022年	自治区人民政府
达　娃	女	藏族	当雄县宁中乡第一双语幼儿园	西藏自治区乡村教师从教25年终身成就奖	2022年	自治区人民政府
德　吉	女	藏族	当雄县宁中乡麦灵村双语幼儿园	西藏自治区乡村教师从教25年终身成就奖	2022年	自治区人民政府
央　果	女	藏族	当雄县宁中乡第一中心小学	西藏自治区乡村教师从教25年终身成就奖	2022年	自治区人民政府
阿　扎	女	藏族	当雄县宁中乡第一中心小学	西藏自治区乡村教师从教25年终身成就奖	2022年	自治区人民政府
布　琼	男	藏族	当雄县宁中乡第一中心小学	西藏自治区乡村教师从教25年终身成就奖	2022年	自治区人民政府
普　布	男	藏族	当雄县宁中乡第一中心小学	西藏自治区乡村教师从教25年终身成就奖	2022年	自治区人民政府
次仁罗布	男	藏族	当雄县宁中乡第一中心小学	西藏自治区乡村教师从教25年终身成就奖	2022年	自治区人民政府

续表2

姓名	性别	民族	工作单位	获奖名称	表彰时间	授予单位
达瓦次仁	男	藏族	当雄县宁中乡第一中心小学	西藏自治区乡村教师从教25年终身成就奖	2022年	自治区人民政府
次旺多吉	男	藏族	当雄县宁中乡第一中心小学	西藏自治区乡村教师从教25年终身成就奖	2022年	自治区人民政府
拉巴旦增	男	藏族	当雄县宁中乡第一中心小学	西藏自治区乡村教师从教25年终身成就奖	2022年	自治区人民政府
同　　央	女	藏族	当雄县羊八井镇中心小学	西藏自治区乡村教师从教25年终身成就奖	2022年	自治区人民政府
朗杰旺扎	男	藏族	当雄县羊八井镇中心小学	西藏自治区乡村教师从教25年终身成就奖	2022年	自治区人民政府
米玛旺堆	男	藏族	当雄县羊八井镇中心小学	西藏自治区乡村教师从教25年终身成就奖	2022年	自治区人民政府
贡嘎白曲	女	藏族	当雄县羊八井镇中心小学	西藏自治区乡村教师从教25年终身成就奖	2022年	自治区人民政府
洛桑云旦	男	藏族	当雄县羊八井镇中心小学	全区优秀教师	2022年	自治区人民政府
尼玛次仁	男	藏族	当雄县乌玛乡第一中心小学	西藏自治区乡村教师从教25年终身成就奖	2022年	自治区人民政府
米玛卓玛	女	藏族	当雄县乌玛乡第一中心小学	西藏自治区乡村教师从教25年终身成就奖	2022年	自治区人民政府
巴桑扎西	男	藏族	当雄县乌玛乡第一中心小学	西藏自治区乡村教师从教25年终身成就奖	2022年	自治区人民政府
曲英卫色	男	藏族	当雄县纳木湖乡中心小学	西藏自治区乡村教师从教25年终身成就奖	2022年	自治区人民政府
拉布次仁	男	藏族	当雄县纳木湖乡中心小学	西藏自治区乡村教师从教25年终身成就奖	2022年	自治区人民政府
桑　　姆	女	藏族	当雄县纳木湖乡中心小学	西藏自治区乡村教师从教25年终身成就奖	2022年	自治区人民政府
洛桑顿珠	男	藏族	当雄县纳木湖乡中心小学	全区优秀校长	2022年	自治区人民政府
阿　　锋	男	藏族	尼木县麻江乡完全小学	全区优秀校长	2022年	自治区人民政府
罗　　桑	男	藏族	尼木县麻江乡完全小学	西藏自治区乡村教师从教25年终身成就奖	2022年	自治区人民政府
扎西次仁	男	藏族	尼木县麻江乡完全小学	西藏自治区乡村教师从教25年终身成就奖	2022年	自治区人民政府
巴　　珠	男	藏族	尼木县麻江乡完全小学	西藏自治区乡村教师从教25年终身成就奖	2022年	自治区人民政府
欧　　珠（大）	男	藏族	西藏拉萨市尼木县中学	全区优秀教师	2022年	自治区人民政府
格桑加措	男	藏族	尼木县续迈乡完全小学	全区优秀教育工作者	2022年	自治区人民政府
尼玛仓决	女	藏族	尼木县续迈乡完全小学	西藏自治区乡村教师从教25年终身成就奖	2022年	自治区人民政府
米玛桑姆	女	藏族	尼木县续迈乡完全小学	西藏自治区乡村教师从教25年终身成就奖	2022年	自治区人民政府

续表2

姓名	性别	民族	工作单位	获奖名称	表彰时间	授予单位
格桑多杰	男	藏族	尼木县续迈乡完全小学	西藏自治区乡村教师从教25年终身成就奖	2022年	自治区人民政府
阿　伊	男	汉族	尼木县续迈乡完全小学	西藏自治区乡村教师从教25年终身成就奖	2022年	自治区人民政府
洛　桑	男	藏族	尼木县续迈乡完全小学	西藏自治区乡村教师从教25年终身成就奖	2022年	自治区人民政府
次仁平措	男	藏族	尼木县帕古乡完全小学	西藏自治区乡村教师从教25年终身成就奖	2022年	自治区人民政府
扎西班久	男	藏族	尼木县帕古乡完全小学	全区优秀教师	2022年	自治区人民政府
德吉卓玛	女	藏族	尼木县尼木乡完全小学	西藏自治区乡村教师从教25年终身成就奖	2022年	自治区人民政府
宗　吉	女	藏族	尼木县尼木乡完全小学	西藏自治区乡村教师从教25年终身成就奖	2022年	自治区人民政府
米玛卓玛	女	藏族	尼木县尼木乡完全小学	西藏自治区乡村教师从教25年终身成就奖	2022年	自治区人民政府
任学军	男	汉族	尼木县尼木乡完全小学	西藏自治区乡村教师从教25年终身成就奖	2022年	自治区人民政府
仁　刚	男	汉族	尼木县尼木乡完全小学	西藏自治区乡村教师从教25年终身成就奖	2022年	自治区人民政府
多吉次仁	男	藏族	尼木县尼木乡完全小学	西藏自治区乡村教师从教25年终身成就奖	2022年	自治区人民政府
格桑卓嘎	女	藏族	尼木县中心小学	全区模范班主任	2022年	自治区人民政府
尼玛桑珠	男	藏族	尼木县尼玛乡完全小学	全区中小学名校长	2022年	自治区人民政府
仁青贡色	男	藏族	柳梧新区红军小学	全区优秀教师	2022年	自治区人民政府
嘎玛拉姆	女	藏族	柳梧新区柳梧乡中心小学	全区模范班主任	2022年	自治区人民政府
毛新荣	男	汉族	市教育局	全区优秀教育工作者	2022年	自治区人民政府
向　宗	女	藏族	市教育局	全区优秀教育工作者	2022年	自治区人民政府
南杰旺扎	男	藏族	市文联	政协第十一届西藏自治区委员会委员优秀履职奖	2022年	政协西藏自治区委员会

说明：由于各单位资料提供不全，可能有遗漏

拉萨市2022年国民经济和社会发展统计公报

拉萨市统计局 国家统计局拉萨调查队

（2023年4月18日）

2022年，面对突如其来的新冠肺炎疫情，全市上下在市委、市政府坚强领导下，认真贯彻落实中央和区、市决策部署，高效统筹疫情防控和经济社会发展，精准加快落实稳经济一揽子政策，全市疫情防控有力有效，复工复产加快推进，经济恢复有序有力，总体呈趋稳向好态势。

一、综合

行政区划：截至2022年末，全市共有37个乡，12个镇、16个街道办；60个居民委员会、221个村民委员会。（以上数据未包含空港新区）

经济增长：2022年，全市实现地区生产总值（GDP）747.57亿元，比上年增长0.2%。其中，第一产业增加值26.74亿元，增长4.7%；第二产业增加值291.25亿元，增长2.3%；第三产业增加值429.58亿元，比上年下降1.3%。

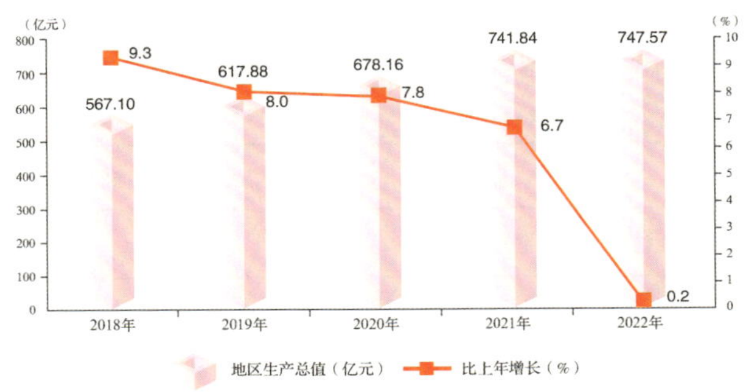

2018—2022年地区生产总值增速

产业结构：2022年三次产业比重依次为3.6∶38.9∶57.5，与上年相比，第一产业、第二产业比重分别提高0.3个、1.4个百分点，第三产业比重下降1.7个百分点。

价格：2022年居民消费价格总指数（CPI）累计比上年上涨1.8%，八大类商品和服务价格均比去年有所上涨，其中，食品烟酒类、衣着类、居住类、生活用品及服务类、交通和通信类、教育文化和娱乐类、医疗保健类、其他用品和服务类价格比上年分别上涨1.1%、0.6%、0.4%、0.9%、7.6%、0.9%、0.3%、4.2%。

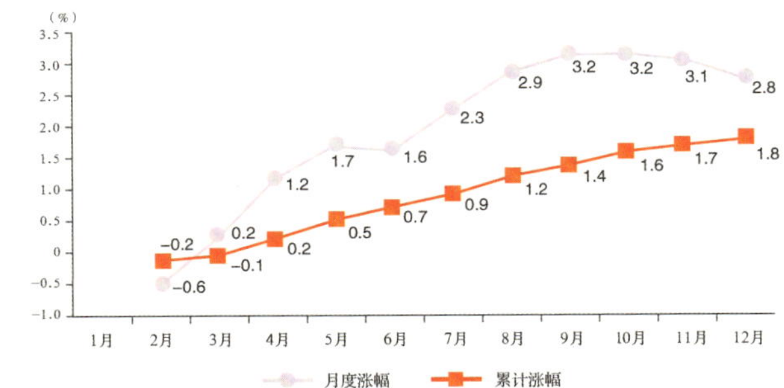

2022年各月居民消费价格总指数涨幅

2022年居民消费价格总指数涨幅

指 标	比2021年增长（%）
居民消费价格总指数	1.8

续表

指　标	比2021年增长（%）
食品烟酒	1.1
衣 着	0.6
居 住	0.4
生活用品及服务	0.9
交通和通信	7.6
教育文化和娱乐	0.9
医疗保健	0.3
其他用品和服务	4.2

市场主体：2022年末全市市场监管部门登记的企业48811户，比上年增长8.9%；市场监管部门登记的个体户为104630户，比上年增长8.2%。

二、农业

农业：2022年，全市农林牧渔业总产值49.82亿元，其中：农业产值19.28亿元，林业产值1.65亿元，牧业产值 28.46亿元，农林牧渔服务业产值0.43亿元。

农作物种植面积：全年农作物总播种面积5.14万公顷。粮食种植面积2.80万公顷，其中：青稞种植面积2.09万公顷，比上年增加0.12万公顷，小麦种植面积0.65万公顷，比上年减少0.07万公顷。油菜种植面积0.39万公顷，比去年减少0.01万公顷，蔬菜种植面积0.68万公顷。

农作物产量：全年粮食总产量16.01万吨，比上年增长1.1%。其中，青稞产量11.91万吨，增长7.6%。油菜籽产量0.87万吨，比上年增长5.8%。蔬菜产量27.0万吨，比上年下降1.9%。

畜禽产品产量：年末牲畜存栏总头数123.01万头（只、匹），其中，大牲畜存栏93.80万头，猪存栏1.28万头。肉类产量3.67万吨，增长8.3%；禽蛋产量0.17万吨，增长17.4%；奶产量13.70万吨，增长4.5%。

2022年主要农畜产品产量

产品名称	产量（万吨）	比2021年增长（%）
粮　食	16.01	1.1
其中，青稞	11.91	7.6
小麦	3.95	−11.1
油菜籽	0.87	5.8
蔬　菜	27.0	−1.9
肉　类	3.67	8.3
其中，牛羊肉	3.46	5.7
奶　类	13.70	4.5
其中，牛奶	13.59	4.8

三、工业和建筑业

工业：2022年末，全市共有规模以上工业企业99家，比上年增加7家，增长7.6%；全年规模以上工业产品销售率为100.1%。规模以上工业总产值213.03亿元，比上年增长17.2%，增加值比上年增长17.2%。

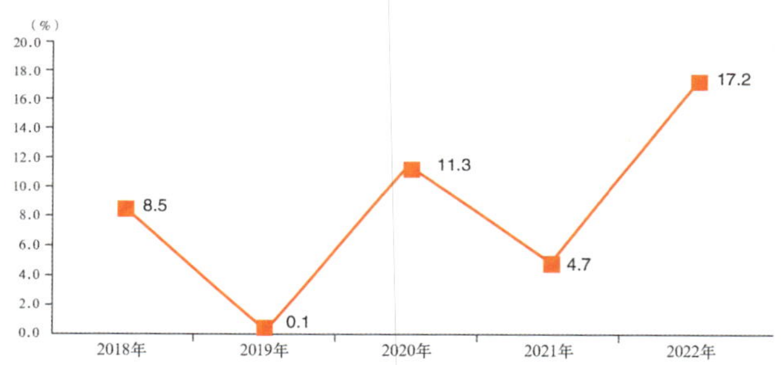

2018—2022年规模以上工业增加值增速

2022年规模以上工业增加值分类情况

指　标	比2021年增长（%）
规模以上工业企业	17.2
其中：国有企业	8.7
股份制企业	35.8

续表

指　　标	比2021年增长（%）
外商及港澳台商投资企业	-4.0
其他经济类型企业	-50.2
其中：轻工业	-15.2
重工业	25.9
其中：私营企业	33.1

2022年规模以上工业企业主要产品产量

产品名称	单 位	产 量	比2021年增长（%）
水泥	万吨	238.09	-48.3
中成药	吨	516.6	-7.2
发电量	万千瓦小时	42360.3	-9.2
啤酒	千升	74373.7	-24.4
自来水	万吨	13410.0	-2.6
瓶装饮用水	吨	150347.9	-67.0

建筑业：2022 年全市完成建筑业增加值 185.55 亿元，增长 2.7%。

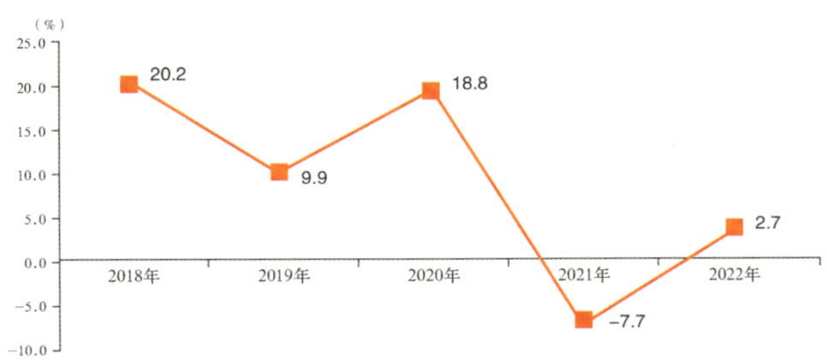

2018—2022 年建筑业增加值增速

四、固定资产投资

固定资产投资：2022 年，全社会固定资产投资比上年下降 37.3 %。

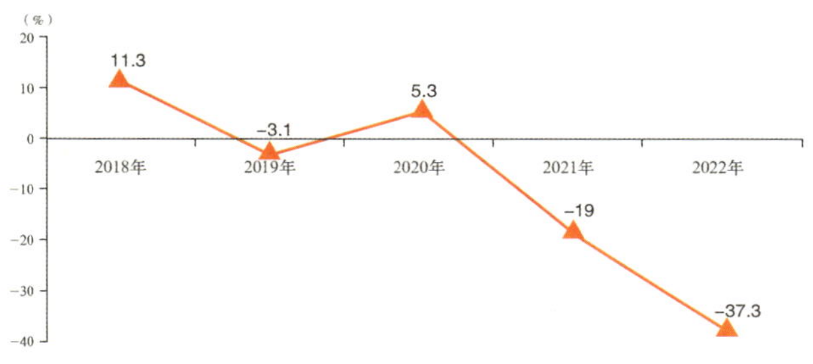

2018—2022 年全社会固定资产投资额增速

固定资产投资中：国有及国有控股投资比上年下降 38.7 %；民间投资比上年下降 34.1 %。

分产业：第一产业投资增长 76.1 %，第二产业投资下降 30.7 %，第三产业投资下降 42.3%，三次产业投资的比重为 8.9 ：12.2 ：78.9。

房地产开发：2022 年末，全市房地产企业有 71 家，比上年增加 4 家。全年完成房地产开发投资比上年下降 58.0 %。房地产开发房屋施工面积 408.6 万平方米，比上年下降 35.7 %；全年房屋竣工面积 7.5 万平方米，商品房销售面积 48.3 万平方米。

2022年全社会固定资产投资额

指　　标	比2021年增长（%）
全社会固定资产投资	-37.3
农、林、牧、渔业	69.9
采矿业	-31.7
制造业	-28.4
电力、燃气及水的生产和供应业	-34.0
建筑业	—
批发和零售业	76.7
交通运输、仓储和邮政业	-39.3
住宿和餐饮业	-44.5
信息传输、计算机服务和软件业	-62.9
金融业	—
房地产业	-55.6

续表

指　标	比2021年增长（%）
租赁和商务服务业	−62.7
科学研究和技术服务	49.5
水利、环境和公共设施管理业	−12.3
居民服务、修理和其他服务业	10.1
教育	−44.7
卫生和社会工作	−27.8
文化、体育和娱乐业	−46.3
公共管理、社会保障和社会组织	−43.2

五、国内贸易

2022 年末，全市共有限额以上批零住餐企业（单位）211 家，比上年增加 14 家，增长 7.1 %；全年完成社会消费品零售总额 353.31 亿元，比上年下降 11.5 %。其中：限额以上企业（单位）零售额为 95.31 亿元，下降 24.4 %，占全市社会消费品零售总额的 27.0 %。

按经营地统计：城镇社会消费品零售额为 309.07 亿元，比上年下降 11.6%，乡村社会消费品零售额为 44.24 亿元，比上年下降 11.3%。

按消费形态分：商品零售额为 325.55 亿元，比上年下降 10.8%；餐饮业收入为 27.76 亿元，比上年下降 19.3%。

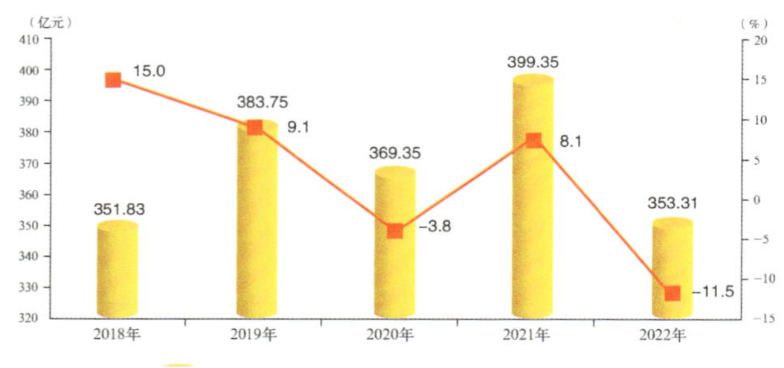

2018—2022 年社会消费品零售总额及增速

六、对外经济

进出口贸易：2022 年，全市进出口贸易总额 44.46 亿元，比上年增长 22.9 %。其中，出口 41.82 亿元，增长 100.6 %；进口 2.64 亿元，比上年下降 82.8%。

七、交通、邮电和旅游

交通运输：2022 年末，全市农村公路（不含国道、省道）通车总里程达到 5312.4 千米。公交运营线路总长度 1057 公里，公交年客运量为 4470.4 万人次。

2022年铁路、公路运输量与周转量

指　标	单　位	2022年	比2021年增长（%）
货物运输量	万吨	1574.6	−10.6
铁　路	万吨	77.2	8.7
公　路	万吨	1497.4	−11.4
旅客运输量	万人次	300.7	−35.1
铁　路	万人次	136.4	−28.0
公　路	万人次	164.3	−40.0
公路货物周转量	万吨公里	391281.4	−12.0
公路旅客周转量	万人公里	72180.0	−31.1

邮电：2022 年，完成邮电业务总量 6.28 亿元，其中，邮政业务总量 4.47 亿元，电信业务总量 1.81 亿元。年末固定及移动电话用户总数达到 138.5 万户，其中，移动电话用户 106.26 万户。

旅游：2022 年，接待国内外游客 2024.12 万人次，比上年下降 23.4 %。其中，入境游客 0.39 万人次，下降 35.8 %，国内游客 2023.73 万人次，下降 23.4%。全年旅游总收入 288.91 亿元，比上年下降 23.5%；旅游外汇收入 250.41 万美元，下降 36.1%。

八、财政金融

财政：2022 年，全市完成一般公共预算收入 72.47 亿元，比上年下降 32.2%，其中，各项税收 63.49 亿元，下降 31.6 %。

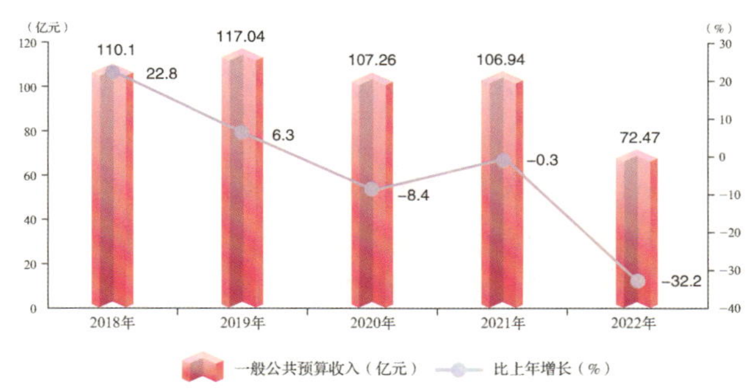

2018—2022 年公共财政预算收入及增速

全年执行一般公共预算支出 355.33 亿元,比上年增长 11.6 %。

金融:2022 年末,全市金融机构本外币各项存款余额 3569.98 亿元,比年初增长 10.7 %,其中住户存款余额 632.33 亿元,比年初增长 13.4 %;本外币各项贷款余额 3593.37 亿元,比年初增长 4.2%,其中住户贷款余额 446.27 亿元,比年初增长 8.9 %。

九、电力

2022 年,全市用电量为 52.84 亿千瓦时,增长 15.9 %,其中,全行业用电 44.57 亿千瓦时,增长 12.6 %,城乡居民生活用电 8.27 亿千瓦时,增长 37.5%。

十、城市建设

2022 年末,市区供水管网总长度为 1095 年自来水总供水量 13414 万立方米。全市售水量 7510 万立方米,其中,生产运营用水 938 万立方米,公共服务用水 1470 万立方米,家庭居民用水 2508 万立方米,其他用水 2594 万立方米。免费用水 621 万立方米。绿化用水 1571 万立方米。

十一、教育、文化和卫生

教育:2022 年末,全市共有高等院校 1 所(市属,下同),中等职业学校 2 所,普通中学 23 所,小学 74 所,幼儿园 276 所,特殊学校 1 所。

2022年各类学校学生数

单位:人

指 标	招生	在校生	毕业生
普通高等教育	1882	5436	1734
中等职业教育	2974	9154	2689

续表

指 标	招生	在校生	毕业生
普通高中	4121	12639	4233
初中	9282	27055	8732
普通小学	12693	69185	10192
特殊教育	15	229	25
学前教育	11697	34688	12751

全市小学学龄儿童纯入学率达 99.99%,初中毛入学率达 102.83%,义务教育巩固率保持在 99.33%。

文化:2022 年末,全市共有艺术表演团 290 个(含村业余团),博物馆 9 个。全市广播综合人口覆盖率为 99.46%,电视综合人口覆盖率为 99.60%。

卫生:2022 年末全市共有卫生机构 581 个,其中,医院 34 个。基层卫生医疗机构 535 个,其中,社区卫生服务中心(站)15 个,卫生院 53 个,村卫生室 193 个,门诊部 42 个,诊所、卫生所、医务室 232 个。专业公共卫生机构 10 个,其中,疾病预防控制中心 10 个,采供血机构 1 个。医学在职培训机构 1 个。全市实际开放床位数 4795 张,各类卫生技术人员 7707 人,其中,执业(助理)医师 3723 人。

十二、环境保护和安全生产

环境监测:2022 年,拉萨市空气质量优良天数为 364 天,全年空气优良率达 99.7 %,全年 PM2.5 的平均浓度为 8 微克 / 平方米,全国 168 个重点城市中拉萨市空气质量排名第 1 位。集中式饮用水水源地水质符合《地下水质量标准》(GB/T 14848—2017)中 III 类或优于 III 类标准;全市国控断面水质符合《地表水环境质量标准》(GB 3838—2002)表 1 中 III 类水标准限值。

安全生产:2022 年,全年各类安全生产事故 161 起,比上年减少 34 起,死亡 67 人,比上年下降 23.9%。

十三、人民生活和社会保障

人民生活:2022 年,城镇居民人均可支配收入 51591 元,比上年增长 4.6 %,农村居民人均可支配收入 22756 元,比上年增长 7.3%。城乡收入比为 2.27 : 1。

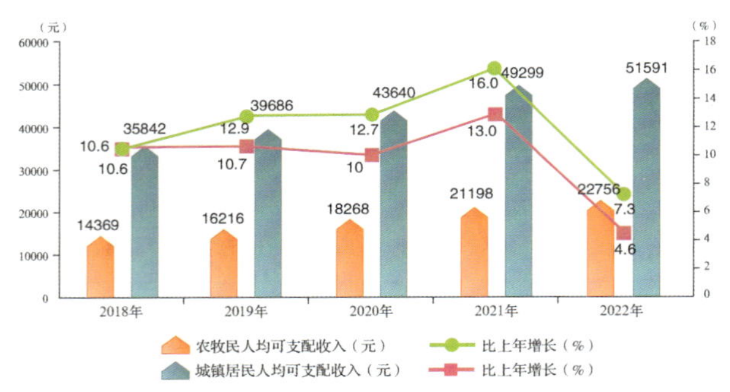

2018—2022 年城乡居民人均可支配收入及增速

社会保障：2022 年，市属年末参加城乡居民基本养老保险人数 21.80 万人，减少 0.14 万人；参加企业职工基本养老保险人数 13.03 万人，增加 0.82 万人；机关事业单位基本养老保险人数 3.94 万人，增加 0.04 万人；参加城乡居民基本医疗保险人数 38.93 万人，减少 1.25 万人；参加城镇职工基本医疗保险 14.38 万人，增加 0.69 万人。参加失业保险人数 10.81 万人，增加 0.08 万人。参加工伤保险人数 15.22 万人，减少 0.61 万人，参加生育保险人数 12.72 万人，增加 2.36 万人。城镇居民最低生活保障人数为 0.66 万人，农村最低生活保障人数为 0.49 万人。全市特困供养人数为 1286 人，其中，集中供养人数为 765 人。城乡医疗救助人数为 5962 人。

注：1. 本公报数据为初步统计数。

2. 地区生产总值及各产业（行业）增加值指标绝对数按现价计算，增长速度按可比价格计算。

3. 对外经济、交通、邮电、旅游、财政、金融、文化、卫生、教育、社会保障、安全生产等方面的数据均由拉萨市各有关部门提供。

4. 规模以上工业法人单位是指年主营业务收入 2000 万元及以上的工业法人单位。

5. 限额以上批发业是指年主营业务收入在 2000 万元及以上的批发业法人单位；限额以上零售业是指年主营业务收入在 500 万元及以上的零售业法人单位；限额以上住宿餐饮业是指年主营业务收入在 200 万元及以上的住宿餐饮业法人单位。

6. 房地产经营单位是指有开发经营活动的（具有房地产开发资质的）全部房地产开发经营业法人单位及所属的产业活动单位。

拉萨市南北山绿化管理条例

2022 年 4 月 27 日，拉萨市第十二届人民代表大会常务委员会第四次会议通过
2022 年 5 月 26 日，西藏自治区第十一届人民代表大会常务委员会第四十次会议批准

第一条 为了改善和保护生态环境，建设宜居高原特色绿化城市，促进拉萨南北山绿化高质量发展，巩固南北山绿化成果，根据《中华人民共和国森林法》等有关法律、法规，结合本市实际，制定本条例。

第二条 本条例适用于拉萨市南北山绿化的规划、建设、保护及监督管理。

南北山绿化的规划区域，由市人民政府确定，并向社会公布。

第三条 南北山绿化工作应当遵循统一规划、建管并重，政府组织、全民参与，因地制宜、适地适树的原则。

第四条 市、县（区）人民政府应当将南北山绿化作为生态文明建设的重要组成部分，纳入国民经济和社会发展规划。

市、县（区）人民政府应当将南北山绿化建设和管护资金纳入各级年度财政预算。南北山绿化建设和管护资金来源主要包括国家、自治区人民政府及其有关部门和自治区、市、县（区）人民政府拨付的专项资金，社会投资、捐赠及其他资金。

第五条 南北山绿化主管部门主管南北山绿化和管护工作，履行下列职责：

（一）研究拟订南北山绿化中长期规划和年度实施计划；

（二）组织、指导、协调和考核南北山绿化工作，督导南北山绿化规划的实施；

（三）划定绿化责任区，确定建设方，签订目标责任书，分解下达绿化任务；

（四）对建设单位提供技术指导、培训和咨询等服务，对承包方的绿化工作进行检查和考核，协调督促办理林权证；

（五）筹措造林工程及管护资金，协调实施供水、供电、灌溉、道路、通讯等绿化基础设施建设项目。

发展和改革、自然资源、生态环境、水利、交通运输、城市管理和综合执法、公安、应急管理等部门和相关公共服务企业应当依照有关法律、法规的规定，在各自的职责范围内做好南北山绿化工作。

第六条 凡在拉萨市的单位和个人都有参与南北山绿化的义务，对损害南北山绿化、破坏生态环境的行为有权劝阻、制止和举报。

对南北山绿化建设和管理中做出突出成绩的单位和个人，由人民政府予以表彰。

第七条 南北山绿化主管部门应当组织发展和改革、财政、自然资源、生态环境、水利、交通运输等部门根据南北山的自然资源状况和保护发展需要编制南北山绿化专项规划和年度实施计划，按规定程序报请批准后实施。

南北山绿化专项规划不得任意调整，确需调整的，应当按照规定程序报请批准。

第八条 南北山绿化规划区域内的土地可以依法承包给单位或者个人进行绿化，承包方应当履行下列义务：

（一）建立健全绿化组织机构，落实领导责任，确定专职现场负责人；

（二）根据南北山绿化主管部门下达的绿化任务，制定具体实施方案并组织实施；

（三）做好林地灌溉、林木抚育管护和防止人畜破坏工作，及时防治林业有害生物，保证林木成活率达 85% 以上；

（四）维修养护好水、电、路等基础设施，修建管护房、配套灌溉设施和便道；

（五）做好防灾、防盗和安全生产工作；

（六）承包合同中约定的其他义务。

第九条 南北山绿化规划区域内的土地所有权

人应当与承包方签订绿化承包合同，明确双方权利与义务，并报南北山绿化主管部门备案。

承包方应当按照承包合同进行造林绿化，连续两年未完成造林绿化任务的，林地所有权人可依法解除合同，收回林地使用权，并让承包方限期清理地上附着物。

第十条 南北山绿化造林及管护的劳务费、苗木税率、绿化灌溉水电费，按有关优惠政策执行。

第十一条 南北山绿化规划区域内的林地、林木权属，按照相关法律、法规进行确定；承包给单位或个人的，经南北山绿化主管部门确认后，由所在县（区）人民政府确权颁证。

第十二条 南北山绿化的养护管理责任，按照权属进行职责分工，属于国家所有的，由市、县（区）人民政府负责；属于集体所有的，由集体经济组织负责；承包给单位和个人的，由承包者负责。

对养护管理责任单位不清楚或者有争议的，由南北山绿化主管部门确定责任单位。

第十三条 养护管理责任单位应当建立健全管理制度，明确责任人，严格执行养护技术规程，并落实防灾防火措施。

南北山绿化主管部门和其他有关主管部门应当对养护管理及安全生产情况进行监督，并给予技术指导。

第十四条 南北山绿化主管部门和其他有关主管部门按照职责做好南北山林木资源和野生动植物资源的保护、安全管理、用水用电保障、服务设施完善、森林防火、林业有害生物防治、防汛抗旱及防止牲畜破坏等工作。

第十五条 禁止在南北山绿化规划区域内从事下列损害绿化的行为：

（一）擅自改变绿地用途；

（二）擅自采矿、挖砂、取土、堆放渣土、堆放杂物、焚烧物品、排放污水或者倾倒垃圾；

（三）擅自采挖、采伐树木，损伤树木花草；

（四）擅自在绿地内搭建建筑物、构筑物；

（五）损毁绿化基础设施；

（六）其他破坏绿化的行为。

第十六条 南北山绿化主管部门根据绿化建设情况划定禁牧区，设置禁牧警示牌，禁牧区的乡（镇）人民政府、街道办事处具体负责禁牧实施工作，指导当地群众制定保护生态环境的乡规民约，在禁牧区内禁止从事放牧和牲畜饲养活动。

第十七条 南北山绿化规划区域内不得新建、改建、扩建影响景观、破坏生态、妨碍游览等与绿化无关的设施和项目，已建成但不符合规划要求的设施，应当改建或者拆除；已建成但不符合规划要求的企业，应当外迁或者关闭。

第十八条 在南北山绿化规划区域内严格火源管理和野外用火审批制度，严禁野外用火、燃放烟花爆竹、野炊、烤火取暖等不符合森林防火规定的行为。

市、县（区）人民政府应当组织建立防火队伍，划定防火区域，落实防火责任，组织防火安全检查，加强防火宣传教育。

养护管理责任单位应当加强护林防火工作，制定防火灭火预案，建立健全防火制度，设置明显的防火标志和配备灭火器材并保持性能完好。

第十九条 违反本条例规定，在南北山绿化禁牧区域内放牧的，由林业和草原主管部门按照放牧牲畜数量处以每头（匹、只）一百元至五百元的罚款；造成损失的，依法承担赔偿责任。

第二十条 违反本条例规定，损毁绿化基础设施的，由林业和草原主管部门责令恢复原状，赔偿损失，并处以五百元以上一千元以下罚款。

第二十一条 南北山绿化相关部门及其工作人员违反本条例规定，在南北山绿化工作中滥用职权、玩忽职守、徇私舞弊的，由有关部门依法给予政务处分；构成犯罪的，依法追究刑事责任。

第二十二条 违反本条例规定的其他行为，按照有关法律、法规的规定执行。

第二十三条 本条例自公布之日起施行。

拉萨市物业管理条例

2015年8月21日，拉萨市第十届人民代表大会常务委员会第二十一次会议通过
2015年9月23日，西藏自治区第十届人民代表大会常务委员会第二十次会议批准
2022年6月29日，拉萨市第十二届人民代表大会常务委员会第五次会议修订

第一章 总 则

第一条 为了规范物业管理活动，维护业主、物业服务人的合法权益，根据《中华人民共和国民法典》《物业管理条例》等法律、法规，结合本市实际，制定本条例。

第二条 本条例适用于本市行政区域内物业的管理、使用、服务及监督活动。

第三条 本条例所称物业管理，是指业主通过自行管理或者选聘物业服务人的方式，对物业管理区域内的建筑物及其附属设施设备和相关场地进行维修、养护、管理，维护环境卫生和相关秩序的活动。

物业服务人包括物业服务企业和其他管理人。

第四条 市、县（区）人民政府应当将物业服务纳入现代服务业发展规划、社区建设和社区管理体系；建立和完善社会化、市场化的物业管理机制，鼓励采用新技术、新方法提高物业管理和服务水平。

建立健全村（居）民委员会、业主委员会、物业服务人、业主等共同参与的物业治理体系。

物业服务人应当执行政府依法实施的应急处置措施和其他管理措施，积极配合开展相关工作。市、县（区）人民政府应当给予必要的物资和资金支持。

第五条 市住房和城乡建设主管部门负责全市物业管理活动的行政监督指导工作，会同有关部门建立守信联合激励和失信联合惩戒机制，加强行业诚信管理，所需经费列入同级人民政府财政预算。

市自然资源、城市管理和综合执法、公安、民政、生态环境、发展和改革、市场监督管理、应急管理、消防救援等相关部门应当按照法定职责加强物业管理区域内房屋安全、物业收费、治安、消防、公共秩序、环境保护、房屋和设施设备使用等方面的监督管理，建立违法行为投诉登记制度，依法处理物业管理区域内的违法行为。

县（区）住房和城乡建设主管部门负责本辖区内物业管理活动的管理督导工作，指导乡（镇）人民政府（街道办事处）实施与物业管理相关工作，定期组织乡（镇）人民政府（街道办事处）、村（居）民委员会的相关工作人员以及业主委员会委员进行物业管理法律知识培训，所需经费列入同级人民政府财政预算。

乡（镇）人民政府（街道办事处）会同县（区）住房和城乡建设主管部门指导、协助本辖区业主大会成立和业主委员会选举工作，监督业主大会、业主委员会和物业服务人日常活动，调解处理物业管理纠纷。加强住宅小区的日常巡查，及时发现问题线索，协助有关部门调查取证，配合开展执法工作。负责本区域内物业服务工作的考核。

村（居）民委员会协助乡（镇）人民政府（街道办事处）、县（区）住房和城乡建设主管部门做好物业管理工作，参与筹备成立业主大会、组建和改选业主委员会等工作，建立业主、业主委员会和物业服务人协调机制。

第六条 供水、供电、供气、通讯、有线电视等专业经营单位应当按照相关规定和合同约定，依法承担物业管理区域内相关管线和设施设备维修、养护的责任，做好物业管理区域内的专项服务。

第七条 物业管理行业组织应当加强物业服务人从业人员培训，协助政府有关部门调解处理物业管理纠纷，建立物业服务人及其从业人员诚信档案，加强行业自律管理，促进行业健康发展。

物业服务人诚信档案是物业服务人信用等级评价的重要参考依据。

第八条　引导业主中的党员通过法定程序成为业主代表、业主委员会委员，发挥先锋模范作用，依法履行职责。鼓励具有党员身份的业主委员会委员、物业服务人项目经理担任住宅小区党组织兼职委员，加强对业主、业主委员会的政治引领，强化监督执纪作用，实现业主自治和小区建设、社区治理的有机统一。

第二章　物业管理区域及附属设施设备的配置

第一节　物业管理区域

第九条　物业管理区域的划分应当考虑物业共用设施设备、建筑物规模、社区建设等因素。物业管理区域划分的具体标准，按照自治区相关规定执行。

第十条　建设单位应当在取得《建设用地规划许可证》30 个工作日内，将划定的物业管理区域向县（区）住房和城乡建设主管部门备案。备案机关经审查认为建设单位划定的物业管理区域不符合相关规定的，应当在 3 个工作日内以书面形式通知建设单位重新划定。

已经交付使用、尚未划分物业管理区域或者划分的物业管理区域需要调整的，物业所在地乡（镇）人民政府（街道办事处）广泛征求业主意见后，向县（区）住房和城乡建设主管部门备案并在物业管理区域内进行公告。

第十一条　新建物业出售时，建设单位应当将经备案的物业管理区域在商品房买卖合同中明示。

物业服务人应当将经备案的物业管理区域公告全体业主。

第二节　附属设施设备的配置

第十二条　物业管理区域内，建设单位应当按照下列规定配置物业服务用房：

（一）建筑面积不低于《建设工程规划许可证》载明的房屋总建筑面积的 3‰，并不得少于 100 平方米，其中业主委员会议事活动用房建筑面积不少于 20 平方米；

（二）具备水、电、气、通讯等基本使用功能；

（三）位于地面以上部分不低于物业用房建筑面积的 50%。

第十三条　物业服务用房属于全体业主共有，由物业服务人和业主委员会无偿使用，不得买卖、分割和抵押。

建设单位在申请办理房屋所有权首次登记时，应当将建筑区划内依法属于业主共有的道路、绿地、其他公共场所、公用设施和物业服务用房及其占用范围内的建设用地使用权一并申请登记为业主共有。

第十四条　新建住宅物业管理区域内的供水、供电、供气、供热等计量装置应当专有部分一户一表、共用部位独立配置。

配套设施不齐全的老旧住宅小区，专业经营单位应当配合市、县（区）人民政府采取措施逐步改造，实现供水、供电、供气、供热等专业经营设施设备的分户计量、分户控制。业主及物业服务人应当为改造工作提供便利。

第十五条　新建住宅物业管理区域内的通讯、消防、电梯、安全防范、环卫、邮政等附属设施设备的配置应当符合国家技术标准和专业技术规范。

第三章　业主及业主组织

第一节　业主

第十六条　业主是指房屋的所有权人。

公房尚未出售的，产权单位是业主；已出售的，购房人是业主。

本条例所称业主还包括：

（一）尚未登记取得所有权，但是基于买卖、赠与、拆迁补偿等旨在转移所有权的行为已经合法占有建筑物专有部分的单位或者个人；

（二）因人民法院、仲裁机构的生效法律文书取得建筑物专有部分所有权的单位或者个人；

（三）因继承取得建筑物专有部分所有权的个人；

（四）因合法建造取得建筑物专有部分所有权的单位或者个人；

（五）其他符合法律法规规定的单位或者个人。

第十七条　业主在物业管理活动中，享有下列权利：

（一）按照物业服务合同的约定，接受物业服务人提供的服务；

（二）提议召开业主大会会议，并就绿化、卫生、治安等物业管理的有关事项提出意见建议；

（三）提出制定和修改管理规约、业主大会议事规则的建议；

（四）推选业主代表，享有被推选权；

（五）参加业主大会会议，行使投票权；

（六）选举业主委员会委员，同时享有被选举权；

（七）监督业主委员会的工作，对业主委员会的工作提出意见建议；

（八）监督物业服务人履行物业服务合同，对物业服务人未履行的服务事项，要求其全面履行；

（九）对物业共用部位、共用设施设备和相关场地使用情况享有知情权和监督权；

（十）依法使用物业共用部位、共用设施设备；

（十一）监督物业共用部位、共用设施设备专项维修资金的管理和使用；

（十二）要求其他业主、物业使用人停止侵害共同利益的行为；

（十三）法律、法规规定的其他权利。

业主行使权利不得危及建筑物的安全，不得损害其他业主的合法权益。

第十八条 业主在物业管理活动中，履行下列义务：

（一）自觉维护物业管理区域内的社会稳定，加强民族团结；

（二）遵守临时管理规约、管理规约、业主大会议事规则；

（三）遵守物业管理区域内物业共用部分位和共用设施设备的使用、公共秩序和环境卫生的维护等方面的规章制度；

（四）配合、支持物业服务人按照管理规约、物业服务合同实施物业服务管理活动；

（五）按照设计使用功能正确使用房屋；

（六）执行业主大会和业主大会授权业主委员会作出的决定；

（七）按照国家和自治区有关规定交纳专项维修资金；

（八）按时足额交纳物业服务费用；

（九）法律、法规规定的其他义务。

第二节 业主大会

第十九条 物业管理区域内全体业主组成业主大会，代表和维护全体业主在物业管理活动中的合法权利，依法履行职责。同一个物业管理区域内成立一个业主大会，符合下列条件之一的，建设单位应当向乡（镇）人民政府（街道办事处）书面申请设立业主大会：

（一）专有部分交付使用的建筑面积达到建筑总面积的50%以上；

（二）自首次交付使用专有部分之日起满两年且交付使用的专有部分建筑面积达到建筑总面积的20%以上。

业主总户数在50户以下经全体业主一致同意，决定不设立业主大会的，由全体业主共同履行业主大会和业主委员会的职责。

第二十条 乡（镇）人民政府（街道办事处）应当在收到建设单位书面申请设立业主大会之日起10日内，组织成立首次业主大会会议筹备组。

建设单位未及时书面申请的，业主可以向乡（镇）人民政府（街道办事处）提出设立业主大会的书面要求。

第二十一条 首次业主大会会议筹备组由业主代表、建设单位代表、乡（镇）人民政府（街道办事处）代表和村（居）民委员会代表组成，人数应当为9至13人的单数，其中业主代表所占比例不得低于筹备组总人数的三分之二。筹备组组长由乡（镇）人民政府（街道办事处）代表担任。

筹备组应当自成立之日起3日内在物业管理区域内公告其成员名单、基本情况、业主代表的联名推荐等情况和工作职责，公示时间不少于15日。

第二十二条 筹备组成员应当符合下列条件：

（一）具有完全民事行为能力，无不良信誉记录；

（二）本人及其近亲属未在为本物业管理区域提供物业服务的企业及其关联企业任职；

（三）不存在索取、非法收受建设单位、物业服务人的利益或者报酬的行为；

（四）不存在泄露业主资料或者将业主资料用于与物业管理无关活动的行为。

除前款规定条件外，筹备组成员中的业主代表还应当是物业管理区域内的业主，乡（镇）人民政府（街道办事处）代表还应当经过县（区）住房和城乡建设主管部门组织的物业管理法律知识培训。

筹备组业主代表不符合本条第一款第一项、第二项规定的，经一半以上筹备组成员签字确认，由筹备组取消其筹备组成员资格并公告全体业主。

乡（镇）人民政府（街道办事处）代表不符合本条第一款第一项、第二项规定条件，以及因工作变动等原因不能履行职责的，乡（镇）人民政府（街道办事处）应当更换。

第二十三条　筹备组履行下列职责：

（一）确定召开首次业主大会会议的时间、地点、形式和内容；

（二）草拟管理规约、业主大会议事规则、业主委员会工作规则；

（三）确认业主身份、核实业主人数和专有部分面积；

（四）确定业主委员会委员候选人产生方案和名单，并公开征询意见；

（五）完成召开首次业主大会会议的其他准备工作。

前款所列内容，筹备组应当在召开首次业主大会会议15日前以书面形式在物业管理区域内予以公示。

第二十四条　筹备组应当自成立之日起60日内组织召开首次业主大会会议。

业主大会自首次业主大会会议表决通过管理规约、业主大会议事规则并选举产生业主委员会之日起成立。自业主大会成立之日起，业主大会筹备组职责自行终止。

召开首次业主大会会议所需经费以及筹备组经费由建设单位承担。建设单位在申请设立业主大会时，应当向乡（镇）人民政府（街道办事处）交存首次业主大会会议所需经费以及筹备组经费。

老旧小区召开首次业主大会会议所需经费以及筹备组经费可以由业主自筹解决，也可以由物业所在地县（区）住房和城乡建设主管部门向同级人民政府申请协调解决。

建设单位和物业服务人应当配合协助筹备组开展工作。

第二十五条　业主可以以幢、单元或者楼层为单位，推选业主代表参加业主大会会议。

业主代表应当在参加业主大会会议三日前，就会议拟讨论的事项书面征求其所代表的业主意见；需要投票表决的，将赞同、反对、弃权的具体票数经本人签字后，由业主代表在业主大会投票时如实反映。

市、县（区）住房和城乡建设主管部门、乡（镇）人民政府（街道办事处）、村（居）民委员会、辖区派出所的代表必要时可以列席业主大会会议。

第二十六条　业主大会决定以下事项：

（一）制定和修改业主大会议事规则；

（二）制定和修改管理规约；

（三）选举业主委员会或者更换业主委员会成员；

（四）选聘和解聘物业服务人；

（五）筹集和使用建筑物及其附属设施的维修资金；

（六）改建、重建建筑物及其附属设施；

（七）改变共有部分的用途或者利用共有部分从事经营活动；

（八）有关共有和共同管理权利的其他重大事项。

业主共同决定事项，应当由专有部分面积占比三分之二以上的业主且人数占比三分之二以上的业主参与表决。决定前款第六项至第八项规定的事项，应当经参与表决专有部分面积四分之三以上的业主且参与表决人数四分之三以上的业主同意。决定前款其他事项，应当经参与表决专有部分面积过半数的业主且参与表决人数过半数的业主同意。

第二十七条　管理规约应当对下列主要事项作出规定：

（一）物业的使用、维护、管理；

（二）专项维修资金的筹集、管理和使用；

（三）物业共用部位的经营与收益分配；

（四）业主共同利益的维护；

（五）业主共同管理权的行使；

（六）业主应当履行的义务；

（七）违反管理规约应当承担的责任。

第二十八条　业主大会议事规则应当对下列主

要事项作出规定：

（一）业主大会名称；

（二）业主委员会的职责；

（三）业主委员会议事规则；

（四）业主大会会议召开的形式、时间和议事方式；

（五）业主投票权数的确定方法；

（六）业主代表的产生方式；

（七）业主大会会议的表决程序；

（八）业主委员会委员、候补委员的资格、人数、任期和职务终止等；

（九）业主委员会换届程序、业主委员会委员补选规则等；

（十）业主大会、业主委员会工作经费的筹集、使用和管理；

（十一）业主大会、业主委员会印章的使用和管理。

第二十九条　业主大会分为定期会议和临时会议，由业主委员会组织召开。

定期会议应当按照业主大会议事规则的规定，每年至少召开一次。定期会议召开前，业主委员会应当向业主公告以下内容：

（一）上一年度物业管理情况报告；

（二）上一年度业主委员会工作情况报告；

（三）上一年度业主大会收支情况报告；

（四）物业管理的其他有关事项。

有下列情形之一的，业主委员会应当及时组织召开业主大会临时会议：

（一）经专有部分占建筑总面积20%以上且占总人数20%以上业主提议的；

（二）发生重大事故或者紧急事件需要及时处理的；

（三）业主大会议事规则或者管理规约规定的其他情况。

第三十条　业主委员会未按照本条例第二十九条的规定组织召开业主大会定期会议、临时会议的，由物业所在地的乡（镇）人民政府（街道办事处）责令业主委员会限期召开，并公告全体业主；逾期仍不召开的，由物业所在地的乡（镇）人民政府（街道办事处）组织召开。

20%以上业主提议召开业主大会临时会议的，业主委员会应当在5日内作出召开业主大会临时会议的决定；业主委员会逾期未作出决定的，业主可以向物业所在地的乡（镇）人民政府（街道办事处）书面申诉，乡（镇）人民政府（街道办事处）应当在15日内核查。经核查符合召开业主大会临时会议条件的，由乡（镇）人民政府（街道办事处）按照前款规定予以处理。

第三十一条　业主大会会议采用集体讨论和书面征求意见的形式，但应当有物业管理区域内专有部分占建筑物总面积过半数的业主且占总人数过半数的业主参加。采用书面征求意见的，应当将征求意见书送达全体业主；无法送达的，应当在物业管理区域内公告；业主在规定期限内未反馈意见的，视为弃权。

业主大会作出的决定事项应当在物业管理区域内公告。

第三十二条　业主大会成立后，业主委员会应当将下列事项告知建设单位、物业服务人：

（一）管理规约；

（二）业主大会议事规则；

（三）业主委员会工作规则；

（四）业主大会、业主委员会的其他决定。

第三节　业主委员会

第三十三条　业主委员会是业主大会的执行机构，由业主大会会议选举产生，由5至11人的单数组成。业主委员会应当自选举产生之日起30日内向物业所在地县（区）住房和城乡建设主管部门和乡（镇）人民政府（街道办事处）备案。

业主委员会向业主大会负责并报告工作，受业主、业主大会监督。业主委员会实行任期制，每届任期不超过5年，可连选连任，每名委员具有同等表决权。业主委员会任期内，委员出现空缺时，应当及时补选。

业主委员会应当自选举产生之日起7日内召开首次会议，推选产生业主委员会主任、副主任。鼓励业主中的党员、人大代表、政协委员或者热心公益事业的人员参选业主委员会委员。

第三十四条　业主委员会履行下列职责：

（一）召集业主大会会议，报告物业管理实施情况；

（二）执行业主大会的决定和决议，维护业主共同权益；

（三）与业主大会选聘的物业服务人签订物业服务合同；

（四）监督和协助物业服务人履行物业服务合同；

（五）及时了解业主的意见建议；

（六）调解业主与物业服务人之间、业主之间因物业使用、维护和管理产生的纠纷；

（七）监督管理规约的实施；

（八）组织和监督物业专项维修资金的筹集和使用；

（九）根据业主大会的授权，决定共用部位、共用设施设备的经营方式，管理、使用经营收益；

（十）配合乡（镇）人民政府（街道办事处）、公安机关、村（居）民委员会做好物业管理区域的社区治理、社会治安和公益宣传等工作；

（十一）完成业主大会赋予的其他职责。

第三十五条　业主委员会应当向全体业主公布下列情况和资料，接受业主监督：

（一）管理规约、业主大会议事规则；

（二）业主大会和业主委员会的决定；

（三）物业服务合同；

（四）占用业主共有部位的使用情况；

（五）专项维修资金的筹集、使用、管理情况；

（六）物业共用部位、共用设施设备的使用和收益情况；

（七）业主大会和业主委员会工作经费的收支情况；

（八）业主委员会委员的姓名、职务、联系方式等信息；

（九）其他应当向业主公开的情况和资料。

第三十六条　业主委员会应当于会议召开7日前在物业管理区域内公告会议内容和议程，听取业主的意见和建议。

业主委员会决定事项，应当经全体委员半数以上表决通过。

业主委员会会议作出的决定，应当经参会委员签字确认，并自决定作出之日起3日内以书面形式在物业管理区域内予以公告。

乡（镇）人民政府（街道办事处）应当对业主委员会会议决定、业主大会会议决议形成的过程和结果进行监督。

第三十七条　业主委员会委员应当依法履行职责，不得从事物业服务经营活动，委员及其近亲属不得在本物业管理区域内的物业服务人中任职。业主委员会委员在任职期限内有下列情形之一的，委员资格自动终止：

（一）不再具备业主身份的；

（二）丧失完全民事行为能力的；

（三）被依法追究刑事责任，无法履行委员职责的；

（四）以书面形式向业主大会或者业主委员会提出辞职的；

（五）业主大会议事规则规定的其他情形。

业主委员会委员资格终止的，应当自终止之日起3日内将所保管的档案资料、印章及其他应当移交的财物，移交给业主委员会；拒不移交印章、相关财物和档案资料的，乡（镇）人民政府（街道办事处）应当责令移交，物业所在地公安机关应当予以协助。

第三十八条　业主委员会任期届满90日前，应当召开业主大会会议进行换届选举。选举产生新一届业主委员会之日起10日内，上一届业主委员会应当在乡（镇）人民政府（街道办事处）监督下将其保管的有关凭证、档案等文件资料、印章以及其他属于全体业主共有的财物，移交给新一届业主委员会。

支持新一届业主委员会委托有资质的审计专业机构对上一届业主委员会进行审计，并公示审计结果。

第三十九条　经业主大会决定，业主委员会可以从下列渠道筹集业主大会、业主委员会工作经费：

（一）全体业主共用部位的经营收益；

（二）全体业主筹集的经费；

（三）业主自愿捐赠等其他合法方式的。

工作经费开支范围、标准和业主委员会委员的工作补贴由业主大会决定。

第四十条　业主委员会、业主大会有下列行为之一的，由物业所在地县（区）住房和城乡建设主管部门责令改正；逾期不改正的，物业所在地县（区）住房和城乡建设主管部门会同乡（镇）人民政府（街道办事处）予以督促纠正。

（一）业主委员会不履行召开业主大会会议职责的；

（二）业主委员会、业主大会召开程序违反相关法律法规规定的；

（三）业主委员会任期届满仍未进行换届选举的；

（四）届满业主委员会及其委员不及时移交相关资料的；

（五）其他物业管理活动中需要督促纠正的事项。

第四十一条 业主委员会委员集体辞职或者业主委员会任期届满但未能及时换届选举产生新一届业主委员会的，在新一届业主委员会产生之前，由物业所在地乡（镇）人民政府（街道办事处）代为履行业主委员会职责。

第四章 前期物业管理

第四十二条 建设单位销售房屋前，应当选聘前期物业服务人，书面签订前期物业服务合同。

住宅物业的建设单位，应当通过招投标的方式公开选聘物业服务人；投标企业少于3家或者总建筑面积低于3万平方米的，经物业所在地县（区）住房和城乡建设主管部门批准后，可以采用协议方式选聘物业服务人。

分期开发的物业划定为一个物业管理区域的，其前期物业管理招投标应当以全部物业管理区域为范围。

第四十三条 建设单位销售房屋前，应当制定临时管理规约。临时管理规约不得侵害物业买受人的合法权益。

第四十四条 建设单位应当自确定前期物业服务人之日起15日内，向县（区）住房和城乡建设主管部门备案。

建设单位依法与物业服务人订立的前期物业服务合同约定的服务期限届满前，业主、业主大会决定选聘新物业服务人，且签订的物业服务合同生效的，前期物业服务合同终止。

第四十五条 建设单位在与物业服务人办理物业承接验收手续时，应当向物业服务人移交下列资料：

（一）竣工总平面图，单体建筑、结构、设备竣工图，配套设施、地下管网工程竣工图等竣工验收资料；

（二）设施设备的安装、使用和维护保养等技术资料；

（三）物业质量保修文件和物业使用说明文件；

（四）业主名册；

（五）物业管理必需的其他资料。

前期物业服务合同终止后，前期物业服务人应当在10日内将上述资料移交给业主委员会。

第五章 物业服务

第一节 一般规定

第四十六条 业主大会应当通过公开、公平、公正的市场竞争机制，依法选聘物业服务人。

第四十七条 物业服务人应当自成立或者登记之日起30日内，向市、县（区）住房和城乡建设主管部门备案。

在本市行政区域内从事物业服务咨询、顾问、代理、认证等物业服务活动的代理机构，应当向市住房和城乡建设主管部门备案。

第四十八条 一个物业管理区域由一个物业服务人实施物业服务。业主大会成立后作出选聘或者续聘物业服务人决定的，业主委员会应当与业主大会选聘或者续聘的物业服务人签订物业服务合同。

第四十九条 物业服务人应当将下列信息在物业管理区域内显著位置公开并及时更新：

（一）营业执照、物业项目负责人和各项服务主管人员的基本情况及联系方式、服务投诉电话；

（二）物业服务内容、物业服务标准、收费项目、收费标准、计收方式；

（三）电梯、消防、监控、人防等专项设施设备的日常维修保养单位名称、资质、联系方式、维保方案和应急处置方案等；

（四）上一年度物业服务合同履行及物业服务项

目收支情况、本年度物业服务项目收支预算；

（五）上一年度公共水电费用分摊情况、物业服务费、公共收益收支与专项维修资金使用情况；

（六）业主进行房屋装饰装修活动的情况；

（七）相关行政管理部门的投诉举报电话；

（八）物业服务合同约定的其他应当公示的信息。

第五十条 实行物业管理联席会议制度。

物业管理联席会议由乡（镇）人民政府（街道办事处）负责组织召集，由县（区）住房和城乡建设主管部门、村（居）民委员会、辖区派出所、物业服务人、业主委员会、业主代表、相关单位等各方代表组成。

物业管理联席会议主要协调解决下列问题：

（一）业主委员会不依法履行职责的；

（二）业主委员会换届过程中出现问题的；

（三）物业服务合同履行中出现重大问题的；

（四）提前终止物业服务合同的；

（五）物业服务人在退出和交接过程中出现问题的；

（六）业主、业主委员会、物业服务人之间发生矛盾纠纷的；

（七）需要协调解决其他物业管理问题的。

第五十一条 实行物业服务重大事件报告制度。物业管理区域内发生下列情形之一的，物业服务人应当及时向相关主管部门、专业经营单位报告：

（一）发生火灾、水患、爆炸或者自然灾害等造成人员伤亡或者危及建筑物安全的；

（二）建筑物及其附属设施设备发生安全隐患，且难以排除，严重危及业主、建筑物安全的；

（三）发生群体性事件的；

（四）其他严重影响业主正常生活的。

第五十二条 建设单位、物业服务人及其从业人员应当按规定申报其在物业管理活动中的信用信息。

市住房和城乡建设主管部门应当加强物业管理信用体系建设，对物业管理信用信息的征集、披露、评估、使用等实施统一监督管理。

县（区）住房和城乡建设主管部门应当会同乡（镇）人民政府（街道办事处）建立物业服务人及其从业人员、业主委员会在物业管理中的信用档案，并向公众提供查询服务。县（区）住房和城乡建设主管部门可以依据物业服务人信用档案等相关材料，建立本辖区内物业服务人红黑名单制度，并对相关物业服务人依法依规给予奖惩。

第五十三条 物业管理投诉实行属地管理、分级负责、逐级受理，依法及时就地处理的原则。

物业投诉可向村（居）民委员会投诉，村（居）民委员会无法处理或者投诉人对协调、处理结果不服的，可逐级向所在地乡（镇）人民政府（街道办事处）、县（区）、市相关行政主管部门投诉。物业管理行业组织应当配合各有关单位做好物业投诉处理工作。

投诉受理单位应当在受理投诉15日内对投诉事项形成处理意见，对重大事件、情况复杂的投诉事项，可适当延长做出处理意见的时间，并将延长期限告知投诉人。

第二节 物业服务合同

第五十四条 物业服务合同是物业服务人在物业服务区域内，为业主提供建筑物及其附属设施的维修养护、环境卫生和相关秩序的管理维护等物业服务，业主支付物业费的合同。

物业服务合同的内容一般包括服务事项、服务质量、服务费用的标准和收取办法、维修资金的使用、服务用房的管理和使用、服务期限、服务交接、违约责任等条款。

物业服务合同应当采用书面形式。物业服务人公开作出的有利于业主的服务承诺，为物业服务合同的组成部分。

市住房和城乡建设主管部门会同市市场监管部门制定全市统一的《拉萨市物业服务合同（示范文本）》。

第五十五条 物业服务人应当自物业服务合同签订或者变更之日起15日内，将物业服务合同报物业所在地乡（镇）人民政府（街道办事处）、县（区）住房和城乡建设主管部门备案。

第五十六条 物业服务期限届满前，业主依法共同决定续聘的，应当与原物业服务人在合同期限届满前续签物业服务合同。

物业服务期限届满前，物业服务人不同意续聘的，应当在合同期限届满前九十日书面通知业主或者业主委员会，但是合同对通知期限另有约定的除外。

物业服务期限届满后，业主没有依法作出续聘或者另聘物业服务人的决定，物业服务人继续提供物业服务的，原物业服务合同继续有效，但是服务期限为不定期。

当事人可以随时解除不定期物业服务合同，但是应当提前六十日书面通知对方。

第五十七条 物业服务合同解除或者终止后，物业服务人应当按照法律法规和合同约定办理交接事宜，并向业主委员会移交本条例第四十五条规定的资料外，履行下列交接义务：

（一）移交物业管理用房、业主共有的场地和设施设备；

（二）移交服务期间的物业服务和财务档案；

（三）撤出物业管理区域内的物业服务人员；

（四）清退预收的物业服务费、场地占用费和收取的利用物业共用部位、设施和场地经营所得的收益余额；

（五）法律、法规规定的其他义务。

物业服务合同终止后，在业主或者业主大会选聘的新物业服务人或者决定自行管理的业主接管之前，原物业服务人应当继续处理物业服务事项，并可以请求业主支付该期间的物业费。

新物业服务人确定后，业主委员会应当将资金、物品和资料移交给新的物业服务人。

第五十八条 物业服务合同提前解除的，业主委员会应当在10日内向物业所在地乡（镇）人民政府（街道办事处）、县（区）住房和城乡建设主管部门书面报告。

第五十九条 物业服务合同解除或者终止后，业主大会未选聘出新的物业服务人的，乡（镇）人民政府（街道办事处）应当协调供水、供电、供气、通讯、有线电视等专业经营单位继续做好管理服务工作。公共区域的秩序维护、环境卫生维护、绿化维护等物业服务的基本事项，由乡（镇）人民政府（街道办事处）与业主委员会协商解决。

乡（镇）人民政府（街道办事处）应当将物业服务基本事项的内容和费用在物业管理区域内显著位置公示，费用由全体业主共同承担。

乡（镇）人民政府（街道办事处）应当及时指导和协助业主委员会召开业主大会，选聘新的物业服务人。

第三节 物业服务费

第六十条 物业服务收费应当遵循合理、公开及质价相符的原则。

物业服务收费应当区分不同物业的性质和特点分别实行政府指导价和市场调节价。具体定价形式按照自治区确定的标准执行。

第六十一条 物业服务收费实行政府指导价的，市发展和改革主管部门应当会同住房和城乡建设主管部门根据物业管理服务等级标准等因素，制定相应的基准价及其浮动幅度，并定期公布。具体收费标准由业主与物业服务人根据规定的基准价和浮动幅度在物业服务合同中约定。

实行市场调节价的物业服务收费，由业主与物业服务人在物业服务合同中约定。

市住房和城乡建设主管部门应当定期发布住宅小区物业服务标准。物业管理行业组织应当定期发布物业服务价格监测信息，供业主和物业服务人在协商物业服务费用时参考。

第六十二条 物业交付使用前产生的物业服务费用和物业管理区域内未售出空置房屋的物业服务费，由建设单位全额承担。物业交付使用后发生的物业服务费用，由业主承担。

物业通过竣工验收达到交付条件，业主收到书面交付通知并办理相应手续的，即为交付；业主收到书面交付通知后一个月内无正当理由不办理相应手续的，视为交付。

第六十三条 业主应当按照物业服务合同的约定，按时交纳物业服务费用。业主违反约定逾期不支付物业费的，物业服务人可以催告其在合理期限内支付；合理期限届满仍不支付的，物业服务人可以提起诉讼或者申请仲裁。

物业服务人不得以部分业主拖欠物业服务费用或者其他原因为由，停水、停电或者减少服务项目，降低服务标准、停止物业服务。

物业服务人接受供水、供电、供气、通讯、有线电视等专业经营单位委托代收费用的，不得向业主收取手续费、水电周转金等额外费用，但可以根据双方约定向专业经营单位收取劳务费。专业经营单位不得强制物业服务人代收费用,不得因物业服务人拒绝代收有关费用而停止向最终用户提供服务。

物业服务人退出物业管理区域时已代收费用但未向专业经营单位清缴的费用,专业经营单位应当按相关约定直接向物业服务人追缴,不得以未清缴费用为由,而停止向用户提供服务。

第六章 物业的使用与维护

第一节 物业的使用

第六十四条 物业管理区域内禁止下列行为:

(一)破坏或者擅自变动房屋承重结构、主体结构、房屋外观;

(二)违章搭建建筑物、构筑物或者其他设施;

(三)堆放易燃、易爆、剧毒、放射性、腐蚀性等危险性物品,排放有毒、有害物质;

(四)高空抛物,乱停乱放,乱拉管线;

(五)超过规定标准排放噪声;

(六)占用、堵塞消防通道和出入口通道的行为;

(七)占用公共绿地以及损害公共设施设备行为;

(八)违反规定饲养动物;

(九)不遵守垃圾分类投放规定的行为;

(十)从建筑物高空抛掷物品危害他人安全或者破坏环境卫生;

(十一)法律、法规及管理规约禁止的其他行为。

物业服务人应当采取必要的安全保障措施防止从建筑物高空抛掷物品危害他人安全或者破坏环境卫生,经业主委员会同意,物业服务人可以采取适当的措施采集相应资料,但不得侵犯他人隐私。

物业服务人依照法律法规规定,协助相关部门进行养犬、垃圾分类等管理。

第六十五条 业主不得擅自改变其房屋、配套建筑及设施设备使用用途。确需改变的,除遵守法律、法规以及管理规约外,应当经有利害关系的业主一致同意。

第六十六条 共用通道、楼梯、场地、物业服务用房等属于业主共有,任何单位、个人不得侵占、擅自处分或者改作他用。物业服务人利用业主的共有部分产生的收入,在扣除合理成本之后,属于业主共有。

业主、物业服务人不得擅自占用、挖掘物业管理区域内的道路、场地。业主确需临时占用、挖掘的,应当征得业主委员会和物业服务人的同意;物业服务人确需临时占用、挖掘的,应当征得业主委员会的同意。

业主、物业服务人应当将临时占用、挖掘的道路、场地,在约定的期限内恢复原状。

第六十七条 业主装饰装修房屋的,应当事先告知物业服务人,并与物业服务人签订装饰装修管理服务规约。

第六十八条 业主产生的建筑垃圾等非生活垃圾应自行做到日产日清;委托物业服务人清运的,清运费用由双方按照市场价格协商确定。

第六十九条 对物业管理区域内违反有关治安、环保、物业装饰装修和使用等方面法律、法规规定的行为,物业服务人和业主委员会应当及时劝阻,并向有关主管部门报告。

住宅装饰装修造成物业共用部位、共用设施设备损坏的,业主、物业使用人应当及时修复;造成损失的,应当依法承担赔偿责任。

第七十条 业主出租房屋的,应当按照房屋租赁管理有关规定执行。

第七十一条 物业管理区域内,规划用于停放汽车的车位、车库的归属,由当事人通过出售、附赠或者出租等方式约定。业主要求承租的,建设单位不得以只售不租为由拒绝出租。占用业主共有的道路或者其他场地用于停放汽车的车位,属于业主共有。

规划用于停放汽车的车位、车库应当首先满足业主的需要。在满足业主需要后,建设单位可以按月将车位、车库出租给物业管理区域外的单位和个人。

规划明确停放汽车的车位、车库不得私自改为他用。

第二节 物业的维护

第七十二条 建设单位应当按照法律法规规定的保修期限和保修范围,承担物业的保修责任。

专有部分保修期满后的维修责任，由业主自行承担；共用部分保修期满后的维修责任，由相关业主按专有部分面积比例共同承担。

发生危及他人房屋使用安全或者公共安全的紧急情况时，物业服务人应当立即采取应急防范措施，组织抢修并及时通知业主委员会，费用由相关责任人承担。

第七十三条 物业管理区域内供水、供电、供气、通讯、有线电视等专业经营单位，应当承担分户计量装置或者入户端口以外设施设备的维修、养护和更新改造责任。

第七十四条 住宅物业和住宅小区内的非住宅物业的业主，应当交存专项维修资金。专项维修资金的交存、使用、管理，按照国家和自治区有关规定执行。

紧急情况下需要维修建筑物及其附属设施的，业主大会或者业主委员会可以依法申请使用建筑物及其附属设施的维修资金。

任何单位和个人不得挪用专项维修资金。专项维修资金的筹集、使用情况应当定期公布。

第七十五条 业主委员会或物业服务人可以采取招投标方式确定物业管理区域内电梯的维保单位。

第七十六条 因物业维修需要，相关单位进入物业管理区域内提供服务的，业主、物业服务人应当配合。

物业服务人应当为邮政、快递企业投递邮件、快件提供便利，保障邮件、快件的正常投递。

第七章 法律责任

第七十七条 相关行政管理部门、乡（镇）人民政府（街道办事处）直接负责物业管理的主管人员和其他直接责任人员有下列情形之一的，由其所在单位、上级行政机关或者监察机关责令改正，拒不改正的，给予政务处分；给当事人造成损失的，依法承担赔偿责任；构成犯罪的，由司法机关依法追究刑事责任：

（一）违反本条例第五条规定，相关行政管理部门接到投诉、举报后不受理、登记、处理，或者发现违法行为不予查处的；

（二）违反本条例第十条、第四十四条、第五十五条规定，市、县（区）住房和城乡建设主管部门、乡（镇）人民政府（街道办事处）未依法为申请人办理备案手续的；

（三）违反本条例第二十二条第四款规定，乡（镇）人民政府（街道办事处）未更换不符合条件的乡（镇）人民政府（街道办事处）代表的；

（四）利用职务上的便利，收受他人财物或者其他好处的。

第七十八条 违反本条例第十条、第四十四条、第五十五条规定，建设单位、物业服务人隐瞒有关情况或者提供虚假资料报送备案以及逾期报送备案或者逾期变更备案事项的，由县（区）住房和城乡建设主管部门责令相关责任单位限期改正，给予警告，并处以5千元以上1万元以下的罚款，处理情况向社会公布。

第七十九条 违反本条例第十三条规定的，由县（区）住房和城乡建设主管部门对物业服务人责令限期改正，给予警告，并处以1万元以上10万元以下的罚款；有收益的，所得收益用于物业管理区域内物业共用部位、共用设施设备的维修、养护，剩余部分按照业主大会的决定使用。

第八十条 违反本条例第四十二条规定，建设单位未通过公开招投标的方式选聘物业服务人的，由县（区）住房和城乡建设主管部门责令限期改正；逾期不改的，予以通报批评，处以5万元罚款，并在企业诚信档案中记录其违规行为。

第八十一条 违反本条例第四十五条规定的，由县（区）住房和城乡建设主管部门对建设单位处以1万元以上10万元以下的罚款。

第八十二条 物业服务人违反本条例第四十七条规定的，由县（区）住房和城乡建设主管部门处以5万元以上20万元以下的罚款。

第八十三条 违反本条例第六十三条第二款规定停水、停电的，由县（区）住房和城乡建设主管部门对物业服务人处以1万元以上10万元以下的罚款。

第八十四条 违反本条例第六十六条第一款规定，业主、物业服务人将共用通道、楼梯、场地、物业服务用房等侵占、擅自处分或者改作他用的，由县

(区)住房和城乡建设主管部门责令限期改正,给予警告,并对业主处以1千元以上1万元以下的罚款;对物业服务人处以5万元以上20万元以下的罚款。

第八十五条　违反本条例第七十一条规定的,由县(区)住房和城乡建设主管部门对建设单位处以5万元以上20万元以下的罚款。

第八十六条　违反本条例第七十四条第三款规定的,由县(区)住房和城乡建设主管部门追回挪用的专项维修资金,给予警告,没收违法所得,可以并处挪用数额2倍以下的罚款;构成犯罪的,依法追究刑事责任。

第八十七条　业主委员会委员违反业主大会议事规则或者未经业主大会会议和业主委员会会议的决定,擅自使用业主大会或者业主委员会印章的,由县(区)住房和城乡建设主管部门责令限期改正,并通告全体业主;造成损失的,依法承担法律责任。

第八十八条　业主委员会有下列情形之一的,由乡(镇)人民政府(街道办事处)责令改正;拒不改正造成严重后果的,可以组织选举新的业主委员会;构成犯罪的,依法追究刑事责任:

(一)阻挠、抗拒业主大会行使职权的;

(二)打击、报复、诽谤、陷害有关举报人的;

(三)违反法律、法规规定,严重侵害业主合法权益的。

第八十九条　造成群体性事件、涉案金额巨大、跨区域等重大疑难物业违法案件,由市住房和城乡建设主管部门负责处理。

第九十条　违反本条例规定,相关法律、法规已有处罚规定的,从其规定。

第八章　附　则

第九十一条　临时管理规约、管理规约、业主大会议事规则、业主委员会工作规则示范文本由市住房和城乡建设主管部门制定。

第九十二条　自建住宅小区、老旧住宅小区需要实施物业服务管理的,由乡(镇)人民政府(街道办事处)、村(居)民委员会征求业主意见后,确定物业管理区域,成立业主大会,由业主大会决定选聘物业服务人提供物业管理服务,也可由业主自行管理物业,报县(区)住房和城乡建设主管部门备案。

第九十三条　本条例自公布之日起施行。2015年9月23日西藏自治区第十届人民代表大会常务委员会第二十次会议批准的《拉萨市物业管理条例》同时废止。

说 明

一、本索引采用主题分析法编制。索引范围包括类目、分目、条目等。

二、本索引按主题词首字汉语拼音音序(同音按音调)排列,若首字拼音相同则按第二字音序排列,以此类推。

三、索引款目后的数字表示内容所在的页码,数字后的拉丁字母(a、b、c)表示栏别(从左至右)。

四、类目、分目、条目用黑体字。

A

B

C

D

E

F

G

H

J

K

L

M

N

X

Z